GUIDELINES FOR
CONSTRUCTION ORGANIZATION AND MANAGEMENT OF EXPRESSWAY

高速公路施工组织与管理工作指南

湖北交通投资集团有限公司
湖北交投高速公路发展有限公司   组织编写

人民交通出版社

北京

内 容 提 要

为总结高速公路施工组织与管理方面的实践经验，形成一套适用于湖北地区乃至全国范围的高速公路施工组织与管理理论体系，为高速公路建设领域的管理人员、技术人员和广大从业者提供一本实用性和可操作性强的参考指南，切实提升高速公路项目建设管理成效及工程建设品质，特编制本指南。本指南主要内容包括总则、术语、施工组织设计总体策划要点、临时建筑、路基工程、桥梁工程、隧道工程、路面工程、安全管理和生态环保。

本指南适用于新建、改（扩）建高速公路项目施工组织策划、资源配置与建设管理工作，各建设单位可根据项目特点依据本指南相关规定进一步完善相关工作，湖北交通投资集团有限公司投资的其他项目可参照执行。

图书在版编目(CIP)数据

高速公路施工组织与管理工作指南 / 湖北交通投资集团有限公司,湖北交投高速公路发展有限公司组织编写．——北京：人民交通出版社股份有限公司,2025.1.
ISBN 978-7-114-19979-0
Ⅰ．U415.11-62
中国国家版本馆 CIP 数据核字第 2025PH8744 号

Gaosu Gonglu Shigong Zuzhi yu Guanli Gongzuo Zhinan

书　　名：	高速公路施工组织与管理工作指南
著 作 者：	湖北交通投资集团有限公司
	湖北交投高速公路发展有限公司
责任编辑：	郭晓旭
责任校对：	卢　弦
责任印制：	张　凯
出版发行：	人民交通出版社
地　　址：	(100011)北京市朝阳区安定门外外馆斜街3号
网　　址：	http:// www.ccpcl.com.cn
销售电话：	(010)85285857
总 经 销：	人民交通出版社发行部
经　　销：	各地新华书店
印　　刷：	北京市密东印刷有限公司
开　　本：	880×1230　1/16
印　　张：	36
字　　数：	776千
版　　次：	2025年1月　第1版
印　　次：	2025年1月　第1次印刷
书　　号：	ISBN 978-7-114-19979-0
定　　价：	198.00元

(有印刷、装订质量问题的图书,由本社负责调换)

编委会

主　　任　　卢　军　　叶战平

副 主 任　　方贻立　　詹建辉

主　　编　　张世飚

副 主 编　　陈吉明　　李　明　　董勇刚　　王澧陵

编写人员　　付克俭　　叶志华　　李彦堂　　张门哲　　张孝伦　　阳　晏
　　　　　　　李远军　　孙柏林　　周大华　　周育堂　　舒鄂南　　沈典栋
　　　　　　　倪四清　　汪西华　　关爱军　　刘毅学　　谢功元　　黄桥连
　　　　　　　李修坤　　周俊书　　张晓波　　金　明　　徐　畅　　陈　潢
　　　　　　　余　浩　　娄天星　　钱　瑞　　罗浩天　　刘　敬　　王鹏达
　　　　　　　吴学伟　　李志夫　　刘小清　　叶红英　　鲁佩娴　　蒋　丽
　　　　　　　戴　源　　程娟娟　　杨　尧　　廖亚利　　周　俊　　穆宝磊
　　　　　　　陈　龙　　邬俊峰　　魏泽军　　申思然　　唐守峰　　徐小华
　　　　　　　袁隆平　　赵远庆　　尹中文　　田为海　　鲁　峰　　袁小勇
　　　　　　　池红坤　　余　鑫　　夏　俭　　杨　勇　　孙俊波　　胡龙泳
　　　　　　　董　梁　　汪柏奎　　商红标　　雷江涛　　舒　李　　朱　伟
　　　　　　　田　生

序 言

　　当前是我国全面建设社会主义现代化国家、向第二个百年奋斗目标进军的关键时期,也是推进结构调整和转型升级的攻坚时期。交通基础设施在扩大内需、提高生产生活效率、推动高质量发展等方面发挥着至关重要的作用。高速公路是现代交通运输的重要载体,也是交通基础设施的重要组成部分,对于促进经济社会发展具有重要作用。鉴于高速公路施工组织与管理的专业性与复杂性,湖北交通投资集团有限公司(简称"湖北交投集团")以习近平总书记关于交通强国的一系列重要指示批示精神和党的二十大、二十届三中全会精神关于交通运输的新要求,聚焦交通运输主责主业,积极履行社会责任,围绕"交通规划、设计、建设、管理全生命周期运营商"功能定位,针对高速公路施工组织与管理工作的重点难点,凝聚近百位技术、生产、管理人员和一线专业人员集中攻关,在系统、全面总结以往管理经验的基础上,组织编制了《高速公路施工组织与管理工作指南》(简称《指南》),旨在使高速公路施工组织与管理更加科学化、规范化。

　　《指南》的出版,恰逢其时,意义深远。一是"楚天第一路"——武黄高速公路改扩建,湖北高速公路建设回到原点再出发,需要新的生产力理论来指导新的实践。二是湖北高速公路投资连续两年突破千亿元大关,千亿元高强度投资下打造平安百年品质工程,需要高水平统筹好质量、安全、进度、智慧等,"工欲善其事,必先利其器"的朴素道理历久弥新。三是随着首批资深指挥长相继步入职业生涯的成熟阶段,我们面临着一个不容忽视的紧迫任务——防止这些历经风霜、智慧横溢的宝贵资源悄然消逝,而未能将其深远影响延续。在此关键时刻,我们接过了历史的接力棒,不仅肩负着传承的使命,更立志于将每一位前辈的个人睿智,通过融合与升华,转化为团队共享的集体智慧,功在当代,利在千秋。四是随着全省"九纵五横四环"高速公路网跃然成形,一批世界级难度的项目开始建设,个性问题超过了共性问题,可直接借鉴的经验越来越少,三十多年的"湖北创新""湖北智慧""湖北方案"蕴藏着走向未来的答案,只有从外求转向内求,无解、难解才能走向有解、优解。

　　本书不仅是工作指南,更是精神财富,是湖北交投集团进一步落实好党中央国务院关于交通运输的重要决策和部署的具体举措;是进一步响应交通运输部等行业主管部门关于平安百年品质工程的相关要求的具体行动;更是集团高质量发展、提高全球竞争力的迫切需要。成书的过程中体现了三个理念:一是开路的先锋有情怀。本书的编写没有外力推动,是湖北交投集团自主发起。编委会成员及所有提供帮助的人员,均未通过任何途径取酬。驱动和支撑我们的,是交通人一以贯之的家国情怀。二是优秀的组织有传承。本书的编写,由湖北交投集团牵头,纵向上,集团、事业部、子公司思想碰撞,集思广益;横向上,集团、行业专家、参建单位智慧交锋、博采众长。参编人员老、中、青搭配，充分调动各方面的积极性，在集中力量办大事的同时确保事业的青蓝相继、蓬勃发展。三是一流的企业有标准。本书重点介绍了高速公路临建、路基、桥梁、隧道、路面五个方面的施工组织及各项工序施工过程的标准体系和管理重点，专章阐述项目的施工组织设计总体策划及安全环保管理设置，融入信息化、智能建造、智慧工地及"四新"技术等建设领域的最新理念及技术成果，力求在兼具针对性、引领性、指导性和可操作性的基础上，构建科学系统、行之有效的标准化体系。

  道阻且长，行则将至；行而不辍，未来可期。本书即将付梓，我们满怀欣喜，期待能达到三个目的：一是为交投立心。为湖北交投集团立下"做大事"而不是"做大官"的雄心，立下"尊重劳动、尊重知识、尊重人才、尊重创造"❶的诚心，立下"究高速之理、通建设之变"的恒心。同时也为湖北交投集团提供实用教材，作为人员招考、入职教育、日常工作的指定参考用书，激励一批又一批交投人前赴后继，持续为交通事业的高质量发展拼力拼智、笃志笃行。二是为湖北立标。湖北交投集团作为湖北省交通基础设施投资建设主体，承担了湖北90%以上的高速公路投资建设任务。本书代表湖北标准，其中的"湖北探索""湖北实践""湖北创新"也可为全国提供参考。三是为行业立言。交通是中国式现代化的开路先锋，而交通本身的现代化应以建设管理的现代化为前提。本书是高速公路施工组织与管理的一家之言，姑妄论之，希望能给行业带来些许启发，为更好发挥交通在中国式现代化中的开路先锋作用贡献一分微薄的力量。

  是为序。

二〇二四年八月

---

❶ 《人民日报》（2024年06月25日 02版）。

前 言

　　总体施工组织设计是项目建设、监理及施工单位全面理解、领会勘察设计文件及行业批复的重要阶段,是项目优质、高效、安全、环保建设的前提和保证,是控制项目成本、保障效率和效益的核心内容。总体施工组织设计既是对项目前期工作的总结,也是项目实施阶段的开始。项目建设、监理及施工单位应将总体施工组织设计作为批复设计付诸工程实施事前的演练,统筹好施工各要素和资源,总结提炼,控制好项目管理路线和重难点工程,确保全项目、项目各施工合同段、合同段各工区均衡推进。

　　20世纪70年代末以来,我国高速公路经历了从无到有,从起步阶段逐渐过渡到高质量发展阶段,高速公路建设领域的飞速发展离不开标准化、系统化、规范化的施工组织设计文件对工程建设的指导。目前,各相关省(自治区、直辖市)、大型央企依据多年积累的实践经验编制了部分技术指南、指导手册,对提升高速公路建设管理水平具有非常好的指导意义。

　　为全面提升湖北交通投资集团有限公司项目建设管理水平,提高施工管理工作效率,湖北交通投资集团有限公司组织编制了《高速公路施工组织与管理工作指南》,本指南包括总则、术语、施工组织设计总体策划要点、临时建筑、路基工程、桥梁工程、隧道工程、路面工程、安全管理、生态环保十个部分。本指南依据国家、行业现行标准规范,参考相关省份高速公路施工标准化管理文件,针对湖北省当前高速公路施工组织设计编制与管理工作中存在的突出问题,广泛听取了项目建设、施工、监理及行业主管部门等单位的意见和建议,吸纳了近年来湖北省高速公路建设实践的相关经验,体现了现代工程管理的具体要求和发展方向。

　　本指南在编撰过程中得到了中铁大桥局集团有限公司、中交第二航务工程局有限公司、中交第二公路工程局有限公司、中铁隧道局集团有限公司、中交第一航务工程局有限公司、中交第一公路工程局有限公司、中铁二十局集团有限公司、中国建筑第三工程局有限公司、四川公路桥梁建设集团有限公司、湖南路桥建设集团有限公司等单位的大力支持和指导,在此表示衷心的感谢!

　　本指南适用于湖北交通投资集团有限公司新建、改(扩)建高速公路施工组织的编制与管理,其他公路工程项目可参考执行。鉴于作者水平有限,书中难免有疏漏或不妥之处,敬请读者批评指正。

编委会
二〇二四年八月

目　录

1 总则 ··· 1
　1.1 编制目的 ··· 1
　1.2 编制依据 ··· 1
　1.3 编制原则 ··· 1
　1.4 适用范围 ··· 2
　1.5 其他说明 ··· 2

2 术语 ··· 3
　2.1 基本术语 ··· 3
　2.2 路基工程 ··· 5
　2.3 桥涵工程 ··· 6
　2.4 隧道工程 ·· 10
　2.5 路面工程 ·· 11
　2.6 安全环保 ·· 14

3 施工组织设计总体策划要点 ··· 17
　3.1 工程技术管理要点 ·· 17
　3.2 标段及工区划分要点 ··· 18
　3.3 施工资源投入要点 ·· 19
　3.4 工程造价管理要点 ·· 20
　3.5 安全环保管理要点 ·· 21
　3.6 工程档案管理要点 ·· 23
　3.7 征迁协调工作要点 ·· 24
　3.8 涉铁路、超高压、油气管线、供排水管道工作要点 ··················· 25

4 临时建筑 ··· 31
　4.1 一般规定 ··· 31
　4.2 项目部驻地 ·· 32
　4.3 工区驻地 ··· 40
　4.4 工地试验室 ·· 41

1

4.5	水泥混凝土拌和站	44
4.6	路面拌和站	49
4.7	钢筋(型钢)加工厂	52
4.8	普通预制梁厂	58
4.9	智慧梁厂	65
4.10	小型预制构件厂	74
4.11	施工便道(便桥)	75
4.12	临时用电	84
4.13	弃土(渣)场	87
4.14	施工及生活用水	89
4.15	危险品库	90
4.16	信息化建设	90

5 路基工程 … 98

5.1	一般规定	98
5.2	施工工效分析及资源配置	100
5.3	路基填挖施工	107
5.4	路基排水施工	119
5.5	路基防护与支挡工程施工	122
5.6	路基施工不良地质及边坡监控量测	140
5.7	取土与弃土	146

6 桥梁工程 … 148

6.1	一般规定	148
6.2	基础工程	149
6.3	下部结构	175
6.4	锚碇	188
6.5	索塔	198
6.6	斜拉索	214
6.7	主缆	238
6.8	预制梁板	247
6.9	斜拉桥主梁、悬索桥加劲梁	266
6.10	拱式桥梁	307
6.11	连续梁(刚构)桥	334
6.12	涵洞工程	356
6.13	桥面系及附属工程	381

7 隧道工程 ·· 396
7.1 一般规定 ·· 396
7.2 临时工程 ·· 397
7.3 施工测量 ·· 404
7.4 资源配置 ·· 406
7.5 洞口、明洞与浅埋段工程 ·· 408
7.6 超前支护 ·· 413
7.7 洞身开挖 ·· 414
7.8 初期支护 ·· 418
7.9 防排水 ··· 422
7.10 复合式衬砌 ··· 424
7.11 紧急停车带 ··· 427
7.12 隧道横通道 ··· 428
7.13 斜井 ··· 429
7.14 隧道贯通 ·· 431
7.15 不良地质 ·· 432
7.16 附属设施 ·· 436
7.17 监控量测与超前地质预报 ·· 438

8 路面工程 ·· 444
8.1 一般规定 ·· 444
8.2 机械设备及场站要求 ·· 445
8.3 基层 ·· 445
8.4 碾压混凝土基层 ·· 458
8.5 功能层(透层、封层、黏层) ··· 464
8.6 热拌沥青面层 ··· 470
8.7 水泥混凝土路面 ·· 493
8.8 路面附属工程 ··· 497
8.9 特殊季节施工要求 ··· 504

9 安全管理 ·· 506
9.1 一般规定 ·· 506
9.2 安全组织机构 ··· 507
9.3 安全工作内容 ··· 510
9.4 安全管理要点 ··· 516
9.5 安全管理制度 ··· 527

9.6 应急管理……………………………………………………531
10 生态环保……………………………………………………………536
  10.1 一般规定…………………………………………………536
  10.2 工作内容…………………………………………………538
  10.3 组织管理…………………………………………………547
  10.4 管理要点…………………………………………………552
  10.5 保障措施…………………………………………………559

1 总　　则

1.1 编制目的

为进一步规范高速公路建设项目施工组织设计(以下简称"施组")文件的编制,推动施工标准化建设,指导现场施工,提升项目施工管理水平,合理控制建设项目工程造价水平,特制定本指南。

1.2 编制依据

(1)国家法律、法规及行业主管部门制定的相关规章制度。
(2)《湖北省高速公路建设标准化管理指南》。
(3)《湖北省高速公路建设施工组织设计编制大纲》。
(4)工程建设项目批复文件。
(5)工程建设项目的设计文件、招投标文件及施工合同。
(6)国家、行业相关的施工标准、规范、规程等。
(7)其他相关文件(含现场交通运输、工程地质、水文地质、气候气象、当地建材、征地拆迁等调查资料,科学研究及试验成果等)。

1.3 编制原则

依据国家相关法律法规、标准规范的要求,符合招投标、施工合同等文件要求,积极践行管理、技术、科技创新的理念,坚持绿色环保、生态和谐、文明施工的规定,遵循以人为本、安全第一、质量至上的原则,按照施工组织管理工作的标准化、规范化要求,达到科学组织、进度高效、技术创新等相关要求,实现工程建设项目技术先进可行、质量安全可靠、经济水平合理。

1.4 适用范围

本指南适用于新建、改(扩)建高速公路施工组织及管理工作,其他公路工程项目可参考执行。

1.5 其他说明

(1)高速公路施组的编制与管理应符合国家现行法律、法规和强制性标准的有关规定,可借鉴本指南的相关要求。

(2)施工单位应在施组的基础上编制专项施工方案,进一步细化明确相关作业程序、方法和注意事项,以具体指导现场施工,规范作业行为。

2 术 语

2.1 基本术语

2.1.1 施工组织设计

施工组织设计以建设项目为对象编制的,用以指导施工技术、经济和管理的综合性文件,包括设计阶段施工组织设计、投标施工组织设计、实施性施工组织设计等。原则上设计阶段施工组织设计由设计单位策划、编制,投标施工组织设计由投标人在投标文件技术建议书中编制,实施阶段施工组织设计由工程实施主体负责组织策划、编制。

(1)设计阶段施工组织设计。

设计单位在设计阶段编制的关于施工规划和实施设计意图的施工组织设计,以满足技术可行和经济合理为目标,重点研究施工组织方案,提出工期进度安排。

(2)投标施工组织设计。

招投标阶段由投标人根据招标文件、设计文件及工程特点在投标文件中编制施工组织设计,向招标人阐明投标标段的总体施工组织方案、工期进度安排、保障措施等。

(3)实施性施工组织设计。

施工单位中标后根据合同文件、招投标文件、设计文件编制的用于指导组织单个项目、单个标段或某个特殊单位工程施工的总体管理控制性文件,对整个标段或特殊单位工程的施工过程起统筹规划和重点控制的作用。

2.1.2 施工方案

以分部(分项)工程或专项工程为主要对象编制的施工技术与组织方案,用以具体指导其施工过程。施工方案是施工组织设计的进一步细化和完善,分为一般施工方案和专项施工方案。

(1)一般施工方案。

根据施工项目指定的实施方案,在工期的总体要求下,对施工实施过程中所耗用的人力、材料、设备等资源合理组织,并进行技术经济分析,从中选择安全可靠、切实可行、经济合理的最优施工工艺和方法。

（2）专项施工方案。

指施工单位在编制施工组织设计（施工方案）的基础上，针对危险性较大的分部分项工程单独编制的安全技术措施文件，是危险性较大的分部分项工程技术专项施工方案和超过一定规模的危险性较大的分部分项工程安全专项施工方案的统称。对于超过一定规模的危险性较大的分部分项工程，应当组织专家对专项方案进行论证。

2.1.3 施工组织设计的动态管理

指在项目实施过程中，对施工组织设计的执行、检查和修改的适时管理活动。在施工过程中，通过对工程目标的实时跟踪检查及对比分析，对有偏差的工程，应及时采取加大投入、增加资源配置、开展现场协调调度会或技术变更等有效措施进行纠偏，确保工程的成本、进度、质量目标均处于可控状态。

根据相关规范规定，在施工过程中若发生工程设计有重大修改，有关法律、法规、规范和标准实施、修订和废止，主要施工方法有重大调整，主要施工资源配置有重大变化，施工环境条件有重大改变等时，应及时修改或补充施工组织设计。经修改或补充的施工组织设计应经重新审批后实施。

2.1.4 施工部署

指实施性施工组织设计经批复后对项目实施过程做出的统筹规划和全面安排，包括项目施工主要目标、施工顺序及空间组织、施工组织安排、施工进度计划、施工准备与资源配置计划、施工方法、施工现场平面布置和主要施工管理计划等。

2.1.5 项目管理组织机构

指施工单位为完成施工项目建立的项目施工管理机构，是施工单位内部的管理组织机构，是为某一具体施工项目而设立的，其岗位设置应和项目规模相匹配，人员应具备相应的上岗资格。

2.1.6 施工进度计划

指为实现项目设定的工期目标，对各项施工过程的施工顺序、起止时间和相互衔接关系所作的统筹策划和安排。

2.1.7 施工资源

指为完成工程项目所必须投入的各类资源，包括劳动力、建筑材料和设备、周转材料、施工机具等。

2.1.8 施工现场平面布置

在施工用地或临时用地范围内，对各项生产、生活设施及其他辅助设施等进行规划和布置，应遵循便捷、经济、高效、安全、环保、节能的原则。

2.2 路基工程

2.2.1 路基
按路线位置和一定技术要求修筑的带状构造物,是路面的基础,承受由路面传来的行车荷载。

2.2.2 路床
路面结构层以下0.8m或1.2m范围内的路基部分,分为上路床及下路床两层。其中,上路床厚度为0.3m;下路床厚度在轻、中及重交通公路为0.5m,特重、极重交通公路为0.9m。

2.2.3 路堤
高于原地面的填方路基。路堤在结构上分为上路堤、下路堤,上路堤是指路床以下0.7m厚度范围的填方部分,下路堤是指上路堤以下的填方部分。

2.2.4 路堑
低于原地面的挖方路基。

2.2.5 高路堤
路基填土边坡高度大于20m的路堤。

2.2.6 陡坡路堤
地面斜坡陡于1:2.5的路堤。

2.2.7 填石路堤
用粒径大于40mm且含量超过总质量70%的石料填筑的路堤。

2.2.8 土石路堤
用石料含量占总质量30%~70%的土石混合材料填筑的路堤。

2.2.9 深挖路堑
边坡高度超过20m的土质路堑或边坡高度超过30m的岩石路堑。

2.2.10 特殊路基
位于特殊土地段、不良地质地段,受水、气候等自然因素影响强烈的路基。

2.2.11 挡土墙
承受土体侧压力的墙式构造物。

2.2.12 抗滑桩

抵抗滑坡下滑力或土压力的横向受力桩。

2.2.13 预应力锚杆（索）

由锚头、预应力筋、锚固体组成，通过对预应力筋施加张拉力以加固岩土体的支护结构。

2.2.14 柔性支护结构

对路基边坡进行支护，限制路基边坡发生过大变形，允许结构出现一定的变形的一种路基支挡形式。

2.2.15 冲击碾压

采用冲击压路机对碾压面进行压实，主要作用是提高被压对象的密实度与强度。

2.2.16 软土

滨海、湖沼、谷地河滩沉积的天然含水率高、孔隙比大、压缩性高、抗剪强度低的细粒土。

2.2.17 加筋路堤

采用变形小、老化慢、强度高的土工格栅、土工编织物等做"加筋"材料而修建的路堤。

2.2.18 预压

为提高软弱地基的承载力，减小构筑物建成后的沉降，提高地基固结度，预先在拟建构筑物的软土地基上施加一定的静荷载，使地基土压密。

2.2.19 加固土桩

用带有回转、翻松喷粉与搅拌的机械，将软土地基局部范围的某一深度、某一直径内的软土用固化材料予以改良、加固形成的加固土桩体。

2.3 桥涵工程

2.3.1 大直径灌注桩

直径大于或等于2.5m的灌注桩。

2.3.2 超长灌注桩

桩长大于或等于90m的灌注桩。

2.3.3 高强度混凝土

强度等级为C60及以上的混凝土。

2.3.4 高性能混凝土

采用混凝土的常规材料、常规工艺,在常温下,以低水胶比、大掺量优质掺合料和严格的质量控制措施制作的,具有良好的施工工作性能且硬化后具有高耐久性、高尺寸稳定性及较高强度的混凝土。

2.3.5 大体积混凝土

体积较大的、可能由胶凝材料水化热引起的温度应力导致有害裂缝的结构混凝土。

2.3.6 高墩

高度大于或等于40m的桥墩。

2.3.7 大节段钢箱梁

整跨安装或节段安装长度不小于50m的钢箱梁。

2.3.8 悬臂浇筑法

在以桥墩为中心的顺桥向两侧,采用专用设备对称平衡地逐段向跨中浇筑混凝土梁体,并逐段施加预应力的施工方法。

2.3.9 挂篮

悬臂法浇筑混凝土梁体时,用于承受梁体自重及施工荷载,能逐段向前移动并经特殊设计的主要工艺设备。其主要组成部分有承重系统、提升系统、锚固系统、行走系统、模板与支架系统。

2.3.10 施工缝

因设计要求或施工需要分次浇筑,而在先、后浇筑的混凝土之间形成的接缝。

2.3.11 悬臂拼装法

在以桥墩为中心的顺桥向两侧,采用专用设备对称平衡地逐段向跨中拼装混凝土梁体预制块件,并逐段施加预应力的施工方法。

2.3.12 支架

用于支承模板、结构构件或其他施工荷载的临时结构。

2.3.13 托架(牛腿)

在桥梁某些部位施工时,利用预埋件与钢构件拼制联结而成的支架。

2.3.14 顶推施工法

梁体逐段浇筑或拼装,在梁前端安装导梁,采用专用设备纵向顶推或牵引,使梁体到达各墩顶设计位置的施工方法。

2.3.15　预拱度

为抵消梁、拱、桁架等结构在设计荷载及施工荷载作用下产生的位移（挠度），在施工或制造时所预留的与位移方向相反的校正量。

2.3.16　施工荷载

施工阶段施加在结构或构件上的临时荷载。

2.3.17　风缆系统

为保证永久结构或临时结构在施工过程中的稳定而进行专门设计的包括风缆及其附属设施的临时装置。

2.3.18　缆索吊装法

利用支承在索塔上的缆索，运输和安装桥梁构件的施工方法。

2.3.19　钢构件

组成钢桥的基本单元。其中，整体节点、弦杆、斜杆、竖杆、纵梁、横梁、桥面板单元、底板单元、腹板单元、锚箱、箱形梁主梁、板梁主梁和独立编号的拼接板及节点板为主要钢构件；其余为次要钢构件。

2.3.20　零件

组成钢构件的最小单元。其中，主要钢构件的盖板、腹板，箱形梁的顶板、底板、横隔板，板单元的面板、纵肋、横肋，拼接板，节点板及圆柱头焊钉为主要零件；其余为次要零件。

2.3.21　试拼装

在批量加工生产前，为检验制造精度，选取有代表性的局部钢构件进行拼装。

2.3.22　猫道

为悬索桥上部结构施工需要而架设的，一般由缆索支承的空中施工通道。

2.3.23　预制平行钢丝索股法

以多根平行钢丝预制成带有锚头的索股，并将其从一端锚体向另一端锚体牵引就位锚固而形成悬索桥主缆的架设方法。

2.3.24　顶进施工法

利用千斤顶等设备将预制的箱形或圆管形构造物逐渐顶入路基，以构成立体交叉通道或涵洞的施工方法。

2.3.25　斜拉桥

将斜拉索分别锚固在梁、塔或其他载体上，形成共同承载的结构体系。

2.3.26 主梁

由斜拉索和支座支承,直接承受由桥面传递的交通荷载的构件。

2.3.27 组合梁斜拉桥

主梁为钢-混组合结构的斜拉桥。

2.3.28 混凝土梁斜拉桥

主梁为钢筋混凝土或预应力混凝土结构的斜拉桥。

2.3.29 钢箱梁斜拉桥

主梁为钢箱结构的斜拉桥。

2.3.30 钢桁梁斜拉桥

主梁为钢桁结构的斜拉桥。

2.3.31 混合梁斜拉桥

主梁在边跨的一部分或全部采用混凝土梁,其余梁段采用钢梁或组合梁的斜拉桥。

2.3.32 HDPE防护钢绞线

有防腐保护涂层和高密度聚乙烯护套的钢绞线。

2.3.33 锚具

用以保持钢绞线拉索拉力并将其传递到桥梁结构的锚固装置,分为张拉端锚具和固定端锚具两类。

2.3.34 外护套管

对索体钢绞线起整体保护作用的高密度聚乙烯套管。

2.3.35 防水罩

连接拉索外护套管和梁端索导管的防水装置。

2.3.36 外护套管伸缩补偿装置

与塔端索导管连接,套接于外护套管外面,为拉索外护套管提供热胀冷缩空间的装置。

2.3.37 钢绞线拉索

由若干根直径相同、平行排列的单根HDPE防护钢绞线集束,通过两端锚具组件固定于斜拉桥结构,承受结构静、动荷载的受拉构件。

2.3.38 平行钢丝拉索

由若干根高强钢丝按标准形式平行并拢排列,然后向同一个方向做轻度扭绞,再缠绕一层纤维带或钢带扎紧,最外层用挤塑机热挤聚乙烯(PE)护套作防护,最后根据设计长度精确下料,并在两端灌注锚具、经超张拉检验后制成成品拉索。

2.4 隧道工程

2.4.1 监控量测

通过使用各种量测仪器和工具,在隧道内或地表,对围岩地层的变形和支护结构的变形与受力进行观察、测量、分析与评价的活动。

2.4.2 光面爆破

由开挖面中部向轮廓面顺序依次起爆:设计轮廓面周边布置密集炮孔、采用不耦合装药或装填低威力炸药,最后同时起爆,振动小并形成平整轮廓面的爆破。

2.4.3 钢架

用钢筋或型钢等制成的拱形骨架结构。

2.4.4 模板台车

由门架结构、大块模板、调整机构(液压或螺杆)、行走机构等组成、供隧道衬砌混凝土成型的移动整体设备。

2.4.5 护拱

用于加强或保护隧道支护或衬砌的拱形结构。

2.4.6 全断面法

隧道设计开挖断面一次开挖成形的开挖方法。

2.4.7 台阶法

将设计开挖断面分成上、下断面(或上、中、下断面),先上后下,分次开挖成形的开挖方法。

2.4.8 环形开挖留核心土法

先开挖上部环形导坑并进行支护,再分部开挖两侧边墙及中部核心土的开挖方法。

2.4.9 复合式衬砌

复合式衬砌指的是分内外两层先后施作的隧道衬砌。在坑道开挖后,先及时施作与围岩密贴的外层柔性支护(一般为喷锚支护),也称初期支护。容许围岩产生一定的变形,而又不致于造成松动压力的过度变形。待围岩变形基本稳定后再施作内层衬砌（一般是模筑的），也称二次支护。两层衬砌之间，根据需要设置防水层，也可灌注防水混凝土内层衬砌而不做防水层。

2.4.10 喷锚支护

喷射混凝土、锚杆、钢筋网、钢架等单独或组合使用的隧道围岩支护结构。

2.4.11 湿喷

将喷射混凝土集料、水泥和水按施工配合比用混凝土拌和机拌和均匀后投入喷射机，在喷射机喷头处加速凝剂后喷出。

2.4.12 初喷

隧道开挖后立即施作的第一层喷射混凝土作业。

2.4.13 复喷

初喷以后的喷射混凝土作业。

2.4.14 瓦斯

在地层中赋存或逸出的烷烃类气体，其成分以甲烷（CH_4）为主。根据其生成、赋存条件将其分为煤层瓦斯、非煤瓦斯两类。

2.4.15 瓦斯浓度

瓦斯在空气中所占体积的百分比。

2.5 路面工程

2.5.1 路面水泥混凝土

满足路面摊铺工作性、弯拉强度、表面功能、耐久性及经济性等要求的水泥混凝土材料。

2.5.2 滑模铺筑

采用滑模摊铺机铺筑混凝土路面的施工工艺。其特征是不架设边缘固定模板，能够一次完成布料摊铺、振捣密实、挤压成型、抹面修饰等混凝土路面摊铺功能。

2.5.3 三辊轴机组铺筑

采用振捣机、三辊轴整平机等机组铺筑混凝土路面的施工工艺。

2.5.4 小型机具铺筑

采用固定模板，人工布料，手持振捣棒、振动板或振捣梁振实，棍杠、修整尺、抹刀整平的混凝土路面施工工艺。

2.5.5 碾压混凝土路面铺筑

采用特干硬性水泥混凝土拌合物,使用沥青摊铺机摊铺、压路机械碾压密实成形的混凝土路面施工工艺。

2.5.6 构造深度

使用拉毛、塑性刻槽或硬性刻槽等工艺制作的沟槽或纹理的平均深度。

2.5.7 拉杆

插入装置滑模摊铺机配备的一种可自动插入缩缝传力杆的装置。

2.5.8 乳化沥青

石油沥青与水在乳化剂、稳定剂等作用下经乳化加工制得的均匀的沥青产品,也称沥青乳液。

2.5.9 改性沥青

掺加橡胶、树脂、高分子聚合物、天然沥青、磨细的橡胶粉或者其他材料等外掺剂(改性剂)制成的沥青结合料,从而使沥青或沥青混合料的性能得以改善。

2.5.10 改性乳化沥青

在制作乳化沥青的过程中同时加入聚合物胶乳,或将聚合物胶乳与乳化沥青成品混合,或对聚合物改性沥青进行乳化加工得到的乳化沥青产品。

2.5.11 天然沥青

石油在自然界长期受地壳挤压、变化,并与空气、水接触逐渐变化而形成的,以天然状态存在的石油沥青,其中常混有一定比例的矿物质。按其形成的环境可以分为湖沥青、岩沥青、海底沥青、油页岩等。

2.5.12 透层

为使沥青面层与非沥青材料基层结合良好,在基层上喷洒液体石油沥青、乳化沥青、煤沥青而形成的透入基层表面一定深度的薄层。

2.5.13 黏层

为加强路面沥青层与沥青层之间、沥青层与水泥混凝土路面之间的黏结而洒布的沥青材料薄层。

2.5.14 封层

为封闭表面空隙、防止水分侵入而在沥青面层或基层上铺筑的有一定厚度的沥青混合料薄层。铺筑在沥青面层表面的称为上封层,铺筑在沥青面层下面、基层表面的称为下封层。

2.5.15 水泥稳定材料

以水泥为结合料,通过加水与被稳定材料共同拌和形成的混合料,包括水泥稳定级配碎石、水泥稳定级配砾石、水泥稳定石屑、水泥稳定土、水泥稳定砂等。

2.5.16 沥青混合料

由矿料与沥青结合料拌和而成的混合料的总称。按材料组成及结构分为连续级配、间断级配混合料。按矿料级配组成及空隙率大小分为密级配、半开级配、开级配混合料。按公称最大粒径的大小可分为特粗式(公称最大粒径大于31.5mm)、粗粒式(公称最大粒径大于或等于26.5mm)、中粒式(公称最大粒径为16或19mm)、细粒式(公称最大粒径为9.5或13.2mm)、砂粒式(公称最大粒径小于9.5mm)沥青混合料。按制造工艺分热拌沥青混合料、冷拌沥青混合料、再生沥青混合料等。

2.5.17 沥青玛碲脂碎石混合料

由沥青结合料与少量的纤维稳定剂、细集料以及较多量的填料(矿粉)组成的沥青玛碲脂,填充于间断级配的粗集料骨架间隙中,组成一体结构的沥青混合料(SMA)。

2.5.18 密级配沥青混合料

按密实级配原理设计组成的各种粒径颗粒的矿料与沥青结合料拌和而成,设计空隙率较小(对不同交通及气候情况、层位可作适当调整)的密实式沥青混凝土混合料(AC)和密实式沥青稳定碎石混合料(ATB)。按关键性筛孔通过率的不同又可分为细型密级配沥青混合料、粗型密级配沥青混合料等。粗集料嵌挤作用较好的也称嵌挤密实型沥青混合料。

2.5.19 开级配沥青混合料

矿料级配主要由粗集料嵌挤组成,细集料及填料较少,设计空隙率为18%的混合料。

2.5.20 半开级配沥青碎石混合料

由适当比例的粗集料、细集料及少量填料(或不加填料)与沥青结合料拌和而成,经马歇尔标准击实成型试件的剩余空隙率在6%~12%的半开式沥青碎石混合料(AM)。

2.5.21 间断级配沥青混合料

矿料级配组成中缺少一个或几个粒径档次(或用量很少)而形成的沥青混合料。

2.5.22 集料

在混合料中起骨架和填充作用的粒料,包括碎石、砾石、机制砂、石屑、砂等。

2.5.23 级配碎石

粗、中、小碎石集料和石屑各占一定比例的混合料,当其颗粒组成符合规定的密实级配要求时,称为级配碎石。

2.5.24 石屑

采石场加工碎石时通过最小筛孔(通常为2.36mm或4.75mm)的筛下部分,也称筛屑。

2.5.25 松铺厚度

用各种不同方法摊铺任何一种混合料时,其密实度经常显著小于碾压后达到的规定密实度,这种未经压实的材料层厚度称为松铺厚度。

2.5.26 松铺系数

材料的松铺厚度与达到规定压实度的压实厚度之比称为松铺系数(常精确到小数点后2位)。

2.6 安全环保

2.6.1 危险源

可能造成人员伤害、疾病,作业环境破坏或其他损失的因素或状态。

2.6.2 危险源辨识

发现、识别危险源的存在,并确定其特征的过程。

2.6.3 事故隐患

可能导致事故发生的人的不安全行为、物(环境)的不安全状态和管理上的缺陷。

2.6.4 应急预案

针对可能发生的事故,为迅速、有序地开展应急行动而预先制定的行动方案。应急预案由综合应急预案、专项应急预案、现场处置方案组成。

2.6.5 风险评估

对工程中存在的各种安全风险及其影响程度进行综合分析,包括风险辨识、风险估测、风险评价和防控措施。

2.6.6 特种设备

涉及生命安全、危险性较大的锅炉、压力容器(含气瓶)、压力管道、电梯、起重机械和场(厂)内专用机动车辆等。

2.6.7　特殊作业人员

从事容易发生事故的,对操作者本人、他人的安全健康及设备、设施的安全可能造成重大危害的作业的从业人员。

2.6.8　危险性较大工程

在施工过程中,存在的、可能导致作业人员群死群伤或造成重大财产损失、作业环境破坏或其他损失的工程。

2.6.9　警戒区

作业现场未经允许不得进入的区域。

2.6.10　水污染

水体因某种物质的介入,而导致其化学、物理、生物或者放射性等方面特性的改变,从而影响水的有效利用,危害人体健康或者破坏生态环境,造成水质恶化的现象。

2.6.11　隔油

利用油与水的相对密度差异,分离去除污水中悬浮状态油类的过程。

2.6.12　沉淀池

利用重力作用沉淀去除水中悬浮物的一种构筑物。

2.6.13　沉砂池

利用自然沉降作用,去除水中砂粒或其他相对密度较大的无机颗粒的构筑物。

2.6.14　大气污染

大气中污染物质的浓度达到有害程度,以致损害或破坏生态系统和人类正常生产和发展的条件,对人类和生物造成危害的现象。

2.6.15　大气污染物

大气中含有造成大气污染的各种形态物质的总称。

2.6.16　除尘

从气体中将颗粒物分离出来并加以捕集、回收的过程。

2.6.17　固体废物

在生产、生活和其他活动中产生的丧失原有利用价值或虽未丧失利用价值但被抛弃或者放弃的固态、半固态和置于容器中的气态的物品、物质以及法律、行政法规规定纳入固体废物管理的物品、物质。

2.6.18　环境噪声污染

所产生的环境噪声超过国家规定的环境噪声排放标准,并干扰他人正常生活、工作和学习的现象。

2.6.19　水土流失

在水力、风力、重力及冻融等自然营力和人类活动作用下,水土资源和土地生产能力的破坏和损失,包括土地表层侵蚀及水的损失。

3　施工组织设计总体策划要点

施工组织设计是指导工程施工组织与管理、实施与控制的纲领性文件，对确定先进合理的施工方案和工艺、优化资源配置、合理安排工序衔接、统筹施工进度计划、加强施工劳动组织、制订各项保障措施具有重要意义。在进行施工组织总体策划时，应从工程技术管理、标段及工区划分、施工资源投入、工程造价管理、安全环保管理、工程档案管理和征迁协调等方面着手，对拟建工程的设计与施工、技术与经济、协调与管理进行全面的规划、部署、组织和研究。

3.1　工程技术管理要点

（1）承担施工任务的企业应建立项目工程技术管理体系，组建以公司技术专家及现场技术管理人员为班底的项目技术管理团队。

（2）总体施工组织设计应由项目技术管理团队进行总体策划、编制，并通过企业内审。

（3）总体施工组织设计应充分体现设计施工融合理念。总体施工组织设计编制前，项目技术管理团队应认真领会设计意图，熟悉并研究设计方案和技术要求，开展实地测量和图纸会审，以分项工程为单位核查设计成果的完整性和合理性，以施工工区为单位对设计文件进行拆解，组织相邻工区之间、工区不同作业队伍之间开展技术衔接交叉复核。

（4）总体施工组织设计应充分体现均衡施工理念。总体施工组织设计应注重统筹施工各要素，合理配置，总结提炼项目、合同段的关键路线和重难点工程，模拟推演工区组织流程、相互之间的关系、协同实施路径等。通过扁平化组织资源和合理的工序安排，达到人员、资源配置的合理化，确保整个项目、项目各施工合同段、合同段各工区、工区各作业队伍均衡推进。

（5）总体施工组织设计中主要施工方案应遵循技术先进、经济合理、安全适用、绿色环保的原则，经比选论证，分类编列主要施工方案清单。

①结合项目工程技术特点，贯彻"平安百年品质工程"创建要求，积极推广先进工艺、"四新"技术、微创新等。

②常规施工方案应优先采用《关于规范BOT+EPC模式高速公路建设项目施工承包合同预算中施工工艺管理的通知》（建设事业部〔2023〕19号）推荐施工工艺，其他专项施工方案应开展经济技术比选，择优推荐。

③总体施工组织设计中主要施工方案的中大型临时设施结构设计必须进行经济技术比选，并由承包人委托有资质的第三方单位复核验证，设计单位按要求进行复核。

④落实生态环保理念，采用有效技术措施，统筹开展永临结合、废弃物利用、防尘降噪等工作，切实践行绿色施工理念。

(6)大型临时设施建设标准应以《湖北省高速公路建设标准化指南》为依据，结合项目建设需要和业主要求合理确定，建设-经营-转让(BOT)、政府和社会资本合作模式(PPP)等建设模式项目的大型临时设施杜绝一味"规模做大、标准做高"，应做到安全环保、功能适用、经济合理。

①遵循"少占地"原则，在不影响其他专业工程施工的情况下，预制梁厂可设置在主线路基或服务区范围，六车道高速公路可利用桥梁左右幅中间带范围修建"桥下便道"，改扩建项目路基段便道一般设置在红线范围内。

②遵循"少填少挖"原则，平原地区项目的大型临时设施建设尽量避开或少占用水塘、水田等软土地质，减少软基处理工程；山区项目的大型临时设施建设尽量选址在地势平坦位置，避免大挖方扰动，减少土石方工程数量。

③遵循"永临结合"原则，施工驻地鼓励采用就地租赁方式，施工便道充分利用或改扩建既有地方道路，新建便道可与地方永久道路规划相结合，采用"地企共建"模式，施工期临时用电与运营期永久用电统一规划，避免重复建设。

(7)对于BOT、PPP等建设模式项目，既要做好主要施工方案的技术经济比选，还应加强对主要工艺工装的安全适用性、技术先进性、经济合理性等方面的比选论证。钻孔灌注桩优先推广使用工效高、适应能力强、环保节能的旋挖钻成孔工艺。水中桩基和承台在地基和坡面稳定的前提下，优先采用填土围堰"水中造陆"，承台等部位基坑一般直接放坡开挖（或通过设计优化合理减少钢板/管桩量措施）。现浇混凝土梁宜视梁型结构、凌空高度、支架地基等选择合理的支架方案，并应组织专项审查审批。

(8)做好总体施工组织设计动态修编。项目实施过程中应实时跟踪核查目标偏差情况，及时采取资源投入、工艺调整、设计变更等手段，同步修编施工组织设计，并重新报批后实施。

3.2 标段及工区划分要点

3.2.1 标段划分

(1)标段划分应充分考虑工程规模、地形地质条件、行政边界、工程量和结构物分布、资源投入及调配合理性、建筑材料（土石方、混凝土、梁板及外购材料）运输通道顺畅便捷等诸多因素。

(2)单个标段宜将工程规模控制在10亿~30亿元，宜在20亿元左右。其中，一期土建标段路线长度宜控制在10~30km之间，同类型的单位工程按一定的规模尽量划归一个标段，以利于资源投入的高效利用。二期路面和三期交通安全设施、绿化工程单个标段路线长度不宜低于30km或以整个建设项目为划分单元。

（3）复杂的特大桥梁,如主跨跨径500m以上的斜拉桥和悬索桥,宜划分为两个标段,超长隧道（长度≥5km）考虑到施工组合之后的便利及管理,宜由两个标段共同承担。

（4）独塔斜拉桥、拱桥、连续刚构及单个互通等单位工程宜整体划入一个标段。

（5）标段的划分应结合现场的施工组织、征迁协调的便利性等诸多因素进行综合考虑,单个标段应整体划入在同一个行政区划内。

3.2.2 工区划分

（1）工区划分需考虑项目的特点和现场条件、交通状况、水电设施、地质条件、气候条件等,尽量利用有利条件,规避不利因素,使各工区的施工条件均衡,提高施工效率。

（2）工区划分应满足施工进度、方法、工艺流程及施工组织的需求,划分合理、紧凑,尽可能减少相互干扰,同时应有利于资源配置与有效利用,综合考虑土石方调配、混凝土生产运输、钢筋加工生产等的平衡。

（3）若标段内有特殊结构桥梁、特长隧道及枢纽互通,宜将特殊结构桥梁、特长隧道、枢纽互通单独划分工区,便于场站建设和材料组织。

（4）标段内有相当规模梁板预制安装需求的,宜以梁板预制安装一体化划分为一个和多个专业化工区。山区高速公路宜按不超过1000榀梁划分为一个工区,平原地区宜按不少于2000榀梁划分为一个工区。

（5）滑坡等重难且规模较大的防护工程,宜安排专业队伍按独立的工区组织实施。

（6）二期路面应根据全线控制性工程进展情况合理划分作业区段,原则上一个基层工区覆盖范围不大于20km,以10km为宜,一个面层工区覆盖范围不大于50km,以30km为宜。

3.3 施工资源投入要点

（1）施工资源的投入直接影响项目施工组织和进度安排,决定项目整体工期。因此,资源投入要严格按照合同工期要求,合理安排机械设备、物资材料、施工人员及资金,做到提前策划和动态调整,保障工程顺利施工。

（2）合理的资源配置,应按以下步骤开展资源投入分析：
①分析工程特点、重难点、气候及水文特点,提出针对性的措施；
②计算合同内各分部分项工程量；
③根据合同工期,正排和倒排各分部分项工程工期,绘制横道图和网络图,明确关键路线和关键节点时间；
④调研各种机械设备和材料的工效和性能；
⑤根据节点时间、工期、工程量及工效计算所需设备、材料和人工的最低数量；

⑥专业分包和劳务分包合同或协议,应列明资源投入的刚性条款。

(3)应大力推行"机械化换人、自动化减人、智能化无人"施工,严禁使用淘汰落后的机械设备、材料和工艺。

(4)钢筋、水泥等主要材料应进行集中采购、集中加工;砂石料等材料应就近择优选择,具备条件的,可自建和入股当地矿业公司,也可利用合格的弃渣生产。砂石料生产等受政策和气候条件影响较大,应至少储备一个月的常规用量,若有大体积混凝土施工,更应提前储备到位。

(5)项目建筑材料是项目质量控制和推动进度的关键,建筑材料组织的关键是质量控制和进场时间控制。在目前原材料控制管理日益加强的前提下,选择规模适当、诚信的供应商进行集中采购是有效控制、节省成本的有力手段。

①计算材料总供应量:根据前期施工图纸计算各种材料的总供应量,特别是加工周期长、供应不足的专业材料;

②分清供应主体责任:根据合同约定,划分建设方和施工方采购材料的内容和范围,分清材料供应各方的相关责任;

③制订进场和采购计划:按施工工期安排,控制好材料进场量,做好采购计划。采购时间要充分考虑前期材料检测和招标流程所需时间;

④材料进场控制:按照材料进场计划和现场实际施工进度,考虑适当的储备量,把控好各种材料进场时机;

⑤材料现场控制:现场及时盘点各种材料的存量,结合施工进度计划和消耗速度提前安排材料进场;

⑥制定紧急采购流程。

(6)根据施工进度计划计算各时间段内施工作业人员需求数量,并制订施工作业人员进场计划。

(7)资金计划应包含人员工资、材料备料、设备订购或租赁、后勤保障、技术支持等所需资金及适量的备用周转金。根据总体施工进度计划,制订年度、季度和月度资金使用计划,确保工程顺利实施。

3.4 工程造价管理要点

(1)项目批复概算是工程投资的最高限额。总体施工组织设计是进行项目成本预测、计划、分析和控制的重要基础和依据,是工程造价管理的重要环节。

(2)项目概算、招标控制价以及施工图预算要充分结合总体施工组织设计方案,根据不同阶段内容、技术的深度要求,将相关费用纳入其中。招标控制价、施工图预算以及施工合同清单应按照工程量清单格式编制。

(3)工程量清单预算的编制要求:严格遵照交通运输部颁布的《公路工程建设项目概

算预算编制办法》(JTG 3830—2018)、《公路工程概算定额》(JTG/T 3831—2018)、《公路工程预算定额》(JTG/T 3832—2018)等标准(以下简称"部颁定额")有关规定执行；当部颁定额工作内容、工艺工法、施工组织方案等与设计要求不同时，可以根据设计要求对定额进行调整(即定额抽换)，但主要材料、主要设备消耗量不得随意调整，人工、机械、辅助材料及其他费用可以据实调整；当部颁定额不能涵盖时，可以借用其他行业类似定额并根据设计要求的工作内容、工艺工法、施工组织方案等进行调整(即补充定额)，其各类取费仍然采用部颁定额。编制补充定额时，其造价水平要与已经实施完成的工程项目类似工程细目价格进行对比分析，以便检验其合理性；工程量清单编制完成时，要对清单子目逐项校核，同一标段或不同标段、同类或类似子目价格水平要进行分析对比，必要时可与已经实施的工程项目的子目(所谓检验数据)进行对比分析，合理确定子目单价。同时，编制完成的工程量清单应与批复概算或预算按单位工程、分部分项工程进行同口径对比分析，以便严格控制在项目批复概算范围之内；如有突破概算，应结合经验数据和本项目特点，仔细分析原因，必要时可以对总体施工组织设计进行调整。

(4)BOT、PPP等与投资人一并招标施工企业的建设项目在总体施工组织设计编制时，应同时按照工程量清单预算的编制要求，按照项目总体施工组织设计编制初步施工承包合同清单预算(重点是合理确定工程量清单100章工作内容及价格)，结合弃(废)料的利用、大宗材料设备集采、永临结合等项目管理特点，真实反映各单位工程、分部分项工程的市场价格，为后期根据双方合作协议确定合同价格打下基础。总体施工组织设计专家审查阶段，初步施工承包合同清单预算同步提交、同步审查。

(5)部颁定额是基于以往项目跟踪测算所得数据的归集、分析和整理而成，运用到具体项目，有其时效性、属地性和针对性的差异。标段内，不同单位、分部、分项工程按部颁定额测算的造价水平，不一定能合理反映各自真实成本。施工单位不能简单地将与建设单位签订的合同清单价格，直接作为单位、分部、分项工程成本管理的控制指标。

(6)分包策划是施工组织策划的重要组成部分，也是影响成本管控的关键因素，施工企业应兼顾施工组织和降本增效的需要，合理确定分包段落划分、分包模式、分包商数量等，避免资源配置不均衡、资源无效浪费和重复投入等情况。

(7)物资和设备管理是项目成本管控的重要环节，施工企业应合理规划主要物资、机械设备、周转材料、试验、测量仪器设备的来源和配置方案。鼓励施工企业有效利用路基、隧道的挖余石方，加工后性能满足要求的可以作为混凝土集料或路基填料，减少外购材料，节约投资成本。

3.5 安全环保管理要点

3.5.1 安全管理要点

(1)安全生产工作应以人为本，坚持人民至上、生命至上，把保护人民生命安全摆在首位,树牢安全发展理念,坚持安全第一、预防为主、综合治理的方针,从源头上防范化解重大安全风险。

(2)建立健全全员安全生产责任制,加强安全生产标准化建设;明确安全生产管理目标、计划及任务。组织制定并实施安全生产规章制度、操作规程、安全生产教育和培训计划,营造人人讲安全、个个会应急的安全生产环境。

(3)加大对安全生产资金、物资、技术、人员的投入保障力度,改善安全生产条件;依法参加工伤保险,高危行业应当投保安全生产责任险,为从业人员缴纳保险费,并加强对安全资金使用的监管。

(4)构建安全风险分级管控和隐患排查治理双重预防机制,健全风险防范化解机制,及时消除安全生产事故隐患,提高安全生产水平。

(5)组织制定并实施安全生产事故应急救援预案,建立应急救援队伍,配备相应的应急救援装备和物资,并定期组织演练,提高应急救援的专业化水平。

(6)工会依法组织职工参加本单位安全生产工作的民主管理和民主监督,维护职工在安全生产方面的合法权益,对有关安全生产规章制度的制定或者修改提出意见,监督项目安全设施与主体工程同时设计、同时施工、同时投入生产和使用。

(7)以"平安工地"建设为抓手,建立工序安全报检制度,压实各级安全责任,着力打造"平安百年品质工程"。

3.5.2　环水保管理工作要点

(1)项目建设过程中秉持"预防为主、防治结合、综合治理"的原则,树立"原始的就是最美的,不破坏就是最好的保护,力求施工中最低程度的破坏,完工后最大限度地恢复"的环水保管理理念。

(2)建立"横向到边,竖向到底"的环水保管理体系,制定环水保管理办法、制度,并严格落实环水保管理体系及责任体系。

(3)建立环水保与主体工程同时工作的方法、措施,并引进第三方专业环保咨询监测单位和水保监理单位。

(4)提前谋划,按绿色示范工程要求编制工作大纲,分析项目环水保管理重难点、敏感点,有针对性地制定防范措施。加强过程管理,施工期按照工作大纲要求,严格落实如扬尘、油污、废水、弃渣、噪声等各项污染防治措施,抢抓绿化恢复有利时节,开展春季绿化恢复工作,确保防护工程和绿化恢复及时跟进。

(5)以"四新技术"为依托,大力推进生态环保、低碳节能创新举措,全面推行项目在工程设计、施工操作、运营管理等全过程中的绿色创新。

(6)加强教育培训,定期召开环水保专项会议、开展环水保知识竞赛,提高全体参建人员的环水保责任意识。

3.6 工程档案管理要点

(1)高速公路建设工程档案是项目建设必须形成的重要成果。工程档案的组卷编制须记录项目自立项审批(核准)至竣工验收全过程,反映项目质量、安全、技术、进度、环保、水保管理和投资控制基本情况,对建成后工程管理、维护、改建和扩建具有保存和参考价值的各种文字、图表、声像等形式与载体的历史纪录,应经系统地整理并归档。

(2)工程档案管理是参建各方必须履行的责任,对工程档案文件材料进行收集、整理、立卷、归档等职责行为,必须做到标准化、规范化、程序化和日常化,确保档案文件材料质量符合要求。

(3)工程档案管理工作由建设单位全面负责。施工企业应接受建设单位实行的统一制度、统一标准和统一管理,业务上接受建设单位、档案行政管理部门和上级主管部门的监督和指导。

(4)施工企业应明确项目档案管理工作责任,按照规定建立档案室,配置档案专柜及专职、兼职管理人员。

(5)项目文件资料应按照立项、准备、施工及验收4个阶段分类收集,收集归档的文件材料要保证原始、准确、真实、完整、规范、及时和美观。

(6)电子文件与纸质文件应同步收集、归档。电子文件与纸质文件数字化的形成和保存应符合相关国家规范。

(7)工程声像资料应与工程进展同步产生,做到随时拍摄,随时按要求整理,避免丢失与损坏,避免事后补拍(摄)。

(8)工程文件材料归档前应分类整理和组卷,按建设项目内容形式,分级分类编号。施工企业应按照相关规范要求分类组卷,案卷内容应系统化排列,注重先后顺序,便于查阅。

(9)施工企业应建立施工文件资料的收集、整理、归档台账,定期向监理单位、建设单位及项目档案管理组报告。

(10)工程交工前,施工企业应向监理单位、建设单位及档案管理组提出项目档案自检报告和档案专项验收申请,经验收合格后,将档案文件资料移交项目档案管理组进行统一汇总、归档。

(11)施工企业应在工程竣工时编制竣工图,竣工图应完整、准确、规范、清晰,真实反映项目竣工时的实际情况。

(12)积极利用信息化工具做好项目档案数字化管理工作,做好档案、档案信息管理系统及电子数据的备份、保密工作,确保档案安全。

3.7 征迁协调工作要点

（1）根据项目建设需要，组建由政府领导和相关部门负责人组成的项目建设协调机构，从交通、林业、国土、水利、公安、住建等各相关行业管理部门抽调精兵强将充实到市州、县、乡镇三级协调机构，专职负责本项目的征迁协调工作，建立高效的沟通协调工作机制，定期研究阶段性工作，处理重大突出矛盾问题，保障项目的顺利实施。

（2）根据项目进展需求，从工可批复、项目准备期、主体工程施工期、收尾验收期分阶段制定征地协调计划，明确工作目标，理清工作思路。

（3）征迁协调工作必须严格执行建设项目征地拆迁相关法规政策和湖北交投集团与地方政府签订的"投资协议"，提倡节约集约用地，保资源促发展，准确调查数量，严格控制并减少占用耕地。

（4）严格按照相关法规、政策做好《建设项目节地评价报告》《压覆重要矿床评估报告》《地质灾害危险性评估报告》《使用林地可行性报告》《水土保持方案》《防洪影响评价》《文物保护》《社会稳定评价》等各项专题报批工作，同步开展用地预审、先行用地报批、临时用地、永久性施工用地、林地报批以及环水保方案报批等程序性工作，依法依规进行项目建设。

（5）根据施工调查情况、工期关键路线安排和大型临时设施规划，详细调查征拆难易度、协调程序复杂度等，编制征地拆迁计划表，重点关注临时建筑、进场道路、先行开工点、征拆重难点等关键位置，提前谋划批复手续复杂的铁路、高压电、工业厂房、大型企业等征拆点，根据征拆难易程度，集中力量、重点突破，全面布点、各个击破。

（6）积极探索"四个永临结合"，促进路地融合共建。促进施工单位与县市政府和相关部门将临时用地使用与地方土地全域整治、乡村振兴、项目建设相结合，将施工便道规划建设与农村路网、产业发展路、森林防火通道相结合，将临时建筑设施与项目建设、乡村规划相结合，将施工高压部分临时用电设施接入和运营永久用电设施相结合，最大限度地降本增效。

（7）采取有力措施稳定沿线地区项目所需主要材料价格，打击哄抬物价、欺行霸市的行为。对地方政府及有关部门收取的各种税费，根据国家法律法规，积极向相关部门争取予以最大限度地依法减免。对地方权限范围内的电力增容费用、非列养道路养护及恢复费用，积极争取在法律、政策许可范围内给予优惠扶持。

（8）协调地方政府严厉打击"六强"（强行供应材料、强揽工程、强行租赁设备、强行装卸、强行提供劳务、强行阻挠施工）、"三乱"（乱收费、乱罚款、乱摊派）行为，加强项目建设沿线治安管理，建立反应快捷的治安保障体系。

（9）建立和完善与辖区公安派出所、社区的反恐防暴、综合治理、信访维稳、治安等的联防联动机制，落实区域案发情况通报、治安联网协防等工作措施。

（10）针对征迁协调大额资金使用，严格按照湖北交投集团"三重一大"原则进行集中审议,并对资金使用情况进行全过程跟踪审计,确保征迁协调资金专款专用,控制建设成本。

(11)按合同约定,厘清建设单位与施工单位的责任边界(即大协调与小协调的边界),形成既有统一管理又有明确责任的有机整体。

3.8 涉铁路、超高压、油气管线、供排水管道工作要点

近年来,随着经济的飞速发展,交通量迅猛增长,公路建设项目与铁路、高压、油气及供排水管道交叉工程越来越多,根据《铁路安全管理条例》《高压电力用户用电安全》(GB/T 31989—2015)等相关法律法规、国家标准规定,在铁路、电力线路安全保护区内建造建筑物、构筑物等设施,应当征得铁路运输企业、供电局等单位同意并签订安全协议,公路项目业主组织管理人员现场调查,发文联系所属铁路、高压、油气及供排水管道工程管理局。

公路工程涉铁路、涉超高压、涉油气管线及供排水管道一般由项目管理公司(公路项目业主)与产权所属工程项目管理公司签订工程代建合同,由产权所属工程项目管理公司负责管理,以下各手续和相关审批流程仅供参考。

3.8.1 涉铁路迁改报批手续及审批流程(图 3.8.1-1)

3.8.1.1 施工手续

涉铁路施工手续办理周期较长,施工单位须提前2个月完成铁路营业线施工方案,并办理相关手续,以下手续办理仅指非要点施工的B、C类施工计划的申报。

(1)施工单位完成邻近铁路营业线施工方案编制,并经监理单位审核后报产权所属管理公司。产权管理机构组织设计、施工、监理、行车组织和设备管理单位对方案进行预审,并出具预审会议纪要。

(2)施工单位根据预审会议意见完成方案修订,再将施工方案报铁路局集团公司相关业务部门审批(工务部、电务部、供电部、运输部等),目前铁路局集团公司对铁路营业线施工方案采用线上审批系统,须提前熟悉相关操作流程。

(3)铁路营业线施工方案全部会签完成后,施工单位需与相关站段(工务段、电务段、供电段、车务段等)签订安全协议。

(4)安全协议签订完成后,施工单位每月要上报邻近铁路营业线施工安全监督计划,计划申报通过线上和线下两种方式共同进行,施工计划全部审批通过后,方可开始邻近铁路营业线施工。

3.8.1.2 铁路管线迁改

根据铁路局集团公司的相关要求,铁路管线迁改工作由车间、站段负责,迁改手续主要由相关站段负责办理,因迁改周期较长,施工单位需积极与相关站段联系。

(1)施工单位进场后与相关迁改站段沟通,组织车间、站段人员对管线位置进行调查。

(2)迁改相关站段确定迁改方案后,对该迁改工程进行发包,招标过程1个月左右。

(3)迁改施工单位确定后开始办理施工手续,如迁改工程需要点施工,同样需办理铁路营业线施工手续。

(4)涉铁路迁改全程(不含施工)大约需要90d。

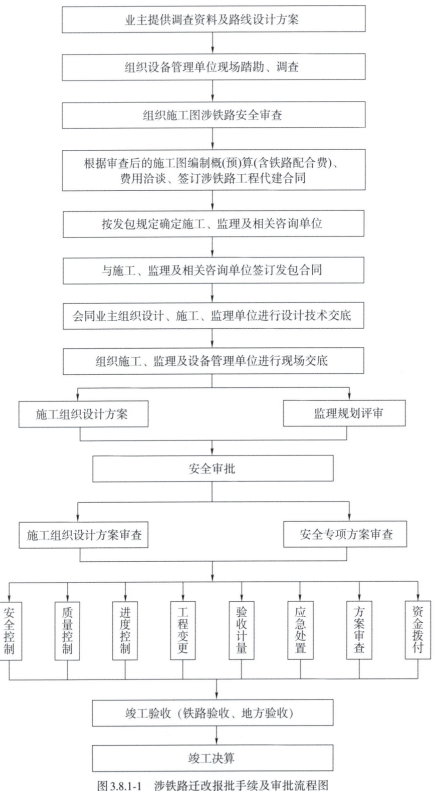

图 3.8.1-1　涉铁路迁改报批手续及审批流程图

3 施工组织设计总体策划要点

3.8.2 涉超高压迁改报批手续及审批流程(图3.8.2-1)

特别提醒:该流程大约需156d,超高压(500kV及以上)迁改有窗口期,一般是在5月份,错过则需再等一年。

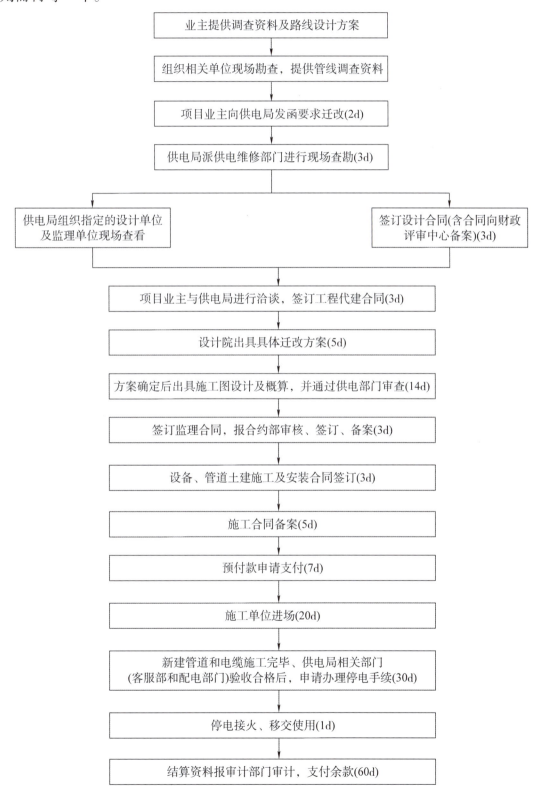

图3.8.2-1 涉超高压迁改报批手续及审批流程图

27

3.8.3 涉燃气管道迁改报批手续及审批流程(图3.8.3-1)

特别提醒:该流程大约需125d,燃气管道迁改有窗口期,一般是在10月份,错过则需再等一年。

图 3.8.3-1　涉燃气管道迁改报批手续及审批流程图

3.8.4 供排水管道迁改报批手续及审批流程(图3.8.4-1)

特别提醒：供排水管道迁改流程大约需131d。

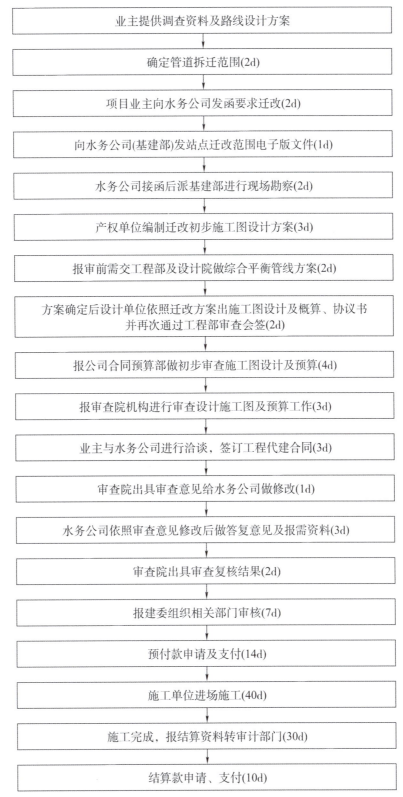

图3.8.4-1 供排水管道迁改报批手续及审批流程图

3.8.5　涉铁路、超高压、油气管线、供排水管道注意事项

（1）做好现场调查工作，确保迁改工程量数量准确。

（2）制订经济可行的迁改方案，确保迁改工程概算费用。

（3）实施主体是产权单位。对于复杂设计和施工，施工单位配合提供埋置施工和运营的相关数据。

（4）产权单位在考虑迁改方案时注意安全系数高、维护方便。

（5）迁改方案的确定由建设、产权、监理、设计及施工单位参与，迁改方案要结合公路工程施工图全面考虑，避免出现二次迁改。

（6）迁改方案初定后还应邀请第三方造价咨询单位对初定的迁改方案及估算费用进行审查。

（7）迁改方案初步拟定后还须组织产权单位专家对迁改方案及设计估算进行评审，专家评审通过后，设计单位方可进行施工图设计并编制施工图预算。

（8）项目业主与产权单位签订的工程代建合同应按经济补偿性质签订，在与产权单位签订代建合同时，应尽量做到一次性包干，包括规划报批、青苗补偿、施工协调等。

4 临时建筑

4.1 一般规定

(1)临时建筑工程包括施工驻地[项目经理部驻地、分部(工区)驻地、工地试验室]、厂(场)站建设[混凝土拌和厂(场)、钢筋(型钢)加工厂(场)、普通梁厂(场)、智慧梁厂(场)、小型构件预制厂(场)]、施工便道便桥、临时用电、施工及生活用水、弃土场、信息化建设等。

(2)临时建筑工程规划建设应根据项目招投标与合同文件、项目设计文件、项目施工组织设计、项目公司相关要求、相关标准化指南、行业标准及规范、相关法律法规、施工单位相关技术标准与要求、项目特点、地质环境、气候条件、交通运输条件等综合考虑。

(3)临时建筑工程规划应严格遵循国家法律法规及行业标准规范的有关规定,避让滑坡、山洪、泥石流等地灾隐患点,严格开展地勘、稳定性复核、方案比选,特别是针对滑坡、山洪、泥石流的有关论证工作实行"安全"一票否决制。

(4)临时建筑工程规划应根据项目实际情况,合理规划临时建筑工程的规模、选址和布局,提高土地利用效率,降低项目成本;临时建筑工程应满足项目建设期间人员和材料的进出需求,提高施工效率;并应遵循绿色施工理念,采用节能、环保的材料和技术,降低环境污染,提高资源利用效率。

(5)施工驻地建设应体现以人为本的理念,着力改善项目各参建单位的生产、生活环境,并应因地制宜,尽量减少对环境的影响。

(6)厂站建设应推行集约化管理,工厂化生产,实现"三个集中",即混凝土集中拌制、钢筋集中加工、混凝土构件集中预制,充分发挥集约化施工优势;厂站临时用地应合法合规,不得占用永久基本农田。

(7)施工便道便桥应进行专项设计并编制专项施工方案,规划前应进行详细踏勘,综合考虑沿线交通条件、总体施工部署、地形和地质条件、通航和水文条件、周边建(构)筑物条件、环水保等相关因素,在满足工程施工机械、材料进场等功能要求前提下,合理选用路面结构形式,保证工程规模合理。

(8)施工现场临时用电应结合当地电网情况、施工段落划分、生活及生产临时设施规划、用电设备配置、永临结合等因素,确定临时供电方案,明确变压器布设位置和容量大小,确保满足临时用电需求。

(9)项目驻地生活用水一般引入当地自来水,以确保供水的稳定性,避免水质问题。对于条件受限的,可利用地下水作为生活用水,使用前须对水质进行检测,并符合现行国家标准《生活饮用水卫生标准》(GB 5749—2022)的规定,确保用水卫生和安全;在项目沿线河流丰富区域,施工用水可考虑就近河道取水,并设置蓄水池蓄水,施工现场附近无直接水源的,可选择布设管道引入或采用地下水以满足生产用水需要。

(10)弃土场选址和设计是一项综合性较强的工作,既要考虑多弃土,又要考虑减少征地费用和工程防护费用,也要兼顾群众利益。综合考虑弃方量、运距、征地费用、工程防护费用、生态恢复及排水等因素,选择和设计较合理的弃土场方案,并选取具备相关资质的评估单位对弃渣(土)场等级、堆渣(土)量、稳定性等方面进行分析评估。

(11)施工工地应配置符合要求的计算机硬件、网络、通信、视频和存储等基础设施,从信息安全技术和信息安全管理两方面,开展信息安全建设。

4.2 项目部驻地

4.2.1 设置原则

(1)项目部驻地建设,应遵守法律法规和符合有关主管部门的规定要求,遵循"因地制宜,节约土地,保护环境,安全可靠,规范有序,功能完备,布设合理,满足生产,方便生活"的原则。

(2)项目部驻地建设可采用自建、租赁或自建与租赁相结合等方式(图4.2.1-1)。

图4.2.1-1 项目部驻地实景图

4.2.2 选址要求

严格遵循国家法律法规及行业标准规范的有关规定,避让滑坡、山洪、泥石流等地质灾害隐患点,严格开展地勘、稳定性复核、方案比选,特别是针对滑坡、山洪、泥石流的有关论证工作,实行"安全"一票否决制。

(1)选址工作应按照地质初筛、地质灾害危险性评估两个阶段实施,严禁设置在滑坡、泥石流、崩塌等地质灾害影响范围内,选址尽量避开冲沟、崖边、河谷、风口及水库周边,必须离集中爆破区500m以外。

(2)靠近现场,管理方便。

(3)不受施工干扰。

(4)交通便利,尽量靠近公路。

(5)通信畅通,满足信息化管理要求。

4.2.3 建设标准

4.2.3.1 规划与布局

(1)项目部驻地采用院落式封闭管理,划分为办公区、生活区、车辆停放区、活动场地等,各功能区设置应科学合理,面积满足功能要求,庭院内应适当设置绿化,并保持环境优美整洁;办公区、生活区应分区布置,且采取相应隔离措施,并设置导向、警示、定位、宣传等标识。

(2)办公区内应设置项目管理层办公室、各职能部门办公室、会议室、档案资料室、党员活动室等,办公室标牌应美观一致。

(3)生活区内设宿舍、食堂、浴室、厕所、活动室和图书室等。

(4)项目驻地内设车辆停放区,面积能满足不少于20辆小汽车的停放需求。

(5)活动场地应根据条件配置室外文体设施,如篮球场、羽毛球场、乒乓球台等,活动场地面积不小于1000m²。

(6)项目驻地采用自建模式时可采用活动板房搭建,并优先考虑装配式箱式板房,搭建不超过两层(图4.2.3-1);若采用砖房,需内外粉刷装修,并满足工作、生活及消防要求;办公区、生活区应与周边危险源或污染源保持一定的安全距离且满足交通运输部《"两区三厂"建设安全标准化指南》中对最小安全距离的规定。

a)   b)

图4.2.3-1 装配式箱式房屋实景图

相关建设规模可参照表4.2.3-1中相关参数执行。

项目驻地自建模式各办公室板房数量一览表　　　　表4.2.3-1

类别	K形彩钢板房标准(3.64m×6m)	箱式板房标准(2.99m×6.05m)	说明
项目经理	1间	1间	用于办公
	1间	1间	作为接待室兼小会议室
总工程师	1间	1间	用于办公
副经理	1间	1间	用于办公
安全总监	1间	1间	用于办公
工程部	1间	1间	卡桌办公
资料室	2间	2间	卡桌办公
安全部	4人以下(含4人)配置1间，5~8人配置2间	3人以下(含3人)配置1间，4~6人配置2间，6人以上配3间	卡桌办公
质检部	4人以下(含4人)配置1间，5~8人配置2间	3人以下(含3人)配置1间，4~6人配置2间，6人以上配3间	卡桌办公
机料部	4人以下(含4人)配置1间，5~8人配置2间	3人以下(含3人)配置1间，4~6人配置2间，6人以上配3间	卡桌办公
财务部	4人以下(含4人)配置1间	3人以下(含3人)配置1间，4~6人配置2间	卡桌办公
合同部	4人以下(含4人)配置1间，5~8人配置2间	3人以下(含3人)配置1间，4~6人配置2间	卡桌办公
协调部	4人以下(含4人)配置1间	3人以下(含3人)配置1间，4~6人配置2间	卡桌办公
综合办公室	4人以下(含4人)配置1间	3人以下(含3人)配置1间，4~6人配置2间	卡桌办公
劳资办	3人以下配置1间	3人以下配置1间	
测量队	4人以下(含4人)配置1间，5~8人配置2间	3人以下(含3人)配置1间，4~6人配置2间，6人以上配3间	卡桌办公
大会议室	5亿元以下项目:2间；5亿~10亿元项目:3间；10亿元以上项目:3~4间	5亿元以下项目:2间；5亿~10亿元项目:3~4间；10亿元以上项目:4~6间	大办公桌
职工书屋	1间	1间	
食堂	5亿~10亿元项目:2间；10亿元以上项目:3间	5亿~10亿元项目:2间；10亿元以上的项目:3间	
厨房	1~2间	2~3间	
住宿	2人配置1间	2人配置1间	

(7)项目部根据实际情况确定租赁和装修标准,项目驻地采用租赁和装修方案时相关面积参考表4.2.3-2相关参数执行,但不宜超出表中面积之和的20%。

（8）自建与租赁相结合模式建设规模可参照(6)(7)相关参数执行。项目部驻地建设应积极建设信息化系统，无线网应全覆盖。应当建立高效的监控网络和满足形象展示需求的信息化交互系统，大门进出口、财务室等重要部位应设置视频监控系统。

项目驻地租赁+装修模式办公室及相关区域面积一览表　　表4.2.3-2

项目预算额（亿元）	建议配置人数（人）	办公室面积（m²）	住宿面积（m²）	活动场地（m²）	会议室（m²）	停车区（m²）	食堂（m²）	厨房（m²）	公共卫生间（m²）	绿化百分比	其他区域百分比
≤5	≤40	≤300	370	1000	80	≤400	≤60	20	≥20	10%	20%
5<预算额≤10	≤58	≤420	520	1200	100~120	≤500	≤90	30	≥30	10%	20%
10<预算额≤15	≤70	≤500	620	1400	120~140	≤560	≤105	40	≥35	15%	20%
15<预算额≤20	≤80	≤550	700	1600	140~160	≤600	≤120	50	≥40	15%	20%
20<预算额≤30	≤87	≤600	760	1800	160~170	≤640	≤130	60	≥45	20%	20%

4.2.3.2　标志标牌设置

（1）施工驻地大门内醒目处，应设置施工总体平面布置图、工程概况牌、安全生产牌、文明施工牌、消防保卫牌、管理人员及监督电话牌、质量保证牌、环境保护牌、组织机构牌等八牌一图，图牌处宜设置防雨设施（图4.2.3-2）。

图4.2.3-2　八牌一图效果图

（2）项目管理班子责任牌、施工现场八不准、渣土管理责任牌等图牌应设置在大门外侧醒目处。

（3）应根据现场需要设置企业简介、精品工程展示、项目标准横断面图、结构图等其他宣传图牌。

4.2.3.3　具体要求

（1）场地处理。

项目部驻地主要道路可采用毛渣/沙砾垫层和混凝土进行灵活设置，人行道可采用花岗岩路面或烧结砖路面,也可与主要道路统一布置,其他地段可采用绿化和混凝土硬化处理,经地基处理后,压实度不宜小于90%,地基承载力不宜小于100kPa。

(2)驻地大门。

项目驻地大门采用伸缩式电动门,长度不小于6m,并在大门一侧设置门卫室,配备专人全天候负责进出项目部人员和车辆的登记管理等工作;若为租赁模式,因场地受限等情况,无法采用伸缩电动门时,宜设置闸门。

①门库。

伸缩式电动门门洞采用砖块砌筑,顶面设置防水措施,墙面贴瓷砖,正面镶贴不锈钢企徽和"企业名称+××高速公路××标段项目部"字样(图4.2.3-3)。

图4.2.3-3　项目驻地大门门库示意图

②伸缩式电动门。

伸缩式电动门为优质铝合金材质,驱动箱上设置液晶显示屏,可显示日期、时间、天气情况等信息(图4.2.3-4)。大门两侧设置车牌自动识别门禁系统。

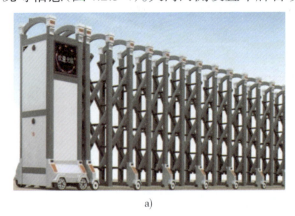

a)　　　　　　　　　　　　　　　　b)

图4.2.3-4　项目驻地伸缩门示意图

③门卫室。

门卫室采用成品门卫房(图4.2.3-5)。房内设值班室、门禁控制系统及监控视频屏。门卫室应设置门牌,内部应整洁干净,墙上悬挂门卫管理制度等标牌。门卫室侧墙粘贴报警电话牌("119""110""120")。门卫室应按照相关规定配置相应的消防、保安器材。

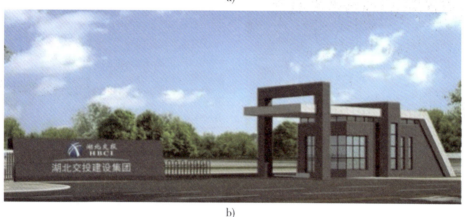

图4.2.3-5　项目驻地大门实景图

（3）围墙。

项目部驻地四周必须设置围墙，推荐采用通透式围墙（图4.2.3-6）。

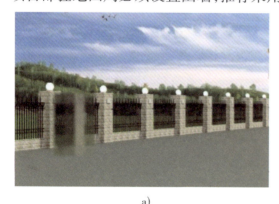
a)

b)

图4.2.3-6　通透式围墙实景图

（4）办公区。

①办公室。

项目人员人均办公面积满足《高速公路施工标准化技术指南 第一分册 工地建设》相关要求，办公室面积可根据项目部管理层、中层及一般管理人员两档进行设置。

采用自建模式时，项目部管理层办公室采用1间K形板房或箱式板房，中层及一般管理人员人均办公室原则上K形板房按4人/间配置，模块化箱式板房按3人/间配置。

②会议室。

大会议室须至少容纳60人，面积不小于100m²，并应设2扇门，均向外开启，保证发生危险时能及时疏散参会人员。

小会议室必须容纳至少30人，面积不小于60m²，可兼作党员活动室（图4.2.3-7）。

③档案资料室。

档案资料室（图4.2.3-8）应单独设置，面积不小于40m²。档案室应考虑防火、防水、防晒、防潮、防尘。档案室应配备干粉灭火器，禁止在档案室存放易燃易爆物品及食品，禁止在档案室无人情况下使用各种电器。档案室应配备具有除湿功能的空调或独立的除湿机。

图4.2.3-7　小会议室示意图

图4.2.3-8　档案资料室实景图

（5）生活区。

驻地生活区根据使用规模和场地情况设置独栋或多栋生活用房，生活区包含宿舍、食堂、浴室、卫生间、晾衣棚等。

①宿舍。

宿舍室内净高不应低于2.6m，通道宽度不应小于0.9m，人均住宿面积不应小于8m²。

②食堂。

a. 食堂宜采用单层结构，顶棚宜采用吊顶，地面铺防滑地砖，不得积水，净高不得低于2.8m，通风开口面积不应小于房间地板面积的1/10，距厕所、垃圾场等处不应小于30m，应设置密闭式泔水桶。

b. 食堂应设置独立的操作间、备餐间（区）、主副食库、储藏间、燃气罐存放间、更衣间等。操作间应设置红白案台、冲洗池、清洗池、消毒池、排水沟；灶台及周边应贴白色瓷砖，高度不宜低于1.5m；地面应做硬化和防滑处理。

c. 食堂应设置独立的制作间、储藏间，门扇下方应设不低于20cm的防鼠挡板。操作间灶台与其周边应采取措施保证易清洁、耐擦洗，墙面处理高度应大于1.5m。地面应做硬化和防滑处理，并应保持墙面、地面清洁。

d. 存放食品原料的储藏间或库房应具有通风、防潮、防虫、防鼠等措施，库房不得兼作他用。粮食存放台距墙和地面应大于20cm。

e. 食堂应配备必要的排风、冷藏、消毒设施，应设置通风天窗和油烟净化装置，油烟净化装置应定期清洗,油烟应经处理后方可对外排放。

③浴室。

a.浴室必须结构牢固、通风良好,地面应作防滑处理,使用防水灯具和开关,并设下水沟槽。

b.必须分设男、女浴室,采用节水龙头,人均使用面积不小于0.5m²,项目浴室总面积根据项目实际人数设置,且不得低于20m²;淋浴间与更衣间分离设置,更衣间内应设置长凳、储衣柜或挂衣架。

④卫生间。

a.卫生间应通风、采光良好,地面应作防滑处理,并配备纱门、纱窗。

b.必须分设男、女卫生间,卫生间应为水冲式且保持清洁,净空高度不得低于2.8m,人均使用面积不小于0.5m²,项目卫生间总面积根据项目实际人数设置,且不得低于20m²。

⑤晾衣棚。

晾衣棚可采用钢管或角钢制作,顶棚采用透明材料搭建,设置在生活区周边,供工作人员晾晒衣服。

(6)公共区。

施工驻地公共区域主要包括道路、消防设施(图4.2.3-9)、排水设施、排污设施、旗台、停车场、绿化、活动场所、信息化系统等,具体建设标准如下:

①道路:项目驻地内部主要出入道路宽度不应小于7m;功能区之间人流较少的辅助道路、消防车道不应小于4m;人行道不应小于1.5m。

图4.2.3-9 消防设施实景图

②消防设施:按防火级别及面积合理配备,手提式灭火器设置在灭火器箱内或挂钩、托架上,其顶部离地面高度不应大于1.5m。每50~100m²配置1个手提式灭火器;档案资料室、会议室、食堂等处必须单独配置1组,每组配置2个手提式灭火器。

③排水设施:项目部驻地内场地一般按照四周低、中心高的原则设置,保证面层排水坡度不应小于1.5%;周围设置完善的排水系统,保证排水通畅,庭院内场地排水沟采用暗沟,其他地方排水沟可设明沟,排水沟底面采用M7.5砂浆进行抹面。

④排污设施:生活污水集中排放,根据生活污水排放量大小,在场地外侧合适位置设置沉砂井及污水过滤池。

⑤旗台:旗台基座采用红色瓷砖贴面;旗帜要求:中间为国旗,左侧为司旗,右侧为劳动卫生安全旗;旗杆采用不锈钢旗杆,国旗旗杆高度为12m,高于其他旗杆0.5m,每根旗杆间距为1.5m(图4.2.3-10)。

⑥停车场:每个停车位长6m,宽2.5m,采用黄色油漆标记,按不少于20个车位进行

布设。

⑦绿化:施工驻地绿化率一般不低于10%,重点示范项目绿化率不低于15%。

⑧活动场所:施工驻地应根据人员规模设置篮球场、羽毛球场、乒乓球台以及相关健身、娱乐等活动场所,合理配置文娱设施。

⑨信息化系统。

a. 远程视频系统:对关键施工作业点实施视频监控(图4.2.3-11)和信息管理,如特殊复杂桥梁、隧道、拌和厂、加工厂、预制厂、集中办公及生活区等。

b. 数据实时传输系统:施工现场进度、安全、质量管理过程信息采用数字化、信息化、可视化传输监测系统。

图4.2.3-10　旗台示意图

图4.2.3-11　实施视频监控示意图

4.3　工区驻地

4.3.1　设置原则

(1)分部(工区)驻地建设,应遵守法律法规的规定和符合有关主管部门的规定要求,遵循"因地制宜、节约土地,保护环境,安全可靠,规范有序,功能完备,布设合理,满足生产,方便生活"的原则。

(2)分部(工区)驻地建设可采用自建、租赁或自建与租赁相结合等方式。

4.3.2　选址要求

严格遵循国家法律法规及行业规范标准的有关规定,避让滑坡、山洪、泥石流等地质灾害隐患点,严格开展地勘、稳定性复核、方案比选,特别是针对滑坡、山洪、泥石流的有关论证工作实行"安全"一票否决制。

(1)选址工作应按照地质初筛、地质灾害危险性评估两个阶段实施,严禁设置在滑坡、泥石流、崩塌等地质灾害影响范围内,选址尽量避开冲沟、崖边、河谷、风口及水库周边,必须离集中爆破区500m以外。

(2)靠近现场,管理方便。

(3)不受施工干扰。

(4)交通便利,尽量靠近公路。

(5)通信畅通,满足信息化管理要求。

4.3.3 建设标准

分部(工区)驻地以现场管理为主,一般不设置职能部门,办公区、生活区面积以满足现场管理要求为准,相比项目部驻地可进行调减,其余建设标准可参考"4.2.3 建设标准"执行,并配备必要的文娱设施。

4.4 工地试验室

4.4.1 设置原则

(1)高速公路工地试验室应为具有公路工程乙级及以上质量检测等级资质的派出机构。其中,建设单位中心试验室、总监办中心试验室、受监项目含长江大桥的总监办工地试验室应为公路工程甲级质量检测等级资质的派出机构。

(2)标段内应设置一个主试验室,土建一期山区项目监理管理路线超过50km、施工单位施工路线超过15km,非山区项目监理管理路线超过80km、施工单位施工路线超过30km,宜根据具体情况设置分试验室,长江大桥、山区项目交通不便的,可根据情况设置分试验室。

(3)主、分试验室必须为同一母体检测机构,分试验室为该工地试验室的分支机构,由母体检测机构统一授权,并明确其检测范围、人员配置等。

(4)分试验室标准化建设遵从《湖北省高速公路工地试验室建设标准化指南》相关要求,设置满足申请参数的相应功能室并通过建设单位组织的能力核验。

(5)工地试验室(图4.4.1-1)在建设时应综合考虑一期、二期工程,并配置相应的功能室。

图4.4.1-1 工地试验室实景图

4.4.2 选址要求

严格遵循国家法律法规及行业规范标准的有关规定,避让滑坡、山洪、泥石流等地质灾害隐患点,严格开展地勘、稳定性复核、方案比选,特别是针对滑坡、山洪、泥石流的有关论证工作实行"安全"一票否决制。

(1)选址工作应按照地质初筛、地质灾害危险性评估两个阶段实施,严禁设置在滑坡、泥石流、崩塌等地质灾害影响范围内,选址尽量避开冲沟、崖边、河谷、风口及水库周边,必须离集中爆破区500m以外。

(2)工地试验室选址时,原则上同项目驻地或临时场站共同建设,统一管理,特殊情况下工地试验室选址时可单独建设。

(3)靠近现场,管理方便。

(4)不受施工干扰。

(5)交通便利,尽量靠近公路。

(6)通信畅通,满足信息化管理要求。

4.4.3 建设标准

4.4.3.1 场地处理

(1)地基承载力:地基处理后,试验室地基承载力不宜小于100kPa。

(2)板房基础及生活区采用混凝土硬化。

4.4.3.2 功能室

功能室宜采用箱式房屋或活动板房材料搭建而成,宜设置单层。试验室功能区设土工室、集料室、水泥室、化学室、力学室、混凝土室、标准养生室、岩石室、外检室、样品室、留样室、沥青室、沥青混合料室等功能室。

工地试验室各功能室面积按表4.4.3-1执行。

试验室各功能室使用面积推荐表　　表4.4.3-1

序号	功能室名称	面积(m²)	推荐箱式房尺寸(m×m)	推荐板房尺寸(m×m)
1	土工室	≥30	2.99×10.89	5.46×6
2	集料室	≥25	2.99×8.47	5.46×6
3	石料室	≥20	2.99×7.26	3.64×6
4	胶凝材料室	≥30	2.99×10.89	5.46×6
5	水泥混凝土室	≥30	2.99×10.89	5.46×6
6	力学室	≥45	2.99×10.89	9.1×6
7	沥青室	≥30	2.99×10.89	5.46×6
8	沥青混合料室	≥35	2.99×10.89	7.28×6
9	化学室	≥20	2.99×7.26	3.64×6
10	样品室	≥15	2.99×7.26	3.64×6

续上表

序号	功能室名称	面积(m²)	推荐箱式房尺寸(m×m)	推荐板房尺寸(m×m)
11	留样室	≥25	2.99×8.47	5.46×6
12	外检室	≥25	2.99×8.47	5.46×6
13	标准养生室	≥40	2.99×10.89	9.1×6

4.4.3.3 办公区

试验室办公区按分工和管理要求,设主任办公室、试验检测人员办公室、会议室、资料室等室,工地试验室办公区面积按表4.4.3-2执行。

试验室各办公室面积一览表　　　表4.4.3-2

序号	办公室名称	面积(m²)	推荐箱式房尺寸(m×m)	推荐板房尺寸(m×m)
1	主任办公室	≥40	2.99×14.52	7.28×6
2	试验检测人员办公室	≥40	2.99×14.52	7.28×6
3	会议室	≥65	2.99×21.78	10.92×6
4	资料室	≥40	2.99×14.52	7.28×6

(1)办公室按照相关要求进行设备配置,配有电脑、办公桌椅、打印机、复印机等。

(2)试验室人员岗位分工明细、各项规章制度以及晴雨表制作成相应尺寸的框图并装裱上墙。各种试验项目均建立试验台账、台账用抽杆夹放好,统一整齐挂于办公室墙上。有关受控的行业技术标准、操作规程、技术规范等技术文件应配套齐全并统一放置于文件柜内。在靠近门口处统一安装金属挂钩用于悬挂安全帽,门牌尺寸大小、式样、悬挂位置应统一。

(3)会议室室内配备空调、会议桌及多媒体设备等。

(4)生活区。

生活区面积以满足现场管理要求为准,相比项目部驻地可适当调减,房间大小按2人/间设置,其余建设标准可参考"4.2.3 建设标准"中相关要求执行,并配备必要的文娱设施。

(5)其他设施要求。

①用电设施:试验室应备有专门的发电设备(功率≥15kW),保证试验检测工作正常、连续开展。试验室电路应为独特的专用线,在总闸及力学室、标准养生室应安装漏电保护器。

②消防设施:不大于40m²的区域应配置1个灭火器,每个试验室应备有不少于0.5m³的消防沙,还应备有足够数量的消防桶、消防锹等消防工具。

③排水设施:工地试验室场外围设置50cm宽混凝土排水沟,场地内设置30cm宽排水沟,场内排水沟采用钢格栅雨水箅子。地内排水以场地中央处地坪为最高点向四周发散排水。

④操作台:操作台宜采用12砖墙砌筑基础,台面高70~90cm、宽60~80cm;也可采用定制操作台,便于后期转运。

⑤养生架及货架:养生架及货架宜在市面上采购专用养生架及货架,该类架体采用镀锌钢管立柱+镀锌钢格栅副架组成,高度为150~180cm,宽度为50cm~70cm,层高为30cm,可承重250~300kg。此类养生架也可以用于货架,便于安拆和运输。

⑥痕迹区:进行废料收集,采用12砖墙砌筑,表面砂浆抹面,混凝土试块痕迹区面积不宜小于4m²,其他痕迹区面积不宜小于2m²。

⑦能力核验评审工作程序:申请—受理—初验—备案—现场评审(召开首次会—总体评审—基本条件评审—管理能力评审—技术能力评审—评审组内部评议—召开末次会议—出具专家评审意见)。

4.5 水泥混凝土拌和站

4.5.1 设置原则

(1)混凝土拌和厂由项目部集中规划设置,原则上优先推荐采用全封闭式拌和厂(图4.5.1-1和图4.5.1-2);严禁在施工现场使用小型拌和设备生产混凝土。

图4.5.1-1 拌和站全封闭示例

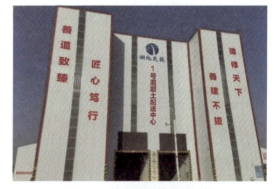
图4.5.1-2 拌和楼整体密封示例

(2)混凝土拌和厂根据标段沿线构造物分布情况、拌和生产任务、施工进度计划来确定位置、设备型号及相关配套设施。

(3)喷射混凝土拌和厂尽量设置在隧道洞口附近,严禁破坏隧道附近山体,也可考虑与主体混凝土拌和厂合设,原则上小于1km长的隧道采取单向掘进,不小于1km长的隧道采取双向掘进;单向掘进在隧道进/出口设置喷射混凝土拌和厂,双向掘进在进口和出口分别设置喷射混凝土拌和厂。

4.5.2 选址要求

严格遵循国家法律法规及行业规范标准的有关规定,避让滑坡、山洪、泥石流等地质灾害隐患点,严格开展地勘、稳定性复核、方案比选,特别是针对滑坡、山洪、泥石流的有关论证工作实行"安全"一票否决制。

(1)选址工作应按照地质初筛、地质灾害危险性评估两个阶段实施,严禁设置在滑坡、泥石流、崩塌等地质灾害影响范围内,选址尽量避开冲沟、崖边、河谷、风口及水库周边,必须离集中爆破区500m以外。

(2)靠近现场,管理方便。

(3)交通便利,尽量靠近公路。

(4)通信畅通,满足信息化管理要求。

(5)拌和厂选址时可考虑与钢筋(型钢)加工厂统一布设,形成综合厂,便于统一管理。

4.5.3 建设标准

项目总体规划与布局要以拌和站拌和能力为核心,匹配其他相应资源,如:梁板生产、钢筋加工、桩基施工等一切与混凝土相关的作业,都应根据拌和站的生产能力进行资源配置。

4.5.3.1 规划与布局

(1)拌和厂应包括混凝土搅拌区、原材料堆放区、停车区、生活区、办公区、供电系统(变压器、配电室、发电机房)、供水系统(蓄水池、水井、泵房)、排水系统、污水处理系统(沉淀池、沉砂池)、洗车池、场内道路、地磅等。

(2)拌和厂应采用封闭式管理,各功能区分开布置,四周设通透式围栏,入口处设置大门和值班室,并悬挂项目部标志牌。

(3)不同粒径、不同品种的砂石应分别存放,每区醒目位置设置材料标识牌。

(4)拌和厂场地应按功能分区进行硬化,并根据实际情况进行合理绿化。

4.5.3.2 标志标牌设置

(1)在拌和厂入口处设置××项目××标段××混凝土拌和厂的标志,醒目位置设置八牌一图,主要内容包括工程概况牌、管理人员名单及监督电话牌、质量保证牌、安全生产牌、消防保卫牌、文明施工牌、风险告知牌、安全警示牌、施工总体平面布置图。危险区必须悬挂"危险""禁止通行"和"严禁烟火"等标志,夜间设红灯警示。

(2)在水泥罐、料仓、库房等处设置原材料标识牌,标明材料名称、产地、规格型号、生产日期、进场日期、检验状态、进出数量等内容;每个配料斗上设置标志牌,标明配料名称、规格型号,牌面尺寸为400mm×300mm。

4.5.3.3 规模及形式

(1)拌和厂规模及设备选型应综合考虑项目建设周期、单座混凝土拌和厂供应量、设备实际生产能力及日需求量等因素,具体标准可参考表4.5.3-1及表4.5.3-2执行。

混凝土拌和厂规模标准　　　　　　　　　　表4.5.3-1

序号	类型	建设面积(m²)	适用最大年需求量(万m³)	备注
1	双机HZS90型	≤10000	≤10	建设面积含生活区
2	双机HZS120型	≤12000	>10,≤15	
3	双机HZS180型	≤15000	>15	

喷射混凝土拌和厂规模标准　　　　　　　　　　　　　　　　　　　表4.5.3-2

序号	类型	建设面积(m²)	适用最大年需求量(万m³)	备注
1	单机HZS90型	≤3000	≤5	建设面积含生活区

(2)混凝土拌和厂采用自动计量的搅拌设备,单机宜配备散装水泥罐不少于4个(单个≥80t),每座拌和厂设置不少于8个储料仓(4个细集料仓、4个粗集料仓);可采取降低水泥罐体高度、增大粉罐存储量等措施,以降低罐体外包封高度,避免高峰期使用热水泥现象。

(3)搅拌设备配料仓应选用下沉式。拌和楼主机及水泥罐基础一般采用扩大基础,若地质条件较差,可考虑使用桩基础或采用水泥搅拌桩进行地基处理。

4.5.3.4　生产能力分析(表4.5.3-3~表4.5.3-5)

混凝土的搅拌时间与季节和混凝土强度等级有关,下面仅以C50混凝土夏季施工为例进行分析,见式(4.5.3-1)。

(1)拌和设备。

以2HZS90混凝土搅拌站为例,拌和楼单机每小时生产方量计算:

$$Q=3600W/T \quad (4.5.3-1)$$

式中:W——配套主机公称容量的数值(m^3)。

T——搅拌一次所需平均时间的数值(s)。

考虑单次搅拌时间为120s,上料时间为15s,卸料时间为15s,T=120+15+15=150s=2.5min。

HZS90站公称容量为1.5m^3,实际拌和时应考虑一定的折减系数(宜取0.9),实际拌和方量为1.35m^3。

即单机每小时生产方量Q=3600×1.5/150=36m^3/h(HZS90站),双机搅拌产能72m^3/h(理想状态)。

单机每小时实际生产方量为:3600×1.35/150=32.4m^3,双机搅拌产能64.8m^3/h。

以2HZS90混凝土搅拌站为例,按最大年需求量10万m^3验算拌和设备的生产能力。生产日工作时长取10h、月工作天数取22d、年工作数取10个月进行验算。

实际生产能力验算:10(h)×22(d/月)×2台×32.4=1.42万m^3＞平均月需求量1万m^3(10万m^3/10=1万m^3),满足生产需求。

HZS90型拌和设备产能计算表　　　　　　　　　　　　　　　　　　　表4.5.3-3

序号	项目	单位	90型拌和设备	备注
1	数量	套	1	仅以单一强度等级混凝土作示例,不同强度等级、配合比、季节等产能不一
2	额定产量	m³/h	90	
3	实际产量	m³/h	32.4	
4	工作时间	h/d	10	
5	产量	m³/d	324	
6	月工作天数	d	22	
7	月产量	万m³	0.71	

4 临时建筑

HZS120型拌和设备产能计算表　　表4.5.3-4

序号	项目	单位	120型拌和设备	备注
1	数量	套	1	仅以单一强度等级混凝土作示例,不同强度等级、配合比、季节等产能不一
2	额定产量	m³/h	120	
3	实际产量	m³/h	43.2	
4	工作时间	h/d	10	
5	产量	m³/d	432	
6	月工作天数	d	22	
7	月产量	万m³	0.95	

HZS180型拌和设备产能计算表　　表4.5.3-5

序号	项目	单位	180型拌和设备	备注
1	数量	套	1	仅以单一强度等级混凝土作示例,不同强度等级、配合比、季节等产能不一
2	额定产量	m³/h	180	
3	实际产量	m³/h	64.8	
4	工作时间	h/d	10	
5	产量	m³/d	648	
6	月工作天数	d	22	
7	月产量	万m³	1.42	

（2）堆料仓存储能力。

堆料仓存储能力满足不少于7d连续供应混凝土原材料的需求,单个堆料仓面积应不大于500m²。

以2HZS90混凝土拌和站为例,配套料仓储料能力验算:15m(料仓宽)×20m(料仓长)×3m(堆高)×8个(仓数)×1.6(砂石料平均重度)t/m³=11520t＞648m³(每天混凝土产量)×7d×1.6t(每方混凝土需要砂石料重量)=7257.6t,料仓储料满足需求。

（3）粉罐仓存储能力。

以2HZS90混凝土搅拌站为例,拌和厂站配置8个粉罐。

配套粉罐库存能力计算:每日水泥使用量233.3t(单日混凝土量648m³,每立方混凝土胶结材料用量按360kg考虑,单日胶结材料使用量:648×0.36=233.3t),规划80t粉罐8个,单个粉罐实际储存能力64t,常态按6个存满考虑,拌和厂常态粉罐库存为6×64t=384t＞233.3t,粉罐数量满足施工需求。

（4）运输能力。

假设每辆罐车每次运送混凝土12m³,每次往返时间约45min(时间根据实际情况调整)。以2HZS90混凝土搅拌站为例,每小时最大拌和能力约为64.8m³,配置混凝土搅拌运输车的理论数量应为:$n=64.8/[12×(60/45)×95\%×0.95×0.95]$;$n$值取整,配车利用率取95%,车辆完好系数取0.95,不均匀系数取0.95。

4.5.3.5 临时建筑标准

(1)清表。

清除厂区范围内有机质和腐殖土、草皮杂物等,清理厚度根据现场实际情况确定。

(2)场地平整。

地基承载力:地基处理后,地基承载力不宜小于100kPa,对于拌和区拌和楼及粉罐基础地基承载力不宜小于150kPa。

(3)场地硬化。

将拌和厂划分为生活区、堆料区和重载区(包括拌和区及行车道路)进行混凝土硬化,硬化标准分别为:

生活区:10cm厚C20混凝土。

堆料区:15~22cm厚C20混凝土(地质条件良好地段取下限,地质条件较差地段取上限)。

拌和楼主机及密封罐区:22cm厚C20混凝土。

厂内道路区:22cm厚C30混凝土。

(4)场区排水。

结合现场地形及实际情况,沿围墙外和场内设置排水沟,整个场区应遵循中间高、四周低的原则预设1.5%~2%排水坡度,利于场区排水。

拌和站采用全包封闭式结构时,料仓口至拌和机配料仓之间可不设置排水沟,利用场地带水坡度将料仓积水排至场内排水沟。

(5)堆料区。

储料仓采用封闭式结构,格栅拱架料仓棚,料仓隔墙推荐采用装配式镀锌波形钢腹板(图4.5.3-2),高度不低于2m,确保各料仓间不串料,并设置清仓线和满仓线,便于周转使用。

a)　　　　　　　　　　　　　　　　　　b)

图4.5.3-2　料仓型钢+钢波纹板结构示意图

(6)供水系统。

①生活用水:厂区内生活用水宜接入地方自来水管网使用,在无自来水管网的情况下

可采用地下水或山泉水，水质经检验合格后方可饮用。

②生产用水：符合国家标准的饮用水可直接作为混凝土的拌和用水，当采用其他水源或对水质有疑问的，应对水质进行检验，检验结果符合相关指标方可用于混凝土拌和用水。

③拌和用水温度控制：混凝土用水的温度应控制在5～35℃之间，因此在冬期应采取相应措施保证拌和用水温度不低于5℃，热期应采取相应措施保证拌和用水温度不高于35℃。

(7)污水处理系统。

①场地内生产废水必须经沉淀池沉淀后排出场外排水沟，围墙外围设置的排水沟应在最低处设置沉砂池，将排放的水进一步沉淀并检验合格后再流入地方排水系统。

②宜在沉淀池附近合适位置设置砂石分离机（图4.5.3-3），将沉淀池中可利用的砂石料进行分离，再利用，减少固废弃物的污染。

a)　　　　　　　　　　　　　　b)

图4.5.3-3　砂石分离机实景图

(8)拌和厂内生活区布置参照工区驻地标准布置。

4.6　路面拌和站

4.6.1　设置原则

(1)路面基层、面层拌和站应根据项目实际和标段长度合理设置。对特殊段落确因条件限制（如长隧道、跨大江大河、运输便道等）、工期紧张、工程量大小无法满足要求的，由施工单位提出书面申请报监理工程师审核，经建设单位审批后，方可适当调整建设标准，增/减拌和站。

(2)拌和站建设，应遵守法律法规的规定和符合有关主管部门的规定要求，遵循"因地制宜，节约土地，保护环境，安全可靠，规范有序，功能完备，布设合理，方便生活，满足生产"的原则，并应采用相应的高精度计量系统，具备自动存储、数据上传和打印功能。

4.6.2　选址要求

(1)选择交通、水电便利的位置，尽量避开居民集中地带。

(2)严禁设置在泥石流、滑坡体、雷区、洪水位下等危险区域，避开取土、弃土场、塌方、落石、危岩等地段。

（3）避开高压线路及高大树木。与通信、天然气等地下管线保持一定距离。

（4）必须距离爆破区500m以外。

4.6.3 硬件设施要求

（1）总体要求。

①拌和站建设应综合考虑施工生产情况,合理划分生活区、拌和作业区、材料存放区及机械设备停放区等,必须严格分开,各功能区面积满足规定要求,区内场地及主要通道应做硬化处理,排水设施完善。

②拌和站计量系统应按《沥青混合料和水泥混凝土搅拌设备计量系统检定规程》[JJG（交通）071—2006]有关规定进行标定。

③拌和站内设置车辆停放区,停车位画白线。

④拌和站内合理配备消防设施,并按照相关行业主管部门颁布的有关文件规定办理。

⑤拌和站必须设置污水处理设施,尽量减少对附近生态环境造成的影响。

（2）具体要求。

①面积。

a. 每座基层拌和站的占地面积（含备料场）不少于15000m^2。

b. 每座面层拌和站的占地面积（含备料场）不少于40000m^2。

②场地处理。

a. 拌和站区域的土基填筑必须密实且进行混凝土硬化处理,硬化厚度必须是不小于15cm厚的碎石或砂砾垫层,不小于10cm厚的C15混凝土面层;拌和站的一般行车道路硬化厚度必须是不小于15cm厚的碎石或砂砾垫层,不小于10cm厚的C20混凝土面层;大型作业区（如路面沥青拌和站）、重车行车道路硬化,必须使用不小于15cm厚的碎石或砂砾垫层,不小于20cm厚的C20混凝土面层。其中水稳场拌和机、水泥罐、集料斗基础及沥青拌和楼主楼、沥青罐、矿粉罐、集料斗基础等部位应严格按照要求进行施工。场地混凝土浇筑后要及时分块切割伸缩缝。

b. 场地硬化要严格控制高程,一般按照四周低、中心高的原则进行,场地面层排水坡度不应小于1.5%,场地四周应设置排水沟,拌和机下宜设置暗沟连接到排水沟。拌和站内必须设置沉淀池和污水过滤池,严禁将站内生产废水未做处理直接排放。

c. 在拌和站大门处设置车辆冲洗区域,对进场车辆进行冲洗,防止携带泥土进入拌和站场内。

③大门。

拌和站设进出拌和站大门一处,大门宽度不小于6m。有条件的可以将进、出站大门分开设置。拌和站大门右侧门柱上统一悬挂不锈钢标牌,统一命名"××省××高速公路××合同段××拌和站"。

④围墙。

集中拌和站场地必须用围墙进行封闭,围墙高度不小于200cm,宜采用砖砌并用水泥砂浆抹面或钢格栅围墙。

⑤储料仓。

a. 凡用于工程的砂石料应按配料要求,不同粒径、不同品种分仓存放,不得混堆或交叉堆放,并设置明显标志。分料仓宜采用加筋现浇C30混凝土,围墙高度不小于300cm。基层拌和站、沥青混凝土拌和站每种规格集料宜设置一个已检仓和一个待检仓,储料仓内地面设不小于2%的坡度,并设置排水沟,严禁积水。储料仓仓口宜设置一道截水沟。

b. 储料仓的容量至少满足最大单批次(约7d)连续施工需要,水稳拌和站单个料仓的容量不小于16000m^3,沥青混凝土拌和站单个料仓的容量不小于3000m^3。

c. 面层储料仓必须搭设顶棚,禁止太阳直接照晒或雨淋。宜采用轻型钢结构顶棚,满足受力、防风、防雨、防雪、防尘等要求,直径4.75mm以上石料宜覆盖防水油布。基层储料仓应采取切实有效措施防止石料雨淋,宜进行覆盖,细集料必须搭设顶棚。

⑥拌和楼。

拌和楼(包括集料斗、传输带、拌和机)应设置全封闭式防晒、防雨、防尘设施。

⑦库房。

库房包括外加剂库房、机械配件库房等。

库房可采用砖砌房屋或板房,库房内外部采用水泥砂浆粉刷,地面采用C15混凝土进行硬化,物品储存离地不小于30cm,同时应离四周墙体不小于30cm。

外加剂应采用专用的容器存储,不同批次、不同品种、不同生产日期的外加剂应分开存放,并根据不同的检验状态和结果采用统一的材料标志牌进行标记。

4.6.4 机械及设备要求

4.6.4.1 水稳拌和站

(1)水稳拌和站应采用1台两级搅拌缸串联拌和工艺,其中第一级拌和的搅拌缸长度≥3m,且有效长宽比不小于2;第二级拌和应采用振动搅拌,即通过振动搅拌装置在一定振幅和频率的振动作用下搅拌,至少配备3个水泥罐、4个集料斗,每座拌和站至少设置8个储料仓。

(2)水稳拌和站采用强制式集中厂拌设备,应采用自动控制、电子计量系统,所有电子计量系统需进行标定,单台额定拌和能力不低于600型,水泥计量采用螺旋电子秤,水计量采用流量计,实现计算机自动控制。配料仓之间应设置隔板,隔板高度不小于100cm,防止串料,配料仓上应设置顶棚,禁止太阳直接照晒或雨淋。

(3)单个水泥罐的容量不小于80t。

(4)上料用装载机配备不少于4台,装载机斗宽应与配料仓的宽度匹配。

(5)水稳料运输车的装载能力不小于20t。

(6)至少配备1套满足拌和站运行的备用电源,发电机应尽量远离生活区。

4.6.4.2 沥青混凝土拌和站

(1)1座沥青混凝土拌和站配置1台拌和机,额定拌和能力不低于4000型,每机至少配备3个沥青罐、2个矿粉罐、5个集料斗、5个热料仓;每座拌和站至少设置8个储料仓,细集料宜采用与粗集料相同的岩性,若上面层与中、下面层的细集料不通用时,应增加1个储料仓。

(2)沥青混凝土拌和站应采用计算机全自动控制间歇搅拌设备,干燥筒具有全自动温控系统,燃烧器为全自动比例控制,烘干筒出料口设置红外或热电偶温度传感器;应采用二级除尘,第一级采用除大颗粒粉尘的旋风式或沉降惯性式除尘器,第二级采用除小颗粒粉尘的布袋式除尘器,配备湿排式废粉处理设备,以防止二次污染。配料仓之间应设置隔板,隔板高度不小于100cm,防止串料,配料仓上应设置顶棚,禁止太阳直接照晒或雨淋。

(3)单个沥青罐容量不小于100t,矿粉罐容量不小于60t。

(4)上料用装载机配备不少于4台,装载机斗宽应与配料仓的宽度匹配。

(5)沥青混合料运输车的装载能力大于20t。

(6)应采用称重式计量系统。

(7)至少配备1套满足拌和站运行的备用电源,发电机应尽量远离生活区。

4.6.4.3 智能场站系统

拌和场站宜配备具备物料计量功能的物料称重系统,保证进场、施工过程中原材料数据采集及分析。

路面工程沥青拌和站宜采用智慧拌和站系统,以标准化建设为基础,以"智能建造"技术应用为抓手,将沥青混合料拌和过程中各种离散的资源数据整合,同时进行实时监控和分析,从而实现纵向提高沥青混合料质量的管控力度。

4.6.5 文明施工及管理

参照《湖北省高速公路建设标准化指南》及交通运输部《"两区三厂"建设安全标准化指南》执行。

4.7 钢筋(型钢)加工厂

4.7.1 设置原则

(1)钢筋(型钢)加工厂建设应遵守法律法规的规定和符合有关主管部门的规定要求,遵循"因地制宜,节约土地,保护环境,安全可靠,规范有序,功能完备,布设合理,方便生活,满足生产"的原则。

(2)钢筋(型钢)加工厂设置应根据结构物分布、隧道洞口情况、工期、工区划分、协作队伍划分、钢材加工需求量等因素综合考虑。

(3)钢筋(型钢)加工厂采用封闭式管理(图4.7.1-1),并配备专门的技术人员及管理人员。

图4.7.1-1　封闭式钢筋加工厂实景图

4.7.2　选址要求

严格遵循国家法律法规及行业规范标准的有关规定,避让滑坡、山洪、泥石流等地质灾害隐患点,严格开展地勘、稳定性复核、方案比选,特别是针对滑坡、山洪、泥石流的有关论证工作实行"安全"一票否决制。

(1)选址工作应按照地质初筛、地质灾害危险性评估两个阶段实施,严禁设置在滑坡、泥石流、崩塌等地质灾害影响范围内,选址尽量避开冲沟、崖边、河谷、风口及水库周边,必须离集中爆破区500m以外。

(2)靠近现场,管理方便。

(3)交通便利,尽量靠近公路。

(4)通信畅通,满足信息化管理要求。

(5)钢筋(型钢)加工厂选址时可考虑与混凝土拌和厂统一布设,形成综合厂,便于统一管理。

4.7.3　建设标准

4.7.3.1　规划与布局

钢筋(型钢)加工厂根据施工需求划分为原材料堆放区、加工制作区、半成品、成品堆放区、废料堆放区、运输及安全通道等(图4.7.3-1)。

a)　　　　　　　　　　　　　　　　b)

图4.7.3-1　钢筋(型钢)加工厂功能区实景图

4.7.3.2 标志标牌设置

(1)各功能区设置明显的分区标志牌,牌面尺寸为900mm×600mm。

(2)原材料堆放区设明显的材料标志牌,牌面尺寸为900mm×600mm。内容包括材料名称、产地、规格型号、生产日期、出产批号、进场日期、检验状态、进场数量等,根据不同的检验状态和结果分区存放合格材料与不合格材料。

(3)钢筋制作区设各种型号钢筋大样图,数控钢筋弯曲机、数控钢筋弯箍机、门式起重机旁边分别设置操作规程标志牌,牌面尺寸为900mm×600mm。

(4)半成品、成品堆放区在明显位置设置检验标志牌、牌面尺寸为900mm×600mm,内容包括材料名称、使用部位、检验状态等。

(5)钢筋(型钢)加工厂外部应设置一字一牌,牌面尺寸为2000mm×2000mm,颜色根据现场制定。

(6)各安全标志标牌按相关要求设置。

4.7.3.3 钢筋(型钢)加工厂规模

(1)钢筋(型钢)加工厂规模及设备选型应综合考虑项目建设周期、单座加工厂供应量、设备实际生产能力及日需求量等因素。一般情况下单个钢筋加工厂面积(不含生活区)原则上不小于3000m²;单个型钢加工厂面积不小于800m²。山区项目受地形条件影响可根据地形条件适当调整占地面积。

(2)单个钢筋加工厂年最大钢筋加工量大于5000t,可适当增加建设面积但不得大于6000m²。

(3)钢筋加工棚原则上选用重钢结构(图4.7.3-2),钢筋加工厂宽度按照实际地形设置:平原区宜按27~30m控制,山区宜按21~24m控制。

图4.7.3-2 重钢结构实景图

(4)钢筋(型钢)加工厂采用专用钢筋(型钢)加工设备进行集中加工,设备配置方案见表4.7.3-1。

钢筋加工设备配置表(推荐) 表4.7.3-1

序号	名称	规格型号	数量	功能
1	智能钢筋弯箍机器人(图4.7.3-3)	WG12D-4	1	可加工双线5~10mm,单线12mm钢筋,伺服电机控制,可存储多种图形
2	智能钢筋弯曲机器人	G2W50	1	12~50mm棒材钢筋的弯曲;伺服电机控制,弯曲精度高;配置2个传送平台,与剪切线联动使用,实现自动剪切完毕后传送到弯曲中心储料平台进行弯曲
3	智能钢筋自动剪切机器人	XQ120	1	10~40mm棒材钢筋的定尺剪切;配备200mm刀片,可同时剪切多根钢筋
4	智能锯切套丝机器人(图4.7.3-4)	BJX50+BJX50	1	用于钢筋的锯切套丝加工,锯切宽度400mm,配备4台套丝机
5	盖梁骨架焊接机器人(图4.7.3-5)	KGL-5000-16	1	用于焊接盖梁骨架,满足加速度≥0.6m/s²冲击要求
6	数控液压闸式剪板机	QC11Y-16X3200	1	用于型钢拱架钢板剪切加工,剪切板厚度≤20mm
7	数控多功能冲剪机	Q35Y-20	1	用于工字钢、槽钢等钢材剪切,平钢板、角钢、槽钢等钢材冲孔加工,冲孔及剪板厚度≤20mm
8	数控型钢冷弯机	WGJ-310	1	用于隧道型钢拱架冷弯加工,最小弯曲半径为2.0m
9	隧道管棚、导管冲孔机	JDCK-6000	1	适用于隧道$\phi42~\phi108$mm超前导管冲孔加工,定位精度高,加工速度快,加工精度±0.2mm
10	数控小导管缩尖机	JDSJ-50	1	适用于隧道$\phi50$mm及以下直径超前小导管缩尖加工,效率快,体积小
11	数控钢筋焊网机	WH-220	1	用于隧道钢筋网片生产,6~8mm钢筋网片焊接
12	数控8字筋成套流水线	JSL-K8C16	1	用于隧道格栅钢架八字筋生产,钢筋、剪切、弯曲焊接一次成型
13	隧道钢拱架全自动生产线	—	1	适用于隧道钢拱架自动加工的设备,通过智能控制系统进行各环节联动运转,可以实现从原材料上料到自动转运、自动弯曲成型、连接板自动焊接成型。该系统包含2套放料架平台、1套前送料架、1套加强版的钢拱架冷弯机、1套机器人切割、1套后送料架、2台抓料机器人、4台焊接机器人、2套焊接变位机、1套成品存料输送架。
14	集成化钢筋笼成型机器人(图4.7.3-6)	HL2000E-12	1	800~2000mm以内钢筋笼的生产加工;配备自动焊接臂,采用自动焊接工艺,成型效率高;配备二保焊机及弯弧机各1套

4.7.3.4 钢筋加工厂结构形式

钢筋加工棚宜采用重钢结构,型钢加工棚可采用轻钢结构,整体结构稳定性满足安全计算要求,拱架间距为5.5~7.5m,门式起重机净空高度不小于7.5m。钢筋加工棚搭建满足通风、采光、防雨雪、防晒的要求。

图 4.7.3-3 数控钢筋弯箍机

图 4.7.3-4 数控钢筋锯切套丝机

图 4.7.3-5 盖梁骨架焊接机器人

图 4.7.3-6 集成化钢筋笼成型机器人

4.7.3.5 钢筋(型钢)加工厂产能分析

(1)钢筋加工厂。

产能主要是依据每天10h,每年300d来进行测算,根据施工组织设计要求施工高峰期钢筋的产能需满足施工需求量,钢筋加工设备产能分析见表4.7.3-2。

设备产能分析表　　　　　　　　　　　　　表4.7.3-2

类别	设备名称	设备数量	生产速度	单台每天产能(t)	单台年产能(t)
线材加工	WG12D-4数控智能钢筋弯箍机	1	生产10mm钢筋,每小时的产能大约为1700个	8	2400
棒材加工	XQ120剪切生产线	1	以20mm钢筋为例,每次可以剪切4根,产品为3m的定尺钢筋	30	9000
棒材加工	G2W50数控钢筋弯曲中心	1	以弯曲6m长的25mm钢筋为例	30	9000
棒材加工	BJX50+BJX50(4T)锯切套丝生产线	1	钢筋的锯切、套丝加工,12m两头套丝为例,配置4台套丝机	30	9000
棒材加工	HL2000E-12钢筋笼成型机	1	钢筋笼制作	150m/d	

(2)型钢加工厂。

积极采用数控型钢冷弯机、小导管冲孔机、尖头机,排焊机、钢筋快速锯床、钢筋弯曲机等四新设备。

①数控型钢冷弯机（图4.7.3-7）用于工字钢钢筋拱架冷弯。该机采用液压驱动，工作稳定，性能可靠。触摸屏美观大方易操作。选用西门子控制器和触摸屏，功能强大，性能优越。交互式人机界面，美观大方，简单易操作。一键操控，实现工字钢的连续加工。定长停机，加工到所需工件长度后自动停止。

②小导管冲孔机、尖头机（图4.7.3-8），用于隧道支护超前小导管制作。

图4.7.3-7　数控型钢冷弯机

图4.7.3-8　小导管冲孔机、尖头机

冲孔机采用智能数控系统控制，自动化程度高；可以根据钢管长度来调节孔位分布，送料动力强，冲孔效率大幅提高，采用知名品牌大转矩力伺服电机，具有反应快、定位精度高、低噪声、制动热损小、寿命长等特点；气动夹紧装置和液压冲孔装置完善。冲压精度高，工件快速成型，加工工艺精湛；设备标准件均为名优配件，基础件加工采用数控加工中心制作，装配精度高，最大限度延长设备使用寿命。

尖头机采用高频加热-尖头快速成型，工件成形时间短，效率高，加工表面光滑，工件无伤痕，符合国家行业标准；尺寸精度高，传动灵活可靠，生产效率高；结构精密、噪声小、易操作、产量高、性能稳定、故障率低；可代替5~8名工人人工作业；单独有闭路循环润滑系统，保证设备运行持久性，机器模具更换简单，成品符合国家标准，相较一般缩尖机更高效；电器元件采用知名品牌，整机运行平稳且节能，操作过程中安全系数高。

③排焊机（图4.7.3-9）采用数字编程控制，智能化程度高；其具有一次压紧、分次焊接的优点，焊接效果好，控制精度高，性能稳定；焊接牢固紧凑，焊接范围广，可焊接各种规格的网片产品，给用户带来了灵活性和方便性；操作方便，工作效率高，钢筋焊网机纬丝入料采用人工添加，步进电机控制自动入料，落料精准，焊接网片无须裁边，竖丝人工摆放，经丝采用盘丝循环入料。

④钢筋快速锯床（图4.7.3-10），用于钢筋锯切，动作可靠、运行稳定，精度高，结构合理，性能稳定，全自动控制，自动送料、切割，采用编程控制，触摸屏，可设置5组锯切工艺参数，采用行程开关控制，液压自动送料，切面平整、轮盘增大、加厚钢板、操作简单、精密加工、故障率低、效率高。

图 4.7.3-9 排焊机

图 4.7.3-10 钢筋快速锯床

⑤具体型钢加工设备产能分析见表 4.7.3-3。

设备产能分析表　　　　表 4.7.3-3

类别	设备名称	设备数量	生产速度	产能分析
型钢加工	隧道钢拱架全自动生产线	1	每节标准钢拱架需要 5~7min,两班倒每天生产 20h,每天可生产 180~220 节,每榀钢架按 10 节计算,每天可生产 18~22 榀钢架	按供应 4 个隧道初期支护立拱工作面计算,每工作面按进尺 3m 计算,初支钢架 12 榀,满足生产要求
型钢加工	数控液压闸式剪板机	1	每天可生产 150~180 节,每榀钢架按 10 节计算,每天可生产 15~18 榀钢架	按供应 4 个隧道初期支护立拱工作面计算,每工作面按进尺 3m 计算,初期支护钢架 12 榀,满足生产要求
型钢加工	数控多功能冲剪机	1		
型钢加工	数控型钢冷弯机	1		
其他加工	数控钢筋焊网机	1	生产效率 90~120 ㎡/h,每天生产 10h,可生产 900~1200 ㎡	按供应 4 个隧道初期支护工作面计算,每工作面按进尺 6m 计算,初期支护钢筋网片约 600 ㎡,满足生产要求
其他加工	隧道管棚、导管冲孔机	1	30 孔/min,每天生产 10h,可生产约 600 根	按供应 4 个隧道掌子面计算,每个掌子面一环超前小导管支护,每天小导管数量约为 160 根,满足生产要求
其他加工	数控小导管缩尖机	1	30s/根,每天生产 10h,可生产约 1200 根	
其他加工	数控 8 字筋成套流水线	1	200 个/h	—

4.8 普通预制梁厂

4.8.1 设置原则

(1)普通梁包括预制 T 梁、箱梁等。

(2)梁厂设置需根据工期、主要控制性工程(长隧道,跨大江、大河)、梁板架设线路等因素综合考虑。

(3)梁厂建设应与标段桥梁下构时间相匹配,为制梁、架梁提供工作面。

4.8.2 选址要求

严格遵循国家法律法规及行业规范标准的有关规定,避让滑坡、山洪、泥石流等地质灾害隐患点,严格开展地勘、稳定性复核、方案比选,特别是针对滑坡、山洪、泥石流的有关论证工作实行"安全"一票否决制。

(1)选址工作应按照地质初筛、地质灾害危险性评估两个阶段实施,严禁设置在滑坡、泥石流、崩塌等地质灾害影响范围内,选址尽量避开冲沟、崖边、河谷、风口及水库周边,必须离集中爆破区500m以外。

(2)山区项目宜设置在主线路基上,梁厂选址应避开填高和挖深较大的路基上。

(3)普通梁厂应尽量顺桥向设置(图4.8.2-1和图4.8.2-2),便于梁板的吊装和运输,在受地形限制的情况下,台座垂直于路线设置时,需在梁厂运梁通道出口处设置合适的转弯半径,便于梁板的运输。

图4.8.2-1 普通梁厂实景图(线外)

图4.8.2-2 普通梁厂实景图(主线路基上)

4.8.3 建设标准

4.8.3.1 规划与布局

梁厂应根据生产需求设置钢筋绑扎区、梁板预制区、梁板存放区、波纹管加工及堆放区、材料存放库房等功能区,各种机械设备悬挂机械操作安全规定公示牌(即安全操作规程)和设备标示牌。

4.8.3.2 标志标牌设置

(1)在预制梁厂入口设置龙门架,龙门架上标志×××预制梁厂,醒目位置设置八牌一图,包括工程概况牌、管理人员名单及监督电话牌、质量保证牌、安全生产牌、消防保卫牌、文明施工牌、风险告知牌、安全警示牌、施工现场布置图。

(2)张拉台座两端应设置安全警示牌,牌面尺寸为900mm×600mm。

(3)在每台门式起重机醒目位置设置操作规程标志牌,牌面尺寸为900mm×600mm。

(4)预制梁张拉压浆完成后,在预制梁体的同一侧,用红色油漆喷涂该预制梁的基本情况:部位编号、施工单位、监理单位、浇筑日期、张拉日期。

4.8.3.3 规模及形式

(1)一般土建合同段预制梁(板)厂的占地面积不少于6000m²。

(2)主要工程为隧道的合同段预制梁(板)厂的占地面积不少于4000m²。

(3)主要工程为桥梁的合同段预制梁(板)厂的占地面积不少于8000m²。

(4)梁厂占地面积由梁板数量、台座数量及工期计算确定,每增加1个台座,面积增加150~200m²。

(5)制梁台座数量应根据工期及梁板预制数量灵活调整,单个台座生产效率为2.5片/月。

(6)模板数量按照台座数量的1/(4~6)匹配。

预制厂建设规模和设备配备与预制梁板的数量和生产工期相适应,一般不低于表4.8.3-1规定。

生产线设备配置表   表4.8.3-1

内容	要求
移动防雨棚	应设置
钢筋棚	至少1座
台座数量	应与预制数量、计划工期相匹配
吊装设备	宜采用门式起重机,满足起吊吨位需要,至少2台
模板数量	与台座数量相匹配
自动喷淋养生设施	选用智能养生设备,根据环境温度、湿度自动喷淋养生,数量应与日生产能力与养生周期相匹配
必备的施工辅助设施	横隔板钢筋定位架、钢筋骨架定位架、底模支撑架
张拉压浆设备	选用智能张拉设备及大循环压浆设备,数量应与日生产能力和作业时间相匹配
集中制浆设备	至少1套
整孔穿束设备	至少1套
其他施工设备	满足施工需要

预制梁厂生产线布局应充分利用现有场地,根据以往施工经验,生产线宽度可参考表4.8.3-2及表4.8.3-3计算。

生产线宽度需求分析(传统模板)   表4.8.3-2

序号	因素	数值	备注
1	距一侧门式起重机安全距离	2	不少于500mm
2	制梁台座间距	W_1	不少于一个翼缘板宽度的2倍
3	制梁台座数量	N	
4	运梁通道	5	不少于梁板宽度及安全距离
5	距一侧门式起重机安全距离	2	不少于500mm
	总宽度(W)	$(N-1)\times W_1+9$	

生产线宽度需求分析（自行式液压模板）　　　　表4.8.3-3

序号	因素	数值	备注
1	距一侧门式起重机安全距离	4	不少于500mm
2	制梁台座间距	W_1	不少于一个液压模板展开宽度的2.5倍
3	制梁台座数量	N	
4	运梁通道	5	不少于梁板宽度及安全距离
5	距一侧门式起重机安全距离	4	不少于500mm
总宽度（W）		$(N-1)\times W_1+13$	

4.8.3.4 产能分析

（1）制梁台座。

以某梁厂为例，需预制40mT梁900片，计划预制工期12个月，平均每月需生产梁板75片；单个台座生产效率为2.5片/月，按台座计算：75/2.5（片/月）=30，台座数量取30个，可满足生产需求，具体工效分析见表4.8.3-4。

预制梁场施工工效分析　　　　表4.8.3-4

序号	施工项目	时间（h）	序号	施工项目	时间（h）
1	台座清理及就位	0.5	7	混凝土浇筑	4
2	侧模安装及支座板调整安装	1	8	内模拆除、等强	16
3	底腹板、顶板钢筋吊装	4	9	脱外模	1
4	吊装安装内模	0.5	10	混凝土养生	168
5	端模安装	1	11	张拉压浆	3
6	检查并调整	0.5	12	移梁	0.5
合计200h，综合考虑单个台座为2.5片/月					

具体台座数量应根据预制梁厂的实际情况进行适当调整。

模板配置建议配备：

40m模板计算：模板周转周期1.6d，平均每月生产75片计算，75片/21d×1.6=5.7套，即6套模板，满足生产需求。

（2）存梁台座。

存梁方式宜采用双层存梁形式。当压浆混凝土强度达到规范或图纸要求时，应将梁板移至存梁区。

存梁区应平整无积水，存梁台座宜采用C30混凝土浇筑的条形基础，台座高度不宜小于300mm，宜内置直径为12mm的钢筋网。

A：独立存梁台座数量可按公式（4.8.3-1）计算（N_2）。

$$N=X\cdot T\cdot W \quad (4.8.3-1)$$

式中：N——存梁台座数量（个）；

X——日计划生产数量(片);

T——每片预制梁占用存梁台座的时间(个·d/片);

W——存梁系数,单层存梁取1,双层存梁时取0.6~0.7。

独立存梁台座示例:

900片预制梁,根据总体进度要求,预制梁工期考虑为12个月,存梁周期30d,求需要配备的存梁台座数。

每天需生产的梁片数:N=900/360=2.5片/d,即3片/d;每片预制梁占用存梁台座的时间:30d/台座×片。

按双层存梁考虑存梁台座数量为:3×30×0.6=54个台座。

B:条形存梁台座长度可按公式(4.8.3-2)计算(L)。

$$L=[X_1 \cdot W \cdot B+(X_1 \cdot W-1) \cdot b] \cdot 2 \tag{4.8.3-2}$$

式中,X_1——计划存梁数量(片);

B——预制梁顶宽(m);

b——两排梁之间净距(m);

W——存梁系数,单层存梁取1,双层存梁时取0.6~0.7。

条形存梁台座示例:

900片预制梁,根据总体进度要求,预制梁工期考虑为12个月,存梁周期30d,预制梁顶板宽度2.4m,净距1m考虑,求需要配备的存梁台座长度。

每天需生产的梁片数:N=900/360=2.5片/d,即3片/d;则一个存梁周期内需存放3×30=90片梁。

按双层存梁考虑存梁台座长度为:[90×0.6×2.4+(90×0.6-1)×1]×2=365.2m。

如存梁区宽度为40 m,则365.2/40=9.13条。

(3)门式起重机配备要求。

根据梁厂具体重量、吊装次数、现场交叉作业工序及吊重综合考虑。最大吊重40mT梁的预制厂,建议布设单轨5台门式起重机为例,现场布设形式:"2+2+1",即2台10t小门式起重机+2台120t大门式起重机+1台10t小门式起重机,轨道布设时应考虑大门式起重机吊装梁片时,小门机停放的要求长度,门式起重机额定吊装重量满足规范要求。

如果路基宽度够的情况下,考虑双轨跨龙门的设置(小门式起重机跨大门式起重机),考虑门式起重机套跨时净高的设置,横向考虑双轨间距(外侧仅考虑排水及电机宽度,另一侧考虑钢筋笼整体吊装时的宽度,一般不小于翼缘板钢筋宽度)。双轨门式起重机可以有效避免吊装过程中换门机或门机间的干扰,施工效率更高。一般梁厂施工中,2台小门机即可满足现场施工需求,可有效减少机械租赁及机械施工的风险。

(4)钢筋绑扎区要求。

①总体要求:规划钢筋绑扎区,设置底腹板、顶板绑扎台座及胎架,钢筋半成品由钢筋集中加工厂提供,利用胎卡具进行底板、腹板及顶板绑扎,绑扎完成后采用门式起重机整体

吊放至预制台座。

②半成品、胎膜架位置要求:为了有效减少单轨门式起重机吊装的次数,整体减少工序间衔接,胎膜架考虑放置在梁厂端部,便于材料转运,不干扰混凝土浇筑施工;山区狭长地带可考虑设置在台座区中部,并在胎膜区设置钢筋半成品堆放平台或预应力三件套堆放场。

③胎膜架设置要求:胎膜架的使用既能精确控制相关指标尺寸,又能有效减少台座占有时间。一般梁厂应配备必要的施工辅助设施,应考虑的胎膜架种类有:翼缘板(顶板)钢筋胎膜架(考虑与负弯矩钢筋/剪力筋合并);腹板钢筋(考虑与波纹管定位架合并);护栏钢筋胎膜架;钢筋绑扎宜采用整体式胎具,整体吊装入模。

(5)模板工程。

①模板数量应与预制周期、预制梁板数量相匹配,并结合施工工艺确定。

②所有模板均应依据梁板构造设计图,选定专业厂家进行加工制作。

③模板使用过程中应加强维修与保养,每次拆模后,应指派专人清理、实施防锈措施;如遇雨天,应及时覆盖,做到防雨、防尘、防锈。

④吊运过程中,应采取有效措施防止模板变形与受损;安装后,按照有关规定进行检查,尤其是垂直度、梁长、接缝及预留孔等。

⑤脱模剂及模板漆应选用经过实践使用质量较好的品牌,特别是雨季,一定要选用耐水脱模剂,不得采用废机油脱模。

⑥模板形式应综合考虑项目定位、施工工期、资源周转、工艺工法、建设单位相关要求等情况,并根据项目特点进行成本分析计算,在成本效益最优的条件下确定模板形式。

(6)预制区应考虑下列要求。

①制梁台座数量按每台座生产2.5片梁/月控制,模板投入按每片梁占用模板2d时间考虑。

②采用纵列式布置的预制梁厂,预制梁台座中心间距应以有利于脱模和方便操作为原则,可采用混凝土台座或型钢台座,可在底模上支座位置设置楔形块调节梁底纵坡。

③组合钢模台座间距不小于梁底板宽度加2倍箱梁单侧翼板(以最大翼板宽度控制)宽度的总和。

④液压模板台座间距满足相邻侧横向轨道宽度+人行通道宽度。

⑤两预制台座端部之间距离应便于端模安拆,不宜小于端模高度+5m。

(7)存梁区应满足下列要求。

①存梁区采用硬化与绿化相结合。

②存梁区设置应结合现场条件根据总体施工进度计划预计的最高存梁需求进行设计。

③存梁方式:T梁不超过2层,箱梁为1~2层。

④存梁厂内必须保持排水畅通,存梁摆放应满足架设顺序要求。

⑤存梁期不应太长,宜按不超过90d控制。

⑥存梁区必须设置稳固的支架,防止梁板侧倾。

⑦存梁台座必须设置在稳固、干燥的地基上,如遇软基,要进行必要的加固处理,承重横(枕)梁必须设在经过承载力检算合格的基础上。

(8)预制台座设置应满足下列要求。

①施工前应对预制梁台座下方的地基进行承载力和沉降计算,若承载力和沉降计算不满足规范要求,应对地基进行特殊处理。

②预制梁台座面板(底模)宜采用钢板制作,不得直接利用混凝土面板作为底模,钢板厚度宜为6~8mm。

③预制台座两侧应考虑防止漏浆的技术措施,如在预制台座施工时在底模(预制台座)纵向通常预埋5号槽钢,然后在槽钢内嵌入橡胶带,橡胶带尺寸比槽钢略大,将橡胶带用外力挤压塞入槽钢内,橡胶带变形将槽钢填充满。

(9)台座调坡装置常规设置的2种方法。

①通过梁体下沉来调节纵坡:通常台座根据图纸参考预拱度值以跨中最大两边渐变来设置台座反拱,在台座端头根据全项目最大纵坡和边跨最短预制梁伸缩缝端梁底预埋钢板位置来确定。

②通过钢板调节器来调节纵坡:通常台座根据图纸参考预拱度设置台座反拱,在图纸要求梁底钢板位置设置纵坡钢板调节器,调节器一般要求下沉边可以下沉图纸要求钢板外露高度+最大纵坡×钢板纵向长度的一半(支承中心点为基准点)。

(10)临时用电应满足下列要求。

①在编制临时用电专项方案的同时,规划预制厂临时供电线路布置示意图,在钢筋绑扎区、预制区门式起重机轨道基础外侧设置地埋线,深度为50cm左右。

②配电箱按各功能区使用要求设置,门式起重机应单独设置配电箱。

③厂区临时用电宜本着地埋和架空原则进行布设。

④配电箱集中设置,采用标准"双开门"形式,并搭设防护棚。

⑤绑扎区与预制区电缆在临时建筑时进行统一规划,设置暗沟地埋。

⑥门式起重机用电宜采用滑触线形式供电,且架体高度应在3.5m以上,防止人员触碰,提梁门式起重机需配备电动夹轨器和手动夹轨器。

⑦预制区用电及空气压缩机气管预埋于混凝土台座内部,台座端头位置预埋控制箱,采用集约化管理,内部布设为航空防爆插头、漏电保护器及供气管道;给水管道压力充足的情况下以单排台座设置分流阀,分流阀开关考虑统一在台座外侧主水沟侧预留。

(11)排水系统应满足下列规定。

①总体要求:梁厂排水系统需联通闭环,最终汇集至三级沉淀池后,经污水处理设备净化后循环利用。

②主水沟设计尺寸需要考虑梁厂汇水面积(梁厂的面积、当地的水文情况、地形地貌),具体以计算确定为准,建议不低于40cm×60cm;在场地周边不过人或偏角位置考虑不设置

盖板;过行人或小型机具通过位置考虑设置雨箅子,雨箅子的材质建议采用高分子、UHPC或铸铁;重载区建议采用3cm厚钢板冲孔,沟帮考虑采用L形角钢包角加强。

③台座端头水沟建议设置不小于30cm×30cm,设置盖板覆盖,盖板材质可选择UHPC、高分子材料等;台座之间水沟建议设置5cm×20cm明沟,水沟两侧设0.5%~1%横坡。

4.8.3.5 普通预制梁厂建设要求

(1)清表。

清除厂区范围内有机质和腐殖土、草皮杂物等,清理厚度根据现场实际情况确定。

(2)厂地平整。

地基处理后,地基承载力不宜小于100kPa,对于台座张拉区地基承载力不宜小于150kPa。

(3)厂地硬化。

厂内主要运输道路、非重载区、板房基础及生活区采用混凝土硬化,制梁台座、存梁台座之间浇筑10cm厚C20混凝土硬化或采用碎石、撒播草籽处理。

厂地硬化按照中间高、四周低的原则设置≥1.5%的排水坡度,场地内及四周设置排水沟,四周排水沟设置≥2%的纵坡,四周排水沟的生产污水必须设置沉淀池,经沉淀后再流入地方排水系统。

(4)厂区排水。

结合现场地形及实际情况,沿围墙外和场内设置排水沟,整个厂区应遵循中间高、四周低的原则,利于厂区排水。

(5)普通梁厂生活区布置参照工区驻地标准布置。

4.8.3.6 其他要求

(1)场地内根据梁片养生时间及台座数量设置足够的梁体养生用的自动喷淋设施,喷淋水压加压泵应能保证足够的水压,确保梁(板)片每个部位都能养生到位。

(2)预制梁(板)张拉采用智能数控张拉设备,压浆采用真空辅助压浆设备,能满足生产需要的机械凿毛设备,能满足冬季施工的蒸汽养生设备,必备的施工辅助设备,包括横隔板钢筋定位模架、钢筋骨架定位模架、横隔板底模支撑架、波纹管定位模架、翼缘板钢筋定位模架。

(3)养生用水经蓄水池处理后使用,干净无杂质,不会对梁体外观造成不良影响。

4.9 智慧梁厂

4.9.1 设置原则

(1)智慧梁厂建设应遵循"安全第一、科学规划、因地制宜、永临结合、经济适用、绿色环保"的原则。

（2）智慧梁厂应遵循"机械化换人、自动化减人、智能化无人"的建设理念。

（3）智慧梁厂总平面布置时应综合考虑生产规模、工程进度、工艺及设备等因素，设置钢筋加工区、钢筋绑扎区、混凝土浇筑区、蒸汽养生区、标准养生区、张拉压浆区、梁板存放区，各功能区应按照流水生产线方式布置，功能齐全、科学合理、界限清晰，力求布局合理（图4.9.1-1）。

图4.9.1-1　智慧梁厂效果图

（4）智慧梁厂应按照工厂化要求对场地处理、设备基础、给排水、供电、工装等进行专项设计，编制专项建设方案。

（5）在平原、微丘区同规格的预制梁板数量达1500片及以上，山岭、重丘区同规格的预制梁板数量达800片及以上，宜建设智慧梁厂。

（6）生产线的布置应确保在不同工作位置开展工作时，工作无交叉、无窝工现象的发生。

（7）生产线的布置数量，应能实现生产目标，满足施工质量所需的施工期，同时能够发挥最大的经济效益。

（8）应在钢筋加工及安装、混凝土浇筑等区域搭建稳固、耐用的封闭式钢结构厂房，厂房高度需综合考虑液压模板高度、安全施工高度、布料机高度、鱼雷罐高度、门式起重机高度等因素。最大限度地减少冰冻雨雪等极端恶劣天气对智慧梁厂流水作业的影响。

（9）钢筋绑扎区的占地面积应满足最大生产工况下的原材料、半成品临时存放、小型设备存放的空间要求，并保证充足的施工作业空间。其中应根据钢筋种类、储备量、加工及绑扎速率，确定钢筋绑扎区钢筋胎模架数量。

（10）蒸汽养生区、标准养生区应配备齐全的智能养生系统，自动调节养生环境温湿度，确保梁板混凝土强度及弹性模量合理增长。

（11）厂地规划时应预留自动穿束机、集中制浆站等区域。

（12）运输道路应设置在存梁区附近，宽度与转弯半径均应满足运梁要求。

4.9.2 选址要求

(1)每个土建合同段原则上只设置1座智慧梁厂。对于山岭、重丘区高速公路，个别标段因预制场地、运输通道等客观条件所限，经监理工程师和建设单位批准，可以增设1座智慧梁厂。

(2)梁厂选址应按照初筛、地质灾害危险性评估两个阶段实施，选址应距离爆破区500m以外，避开人员密集区域、高压线路及高大树木，充分考虑混凝土运距选择交通、水电便利的位置，并与通信、天然气等地下管线保持一定距离。严禁将梁厂设置在泥石流、滑坡体、雷区、洪水位下等危险区域，避开取土、弃土场、塌方、落石、危岩等地段。

(3)智慧梁厂场地确认后，应对场地范围内的地层分布进行分析和评价，地基稳定性和承载力必须满足设计要求。

(4)根据预制梁板的相关参数与所选用的工装设备，需要对生产线轨道、存梁区台座、液压模板台座、厂棚基础、门式起重机基础、运梁通道等设施的地基承载力、沉降进行验算，选择合适的地基处理方式(如：排水固结法、强夯法、换填碾压法、深层搅拌桩法、PHC管桩加固法等)。

(5)智慧梁厂场地处理应贯彻绿色工程的建设理念，根据功能区使用需求进行硬化和绿化。

(6)智慧梁厂应按照工厂化要求对场地处理、设备基础、给排水、供电、工装等进行专项设计，编制专项建设方案。

(7)选址其他要求应参照《"两区三厂"建设安全标准化指南》中有关选址基本要求并结合当地相应规范、标准执行。

4.9.3 生产线设备配置

4.9.3.1 生产线划分

根据项目工期、场地面积、生产任务等因素综合考虑，将生产线按照智能化程度分为A、B、C3类，具体划分见表4.9.3-1。

生产线工装设备配置一览表　　　　表4.9.3-1

序号	功能区	施工工序	设备名称	A类	B类	C类	备注
1	钢筋绑扎区	底腹板、顶板钢筋绑扎	钢筋自动生产线	√	—	—	钢筋自动下料绑扎
2		移动台座就位	可移动台座	√	√	√	
3		外模合模	液压模板	√	√	√	
4		底腹板钢筋安装	钢筋部品安装专用吊具	√	√	√	门式起重机或桁架式起重机
5	混凝土浇筑区	内模安装	内模安装专用吊具	√	√	√	
6		顶板钢筋安装	钢筋部品安装专用吊具	√	√	√	
7		混凝土浇筑	罐车+升降布料机	—	—	√	
8			鱼雷罐+行走布料机	√	√	—	

续上表

序号	功能区	施工工序	设备名称	A类	B类	C类	备注
9	混凝土浇筑区	混凝土振捣	附着式振捣器	√	√	√	
10			插入式振动棒	√	√	√	
11		带模养生	喷淋系统	√	√	—	冬期覆盖保温、保湿
12		退模	液压模板	√	√	√	
13	蒸汽养生区	移动台座就位	可移动台座	√	√	√	
14		静置养生	智能养生室	√	√	√	
15		智能蒸汽养生		√	√	√	
16	标准养生区	移动台座就位	可移动台座	√	√	√	
17		恒温恒湿养生	智能养生室	√	√	√	
18	张拉压浆区	移动台座就位	可移动台座	√	√	√	
19		常规养生	喷淋系统	√	√	√	冬期覆盖保温、保湿
20		预应力筋穿束	预应力筋自动穿束机	√	√	—	
21		预应力筋张拉	张拉机器人	√	—	—	
22			集中制浆设备	√	√	√	
23			智能张拉设备	—	√	√	
24		封锚、压浆	集中真空压浆设备	√	—	√	
25	梁板存放区	移梁	移梁设备	√	√	√	门式起重机

4.9.3.2 主要设备要求

(1)钢筋胎架及吊具。

①钢筋胎架应结合预制梁板施工图进行专项设计,满足胎架精度和施工便利性等要求。

②钢筋胎架应采用型钢桁架结构。主体结构应具备足够的刚度,材料选用不低于以下要求。

a. 主体结构[10槽钢。

b. 定位梳齿板6mm厚钢板。

c. 腹板箍筋底部限位型钢∠80mm×80mm×8mm角钢。

d. 腹板纵向水平筋定位齿耙φ16圆钢。

③底腹板和顶板钢筋定位齿槽宽度应按钢筋直径+3mm设计,位置偏差不超过2mm,腹板纵向水平筋定位齿耙插管内径应按齿耙直径+3mm设计,位置偏差不超过2mm。

④胎架上宜标记预埋件位置和类型或设置定位工装。

⑤钢筋骨架吊具应进行专项设计,由纵梁及弦杆组成。纵梁材料应选用不低于18mm×12mm方管,弦杆材料应选用不低于[8槽钢。

⑥吊点应对称布设,顺梁长方向布置间距应不大于1m。

⑦吊耳应采用"U"字形安全钩、自动复位式开合机构和自锁插销进行连接。

(2)智能液压模板。

①液压模板应采用厚度不小于6mm的大刚度全厚不锈钢模板,满足强度、刚度和稳定性要求。

②智能液压模板控制系统应具备实时感知开合状态、自动协调各部位液压行程、信息采集等功能。

③模板设计应考虑特殊部位安拆需求,防止拆模时特殊部位的混凝土损坏。

④模板拼装后,对接缝≤2mm,错台≤1mm,板面不平整度2mm/m;直线段内模错台≤2mm,变截面段内模错台≤3mm,不平整度2mm/m。

(3)鱼雷罐。

①鱼雷罐容积、数量与轨道方式需根据单片梁浇筑时间与生产线布局综合考虑确定。

②鱼雷罐轨道宜采用直线往复式鱼雷罐轨道或环形鱼雷罐轨道。

③鱼雷罐轨道纵坡坡度、转弯半径应结合实际情况经计算确定。

④应根据鱼雷罐轨道高程调整混凝土拌和站出料口高度。

⑤鱼雷罐宜具备自动清洗功能。

(4)布料机。

①布料机分为升降式布料机与走行式布料机,可在多条生产线浇筑区自由移动。

②布料机向模板内倾卸混凝土时,应防止混凝土离析,其自由倾落高度宜不超过2m。

③布料机出料口应配备液压油缸驱动料门开关,控制布料宽度。

(5)附着式振捣器。

①应根据工艺对振捣部位、持续时间、间隔时间、振捣次数进行调节或根据需要对不同部位进行单独或编组联动振捣。

②附着式振捣器需合理布置,竖向间距≤1.5m,两侧交错间距≤0.5m,严禁对称布设。

③附着式振捣控制系统应具备调整并记忆振动频率及时间等功能。

(6)移动台座。

①移动台座应串联混凝土浇筑区、养生区、张拉区等功能区,且配备锁止装置。

②移动台座应保证其坚固、稳定、不沉陷,表面应光滑、平整,挠度不大于2mm。

③根据设计提供的理论拱度值,结合施工的实际情况,在移动台座上按梁、板构件跨度设置相应的预拱度。

④移动台座应具有对梁底的支座预埋钢板或楔形垫块进行角度调整的功能,并在预制施工时严格按设计要求的角度进行设置。

(7)横移台车。

①为提高台座周转效率,满足安全施工要求,应设置横移摆渡区,采用横移台车实现移动台座换轨返回功能。

②横移台车应采用多轮组跨轨技术,具备到位停止、感应防撞、位置感知等功能。

(8)智能养生室。

①宜采用节能环保的蒸汽发生装置,并满足现场养生需求。

②智能蒸汽养生控制系统应根据设定参数,自动精准调节养生室内温湿度。

③智能蒸汽养生室应满足预制梁板保温保湿要求,最大限度地实现资源节约和环境保护。

④智能蒸汽养生室内温湿度传感器宜布置在顶板正上方、腹板中部等关键部位,布设间距应≤5m,温度传感器灵敏度不得大于0.1℃,湿度传感器灵敏度不得大于1%RH。

⑤蒸汽输送管道宜采用钢管,进气口应设置机械和电子双阀门,并满足保温及安全的要求。

⑥蒸汽养生室内应设置喷雾系统,满足热期保湿养生要求。

⑦蒸汽养生室顶内部应设计滴水槽,将液化在顶部的水汽排出,同时下接排水,防止水流聚集在蒸养房内增加热损耗。

4.9.4 功能区分及工艺流程

4.9.4.1 一次张拉功能分区及工艺流程

(1)根据梁板预制施工工序,宜将智慧梁厂划分为钢筋绑扎区、混凝土浇筑区、蒸汽养生区、标准养生区、张拉压浆区、梁板存放区。以预制小箱梁为例,具体的生产工艺流程,如图4.9.4-1所示。

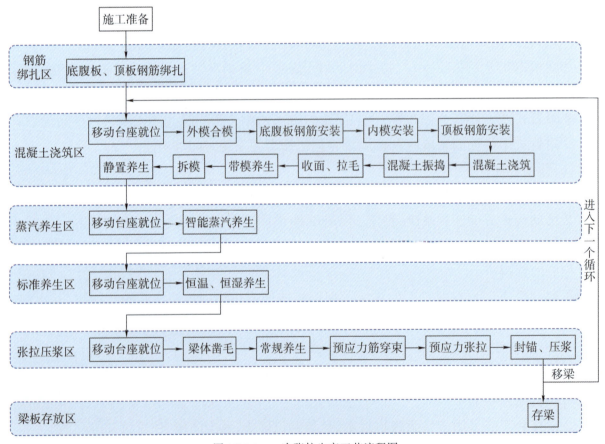

图4.9.4-1 一次张拉生产工艺流程图

(2)为保证梁板混凝土养生总时长不少于72h,满足流水生产要求,各工序持续时间及相关要求见表4.9.4-1。

一次张拉各施工工序持续时间　　　　　　表4.9.4-1

序号	区域	工序		持续时间(h) ≥10℃		说明
				箱梁	T梁	
1	混凝土浇筑区	模板处理		2	2	
2		钢筋及模板安装		4	3	
3		混凝土浇筑、振捣		3	3	
4		带模养生、退模及静停		15	16	
5	蒸汽养生区	智能蒸汽养生	升温	4	4	湿度≥95%
6			恒温	8	8	恒温45℃,湿度≥95%
7			降温	4	4	温度降至20℃、湿度≥95%
8			恒温、恒湿养生	8	8	恒温20℃±2℃,湿度≥95%
9	标准养生区	恒温、恒湿养生		24	24	恒温20℃±2℃,湿度≥95%
10		常规养生		9~12		
11	张拉压浆区	预应力筋穿束		5	5	
12		预应力筋张拉		3	3	
13		封锚、压浆		3	3	
14	移动台座归位			1	1	包含:①移梁+②台座回程+③模板打磨清洗
15	养生总时长			总养生时长≥72		

注:1. 移动台座在蒸汽养生区和标准养生区,至少停留24h。
　　2. 当温度低于10℃时,应采用冬期施工措施。

4.9.4.2　二次张拉功能分区及工艺流程

以小箱梁为例,采用移动台座两阶段张拉时应在初张拉后增设二次张拉台座,初张拉时,混凝土的抗压强度应不低于混凝土设计强度值的75%,弹性模量应不低于混凝土28d弹性模量的75%。终张拉时,混凝土的抗压强度应不低于混凝土设计强度值的100%,弹性模量应不低于混凝土28d弹性模量的100%,混凝土龄期不小于7d,即168h。具体工艺生产线预制箱梁的施工流程如图4.9.4-2所示。

(1)为保证梁板混凝土使用寿命,严格按照设计及规范控制养生总时长,满足流水生产要求,各工序持续时间及相关要求见表4.9.4-2。

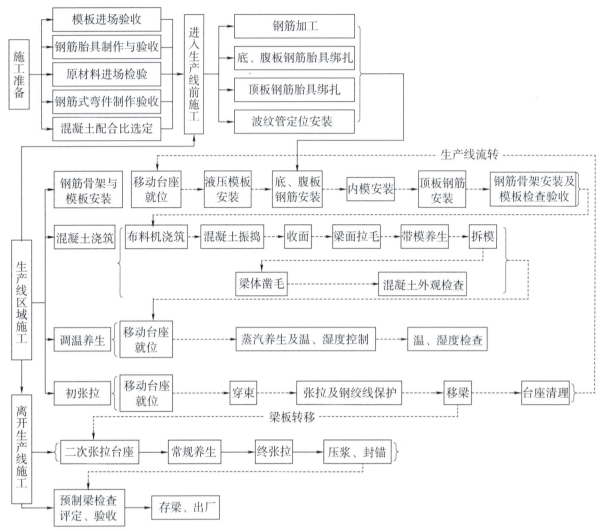

图4.9.4-2 两次张拉生产工艺流程图

两次张拉各施工工序持续时间 表4.9.4-2

序号	工序		持续时间（h）			说明
			夏季	春秋季	冬季	
1	钢筋及模板安装		6	6	6	时间组成：①侧模安装+②底腹板钢筋吊装+③内模、底腹板端模安装+④顶板钢筋安装，中梁5h、边梁7h
2	混凝土浇筑		4	4	4	中梁3h、边梁4h
3	混凝土浇筑完成至脱内模与侧模		12	16	18	夏季内模脱模7~8h，春秋季内模脱模11~12h，冬季内模脱模16h以上；内腔模板拆除时混凝土抗压强度不应小于4MPa
4	静停阶段		4	4	4	时间组成：①静停+②移梁入棚
5	智能蒸汽养生	升温	4	6	6	升温速率≤5℃/h
		恒温	16	16	16	夏、春秋恒温温度宜为45℃，冬季恒温温度宜为40℃
		降温	10	10	12	降温速率≤5℃/h
6	自然养生及凿毛		10	10	10	
7	初张拉		2	2	2	
8	移动台座归位		1	1	1	时间组成：①移梁+②台座返回+③台座打磨检修

续上表

序号	工序	持续时间(h) 夏季	持续时间(h) 春秋季	持续时间(h) 冬季	说明
	工序3~7总时长	58	64	68	
	工序1~8总时长	69	75	79	
备注	1.不同季节施工温度参考《建筑气候区划标准》(GB 50178—1993): ①夏季:连续5日平均气温≥22℃; ②冬季:连续5日平均气温<10℃; ③春秋季:温度范围不属于①和②。 2.不同季节蒸汽养生阶段升温、降温及恒温时间总时长要求如下: ①夏季:升温、降温及恒温时间总时长不宜少于30h; ②冬季:升温、降温及恒温时间总时长不宜少于34h; ③春秋季:升温、降温及恒温时间总时长不宜少于32h。 3.表中所列冬季拆模时间为温度不低于5℃时,且未采用加温保温措施条件下的最低要求;当温度低于5℃时,应另行采取加温保温措施方能施工,混凝土拆模时间、轨道移梁时间等均应在表中所列冬季工序时间的基础上适当调整,且混凝土拆模应符合下一条规定。 4.表中拆模时间仅供参考,梁厂宜根据现场条件调整拆模时间,预制梁拆模时的混凝土强度应符合《公路桥涵施工技术规范》(JTG/T 3650—2020)规定;冬季施工时,预制梁拆模前宜采取适当的加温及保温措施,以促进混凝土早龄期强度发展。预制梁内腔模板拆除时混凝土抗压强度不应小于4MPa,且能保证其表面及棱角不因拆模而受损坏。拆模时梁体混凝土芯部与表层、表层与环境、箱内与箱外温差均不宜大于15℃				

4.9.4.3 一次张拉与二次张拉对比分析

采用一次张拉和采取两次二次张拉,在工艺和施工时间上都会有一定的区别,但无论是采用一次张拉还是采用二次张拉,或者是普通梁厂预制梁板时,都应保证混凝土的养生时长,不仅是张拉前进行养生,应保证保湿养生时长不低于10d,以有效提高预制梁的整体质量,减少梁体裂纹,保证预制梁的使用寿命。《公路桥涵施工技术规范》(JTG/T 3650—2020)规定张拉时混凝土的弹性模量应不低于该混凝土28d弹性模量的80%,该弹性模量应按照批复配合比同强度等级混凝土弹性模量计算。具体对比分析见表4.9.4-3。

一次张拉与二次张拉对比分析表   表4.9.4-3

张拉方式	共同点	不同点	优点	缺点
一次张拉	模板处理、钢筋及模板安装、混凝土浇筑、振捣、带模养生、退模及静停、智能蒸汽养生等工艺及用时基本相同	一次张拉在标准养生区时间略长,一次性张拉到位	一次性张拉可提高台座的使用效率,加快预制梁预制,节约土地	养生不到位时容易造成前期混凝土强度达不到要求,张拉后引起梁体裂纹,降低预制梁质量,缩减预制梁寿命
二次张拉		二次张拉在标准养生时长较短,但第二次张拉需要增加二次台座,且二次张拉时混凝土强度满足设计强度或弹性模量应满足28d弹性模量100%	能根据预制梁自身强度,分阶段施加预应力,有效保证梁体质量,保障预制梁使用寿命	制梁周期长,预制梁场占地面积大,台座利用率低,相对一次性张拉投入高

4.9.5 生产能力分析

(1)梁板预制能力应与架设能力相匹配,根据生产总量、制梁周期,通过分析预制量、供应量以及储存量之间的关系,确定生产线、移动台座和存梁台座数量。生产线数量可参考公式(4.9.5-1)计算。

$$N_1 = \frac{M}{k \cdot q \cdot D} \quad (4.9.5\text{-}1)$$

式中:N_1——生产线数量(条);

　　M——生产线总预制量(片);

　　D——总预制工期(天);

　　k——生产系数,一般取0.75~0.9;

　　q——生产效率(1d/片)。

(2)除计算结果外,宜按半幅梁板数量的倍数布设。

(3)可根据预制梁板边梁、中梁的设计情况与制架平衡综合考虑中梁、边梁生产线改造转换。

4.10　小型预制构件厂

4.10.1　设置原则

(1)每个土建项目原则上只设置一处小型构件预制厂。

(2)项目小型预制构件包括路基防护预制块、路基、隧道防排水预制块、隧道电缆沟盖板、桥梁中分带盖板等小型构件,所有小型构件必须在预制厂中集中预制。

(3)小型预制构件厂占地面积在2000~3000m²之间,场地内应划分为预制生产区、喷淋养生区、成品存放区、模具清洗区、办公区等功能区(图4.10.1-1)。

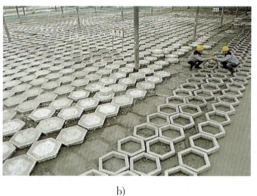

a)　　　　　　　　　　　　　　b)

图4.10.1-1　小型构件预制厂实景图

4.10.2 建设标准

4.10.2.1 场地处理

(1)小型构件预制厂在原地面清表后宜填筑30~50cm透水性材料,碾压密实后再浇筑厚度为15cm的C20混凝土,场地硬化时应做好喷淋管线的预埋。

(2)硬化按照中间高四周低的原则设置不小于1.5%的排水横坡,场地四周设置排水沟,并在场地内设置沉淀池,严禁将生产废水直接排放。

4.10.2.2 其他

(1)小型构件预制厂与拌和站等场站分开设置时应采取封闭管理,四周应设置围栏。

(2)小型构件预制厂功能区划分为生产区、养生区、成品区以及办公区等。各区域的划分用油漆隔离标识,并在各区域设置标识牌,规划合理,交通顺畅。

(3)若在厂内设置混凝土搅拌设备,宜选用带称重计量系统并可自动存储的打印设备。

(4)小型预制构件生产宜采用混凝土预制件自动化生产设备。

4.11 施工便道(便桥)

施工便道(便桥)是指在工程项目建设过程中,供建筑材料、大型机械设备进退场及构件运输而修建的临时道路。

施工便道可分为主便道、支便道、贯通便道。主便道,即从既有道路进入综合场站及大型桥隧工程等重要工点的进出场临时道路;支便道,即从既有道路或主便道进入其他单位工程的进出场临时道路;贯通便道,即平原、丘陵地区修建的施工全过程使用的贯通便道。

4.11.1 设置原则

4.11.1.1 基本要求

施工便道(便桥)应进行专项设计并编制专项施工方案,规划前应进行详细踏勘,综合考虑沿线交通条件、总体施工部署、地形和地质条件、通航和水文条件、周边构(建)筑物条件、环(水)保等相关因素;施工便道的规划和建设应遵循因地制宜、永临结合、就地取材、安全经济的原则,在满足工程施工机械、材料进场等功能要求前提下,合理选用路面结构形式,工程规模合理。

4.11.1.2 规划布置考虑因素

施工便道(便桥)规划布置应综合考虑以下因素:

(1)充分利用既有道路,合理布局新建便道,以便与地方道路形成路网。

(2)主便道、贯通便道应尽可能地靠近主要工点,以减少支便道长度。支便道以直达用料地点为原则,避免材料再次倒运。

(3)充分利用有利地形,线路尽可能顺直,尽量避免与铁路线、公路交叉。在山区峡谷地段,便道位置尽可能布置在施工区上方,以免施工时堵塞便道。

（4）当跨越常水位与洪水位高差较大且不通航的河流，同时在洪水时间较短、交通允许暂时中断的条件下，可采用漫水桥跨越。

（5）便道、便桥平面位置规划时应充分预留桥梁施工及其他临时结构的施工空间。

（6）便道不宜占用路基，以减少施工与运输相互干扰，困难地段占用路基时应采取临时过渡性措施，尽量减少干扰。

（7）尽量减少征用土地，尽量避开环境敏感点，尽量避免或降低填挖高度，减少对周边环境的破坏。

（8）充分考虑永临结合，可与改路工程或通乡（村）道路规划相结合。

（9）新建便道应尽量利用红线内用地，如分幅桥梁左右幅中间带范围等。

4.11.1.3　不同地区选线原则

路线方案应在所选定走廊带与主要控制点基础上进行布局和总体设计，合理运用技术指标，对可行的路线方案进行比选，以确定选线方案。当采用不同的技术指标或设计方案对工程造价、自然环境、社会经济效益等有明显影响的，应做同等深度的技术经济论证。

（1）平原地区。

平原区地形的基本线形应是短捷顺直，一般应采用便捷的直线、较大半径的曲线、中间加缓和曲线的线形。凡需要转向处，应在较远处开始偏离，使偏角小且线形平顺。

（2）山岭地区。

山岭地区山高谷深，地形较复杂，同时地质、气候、水文等变化较大，这些均影响到路线的布设。但山岭地区大多山脉水系清晰，路线方向明确，一般确定起点和终点后，路线多顺山沿河布设，必要时横越山岭。沿河布设时，应选择支沟较小、较少，地质、水文条件良好的河岸，且应充分利用地形宽坦的台地；沿河线应注意限位高于最高洪水位，在水文资料不充分、经验不足时，优先选择高线位。越岭线的特点是路线需克服很大的高差，翻越山岭时，一般宜选择两侧易于展线的低垭口。

施工便道选线尽量结合现场调查进行优化线形设计和综合比选，应选择地质条件良好的区域，应规避坍塌、落石、滑坡等不良地质区域和可能发生泥石流、山洪等高风险的区域。尽量做到少填少挖，减少对山体的扰动及圬工防护工程。对地形复杂、边坡陡峭的施工便道，在施工前需做好地质灾害风险评估。

（3）丘陵地区。

丘陵地区山丘连通，岗坳交错，地面起伏较大，一般自然坡度较陡，具有低山区的特点。路线平、纵面大部分受地形限制，路线走向不如山岭地区明显，平面多曲折，纵面多起伏，采用技术指标的适用范围较大。选线时要注意协调好平、纵断面关系，平曲线满足加长车辆的最小转弯半径，横向挖填土石方应尽量平衡，纵坡应能满足重型车的最大爬坡能力，攀山路线应尽量选择向阳坡面，少考虑路线过长的盘山路线。尽量绕避水系发育或有不明显流量的山涧溪流段。

4.11.2 建设标准

4.11.2.1 高程

为了排除路面积水,保证正常通行,便道路面应高出自然地面20~30cm,雨量较大的地区应高出50cm以上。

漫水桥顶高程适当高于常水位,洪水时允许水流从桥面漫过;钢便桥顶高程一般不低于近10年内最高洪水位。

4.11.2.2 宽度

施工主便道一般按照路面宽度6.5m设置(对应路基宽度7~8m);施工支便道及贯通便道一般按照路基宽度不超过6m、路面宽度不超过4.5m设置(运输车辆通行频繁路段可拓宽路面至不超过6m),曲线或地形复杂地段应适当加宽,并视地形条件和视距要求,不大于400m设置一处错车道。错车道一般按照路基宽度7.5m、路面宽度6.5m、长度不小于20m进行设置,错车道应设置在视野良好地段。

钢便桥桥面宽度一般不超过6m,特殊结构桥梁可根据履带式起重机等大型施工机械设备配置情况,适当调整桥面宽度。

4.11.2.3 线形

施工便道纵坡一般宜不超过6%。极限条件下不宜大于12%,且纵坡长度不宜大于200m。最小曲线半径不宜小于20m,根据平面线形,设置超高及加宽段。

钢便桥一般不设纵坡,当需设置纵坡作为过渡段时,最大坡度不宜超过3%。

4.11.2.4 结构形式

(1)便道。

山区便道一般在原地面清表整平后填筑20~50cm厚毛渣(或级配碎石、泥结碎石等),碾压密实作为路面。

平原地区便道不同路段结构可参照以下推荐标准设置:

①挖方路段:开挖后,换填50cm厚毛渣,并在山势较高侧开挖临时排水沟。

②旱地路段:原地面清表整平后填筑相应厚度的土石混合料+50cm厚毛渣,分层碾压成形。

③水田、软土路段:原地面清表整平后填筑30cm透水性材料(青沙等)+相应厚度的土石混合料+50cm厚毛渣,分层碾压成形。

④鱼塘路段:低水位、小鱼塘先抽水,根据现场实际情况清淤后,采用30cm厚青沙+相应厚度的土石混合料+50cm厚毛渣进行分层填筑。高水位、大鱼塘位置采用袋装砂填筑至常水位以上50cm+相应厚度的土石混合料+50cm厚毛渣,分层碾压成形。

⑤跨越小型沟渠路段:跨越小型沟渠时设置圆管涵,长度、涵管尺寸及数量根据现场确定;当便道跨越较小沟渠时设置圆管涵,圆管涵底部采用50cm毛渣并碾压密实,安装涵管后再回填相应厚度的土石混合料+50cm毛渣并分层碾压成形。

⑥施工便道达到以下条件应采用混凝土进行硬化处理:急弯、连续转弯或纵坡大于10%

的危险路段;预制梁厂、拌和站、钢筋加工厂及大型桥隧工程等重要工点进出厂200m范围内的便道;与国省道交叉200m范围内的便道;利用地方混凝土道路升级改造的便道;重点施工区域可视具体情况进行硬化。混凝土硬化厚度一般不低于20cm。

(2)便桥。

漫水桥需埋置过水圆涵管满足常水位过水通流,路面以下浇筑片石混凝土,路面采用混凝土硬化处理。桥台两侧设置圆形护坡或锥体护坡,保证桥台冲刷安全,迎水面可设置丁坝、顺坝等导流设施,提高台后填土段的防洪能力。

钢便桥由钢管桩基础、桩间连接系、桥面系及护栏等附属设施组成。钢便桥应进行专门设计和结构验算。

4.11.2.5 排水

(1)便道排水应合理布局,并与沿线排灌系统相协调,保护生态环境,防止水土流失和污染水源。

(2)便道直线段应设2%横坡,曲线段根据曲线半径设计外侧超高。

(3)便道应设排水沟,单车道设单侧排水沟,双车道宜设双侧排水沟,排水沟断面形式应结合地形、地质条件确定,一般沟底宽和深度不小于30cm。沟底纵坡不宜小于0.3%,与其他排水设施的连接应顺畅。

(4)在汇水面积较大的低凹处设置涵洞,过路管涵的直径和数量结合水文条件和实际情况进行合理设置。

4.11.2.6 标识标牌

(1)施工便道应从起点依序统一编号,在路口处应设置便道标识牌,标识牌明确标明便道序号、方向、里程等内容;沿施工主线纵向施工便道一侧设置主线公里牌、合同段分界牌(图4.11.2-1)。

图4.11.2-1 施工便道标识牌

(2)路线明显变化处、便道平面交叉处,应设置指路、限速和警告标识(图4.11.2-2)。

(3)便道途经村镇、街道、学校等人口密集区,应设置禁令标识;途经易塌方、滚石等危险路段,应设置道路防护及警告标识。

(4)途经小桥,应设置限载、限宽标识;途经通道,应设置限宽、限高标识。

(5)在急弯、陡坡及高路堤等危险地段应设置防撞设施(图4.11.2-3),在醒目位置设置安全警示标志、指示标识、凸视镜等设施,便道的岔路口及工点的支便道设置指向牌。

(6)在跨越河道便桥上,要根据计算的承载力和宽度设置限高、限重、限速标志牌(图4.11.2-4)。

（7）标志标牌设置应符合《公路交通安全设施设计规范》（JTG D81—2017）及《公路交通安全设施设计细则》（JTG/T D81—2017）相关规定。

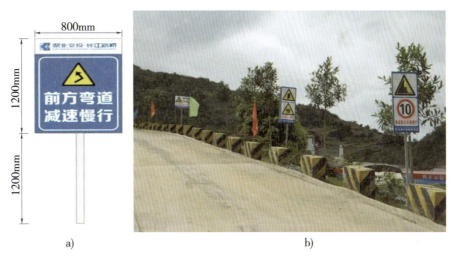

图4.11.2-2 施工便道警示标志牌

图4.11.2-3 施工便道防撞设施

图4.11.2-4 施工便桥标识标牌

4.11.3 控制要点

4.11.3.1 便道施工

（1）施工工艺流程。

首先对场地进行平整，根据设计纵坡及高程结合填筑厚度，挖除超高部位，填筑低洼部位，然后进行场地材料填筑。施工工艺流程为：施工放样→清表、平整→振动碾压→检查验收→分层填筑→分层碾压→检查验收→摊铺路面→检查验收→便道通行。

（2）施工要点。

①施工前，完善用地手续，进行各作业区测量放样，进行原地面清表；做好施工人员、机械设备和材料的准备。

②填方段路基清表碾压后采用填筑材料分层碾压成形，宜采用大于18t的重型振动压路机振动碾压，碾压顺序直线段自路边至路中，曲线段从外侧向内侧碾压。

③挖方段采用逐级开挖,控制边坡坡度,挖方段在靠山一侧开挖排水沟。

④面层需采用混凝土硬化的,宜采用三辊轴从模板上沿纵边振动压平,混凝土浇筑完成后及时切缝并做好养生工作,养生期间不得开放交通。

⑤排水沟、防护、标志标牌等附属工程应与便道主体同步施工。

4.11.3.2 漫水桥施工

(1)施工工艺流程。

为保证河道水流畅通,施工时对河道进行疏流,采用半幅交替施工方式。具体施工工艺流程为:清除河床杂物→抛石处理→安装管涵→片石混凝土浇筑→引道填筑→混凝土护坡施工→另一侧漫水桥施工→浇筑路面→施工完成。

(2)施工要点。

漫水桥施工时将原有河床底杂物挖除,底部采用抛填片石处理,顶部碎石填缝,满铺混凝土垫层,按照图纸要求布置涵管,涵管之间采用片石混凝土填芯并浇至涵顶,上部浇筑混凝土路面。在引道坡面采用混凝土护面,防止河水冲刷。

4.11.3.3 钢便桥施工

(1)施工工艺流程。

钢便桥一般采用"钓鱼法"施工,具体施工工艺流程见表4.11.3-1。

钢便桥"钓鱼法"施工流程一览表　　　　表4.11.3-1

施工步骤	示意图	说明
步骤一 桥台施工		1.测量放线; 2.桥台开挖,整平; 3.安装钢筋、模板,安设预埋板; 4.浇筑混凝土、养生
步骤二 首排钢管桩施工		1.钢管桩起吊,测量定位; 2.施沉钢管桩

续上表

施工步骤	示意图	说明
步骤三 首跨上部结构施工		1. 桩间连接系安装； 2. 主梁安装； 3. 贝雷梁安装； 4. 桥面板安装
步骤四 钢管桩就位		1. 安装导向架； 2. 平板车运桩、喂桩； 3. 吊装钢管桩就位
步骤五 钢管桩施沉		1. 测量定位； 2. 施沉钢管桩
步骤六 桩间连接系及主梁 安装施工		1. 安装主横梁及桩间连接系； 2. 安装悬挂式施工平台，焊接桩间连接系

续上表

施工步骤	示意图	说明
步骤七 贝雷梁安装	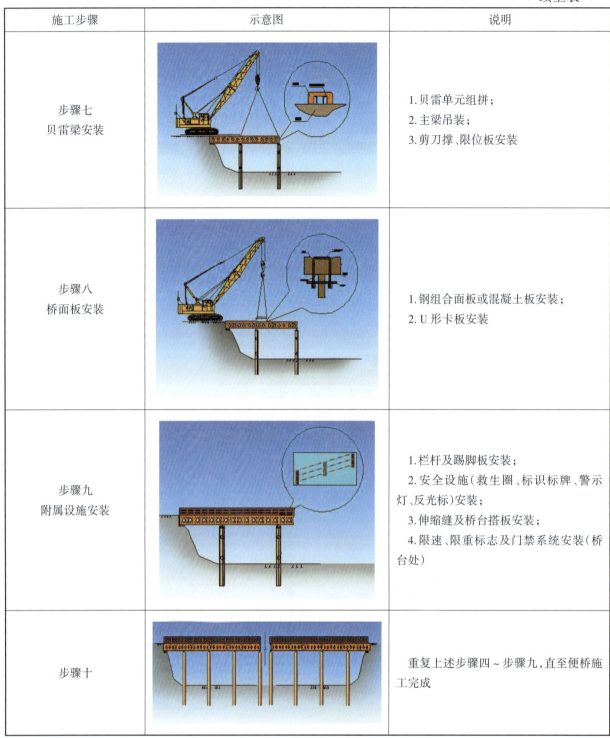	1.贝雷单元组拼; 2.主梁吊装; 3.剪刀撑、限位板安装
步骤八 桥面板安装		1.钢组合面板或混凝土板安装; 2.U形卡板安装
步骤九 附属设施安装		1.栏杆及踢脚板安装; 2.安全设施(救生圈、标识标牌、警示灯、反光标)安装; 3.伸缩缝及桥台搭板安装; 4.限速、限重标志及门禁系统安装(桥台处)
步骤十		重复上述步骤四～步骤九,直至便桥施工完成

(2)施工要点。

①桥台施工时应注意预埋件平面及高程位置的复核,桥台两侧应设置护坡。

②钢便桥材料进场后需进行验收,查看其材质证明,进行外观检查,检查壁厚、管径等是否符合设计要求。

③在打设钢管桩的过程中要不断地检测桩位与桩的垂直度,发现偏差要及时纠正。桩

尖高程控制应以设计高程控制为主,当桩端达不到设计高程但相差不大时,以贯入度作为停锤控制标准;桩端已达到设计高程而贯入度仍较大时,应继续锤击使其贯入度接近控制贯入度。

④便桥一个墩位处钢管桩施工完成后,立即进行该墩钢管桩间剪刀撑、平联、牛腿施工。

⑤主横梁安装与钢管桩连接形式采用开槽嵌入接头应设置在桩顶,当设置在跨中时,型钢焊缝接头应错开布置,错开距离 1m 以上,型钢腹板设置八边形连接板加强,并保证焊缝质量。

⑥贝雷拼装按组进行,每次拼装一组贝雷,贝雷片间用连接片连接好。贝雷梁架设时,首先在下部结构顶横梁上进行测量放样,定出贝雷架准确位置,将一组贝雷准确就位后先牢固捆绑在主横梁上,然后焊接限位器,再安装另一组贝雷,同时与安装好的一组贝雷用贝雷剪刀撑进行连接。

⑦钢桥面板在后场做成整块,现场整体安装。

⑧桥面板安装完成后,及时安装栏杆、救生圈、施工警示灯等安全设施。

4.11.3.4 维修与养护

(1)施工便道的维护。

施工便道应由专业养护队进行日常维护,确保便道路基稳定,路面平整,排水畅通,桥涵结构安全可靠,安全防护设施和标志牌符合要求,做到行车时晴通雨畅,雨天不泥泞,晴天不扬尘。对利用当地道路的,与地方政府部门进行协商,负责对破坏处及时维修养护,确保便道的畅通。

(2)施工便桥的维护。

每个月至少应进行 1~2 次定期检查并做好日常维护,应符合下列要求。

①检查出的问题,应及时进行维护。

②桥面钢板和贝雷发生翘曲、损坏等变形情况的部位,及时修复或更换。

③各连接件结合点处销子、螺栓、焊缝发生松动情况时,应及时加固。

④焊接连接的构件,接缝处若发现裂纹、开焊等现象,应进行返修焊接。

⑤防护油漆破损处应经常重新进行涂刷,油漆应与原涂料一致。

⑥清除钢结构表面污垢,保持栈桥整洁干净。

4.11.3.5 拆除及复垦

(1)拆除。

工程完工后,将便道混凝土凿除,运走换填材料,还原地表,耕种植被。利用既有道路扩建的便道,因施工造成原有道路毁坏的按原标准修复。

钢便桥在工程完工后必须拆除。拆除前各施工人员必须熟悉拆除工艺流程,过程中严格按照拆除工序进行,杜绝违规操作与野蛮施工,钢便桥拆除步骤与架设钢便桥步骤相反。

(2)复垦。

临时用地应编制复垦方案,临时用地使用期限届满时,应在规定期限内,严格按照土地复垦方案确定的复垦措施、技术标准实施土地复垦,履行土地复垦义务,确保达到用地协议约定的交付条件。

4.12 临时用电

4.12.1 规划布置

4.12.1.1 基本要求

(1)施工现场临时用电应根据《施工现场临时用电安全技术规范》(JGJ 46—2005)、《建设工程施工现场供用电安全规范》(GB 50194—2014)有关规定,结合施工现场情况编制施工现场临时用电专项施工方案,并按相关程序审批、实施、验收。

(2)配电系统应遵守四项规则,即分级分路规则,动、照分设规则,压缩配电间距规则,环境安全规则。

(3)施工现场临时用电应采用三级配电系统、TN-S 接零保护系统、二级漏电保护系统。

(4)外电线路与工程周边构(建)筑物、车道、防护设施等应满足规定的安全距离;电气设备应有绝缘、隔离、屏护、设置安全距离等防护措施。

(5)施工现场临时用电设施与设备实行"一机、一闸、一漏、一箱"的原则,并合理设置接地、防雷、防火等措施及禁止、警告等标识标志。

(6)临时用电工程应定期检查、维修,并做记录。

(7)电工须经国家现行标准考核合格,取得特种作业人员操作证才可上岗工作,并按照规定定期复审。

4.12.1.2 临时供电电源选择

临时供电电源选择一般有以下几种方案。

(1)完全由工地附近的电力系统供电,包括在全面开工前做好永久性供电外线工程,设置变电站。

(2)工地附近的电力系统只能供给一部分,需自行扩大原有电源或增设临时供电系统以补充其不足。

(3)利用附近高压电网,申请临时配电变压器。

(4)工地位于边远地区,没有电力系统时,电力完全由临时电站供给。

高速公路项目临时用电一般由邻近施工现场的当地输电线路引入,现场采用箱式变压器供电。

4.12.1.3 变压器规划布置

(1)原则上路基、中小桥及涵洞、通道施工用电采用自发电,在桥梁较集中的位置、互通立交区、综合场站、隧道工程等集中施工点设置变压器供电。

(2)变压器的设置应考虑永临结合,如隧道工程施工用电。

(3)应根据拟选定的施工机械设备、电动工具、照明、生活设施等用电量测算,选择合适的变压器容量。

(4)在项目驻地、工地试验室、拌和站、预制梁厂等场所,均需配备满足要求的备用发电机。

4.12.1.4 供电线路布置

(1)施工现场主要干线采用架空线路,拌和站、梁厂等大型用电设备与配电柜连接的线路主要为地缆线。配电箱和开关箱的进、出线使用橡皮绝缘电缆。

(2)配电线路应尽量设在道路一侧,不得妨碍交通和施工机械设备的装、拆及转运,并避开堆料、挖槽、临时设施修建用电。

(3)各施工点均设立临时配电箱,采用统一铁制配电箱加工定做,固定式配电箱、开关箱的下底与地面的距离在1.4~1.6m之间,设置地点平坦且高出地面20cm,周围设置围栏,搭设防雨防砸棚,并在围栏上悬挂安全标志。配电箱内设置漏电保护装置。

(4)临时用电采用电缆线路与低压配电箱相结合的供电方式。低压电缆均采用直埋地敷设方式,过路处采用穿管直埋地敷设方式,低压配电箱采用户外防水配电柜。

4.12.2 临电设施选型

4.12.2.1 变压器容量计算原则

工地临时供电包括动力用电及照明用电两种,计算用电量时,应考虑所有机械设备、照明设施、电动工具,明确各阶段电力需求及高峰期用电需求。

4.12.2.2 导线的选择

导线必须保证不会因一般机械损伤而折断;按允许电流选择,导线必须能承受负载电流长时间通过所引起的升温;按允许电压降选择导线上引起的电压降必须在一定限度之内。所选导线截面应同时满足以上要求。

4.12.2.3 现场用电负荷计算

(1)用电量计算。

工地临时用电包括施工及照明用电两方面,其用电量可按式(4.12.2-1)计算。

$$P=1.1(K_1\sum P_c+K_2\sum P_a+K_3\sum P_b) \tag{4.12.2-1}$$

式中:P——计算用电量(kW),即供电设备总需要容量;

$\sum P_c$——全部施工动力用电设备额定用量之和;

$\sum P_a$——室内照明设备额定用电量之和;

$\sum P_b$——室外照明设备额定用电量之和;

K_1——全部施工用电设备同时使用系数,总数在10台以内时,$K_1=0.75$;在10~30台时,$K_1=0.7$;超过30台时,$K_1=0.6$;

K_2——室内照明设备同时使用系数,一般取$K_2=0.8$;

K_3——室外照明设备同时使用系数,一般取 $K_3=1.0$。

1.1——用电不均匀系数。

其中,室内外照明用电取总用电量的10%,上式(4.12.2-1)简化为(4.12.2-2)。

$$P=1.1(K_1\sum P_c +0.1P)=1.24 K_1\sum P_c \qquad (4.12.2-2)$$

(2)变压器容量计算。

$$P_o=1.05P/\cos\varphi=1.4P$$

式中:P_o——变压器容量(kVA);

   1.05——功率损失系数;

   $\cos\varphi$——用电设备功率因素,一般建筑工地取0.75。

(3)配电导线截面计算。

按照导线的允许电流选择。

$$I_1=1000P/(\sqrt{3}\times U_1\times\cos\varphi)$$

式中:I_1——线路工作电流值(A);

   U_1——线路工作电压值(V),三相五线制低压时,$U_1=380V$。

则公式可简化为:$I_1=1000P/(\sqrt{3}\times380\times0.75)=2P$。

(4)导线允许电压降校核计算。

$$\varepsilon=\sum P\times L/(C\times S)=\sum M/(C\times S)\leq[\varepsilon]=7\%$$

式中:ε——导线电压降,为防止远处用电设备无法正常启动,工地临时电路取7%。

$$S=\sum M/(C\times[\varepsilon]\times100)$$

式中:$\sum P$——各段线路负荷计算功率(kW),即计算用电量$\sum P$;

   L——各段线路长度(m);

   C——材料内部系数,铜芯线取值77,铝芯线取值46.3;

   S——导线截面(mm^2);

   $\sum M$——各段线路负荷矩(kW·m),即$\sum P\times L$乘积。

4.12.3 控制要点

4.12.3.1 安全用电技术措施

施工用电具有明显的临时性、露天性和移动性,用电的地理位置和自然条件具有不确定性,给用电安全带来许多不利因素,因此应做好安全防护措施和技术保障措施,保证设备和人身安全。

(1)为了改善和提高现行中性点接地配电系统的安全用电程度,一般采用三相五线制配电系统(TN-S系统)。

(2)低压配电网络应分级安装"电流动作型"漏电保护开关,条件不允许时,每个用户端必须装设末端单相漏电保护装置。

(3)配电干线应装设短路和过载保护装置,用户支线的保护装置可用自动空气开关、熔断器或漏电保护的自动开关。

(4)低压配电系统的中性线N和保护零线PE不得装设熔断器。

(5)室内用电设备用单相三极插座供电,第三极应接到保护零线PE上。

4.12.3.2 用电防火技术措施

(1)电气防火技术措施要点。

①合理配置用电系统短路、过载、漏电保护电气。

②确保PE线连接点的电气连接可靠。

③在电气设备和线路周围不得堆放并清除易燃、易爆物和腐蚀介质或作阻燃隔离防护。

④不在电气设备周围使用火源,特别是在变压器、发电机等场所严禁烟火。

⑤在电气设备相对集中的场所,如变电所、配电室、发电机室等场所配置可扑灭电气火灾的灭火器材。

⑥按规范规定设置防雷装置。

(2)用电防火控制要点。

①建立易燃易爆物和腐蚀介质管理制度。

②建立电气防火责任制,加强电气防火重点场所烟火管制,并设置禁止烟火标志。

③建立电气防火教育制度,定期进行电气防火知识宣传教育,提高各类人员电气防火意识和电气防火知识水平。

④建立电气防火检查制度及预警制度,发现问题及时处理,不留任何隐患。

4.13 弃土(渣)场

4.13.1 选址原则

弃土场选址和设计是一项综合性较强的工作,既要考虑多弃土,又要考虑减少征地费用和工程防护费用,同时还要兼顾群众利益。只有综合考虑弃方量、运距、征地费用、工程防护费用、生态恢复及排水等因素后,方能选择和设计出较合理的弃土场方案。

弃土场建设需向当地城乡规划、国土、环保、安全监督等有关部门提交申请,审批结果符合相关要求后,方可进行弃土场的建设和使用。弃土场临时用地需与当地政府签订临时用地合同及相关协议,使用完成后及时复垦、验收和移交。

弃土场的选址应综合考虑以下各种因素。

(1)宜选择喇叭形位置,减少防护工程数量,特别是挡渣墙的工程量,节约工程造价,同时有利于弃土的稳定。

(2)选择荒山或贫瘠土地,避开陡坡、滑坡体位置,尽量少占用耕地。

(3)特殊情况下弃土场可以与高路堤或陡坡路堤综合考虑设置,对高路堤或陡坡路堤进行回填反压。

(4)避开特殊地段,如林地、墓葬群、高压电力网以及地表附着物较多或价值较高的土地等,尽可能减少拆迁工作。

(5)选择汇水面积较小的沟头荒山地,降低弃土场施工及管理安全风险。

(6)避免在水源地、水库上游设置弃土场,当必须设置时,应征得相关部门书面批准,并做好弃土场防护、排水设施,以免造成水土流失和水体污染。

(7)弃土场的选址应综合考虑土石方运输距离,降低运输成本。

(8)结合当地建设规划和老百姓意愿综合利用,将弃土用于填堰塘、固河堤、修建机耕通道、屋基等,减少投资,增加社会效益。

(9)选址应尽量远离居民区,运输弃土的临时施工道路尽可能绕过村镇,减少施工期间对当地老百姓生活造成过多的干扰,减少环境污染、道路破坏、交通堵塞等。

4.13.2 控制要点

(1)弃土前,先修筑弃土场便道,清表30cm,耕植土应集中堆放,待弃土完成后可用于弃土场表面复耕或绿化。

(2)临时排水设施宜与永久性排水设施相结合,不得随意排放,也不得引起淤积和冲刷边坡,污染自然水源。

(3)严格遵循"先挡后弃"原则,根据弃土场实际地形情况,合理确定挡土墙防护方案,挡土墙结构的墙宽、墙高、墙长除按规范施工外,应根据实际地形做出合理调整,以保证挡土墙稳定及弃土不流失到弃土场范围外。

(4)弃土采用自卸车运至弃土场指定位置,由下至上、粒径由大到小分层填土,分层厚度不大于50cm。弃土场底层采用大粒径石料填筑盲沟,确保排水通畅。填土时从地形较低侧起坡,每层填筑完成后,按照先两侧后中间的顺序,采用压路机碾压密实,压实度不小于85%。

(5)为保证弃土场场区排水顺畅,弃土填筑时从靠山侧向谷口侧放坡,坡度为2%~5%,纵向坡度不小于5%,每次填土边线处与原地面平顺相接,防止上游积水形成堰塞湖。

(6)弃土堆边坡高度大于8m时,按要求设置平台。弃土堆下方边坡和山谷侧坡结合部位的排水沟纵坡过大时采用浆砌片石加固。

(7)当弃土场弃土量达到设计容量或弃土高度达到设计高度时,立即停止弃土,对弃土场进行整修,并完成附属工程施工。

(8)弃土完毕后,将堆体顶面推平,向两侧设置成不小于3%的排水坡,然后将地表土均匀铺于其上,用于还耕或造田、造林等,同时按设计修筑两侧排水沟、绿化边坡,防止水土流失。

4.13.3 日常管理

(1)组织专门人员定期对交通主干道进行维护、修整,保证运输道路的畅通。

(2)弃土过程应统一调度组织,严格按照规定的填土方式、坡面、排水及堆土要求进行。

(3)在弃土过程中,及时组织护坡、排水设施施工;当与弃土施工相冲突时,应设置临时排水措施,减小水土流失。

(4)弃土作业应安排专人指挥,非作业人员一律不得进入作业区,凡进入作业区内工作人员、车辆、机械必须听从管理人员指挥。弃土车辆必须根据管理人员指定路线、区域内按次序弃土,不得在弃土场区域内及场地外随意弃土。

(5)应对弃土场附近的建筑物、树木、管线、水电等设施进行必要的保护。

(6)应组织专人对弃土场进行巡视检查,系统记录、描述边坡及周围环境变化,及时发现险情。巡视检查的主要内容包括:边坡地表有无新裂缝、坍塌发生,原有裂缝有无扩大、延伸;地表有无隆起或下陷,滑坡体后缘有无裂缝,前缘有无剪口出现,局部楔形体有无滑动现象;排水沟、截水沟是否畅通,排水孔是否正常;有无新的地下水露头,原有的渗水量和水质是否正常。

4.13.4 生态恢复及复垦

弃土场生态植被恢复应遵循"因地制宜,因场而异"的原则,统一规划,合理布局,科学设计,精细施工,应用生态修复技术,对弃土场占用的土地资源进行恢复,使植被得以重生、景观美化景观,实现工程与环境协调。

弃土场表面植被应选择根系发达、固土能力强、生长迅速、能提高土壤保水保肥能力、适应性和抗逆性强的优良树种、草种。对防护后剩余边坡进行植草绿化,应多选用适应性强、成活率高、耐寒耐瘠、生长迅速且对边坡稳定性好的本土植物防护品种。在植物生长初期,应加强养护,包括无纺布或草席覆盖、浇水、追肥、病虫害防治、苗木支护和补植等。

弃土场应严格按照土地复垦方案确定的复垦措施、技术标准实施,履行土地复垦义务,确保达到用地协议约定的交付条件,并完成相关手续。

4.14　施工及生活用水

4.14.1　生活用水

项目驻地生活用水一般应引入当地自来水,确保供水稳定及安全。对于条件受限的,可利用地下水作为生活用水,使用前须对水质进行检测,并符合国家标准《生活饮用水卫生标准》(GB 5749—2022)的规定,确保用水卫生和安全。

4.14.2　施工用水

项目沿线河流丰富时,施工用水可考虑就近河道取水,并设置蓄水池蓄水。施工现场附近无直接水源的,可选择布设管道引入或采用地下水以满足生产用水需要。

混凝土拌和及养生用水的水质应符合《混凝土用水标准》(JGJ 63—2006)的有关规定。对于设计使用年限为100年的结构混凝土,氯离子含量不得超过500mg/L,对使用钢丝或经热处理钢筋的预应力混凝土,氯离子含量不得超过350mg/L。

拌和用水主要检测项目为pH值、氯化物、硫酸盐、不溶物、碱含量、可溶物。被检验水样还应与饮用水样进行水泥凝结时间和水泥胶砂强度对比试验。此外,混凝土拌和用水不应漂浮明显的油脂和泡沫,不应有明显的颜色和异味。

混凝土养生用水的检测项目包括pH值、水质、温度、溶解氧和电导率等,以保证混凝土的养生效果和最终的质量。

4.15　危险品库

(1)仓库应选择平坦、宽敞、交通方便之处,设置完善的排水系统。

(2)油库应远离生活区不小于50m的距离。氧气瓶、乙炔瓶仓库应远离生活区不小于30m的距离。

(3)民爆物品库的选址、设计图纸应由当地公安部门确认并且审核同意,建设完成经当地公安部门联合验收合格后方可投入使用。

(4)危险品存放库房应尽可能利用行业部门或专业爆破公司的设施。

(5)危险品库房的建设及管理除应符合国家及地方的有关规定外,还应符合以下要求。

①建立健全火工用品管理制度,严格火工用品采购、储存、领取、使用、退库各个环节的管理和操作,做到全程监控、全程把关。承包人要定期对炸药库管理有关台账进行认真检查和清对,监理工程师要加强监督检查。

②双洞中隧道及长隧道、特长隧道宜设专用火工品库房,其他短隧道可结合其他隧道及路基、桥涵施工集中设置。

③应根据施工进度计划安排,核定火工品库存容量。

④其他危险品,如氧气、乙炔、油料及剧毒、放射性物品等应单独建库存储。

4.16　信息化建设

4.16.1　信息化设施

4.16.1.1　硬件网络通信基础设施

施工工地应配置符合要求的计算机硬件、网络、通信、视频和存储等基础设施,从信息安全技术和信息安全管理两方面,开展信息安全建设。

通信网络系统宜实行标准化管理,制定管理制度,明确岗位职责;系统维护人员负责设备设施的安装、拆除及运行维护工作,保障系统健康稳定运行。

建设单位应综合利用集团指挥中心、数据中心、高速公路OTN网络的集约化算力资源、存储资源、通信资源,提供平台所需应用服务器、数据库服务器、存储服务器、备份服务器等运行环境,运行环境至少应符合二级网络安全保护要求,避免发生敏感数据泄漏、重大网络安全事件。

参建单位使用的拌和站(水泥、水稳、沥青)、力学试验机、沥青试验仪器、预应力张拉和管道压浆设备、围岩监控量测全站仪、路基路面智能摊铺压实监测、软基处理施工等设备必须预留数据采集接口,符合数据联网要求,可与一体化平台(项目级、集团级)实现无缝对接。

4.16.1.2 项目管理系统

根据"湖北交投高速公路建设管理一体化平台"建设要求,统筹信息化建设,按照"需求导向、注重实用"的原则,搭建项目级建设管理一体化平台,将建设工程项目管理过程中产生的质量、安全、进度、成本等数据进行有机整合汇总,引入相关业务组件,形成集所有数据于一体的信息化数据统计分析平台,并做好与集团"建设管理一体化平台"相关数据的接入及资源整合,确保符合集团公司相关管理要求。

(1)电子沙盘。

采用 BIM+GIS 技术提供项目智慧决策,管理人员能够通过一张图了解项目管理关键信息、施工现场的总体信息,能够直观地监管整个项目的"质量、安全、进度、计量、征迁、履约"等执行情况,辅助管理层实施管理决策。根据项目具体情况,在可行性研究、勘察、设计、施工等阶段应用BIM技术,或在技术复杂桥梁、特长隧道、互通立交等重点部位应用,实现项目管理与BIM技术的深度融合,提升管理效能。

(2)质量管理。

质量管理能够为项目业主、监理、施工等单位提供施工过程质量管控,针对业主单位的管理需求,实现质量管理体系与制度、督办通知、质量检查、隐蔽工程等业务的流程管理,并能够指导监理单位按照标准化、规范化的要求开展监理指令、工序验收、监理巡视、监理旁站、监理报告等工作,有效提高项目业务管理效率,降低管理成本。

(3)安全管理。

安全管理应包含安全生产管理用表及相关安全生产管理功能,可有效落实安全生产责任制、规范执行安全管理制度、完善各项记录填报,使各级机构实现及时治理危险源、人员安全教育培训、设备设施状态控制等标准化管理。主要包括安全管理体系与制度、安全风险源、危大工程专项方案、安全教育培训、特种设备管理、安全教育培训、现场安全隐患管理等。

(4)计量支付。

实现计量支付的全过程动态管理和实时监控,主要包括工程量清单管理、工程台账、合同清单管理、清单工程量变更管理、材料设备预付款计量、材料价格调整计量、中间计量管理、中间计量支付汇总、工程付款、工程台账汇总等内容。通过自动或手工计量方式,实现计量数据自下而上的自动统计。同时计量支付与质量管理功能实现无缝衔接,计量支付所需的附件资料宜从质量管理功能模块中引用。

(5)合同管理。

合同管理应实现合同签订、履行、归档、支付、违约、索赔等过程动态管控。解决合同成本控制等主要问题,对项目合同及结算进行有效的管理,确保合同的有效实施,能够实现相关业务数据与计量支付、资金管理等其他模块的互联互通。

(6)征地拆迁。

征地拆迁系统应包括拆迁登记、结算支付、报表生成等,从征地、拆迁、补偿等方面对征地拆迁工作信息进行实时登记,并通过形象可视化方式实时反映项目征迁工作的实际进度,方便及时了解项目征迁动态,做好征地拆迁管理工作及征地补偿工作。

(7)计划进度。

计划进度管理应实现产值进度计划编制、执行进度汇总、统计分析、形象进度展示等,提供按形象、施工清单、投资与资金等各方面的总体、年、季、月等进度计划。计划进度来源于质量管理、计量支付等其他子系统实际业务数据,并与集团"建设管理一体化"平台无缝对接,实现数据之间的纵横向畅通。

(8)智慧工地系统。

智慧工地系统应实现相关数据的自动采集、自动上传、自动汇总、统一管理、统一展示。智慧工地由各标段施工、监理单位结合各建设项目信息化、智慧化建设要求,按照集团统一接入标准分别实施,并与集团"建设管理一体化平台"联网对接,形成"集团—项目公司"两级协同的智慧工地监管运行体系。

(9)档案资料管理。

档案资料管理应实现项目关键节点档案资料的电子化管理,确保资料真实、共享、留痕,实现从资料资源到知识利用的智能化管控,以项目全生命周期为中心,整合各阶段关键节点资料资源,包括前期管理、设计及变更管理、招投标管理、合同管理、工程管理,整合各阶段数据,形成项目档案。

各项目宜开展电子档案系统建设,基于数字签名认证技术、私钥加密,实现基建类文件管理审批、工程质检文件、计量支付文件,并自动归档至档案管理系统中,实现档案管理与工程建设的"同步收集、同步整理、同步归档",提升工程档案管理规范程度和管理效率,实现项目管理绿色化。

4.16.1.3 BIM技术应用

应积极响应国家和行业有关BIM技术推广应用的方针政策,开发使用BIM系统,促进施工质量、安全、进度等有效管理,并结合特点和实际情况,确定BIM技术应用的目标和深度,制定合理可行的实施计划。

BIM系统在施工阶段的应用主要包括。

(1)工程信息查询。现场技术员实时登录BIM系统,调取模型信息,查看工程图纸及资料。

(2)质量、安全管理。对接施工管控平台及App工序报检、质量隐患、安全隐患管理模块,实现上传数据的实时展示及各标段工序、隐患处理情况分析。

(3)进度管理。BIM系统实时录入工程影像,供项目管理人员及时查看现场情况,管控施工进度;围绕进度可视化管控进行开发和应用,按照"单屏总览、分层显示、逐层详尽"模式,做到进度可视化展示,由宏观到微观、由整体到局部、由概略到具体,主要包括项目进度总览、GIS进度可视化展示、进度分析与辅助决策3大功能模块;实现基于GIS地图的无人机航拍与路线图叠加及控制性工程点位标注,支持查看控制性工程施工进度、产值完成情况及构件完成进度。

(4)可视化进度模拟。利用信息化建设管理一体化平台挂接BIM模型将施工进度计划与BIM模型相互关联,并在平台BIM模型上展示,方便了解现场实体工程进度。

(5)工程量统计。宜以工程实体构件为最小管理单元,以工程实体为唯一数据来源进行归集填报和数据管理;根据项目WBS结构和模型分解结构建立数据对接通道,实现管理数据的互联互通,并以BIM构件为展示载体,获取并展示每个构件的设计、生产、施工信息;应建立模型与管理数据的对接通道,实现质量监测、监控数据的定时传输;实现模拟开发的施工模拟功能。

(6)成本管理。运用BIM技术进行工程成本核算和控制。

(7)施工组织及工艺模拟。根据施工组织设计及方案利用BIM模型进行施工组织及工艺模拟,更加直观地了解整个施工流程,清晰地把握各项管控要点。

(8)施工人员管理。施工人员应通过BIM系统快速查询、定位。

(9)机械设备管理。机械设备应通过BIM系统快速查询、定位。

(10)应实现BIM与项目管理系统、智慧工地系统的集成,实现数据同源。

①智慧梁厂生产专题应360°环绕展示梁厂场景,对接智慧梁厂管理系统,以场景为核心集成梁厂所有生产、施工信息,对梁厂实时生产情况(包括梁厂厂区分布情况、台座占用情况、工序进展情况)等生产现状进行轻量化模型展示。

②水泥拌和站生产专题应360°环绕展示拌和站场景,对接水泥混凝土拌和站监测系统生产数据(包括生产质量及原材料消耗数量等),对拌和站实时生产情况(产能分析、材料误差分析、产量统计、成本核算、超标统计)等生产现状进行图形化展示。

③沥青拌和站生产专题应360°环绕展示沥青拌和站场景,对接沥青混凝土拌和站监测系统生产数据,实现生产过程动态监控及生产数据图形化展示。

④试验检测生产专题应360°环绕展示试验室场景,对接试验检测平台,对原材检测数据、原材报告总数量、原材合格率等生产现状进行图形化展示。

⑤智能张拉监控生产专题应360°环绕展示梁厂场景,对接智能张拉生产监控系统,实现作业过程质量的动态监控。

⑥智能压浆监控应360°环绕展示压浆施工现场,对接智能压浆生产监控系统,实现作业过程质量的动态监控。

⑦绿色施工监控,对接环境监测系统,实现施工现场温度、湿度、PM10、PM2.5、噪声、风向等数据的实时监测预警。

4.16.2 智慧工地设施

4.16.2.1 视频监控系统

项目应配备视频监控系统,对驻地、拌和站、预制厂、关键工点等位置进行实时监控,掌握施工动态信息,发现问题及时整改。

实时图像监看、云台控制、精细查询回放及AI视频分析。AI分析范围应包括越界报警、未戴安全帽报警,升降机违规载人、未系安全带报警,人员聚集报警、吸烟报警等;支持实时推送抓拍图像、抓拍视频及预警事项等信息;AI分析结合热成像识别、安全帽识别、远程音箱、AI识别、违章行为分析功能。

通过内置算法对车辆驾驶中:车辆定位、前车近距预警,前车碰撞预警,行人碰撞预警,闭眼、打哈欠、分神报警,人脸丢失、打电话、吸烟、遮挡摄像头预警,未系安全带、玩手机、双手离开转向盘预警。

4.16.2.2 混凝土拌和站生产监控系统

为切实提高混凝土质量,提升质量风险管控能力,有效监控混凝土生产全过程,保证数据采集系统及时稳定运行,达到录入数据的准确性、拌和时间可控性和原始数据的可追溯性,宜引入混凝土生产全过程监控信息系统,并与项目混凝土拌和站、试验室建设和验收管理工作同步进行。

4.16.2.3 沥青拌和生产监控系统

沥青拌和生产监控系统由安装在沥青拌和楼控制系统中的数据采集系统和GSM Modem构成,用于对沥青混合料生产中所使用的集料配合比、沥青用量、纤维用量、沥青和集料加热温度、拌和温度、拌和时间等数据的采集和传送,操作室实时视频监控。

4.16.2.4 梁厂智慧管控系统

智慧梁厂宜配备移动式底座+固定式液压侧模、鱼雷罐混凝土运输、布料机浇筑、集成振捣系统、智能蒸养、智能张拉压浆等系统,实现梁板预制"工位固定、流水作业"的自动化生产,提升制梁效率。通过BIM数字孪生系统进行数据的集中展示、分析及管理,可实现"数据自动采集、生产实时管控、质量跟踪溯源、风险自动预警"。

(1)建立信息化系统,配合人工校核及时准确上传预制梁配料组成、制作日期、使用部位和存放位置等基本信息,加强质量信息化管控。

(2)预制梁板应采用二维码+货位编码管理模式,实现关键数据信息可溯化。

(3)应通过物联网硬件对智能张拉、压浆数据进行数据采集,有效控制张拉、压浆工艺及质量,并做好数据分析以及质量数据可追溯管理。

(4)梁板养生宜通过对养生监控设备进行数据采集,有效控制梁板的养生质量。

(5)智慧管理系统应支持多终端设备,支持主流的苹果IOS手机、Android系统手机以及PC电脑,实现数据的查看及录入功能。

4.16.2.5　施工现场设备

施工现场应配备环境采集终端感知设备,实现对PM、风速、温度、湿度、风向等环境信息实时监测,将采集后的数据转换为TCP/IP数据包传输至建设管理一体化平台,实现与中横线快速路建设管理一体化平台的对接。

4.16.2.6　试验室智能设备

试验室设备监测应配备万能机、压力机、抗折一体机数据采集终端,将采集后的数据转换为TCP/IP数据包传输至项目建设管理一体化平台,实现与中横线快速路建设管理一体化平台的对接。

4.16.2.7　智能门禁系统

智能门禁系统应对所有施工人员进行实名管理,施工人员通过"三码合一"验证后,方能进出通道,系统应自动记录人员姓名、工种、进出时间及人员数量。

4.16.2.8　地基施工机械应用

(1)桩基施工管理系统。

通过传感器采集深度、压力、密度等数据及北斗高精度定位,传递给记录仪进行数据整理分析,得出格式化的数据,通过无线发送装置传回给云服务器进行进一步数据解析整理；系统以数字、图像的方式实时记录、显示打桩坐标、倾斜角度、钻进和提钻速度、桩深、工效等信息。

(2)强夯施工管理系统。

强夯施工管理系统是在强夯机上安装高精度定位设备、行程传感器、旁压传感器、液压传感器、主控箱等设备,对强夯机施工过程中的夯击位置、夯击间距、夯击次数、落距、夯沉量(参考)等数据进行采集,实现操作手的施工引导,同时设备将数据传输至服务器,与导入平台的设计数据进行比对,实现施工监管。

4.16.2.9　路基施工机械应用

(1)平地机自动控制系统。

系统宜采用GNSS高精度定位、机器运动模型及机械自动控制等技术,实时计算出平地机铲刀三维坐标,并根据主控箱电脑中的三维设计图纸控制铲刀姿态,实现平地机的自动整平施工,能有效提升土方工程施工质量和效率。

(2)挖掘机引导控制系统。

在挖掘机械上安装高精度定位设备、倾角传感器、车载平板,结合挖掘机摇杆、小臂、大臂和车身上的倾角传感器综合计算挖斗斗尖位置的三维坐标,并根据车载平板中提供的三维设计图纸进行引导挖掘,实现智能引导施工。

(3)推土机引导控制系统。

在推土机上安装高精度定位接收机、倾角传感器、主控箱等设备,通过精确测量推土机铲刀的位置、航向和姿态,在平板内导入施工电子数据,用于指导操作者进行施工作业。

(4)数字工程建设管理一体化平台。

平台集数据接收、大数据统计分析、实时展示等功能于一身,让施工管理人员可以及时了解并掌握现场施工质量、施工进度,并根据预警信息及时处理各施工环节存在的问题。

4.16.2.10 路基路面施工

(1)路面智能压实监测。

配备基准站、移动定位单元、现场组网路由等数据采集终端及采集软件,实时采集现场碾压设备运行工况参数,包括碾压速度、轨迹、遍数、振动情况,将采集后的生产数据传输至建设管理一体化平台统一管理。

(2)路面摊铺监控。

配备基准站、移动定位单元、现场组网路由等数据采集终端及采集软件,实时采集现场碾压设备运行工况参数,包括对摊铺机的碾压速度、轨迹、遍数、摊铺机温度的实时采集,将采集后的生产数据传输至建设管理一体化平台,实现与建设管理一体化平台的对接。

4.16.2.11 隧道施工

(1)隧道门禁及人员定位系统。

门禁系统自动识别应包含动态人脸识别、远距离自动感应及传统刷卡进出方式,施工人员通过人脸识别或人员识别卡自动感应验证后,方可进出通道,系统自动记录人员姓名、工种、进出时间及人员数量。门禁系统实行行人与车辆通道完全隔离,实现人车分流。

隧道人员考勤定位管理系统应对各系统进行整合利用,包含视频监控、人员考勤和实时精确定位管理、人员/车辆门禁系统、LED大屏同步系统等,结合通信、计算机及网络技术上传至建设管理一体化平台,利用隧道三维建模,实时将隧道内人员车辆情况反映在平台上。

(2)隧道气体检测。

气体检测传感器应连续自动地将洞内相应气体转换成标准电信号输送给关联设备,并具有实时显示气体浓度值、超限声光报警、断电功能及超高浓度断电保护载体催化元件等功能。每一个传感器宜独立使用(自带LED数值显示和监测值超限声光报警功能),也可以联机使用将检测到的气体数据推送到洞口值班室并同步到LED屏幕上。

(3)超前地质预报。

通过现场超前地质预报信息的上报、汇总功能,该系统应从线路、标段、构筑物和工点4个层次对已完成的超前地质预报成果进行统一管理。各单位的各级管理者,可以通过系统客户端,掌握施工进展及预报情况。

(4)隧道施工安全步距。

①隧道初始化功能。

a.隧道初始化主要是对隧道名称、起止里程、工期时间、开挖面积、施工方法、风险地质、隧道状态、纵断面图和隧道地理信息等方面信息进行初始化。

b.建设单位可对项目的隧道进行风险等级设置。

②安全步距报警及处置功能:实现对安全步距超标的工点进行报警,报警后由监理进

行报警处置的功能。

③短信通知功能：主要实现对隧道安全步距报警以短信方式发送到指定人员，并能够查询短信发送记录。

④隧道步距阈值自定义功能：主要实现按照实际管理情况定义安全步距。

⑤隧道步距统计功能：统计在建隧道数量、涉及安全步距工点数量、报警总数、报警率、处置总数和处置率功能。

(5)隧道围岩量测。

①报警统计：针对地表沉降、拱顶下沉、周边收敛3类观测项，分类统计量测过程中触发的报警信息，并实现报警处置、关闭等风险闭环管理操作。

②上传排行：按手机App采集端上传给平台的测量数据量，分项目、标段、工区进行排行统计。

③预警监测：24h内监测变形速度较快的测点，在达到报警前，就发展趋势进行预测。

④断面、测点信息：查看设置的量测断面测点信息。

⑤量测数据：查看测量数据信息及时态曲线。

⑥量测监督：监督每个测点每天测量次数，对测点是否按时测量和上传实时统计，便于加强监督管理。

⑦查看测量员、报警人员：查看各个工区进行隧道围岩量测的测量人员信息、推送报警短信。

5 路基工程

路基土石方施工作业资源配置的合理性及施工进度的快慢与运输主要通道、二期路面施工等息息相关,土石方施工资源配置要重点检查"四性",即"保障性、高效性、匹配性、可控性",特别注意应明确各土方作业队配置的机械设备数量。

5.1 一般规定

5.1.1 施工测量

(1)应根据公路等级和测量精度要求,选择测量方法。对于控制性桩点,设计单位应对施工单位进行现场交桩,施工单位应结合项目实际编制施工测量方案,在方案批复后复测原控制网的基础上,根据施工需要适当加密、优化控制点,建立施工测量控制网,并妥善保护。

(2)路基施工与隧道、桥梁施工共用的控制点,应符合《公路路基施工技术规范》(JTG/T 3610—2019)、《公路隧道施工技术规范》(JTG/T 3360—2020)、《公路桥涵施工技术规范》(JTG/T 3650—2020)等的有关规定。

(3)施工期间,应保护好所有控制性桩点,及时恢复被破坏的桩点,根据情况对控制性桩点进行复测。

5.1.2 地表处理

(1)地基表层碾压处理压实度控制标准为:二级及二级以下公路一般土质应不小于90%。对于低路堤,应对地基表层土进行超挖、分层回填压实,其处理深度应不小于路床厚度。

(2)原地面坑、洞、穴等,应在清除沉积物后,用合格填料分层回填、分层压实,压实度应符合《公路路基施工技术规范》(JTG/T 3610—2019)第3.4.1条的规定。对可能存在空洞隐患的,应结合具体情况采取相应的处置措施。

(3)泉眼或露头地下水,应按设计要求采取有效导排措施,将地下水引离后方可填筑路堤。

(4)地基为耕地、松散土质、水稻田、湖塘、软土、过湿土等时,应按设计要求进行处理,局部软弹的部分应采取有效的处理措施。

(5)陡坡地段、填挖结合部、土石混合地段、高填方地段地基等应按设计要求进行处理。

(6)地下水位较高时,应按设计要求进行处理。

(7)特殊地段路基应先核对地勘资料,确定设计资料与实际的符合性、处理方法的适用性,必要时重新补勘地质、水文资料,根据结果重新确定处理方案。

5.1.3 试验检测

(1)路基施工前,应建立具备相应试验检测能力的工地试验室。

(2)路基填筑前,应对路基基底原状土进行取样试验。每1km应至少取2个点,并应根据土质变化增加取样点数。

(3)应及时对拟用作路堤填料的材料进行取样试验。土的试验项目应包括天然含水率、液限、塑限、颗粒分析、击实、加州承载比(CBR)等,必要时还应做相对密度、有机质含量、易溶盐含量、冻胀和膨胀量等试验。

(4)下列情况应进行试验路段施工:

①二级及二级以上公路路堤;

②填石路堤、土石路堤;

③特殊填料路堤;

④特殊路基;

⑤拟采用新技术、新工艺、新材料、新设备的路基。

试验路段应选择地质条件、路基断面形式等具有代表性的地段,长度宜不小于200m。

(5)试验路段施工总结主要内容有:

①填料试验、检查报告、质检资料等;

②压实工艺主要参数:机械组合、压实机械规格、松铺厚度、碾压遍数、碾压速度、最佳含水率及碾压时含水率范围等;

③过程工艺控制方法;

④质量控制标准;

⑤施工组织方案及工艺的优化;

⑥原始记录、过程记录;

⑦对施工图的修改建议等;

⑧安全保障措施;

⑨环保措施。

5.1.4 填料要求

(1)宜选用级配好的砾类土、砂类土等粗粒土作为填料。

(2)含草皮、生活垃圾、树根、腐殖质的土严禁作为填料。

(3)泥炭土、淤泥、冻土、强膨胀土、有机质土及易溶盐超过允许含量的土等,不得直接用于填筑路基;确需使用时,应采取技术措施进行处理,经检验满足要求后方可使用。

(4)粉质土不宜直接用于填筑二级及二级以上公路的路床,不得直接用于填筑冰冻地区的路床及浸水部分的路堤。

(5)填料最小承载比和最大粒径应符合有关规范的规定。

5.2 施工工效分析及资源配置

5.2.1 施工段落划分

路基宜按3~5km划分为1个施工队伍(包含防护、排水工程),具体根据施工难度、土石方调配、经济运距、构造物(隧道、桥梁)等因素综合考虑后确定,枢纽互通及连接线宜单独组织1个队伍施工。可利用洞渣的隧道施工在平面布置图上按取土场进行分类。

5.2.2 施工工效分析

施工工效应根据《公路工程预算定额》(JTG/T 3832—2018)及各地区路基施工标准化指南合理选定,土方开挖机械工效分析见表5.2.2-1,路基排水工效分析见表5.2.2-2。填筑现场每日需完成工程量根据施工计划,按土方、石方、土石混填及运距分别配置不同的人员、材料、机械等资源;在工程量大的段落可适当优化,共用就近施工设备,例如平地机、洒水车等。土石方开挖机械根据地方定额及施工能力进行修正确定,用于后续工效计算。

土方开挖机械工效分析表　　　　　表5.2.2-1

序号	施工内容	设备名称	设备规格	单位	工效	备注
1	土方开挖	挖掘机	0.6m³	m³/(台班)	316	
2		挖掘机	1.0m³	m³/(台班)	505	
3		挖掘机	2.0m³	m³/(台班)	769	
4		装载机	1.0m³	m³/(台班)	401	
5		装载机	2.0m³	m³/(台班)	709	
6		装载机	3.0m³	m³/(台班)	925	
7		自卸车	20t	m³/(台班)	$1000/[3.84+(L-1)/0.5\times0.43]$	
8		自卸车	30t	m³/(台班)	$1000/[2.88+(L-1)/0.5\times0.32]$	
9	石方开挖	挖掘机	1.0m³	m³/(台班)	398	次坚石
10		挖掘机	2.0m³	m³/(台班)	571	次坚石
11		装载机	1.0m³	m³/(台班)	199	次坚石
12		装载机	2.0m³	m³/(台班)	355	次坚石
13		装载机	3.0m³	m³/(台班)	476	次坚石
14		自卸车	20t	m³/(台班)	$1000/(4.75+(L-1)/0.5\times0.57)$	
15		自卸车	30t	m³/(台班)	$1000/(3.56+(L-1)/0.5\times0.42)$	
16		挖掘机破碎锤	2.0m³	m³/(台班)	55	次坚石
17	土方填筑	推土机	105kW	m³/(台班)	833	
18		平地机	120kW	m³/(台班)	680	
19		振动压路机	20t	m³/(台班)	943	

续上表

序号	施工内容	设备名称	设备规格	单位	工效	备注
20	石方填筑	推土机	105kW	m³/(台班)	793	
21	石方填筑	振动压路机	20t	m³/(台班)	456	
22	石方填筑	振动压路机	25t	m³/(台班)	581	
23	软基处理	—	—	m²/(1000m²)	1094.6	土工格栅

注：1. L 为运距(km)。

2. 台班按照8h计算。

3. $(L-1)/0.5\times1.44$ 只取正值。

4. 以上参数参照《公路工程预算定额》(JTG/T 3832—2018)计算得到。

路基排水工效分析　　　　表5.2.2-2

序号	施工内容	设备名称	设备规格	单位	最优组合设备数量	单台设备每台班工效	最优组合每台班完成量	备注
1	截水沟（混凝土）	挖掘机	0.6m³	m³/(台班)	2	480	每台班完成混凝土浇筑300~400m³，需配备10名混凝土工	适用于石料缺乏的地区。假设混凝土运距5 km，每天跑5趟
1	截水沟（混凝土）	混凝土搅拌车	10m³	m³/(台班)	6~8	400	每台班完成混凝土浇筑300~400m³，需配备10名混凝土工	适用于石料缺乏的地区。假设混凝土运距5 km，每天跑5趟
1	截水沟（混凝土）	混凝土输送泵车	60m³/h	m³/(台班)	1	480	每台班完成混凝土浇筑300~400m³，需配备10名混凝土工	适用于石料缺乏的地区。假设混凝土运距5 km，每天跑5趟
2	截水沟（片石）	挖掘机	0.6m³	m³/(台班)	1	240	每台班完成片石砌筑60m³，需配备20名砌筑工人	适用于石料丰富的地区
2	截水沟（片石）	汽车起重机	50t		1		每台班完成片石砌筑60m³，需配备20名砌筑工人	适用于石料丰富的地区
2	截水沟（片石）	灰浆搅拌机	400L	m³/(台班)	1	96	每台班完成片石砌筑60m³，需配备20名砌筑工人	适用于石料丰富的地区
3	边沟、排水沟（混凝土）	挖掘机	0.6m³	m³/(台班)	1	240	每台班完成80~100m³，需配备8~10名工人	适用于石料缺乏的地区。假设混凝土运距5km，每天往返5趟
3	边沟、排水沟（混凝土）	混凝土搅拌车	5m³	m³/(台班)	2	100	每台班完成80~100m³，需配备8~10名工人	适用于石料缺乏的地区。假设混凝土运距5km，每天往返5趟
3	边沟、排水沟（混凝土）	装载机	1.0m³	m³/(台班)	1		每台班完成80~100m³，需配备8~10名工人	适用于石料缺乏的地区。假设混凝土运距5km，每天往返5趟
3	边沟、排水沟（混凝土）	钢模板	1m	模板长度		200	每台班完成80~100m³，需配备8~10名工人	适用于石料缺乏的地区。假设混凝土运距5km，每天往返5趟
4	边沟、排水沟（片石）	挖掘机	0.6m³	m³/(台班)	1	240	每台班完成60~80m³，需配备20名工人	适用于石料丰富的地区
4	边沟、排水沟（片石）	装载机	1.0m³	m³/(台班)	1		每台班完成60~80m³，需配备20名工人	适用于石料丰富的地区
4	边沟、排水沟（片石）	灰浆搅拌机	400L	m³/(台班)	1	96	每台班完成60~80m³，需配备20名工人	适用于石料丰富的地区
5	挂三维网及客土喷播	机动液压喷播机	CYP-4456	m²/(台班)	1	1000	每台班完成1000~1200m²，需配备5~8名工人	
5	挂三维网及客土喷播	机动空气压缩机	9m³/min	台班	1	1000	每台班完成1000~1200m²，需配备5~8名工人	
5	挂三维网及客土喷播	载货汽车	4t	台班	1		每台班完成1000~1200m²，需配备5~8名工人	
5	挂三维网及客土喷播	洒水汽车	6000L	台班	1		每台班完成1000~1200m²，需配备5~8名工人	

5.2.3　项目机械工效系数

机械工效系数见表5.2.3-1。

机械工效系数一览表　　　　　　　　　　　表 5.2.3-1

序号	设备名称	设备型号	工效系数(例)	用途	备注
1	推土机		0.85～1.10		
2	挖掘机		0.75～1.20		
3	装载机		0.85～1.10		
4	压路机		0.70～1.15		
5	平地机		0.80～1.10		
6	自卸车		0.75～1.15		

注：机械匹配数量通过挖填方统筹考虑，工效系数一般按各施工企业生产能力进行选定。

5.2.4 资源配置

5.2.4.1 项目部组织机构

根据项目的建设规模、范围、内容、复杂程度、施工特点及管理要求，结合各地方《高速公路标准化建设指南》及湖北交投集团管理制度，组建项目管理组织机构（图5.2.4-1）。

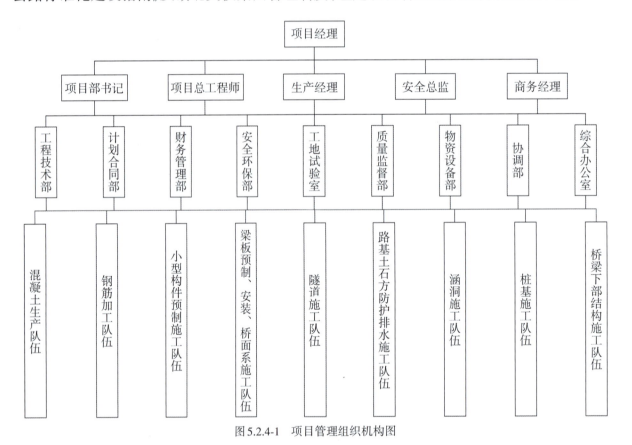

图 5.2.4-1　项目管理组织机构图

5.2.4.2 项目部人员配置

项目领导班子及管理人员均由公司统一任命派驻，派驻人员应满足合同文件要求。

1）项目领导班子成员

根据项目管理要求及对外沟通需求，配备项目领导班子，具体配置可参照表5.2.4-1。

项目领导班子配置计划　　　　　　　　　　　　　　　　　　　　　　表 5.2.4-1

序号	部门	岗位	人员配置	备注
1	领导班子	项目经理		
2		党支部书记		
3		项目总工程师		
4		生产经理		
5		商务经理		
6		安全总监		

2)项目部各部门人员配置

人员配置计划如表 5.2.4-2 所示。

高峰时期人员配置计划　　　　　　　　　　　　　　　　　　　　　　表 5.2.4-2

序号	部门	岗位	人员配置	备注
1	工程技术部	部长		
		技术员		
		测量队长		
		测量员		
2	质量监督部	部长		
		质量员		
3	安全环保部	部长		
		安全员		
4	物资设备部	部长		
		材料员		
		收料员		
		机务员		
5	计划合同部	部长		
		预算员		
6	财务管理部	会计		
		出纳		
7	协调部	协调员		
8	工地试验室	主任		
		试验检测人员		
9	综合办公室	干事		
		文员		
	合计			

5.2.4.3　工地试验室及试验人员配置

1)工地试验室人员岗位一般要求

(1)设置主任 1 名,技术负责人、质量负责人各 1 名。

(2)根据具体工作需要,设置检测工程师、检测员、辅助人员岗位若干。

(3)应根据人员专业范围、技术特长划分具体岗位。

(4)检测工程师持证专业应涵盖工程范围。各功能室主要操作技术人员应持有相应专业资格证书。

(5)工地试验室配置的辅助人员应通过质监机构组织的培训及考核。

(6)试验检测人员只能受聘于一家工地试验室。

(7)试验检测人员不得在项目部其他内设部门兼职。

(8)工地试验室需设分试验室时,分试验室宜配置至少1名试验检测工程师、4名试验检测员,且应具备相应试验检测资格。

2)施工单位工地试验室人员配备数量估算方法及配备

(1)根据合同段工程规模、工期要求、初步施工组织计划、项目所在地一般气候条件下的年度有效工作日等信息估算日均生产能力。

(2)按日均生产能力、规定试验检测频率估算日均检测工作量。

(3)按工地试验室常用试验检测参数工时消耗情况估算每日人均工时消耗总量。

(4)按人员日工作时间(8h)计算需要人员数量。

(5)人员配备数量应充分考虑到施工高峰期生产状态下检测工作量的增加带来的检测人员数量需求增加等因素的影响。

(6)工地试验室应将人员配备(含分工)计算过程形成详细文件提交项目监理、建设单位进行审核,同时报项目监督机构备案。

3)工地试验室人员持证要求

对于一期土建工程,建安工程费用10亿元以内的,应配备不少于8名持证试验检测人员。建安工程费用每增加1.5亿元应增加1名持证试验检测人员。

5.2.4.4 施工人员及设备配置

作业队伍划分要结合项目工程特点、结构物分布情况,综合考虑现场施工的效率、成本、地域限制等,还要考虑施工队伍自身的特点、经验及实力。

路基工程应以土石方量为主要依据进行作业队伍划分,如平原微丘区每60万m^3划分一个专业路基施工作业队伍,山区每100万m^3划分为一个专业路基施工作业队伍。

路基施工主要包括路基填筑、开挖、过渡段、地基处理、路基防护、支挡结构及相关工程部分,涵盖了影响路基工程施工进度的关键路线,路基工程可与小桥、涵洞同时开工,但竣工应晚于桥涵工程。桥涵工程宜在同区段路基工程完工前0.5~1.5个月完工,以便有充分时间做好锥体护坡填土、桥头填土和涵洞顶部填土等工作。

用于路基填筑的施工设备配置原则为:每3台斗容量为1m^3的挖掘机宜配置2台压路机、1台平地机;填土(土石混填)路基每3km至少配置1台推土机,高填路段宜配1台平地机;在路基上建设梁场的段落,机械设备需加倍配置。具体配置可参考表5.2.4-3。

土石方机械设备配置指标表(示例)　　　　　　　　　　　　　　　　　表 5.2.4-3

序号	主导机械	单机日产量	单机月产量(每月按21d计算)
1	挖掘机	1000m³/d	21000m³
2	自卸车	180m³/d	3780m³
3	压路机	800m³/d	168000m³
4	平地机	2000m³/d	42000m³
…	…	…	…

根据项目工程量划分为多个作业队伍,作业人员应根据工程量大小、施工进度要求等情况动态调整。单个工种劳务作业人员配置如表5.2.4-4所示,单个协作队伍主要机械设备配置如表5.2.4-5所示。

××××年劳务作业人员配置表(单位:人)(示例)　　　　　　　　　　　表 5.2.4-4

工种	××××年劳务作业人员配置											
	1月	2月	3月	4月	5月	6月	7月	8月	9月	10月	11月	12月
挖掘机司机												
推土机操作工												
自卸汽车驾驶员												
压路机操作工												
平地机操作工												
水泥搅拌桩操作员												
强夯机操作员												
洒水车驾驶员												
木工												
钢筋工												
电工												
混凝土工												
架子工												
测量工												
模板工												
操作手												
修理工												
普工												
…												
合计												

注:具体工种根据实际情况增减。

单个协作队伍主要机械设备配置(示例)　　　　　　　表 5.2.4-5

序号	设备名称	型号规格	国别/产地	制造年份	数量(台)	预计进场时间	备注
1	挖掘机						
2	平地机						
3	推土机						
4	振动压路机						
5	洒水车						
6	强夯设备						
7	小型压路机						
8	三角碾						
9	冲击压路机						
10	自卸汽车						
11	小型构件预制自动化设备						
12	空气压缩机/潜孔钻机						
13	液压锤挖掘机						
14	水泥搅拌桩						
…	…						

注:具体机械设备型号根据实际情况调整。

5.2.4.5 材料配置

编制路基工程施工组织前,根据施工设计图纸,列出本项目工程主体材料需求量,进行材料调查,材料使用避免舍近求远。路基工程主要材料计划表如表5.2.4-6所示。

路基工程主要材料计划表(示例)　　　　　　　表 5.2.4-6

序号	材料名称	单位	总数量	备注
1	水泥	万 t		
2	粉煤灰	万 t		
3	减水剂	t		
4	碎石	万 t		
5	砂	万 t		
6	速凝剂	t		
7	钢筋	万 t		
8	土工格栅	m²		
…	…			

1)主要材料供应方式

根据项目所在地规划材料供应方式。现有高速公路、国道、省道及县道等,可作为项目运输的主要通道,多数村镇都已实现水泥路通达,形成了纵横交错的公路网,通过县乡级公路和修建少量施工便道即可进入工地,材料运输较为便利。

项目邻近码头、水运较发达时,可以考虑水运结合陆运,具体以项目所在地做相应经济分析比较后选择。

2）主要材料供应计划

按要求工期列出主要材料数量及年、季、月需用计划数量表（表5.2.4-7）。

路基主要材料数量及年、季、月需用计划数量表（示例）　　　表5.2.4-7

材料名称	单位	材料总量	××××年度											
			一季度			二季度			三季度			四季度		
			1月	2月	3月	4月	5月	6月	7月	8月	9月	10月	11月	12月
水泥	万t													
粉煤灰	万t													
减水剂	t													
碎石	万t													
砂	万t													
速凝剂	t													
钢筋	万t													
土工格栅	m²													
…	…													

5.2.4.6　施工计划

高填深挖、预制梁场等关键部位宜加大施工资源配置（2~3倍），加强施工组织部署，以梁板运梁通道为导向，充分预留路基自然沉降时间（宜为6个月）。

总体进度计划应严格遵守合同工期，要考虑土建、路面、房建、机电及交安绿化等工程的交叉施工影响，各项工程要组织流水作业，保证施工的连续性和均衡性，节约施工费用；考虑施工前各项准备工作，把施工前期准备纳入总体进度计划中；根据当地政策及项目施工特点，在施工顺序安排上，对各项施工过程的起止时间和相互衔接关系做好统筹策划与安排，充分考虑当地气候条件，尽可能减少冬雨季施工的附加费用。此外，总进度计划的安排还应遵守法律法规、标准、技术规范，符合安全、文明施工的要求，并应尽可能做到各种资源的平衡。

总体进度计划应按照项目总体施工部署进行编制，明确项目的合同工期、计划工期以及计划开工时间、竣工时间，并绘制施工进度网络图和施工进度横道图，确定关键路线；需明确进度指标和进度安排，对控制性工程或关键性节点施工进度计划需进一步细化，做到动态调整。

5.2.4.7　重难点工程分析

根据施工难度、土石方调配、经济运距、构造物（隧道、桥梁）等因素进行分析。

5.3　路基填挖施工

5.3.1　一般挖方路基

5.3.1.1　施工流程

路堑施工流程见图5.3.1-1。

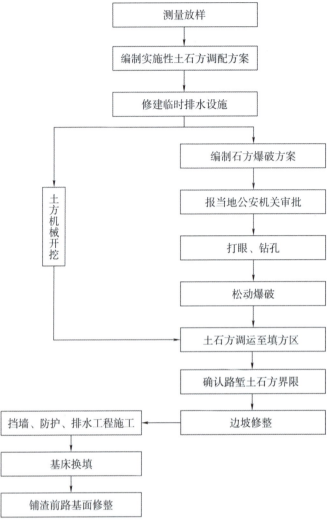

图 5.3.1-1 路堑施工流程图

5.3.1.2 施工工艺

1)测量放样

路堑施工前,根据设计图纸,先放截水沟、再放开口线,并根据现场实测情况调整开口线位置,放样完成后至少复测一次,测量无误后,打下开挖桩,撒开挖灰线,必要时加设护桩,以备边桩丢失后及时恢复。打下开挖桩后,复测原地面高程,按设计确定开挖深度。

2)修建临时排水设施

路堑施工前,应按现场地貌及实际情况完成坡顶截水沟的施工。截水沟应与路堤的临时坡脚排水沟相接,临时排水沟应与原有排水系统接通。截水沟应按设计要求施工,截水沟顶面略低于自然坡面,若遇冲沟,设缺口将水导入截水沟。截水沟长度超过500m时设置出水口,将水引入自然河沟或桥涵进水口,截水沟的出水口设置排水沟、急流槽或跌水,与其他排水设施平顺衔接。截水沟出水口设深度不小于1m的截水墙或消能设施,以免出水口在水流作用下冲毁。截水排水系统完善,不得随意排放或直接冲刷边坡。

在山坡上方一侧的截水沟砌体与山坡土体连接处,容易产生渗漏水。截水沟施工前,应严格进行夯实和防渗处理,特别是地质不良地段、土质松软路段、透水性强或岩石裂隙较多地段。截水沟沟底、沟壁、出水口应采取加固措施,以防止顺山坡流下来的水渗入,从而影响山坡稳定。

3)土方机械开挖

土方开挖采用横挖法、纵挖法配合进行。土方机械开挖以机械为主、人工为辅。挖掘机、装载机配合自卸汽车进行土方调配。

较短的路堑采用横挖法,路堑深度较大时,分成几个台阶进行开挖;较长的路堑采用纵挖法,按横断面全宽纵向分层开挖;超长路堑采用分段纵挖法开挖。

土方机械开挖施工均按自上而下、由高到低的顺序进行,严禁超挖和掏底开挖。严格按设计文件要求分级进行,开挖坡面一次性成形。

施工过程中,开挖一级、防护一级,开挖工作面内设置坡度不小于4%的纵向排水坡,按此施工贯通之后,自线位较低处起纵向整修路槽。开挖至零填及路堑路床部分后,必须先开挖排水边沟,并尽快进行路床施工,防止雨水危害路床部分;如不能及时进行路床施工,在路床顶面以上预留至少30cm厚的保护层,待路床施工前挖除。

修筑路拱、整修边坡、整平路基面时,同样采取以机械为主、人工为辅的方式。

拟用作路基填料的土方,应分类开挖、分类使用。非适用材料作为弃方。

4)石方爆破开挖

石方爆破开挖根据岩石的类别、风化程度和节理发育程度确定开挖方法。不使用大爆破施工方法。硬质岩石路堑采用光面爆破、预裂爆破技术;软弱松散岩质路堑采用分层开挖、分层防护和坡脚预加固技术。光面爆破及预裂爆破沿开挖边界布置密集炮孔,采取不耦合装药或装填低威力炸药,在主爆区起爆。

开凿作业面,清除地表杂物和覆盖土层,放出开挖轮廓线和各炮孔孔位,并予以编号,插木牌并逐孔写明孔深、孔径、倾斜角方向及大小。钻孔时严格按《爆破安全规程》(GB 6722—2014)要求的位置、方向、角度进行钻孔,先慢后快,必须仔细操作,严防卡钻、欠钻、漏钻和错钻。装药前,检查孔位、深度、倾角是否符合要求,孔内有无堵塞,孔壁是否有石块,以及孔内有无积水。如发现孔位和深度不符合要求,应进行补孔或透孔,严禁少打眼、多装药。清除孔口周围的碎石、杂物,对孔口岩石破碎不稳固段进行维护,避免孔口形成喇叭状。钻孔结束后封盖孔口或设立标志。装药时,严格按照要求的炸药品种、规格及数量进行。炮孔堵塞长度应大于最小抵抗线,堵塞材料采用2/3砂和1/3黏土。爆破网路敷设前,应检验起爆器材的质量、数量、段别并编号、分类,严格按设计敷设网路敷设。严格遵守《爆破安全规程》(GB 6722—2014)有关起爆方法的规定,爆破网路经检查确认完好,起爆点设在安全地带。网路检测无误,防护工程检查无误,各方警戒正常情况,达到规定时间,即可下达起爆命令。爆破完成后,安全检查达到规定要求方可进行机械施工。

光面爆破及预裂爆破沿开挖边界布置密集炮孔,采取不耦合装药或装填低威力炸药,在主爆区起爆。

布置在同一控制面上的预裂孔,应采用导爆索网络同时起爆;如同时起爆药量超过安全允许药量,也可分段起爆。

预裂爆破、光面爆破应严格按设计的装药结构装药。若采用药串结构药包,在加工和装药过程中应防止药卷滑落。

预裂爆破孔应超前相邻主爆破孔或缓冲爆破孔起爆,时差应不小于75ms,光面爆破孔应滞后于相邻主爆破孔起爆。

5)边坡修整

根据实际情况,如需修改设计边坡坡度、截水沟和边沟的位置及尺寸,应及时按规定报批。开挖过程中,必须采取措施保证边坡稳定,尽量采用机械刷坡;不能采用机械刷坡时,在离边坡20~30cm宜采用光面爆破或人工辅助机械开挖,保证刷坡过程中设计边坡线以外的土层不受扰动。同时对已开挖的坡面进行复核,严格按设计边坡和坡面形状,边挖边修整,确保开挖坡面不欠挖、不超挖。边坡要求顺直、大面平整,边坡上不得有松石、危石。如遇边坡超挖,影响上部边坡稳定时,需用浆砌片石补砌;必要时,需对上边坡不稳定岩体进行加固或卸载。

5.3.1.3 施工要点及规定

1)土方开挖

应自上而下逐级进行,严禁掏底开挖。

开挖至边坡线前,应预留一定宽度,预留的宽度应保证刷坡过程中设计边坡线外的土层不受到扰动。

拟用作路基填料的土方,应分类开挖、分类使用。非适用材料作为弃方时应按《公路路基施工技术规范》(JTG/T 3610—2019)第4.15.2条的规定处理。

开挖至零填、路堑路床部分后,应及时进行路床施工;如不能及时进行,宜在设计路床顶高程以上预留至少300mm厚的保护层。

应采取临时排水措施,施工作业面不得积水。

2)土方开挖遇到地下水时的处理方法

应采取排导措施,将水引入路基排水系统,不得随意堵塞泉眼。

路床土含水率高或为含水层时,应采取设置渗沟、换填、改良土质等处理措施;路床填料除应符合《公路路基施工技术规范》(JTG/T 3610—2019)相关规定外,还应具有好的透水性和水稳性。

3)石方开挖施工

应根据岩石的类别、风化程度、岩层产状、岩体断裂构造、施工环境等因素确定开挖方案。

应逐级开挖,逐级按设计要求进行防护。

施工过程中,每挖深3~5m应进行边坡边线和坡度的复测。

爆破作业应符合《爆破安全规程》(GB 6722—2014)的有关规定。

严禁采用硐室爆破,靠近边坡部位的硬质岩应采用光面爆破或预裂爆破。

爆破法开挖石方,应先查明空中缆线、地下管线的位置、开挖边界线外可能受爆破影响的建筑物结构类型、居民居住情况等,对不能满足安全距离的石方宜采用化学静态爆破或机械开挖。

边坡应逐级进行整修,同时清除危石及松动石块。

4)石质路床清理

欠挖部分应予凿除,超挖部分应采用强度高的砂砾、碎石进行找平处理,不得采用细粒土找平。

路床底面有地下水时,可设置渗沟进行排导,渗沟应采用硬质碎石回填。

路床的边沟应与路床同步施工。

5.3.2 深挖路堑

5.3.2.1 施工流程

深挖路堑施工流程见图5.3.2-1。

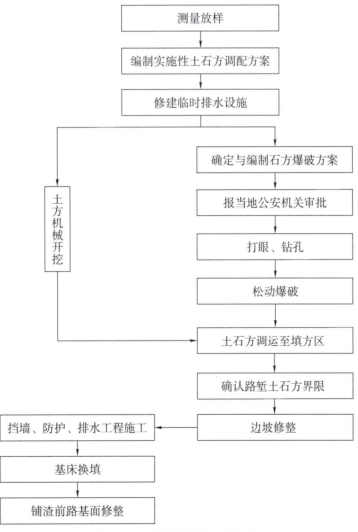

图5.3.2-1 深挖路堑施工流程图

5.3.2.2 施工工艺

同路堑施工。

5.3.2.3 施工要点

深挖路堑的施工方法与普通路堑的施工方法基本相同,与普通路堑的区别为其开挖量大,施工时间长,影响边坡稳定的因素多。一般宜采用爆破施工配合机械开挖的施工方式。

施工前需编制专项施工方案,并按相关程序办理审批手续。应详细复查深挖路堑的工程地质资料,包括土石界线、风化破碎程度、土层有关特性,以及不良地质、地下水情况等;必须在开挖前修筑坡顶的截水沟。

施工顺序为从堑顶自上而下顺设计线开挖,施工过程中及时设置临时排水沟,将路堑内积水排出路基以外。严禁采用大爆破,不得乱开挖、超挖,严禁掏洞取土。基床顶面采用光面爆破,爆破后根据测量基准点,拉线检查平整度并及时清理危石、松石,确保边坡安全、稳定,每爆破完成一级后,及时清理反坡平台,在开挖接近边坡面时进行光面(预裂)爆破。

遵循"及时开挖、及时防护"的原则,根据开挖情况随时进行地质核查。定期对边坡坡度进行测量,并及时加以修正。每开挖到一级台阶时应及时进行防护工程的施工。

深挖路堑施工过程中必须进行边坡稳定性监测,以监控边坡的变形情况,揭示坡体稳定状态,以控制施工进度,指导施工。在地质变化段采用爆破开挖时,应严格控制爆破用药量。

稳定性监测包括:采用全站仪、水准仪观测地表位移、变形发展情况;采用标桩、直尺或裂缝计观测裂缝发展情况;采用测斜仪对地下位移进行检测;采用测斜仪、分层沉降仪、压力盒、钢筋应力计对支挡结构的变形和应力进行监测;人工监测地下水位变化情况。

观测点的位置、数量及埋设必须按设计或合同文件的要求执行。

施工中必须严格按要求的监测方法和频率对边坡的稳定性进行跟踪监测。发现异常情况,立即停止施工,报请有关部门检查处理后方可继续施工。

施工过程的监测工作,使用简单仪器进行的简易监测,由本项目技术人员负责完成;对于重点的必须用专业仪器对坡体变形进行的监测,须委托第三方试验检测单位对成型的深挖路堑边坡稳定性进行监测与复核,对于不稳定的边坡应及时采取有效处置措施。

对观测资料及时进行整理和汇总分析,及时指导施工和提供给相关单位作为评估依据,并作为质量资料归档。

深挖路堑具体开挖顺序见图5.3.2-2:

①首先开挖(1)部分,为土石方运输开出第一级施工平台,再开挖(2)、(3)部分。

②开挖(4)部分,为土石方运输开出第二级施工平台,再开挖(5)、(6)部分。

③以此类推,先开挖中间部分,再开挖两边部分,直至开挖至路床。

④开挖(2)(5)(8)(11)(14)(17)(20)部分时,预留距离设计开挖坡面2m厚的土石方,即(3)(6)(9)(12)(15)(18)部分,目的是有效控制边坡平整度。

⑤为确保边坡及路床平整度,(3)(6)(9)(12)(15)(18)(19)(20)(21)部分需要进行光

面(预裂)爆破。

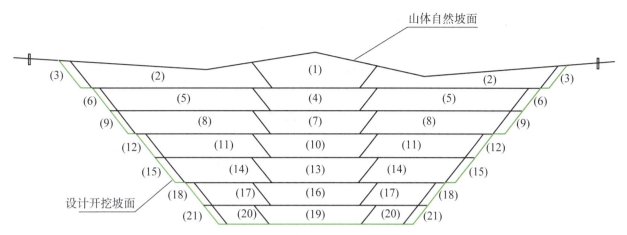

图 5.3.2-2 深挖路堑开挖顺序图
注：图中序号表示开挖顺序。

5.3.3 填土路堤

5.3.3.1 施工流程

填土路基施工流程见图 5.3.3-1。

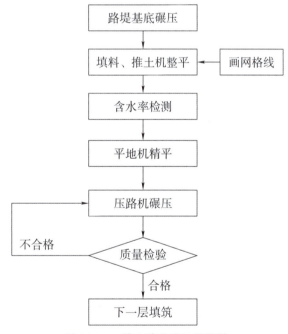

图 5.3.3-1 填土路基施工流程图

5.3.3.2 施工工艺

填土路基主要施工工艺见图 5.3.3-2。

(1)路堤施工整幅填筑，严禁半幅施工。

(2)铺设路基每层填料时，用石灰标明卸料方格，以控制施工层厚度。压路机压实路线，按直线段先两侧后中间、弯道超高段由内侧向外侧，纵向进退式进行。

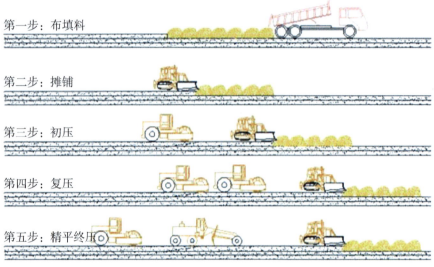

图 5.3.3-2　填土路基施工工艺图

（3）分层填筑最大松铺厚度根据试验段结果确定，填筑在路床顶面最后一层的最小压实厚度不小于 10cm。路基每侧填土宽度为 30cm。原地面不平的施工段落由最低处分层填起，每填一层，经过压实符合规定之后，再填上一层。

5.3.4　填石路堤

5.3.4.1　施工流程

填石路堤施工流程见图 5.3.4-1。

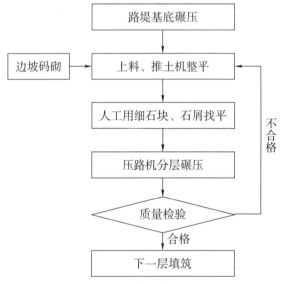

图 5.3.4-1　填石路堤施工流程图

5.3.4.2　施工要点

（1）用大型推土机按其松铺厚度摊平，局部不平处人工找平，在整修过程中若发现有超粒径的石块应予以剔除，做到粗颗粒分布均匀，避免出现粗集料集中现象。

(2)填石路堤进行边坡码砌。边坡码砌石料强度要求大于30MPa。块(片)石的最小边长度不小于30cm。边坡码砌厚度不小于2m。码砌与路基填筑同步进行,码砌一层填筑一层。

(3)分层填筑、分层压实,分层摊铺厚度及最大粒径符合设计及规范要求。路床底面以下40cm内为过渡填筑区,要求采用粒径小于150mm的碎石粒料填筑,其中小于5mm的细粒料含量不小于30%,并在过渡区底面铺设一层高强土工编织布,防止上部结构层细集料下渗流失。填石路堤质量控制标准如表5.3.4-1所示。

填石路堤质量控制标准　　　　　　　　　　表5.3.4-1

分区		路床顶面以下深度(m)	
		上路堤(0.8~1.5)	下路堤(>1.5)
软质岩石	摊铺厚度(mm)	≤300	≤400
	最大粒径	小于层厚	小于层厚
	压实孔隙率(%)	≤20	≤22
中硬岩石	摊铺厚度(mm)	≤400	≤500
	最大粒径	小于层厚2/3	小于层厚2/3
	压实孔隙率(%)	≤22	≤24
硬质岩石	摊铺厚度(mm)	≤400	≤600
	最大粒径	小于层厚2/3	小于层厚2/3
	压实孔隙率(%)	≤23	≤25

5.3.5 土石混填路堤

5.3.5.1 施工流程

土石混填路堤施工流程见图5.3.5-1。

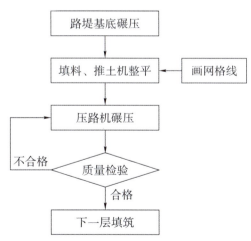

图5.3.5-1 土石混填路堤施工流程图

5.3.5.2 施工要点

土石混填路堤主要施工工艺与填土路堤基本相同,压实质量检测方法有所不同;中硬及硬质岩石的土石混填路堤采用沉降差法检测压实质量,软质石料的土石混填路堤采用灌砂法检测压实度。

（1）土石混填路堤分层填筑压实，不得倾填。碾压前使大粒径石料均匀分散在填料中，石料间孔隙用小粒径石料、土和石渣填充。中硬、硬质岩石料粒径不大于层厚的2/3，超过的清除或打碎。

（2）中硬、硬质石料填筑土石堤时，宜进行边坡码砌，码砌与路堤填筑宜同步进行，软质石料土石路堤的边坡按土质边坡处理。

5.3.6 高路堤与陡坡路堤

5.3.6.1 施工流程

路基填筑压实工艺流程见图5.3.6-1。

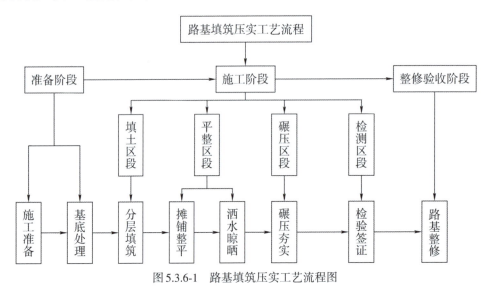

图5.3.6-1 路基填筑压实工艺流程图

5.3.6.2 施工工艺

1）施工准备

组织项目经理部有关施工管理人员学习施工图纸、施工规范以及有关施工技术文件。做好施工图纸及设计说明会审工作，对各级施工人员进行逐级技术交底，并认真执行各项施工技术规范。

2）基底处理

同填土路堤（土石混填路堤）基底处理施工方法。

3）分层填筑

高填方路堤填料宜采用高强度、水稳性好的材料。填筑时采用网格挂杆的方法，标注卸料点，利用自卸车运输填料，于路基边线立杆，标注虚铺厚度，填筑完成后试验人员检测含水率、松铺厚度、平整度。

填筑过程中每天安排专人对填筑高度和沉降值进行观测、记录。

按设计要求在路床范围内设置土工格栅进行铺设。根据实际情况采用钢筋锚钉固定，设计锚钉间距为1.5m。

铺设完成后,施工机械不得直接在铺好的格栅上行走,避免对土工格栅造成破坏。

4)摊铺整平

填料为土方或土石混合料时,施工方法同填土路堤(土石混填路堤)施工方法。

填料为石方时,施工方法同填石路堤施工方法。

5)洒水晾晒

施工方法同填土(土石混填路堤)施工方法。

6)碾压夯实

碾压夯实施工方法同填土(土石混填路堤)施工方法。补强使用冲击碾压及强夯施工。

冲击碾压机械性能参数:冲击能量25kJ,每层碾压不少于20遍,压实宽度2m,碾压速度12~15km/h,有效压实厚度1.0m,压实影响深度5.0m,采用三边形冲击压路机,以达到更好的压实效果。

冲击压路段施工前应检查压实度、平整度,并进行高程检测。

冲击碾压时,冲击压路机先从路基一侧边缘行驶,行至终点转弯处,沿路线中心向起点行驶,行至起点再转向路基边侧行驶,冲击压路机行驶两次为一遍;第二遍的第一次向内移动0.2m冲击碾压,将第一遍的间隙全部碾压;第三遍再回到第一遍的位置冲击碾压,直至达到冲压遍数。冲击碾压工艺见图5.3.6-2。

图5.3.6-2 冲击碾压示意图

冲击碾压每3~5遍,用平地机对冲击碾压面整平一次,用压路机静压;若此时检测土体含水率小于最佳含水率,用推土机、平地机整平,根据计算补充洒水,闷料一定时间后,继续冲压;冲击碾压结束后,冲击碾压面用平地机整平,再用压路机静压至规定的压实度。

经检测,冲击碾压面须表面平整、密实,路表横向轮迹清晰有序,纵向波峰和波谷间距相等,冲击压路机的轮边与构造物至少保证1m的安全距离;桥涵构造物上填土厚度不小于2.5m时才能使用冲击压路机。进行冲击碾压时,注意观察结构物情况,如有异常,立即停止施工。

7)检测签证

检测项目包括压实度、沉降量。压实度采用灌砂法检测,路床部分压实度不低于96%,上路堤部分压实度不低于94%,下路堤部分压实度不低于93%。沉降量采用水准仪测量测点高程进行检测,冲击碾压前需布置测点,测点布置为:每20m一个横断面,每个横断面布置3个测点,分别为路基中心和距离左、右边线(含加宽部分)1m处,测点采用长6cm铁钉系红布条作为明显标记,并测量每个测点的高程。定点沉降量检测,包括冲击碾压前及每冲击碾压3~5遍后的高程,检测样本数不少于20个,水准仪的测量精度不大于1mm,测量须做好记录。

8)路基整修

放出路基边线桩,并按设计路基宽度挂线,采用挖掘机刷坡,挖去超填部分,修整折点。修整后,达到转折处棱线明显、直线平直、曲线圆顺的效果,坡度应符合要求。

5.3.6.3 施工要点

为保证高填方路堤施工质量,高填方路堤施工应符合下列规定:

(1)高填方路堤应优先安排施工,宜预留一个雨季或6个月以上的沉降期。

(2)高填方路堤施工中应按设计要求预留高度与宽度。

(3)对一般高填方路堤应清除表土,原地面压实度达到90%以上,分层填筑压实,检测路基压实度达到设计要求后,填土高度每间隔2m进行一次冲击碾压补强处理,直至合格。冲击碾压采用三角形冲击压路机,冲击能量不得低于25kJ,碾压至路床底面再补强碾压一次。施工中注意对路基边缘和构造物的保护,路基边缘1m范围、挡墙墙背2m范围、桥头和涵洞过渡段范围、涵洞顶部2.5m范围、附近存在振动敏感建筑物和管线等时,均不得进行冲击补强碾压。

(4)当补强碾压施工段短于100m,不利于冲击碾压施工操作时,可改用超重型振动压路机进行补强碾压,要求压路机工作质量不低于25t,每填土1m进行一次补强处理,直至路床底面再补强碾压一次。

(5)一般高填方路段在路床范围内铺设两层土工格栅加筋。当地面横坡陡于1:5:土质或软质岩地段清表,底部开挖台阶;岩质地段,当覆盖层较薄时,将其完全清除后,在岩质地段开挖台阶,同时按设计要求在路堤范围内设置土工格栅补强。

5.3.7 填挖交界(纵横)地段路基

5.3.7.1 施工流程

填挖交界路基施工流程见图5.3.7-1。

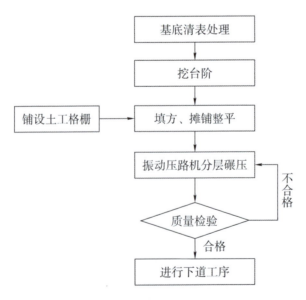

图5.3.7-1 填挖交界路基施工流程图

5.3.7.2 施工要点

(1)认真清理半挖断面的原地面,将原地面清表并碾压密实,每层挖成台阶状,台阶宽度不小于2m,再进行分层填筑。

(2)填筑时,必须从低处往高处分层摊铺碾压,特别要注意填挖交界处的拼接,碾压要做到密实、无拼痕。

(3)半填半挖路段的开挖,必须待填方断面的原地面处理好后,方可开挖挖方区域。对挖方中非适用材料必须废弃,严禁填在半填断面内。

5.3.8 台背与墙背回填

5.3.8.1 施工流程

台背与墙背回填施工流程见图5.3.8-1。

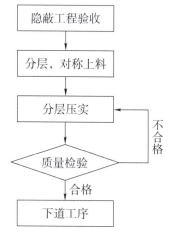

图 5.3.8-1 台背与墙背回填施工流程图

5.3.8.2 施工工艺

(1)采用重型碾压机具进行台背的压实作业,重型压实机具压不到位的地方采用小型夯实机具。涵、台背回填应分层填筑,每层最大压实厚度不大于15cm,采用小型夯实机具夯实时铺筑厚度不得大于10cm。

(2)台背填土的顺序应符合设计要求。梁式桥的轻型桥台台背填土,宜在梁体安装完成之后、涵洞盖板安装或浇筑后,在两侧平衡进行;柱、肋式桥台台背填土,宜在台帽施工前,柱、肋侧对称、平衡地进行。

(3)涵洞顶面填土压实厚度大于50cm时,方可通过重型机械和汽车。

5.4 路基排水施工

5.4.1 一般规定

(1)路基施工应做好施工期排水总体规划,临时排水设施应与永久性排水设施综合考虑,并与周围自然排水系统相协调。路堑施工时,应及时排除地表水;排水系统应确保路堑顶、边坡不受水的侵害,排放的雨水不得流入农田和冲刷路基。

(2)路堤段设计有涵洞时,宜安排涵洞先行施工。地表水、地下水的临时和永久排水设施应及时完成。

(3)路堤填筑期间,作业面应设2%～4%的排水横坡,表面不得积水。边坡应采取临时排水措施。

(4)开工前,校核全线排水系统的泄水断面和纵坡设计是否完备和妥善,必要时予以补充和修改,使全线的沟渠、管道、桥涵构成完整的排水体系。

(5)施工中,应对地下水情况进行记录并及时反馈。

(6)排水工程小型预制构件应集中预制;砌筑砂浆应采用机械拌制。

(7)边沟、排水沟、截水沟等地表排水设施迎水侧不得高出地表,局部有凹坑时应填平。

(8)排水设施的混凝土、浆砌圬工应符合《公路桥涵施工技术规范》(JTG/T 3650—2020)的有关规定。

5.4.2 边沟、排水沟、截水沟

5.4.2.1 施工准备

(1)所需的材料[如砂、片(块)石或者预制块、水泥]已进场并经检验合格,砂浆配合比已确定。

(2)路基排水工程采取人工配合小型机具施工。所需机械设备、人员满足开工需要,一般一个排水工程工作断面应配备0.5 m³小型挖掘机一台、压路机一台(用于填方排水沟开挖前碾压护坡道)、叉车(用于转运预制构件)、运输车一台、人工及其他辅助工具。

5.4.2.2 施工流程

一般路段边沟施工流程见图5.4.2-1。

图5.4.2-1 一般路段边沟施工流程图

5.4.2.3 施工要点

(1)排水沟、边沟、截水沟的测量放样统一采用红外线测距仪精确放样,确保沟体线形美观,直线顺直,曲线圆滑。

(2)放样一般以两个结构物之间的长度为一个单元,以确保边沟、排水沟与结构物的进出水口顺利连接。

(3)截水沟顶面应略低于自然坡面,若遇冲沟应设缺口将水导入截水沟。

(4)基坑开挖根据土质情况,可采用机械开挖和人工开挖配合完成,也可采用人工开挖成形。填方排水沟槽开挖前,应将护坡道及排水沟位置推平后碾压2~3遍。

(5)基坑开挖土方应堆置在路堑边坡顶一侧并予以夯实或运出场外,禁止堆放在排水沟外侧。

(6)采用干砌片石铺筑时,应选用有平整面的片石,各砌缝要用小石子嵌紧;采用浆砌

片石砌筑时,应采用坐浆法,砌缝砂浆应饱满,沟身不漏水;若沟底采用抹面时,抹面应平整压光;采用多边形预制块砌筑时,应注意砌缝整齐、表面平整;采用长方体预制块砌筑时,应错缝砌筑。

(7)应将边沟、排水沟的进出水口妥当加固,以防水流危害路基。

(8)截水沟出水口一般应设深度不小于1m的截水墙或消能设施,以免出水口在水流作用下被冲毁。

5.4.3 跌水、急流槽

5.4.3.1 施工准备
与边沟、排水沟、截水沟相同。

5.4.3.2 施工流程
施工流程:测量放样→基坑开挖→墙体砌筑。

5.4.3.3 施工要点

(1)跌水与急流槽必须用浆砌圬工结构。跌水的台阶高度可根据地形、地质等条件确定,多级台阶的各级高度可以不同,其高度与长度之比应与原地面坡度相适应,台阶高度一般不大于60cm,通常为30~40cm。

(2)跌水可以用浆砌片石或水泥混凝土浇筑,沟槽壁及消力池的边墙厚度:浆砌片石为25~40cm,混凝土为20cm。高度应高出计算水位至少20cm。槽底厚度为25~40cm。出口设置隔水墙。

(3)跌水一般设消力槛,设置时槛的顶宽不小于40cm。消力池尾槛上宜设有10cm×10cm或20cm×20cm的泄水孔,以排出消力池内的积水。

(4)跌水槽一般筑成矩形,但跌水高度不大、槽底纵坡较缓时,亦可采用梯形断面,梯形跌水槽身,应在台阶前0.5~1.0m和台阶后1.0~1.5m的范围内加固。

(5)急流槽的纵坡一般不宜超过1:1.5,可用浆砌片(块)石砌筑或混凝土浇筑。

(6)为防止滑动,可在斜坡急流槽背砌防滑平台以阻止下滑。

(7)进水槽和出水槽底部应用片石铺砌,水泥浆勾缝,长度一般不小于10m。个别情况,应在下游铺设厚0.2~0.5m、长2.5m的防冲铺砌。

(8)急流槽应分节砌筑,分节长度宜为5~10m,接头处应采用防水材料填缝。混凝土预制块急流槽,分节长度宜为2.5~5.0m,接头应采用榫接。

(9)急流槽宜砌成粗糙面,或嵌入直径约10cm的坚硬石块,以消能、减小流速。

(10)对于汇水面积较大的路堑边坡急流槽,应考虑加大、加深急流槽尺寸,并在底部设消能设施后导入路基排水系统。

5.4.4 盲沟、渗沟

5.4.4.1 施工准备
与边沟、排水沟、截水沟相同。

5.4.4.2 施工流程

盲沟、渗沟施工流程见图5.4.4-1。

图5.4.4-1　盲沟、渗沟施工流程图

5.4.4.3 施工要点

(1)盲沟、渗沟的基坑开挖宜自下游向上游进行,并应随挖随即支撑和迅速回填,以免造成坍塌。支撑渗沟应间隔开挖。

(2)当渗沟开挖深度超过6m时,须选用框架式支撑,在开挖时自上而下随挖随支撑。施工回填时应自下而上逐步拆除支撑。

(3)盲沟的埋置深度,应满足渗水材料的顶部(封闭层以下)不得低于原地下水位的要求。当排出层间水时,盲沟底部应埋于最下面的不透水层上。

(4)当采用无纺土工布做反滤层时,应先在底部及两侧沟壁铺好定位,并预留顶部覆盖所需的土工布,拉直铺设,紧贴下垫层,所有纵向或横向的接缝应交替错开,搭接长度均不得小于30cm。

(5)盲沟的底部和中部用较大碎石或卵石(粒径30～50mm)填筑,在碎石或卵石的两侧和上部,按一定比例分层(层厚约150mm)并填较细颗粒的粒料(中砂、粗砂、砾石),做成反滤层,逐层的粒径比例大致按4∶1递减。砂石料颗粒小于0.2mm的含量不应大于5%。在盲沟顶部做封闭层,用双层反铺草皮或其他材料(如土工合成的防渗材料)铺成,并在其上夯填不小于0.15m的黏土防水层。

(6)渗沟的出水口宜设置端墙壁,端墙下部留出与渗沟排水通道大小一致的排水沟,端墙排水孔底面跨排水沟沟底的高度不宜小于0.2m,对端墙出口的排水沟应进行加固,防止冲刷。

(7)填石渗沟只宜用于渗流不长的地段,且纵坡不能小于1%,宜采用5%,出水口底面高程应高于沟外最高水位0.2m。

5.5　路基防护与支挡工程施工

填方路堤主要采用(三维网)喷播植草、拱形加人字形骨架(带泄水槽)、预制实(空)心六棱块、护脚及挡土墙等措施。

(1)边坡高度$H<3m$时,不挂网,只撒播草籽和灌木籽(植草防护)。$3m \leqslant H \leqslant 6m$时,采用三维土工网垫植草护坡。$H>6m$时采用拱形加人字形骨架植草防护。

(2)水域地段或受季节性内涝水流冲刷的路堤,常水位以上加上0.5m为界限,以下范围均采用预制块护坡。

(3)受地形地物限制的填方路段,根据具体情况采用路肩挡土墙、悬臂式挡土墙或护脚,以节约土地、保护耕地。

5.5.1 一般规定

(1)路基防护工程施工前,应对边坡进行修整,清除边坡上的危石及松土。修整后的坡面应大体平整、排水顺畅,与周围自然地形协调。

(2)路基防护工程应与路基挖填方工程紧密合理衔接,应开挖一级、防护一级。根据开挖坡面地质水文情况,逐段核实路基防护设计方案。实际状况与设计出入较大时,应及时反馈,动态调整设计方案。

(3)施工中应加强安全防护,严禁大爆破、大开挖。

(4)各类防护工程应置于稳定的基础上,坡体坡面防护层应与坡面密贴结合,不得留有空隙。

(5)施工中应采取有效措施截排地表水和导排地下水。

(6)石料、钢筋、钢绞线、水泥混凝土等材料质量应符合要求。

(7)每处坡面防护应设置检修通道及必要的扶栏。

5.5.2 三维网土工网垫植草

5.5.2.1 施工准备

(1)在进行三维网植草之前,完善路基边坡的防护绿化工程,路基已填至路床,具备刷坡及边坡植草条件。

(2)确定三维网植草施工工艺。

(3)确定适合混播草种配比及草种喷播方法。

5.5.2.2 施工流程

施工工艺流程:清理边坡→开沟撒播草种及肥料→挂网→固定→回填土→喷播植草→盖无纺布→揭膜。

5.5.2.3 施工要点

1)种草方法

为了使整个坡面的防护和绿化效果达到最佳状态,采用三维网结合挖沟种草的方式,或三维网固定并回填土后,采用机器喷播植草来实现表、深双层植草,深层的草种和表层的草种经过一段时间的生长并结合养生工作,草根相互交织在一起。

2)三维网搭接

三维网的两个面具有不同形状,上面凹凸不平,下面为平面,紧贴坡面。为了保证绿化防护效果,网间搭接长度应满足设计要求且应不小于100mm。采用$\phi 8mm$的U形钢筋加铁丝按50cm间距固定三维网,使三维网和坡面贴紧。

3)填土

坡面三维网面应以细土回填,覆盖土厚度不得超过2cm,以覆盖住三维网下草种为宜。回填土时应自上至下依次回填,并清除大块土石及杂物。

4)覆盖及养生

为防止成形后的边坡被雨水冲刷,同时保温保湿,促进草的生长,应自上而下在坡面铺设塑料薄膜,应保持土壤湿度大于90%。

5.5.3 挂网喷播混生植物护坡

5.5.3.1 施工准备

(1)清理防护岩面杂物,清除浮石及松动的岩石,并将坡面整平。

(2)用高压水冲洗坡面,并使岩面保持一定湿度。

5.5.3.2 施工工艺

挂网喷播混生植物护坡施工流程见图5.5.3-1。

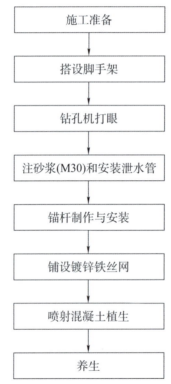

图5.5.3-1 挂网喷播混生植物护坡施工流程图

5.5.3.3 施工要点

1)整修边坡

整修边坡的主要任务是清除边坡上不稳定的石块。把凹凸不平的地方大致整平,以便让种植基材厚薄均匀。对于松散的岩石,用水泥砂浆抹缝。若岩石边坡本身不稳定,应进行加固处理,可采用锚杆固定。

2)锚杆、挂网

先在坡面上铺镀锌铁丝网或高强塑料加强网,网孔规格为5cm×5cm,然后用风钻或电钻按1m×1m间距以梅花形布置锚杆和锚钉。锚杆长90~100cm,锚钉长50~60cm。特别注意网与岩石之间的距离约为种植基材厚度的一半,挂网的目的是让种植基材在岩石表层形成一个持久的整体板块。

3)种植喷播

种植基材按比例混合后呈干粉状,用专用的客土喷播机在大功率空气压缩机的风压下,将种植基材均匀地喷于岩石表面,在喷口处用另外的设备同时加水,使种植基材潮湿。喷射设计厚度为10cm±3cm。喷射厚度是植物生长的关键所在,此环节应随时检查厚度以保证施工质量。

4)养生

喷播后如未下雨,则每天浇水以保持土壤湿润,成坪后可逐渐减少浇水的次数。在养生期间随时观察草坪的水肥情况。

5.5.4 浆砌骨架护坡

5.5.4.1 施工准备

(1)施工前先清刷坡面浮土,填补坑凹,使坡面大体平整。

(2)骨架砌筑前按设计形式、尺寸挂线放样,开挖沟槽。沟槽尺寸根据骨架尺寸而定。

5.5.4.2 施工工艺

浆砌骨架护坡施工流程见图5.5.4-1。

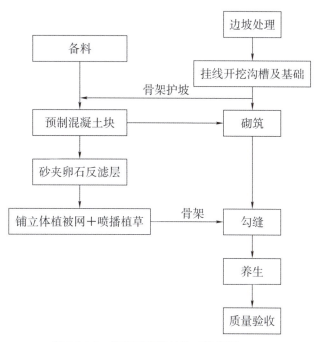

图5.5.4-1 浆砌骨架护坡施工流程图

5.5.4.3 施工要点

(1)片石砌筑采用坐浆、挤浆法分层、分段砌筑。严禁采用灌浆法施工。分段位置宜设在沉降缝处。各砌层先砌外圈定位砌块,再砌镶面和填腹砌块。砌缝相互错开,不得有通缝、空缝及松动,表面平顺整齐,与边坡嵌接牢固密贴。石料不得无砂浆直接接触,砌缝应饱满。砌体表面的勾缝符合设计要求,并在砌体砌筑时留2cm深的空缝。宜用原砌体砂浆勾缝,勾缝采用凹缝。勾缝所用的砂浆强度应符合设计要求。

(2)砌筑骨架从衔接处开始,自下而上砌筑,两骨架衔接处应处于同一高度。骨架与坡面密贴,骨架流水面与草皮表面平顺。骨架基础与下部浆砌片石侧沟平台连接时,整体砌筑,灰浆饱满,不留缝隙。

5.5.5 浆砌片石或混凝土预制块护坡

5.5.5.1 施工准备

(1)应根据设计要求准备相应片石材料及预制块。

(2)确定相应段落的高程、宽度及边坡坡度,对已成形的路堑边坡进行刷坡修整。

5.5.5.2 施工工艺

浆砌片石或混凝土预制块防护施工流程见图5.5.5-1。

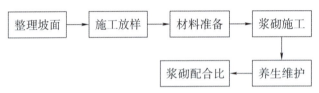

图5.5.5-1 浆砌片石或混凝土预制块防护施工流程图

5.5.5.3 施工要点

(1)路堤边坡防护在完成刷坡后由下往上分级砌筑施工,路堑边坡防护在每级边坡完成后由下往上砌筑施工。

(2)对软弱地基路段,路堤边坡浆砌片(块)石或预制块必须在路基稳定后砌筑。

(3)浆砌护坡砌筑前,须将坡面整平、拍实,不得有凹凸现象或在低洼处用小石子垫平等情况,防止护坡厚度不均等缺陷。

(4)砌筑石料表面干净,无风化、裂缝等缺陷。片石的厚度不小于150mm,镶面石料具有较平整表面;块石大致方方,上下面大致平行,石料厚度不小于200~300mm;砌筑时平铺卧砌,石料大面朝下,坡脚坡顶等外露面选用较大石块,并加以修整。

5.5.6 衡重式、重力式挡土墙

5.5.6.1 施工准备

(1)做好现场材料(特别是填料)的核查工作(质量和数量),填料质量要严格符合设计要求。

(2)加筋材料、钢筋、水泥、砂、石、防腐材料等已进场,材料的有关性能指标均达到设计要求,符合国家标准或行业规范的有关规定。

(3)施工机械配备就位。

5.5.6.2 施工人员及设备配置

以浇筑长50m,高1.5m(节段)、宽2.0m的混凝土挡土墙为例,机械设备和功效最优组合如表5.5.6-1及表5.5.6-2所示。

挡土墙机械设备、材料配置指标表（示例）　　　　表5.5.6-1

序号	型号	规格	单位	数量	单机日产量
1	汽车起重机	25t	台	1	—
2	挖掘机	220型	台	1	1000m³/d
3	混凝土输送车	12m³	台	2	200m³/d
4	柴油发电机	30kW	台	1	240kW
5	电焊机	BX1-500	台	1	—
6	水准仪	精度1mm	台	1	—
7	GPS定位仪	I80	台	1	—
8	数控双机头钢筋弯曲机	TGB2-32	台	1	12t/d
9	钢筋调直机	GT12	台	1	13t/d
10	插入式振捣器	ZB110-50	台	4	—
11	模板	钢模板	m²	160	—
12	压路机	20t	台	1	—
13	小型打夯机	HW60	台	1	2000m³/d
14	洒水车	10m³	台	1	100m³/d

劳务作业人员配置表　　　　表5.5.6-2

序号	工种	数量	职责
1	队长	1	负责施工现场、调度、全面管理、组织工作等
2	施工员	1	负责施工生产任务的传达、监督落实等
3	安全员	1	负责安全管理工作
4	材料员	1	负责材料、设备管理工作等
5	测量员	1	负责控制测量、施工测量工作等
6	试验员	1	负责地基承载力、回填压实度及混凝土质量的检测工作
7	模板工	6	负责模板的安装固定与脚手架的搭设
8	钢筋工	6	负责钢筋的加工、安装与绑扎
9	混凝土工	5	负责混凝土浇筑和养生

注：具体工种根据实际情况增减。

5.5.6.3　施工流程

片石混凝土挡土墙施工流程见图5.5.6-1。

图5.5.6-1　片石混凝土挡土墙施工流程图

5.5.6.4 施工要点

1)基坑开挖和检验

基坑开挖宜分段跳槽进行,分段位置宜结合伸缩缝、沉降缝等设置确定。基坑开挖前进行详细的测量定位并标出开挖线,雨季开挖土质或易风化软质岩石基坑时,应在基坑开挖好后及时封闭坑底。基坑开挖完成后应及时进行检验,检验合格后应及时进行下道工序施工。基坑底承载力应满足设计要求,宜采用轻型触探仪进行基坑承载力检测,当达到设计基坑承载力要求时,可进行下一道工序施工;若不能达到设计基坑承载力要求,上报监理工程师,通过变更设计程序,采取措施后方可进行下一道工序的施工。

2)挡土墙基础施工

挡土墙基础按设计的要求埋入地面以下足够深度。对山坡挡土墙,基趾部埋入深度和襟边距离应符合设计要求。施工前,做好场地临时排水。对土质基坑,保持干燥,雨天施工随时排除时坑内积水,对受水浸泡的基底土全部予以清除,并以合格填料回填至设计高程。

墙基础直接置于天然地基上时,经监理工程师检验合格后,方可开始砌筑。当有渗透水时应及时排出;在岩体或土质松软、有水地段,选择旱季分段集中施工。

墙基础采用倾斜地基时,按设计倾斜挖凿,不得用填补法筑成斜面。

3)挡土墙墙身施工

(1)放挡土墙浇筑边线。

基础浇筑完成后,根据设计图及现场高程放出挡土墙浇筑边线。

(2)模板安装。

采用钢模板,禁止使用有缺角、破损的模板。

保证混凝土结构和构件各部分设计形状尺寸和位置正确。

模板应具有足够的强度、刚度和稳定性,能承受新浇筑混凝土的重力、侧压力及施工中可能产生的各项负荷。

模板的接缝不得漏浆,模板与混凝土的接触面应清理干净并涂刷脱模剂,但不得影响模板结构性能。模板使用后按规定修整保存。

安装模板时应注意按照设计图纸要求预留预埋泄水孔。

(3)浇筑混凝土。

混凝土墙身应水平分层浇筑,分层振捣。分层厚度应不超过300mm。混凝土浇筑宜连续进行;如间断,间断时间应短于前层混凝土的初凝时间,否则按施工缝处理。浇筑过程中应有专人检查模板及支撑工作情况,发现问题及时处理。

如采用片石混凝土,浇筑墙身混凝土的同时抛扔片石。片石与片石之间必须有混凝土包裹。抛扔片石时严禁片石与模板直接接触。混凝土中片石的掺量宜控制在25%以内。

(4)混凝土振捣。

混凝土浇筑过程中,应随时对混凝土进行振捣并使其均匀密实,振捣宜采用插入式振捣器垂直点振。

混凝土振捣过程中,应避免重复振捣,防止过振。应加强检查模板支撑的稳定性和接缝的密合情况,防止在振捣混凝土过程中产生漏浆。

(5)施工接缝处理。

在每道施工连接缝处,均匀埋设石榫,以增强混凝土在施工接缝处的黏结能力。人工凿毛施工接缝光面处,凿毛面积应大于总面积的80%。

(6)泄水孔、沉降缝设置。

挡土墙沿纵向每隔10~15m设一道伸缩缝,缝宽20mm,缝内沿墙的内、外、顶三边可填塞沥青麻筋,塞入深度不小于0.15m。

在地面以上,沿墙长、墙高每隔2~3m交错设置泄水孔,孔径应符合设计要求,内设PVC(聚氯乙烯)管并超出墙背20cm,其端部30cm用土工滤布包裹,最下面一排泄水孔出口高出地面30cm以上,在泄水孔进水口处设置粗粒材料堆囊以利排水。衡重处增设一排泄水孔。

(7)混凝土拆模。

混凝土拆模时的强度应符合设计要求。当设计未提出要求时,在混凝土强度达到2.5MPa以上且表面棱角不会因拆模出现损失方可拆模。

混凝土的拆模时间除需考虑拆模时的混凝土强度满足规定外,还应考虑拆模时混凝土的温度(由水泥水化热引起)不能过高,以免混凝土接触空气时降温过快而开裂,更不能在此时浇凉水养生。混凝土内部开始降温以前及混凝土内部温度最高时不得拆模。

模板的拆除顺序按设计的顺序。设计无规定时,遵循先支后拆、后支先拆的顺序。

(8)片石混凝土养生。

混凝土养生期间,重点加强混凝土的湿度和温度控制,及时对混凝土暴露面进行洒水养生,并保持暴露面持续湿润,直至混凝土终凝。

混凝土带模养生期间,采取带模包裹、浇水。通过喷淋洒水措施进行保湿、潮湿养生,保证模板接缝处不至失水干燥。为了保证顺利拆模,可在混凝土浇筑24~48h后略微松开模板,并继续浇水养生。

在任意养生时间,淋注于混凝土表面的养生水温度与混凝土表面温度差不宜超过15℃。

4)墙背回填

当墙身混凝土或砂浆强度达到设计强度的75%以上时,应及时进行挡土墙墙背回填。台背与墙背1.0m范围内回填宜采用小型夯实机具压实。

5.5.7 锚杆框架及锚杆束框架施工

5.5.7.1 施工准备

(1)按设计孔位坐标测放孔位,偏差不大于3cm。
(2)根据孔深、孔径要求选择钻孔机类型。
(3)准备切割机、电焊机、压浆泵、脚手架、卷扬机等机械设备。

5.5.7.2 施工工艺

锚杆框架施工流程见图5.5.7-1。

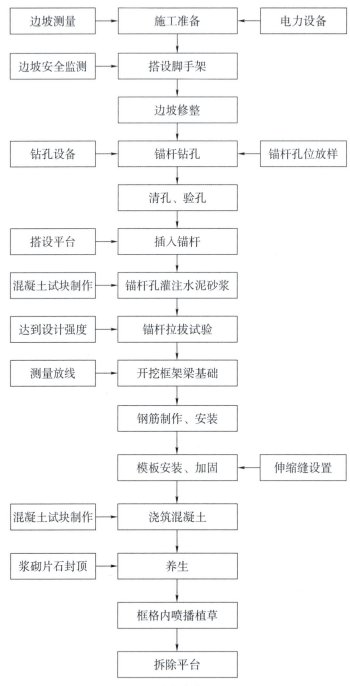

图5.5.7-1 锚杆框架施工流程

5.5.7.3 施工要点

1)钻孔

放样布孔,根据边坡开挖面的立面图,按设计要求将锚孔位置放在坡面上,采用ϕ50mm钢管脚手架搭设施工作业平台,平台用锚杆固定于坡面。钻机用汽车起重机提升到平台上安装就位,钻机就位后自上而下进行钻孔作业,使用液压潜孔钻机施钻,采用无水钻进的干法作业,以确保边坡地质条件不被破坏,保证孔壁稳定性。

2)清孔

钻孔结束后用高压风清孔,孔壁不得有黏土或粉砂。用大量高压空气沿孔向孔口吹出石屑和岩粉。孔口处粉尘过大,易碍操作工人的视线从而影响操作,必须对孔口喷洒水雾以除尘,使岩粉与水雾同时沉积于地面,保证动力不易损坏,不影响操作工人健康。钻孔时应保持清洁,孔壁无污染物,以确保水泥砂浆与岩体的黏结。清孔完成后,将孔口暂时封堵,避免碎屑杂物进入孔内。

3)插入锚杆

插入锚杆前需进行定位支架焊接。焊接支架时需满焊支架头,且注意焊接时不得损伤锚杆母材。每个孔位插入一根锚杆,每根锚杆下料长度因钻孔深度不同而异,锚杆端头距孔底不小于0.2m,外露端头需做成弯钩状并与框架梁主筋焊接或绑扎牢固。

4)锚固注浆

采用水泥浆时,水灰比宜取0.5~0.55;采用水泥砂浆时,水灰比宜取0.4~0.45,灰砂比宜取0.5~1.0。拌和用砂宜选用中粗砂,砂浆应随拌随用,放置超过初凝时间的砂浆不得使用。宜先插入锚杆,然后注浆,注浆宜采用孔底注浆法,应插至距孔底100mm,随水泥砂浆的注入逐渐拔出,注浆压强宜不低于0.2MPa;注浆管端部至孔底距离宜不大于200mm。注浆及拔管过程中,注浆管口应始终置于注浆液面以下,并在注浆液从孔口溢出后停止注浆。注浆后,当浆液面下降时,应进行孔口补浆。采用二次压力注浆工艺时,终止注浆的压力应不小于1.5MPa。锚杆长度小于3m时,可采用先注浆后插锚杆的施工工艺。锚杆安装后,不得敲击、摇动。普通砂浆锚杆在灌浆后3d内不得扰动。

5)锚杆拉拔试验

试验前对试验仪器进行标定,并将其置于稳定、平整的岩层上。在该段所有锚杆中任意选定5%且不少于3根作为试验对象。试验时,保证试验器材与锚杆连接牢固,防止拉拔过程中发生安全事故。

6)框格梁施工

(1)开挖框架梁基础。

在土石方开挖前,对框架梁进行放样刻槽,且用钢丝绳拉直;当锚杆偏离框架梁中心过多时,适当调整锚杆端头或立即补钻孔。

基础开挖采用人工风镐凿除方式自上而下进行,开挖时注意不得扰动原状土。

(2)钢筋制作安装。

在基础达到设计要求尺寸后,将基础松动杂石及浮渣清除干净后方可进行钢筋绑扎安装。

钢筋制作下料前进行除锈、调直等,经检验合格后使用,钢筋进入现场后分类储存于地面以上的平台,用垫木支撑、彩条布遮盖,立好标牌。

(3)模型安装及加固。

采用原槽浇筑的方法,岩层面以下不安装模板。岩层面以上模板采用小块钢模板和竹胶板相结合,用短锚杆固定在坡面上或用铁丝拉住模板。

(4)浇筑混凝土。

混凝土浇筑前,调配好人员、机具及原材料,防止浇筑过程中发生中断及其他事故。

混凝土浇筑时,尤其在锚孔周围钢筋较密集处,应仔细振捣,以保证质量。

(5)养生。

冬天采用草麻袋覆盖养生,夏天浇水养生,混凝土的养生在混凝土浇筑12~24h后进行,养生时间一般不得少于7d。

5.5.8 预应力锚索框架梁施工

5.5.8.1 施工准备

(1)预应力锚索施工前应做好施工组织设计,明确施工方法、施工工艺、工序流程、人员组织和施工设备。

(2)做好施工场地的排水工作、材料和机械设备的防水工作,并将预应力锚索的造孔设备、注浆设备、张拉设备调至工作面附近,待坡面整修工作面完成后,马上吊运至工作面。

(3)施工所需的水泥、钢材、预应力钢绞线及锚具等各类材料必须具有出厂检验合格证,符合国家标准,并在使用前对各种材料做物理力学试验。预应力锚索使用的千斤顶、压力表等在使用前必须进行标定。

(4)为了施工的安全和连续性,应搭设脚手架平台。脚手架连接扣件应牢固,而且有专人定期检查,不允许有晃动的现象。

5.5.8.2 施工流程

预应力锚索框架梁(图5.5.8-1)施工流程见图5.5.8-2。

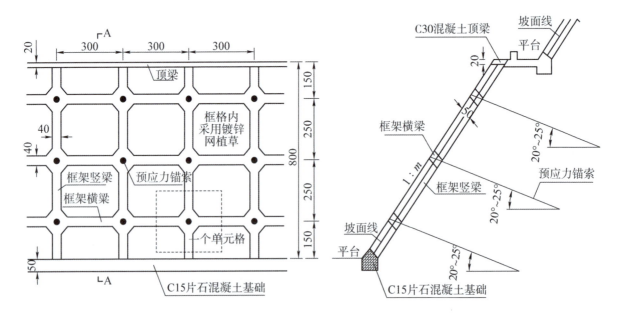

图5.5.8-1 锚索框架梁示意图(尺寸单位:cm)

5.5.8.3 施工要点

(1)锚孔测放。边坡开挖一级,防护一级,不得一次开挖到底。根据各工点工程立面图,按设计要求,将锚孔位置准确测放在坡面上,孔位误差不得超过±50mm。如遇既有刷方坡面不平顺或特殊困难场地时,须经设计监理单位认可,在确保坡体稳定和结构安全的前提下,适当放宽定位精度或调整锚孔定位。

(2)钻孔设备及钻机就位。根据锚固地层的类别、锚孔孔径、锚孔深度以及施工场地条件等选择钻孔设备。岩层中采用潜孔冲击成孔;在岩层破碎或松软饱水等易于塌缩孔和卡钻埋钻的地层中采用跟管钻进技术。锚孔钻进施工,应搭设满足相应承载能力和稳固条件的脚手架,根据坡面测放孔位,准确安装固定钻机,并严格进行机位调整,确保锚孔开钻就位纵横误差不超过±50mm,高程误差不超过±100mm,钻孔倾角和方向符合设计要求,倾角允许误差为±1.0°,方位允许误差为±2.0°。

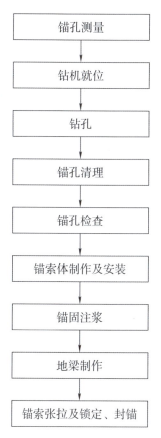

图5.5.8-2 预应力锚索框架梁施工流程图

(3)钻进方式及钻进。钻孔要求干钻,禁止采用水钻,以确保锚索施工不会破坏边坡岩体的工程地质条件,保证孔壁的黏结性能。钻孔速度根据钻机性能和锚固地层确定,防止钻孔扭曲和变径而造成下锚困难或其他意外事故。钻进过程中对每个孔的地层变化、钻进状态(钻压、钻速)、地下水及特殊情况做好现场记录。如遇塌孔、缩孔等不良钻进现象时,须立即停钻,及时进行固壁灌浆处理(灌浆压力0.1~0.2MPa),待水泥砂浆初凝后,重新扫孔钻进。

(4)孔径孔深及清孔。钻孔孔径、孔深不得小于设计值。为确保锚孔直径,要求实际使用钻头直径不得小于设计孔径。为确保锚孔深度,要求实际钻孔深度大于设计深度0.2m以上。钻进达到设计深度后,不能立即停钻,要求稳钻1~2min,防止孔底尖灭、达不到设计孔径。钻孔孔壁不得有沉渣及水体黏滞,必须清理干净,在钻孔完成后,使用高压空气(风压0.2~0.4MPa)将孔内岩粉及水体全部清除出孔外,以免降低水泥砂浆与孔壁岩土体的黏结强度。除相对坚硬完整的岩体锚固外,不得采用高压水冲洗。若遇锚孔中有承压水流出,待水压、水量变小后方可下安锚筋与注浆,必要时在周围适当部位设置排水孔。如设计要求处理锚孔内部积聚水体,一般采用灌浆封堵二次钻进等方法处理。

(5)锚孔检验。锚孔钻进结束后,须经现场监理检验合格,方可进行下道工序。孔径、孔深检查一般采用设计孔径、钻头和标准钻杆在现场监理旁站的条件下验孔,要求验孔过程中钻头平顺推进,不产生冲击或抖动,钻具验送长度满足设计锚孔深度要求,退钻要求顺畅,用高压风吹验不存在明显飞溅尘渣及水体。同时要求复查锚孔孔位、倾角和方位。全部锚孔施工分项工作合格后,即可认为锚孔钻进检验合格。

(6)锚索体制作及安装。施工前应按设计要求进行锚索的锚固性能试验,确定施工工艺。应确保每根钢绞线顺直,不扭不叉,排列均匀,无锈、无油污,剔除有死弯、机械损伤及锈坑处。钢绞线沿锚索体轴线方向每1.0~1.5m设置一架线环,保证锚索体保护层厚度不小于20mm。安装锚索体前应再次认真核对锚孔编号,确认无误后用高压风吹孔,人工缓缓将锚索体放入孔内,用钢尺测量孔外露出的钢绞线长度,计算孔内锚索长度(误差控制在50mm以内),确保锚固长度。

(7)锚固注浆。锚索安装后应及时注浆。采用水泥浆时,水灰比宜取0.5~0.55;采用水泥砂浆时,水灰比宜取0.4~0.45,灰砂比宜取0.5~1.0;拌和用砂宜选用中粗砂。水泥(砂)浆应随拌随用,放置超过初凝时间的砂浆不得使用。制浆时,按规定配比称量材料,控制称量误差小于5%。水泥采用袋装标准称量法,水采用体积换算重量称量法。采用高速搅拌机制浆,按配合比先将计量好的水加入搅拌机中,再将袋装水泥倒入搅拌机中,搅拌均匀。搅拌机搅拌时间不少于30s。注浆宜采用孔底注浆法,注浆管插至距孔底50~100mm,随水泥(砂)浆的注入逐渐拔出,注浆压强宜不小于0.2MPa。注浆及拔管过程中,注浆管口应始终置于注浆液面以下,并在水泥浆液从孔口溢出后停止注浆。以锚具排气孔不再排气且孔口浆液溢出浓浆作为注浆结束的标准,如一次注不满或注浆后产生沉降,要补充注浆,直至注满为止,并做好注浆记录。注浆时,每一工班应制作并留取不少于3组尺寸为40mm×40mm×160mm的试件,标准养生28d进行抗压及抗折强度试验,作为质量评定的依据。注浆结束后,应将设备注浆管、枪和注浆套管等清洗干净,以便重复使用。

(8)地梁制作。基础先铺2cm砂浆调平层,再进行钢筋制作安装。如锚索与竖梁箍筋相干扰,可局部调整箍筋的间距。在浇筑混凝土时,应加强锚孔周围、钢筋密集处的振捣。

(9)锚索张拉及锁定、封锚。通过现场张拉试验,确定张拉锁定工艺。锚索的张拉及锁定应分级进行,严格按照操作规程执行。在设计张拉完成6~10d后再进行一次补偿张拉,然后加以锁定。

(10)补偿张拉后,从锚具量起,留出长5~10cm钢绞线,用机械切割截去其余部分,严禁电弧烧割。用水泥净浆注满锚垫板及锚头各部分空隙,对锚头采用不低于20MPa的混凝土进行封锚,防止锈蚀并兼顾美观。

5.5.9 抗滑桩

5.5.9.1 施工准备

(1)施工前,应采取卸载、反压、排水等措施使滑坡体保持基本稳定,严禁在滑坡急剧变形阶段进行抗滑桩施工。

(2)应整平孔口地面,并设置地表截、排水及防渗设施。

(3)应设置滑坡变形、移动监测点,并进行连续观测。

(4)雨季施工时,应在孔口搭设雨棚,做好锁口,孔口地面上应加筑适当高度的围埝。

5.5.9.2 施工流程

抗滑桩施工流程见图5.5.9-1。

5.5.9.3 施工要点

(1) 多桩同时开挖施工,应从两端沿滑坡主轴间隔开挖,桩身强度不低于设计强度的75%时可开挖邻桩。

(2) 桩孔开挖以人工开挖为主,开挖前应平整孔口,并做好施工区的地表截、排水及防渗工作。雨季施工时,孔口应搭雨棚、加筑适当高度的围堰。

(3) 如遇塌孔,应及时在塌方处砌砖护壁或砌砖外模,浇筑混凝土护壁。垮塌严重段宜先注浆后开挖。

(4) 抗滑桩的嵌固段必须满足设计要求。

(5) 钢筋笼接头不得设在土石分界和滑动面处;钢筋笼必须有足够的保护层厚度。

(6) 桩身混凝土浇筑一般采用干孔灌注;若孔内积水难以排干时,应采用水下混凝土灌注方法。混凝土浇筑需连续进行。

(7) 露出地表的混凝土结构应及时覆盖并洒水养生7d以上。

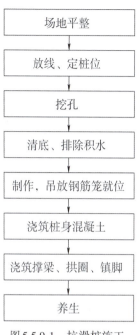

图5.5.9-1 抗滑桩施工流程图

5.5.10 桩板式挡土墙施工

5.5.10.1 施工准备

(1) 统计桩板式挡土墙施工段落,对班组及技术人员进行详细技术交底。

(2) 进行代表性挖桩,即在设计桩的范围内于前、后及中部先挖3~5根桩以验证地层。

(3) 钢筋在钢筋加工场集中加工制作好后,转运至施工部位现场绑扎、安装。

(4) 护壁模板采用活动钢模,桩模板采用定型木模,支撑采用钢管支撑。

5.5.10.2 施工流程

桩板式挡土墙施工流程见图5.5.10-1。

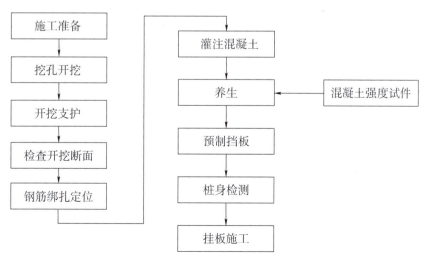

图5.5.10-1 桩板式挡土墙施工流程图

5.5.10.3　施工要点

1)桩基施工

桩基施工与桥梁挖孔桩施工工艺相同,详见桥梁挖孔桩部分。

2)挡板施工

桩完成后,及时安排人工破除桩与挡板相连部位,并进行C15或C25护壁混凝土浇筑。

以1.5m为一个单元格,从下到上逐个进行挡板土体开挖。

当挡板钢筋与桩预留钢筋直径大于或等于16mm时,采用机械连接;上下挡板之间的竖向钢筋直径小于16mm时采用绑扎连接;当箍筋为二级时,如钢筋定尺长度不够,按规范要求采用搭接。

为保证混凝土表观质量,挡板前模板采用18mm厚覆膜板制作,用50cm×100cm木方＋ϕ48mm钢管支撑,挡板后模板采用浆砌页岩砖墙代替。

严格按照设计要求,设置盲管和泄水管。

混凝土养生必须及时,且养生时间不得短于7d。

5.5.10.4　施工要点及规定

填筑前按设计要求做好碎石反滤层,然后进行墙背回填。用于回填的材料必须符合技术规范和设计要求,填料既要能被充分压实,又要具备良好的透水性。

回填应分层填筑,根据压实机型,每层填厚不大于15cm,分层填筑应尽量保证摊铺厚度均匀、平顺。在雨季回填时,填筑面应做成3%~4%的坡度,以利于排水。

回填前,先在断面上划分回填层次,确定检测频率,填写检测记录。

不同回填料分层填筑,不得混用。每层回填都要做压实度检验,压实度检验记录必须和填筑高度相等,并保证符合技术规范要求。

5.5.11　加筋挡土墙施工

5.5.11.1　施工准备

(1)施工前,应将范围内底脚挡土墙施工完成,路基填至设计高程,并严格按设计图纸要求控制压实度。

(2)技术人员在施工前认真熟悉图纸,对图纸中的要求和规定进行了解和掌握,明确设计意图。

5.5.11.2　施工流程

无面板加筋挡土墙施工流程见图5.5.11-1。

5.5.11.3　施工要点

(1)平整墙底。墙底范围内的地面应按设计要求开挖平整。开挖范围宜超出墙底范围0.3~0.5m。开挖后全面检查,所有软弱土须压实或换填合适土料,并将整个场地全面压实至设计标准。

(2)按挡墙的墙面倾角,架立临时模架并拉线。

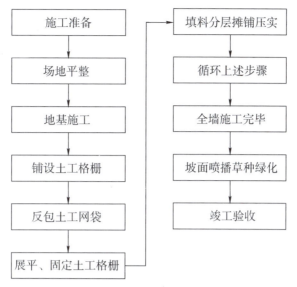

图5.5.11-1 无面板加筋挡土墙施工工艺流程框图

（3）格栅下料。按第一层（即紧贴墙底层）格栅设计长度，加上墙面部分长度及与上层连接用的水平段长度，切断格栅。

（4）铺设第一层格栅。必须水平铺放，且与墙面垂直，尾部用U形钉或竹钉固定在墙底上，反包段临时放在墙面上，相邻格栅不搭接且平接。

（5）将装有壤土及草种（或草皮）的网眼袋用打包机封口。按模架及拉线控制网眼袋位置，整齐堆放，装有草种（或草皮）的一端面向挡墙外侧。

（6）填筑加筋土料。用机械设备将土料从格栅尾端开始瀑布式卸到格栅上。卸料时，机械设备应停止行进，待开始卸下的土料已压在格栅上后，才可缓慢行进卸土。摊铺可用人工也可用机械。经现场试验确定摊铺厚度，分层压实至第一层顶面高程。在任何情况下，施工设备的轮子或履带与格栅之间至少应隔有150mm的土料，以防止格栅受到机械损坏。采用振动碾压实，对网眼袋及靠近墙面1m左右处，应采用轻型设备碾压。任何部位都不得采用羊足碾。

（7）碾压机运行方向应平行于挡墙的水平走向。碾压遍数应结合具体碾压机械及填料性质经试验确定。下一遍碾压的轮迹应与上一遍的碾压轮迹重叠轮迹宽度的1/3。第一遍轻压，不带振。碾压时从格栅中部向尾部（自由端）逐步进行，然后逐步转向挡墙墙面。

（8）回填土按最佳含水率施工。压实度达到95%，按验收标准确定压实度检测点数目。

（9）将放在墙面外的反包段格栅反包在已铺筑好的网眼袋及压实好的第一层填料上。每层格栅铺设之前，路堤填料必须压实平整，格栅应张紧，路堤边坡边缘格栅向上回包弯折段长度不小于1.0m。

（10）按上述步骤（3）、步骤（4），进行第二层的格栅下料及铺放工作。

（11）用连接棒将第二层格栅与第一层格栅的反包段连接起来。

（12）利用张拉钩在上一层格栅的自由端施加拉力，使连接棒处拉紧受力，直至墙面反包段格栅也受力绷紧为止。张拉钩用ϕ6mm钢筋制作，长约1m。张拉格栅至少2人同时进行，每人左右手各拉一根张拉钩。

(13)用U形钉或竹钉在上一层格栅自由端将格栅固定,然后松开张拉钩。

(14)重复以上程序,直到结构的设计高度。

(15)顶部的格栅层的反包袋埋于顶层填料中,其长度较其下各层的反包段长一些。按要求压实最上一层填土。

5.5.12 浸水路基防护

5.5.12.1 施工流程

施工流程为:施工前准备→测量放线→坡面修整→基础开挖→砂砾垫层铺设→坡面浆砌→养生。

5.5.12.2 施工要点

1)护坡放样

路基填筑成形后,开始修整边坡,边坡坡率为1:1.5(按设计),浸水路堤防护每8m一级,设置宽2m台阶,在坡脚设置浆砌片石护脚。在确保路基边坡坡度准确、路基稳固、坡面平整后,即可进行护坡放样。放样严格按照设计图纸几何尺寸进行。

2)护坡基础开挖

护坡开挖采用人工与机械,并严格按照图纸设计尺寸。

3)砂垫层铺设

在护坡基础开挖完成后,清除坡面松散结构,洒水,在基底平整、密实后即可铺设砂垫层。砂垫层铺设厚度为10cm,铺设平整、密实。

4)浆砌片石护坡砌筑

(1)原材料选用。

水泥:采用进场合格的水泥,并且保证使用中水泥存放符合要求。

砂:采用级配良好、质地坚硬、颗粒洁净的中砂。

片石:用于浆砌工程的片石强度不得低于30MPa,片石砌筑前必须浇水湿润,并将表面灰尘、泥土冲洗干净。

(2)砌筑。

施工时须挂线砌筑,并经常对其复核,以保证线形平顺、砌体平整。

砌体与坡面紧密结合,砌筑片石咬口紧密,错缝砂浆饱满,不得有通缝、叠砌、贴砌和浮塞,砌体要牢固美观。

根据设计图纸位置设置伸缩缝和沉降缝的尺寸,按设计分段砌筑。

砌缝宽度、错缝距离应符合规定。

(3)养生。

应在砂浆初凝后洒水覆盖养生7~14d。养生期间应避免碰撞、振动或受压。每个工作班结束时要求整体养生一遍,并用水渗透过的麻袋覆盖,在每个工作班开始砌筑前也应将砌体表层砂浆用水浸透,方可开始砌筑。

5.5.13 柔性防护网系统

5.5.13.1 主动防护系统

1）施工流程

主动防护施工流程见图5.5.13-1。

图5.5.13-1 主动防护系统施工流程图

2）施工要点

主动防护系统(图5.5.13-2)施工应按钻孔、安设锚杆、安装纵横向支撑绳、挂网、缝合的工序进行，并应符合下列规定：

图5.5.13-2 SNS柔性网主动防护

（1）锚杆孔位应准确，局部坡面凹陷处应增加锚杆，保证防护网紧贴坡面。

（2）个别孔位因岩质疏松、破碎而不能成孔时，应凿除松散部位，并用强度不低于C15的混凝土回填。

（3）纵横向支撑绳应与锚杆外露环套逐个联结固定，安装后应拉紧，使其紧贴坡面。

（4）挂网应从上向下进行，并应保证网间的重叠宽度和缝合满足要求。柔性防护网分两层时，应先挂小孔径网，后挂大孔径网。

（5）缝合应从上向下进行，缝合应牢固，缝合绳应与网绳固定联结。

（6）安装完毕后，应检查钢绳网与山体之间贴合是否紧密。局部与岩体间隙过大时，应在相应部位增设锚杆。

5.5.13.2 被动防护系统

1）施工流程

被动防护系统施工流程见图5.5.13-3。

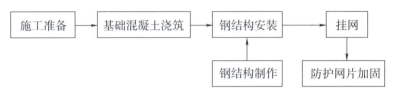

图5.5.13-3 被动防护系统施工流程图

2)施工要点

被动防护系统(图5.5.13-4)应按施工地脚锚杆、安设钢柱和锚杆、安设支撑绳及附件、挂网的工序进行,并应符合下列规定:

(1)钢材应进行防腐处理。

(2)钢柱和锚杆基础应准确放样。

(3)钢柱安置位置、角度应满足设计要求。

(4)支撑绳安置完成后应用绳卡等附件固定牢固,侧拉索的安设应在上拉绳安装好后进行。下支撑绳应紧贴地面,无缝隙。

(5)柔性网挂好后应用缝合绳固定,网底边应紧贴地面,无缝隙。

图5.5.13-4 被动防护系统

5.6 路基施工不良地质及边坡监控量测

5.6.1 挖方路基边坡监测

根据路堑边坡的特点,应设计对所有高边坡(土质>20m,岩质边坡>30m)进行地表变形监测,根据需要对部分高边坡开展深层位移监测和锚索应力监测。

地表变形监测的内容、工作方法及程序如下:

1)工作内容

监测边坡地表变形,观测裂缝发展情况。

2)工作方法

采用全站仪监测各位移监测点的坐标、高程;利用直尺量测裂缝宽度变化情况。通过对比各次测量数据监测边坡变形情况。

3)工作程序

(1)在深路堑边坡范围内,从挖方边坡最高处开始设监测面,并沿路线方向每隔30~50m间距向两侧均匀布置监测断面。

(2)于断面边坡坡口线外2m处埋设位移监测桩(土质边坡段深埋混凝土桩作为观测桩,石质边坡段可在稳定围岩面上做标志点;设计有挡土墙等加固设施,应在其顶面埋设$\phi16mm$钢筋作为观测点)。

(3)开挖过程中,在对应边坡平台位置埋设位移监测桩,直至边坡坡脚。

(4)位移监测断面可根据实际地形、施工情况及坡面边坡地质条件做适当调整。

(5)位移观测基点应设置在相对稳定的区域。

(6)施工中应注意保护位移观测桩,避免被施工机械破坏,影响观测结果。

5.6.2 高填路基监测

对于高填方路段,为及时了解和掌握加载过程中的位移和变形,控制堆载速率,确保路基填筑的顺利完成和控制不均匀沉降,对填筑施工进行全过程现场监测。

(1)路堤填筑过程中,用沉降盘监测沉降,用测斜管观测水平位移。填筑到设计高度时用位移观测标志监测路基沉降。

(2)若进行深孔位移监测,可根据路堤高度、长度及土体等情况,布设监测断面,测斜管监测孔深根据路堤高度及坡体地质情况确定。

(3)采用全站仪监测各位移监测点的坐标、高程。

(4)位移监测断面可根据实际地形、施工情况及坡面边坡地质条件做适当调整。

(5)施工中应注意保护位移观测桩,避免被施工机械破坏而影响观测结果。

5.6.3 软土路基

5.6.3.1 施工准备

(1)详细复查设计文件所确定的路堑地段的工程地质资料及路堑边坡,根据其工程地质情况、工程量的大小和工期复查施工组织设计,核实、调整土方调运图表。

(2)路基测量放样已完成,设置桩标明轮廓。

(3)施工现场的征地、拆迁、清表等工作已完成。

(4)对沿线拟利用土质已进行试验检测。根据试验结果,适用的挖方材料方能用于路基填筑,不适宜利用的材料必须运至弃土场按要求堆放。

(5)路基施工期间应保持原有排水系统畅通。路堑施工前,应按现场地貌及实际情况完成坡顶截水沟的施工。截水沟应与路堤的临时坡脚排水沟相接,临时排水沟应与原有排水系统接通。

(6)施工现场的劳动力、施工机械满足施工进度及质量的要求。

5.6.3.2 施工流程

为减小路基不均匀沉降,设置土工格栅,对软弱土被完全换填的路段,可不设置基底土工格栅。土工格栅层间距为0.5m,土工格栅铺设时垂直于路线方向展开,按路堤底宽全断面铺设,摊铺时拉直平顺,紧贴下承层,不得出现扭曲、折皱、重叠。土工格栅采用缝接法连接,接缝宽度为20cm。路堤每边回折锚固长度为1m。土工格栅铺好后,宜用U形钉将其固定,在48h内在其上填土,且不得因填土移动。

水(鱼)塘、水田路段表层淤泥直接清淤换填。部分水(鱼)塘未全侵占路段,采用浸水路堤通过。当塘内水深较大、采用全排水困难时,采用围堰施工。

当地下水位较高或有泉水出露时,清淤后采用开山石渣或碎石土回填,并在路基两侧开挖集水槽,其底部比清淤底部至少低1m,以保证路基干燥。

5.6.3.3 软土路基监测

1)监测方案

同一路段、不同观测项目的测点布置在同一横断面上(图5.6.3-1)。施工时应综合考虑所有观测点的布设,具体事项由监测单位根据设计文件并结合实际情况进行详细编制。

以下路段必须设置监测断面:①软土深度较深及性质极差的路段;②填土高度较高或软土深度较深的危险路段;③桥头搭板尾端;④距桥头30m左右处;⑤涵洞;⑥纵横向软土分布变化较大的路段。

除上述路段外,连续、均匀分布的一般软土路段根据处置措施和桥涵设置情况按50~100m距离设置监测断面。

2)监测内容

根据项目具体情况,监测内容一般有:表面沉降、深层分层沉降、坡脚侧向位移、孔隙水压力等。

(1)路堤沉降观测

在施工路段的原地面上埋设沉降板、边桩进行高程观测。沉降板埋置于路基中心及路肩,边桩设置在坡脚及距坡脚1m、3m、5m处。

观测断面沿纵向每隔50~100m设置一处,特殊路段需加密。

沉降板观测仪器要求:往返水准测量精度1mm/km。

用于观测水平位移的标点桩、校核点桩亦同时用于沉降观测,埋设于坡趾及以外的标点边桩一般兼测地面沉降。

在路堤达到极限高度后的第1个月内,应每天进行一次稳定观测。临时中断或加载间隙期,可每3d进行一次稳定观测;间歇期超过1个月后,可每月观测一次,直至预压期结束。

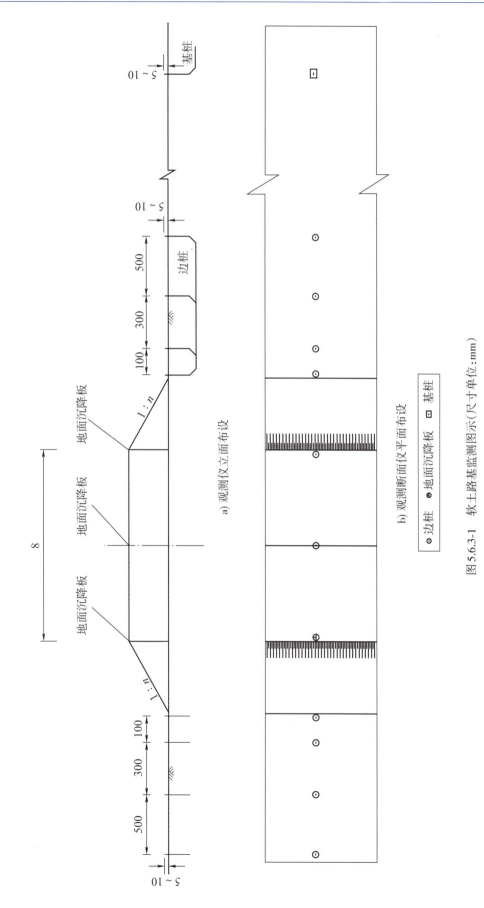

图 5.6.3-1 软土路基监测图示(尺寸单位：mm)

待单位时间内的沉降降到允许范围内时才可以铺设路面,这样可使路堤稳定、工后沉降满足设计要求。

(2)孔隙水压力

路堤填筑前钻孔埋设孔隙水压力计,主要埋设在附加应力影响比较大的范围内(淤泥层)。目的是控制淤泥层的超静孔隙水压力值,把孔隙水压力控制在一定范围内,使路堤不产生滑动破坏。

(3)路堤侧面地表土水平位移

在路堤坡脚外埋设水平位移测量边桩,监测地表土的水平位移值,目的是控制表层土的滑移挤出量,保证地基土处于稳定状态,把地表土的水平位移控制在允许范围内。

3)观测方法及测点布设

(1)路堤沉降。

观测方法:采用几何水准测量法。

观测要求:竖向位移观测按照二等水准测量技术要求,测量精度按照三等变形测量要求。每次测量前对水准仪和水准标尺进行检验,水准仪视准轴与水准管轴的夹角应小于10″,并定期检定。对外业监测网进行严密的平差计算,并定期复测。观测工作选用固定的工作人员、测量仪器、观测线路和观测时间。

测点布置:用水准仪根据起测基点的高程,测定工作点的高程变化。在路堤填筑前布设沉降测点,一般每个断面布置3个测点。

测点埋设:在路堤填筑前埋设在路堤底部。

(2)地表土水平位移。

观测方法:采用经纬仪,用前后方交会、视准线等方法配合进行。

观测要求:按照二等水准测量技术要求,水平位移测量点中误差应小于或等于±3.0mm。

测点布置:测点布置在路堤沉降垫监测的同一断面上,与路堤中心线正交的延长线上,分别设置在路堤趾部、趾部以外3m、10m处。

测点埋设:埋入地下部分不应小于1.2m,外露部分不应大于0.1m。

5.6.3.4 水泥搅拌桩施工

对于埋深较深的软土路基,一般采用水泥搅拌桩进行处理,处理长度及深度须满足设计要求。

1)施工流程

水泥搅拌桩施工流程见图5.6.3-2。

(1)搅拌机就位(图5.6.3-3):桩机运至工地后,先进行安装调试,待钻杆旋转、浆泵及计量设施调试正常后,桩机移至桩位。

(2)喷浆下沉(图5.6.3-4):启动搅拌机,使搅拌机沿导向架向下切土,同时开启送浆泵向土体喷水泥浆,两组叶片同时正、反旋转(外钻杆逆时针旋转,内钻杆顺时针旋转)切割、搅拌土体,搅拌机持续下沉,直至设计深度,在桩底持续喷浆搅拌时间不少于30s。

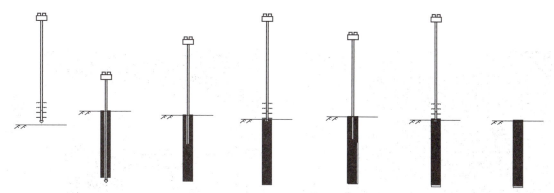

图 5.6.3-2　水泥搅拌桩施工流程图

图 5.6.3-3　机具就位图

图 5.6.3-4　下钻、喷灰、搅拌

(3)搅拌机提升,关闭送浆泵,两组叶片同时正反旋转搅拌水泥土,直至地表或设计桩顶高程以上50cm。

(4)切土下沉:改变内外钻杆的旋转方向,搅拌机沿导向架向下切土,同时开启送浆泵,向土体喷水泥浆,两组叶片同时正、反向旋转切割、搅拌土体,搅拌机持续下沉,直至设计深度。

(5)提升搅拌、成桩:关闭送浆泵,两组叶片同时正反向旋转搅拌水泥土,直到地表或设计桩顶高程以上50cm,完成单桩施工。

2)搅拌桩质量检测

(1)浅部开挖桩头质量检查。成桩7d后,采用浅部开挖桩头(深度超过停浆面下0.5m),目测检查搅拌的均匀性,量测成桩直径、间距(图5.6.3-5)。

(2)完整性、均匀性、无侧限抗压强度检测。成桩28d以后,按检测频率于桩径2/5处、桩长范围内垂直取芯(图5.6.3-6),沿桩体深度方向每隔1.5m进行一次标准贯入试验。

(3)单桩承载力、复合地基承载力检测。在桩身强度满足荷载试验条件时,对水泥搅拌桩进行单桩承载力(100kN)静载试验和复合地基

图 5.6.3-5　搅拌桩桩径、桩距检测

静载试验(150kPa),评价单桩承载力和复合地基承载力(图5.6.3-7)。

图5.6.3-6 成桩钻芯取样

图5.6.3-7 承载力检测

加固土桩实测项目见表5.6.3-1。

加固土桩实测项目　　　　　　表5.6.3-1

项次	检查项目	规定值或允许偏差	检查方法和频率
1	桩距	±100mm	尺量,抽查2%且不少于5点
2	桩径	不小于50cm	尺量,抽查2%且不少于5点
3	桩长	不小于设计值	查施工记录并结合0.2%成桩取芯检查
4	单桩每延米喷粉量	不小于55kg/m	查施工记录
5	强度	90d无侧限抗压强度不低于1.2MPa	取芯法,抽查桩数的0.5%,且不少于3组
6	地基承载力	满足设计要求	抽查桩数的0.1%且不少于3处

5.7 取土与弃土

取土应符合下列规定:

(1)取土应根据设计要求,结合路基排水和土地规划、环境保护、公路建设要求进行。

(2)取土应不占或少占耕地,取土深度应结合地下水等因素综合考虑,原地面耕植土应先集中存放。

(3)桥头两侧不宜设置取土场。

(4)取土场与路基之间的距离,应满足路基边坡稳定的要求。

(5)线外取土场与排水沟、鱼塘、水库等设施连接时,应采取防冲刷、防污染的措施。

(6)取土场周边坡度应满足稳定性要求。

(7)对取土造成的裸露面,应采取整治或防护措施。

弃土应符合下列规定:

(1)施工前应对设计提供的弃土方案进行现场核对,如有问题应及时反馈处理。

(2)弃土宜集中堆放,并与周边环境相协调。

(3)严禁在贴近桥梁墩台、涵洞口处弃土。

(4)不得向水库、湖泊、岩溶漏斗及暗河口处弃土。

(5)弃土宜分层填筑,分层压实,弃土场的边坡不得陡于1∶1.5,顶面宜设置不小于2%的排水坡。

(6)弃土作为路基反压护道时,宜与路基同步填筑。

(7)在地面横坡陡于1∶5的路段,路堑顶部高侧不得设置弃土场。

(8)弃土场应及时施作防护和排水工程,坡脚应按设计要求进行加固。

6 桥梁工程

桥梁是供行人、车辆、渠道、管线等跨越河流、山谷或其他交通线路的架空构筑物。概括地说，桥梁由四个基本部分组成，即上部结构、下部结构、支座和附属设施。按受力体系分类，桥梁有梁、拱、索三大基本体系，其中梁桥以受弯为主，拱桥以受压为主，悬索桥以受拉为主。另外由上述三大基本体系的相互组合，派生出在受力上也具有组合特征的多种桥梁，如刚架桥、斜拉桥和斜拉-悬索组合体系桥等。

近年来，随着经济发展和技术水平的提高，桥梁建设正朝着新型、大跨、轻质、美观的方向发展。截至2023年2月，世界跨径排名前十位的悬索桥和斜拉桥中，我国分别有8座和7座在其中；2024年2月建成通车的天峨龙滩特大桥是当时世界上最大跨径劲性骨架混凝土拱桥，也是世界首座跨径超600m的拱桥。建设更加新颖和复杂的桥梁结构，对总体施工组织提出了更高的要求和更大的挑战。为深入贯彻、积极践行新发展理念，指导高速公路桥梁"信息化、绿色化、智能化"建设，推行高速公路桥梁施工组织设计标准化建设，提高施工工效，确保施工质量，降低施工安全风险，特制定本章节。

6.1 一般规定

（1）BOT、PPP等建设模式的项目，施工组织设计必须与项目施工图设计同步编制，并与初步形成的施工承包合同预算同步审查。

（2）在桥梁施工组织设计编制过程中，应根据工程特点、周边环境等情况，调查对施工组织和施工方案的影响。如涉堤、涉水施工，须提前与堤防、航道、海事等部门对接协调，按要求编制堤岸防护、通航安全、航标配布等方案，并通过专题论证，取得相关施工许可。

（3）施工组织设计中应明确危险性较大工程（含超过一定规模的危险性较大工程）专项施工方案编制计划，并履行相关审批程序。

（4）施工组织设计中主要施工方法、大型临时设施设计和工装组合等须综合考虑结构特点、质量安全、施工工期及施工环境等因素，进行技术经济比选，发挥施工组织设计的统筹规划、重点控制作用。

（5）施工工艺应具备机械化、工业化、智能化特点，提高劳动生产效率，保证工程质量，降低工程成本。鼓励开展技术创新和"四新"技术推广应用，积极践行"绿色桥梁、智能建造"

发展理念。

（6）原则上专项施工方案的技术方案、大型设备、大型临时设施、工期计划等应与总体施工组织设计保持一致。若发生较大变化时，应重新论证、审批。

（7）对关键工序施工须进行工效分析，找出关键线路，并对关键线路上的关键工程进行合理的施工任务划分和工料机配置，确保满足合同工期要求。

（8）施工组织设计应明确工程各专业（含业主招标）的工作内容、界面。

（9）施工单位须对大型临时设施结构及大型施工设备进行专项设计和计算，并委托有资质的第三方单位复核验算，明确各项性能参数、加工或改制要求、试验程序及检验标准等。设计单位应按要求进行复核认定。

（10）对需要进行施工监控的桥梁，应委托施工监控单位独立开展监控量测，需建立桥梁整体和局部计算分析模型，对不同施工阶段和不同工况下的主体结构内力状态、几何状态进行计算模拟分析，并就计算结果与设计单位、施工监控单位进行复核；在施工过程各阶段，须对桥梁结构关键部位进行监控测量，并根据测量数据和监控指令进行动态调整以满足成桥线形要求。

（11）根据总体施工安全风险评估和专项施工安全风险评估，对作业活动、设备、人员、环境、设施和材料进行危险源辨识和风险评估，采取安全风险防控措施，制定应急预案，保证施工安全。

6.2 基础工程

高速公路常规基础工程主要包含桩基础和扩大基础。

桩基础可按受力特征、成桩工艺、桩径大小等进行分类，不同的桩基础采用的施工方式也不同。按施工方式可以分为灌注桩、沉桩。灌注桩根据成孔方式分为钻孔灌注桩和人工挖孔桩。钻孔灌注桩的主要钻孔设备有旋挖钻机（图6.2-1）、冲击钻机（图6.2-2）、回旋钻机等。

图6.2-1　旋挖钻机

图6.2-2　冲击钻机

沉桩是指用沉桩设备将在工厂或施工现场制成的各种材料、各种形式的桩（如木桩、混凝土方桩、预应力混凝土管桩、钢桩等)打入、压入或振入土中。根据沉桩设备不同可分为锤击沉入(图6.2-3)、静力沉入(图6.2-4)、振动沉入等。

图6.2-3 锤击沉入

图6.2-4 静力沉入

长度大于50m或者长径比大于50的桩基为超长桩。直径大于2.5m的桩基为超大直径桩基,超大直径桩基施工较普通桩基更为复杂,施工周期长,灌注体积大,质量比较难控制,出现问题处理难度大。因此超大直径、超长灌注桩施工时,需要单独编制专项施工方案。

扩大基础是将墩(台)及上部结构传来的荷载直接传递至较浅的支承地基的一种基础形式,一般采用明挖基础的方法进行施工,故又称之为明挖扩大基础或扩大基础(图6.2-5)。其特点是整体性和稳定性好、施工简单,能承受较大的荷载,分为轻型墩台基础和实体式墩台基础等。

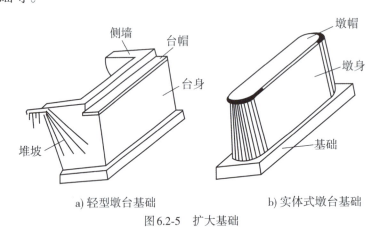

a) 轻型墩台基础　　　　b) 实体式墩台基础
图6.2-5 扩大基础

6.2.1 桩基础

6.2.1.1 施工机械及工艺装备

钻孔灌注桩施工设备的选型应综合考虑地质情况、水文条件、工期要求、设备工效、适用情况、经济成本等因素,合理选择适合的设备组合或施工班组。预制桩沉桩施工应根据设计文件要求并综合考虑环境、经济等因素合理选择机械设备,主要钻机性能如表6.2.1-1所示。

主要钻机性能一览表 表6.2.1-1

钻机类型		适应地层	泥浆情况	进尺速度	进出场费用	施工环境
冲击钻机		填土层、黏土层、密实砂层、圆砾角砾夹层、岩石层	相对密度应大于1.3,可随时排放,一般为成孔体积的2~3倍	砂土层2~5m/h,卵砾石层0.5~1m/h,岩石层0.2~0.4m/h	体积较小,运费较低	现场泥浆污染严重、噪声大、劳动强度高
回转钻机	正循环	填土层、素土层、黏土层、砂土层	相对密度应小于1.25,泥浆用量较多,一般为成孔体积的3倍	砂土层1.5~2.5m/h,卵砾石层0.4~0.7m/h,软岩0.3~0.5m/台班	体积适中,运费较低	现场泥浆污染重、噪声小、劳动强度较大
	反循环	砂层、卵石层、砂卵石夹层、岩石层	相对密度应小于1.1,泥浆用量大,一般为成孔体积的4倍	砂层2~4m/h,卵砾石层0.7~1.1m/h,软岩0.3~0.5m/h,岩层0.3~0.5m/台班	体积适中,运费较低	现场泥浆污染重、噪声小、劳动强度较大
冲击反循环钻机		砾石层、砂砾夹层、卵砾夹层、中微风化岩、坚硬岩	相对密度为1.2~1.5,随时排放,一般为成孔体积的2~3倍	砾石层1~2m/h,卵砾夹层0.6~1m/h,软岩0.3~0.5m/h,中微风化岩1.2~2m/台班	体积较大,运费较高	现场泥浆污染较重、噪声大、劳动强度较大
潜水钻机		黏性土、粉土、淤泥质土、砂土、砂砾层、软质岩层	相对密度为1.05~1.25,一般为成孔体积的1.5倍	黏性土、粉土、淤泥质土5~15m/h,砂土、砂砾夹层3~8m/h,软质岩层0.5~1.5m/h	体积小,运费低	现场泥浆污染较小、噪声小、劳动强度低
长螺旋钻机		各类填土、黏性土、粉土、粉质砂土、碎石土	干作业成孔不需要使用泥浆	各类填土、黏性土、粉土、粉质砂土、碎石土4~10m/h	体积大,运费高	现场污染较小、噪声小、劳动强度低
旋挖钻机		各类填土、黏土、粉土、密实砂层、砾石层、砂砾夹层、卵砾夹层	可采用干作业或少量泥浆护壁	各类填土、黏土、粉土、密实砂层7~15m/h,砾石层、砂砾夹层和卵砾夹层4~10m/h,强风化较软岩2~5m/h	体积大,运费高	现场污染小、噪声小、劳动强度低

(1)冲击钻孔施工资源配置见表6.2.1-2。

机械设备配置表 表6.2.1-2

项次	设备名称	计量单位	数量	计算原则
1	冲击钻机	台	根据工期、桩长、桩径、钻孔桩数量以及分布合理选择	合理考虑钻机功效、钻孔桩灌注、设备转场时间以及必要的中间停工时间
2	泥浆循环设备	套	同冲击钻机数量	—
3	泥沙分离器	台	同冲击钻机数量	—
4	清孔设备	套	相近钻孔施工部位可以共用	—
5	挖掘机	台	若干冲击钻机或若干施工距离内配置1台	满足冲击钻机配合施工的需要,并尽可能达到有效利用
6	汽车起重机	台	若干冲击钻机配置1台	满足冲击钻机配合施工的需要,并尽可能达到有效利用

续上表

项次	设备名称	计量单位	数量	计算原则
7	混凝土搅拌运输车	辆	拌和站根据施工期间不同阶段混凝土需要量进行动态配置	满足现场施工需要，以不降低施工效率为原则
8	导管	套	每个班组配置1套	满足施工需要的情况下，可以共用
9	漏斗	个	每个班组配置1个	满足施工需要的情况下，可以共用
10	储料斗	个	每个班组配置1个	满足施工需要的情况下，可以共用
11	装载机	台	若干施工距离范围内配置1台	满足冲击钻机配合施工的需要，并尽可能达到有效利用

注：1. 冲击钻机数量=计划转孔总工期/[(单台钻机钻孔时间+灌注时间)×钻机数量+钻机转移时间×钻机周转次数]；
2. 配套挖掘机、装载机数量在特大桥等桩基数量较多的施工段落可以单独配置1台，若桩基比较分散，可以考虑1~2km配置1台，具体根据范围内冲击钻数量合理配置。
3. 起重设备应根据每天成孔数量进行配置，考虑桩长、钢筋笼长度、钢筋笼钢筋连接方式等合理配置。

机械设备配置时，冲击钻机单台钻孔时间可参考表6.2.1-3，除考虑正常施工外，还应考虑意外情况发生时的停工时间，因此实际配置时，需要考虑一定的系数，以保证按时完工。

冲击钻功效分析 表6.2.1-3

序号	工作内容	时长(d)	机具	人员	备注
1	泥浆制备	1	泥浆搅拌机	2	按24m桩长计算
2	护筒埋设	0.5	挖机或振动锤	2	
3	钻机就位安装	0.5	1台25t起重车	2	
4	钻进成孔	5~7	冲击钻	2	
5	一次清孔	0.5	泥沙分离器	2	
6	钢筋笼安装	0.5	1台25t起重车	5	
7	导管下放及二次清孔	0.5	1台25t起重车+空气压缩机	4	
8	混凝土浇筑	0.5	3台运输车	5	
	总耗时	9~11			

(2)回旋钻孔施工资源配置。

施工机械及工艺设备主要有回旋钻机，起重机，装载机，运渣车或船，电焊机，泥浆搅拌机，泥浆泵，泥浆检测仪器，测量仪器(如全站仪、水准仪)等，机械设备须有出厂合格证及相关证件。

主要施工机具如下：

①钻孔设备：钻机、相应地质的钻头、钻杆、钢护筒等。

②配套设备：挖掘机、装载机、起重车、泥浆泵、钻渣运输车等。

③安全设备：防水照明灯、安全帽、救生衣等。

④混凝土灌注设备：混凝土拌和站、供电设备、混凝土运输车、导管、下料斗等。

⑤钢筋笼加工、安装设备：钢筋笼成套加工设备、电焊机、起重车等。

(3)旋挖钻孔施工资源配置。

旋挖钻机的配置应结合地质、施工环境、工期要求、工效等因素综合考虑,挖掘机、渣箱、运渣车等配套设备宜根据旋挖钻机数量及成孔速度合理配置。

由于大直径和小直径钻孔速度有较大差异,同时相同地质情况下水上钻孔速度较岸上低。当钻孔为水上大直径时取小值,岸上小直径时可取大值。其参考值见表6.2.1-4。

钻孔桩钻孔速度参考值 表6.2.1-4

序号	土层名称	钻进速度(m/h)	备注
1	土层	10	
2	粉土	2.7~7	
3	粉砂	1.0~3	深层粉砂
4	粉质黏土	1.5~3	
5	淤泥质粉质黏土	1.0~4	含胶结层,速度低
6	砂岩	1.5~2.5	
7	细圆砾土	1.5~5	
8	含砾砂岩	1.5~2.2	
9	次坚石	0.8~1.5	
10	坚石	0.5~1.0	

(4)人工挖孔施工资源配置。

施工机械及工艺装备包括:①开挖设备:镐、锹、筐、风钻、空气压缩机、鼓风机、抽水机;②出渣机械:电动链滑车或三脚架、慢速卷扬机、自卸汽车、装载机;③护壁混凝土生产设备:混凝土搅拌机、运输机具、混凝土振捣棒、护筒加工设备。

(5)锤击沉桩施工资源配置。

打桩设备主要是桩锤、桩架、起重设备和动力设备等。施工桩锤有坠锤、单动气锤、双动气锤、柴油锤等,可以根据土质情况选用性能适用的桩锤;打桩锤适用范围见表6.2.1-5。

各类型打桩锤适用范围 表6.2.1-5

序号	桩锤类别	适用情况
1	坠锤	轻型坠锤以沉木桩为主,重型及特重型适用于钢筋混凝土桩
2	单动气锤	适用于除木桩外的所有类型桩
3	双动气锤	适用于相对轻型的桩;使用压缩空气时可在水下沉桩
4	柴油锤	导杆式适用于木桩、钢板桩;筒式适用于钢筋混凝土管桩、钢管桩;不适宜在过硬或过软的土质中沉桩

锤击沉桩时,为防止桩受冲击应力过大而损坏,宜用重锤轻击。如用轻锤重击,锤击功大部分被桩身吸收,桩不易打入,且桩头易损坏。锤重与桩重应有一定的比值,或控制锤击应力。锤重与桩重比值可参考表6.2.1-6。

锤重与桩重比值　　　　　　　　　　　　　　　　　　　　　　表 6.2.1-6

锤类型	坠锤		单动气锤		双动气锤		柴油锤	
土状态	硬土	软土	硬土	软土	硬土	软土	硬土	软土
钢筋混凝土桩	1.5	0.35	1.4	0.4	1.8	0.6	1.5	1.0
钢桩	4.0	2.0	3.0	2.0	2.5	1.5	3.5	2.5
木桩	2.0	1.0	2.0	0.7	2.5	1.5	2.5	2.0

桩架是支持桩身和桩锤、沉桩过程中引导桩的方向，并使桩锤能沿着要求的方向冲击的打桩设备。选择桩架时，应考虑桩锤的类型、桩的长度和施工条件等因素。桩架的高度由桩的长度、桩锤高度、桩帽厚度及所用滑轮组的高度来确定。此外，还应预留 1~3m 的高度作为桩锤的伸缩余地。

打桩机的动力装置主要根据所选的桩锤性质而定。选用蒸汽锤则需配备蒸汽锅炉；使用压缩空气来驱动，则需考虑适合电动机或内燃机的空气压缩机；用电源作动力，则应考虑变压器的容量和位置、电缆规格及长度、现场供电情况等。

(6) 静压沉桩施工资源配置。

机械设备主要包括全液压静力压桩机、轮胎式起重机、运输载重汽车、电焊机。

(7) 振动沉桩施工资源配置。

施工机械及工艺装备主要有沉桩设备（振动锤）、配套设备（起重机或浮式起重机、载重汽车或运输船、交流电焊机、发电机等）、安全设备（防水照明灯、安全帽、救生衣等）、测量仪器（如全站仪、水准仪）等，见表 6.2.1-7。

主要机械设备（单个桩）　　　　　　　　　　　　　　　　　　　表 6.2.1-7

序号	陆上施工主要机械设备	水上施工主要机械设备	序号	陆上施工主要机械设备	水上施工主要机械设备
1	振动锤	振动锤	4	交流电焊机	交流电焊机
2	起重机	浮式起重机	5	发电机	发电机
3	载重汽车	运输船			

(8) 钻孔施工时可以采用组合钻机，如旋挖钻+冲击钻组合等钻孔模式。

6.2.1.2 施工顺序

应先施工受环境气候影响较大的桩基，比如枯水季节河道的桩基施工。根据桩基平面布置图并结合施工工期计划，合理安排施工顺序，优先实施关键线路上的桩基，同时应避免已完成的桩基对后续桩基施工作业面造成影响。

灌注桩群桩/排桩基础施工时，当桩间距小于4倍桩径时，应间隔36h后方可进行相邻桩基的施工，可以采用隔桩施工的措施保证桩基施工连续性。沉入桩施工应遵循"先内后外，从中间向两边或四周施打"的原则。

6.2.1.3 冲击钻孔施工

(1) 施工方法。

冲击钻成孔灌注桩系用冲击式钻机或卷扬机悬吊冲击钻头（又称冲锤）上下往复冲击，将硬质土或岩层破碎成孔，部分碎渣和泥浆挤入孔壁中，大部分成为泥渣，由泥浆循环带出，或使用淘渣筒掏出，达到设计深度后，再灌注混凝土成桩。冲击钻成孔灌注桩的特点是设备构造简单，适用范围广，操作方便，所成孔壁较坚实、稳定，塌孔少，不受施工场地限制，无噪声和振动影响等，因此被广泛地采用。其适用于黄土、黏性土、粉质黏土、人工杂填土以及含有孤石的砂砾石层、漂石层、坚硬土层、岩层等各种地层。一般桩基数量较少、场地受到限制时，采用冲击钻成孔，较旋挖钻等其他设备成本低，但效率也较低。

（2）施工工艺。

冲击钻钻孔桩施工工艺流程如图6.2.1-1所示。

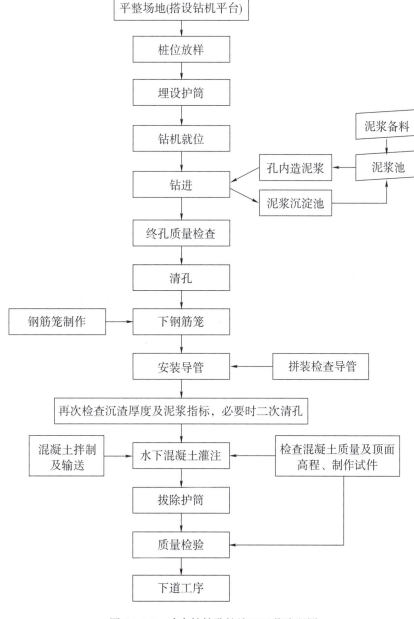

图6.2.1-1　冲击钻钻孔桩施工工艺流程图

①施工场地处理。

钻孔位置处于陡坡上时,挖整平台,修建施工场地;场地为旱地时,平整场地,清除杂物,夯填密实;钻孔位于水中时,修建桩基施工平台,平台强度、刚度、稳定性满足施工需求。

②钢护筒沉放。

开钻前将钢护筒定位沉放到位,护筒顶宜高出施工地面0.3m或水面1.0~2.0m,同时应高于桩顶高程1.0m。护筒直径大于桩径20~40cm。护筒四周填黏土分层夯实,确保牢固、紧密、不渗漏。

护筒埋设定位时,护筒中心与桩中心平面位置偏差不应大于50mm,护筒在竖直方向的倾斜度不应大于1%;对于深水基础,竖直方向的倾斜度宜不大于1/150,平面位置可适当放宽,但不应大于80mm。

③钻机安装。

旱地桩时平整、加固处理地面,在钻架下部支点处垫设方木。钻机就位时保持底盘平稳、钻架直立、钻头中心对准桩位中心,固定钻架,确保钻进过程中不发生倾斜和位移。水中平台施工时,钻机支座和平台连接牢固,设置钻机抗倾覆和抗滑移措施,冲击钻安装如图6.2.1-2所示。

图6.2.1-2　冲击钻安装

④成孔作业。

泥浆选用优质黏土或膨润土造浆,经试验室配比确定。对不同的地质条件可适当调整泥浆相对密度。

开孔前应在护筒内添加黏土块,若土质疏松,还应混入一定数量的碎石,借钻头冲击力将泥膏、石块压向孔壁,以加固护筒刃脚。为防止冲击震动造成邻孔孔壁坍塌或影响邻孔已灌注混凝土的凝固,应待邻孔混凝土达到规定抗压强度后,方可开钻。

破碎的钻渣部分和泥浆一起挤入孔壁,大部分靠取渣筒清除孔外,故在冲击一定时间后,应提出冲击锤,换上取渣筒取渣。在开孔阶段,为使钻渣挤入孔壁,可待钻进4~5m后再取渣,在正常钻进过程中,每班取渣次数应不少于1次。取渣后应及时向孔内添加泥浆以维持水头高度。投放黏土自行造浆时,一次不可投入过多,以防钻头出现黏滞、卡滞现象。

在成孔过程中、终孔后及浇筑混凝土前,均须对钻孔进行阶段性的成孔质量检查。

当钻孔深度达到设计高程时,其孔深和孔径满足设计要求后,方可进行清孔。清孔应符合相应的质量要求。在调入钢筋骨架后、灌注水下混凝土前,应再次检查孔内泥浆指标和孔底沉渣厚度,如不符合规定,应进行二次清孔。

⑤钢筋笼制作及安装。

钢筋笼制作加工采用自动滚焊机成型。钢筋质量应符合相关的要求,且钢筋骨架保护层厚度根据设计要求采用定位钢筋或符合要求的圆形垫块进行设置。无论采取何种方法存放、运输与现场吊装,骨架不得变形。

钢筋笼下放(图6.2.1-3)时应缓慢均匀,根据下笼深度调整钢筋笼入孔垂直度,避免钢筋笼倾斜及摆动,不得碰撞孔壁,防止坍孔及将泥土杂物带入孔内。

图6.2.1-3 钢筋笼下放施工示意图

⑥水下混凝土灌注。

水下混凝土灌注时,导管底部至孔底的距离宜为300～400mm;计算和控制首批封底的混凝土数量,导管下口埋入混凝土的长度不小于1m。采用直升导管法进行水下混凝土的灌注,施工程序见图6.2.1-4。导管使用前,应进行水密承压试验和接头抗拉试验,下放导管时应防止碰撞钢筋笼。混凝土灌注期间使用钻架吊放拆卸导管,严禁将导管直接放置于地面。

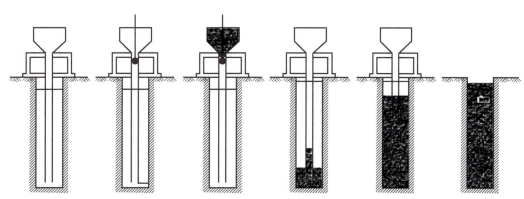

图6.2.1-4 直升导管法施工程序图

打开漏斗阀门,放下封底混凝土,首批混凝土灌入孔底后,立即探测孔内混凝土面高度,计算导管内埋置深度,符合设计要求后方可灌注。如发现导管内进水,应立即清孔。采用运输车运输混凝土配合导管灌注,灌注开始后,应紧凑连续地进行,严禁中途停工。当灌注的混凝土顶面距钢筋骨架底部以下1m左右时,应采取预防钢筋骨架被混凝土顶托上升的措施。

灌注完毕后不得随意排放,运输车内剩余或残留的混凝土,应运送至指定地点进行排放,禁止在施工现场清洗运输车。

（3）施工质量控制标准。

①泥浆性能指标控制要求见表6.2.1-8。

泥浆性能指标　　　　　　　　　　　　　　　　　　　　表6.2.1-8

钻孔方法	地层情况	泥浆性能指标							
		相对密度	黏度(Pa·s)	含砂率(%)	胶体率(%)	失水率(mL/30min)	泥皮厚(mm)	静切力(Pa)	酸碱度pH
冲击	一般地层	1.1~1.2	18~24	≤4	≥95	≤20	1~2.5	8~11	≥9.5
	易坍地层	1.2~1.4	22~30		≥95	≤20	≤3	3~5	8~11
	卵石、浮石、岩石	1.4~1.5	25~28		≥90	≤20	3~5	8~11	≥9.0

②钻孔桩质量控制要求见表6.2.1-9。

钻孔桩允许误差　　　　　　　　　　　　　　　　　　　表6.2.1-9

序号	项目		允许偏差	检验方法
1	护筒	顶面中心位置(mm)	50	测量检查
		倾斜度(%)	1	
2	孔位中心(mm)		50	
3	桩倾斜度(mm)		1%S(S为桩长),且≤500	测量或超声波检查

③钢筋安装质量控制要求见表6.2.1-10。

钢筋安装实测项目　　　　　　　　　　　　　　　　　　表6.2.1-10

项次	检查项目	规定值或允许偏差	检查方法和频率
1	主筋间距(mm)	±10	尺量:每段测2个断面
2	箍筋或螺旋筋间距(mm)	±20	尺量:每段测10个间距
3	钢筋骨架外径或厚、宽(mm)	±10	尺量:每段测2个断面
4	钢筋骨架长度(mm)	±100	尺量:每个骨架测2处
5	钢筋骨架底端高程(mm)	±50	水准仪:测顶端高程,用骨架长度计算
6	保护层厚度(mm)	+20,-10	尺量:测每段钢筋骨架外侧定位块处

④钻孔灌注桩质量控制见表6.2.1-11。

钻孔灌注桩实测项目 表6.2.1-11

项次	检查项目		规定值或允许偏差	检查方法和频率
1	混凝土强度(MPa)		在合格范围内	按《公路工程质量检验评定标准 第一册 土建工程》(JTG F80/1—2017)附录D检查
2	桩位(mm)	群桩	≤100	全站仪:每桩测中心坐标
		排架桩	≤50	
3	孔深(m)		≥设计值	测绳:每桩测量
4	孔径(mm)		≥设计值	探孔器或超声波法成孔检测仪:每桩测量
5	钻孔倾斜度(mm)		≤1%S(S为桩长),且<500	钻杆垂线法或超声波法成孔检测仪:每桩测量
6	沉淀厚度(mm)		满足设计要求	沉淀盒或测渣仪:每桩测量
7	桩身完整性		每桩均满足设计需求;设计未要求时,每桩不低于Ⅱ类	满足设计要求,设计未要求时,采用低应变反射波法或超声透射法:每桩检测

6.2.1.4 回旋钻孔施工

（1）施工方法。

回旋钻按泥浆循环类型可分为正循环回旋钻和反循环回旋钻,其施工原理见图6.2.1-5,具体适用情况如表6.2.1-12所示。

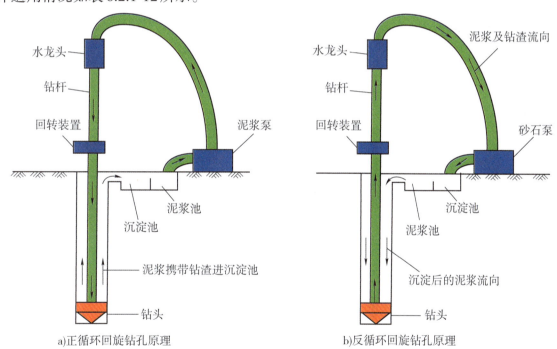

a)正循环回旋钻孔原理　　　　b)反循环回旋钻孔原理

图6.2.1-5　回旋钻钻孔施工原理图

回旋钻适用范围 表6.2.1-12

钻孔方法	适用范围			泥浆作用
	土层	孔径(cm)	孔深(m)	
正循环回旋钻	黏性土、粉砂、细、中、粗砂,含少量砾石、卵石(含量少于20%)的土、软岩	80~250	30~70,不宜大于70	浮悬钻渣并护壁
反循环回旋钻	黏性土、砂类土、含少量砾石、卵石(含量少于20%,粒径小于钻杆内径2/3)的土和岩石	80~500	用气举式可达150	护壁

正循环回旋钻钻孔工艺特点：泥浆通过钻机的空心钻杆，从钻杆底部射出，底部的钻头在回旋时将土层搅成钻渣，钻渣被泥浆悬浮，随着泥浆上升而流到孔外，泥浆经过净化后，再循环使用。

反循环回旋钻钻孔工艺特点：同正循环相反，泥浆由钻杆外流（注）入井孔，用泵吸（泵举）或气举将泥浆钻渣混合物从钻杆中吸出，泥浆经净化后再循环使用。若是护筒嵌入岩层中可采用清水钻孔。

（2）施工工艺。

反循环回旋钻施工工艺流程见图6.2.1-6，正循环回旋钻施工工艺流程见图6.2.1-7。

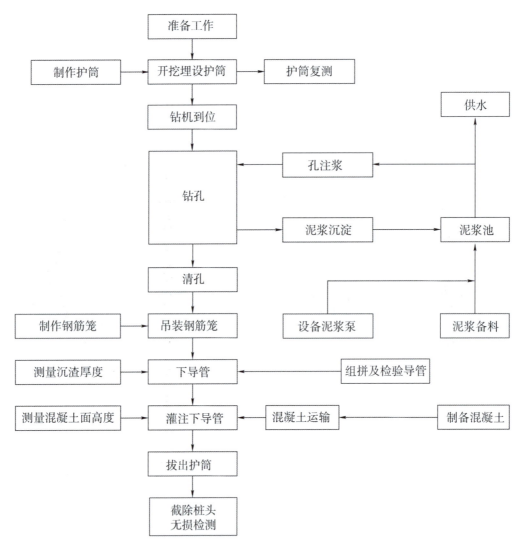

图6.2.1-6　反循环回旋钻施工工艺流程图

钻孔前应对钻孔的各项准备工作进行详细检查，钻孔时应按设计资料及实际地质情况绘制地质剖面图，并与钻探资料比较。钻机安装后其底座和顶端应平稳，泥浆制备达到要求后，方可开钻。

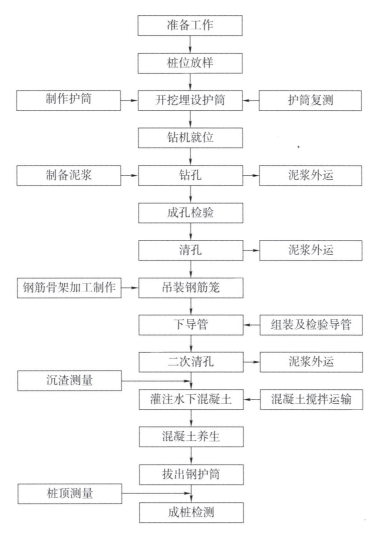

图6.2.1-7 正循环回旋钻施工工艺流程图

在岩层中钻进时，逐渐加压，并经常捞取钻渣，观察钻渣颗粒情况。根据岩层构造选择钻进参数，岩层构造可参照地勘资料和邻孔钻孔情况判断。在正、反循环回旋钻钻孔时，必须遵照"减压钻进"的原则进行，孔底的钻压值应不超过钻具（钻头、钻杆及配重块重量之和）减去浮力后的值的80%。

钻进成孔过程中，护筒内水位要保持高于河水位，护筒内补水要及时，使孔内泥浆面始终超过外侧水面1~2.5m；也可采用循环水的方法进行补水。排渣中断时，应立即提起钻头，待有钻渣排出时再慢慢下放钻头。

正常钻进时，应参考地质资料及钻渣取样来判断土层变化情况，填写钻孔施工记录表。

钻杆拆除前应复核孔深，经确认已达设计高程后方可拆除钻杆，清孔后测量孔深、孔底沉渣厚度。钻孔作业分班连续进行，如确因故须停止钻进时，将钻头提升至护筒内或放置安全位置，以免发生埋钻事故。应常对钻孔泥浆抽检，不符合要求时及时补充或调制泥浆。

泥浆的配合比和配制方法宜通过试验确定，其性能与钻孔方法、土层情况相适应。当缺乏泥浆的性能指标参数时,可按表6.2.1-13选用,泥浆性能指标的测定法方法应符合《公路桥涵施工技术规范》(JTG/T 3650—2020)附录K的规定。

泥浆性能指标 表6.2.1-13

钻孔方法	地层情况	泥浆性能指标							
		相对密度	黏度(Pa·s)	含砂率(%)	胶体率(%)	失水率(mL/30min)	泥皮厚(mm)	静切力(Pa)	酸碱度pH
正循环	一般地层	1.05～1.20	16～22	9～4	≥96	≥25	≤2	1.0～2.5	8～10
	易坍地层	1.20～1.45	19～28	9～4	≥96	≤15	≤2	3.0～5.0	8～10
反循环	一般地层	1.02～1.06	16～20	≤4	≥95	≤20	≤3	1.0～2.5	8～10
	易坍地层	1.06～1.10	18～28	≤4	≥95	≤20	≤3	1.0～2.5	8～10
	卵石土	1.10～1.15	20～35	≤4	≥95	≤20	≤3	1.0～2.5	8～10
旋挖	一般地层	1.02～1.10	18～22	≤4	≥95	≤20	≤3	1.0～2.5	8～11
冲击	易坍地层	1.20～1.40	22～30	≤4	≥95	≤20	≤3	3.0～5.0	8～11

注:1.地下水位高或其流速大时,指标取高限,反之取低限。
2.地质状态好,孔径或孔深较小的取低限,反之取高限。

施工完成后废弃的泥浆应采取集中沉淀处理的措施,严禁随意排放,污染环境。钢筋骨架的制作、运输应符合《公路桥涵施工技术规范》(JTG/T 3650—2020)第4.4.7条的规定,安装钢筋骨架时,不得直接将钢筋骨架支承在孔底,应将其吊挂在孔口的钢护筒上,或在孔口地面上设置扩大受力面积的装置进行吊挂,且不应采用钢丝绳或其他容易变形的材料进行吊挂。安装时应采取有效的定位措施,减小钢筋骨架中心与桩中心的偏位,使钢筋骨架的混凝土保护层满足要求。

6.2.1.5 旋挖钻孔施工

(1)施工方法。

本工艺适用于土层、砂卵石、风化岩及岩层等地质条件下旋挖桩孔施工,最大钻孔深度可达100m以上,最大钻孔直径可达2.8m。使用球齿钻头可以进行单轴抗压强度超过100MPa的坚硬岩石的施工。本工艺主要作业内容为场地平整或钻孔平台搭设、设备安装、泥浆调制、钻进施工、泥浆循环处理及清孔、钢筋笼加工及安装、混凝土灌注等。

(2)施工工艺(图6.2.1-8)。

钻机的选型宜根据孔径、孔深、桩位处的水文和地质情况、施工环境条件等因素综合确定,所选用的钻机及钻孔方法应能满足施工质量和施工安全的要求。

旋挖钻机安装必须稳定、牢固。钻机行驶到要施工的孔位,调整桅杆角度,操作卷扬机,对准钻头中心与钻孔中心,放入孔内,调整钻机垂

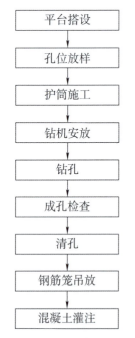

图6.2.1-8 旋挖钻施工工艺流程图

直度参数,使钻杆垂直,同时稍微提升钻具,确保钻头环刀自由浮动孔内。钻机就位后,测放护筒顶、钻机平台高程,用于钻孔时测量孔深参考。

在一般地层情况下可选用摩擦钻杆和回旋钻头。在岩层施工时可配用短螺旋钻头、回旋斗、嵌岩钻头等规格的钻头。回旋钻头适用于黏性土、粉土、填土、中等密实以上的砂土、风化岩层;嵌岩螺旋钻头适用于碎石土、中等硬度的岩石及风化岩层;岩心回旋斗适用于风化岩层及有裂纹的岩石。

钻机就位后,必须对钻机的钻杆进行竖直度检测和调整,调整好后应锁住钻杆的调整系统,注入调制好的泥浆,然后进行钻孔。钻进时应先慢后快,确认地下是否有空洞等不利地层,并做好泥浆护壁工作,钻进过程中保持孔内水头和泥浆指标在规定范围内,防止坍孔。因故停钻时,孔口应覆盖,严禁钻头留在孔内,防止埋钻。

在开始钻进或穿过软硬层交界处时采用低速钻进,主卷扬机钢丝绳应承担不低于钻杆、钻具重量之和的20%的荷载,以保证孔位不产生偏差。钻孔过程中根据地质情况控制进尺速度。在钻孔过程中,应根据具体情况对钻杆进行竖直度检测,防止钻杆因不可控制因素晃动,影响成孔质量。施工过程中应及时更换磨损严重的钻头。

成孔施工时,按试施工确定的参数进行施工,设专职记录员记录成孔过程的参数,如钻进深度、地质特征、机械设备损坏、障碍物等情况。钻进时及时填写钻孔施工记录,交接班时应交代钻进情况及下一班的注意事项。在钻进过程中,必须控制好钻杆的提升速度和下降速度。

在钻孔排渣、钻头除土或因故停钻时,应保持孔内具有规定的水位及要求的泥浆相对密度和黏度。处理孔内事故或因故停钻时,必须将钻头提出孔外。

采用全护筒法钻进时,钻机应安装平整,压进的首节护筒应保持竖直。钻孔开始后应检测护筒的水平位置和竖直线,如发现偏移超出容许范围,应及时拔出护筒,调整后重新压入钻进。

6.2.1.6 人工挖孔桩(属淘汰工艺,限制使用,宜一桩一议)

(1)施工方法。

挖孔灌注桩基础施工是指人工下井,并以风镐或风钻,辅助适当的爆破而开挖成孔,最终灌筑混凝土成桩,适用于无水或少水的较密实的各类土层或岩层。挖孔施工应在支护条件下进行,具体支护形式应视土质和渗水情况而定,可间隔设置支撑或采用喷射混凝土支护。土质不好则采用框架支撑或混凝土预制井圈支撑,或现灌或喷射混凝土护壁。砖砌护壁可能引起桩承载力下降,不宜采用。

根据交通运输部和应急管理部发布的《公路水运工程淘汰危及生产安全施工工艺、设备和材料目录》(2020年第89号)规定,采用人工开挖进行基桩成孔,属于淘汰工艺,类型为限制使用,存在下列条件之一的区域不得使用:①地下水丰富、孔内空气污染物超标准、软弱土层等不良地质条件的区域;②机械成孔设备可以到达的区域。应考虑可替代的冲击钻、回旋钻、旋挖钻等机械成孔工艺。

（2）施工工艺（图6.2.1-9）。

施工前，根据地质和水文条件，制定安全措施和防护措施，明确护壁类型及厚度和强度，完成石质地层开挖的爆破设计，平整场地和修筑施工便道及排水设施。施工用电的设施要安装到位。

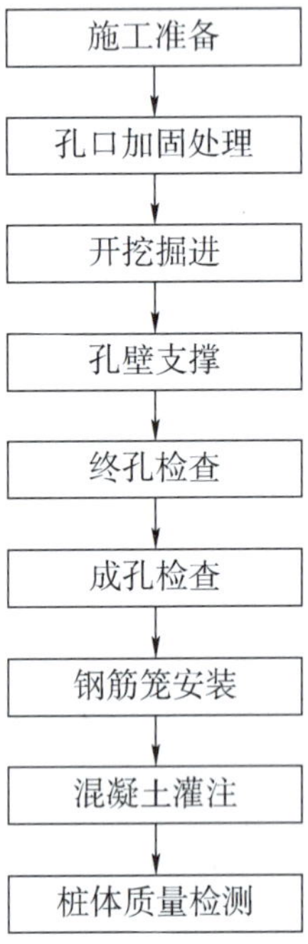

挖掘前，孔口周围应进行加高，高出地面30cm，以防土、石或其他杂物滚入孔内伤人。

在地质为软土或其他不良地质时，为防止孔口和孔壁坍塌，孔口和孔壁采用混凝土做护壁（图6.2.1-10）。护壁的强度和尺寸要符合设计要求，护壁厚度一般为10~20cm以上，强度不低于C15，根据不同地质情况护壁的厚度和强度会有所变化。遇到岩石用浅层小药量爆破，人工清渣掘进，爆破时应隔桩爆破，严禁同时爆破多个孔，防止孔壁松散。位于有水地基时边开挖边抽水，但要确保用电安全。

一般采用现浇混凝土护壁，混凝土护壁一般每掘进1m，立模浇筑一次护壁，护壁厚度一般为10~20cm以上，护壁混凝土的强度等级为：当桩径小于或等于1.5m时应不小于C25，桩径大于1.5m时应不小于C30，护壁内根据地质不同可等距离放置8~10根ϕ10mm的钢筋，长度约为1m。护壁厚度由水、土压力引起的孔壁压力决定。桩位每掘进1m，检查断面尺寸及垂直度，若符合设计和规范要求，立即支模灌筑护壁混凝土。孔口设置作业平台，用来向孔内吊放模板和其他施工用具。浇筑护壁混凝土时，混凝土从模板上端开口处灌入，插入钢筋，将混凝土捣固密实。

图6.2.1-9 挖孔桩施工工艺流程图

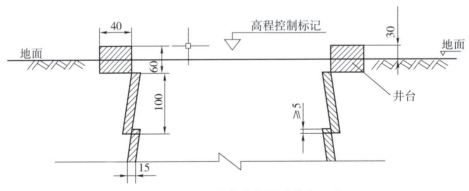

图6.2.1-10 护壁结构形式（尺寸单位：cm）

拆除模板进行下一步施工，如此循环作业。首次护壁及孔顶测量人员要将高程和轴线设在护壁上，将测量的轴线点做好标记，连接轴线点，形成十字线，用十字线对中吊线可检查孔壁的直径和垂直度，如不符合要求立即进行修整，必须保证垂直度和直径符合要求。

混凝土浇筑分无水和有水两种情况：无水采用串流筒下料及分层振捣的方法，串流筒底口距混凝土顶面高度不得大于2m。其中最为关键的是浇筑速度，在最短时间内完成一根桩基混凝土灌注。地下水较为丰富且护壁漏水较为严重时,采用水下灌注方法。

桩体要一次性完成,如有特殊情况必须留有施工缝。可在混凝土表面周围加插适量的短钢筋,长度约为60cm,伸入混凝土30cm,在浇筑新混凝土前,施工缝要凿毛并处理干净,不得有积水和其他杂物。在施工过程中,注意防止地下水进入孔内。在浇筑混凝土时,相邻孔应停止施工,孔内不得留人。

(3)施工安全措施。

孔深大于15m时应采用鼓风机通过风管向孔底吹入新鲜空气,同时检测孔内二氧化碳的浓度,加强通风,保证井下人员安全。同一墩台内不宜开挖相邻两个孔,以对角两孔或间隔为宜。在墩台四周做好截水沟,防止水进入孔内。

如地下水较为丰富时,可在墩台周围设置降水井,用来降低孔内水位。

流砂严重时会发生井漏,应采取必要措施。如流砂情况较轻时,可缩短开挖深度;如流砂情况较严重时,下钢套筒,加强护壁。

在遇到淤泥等软弱土层时,缩短开挖深度,并用木板支挡,及时浇筑混凝土护壁。

6.2.1.7 锤击沉桩施工

(1)施工方法。

锤击沉桩是通过桩锤撞击桩头将桩打入地下土层中,使上部结构的荷载穿过软弱土层传递到更坚硬的土层或基岩上的沉桩方法。本工艺一般适用于各种黏性土、粉土及需要穿透较厚砂性土中间夹层或含砾卵石较多的硬夹层。锤击沉桩主要适用桩的类型有钢筋混凝土桩、预应力混凝土管桩、钢管桩、木桩。但因振动大、噪声大,在邻近建筑物密集区域中应限制使用。

管桩采用工厂化制作,预制管桩质量、规格、型号应符合设计要求,并具有管桩的出厂合格证及质量证明文件以及管桩厂家资质证明。

预应力混凝土管桩的混凝土强度达到设计强度的70%及以上后方可起吊,达到设计强度的100%后方可运输。水平运输时,应做到桩身平稳放置,严禁在场地上直接拖拉桩体。

(2)试桩试验办法。

试桩工艺内容包括工艺试验、动力试验及静压、静拔和静推试验;不适用于多年冻土、湿陷性黄土等地层。

试桩的主要目的是选择合理的施工方法和机具设备;检验桩沉入土中的深度能否达到设计要求;选定锤击沉桩时的锤垫、桩垫及其参数;利用静压试验等方法,验证选用的动力公式在该地质条件下的准确程度以便选定射水设备及射水参数(水量、水压等);确定沉桩时有无"假极限"或"吸入"现象,并确定是否需要复打以及决定复打前的"休止"天数;确定施工工艺和停止沉桩的控制标准。

其余规定应符合设计文件及《公路桥涵施工技术规范》(JTG/T 3650—2020)附录L的要求。

(3)施工工艺(图6.2.1-11)。

确定沉桩顺序的原则如下:从中间向四周沉设,由中及外;从靠近现有建筑物最近的桩位开始沉设,由近及远;先沉设入土深度较大的桩,由深及浅;先沉设断面大的桩,由大及小;先沉设长度大的桩,由长及短;斜坡地带先沉坡顶处,后沉坡脚处,先坡顶后坡脚。在打桩时,若要使桩顶打入土中一定深度,则需设置送桩。送桩器的设计原则是打入阻力不能太大,应容易拔出,能将冲击力有效地传到桩上,并能重复使用。送桩应有足够的强度、刚度和长度,其长度和截面尺寸视需要而定。

桩机就位并调整桩架处于铅垂状态,作业半径内应无障碍物、场地平整,行走过程应缓慢,保持整个桩机重心平稳移动。

桩机就位后,复查桩位(图6.2.1-12)、桩身、桩架质量,确认合格后,起吊第一节预制桩,使锤、桩帽和桩三者处于同一铅垂线上,保证其垂直度偏差不得超过0.3%。

沉桩前,检查桩锤、桩帽与桩身的中心线,纵、横两个方向应在同一轴线上;检查桩位和直桩垂直度或斜桩倾斜角应符合规定。

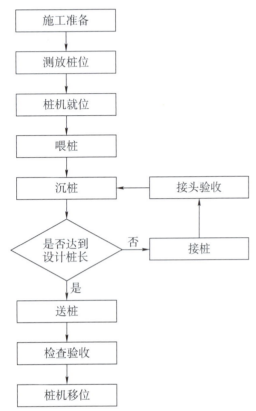

图6.2.1-11 锤击沉桩施工工艺流程图

在桩的沉入过程中,应观察桩锤、桩帽和桩身是否保持在同一轴线上。锤击沉桩应连续进行,不应中途停顿。沉桩时宜重锤轻击。锤重、落距低可以延长锤击接触时间,从而减小锤的冲击应力,避免损坏桩头,重锤比轻锤的冲击效率高。沉桩过程中密切关注桩的位移或倾斜,若有偏差应及时纠正。沉桩时,每根桩均应及时填写沉桩记录和沉桩记录整理表。

图6.2.1-12 全站仪复查桩位示意图

桩尖设计位于硬塑及半干硬状态的黏性土、碎石土、中密状态以上的砂类土或风化岩层时,按贯入度变化和工程地质资料,确认桩尖是否已沉入设计土层,贯入度符合要求时即可停锤。当设计考虑硬层有冲刷时,应采取措施使桩尖达到设计高程。

桩尖设计位于一般土层时,应以桩尖设计高程控制为主,贯入度为辅。桩尖达到设计高程,但贯入度与试桩所确定的最终贯入度相比,或与地质资料对比有出入时,应与设计部门研究,停锤控制标准。

当桩的长度较大时,由于桩架高度以及制作运输等条件限制,往往需要分段制作和运输,沉桩时,分段之间应设置接头。一般混凝土预制桩接头不宜超过2个,预应力管桩接头不宜超过4个,避免在桩尖接近硬持力层或桩尖处于硬持力层中时接桩。

在打桩时,若要使桩顶打入土中一定深度,则需设置送桩。用桩锤击打送桩顶部时,应保持桩与送桩的纵轴线在同一直线上。

(4)施工控制要点。

桩运输过程中,支点位置应符合规定要求,垫子采用楔形木块以防滚动。桩堆放场地应坚实、平整并有排水措施。堆放时按规格长度分类堆放。桩在起吊、搬运和堆码时,管桩长度小于15m时宜采用两点起吊,也可采用专用吊钩钩住桩两端内壁进行水平起吊,吊绳与桩夹角应大于45°;管桩长度大于15m且小于30m的管桩或拼接桩,应采用四点吊;长度大于30m的管桩或拼接桩,应采用多点吊,吊点位置应另行验算,吊卸时应轻起轻放,严禁抛掷、碰撞。

桩进场后,应根据提供的桩资料,对桩的外形尺寸、弯曲度、桩顶平整度逐一进行质量验收,不得使用质量不合格的桩。

施工时要复核桩位,每打一排桩,复查一排样桩,防止打桩挤土使桩位产生偏差。打桩入土的速度应均匀,连续施打,锤击间歇时间不宜过长。

送桩时,送桩轴线应与桩轴线一致,不得在桩机晃动情况下进行锤击。

6.2.1.8 静压沉入桩施工

(1)施工方法。

静压沉入桩具有低噪声、无振动、无污染等特点,可以24h连续施工,缩短建设工期,创造时间效益,从而降低工程造价;施工速度快,场地整洁、施工文明程度高;由于送桩器与工程桩桩头的接触面吻合较好,送桩器在送桩过程中不会左右晃动和上下跳动,因而可以送桩较深,基础开挖后的截去量少;施工中由于压桩引起的应力较小,且桩身在施工过程中不会出现拉应力,桩头一般都完好无损,复压较为容易;可减小沉桩振动对邻近建筑物和精密设施的影响。

静压沉入桩适用于软土、填土及一般黏性土层中,由于施工无噪声,适合居民稠密及危房附近环境要求严格的地区沉桩,但不宜用于地下有较多孤石、障碍物或厚度大于2m的中密以上砂夹层的情况。与锤击沉桩相比,可减少桩身钢筋,因此更经济。

当遇到以下两种情况时,应采用桩蒸孔技术进行处理:①若桩身直径较大,对周围地层挤土效应明显,沉桩的压力超过桩本身的设计极限承载力,但桩尖尚未达到设计高程;②在有浅层淤泥质土层中沉桩施工时,淤泥质土层中的水平挤土效应对工地周边的建筑物、构筑物产生水平挤力,造成周围房屋、道路开裂及下水道等移位等问题。

静力压桩工作内容包括桩身预制、桩身运输、测量放线、平整场地、桩机就位、桩身起吊、稳桩、压桩、接桩、送桩、检查验收、转移桩机。

(2)施工工艺(图6.2.1-13)。

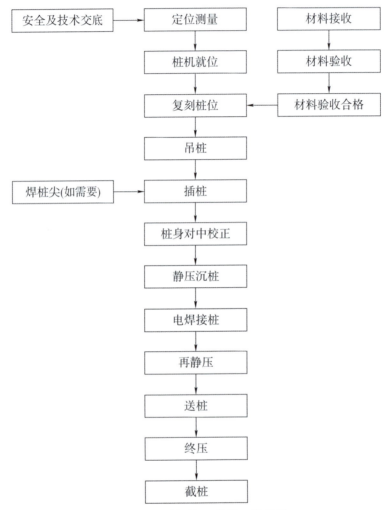

图6.2.1-13 静压沉入桩施工流程图

施工前,严格按图纸放设基准点、控制轴线、轴线桩位,轴线桩位经监理复核确认无误后方可施工。设计图纸有使用桩尖要求的,须在沉桩前进行桩尖焊接。桩尖焊接宜在沉桩前桩竖直后与地面桩尖平面垂直,错位偏差不宜大于2mm,焊接层数不得少于两层,焊缝应饱满、连续、避免虚焊。

吊放时应对准桩位轻放、慢放,严禁高起猛落、强行下放,防止倾斜、弯折或碰撞。当桩被吊入夹桩钳口后,由指挥人员指挥操作人员将桩缓慢降到桩尖离地面10cm左右,然后夹紧桩身,微调静压桩机使桩位对准,并将桩压入土中0.5~1.0m,暂停下压,再从桩的两个正交侧面校正桩身垂直度,当桩身垂直度偏差小于0.5%时方可正式压桩。

启动静力压桩机进行压桩时,先调整压桩机的静力压桩器中心与预制桩的中心相对,根据所需施压的力度调高压桩器,使压桩机的夹板夹紧桩身。调整桩机垂直和水平两个方向,利用桩架自吊设备定位桩。将桩架的夹具固定,在桩的前侧和垂直方向同时调整桩架垂直度,首节桩的垂直精度应重点控制;桩身、桩帽及送桩中心线要保持一致。保持桩垂直地面和顶部水平的情况下,使压桩器的中心对准顶部的中心点,在偏差不超过容错范围的前提下进行压桩工作。

控制压装机的施压速度和力度,将管桩缓缓压入地下,直到将桩按施工方案压入地下。同时,采取相应的防护措施,及时对发生变形的土地和桩进行压实。施工人员控制压桩过程中的角度偏差和施压速度,并对相关数据信息进行测量和记录,便于施工工作内容整理和检查。压桩工作原理如图6.2.1-14所示。

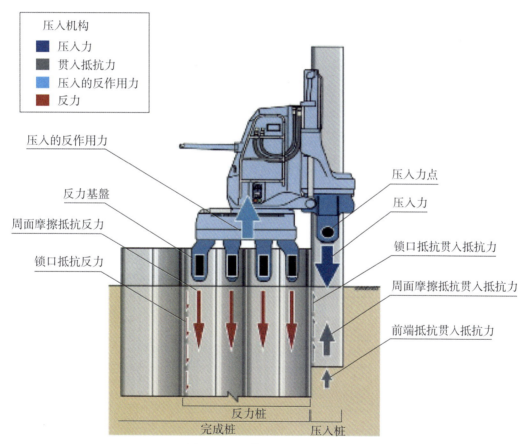

图6.2.1-14 静压桩工作原理图

(3)施工控制要点。

吊点采用一点吊,自桩顶往下2m处,最大弯矩要小于桩的允许弯矩值。桩入孔后双向校正,开始压桩时再次校正,发现偏差立即停压,必要时拔出重新调整,以保证桩垂直度(控制0.5%)。

桩尖进入持力层的要求深度后,立即计量贯入度。认真做好原始资料整理工作,桩位编号应随压随编,以免发生差错。每班压桩前后,应核对桩位、桩数,以防错压和漏压。

压桩按施工方案流水段施压,无特殊情况不得更改。每一根桩压、送应连续进行,中间不得无故停歇。压桩过程中应观察桩身混凝土的完整性,一旦发现桩身裂缝或出现掉角情况,立即停止施工,采取改进措施。

压桩后,若有露出地面的桩段,应在移机前截去,严禁利用压桩机行走推力强行将桩扳断;入土深度以最后贯入度控制为主,以高程作为参考。

施工时桩机送桩器的长度应满足施工要求:当桩顶被压至接近地面需要送桩时应检查桩头质量;当沉桩达到压重要求之后,必须持荷5s,如5s内不稳定,则应再持5s,一直反复到稳定为止(稳定标准:5s内沉降不超过1cm,然后马上复压三次以上,确保单桩承载力达到设计要求)。

对于已施工的工程桩按时进行桩顶上涌观察,如有上涌现象需对工程桩进行复压工作。压桩机应按终压力要求配足重量,满足最大压桩力的要求(额定重量应大于单桩承载力设计值的2~3倍,还应根据施工现场情况和地质情况适当调整配重);压桩机上的起重机在进行吊桩、喂桩过程中,严禁行走和调整。

①预制桩钢筋安装质量控制实测项目见表6.2.1-14。

预制桩钢筋安装质量控制实测项目 表6.2.1-14

项次	检查项目	规定值或允许偏差	检查方法和频率
1	主筋间距(mm)	±5	尺量:测3个断面
2	箍筋、螺旋筋间距(mm)	±10	尺量:测10个间距
3	保护层厚度(mm)	±5	尺量:测5个断面,每个断面测4处
4	桩顶钢筋网片位置(mm)	±5	尺量:测网片每边线中点
5	桩尖纵向钢筋位置(mm)	±5	尺量:测垂直2个方向

②混凝土桩预制质量控制实测项目见表6.2.1-15。

混凝土桩预制质量控制实测项目 表6.2.1-15

项次	检查项目		规定值或允许偏差	检查方法和频率
1	混凝土强度(MPa)		在合格标准内	按《公路工程质量检验评定标准 第一册 土建工程》(JTG F80/1—2017)附录D检查
2	长度(mm)		±50	尺量:每桩测量
3	横截面(mm)	桩径或边长	±5	尺量:抽查10%桩。每桩测3个断面
		空心中心与桩中心偏差		
4	桩尖与桩的纵轴线偏差(mm)		≤5	尺量:抽查10%桩,每桩测量
5	桩纵轴线弯曲矢高(mm)		≤10	沿桩长拉线量,取最大矢高。抽查10%桩
6	桩顶面与桩纵轴线倾斜偏差(mm)		≤1%D,且≤3	角尺:抽查10%桩,各测2个垂直方向
7	接桩的接头片面与桩轴线垂直度(%)		≤0.5	角尺:抽查20%桩,各测2个垂直方向

③沉桩质量控制实测项目见表6.2.1-16。

沉桩质量控制实测项目　　　表6.2.1-16

项次	检查项目			规定值或允许偏差	检查方法和频率
1	桩位(mm)	群桩	中间桩	≤D/2(D为桩径或短边长度)且≤250	全站仪:抽查20%桩,测量中心坐标
			外缘桩	≤D/4(D为桩径或短边长度)且≤150	
		排架桩	顺桥方向	≤40	
			垂直桥轴方向	≤50	
2	桩尖高程(mm)			≤设计值	水准仪测桩顶面高程后反算:每桩测量
3	贯入度(mm)			≤设计值	与控制贯入度比较:每桩测量
4	倾斜度		直桩	≤1%	铅锤法:每桩测量
			斜桩	≤15%tanθ(θ为斜桩轴线与垂线间的夹角)	

6.2.1.9　振动沉入桩施工

(1)施工方法。

振动沉入桩的施工设备主要为起重机和振动锤。振动锤由振动器、夹桩器、传动装置、电动机等组成。振动沉入桩的工作原理为:振动锤置于桩顶,通过夹桩器与桩连成一个整体,当振动锤接通电源时,其体内偏心重轮高速运转产生高频振动和激振力,高频振动力通过液压钳传递到桩上,再通过桩作用到接触的地层,地层在挤压、振动力的作用下液化,产生接触面,振动锤通过液压钳夹持管桩,沿着接触面沉入地层,直至将桩沉入至设计承载深度。

钢管桩和预应力混凝土管桩。根据桩形式的不同,桩的制造、插打也不尽相同,本节以钢管桩为例进行编写。

本工艺主要作业内容有测量定位、起重机就位、桩尖对位、振动沉桩、接桩等。

(2)施工工艺(图6.2.1-15)。

施工前在桩身画出刻度线以便控制沉桩深度和桩顶高程。然后利用起重机(起重船)进行吊运就位。用起重机的副钩起吊钢管(起吊前,在钢管的起吊端拴系4根棕绳),将钢管下端插入导向架内,并临时固定,副钩脱离钢管,主钩起吊振动锤,用锤底下的夹桩器夹紧钢管管壁,起重机(起重船)吊着振动锤及钢管移动到桩位处就位,准备插打沉桩。

钢管桩就位后,在两个互相垂直的方向上用线锤吊线,校正其垂直度,开始振动插打。在插打整个过程中,如发现偏斜应及时纠正

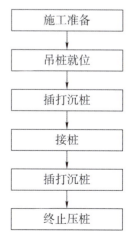

图6.2.1-15　振动沉入桩施工工艺流程图

(纠正的方法是:振动锤振动过程中,起重机主钩不放绳并进行小幅度摆杆或起落杆,待找正再行插打,直至将桩上平面沉至控制高程为止)。

(3)施工控制要点。

为确保工程的顺利完成,施工时应注意以下事项:

①测设的基线、控制点必须核查准确,其精确度严格控制在规范所规定的范围内,测设后要加以保护;施工过程中要经常检查,并根据施工具体情况定期进行校核。

②对于水上施工,起重船的锚缆必须保持船身平稳,并操作方便,抛锚时根据抛锚区的土质、水深、水流、风向及锚重确定合适的抛锚距离,坚决禁止走锚,沉桩进退作业时应注意锚缆位置,防止缆索绊桩,特别是桩顶被水淹没时要采取保护措施。

③钢管桩应按不同的规格分别堆存,堆放形式及层数应安全可靠,避免产生纵向变形和局部压曲变形,长期堆存时应采取防腐蚀等保护措施。钢管桩在起吊、运输和堆存过程中,应尽量避免由于碰撞、摩擦等原因造成的涂层破损、管身变形和损伤。

④吊桩前,对桩进行全面检查,包括桩的合格资料以及堆放吊运时有无损伤。起吊过程中必须保持桩身平稳。

⑤桩的定位是一个关键的控制程序,测量人员应技术熟练,责任心强,并且定点、定仪、定员,定位前后应进行校对,确保桩严格就位。

⑥桩打入前要做好记录的准备工作,振动前后及振动过程都必须做好详细的原始记录,如果出现与设计不符合的现象,应立即停止施工;如果桩身突然倾斜、移位及出现严重裂缝、破碎掉块等,均应停止振动,分析原因,采取措施后方可继续进行振动下沉。

⑦对于群桩,根据桩的密集程度,采用自中间向两边对称进行或向四周扩散的沉桩顺序,也可采用由一侧向另一侧的单一方向顺序。

⑧打桩过程中经常观测桩身的垂直度,控制桩身垂直度不大于1%。

⑨下沉过程中要时刻监视桩顶高程的变化,桩顶高程控制人员在桩顶达到设计高程后,立即通知相关人员停止振动。为便于更精准地控制桩顶高程,桩身上的标尺线在桩顶范围内尽可能地详细设置(每10cm一挡)。

⑩桩沉放后,应检查记录桩的偏位情况,如不能满足规范或设计要求,会同设计单位研究处理,否则无法进行桩头处理及下一程序的工作。

6.2.2 扩大基础

6.2.2.1 施工机械及工艺装备

(1)挖掘设备:铁锹、锤、镐、钢钎、挖掘机、自卸汽车等。

(2)排水设备:离水式潜水泵、高压水泵、塑料管或胶皮管等。

(3)安全设备:低压防水电线、防水照明灯、警戒绳、安全帽、安全带等。

6.2.2.2 工艺流程

本工艺适用于无水或少水基坑基础施工。本工艺主要作业内容有施工准备、测量放样、放坡开挖、基坑排水、模板安装、钢筋安装、混凝土施工、基坑回填等。

6.2.2.3 施工方法

（1）基坑开挖。

明挖基础采用直接挖土的方法开挖基坑，到岩层可采用风镐开挖配合控制爆破开挖。先初步放样，划出基础边界（含放坡），用机械配合人工开挖，人工清理四周及基底，并找平。明挖基础施工工艺流程见图 6.2.2-1。

基坑的开挖尺寸根据基础的尺寸、支模及操作的要求、设置排水沟及集水坑的需要等因素来进行确定。基坑下口开挖的大小应满足基础施工的要求。基底平面尺寸可适当加宽 50~100cm，便于设置排水沟和安装模板。若进入岩层，根据设计要求可以直接开挖成设计尺寸大小，原槽浇筑混凝土。

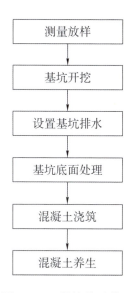

图 6.2.2-1 明挖基础施工工艺流程图

基坑的开挖坡度以保证边坡稳定为原则，根据地质条件、开挖深度、现场的具体情况确定。当基坑坑壁不易稳定或放坡开挖受场地限制，或放坡开挖工作量不经济时，可按具体情况采取加固坑壁措施，如挡板支撑、钢板桩、锚杆支护或土钉墙。基坑顶面应设置截水沟，防止地面水流入基坑。基坑内若有大量的涌水时可采用挖宽基坑，并在四周设排水沟，用集水井统一排水的方式。

根据地质条件、水文资料、开挖深度、现场的具体情况，允许放坡开挖，且放坡开挖工作量不大、比支护开挖较经济时，拟采用放坡开挖基坑。

测量放线：用全站仪测出基础纵、横向中心线，放出上口开挖边线桩，边坡的放坡率可参照表 6.2.2-1。

不同土质的边坡放坡率表   表 6.2.2-1

坑壁土质	坑壁坡率	
	基坑顶缘无外载	基坑顶缘有外载
砂类土	1:1	1:1.25
碎石、卵石类土	1:0.75	1:1
亚黏土	1:0.6	1:0.75
软岩	1:0~0.25	1:0.33
硬岩	1:0	1:0

开挖作业方式以机械作业为主，采用反铲挖掘机配自卸汽车运输作业辅以人工清槽。挖土应外运或远离基坑边缘卸土，以免塌方和影响施工。当基坑开挖深度大于 5m 时，应将坑壁坡度适当放缓或加设平台。基坑开挖应连续施工，避免晾槽，一次开挖距基坑底面以上要预留 20~30cm，待验槽前人工一次清除至高程，以保证基坑地基承载力不受到影响。

（2）坑壁支护。

坑壁的支护方式主要选用以下方式：

①挡板支撑:适用于基坑断面尺寸较小,可以边挖边支撑的情况,挡板可竖或横立,板厚5~6cm,加方木带,板的支撑用钢、木均可。

②喷射混凝土护壁是一种常用的边坡支护方法,在人工修整过的边坡上采用混凝土喷射机喷射混凝土,厚度一般为5~10cm(或特殊设计),喷射法随着基坑向下开挖1.0~2.0m,即开始喷射混凝土护壁,挖一节、喷射一节直到基底,但喷射混凝土护壁的基坑深度不宜超过10m。

(3)基坑回填。

①基础施工完成后,须进行基坑的回填。基坑的回填须采用能够充分压实的材料,不得用草皮土、垃圾和有机土等不合格材料回填。

②基坑回填应在基础的拆模期结束3d之后进行。如果混凝土养生条件不符合,应延长时间。回填时应同时在两侧及基本相同的高程上进行,应防止对基础形成单侧施压。必要时,挖方内的边坡应修成台阶形。

③回填材料应分层摊铺,并用符合要求的设备压实。每层都应压实到图纸或规范标准要求的压实度标准,同时,应严格控制回填用土的含水率。

④需回填的基坑应及时排水。若无法排除基坑积水时,则应采用砂砾材料回填,并在水中分薄层铺筑,直到该处的水全部被回填的砂砾材料所掩盖并达到能充分压实的程度时,再进行充分夯实。

⑤桥台后的填土应按路基专业的相关要求进行。

(4)基坑排水。

基坑开挖前,依据设计图提供的勘探资料,先估算渗水量,选择施工方法和排水设备。采用集水坑排水方法施工时,集水坑底应比基坑底面高程低50~100cm,以降低地下水位保持基底无水,抽水设备可采用离心式水泵或潜水泵,采用人工降低地下水位。

(5)基坑底面处理。

基坑开挖后,当基础底层土质有足够的承载力,又无地下水或能排干时,清理基底表面,检查基底的平面位置、尺寸和基底高程,符合要求后应及时对基底进行夯实,然后按施工图铺设混凝土或碎石垫层;基底为硬岩时,清洗基底表面,倾斜岩层应将岩面凿平或修成台阶,并尽快施工基础混凝土。

(6)承台。

承台一般采用明挖法进行开挖,如遇浅水或地质情况较差地段,在承台四周采用钢板桩进行支护,同时注意基坑降水。承台钢筋采用散绑施工,施工模板全部采用定型钢模板,钢筋施工完成后进行整体安装。

(7)混凝土浇筑(大体积混凝土)。

混凝土必须分层浇筑,分层捣实。根据基础不同情况、浇筑方案可分为:

①一次整体浇筑:采用全面分层法,即第一层全面浇筑完毕后再浇筑第二层,每层的间隔时间以混凝土未初凝为准,如此逐层进行。施工时从短边开始,沿长边进行,必要时也可

以从两侧向中央进行。除此之外还可以选用分段分层和斜面分导的混凝土浇筑方法。施工前,根据基础尺寸、混凝土数量、初凝时间、分层厚度,选择浇筑方法和硅泵、运输车数量及相应的搅拌混凝土设备能力。如需敷设冷却水管,应适当增加构造钢筋,保证冷却水管有一定的稳定性。

②分层浇筑:当基础厚度较厚,一次浇筑混凝土方量过大时,可建议设计单位分层浇筑,分层的厚度0.6~1.5m为宜。分层的目的是增加表面系数,以利于混凝土的内部散热,层间的间隔时间从理论上讲应以混凝土表面温度降至大气平均温度为宜,并应采取措施将各层间的浇筑间歇期控制在7d以内。上层浇筑前,应清除下层混凝土水泥薄膜和松动石子以及软弱混凝土面层,并进行湿润、清洗。

混凝土振捣时振动棒应快插慢拔,以混凝土表面停止下沉、不再冒气泡以及泛浆为宜,应避免漏振、过振发生。振捣器要垂直插入混凝土内,且插至前一层混凝土50~100mm,以保证新浇混凝土与先浇混凝土结合良好。振动棒应尽可能地避免与钢筋和预埋构件相接触。混凝土的强度达到2.5MPa后,方可后续施工。

(8)混凝土的养生。

混凝土浇筑完成,待表面收浆后,尽快对混凝土进行养生,洒水养生应最少保持7d,基础不应有由于混凝土的收缩而引起的裂缝。

当基础与流动性的地表水或地下水接触时,应采取防水措施,保证混凝土在浇筑后7d之内不受水的冲刷。当环境水有侵蚀作用时,应保证混凝土在浇筑后10d内以及其强度达到设计等级的70%以前,不受水的侵袭。

养生期间,混凝土强度在达到2.5MPa之前,不得使其承受行人、运输工具、模板、支架及脚手架等荷载。

洒水养生应不间断,不得干湿循环。养生用水应符合规范的要求。洒水养生应根据气温情况,掌握恰当的时间间隔,在养生期内保持表面湿润。

当气温低于5℃时,应覆盖保温,不得洒水养生。

6.3 下部结构

下部结构是指支承桥梁上部结构并将其荷载传递给地基的桥墩、桥台和基础的总称,通常包括桩基础、扩大基础、承台、桥墩(台)。

本章主要内容为新建高速公路桥梁(简支梁、先简支后连续、连续梁)桥墩墩身、系梁、盖梁、墩帽、桥台台身、台帽及耳背墙、挡块等部位施工组织设计相关要求。

6.3.1 桥墩

6.3.1.1 施工工艺流程

(1)圆柱墩。

圆柱墩墩柱施工工艺流程见图6.3.1-1。

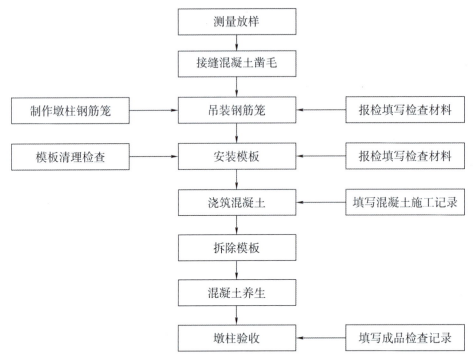

图6.3.1-1　圆柱墩墩柱施工工艺流程图

圆柱墩盖梁施工工艺流程见图6.3.1-2。

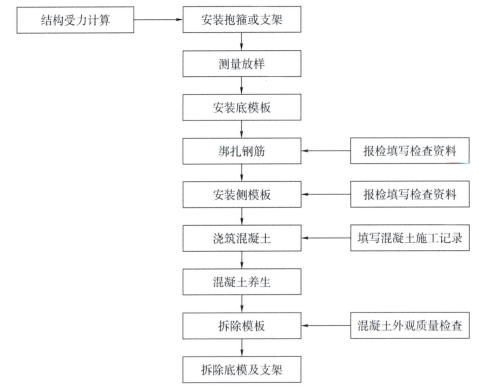

图6.3.1-2　圆柱墩盖梁施工工艺流程图

(2)实体墩。

实体墩墩身施工工艺流程见图6.3.1-3。

实体墩盖梁施工工艺流程见图6.3.1-4。

6 桥梁工程

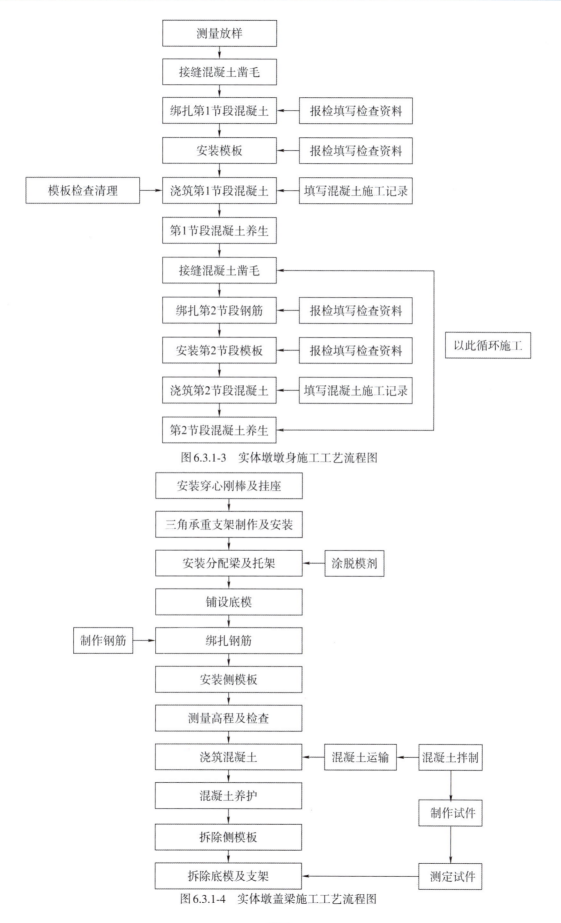

图 6.3.1-3 实体墩墩身施工工艺流程图

图 6.3.1-4 实体墩盖梁施工工艺流程图

(3)空心薄壁墩。

空心薄壁墩墩身施工工艺流程见图6.3.1-5。

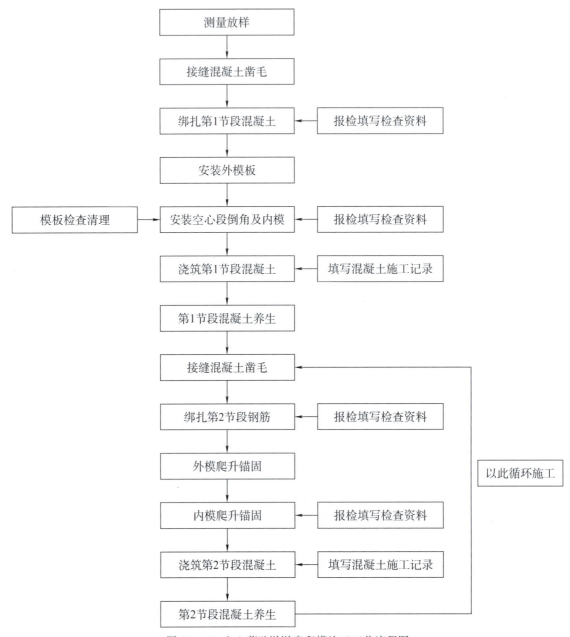

图6.3.1-5 空心薄壁墩墩身爬模施工工艺流程图

空心薄壁墩盖梁施工工艺流程可参照实体墩盖梁的施工工艺流程。

(4)支座垫石。

支座垫石施工工艺流程见图6.3.1-6。

6.3.1.2 施工方法

本节主要涉及圆柱墩、实体墩(方墩)、空心薄壁墩及其对应的系梁、盖梁、支座垫石施工组织设计相关要求,其他结构形式桥墩可参照实施。桥墩高度小于或等于10m时可整体浇筑施工;高度超过10m时,可分节段施工,节段的高度宜根据施工环境条件和钢筋定尺长度等因素确定。上一节段施工时,已浇节段的混凝土强度应不低于2.5MPa。各节段之间浇筑混凝土的间歇期宜控制在7d以内。

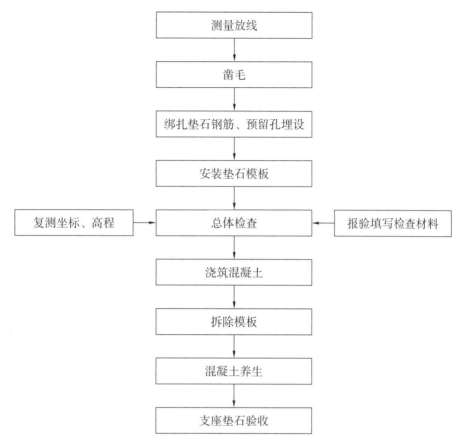

图6.3.1-6 支座垫石施工工艺流程图

(1)圆柱墩:墩身一般采用竖模法施工,墩柱系梁采用抱箍式支架模板进行现浇施工。墩柱及系梁施工模板全部采用定型钢模板,提前组拼好后在现场整体安装,墩柱钢筋在钢筋加工场整体加工成型,按照浇筑高度进行分节,运至现场可采用汽车泵、起重车输送。

(2)实体墩:采用翻模法(节段模筑)施工。模板系统由定型模板、工作平台、吊架、提升设备组成。翻升模板采用2~3层布置,以墩身作为支承主体,上层模板支撑在下层模板上,循环交替上升。

(3)空心薄壁墩:一般采用爬模法或翻模法(节段模筑法)施工。采用液压爬模施工时,爬模装置支承在混凝土结构上,当新浇的混凝土脱模后,以液压升降油缸为动力,以导轨或支承杆为爬升轨道,将爬模装置向上爬升一层,反复循环作业,空心薄壁墩用汽车起重机或塔式起重机进行吊装钢筋、模板作业,混凝土入仓采用汽车泵或起重车输送。

(4)系梁:系梁主要包括地系梁和墩系梁两类。地系梁一般埋深较浅,基坑开挖,基底处理后,绑扎钢筋,模板采用整体钢模,然后浇筑混凝土。墩系梁在墩身上预留孔洞对穿钢棍固定牛腿或者安装焊有牛腿的钢抱箍在牛腿上架设型钢纵梁作承力结构,在型钢顶面铺方木(或型钢),然后在其上铺设底模,形成作业平台。在平台上绑扎钢筋、立侧模和端模。模板采用整体钢模,加固后经检测合格后浇筑混凝土,在系梁(盖梁)平截面内水平分层、一次性浇筑完成。

6.3.1.3 资源配置

资源配置是参建各方最核心的关注点,更是施工顺利进行的基本保障。施工进度、质量、安全三大目标的制定与成本(投资)目标必须协调一致,相互匹配,不应分散确定。配置资源前,应对各项参数进行搜集,并掌握真实数据,每项资源的配置必须进行计算说明,以达到物尽其用的目的。所有的资源配置均以满足进度目标、质量目标、安全目标为前提。

(1)圆柱墩。

①管理人员及劳动力配置见表6.3.1-1(采用流水作业同时施工2个圆柱墩)。

圆柱墩主要人员配置表　　　　　　　　　　表6.3.1-1

工种	人数	职责
钢筋工	4	钢筋制作安装
电焊工	2	钢筋焊接作业
电工	1	现场临时用电
混凝土工	2	混凝土浇筑
模板工	3	模板安装、加固及拆除
普工	3	现场配合施工
起重车司机	2	配合安装、拆除模板,其中指挥人员1人
运输车司机	3	混凝土运输车
泵车司机	1	泵送混凝土管路维护
测量员	2	平面中心水平、墩台高程控制
试验员	1	控制混凝土配合比及试件制作
技术人员	1	现场技术指导
工班长	1	现场组织指挥
合计	24	—

②主要施工机械及设备配置见表6.3.1-2。

圆柱墩主要机械配置表　　　　　　　　　　表6.3.1-2

机械设备	规格型号	数量
混凝土拌和站(有电子计量系统)	—	1座
混凝土搅拌运输车	10m³	3台
混凝土输送泵	60m³/h	1台
起重车	25t	2台
钢筋切断机	—	1台
钢筋弯曲机	—	1台
电焊机	—	1台
插入式振捣棒	Φ50型	3台
发电机组	满足需要	1台
喷淋设备	—	1套

(2)实体墩。

①管理人员及劳动力配置见表6.3.1-3(采用流水作业同时施工2个墩身)。

实体墩主要人员配置表　　　　　　　　　　　　　　　　　　　表6.3.1-3

工种	人数	职责
钢筋工	4	钢筋制作、安装
电焊工	2	钢筋焊接
模板工	6	模板加固、安装及拆除
架子工	4	支架搭设、拆除
普工	2	配合施工
混凝土工	4	混凝土浇筑振捣
电工	1	现场电源保障
起重车司机	2	配合安装、拆除模板,其中指挥人员1人
运输车司机	3	混凝土运输车
泵车司机	1	泵送混凝土管路维护
测量员	2	平面中心水平、墩台高程控制
试验员	1	控制混凝土配合比及试件制作
技术人员	1	现场技术指导
工班长	1	现场组织指挥
合计	34	—

②主要施工机械及设备配置见表6.3.1-4。

实体墩主要机械配置表　　　　　　　　　　　　　　　　　　　表6.3.1-4

机械设备	规格型号	数量
混凝土拌和站(有电子计量系统)	—	1座
混凝土搅拌运输车	$10m^3$	3台
混凝土输送泵	$60m^3/h$	1台
起重车	25t	2台
塔式起重机	必要时	4个墩柱配备1台
电焊机	—	1台
插入式振捣棒	$\Phi 50$型	3套
发电机		1台备用
喷淋设备	—	1套

(3)空心薄壁墩。

①管理人员及劳动力配置见表6.3.1-5。

空心薄壁墩主要人员配置表 表6.3.1-5

工种	人数	主要工作内容
钢筋工	5	钢筋制作安装
电焊工	3	钢筋焊接（含劲性骨架焊接）
模板工	6	钢模加固、安装及拆除
混凝土工	4	混凝土浇筑振捣
架子工	4	支架安装、拆除
普工	6	现场配合施工
起重车司机	2	配合安装模板，其中指挥人员1人
运输车司机	3	混凝土运输车
泵车司机	1	泵送混凝土管路维护
试验员	1	控制混凝土配合比及试件制作
测量员	2	平面中心水平、墩台高程控制
电工	1	现场电源保障
技术人员	1	现场技术指导
工班长	1	现场组织指挥
合计	40	—

②主要施工机械及设备配置见表6.3.1-6。

空心薄壁墩主要机械配置表 表6.3.1-6

设备名称	规格型号	数量
液压爬模	定制	每个墩柱1套，可周转使用。最大浇筑高度4.5~6m
施工电梯	定制	1个墩柱1台
塔式起重机	最大悬臂吊重满足需要	4个墩柱配备1台
混凝土搅拌站	最大产能满足高峰期施工需要	1座
混凝土搅拌运输车	10m³	3
混凝土输送泵	—	1台
插入式振捣器	—	4套
电焊机	12kW	—
发电机	500kVA	1台备用

(4)材料及试验检测仪器。

①主要材料供应。

原材料：钢筋、混凝土等应根据主体工程设计图确定数量，并适当考虑损耗。

外加剂：根据混凝土数量和混凝土施工配合比确定。

模板、支架：根据模板、支架设计图确定。

其他：根据现场施工需要，配备一定数量的焊条、钢丝绳、油料等。

②试验检测、测量仪器配置。

主要测量仪器:水准仪、全站仪、水准尺等。

主要试验仪器:混凝土试模,台秤,万能材料试验机、压力机等。

6.3.1.4 工效分析

为合理组织流水施工,一套班组设备一般宜同时施工邻近的2个墩身。

(1)圆柱墩每个节段可按15m施工,各工序工效可按表6.3.1-7计算。

圆柱墩工效分析表　　　　　　　　　　　　　　　　　　　　　表6.3.1-7

工序	持续时间(d)
安装、固定模板	1
钢筋吊装、连接、绑扎	1
混凝土浇筑、振捣	0.5
混凝土养生、等强	2
模板拆除	0.5
合计	5

(2)实体墩和空心墩每个节段宜按4.5m或6.0m施工,各工序工效可按表6.3.1-8~表6.3.1-10计算。

实体墩和空心墩工效分析表　　　　　　　　　　　　　　　　　表6.3.1-8

工序	持续时间(d)
安装、固定模板	1.5
劲性骨架吊装(如有)	0.5
钢筋吊装、连接、绑扎(空心墩内模)	1.5(2.5)
混凝土浇筑、振捣	1
混凝土养生	3
模板拆除	0.5
合计	8(9)

矩形墩、花瓶墩液压爬模施工功效分析　　　　　　　　　　　　表6.3.1-9

序号	工作内容	时长(d)	备注
1	劲性骨架、钢筋安装	2.5	
2	内模安装、外模合模	1.5	
3	混凝土浇筑	0.5	
4	混凝土等强及施工缝处理	2	
5	爬模爬升	0.5	
以单节段4.5m施工进行功效分析			

盖梁整体吊装施工功效分析 表6.3.1-10

序号	工作内容	时长(d)	备注
1	抱箍、分配梁	0.25	
2	测量放样安装底模	0.5	
3	钢筋制作及安装	1.5	钢筋在后场绑扎完成后整体吊装
4	侧模板安装与保护层调整	0.5	
5	混凝土浇筑	0.5	
6	养生	3	3d后拆除底模进行周转，盖梁继续养生
7	抱箍支架拆除	0.5	
最优组合建议：以3d养生时间控制，盖梁施工模板配置为3底1侧			

6.3.1.5 施工控制要点

（1）一般规定。

①墩身施工前应根据全线测量控制网，完成导线点、水准点复核工作，并按图纸进行测量定线，检查基础的平面位置、高程。用全站仪放出墩柱中心点，并在墩柱的纵向及横向设置定位桩，用以控制墩柱的纵轴及横轴。施工过程中，应对控制网（点）进行不定期的检测和定期复测，定期复测周期应不超过6个月。平面控制测量等级及测量精度应符合规范规定。

②墩身施工前，应对其施工范围内的基础顶面的混凝土进行凿毛处理，并应将表面的松散层、石屑等清理干净；对分节段施工的桥墩，其接缝应作相同的凿毛和清洁处理。

③钢筋应在加工场集中下料制作，分节段制作和安装时应保证其连接精度；钢筋制作、存放、运输和安装时应采取有效措施保证其刚度，避免产生过大的变形。

④混凝土拌和站的设置详见本书第4章"临时建筑"，混凝土应由拌和站集中供应，拌和时严格按照混凝土的配合比进行配料，采用混凝土运输搅拌车运输至施工现场。应尽量缩短首节墩身与承台或系梁之间浇筑混凝土的间隔时间，间歇期宜不大于7d。当混凝土自由倾落高度大于2m时，采用串筒向模内均匀放料，防止混凝土离析。

混凝土采用插入式振捣器振捣。振捣时振捣棒离模板不小于10cm，每层厚度不大于30cm，并尽量保持垂直，振捣时遵循快插慢拔、振点等距离布置的原则，振捣至混凝土不再下沉、表面呈现平坦、无显著气泡上升、表面出现薄层水泥浆为止，避免早振、漏振、欠振和过振等造成的质量问题和外观缺陷。

⑤模板应采用定型钢模，模板应有足够的强度、刚度和稳定性，面板厚度应不小于6mm，大型模板应有专项设计，并实行现场准入制度。

⑥当桥墩高度大于或等于40m时，施工还应符合以下规定：

a.施工前应编制专项施工方案，并对各项临时受力结构和临时设施应进行必要的施工设计计算和验算，施工过程中应对墩身的平面位置和垂直度进行监控。

b.设置塔式起重机或其他可靠的起重设备，用于施工期间钢筋或其半成品材料以及其他材料的垂直起吊运输。

c. 宜设置施工电梯作为运送作业人员和小型机具、操作工具的垂直运输设施。

d. 对塔式起重机和施工电梯的平面位置宜根据环境条件和桥墩的结构特点进行比较选择，其布置除应方便施工操作外，亦不应影响其他作业的安全。塔式起重机和施工电梯均应有可靠的附墙安全措施。

e. 模板体系宜根据施工的环境条件、桥墩截面形式的特点、分节段施工高度、施工作业人员的经验等因素综合选择确定。

f. 绑扎和安装钢筋时，应在作业面设置具有外围护的操作平台。当采用劲性骨架辅助钢筋安装时，劲性骨架宜在地面上制作好后再起吊就位安装。整体制作安装的钢筋应有保证刚度防止变形的可靠措施。钢筋的主筋宜采用机械方式连接。

g. 混凝土的垂直输送宜采用泵送方式，泵管可沿已施工完成的墩身或搭设专用支架进行布设，而不应布设在塔式起重机和施工电梯上。

h. 混凝土的浇筑施工应符合要求，每一节段混凝土的养生时间应不少于7d。养生用的水管可布设在墩身上，且应与电缆分开设置。

i. 高墩施工前应编制测量控制方案，施工过程中应对墩身的平面位置和垂直度进行监控，条件具备时宜采用激光铅垂仪进行控制。施工测量中应考虑日照对墩身扭转的影响，当日照影响较大时，测量宜在夜间气温相对稳定的时段进行。

（2）圆柱墩施工控制要点。

①圆柱模安装应采用两个半圆对接方式，人工配合起重车安装，不得整体套入。模板安装应确保牢固，安装完毕后，应对其竖直度、平面位置、顶部高程、节点联系及纵横向稳定性进行检查。

②钢筋笼安装完成后，根据墩柱中心平面位置通过缆风绳调节钢筋笼竖直度。钢筋保护层垫块使用混凝土垫块，沿墩柱竖向每隔2.0m左右设一道，每道沿圆周对称地设置4块。

③圆柱墩身混凝土采用起重车吊装料斗或泵送浇筑混凝土，无柱系梁圆柱墩宜一次浇筑成型。

④墩身混凝土强度达到2.5MPa后方可拆模。拆模后应立即用塑料薄膜进行包裹，并应及时养生，养生时间不少于7d。

⑤中系梁一般采用抱箍支架法施工，必须对支架及抱箍结构进行设计、验算，确保结构安全。

⑥高空作业平台两侧各预留不小于0.5m人员操作空间，施工平台四周用架管搭设防护栏，安全防护栏高度不小于1.2m，护栏间立柱间距不大于2.0m，并用密布网将四周密封，底部设置踢脚板。

（3）实体墩施工控制要点。

①墩身钢筋由钢筋加工场统一下料、车丝、弯箍成型后运至施工现场，采用起重车或塔式起重机吊装。钢筋的型号、尺寸与弯钩的角度严格按照施工图纸进行加工。

②钢模板应按批准的加工图进行制作，成品经检验合格后方可使用。组装前应对零部

件的几何尺寸和焊缝进行全面检查,合格后方可进行组装。模板安装完成后,其尺寸、平面位置和顶部高程等应符合设计要求,节点联系应牢固可靠。

③采用节段模筑法(翻模)施工时,模板结构应满足强度、刚度及稳定性要求。混凝土的强度应达到规定的数值后方可拆模并进行模板的翻转。作用于模板上作业平台的荷载应均衡,不得超载。

④混凝土运输能力应与混凝土的凝结速度和浇筑速度相匹配,应使浇筑工作不间断且混凝土运到浇筑地点时仍能保持其均匀性及适宜浇筑的坍落度。当最后一次混凝土浇筑完成后,当混凝土强度达到10MPa时,按照后装的模板先拆的原则拆除模板。

⑤实体墩盖梁施工一般采用托架法施工:在墩顶处预埋圆钢管内穿钢棒,利用钢棒作为盖梁支架承重体系支点,用起重车或塔式起重机安装分配梁,在分配梁上安装盖梁底模,再用起重车或塔式起重机安装已经成型的盖梁骨架钢筋笼,最后拼装盖梁侧模,预埋支座垫石钢筋。成型后的骨架钢筋笼利用起重车或塔式起重机安装就位。

⑥模板、作业平台、支架等承重结构应进行专项设计,并进行结构安全计算。

⑦高空作业平台应设置临边防护,具体要求参照本书第10章"生态环保"。

⑧模板支架拆除顺序为先支后拆、后支先拆:底模→托架及分配梁→三角承重支架→穿心钢棒及挂座。

(4)空心薄壁墩施工控制要点。

①劲性骨架分节根据墩身混凝土浇筑分节进行。劲性骨架在钢结构加工场专门加工制作。在拼装区内按照施工节段尺寸定位拼接成型。每节段加工完成后,由现场技术负责人组织相关人员检查验收,验收合格后方可安装施工。

②劲性骨架安装需测量人员全程监控。待骨架安装到位后,对劲性骨架顶部进行校核。

③模板爬升按照混凝土浇筑→拆模后移→安装附装置→绑扎钢筋→提升导轨→爬升架体→模板清理刷脱模剂→埋件固定模板上→合模→浇筑混凝土顺序进行。

④爬模系统附墙螺栓预埋件在埋设时必须位置准确并且在同一高程上,预埋筋为高强预应力筋,在安装时严禁过电流或氧气切割。爬架四周要挂设密孔安全网,以防高空坠物,并且预留测量观测视线通道。

⑤爬模拆除流程:拆除准备→模板拆除→模板桁架系统拆除→导轨→拆除液压装置及配电装置→液压控制泵站→液压装置→拆除附墙装置及爬锥→主梁三脚架和吊平台→最高一层附墙装置及爬锥,并修补好爬锥孔洞。

(5)支座垫石施工控制要点。

①支座垫石钢筋应在钢筋加工厂加工成型,准确定位后,焊接固定在盖梁钢筋骨架上。垫石模板安装前,应对垫石位置混凝土进行凿毛处理,并冲洗干净。凿毛必须彻底,保证支座垫石与墩台帽连接紧密,支座垫石凿毛完成后,再次进行放样,保证支座垫石轴线及高程。

②垫石锚栓孔宜采用聚氯乙烯(PVC)管预埋,孔位偏差不应大于5mm。

③垫石混凝土应采用小石子混凝土,浇筑前应用水将连接处湿润,保证混凝土的有效

接合。

④垫石混凝土浇筑后表面应压平抹光,并用水平尺检查其平整度,顶面四角高差不应大于1mm。

6.3.2 桥台

本节主要内容包含肋板台、桩柱式、U形桥台、轻型桥台等结构类型桥台施工组织设计相关要求,其他类型桥台可参照实施。

6.3.2.1 施工工艺流程

桥台施工工艺流程见图6.3.2-1。

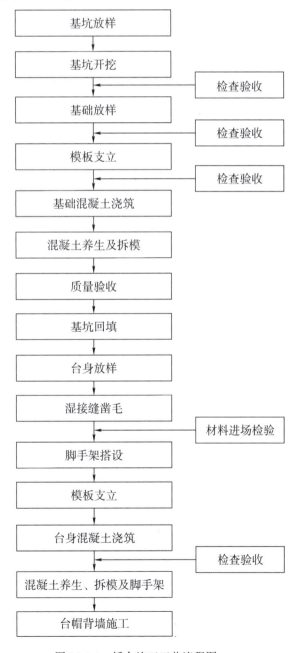

图6.3.2-1 桥台施工工艺流程图

6.3.2.2　施工控制要点

（1）一般规定。

①重力式桥台的施工应符合下列规定：

混凝土或钢筋混凝土台身宜一次连续浇筑完成，当台身较长或截面积过大，一次连续浇筑完成难以保证混凝土质量时，可分段或分层浇筑。分段浇筑时，其接缝宜设置在沉降缝处；分层浇筑时应采取有效措施控制接缝的外观质量，防止产生过大的层间错台。

②肋板式埋置式桥台施工时，肋板的斜面方向应符合设计规定的方向，避免反置。

（2）台身、台帽及挡块施工。

模板、钢筋安装、混凝土浇筑施工具体要求严格执行设计文件及规范的相关规定。

（3）台背回填。

桥台台背及锥坡、护坡后背的填料应符合设计规定。设计未规定时，宜采用天然砂砾、二灰土、水泥稳定土或粉煤灰等轻质材料，不得采用含有泥草、腐殖质或冻块的土。

后背回填应顺路线方向，自台身起，其填土的长度在顶面应不小于桥台高度加2m，在底面应不小于2m；拱桥台背填土的长度应不小于台高的3~4倍。锥坡填土应与台背填土同时进行，并应按设计宽度一次填足。

后背回填应严格控制土的分层厚度和压实度，应设专人负责监督检查，检查频率应每50m^2检验一点，不足50m^2时应至少检验一点，每点均应合格，且宜采用小型机械压实。桥涵台背填土的压实度应不小于96%。

后背回填的顺序应符合设计规定。设计未规定时，拱桥的台背填土宜在主拱圈安装或砌筑以前完成；梁式桥轻型桥台的台背填土宜在梁体安装完成以后，在两端桥台平衡进行；埋置式桥台的台背填土宜在柱侧对称、平衡进行。

6.4　锚碇

6.4.1　主要施工内容

锚碇是悬索桥主缆的锚固体，用于固定主缆的端头，防止其滑动。锚碇是悬索桥全桥项目关键线路起点，施工时应将其作为重点进行策划。

悬索桥锚碇分为地锚式和自锚式两类，地锚式一般分为重力式锚碇与隧道式锚碇，重力式锚碇基础一般包含扩大基础、沉井基础或地下连续墙基础；自锚式锚碇一般为附着在钢梁或混凝土加劲梁上的结构。

锚碇主体结构（图6.4.1-1）由基础、锚块（锚塞体）、锚室、散索鞍支墩、锚固系统组成。

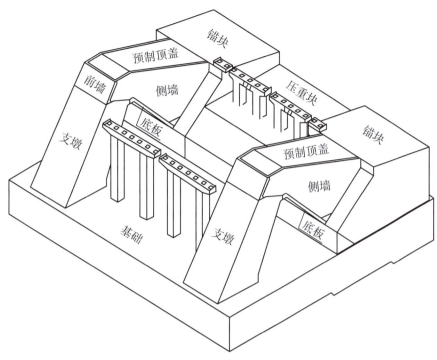

图 6.4.1-1 锚碇结构示例图

6.4.2 施工工艺及流程

6.4.2.1 重力式锚碇基础施工

(1)扩大基础锚碇。

基础采用放坡开挖方式进行施工,边坡可采用挂网喷射混凝土+锚杆进行支护,开挖一级、支护一级,开挖过程中同步完成临水设施施工。

①基坑开挖工序见图 6.4.2-1。

②基础施工工序见图 6.4.2-2。

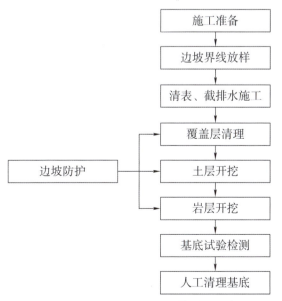

图 6.4.2-1 基坑开挖施工工序

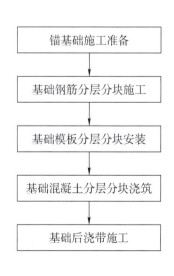

图 6.4.2-2 基础施工工序

(2)地下连续墙基础锚碇。

地下连续墙成槽施工根据机械不同,可分为冲击钻、液压抓斗、液压铣槽机三种,根据各工程特点,常采用三种工艺组合成槽。各工艺特点及适用范围见表6.4.2-1。

地下连续墙施工工艺及适用范围参考表　　　　表6.4.2-1

序号	作业内容	工艺类型	工艺特点	适用范围
1	地下连续墙成槽	冲击钻	适用于坚硬岩层,工效较低,孔型不易保证。成孔后一般需要铣槽机进修孔	硬质岩层地区,对孔型要求不严格的地下连续墙结构
2		液压抓斗	结构简单,易于操作维修,运转费用低,广泛应用在较软弱的冲积地层。在软土覆盖层及软岩覆盖层效率高;可达到较大的开挖深度,垂直度可控。大块石、漂石、基岩等不适用;当标准贯入度值大于40时,效率低。需配置运渣车,文明施工控制困难;需配置泥浆泵进行泥浆循环	适用于软土、软岩地层
3		液压铣槽机	适用于各种地质条件;施工效率高;机器自身配备泥浆泵,可进行泥浆循环作业。设备昂贵,施工成本高;在黏土、塑性指数较高的泥层易出现糊钻现象;铣槽机整机重量大,对地基承载力要求较高	适用于各种地层、工程量较小或硬质岩层作业成本较高
4	基坑开挖	岛式	地下连续墙应力及变形较小,内衬施工时排水效果差,不利于地基土疏干	适用于土层
5		盆式	地下连续墙应力及变形较大,内衬施工时排水效果好,有利于地基土疏干	适用于岩层
6	内衬浇筑	分段浇筑	时间利用率高,施工机械周转复杂	中大型地下连续墙施工
7		一次浇筑	结构整体性好,施工较为简便,存在一定的人机闲置,时间利用率相对较低	小型地下连续墙施工

①地下连续墙施工工序如图6.4.2-3所示。

②基坑开挖及内衬施工工序如图6.4.2-4所示。

③基础施工工序如图6.4.2-5所示。

6.4.2.2　隧道式锚碇施工

隧道式锚碇施工遵循短开挖、快支护的原则,采用有轨运输方式出渣,洞室内采用二次衬砌进行防护,施工工序如图6.4.2-6所示。

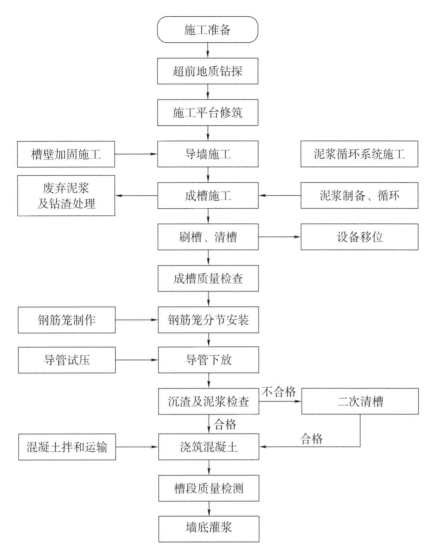

图 6.4.2-3　地下连续墙施工工序图

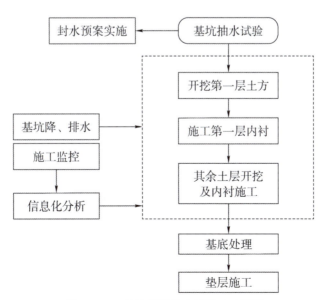

图 6.4.2-4　基坑开挖及内衬施工工序图

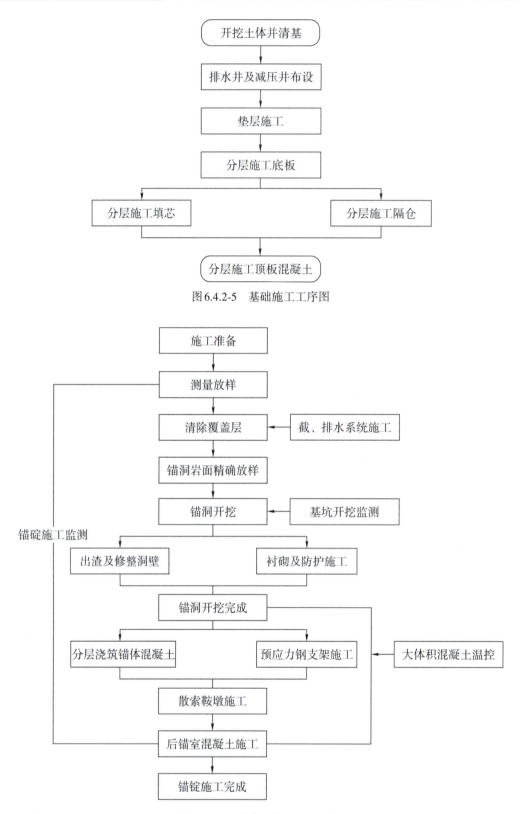

图6.4.2-5　基础施工工序图

图6.4.2-6　隧道式锚碇施工工序

6.4.2.3　锚碇锚体施工

(1)锚块及锚固系统施工。

锚碇锚固系统包含型钢锚固系统与预应力锚固系统。型钢锚固系统一般由定位支架、后锚梁及锚杆等组成,后锚梁埋于混凝土内,锚杆一端连接到后锚梁,另一端伸出锚体前锚面,与主缆索股相连接,索股拉力通过锚杆传递到后锚梁,再通过后锚梁的承压面传递至锚碇混凝土。型钢锚固系统施工工序如图6.4.2-7所示,预应力锚固系统施工工序如图6.4.2-8所示。

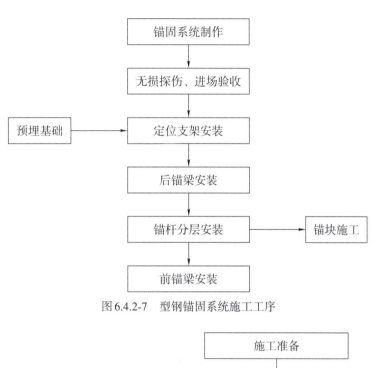

图6.4.2-7　型钢锚固系统施工工序

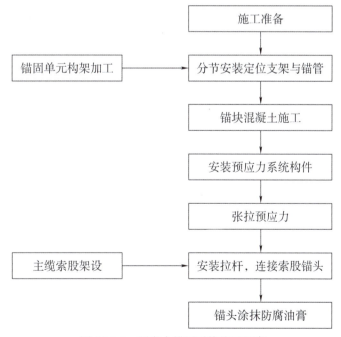

图6.4.2-8　预应力锚固系统施工工序

(2)散索鞍支墩施工。

散索鞍支墩与常规墩柱施工方法类似,外模宜采用悬臂木模或翻模法施工,内箱采用落地支架和木模进行施工。散索鞍支墩施工工序如图6.4.2-9所示。

(3)锚室施工。

锚室底板采用落地支架法施工,侧墙采用悬臂木模板施工,锚碇顶板可采用预制盖板安装或支架现浇的方式进行施工,再通过泵送施工现浇层。锚室防水施工工序如图6.4.2-10所示。

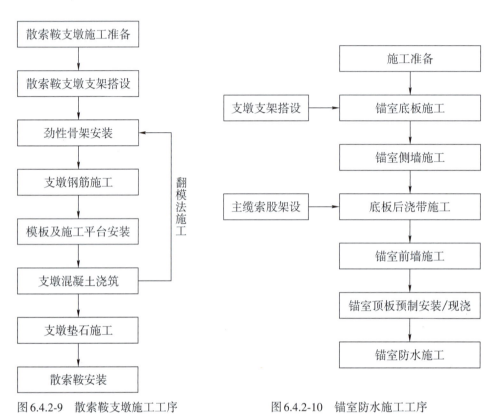

图6.4.2-9　散索鞍支墩施工工序　　图6.4.2-10　锚室防水施工工序

6.4.3　资源配置

6.4.3.1　主要人员配置

(1)施工人员应具有从业经验,经验丰富、技术过硬、素质较高。

(2)根据实际施工需要,合理配备相应的各类作业人员,确保与实际施工需求人数相符、满足施工效率及整体工期的要求。

(3)施工作业人员可按施工内容进行分组,例如:钢筋班组、模板班组、混凝土班组、文明施工班组等。

6.4.3.2　主要设备配置

地下连续墙锚碇基础施工主要特殊设备包含液压铣槽机、液压抓斗、旋挖钻、挖机、泥浆循环系统、智能超声成孔质量检测仪等。

基坑开挖及土方装运设备主要包括反铲挖机、岩石破碎机、装载机、抓斗式起重机、塔式起重机+土斗、自卸汽车。

内衬施工设备主要包含反铲液压破碎机、风镐、空气压缩机。

预应力锚固系统安装设备主要包含千斤顶、手拉葫芦、张拉设备、注油泵。

起重设备主要包含塔式起重机、履带起重机、汽车起重机等。

钢筋混凝土设备主要包含钢筋加工设备、混凝土加工设备、运输设备等,大体积混凝土施工时混凝土拌和生产能力不小于最大浇筑方量的1.2倍。

混凝土浇筑设备主要包含天泵、地泵、布料机、防离析导管等。

基坑监测主要包含全站仪、应力应变监测仪器。

6.4.3.3 主要材料配置

严格按照设计图纸及施工方案对各项材料完成材料调查、及时进场与检验。

6.4.3.4 工效分析

(1)重力式锚碇施工工效如表6.4.3-1所示。

重力式锚碇施工工效　　表6.4.3-1

序号	分部工程	分项工程	施工工效
1	扩大基础	基坑开挖	场地清表至基坑开挖完成约6个月,实际须根据征拆情况、汛期影响、开挖难易程度进行调整
		基础施工	基础多为大体积混凝土施工,相邻区块施工间隔时间约为5~7d
2	地下连续墙基础	支护结构	地下连续墙须结合成槽难度、深度、钢筋笼设计概况等综合确定
		基坑开挖	土方开挖一般跟随内衬进度确定,内衬分段长度划分一般不超过35m,每段施工时间约为1~2d,每层(8段)约为8~15d(如开挖经历汛期,则另行调整)
		基础施工	基础采用大体积混凝土分层施工,每层施工间隔时间约为5~7d
3	锚体	锚块锚固系统	锚块混凝土结构及锚固系统施工完成约4个月,实际须根据锚固系统结构形式进行调整
4		压重块	大体积混凝土分层施工,每层施工间隔时间约为5~7d
5		散索鞍支墩	翻模法施工,每节段7~8d,总体约2个月
6		前锚室	锚室底板侧墙与支墩、锚块可同步施工,约2个月,不占用关键线路;顶板施工约1个月

(2)隧道式锚碇施工工效如表6.4.3-2所示。

隧道式锚碇施工工效　　表6.4.3-2

序号	分项工程	施工工效
1	隧洞开挖及防护	需根据地质情况、开挖深度、难易程度进行确定
2	后锚室施工	后锚室二次衬砌施工完成约1个月
3	锚塞体及锚固系统施工	锚塞体采用大体积混凝土分层施工,约6个月
4	前锚室施工	前锚室施工同后锚室,约2~3个月
5	支墩施工	按大体积混凝土要求进行施工,约2个月

6.4.4 控制要点

6.4.4.1 重力式锚碇基础

(1)地下连续墙施工。

①地下连续墙施工前,应对水文、地质、区域内障碍物和有关试验等资料进行现场核查。

②采用泥浆护壁挖槽构成的地下连续墙应先构筑导墙。导墙的材料、平面位置、形式、埋置深度、墙体厚度、顶面高程、内外侧间距、轴线位置等应符合设计及规范的相关要求。

③导墙应分段施工,且分段位置与地下连续墙划分的节段错开。

④地下连续墙成槽过程中实时对槽壁垂直度进行监测,确保垂直度满足设计及规范的相关要求。

⑤各阶段泥浆配比及性能指标必须严格按照设计及规范执行。

⑥成槽后对槽段平面位置、槽深、槽宽、垂直度进行检测,检测合格后方可进行下一步工序。

(2)基坑开挖。

①基坑开挖前须采取相关降水措施,开挖过程中及时设置相关排水措施。

②机械开挖至基底时应预留一定厚度改为人工开挖,尽量减少对基底的扰动。

③基坑开挖至基底时应及时检验其尺寸、高程和基底承载力。

(3)内衬施工。

①内衬施工时应确保与土方开挖工序作业互不干扰,当同一层内衬混凝土强度达到设计强度的80%后开挖下一层土体。

②内衬应采用跳仓法分段施工,须严格控制凿毛的有效性,确保内衬钢筋与地下连续墙预埋套筒的有效连接,确保整个支护结构的完整性。

(4)基础施工。

①混凝土浇筑要根据基坑深度、面积、资源配置合理确定布料方式,应当采用多种浇筑方式同时进行,布料点要合理规划。

②大体积混凝土养生方式应进行专项设计,施工过程中定时进行温度监测与分析。

③基础层间混凝土浇筑间隔时间,层间预埋钢筋规格、长度、数量、间距须满足设计及施工技术规范的相关要求。

④锚碇大体积混凝土分层、分块尺寸应根据温控设计要求及浇筑能力合理确定,浇筑时应严格控制混凝土入模温度,并采取相应温控措施,确保温控参数满足现行《公路桥涵施工技术规范》(JTG/T 3650)的有关规定。

⑤基础混凝土分块与后浇带之间宜采用快易收口网作为模板,避免再进行施工缝处理。

6.4.4.2 隧道式锚碇

(1)隧洞开挖。

①锚洞采用"新奥法"施工,坚持"管超前、短进尺、弱爆破、强支护、快封闭、勤量测"的原则。

②条件许可时,宜进行爆破监控试验,采集、修正爆破参数,施工时应严格控制爆破,尽量减少对围岩的扰动。

③在锚洞开挖施工中,应合理安排工序,尽可能安排各施工工序平行作业,加强对地下水和施工用水的管理,及时做好排水设施,严禁水浸泡地基。

④施工过程中需加强内部环境监测,控制爆破炸药量,减少对围岩的扰动;在顺利起爆后需要持续不少于15min的通风排烟操作。

⑤开挖及支护过程中,对于特殊地质地段出现的垮塌,必须采取积极有效的处理措施。开挖后洞壁变形不收敛,可适当采用中空注浆张拉锚杆或其他应急抢险的锚杆类型。

⑥开挖时宜采用有轨运输方式出渣,提高出渣效率。

(2)二次衬砌。

①衬砌施工遵循先墙后拱的原则,用插入式捣固器处理,提高混凝土的密实性。

②衬砌施工时,在拱顶设置一定数量的排气管,使混凝土浇筑时不致形成气囊。

③封顶混凝土灌注时,由拱顶低处向高处方向灌注。采用改性混凝土,加入外加剂,改善混凝土的和易性,利用输送泵的压力将混凝土挤压密实。

④斜坡向下输送锚室二次衬砌混凝土时宜采用拖泵布管方式,在泵管中布置一定数量的"S"形阻塞管和一定长度的水平管来减少混凝土的下落能量,使混凝土在泵管中有控制地缓慢流动,在出口处配有压开启阀和节制阀,以达到防止离析的作用。

⑤锚体混凝土必须与岩体结合良好,宜采用微膨胀混凝土,防止混凝土收缩与拱顶基岩分离。

6.4.4.3 锚碇锚体

(1)锚块及锚固系统。

①型钢锚固系统。

a.锚杆、锚梁在制造时应进行抛丸除锈、表面防腐涂装和无损检测等工作。

b.锚固体系钢构件出厂前,应对连接进行试拼装,包括锚杆拼装、锚杆与锚梁连接、锚支架及其连接系试装。

c.当锚杆为无黏结预应力时,应使其与锚碇混凝土隔离,并可自由伸缩。

d.受地形和起重机起吊能力限制时,或由于锚杆本身刚度的要求,锚杆可采取分段安装,即先安装锚杆与后锚梁连接部分,再安装锚杆最前端部分及前锚梁。

e.锚杆安装由下至上逐层进行,定位支架妨碍安装时,在保证稳定的条件下可临时拆除部分定位支架杆件,并在锚杆及前锚梁安装后及时将临时拆除的定位支架杆件恢复。

②预应力锚固系统。

a.拉杆方向应与其对应的索股方向一致,拉杆方向误差用球面垫圈予以调整;前锚面与后锚面一般与中心索股所在的平面垂直,预应力钢束应沿索股发散方向布置。

b.锚块施工时,应注意锚固系统定位支架及预应力管道、前后锚面锚垫板及螺旋筋构件等的预埋。

c. 无黏结钢束张拉完成后,预应力管道及锚头防护帽内应及时灌注油脂防腐,并通过观测管道检查灌注效果。

(2)散索鞍支墩施工。

①支墩支架应进行专项设计,综合考虑支墩与锚块水平力。

②支墩与锚室底板间宜设置后浇带,为避免主缆架设时支墩变形过大导致底板开裂。

③支墩施工时可设置劲性骨架以提高支墩结构刚度。

④散索鞍支墩混凝土施工时,应预留散索鞍底座及鞍座体预埋件位置。

(3)锚室施工。

①锚室施工前应预埋与锚块、支墩相接处的钢筋。

②为防止锚室混凝土开裂,可在混凝土表面设置防裂钢筋网,提高混凝土抗裂能力。

③锚碇顶板可采用预制或现浇的方式进行施工,预制法施工须设置挡块,同时注意预制梁间的缝隙处理。

④锚室防水施工前必须对混凝土基面进行处理,保证干燥、光洁,施工完成后应进行保护。

6.4.4.4 大体积混凝土温控

底板、填芯及顶板、锚体均属于大体积混凝土,采用分层施工工艺。为防止混凝土内部水化热温升影响、混凝土出现温度裂缝,必须事先进行计算分析并采取合理的施工工艺和可靠的温控方案,确保混凝土不产生有害裂缝。

(1)通过有限元仿真软件对不同工况进行计算和比较,确定不出现温度裂缝的安全工况,并根据仿真计算结果确定混凝土施工阶段温度控制标准和要求,提出相应的温控措施。

(2)根据混凝土内部温度分布特征,在混凝土中布设冷却水管。冷却水管一般采用薄壁钢管,进出水口集中布置,便于统一管理。浇筑混凝土过程中严禁碰撞冷却水管。

(3)埋设监测元件对混凝土的温度、湿度进行监控,对数据分析总结后,进一步优化温控方案。

(4)温控措施:通过对混凝土配合比设计及原材料选择、浇筑温度的控制、内表温差控制、养生、施工控制等措施,使各层混凝土温度应力均在控制范围内。大体积混凝土温控的关键在于控制混凝土内部最高温度、内外温差及降温速率,合理分层避免结构应力集中。在满足大体积混凝土温控要求的前提下,锚体分层应方便施工,同时锚固系统区域混凝土分层应充分考虑锚固系统定位支架安装。

6.5 索塔

6.5.1 主要施工内容

本章节编制内容主要为索塔及其专项大型临时设施(栈桥、围堰,施工平台等)。悬索桥索塔是指用以支撑主缆并将荷载作用通过基础传递给地基的结构。斜拉桥索塔是指用于锚固或支撑斜拉索,并将其索力传递给下部结构的构件。悬索桥索塔的施工方法与斜拉桥索塔基本相同,其施工方法可相互借鉴。索塔一般由承台、塔座、横梁、塔柱、塔冠等组成。近年来所建的大跨径悬索桥、斜拉桥,索塔施工基本采用了钢筋混凝土塔,本章节索塔均指混凝土桥塔。

6.5.2 施工工艺及流程

6.5.2.1 专项大型临时设施

(1)栈桥。

主墩处在江河或山区沟谷须设置栈桥辅助施工的,应结合大型设备和构件运输要求对栈桥进行专项设计,包括并不限于栈桥基础形式、标准跨径、宽度、载荷能力等。

(2)围堰。

围堰指在涉水工程建设中,为建设永久性构筑物而修建的挡土或挡水的临时性围护结构。围堰应结合主体工程设计、工程场地的地形地质及水文勘察资料等具体情况进行专项设计,包括并不限于围堰形式、围堰尺寸抗渗、抗冲等。

(3)施工平台。

施工平台应根据主体结构形式进行合理布置,一般布置形式有方形、哑铃形等。施工平台功能应满足施工运输车辆或设备通行、钻孔、承台施工、索塔施工、材料转运、场地功能分区等要求。比较复杂的施工平台一般在大江大河实施的工程中应用,具体施工工艺可参考图6.5.2-1。

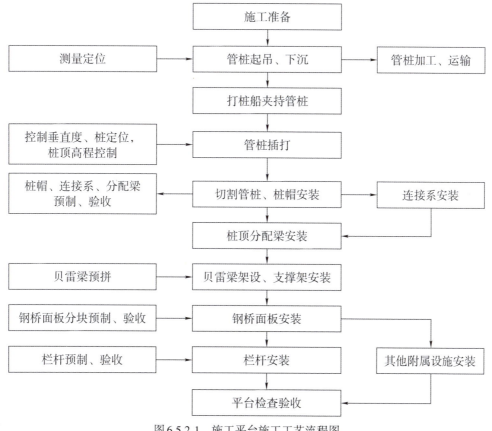

图6.5.2-1 施工平台施工工艺流程图

6.5.2.2 承台

承台指为承受、分布由墩身传递的荷载,在桩基顶部设置的联结各桩顶的钢筋混凝土平台,是桩与索塔联系部分。索塔承台一般是大体积混凝土,根据材料供应情况、资源配置情况、施工组织能力、温控措施等选择分层分块浇筑方案,并经设计单位确认、专家评审通过后方可实施,具体施工工艺可参考图6.5.2-2。

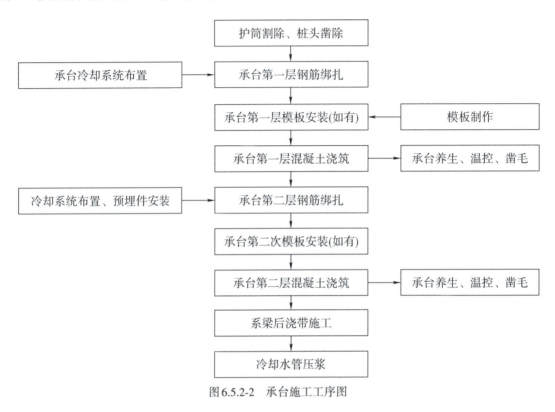

图6.5.2-2 承台施工工序图

6.5.2.3 塔座

塔座指为承受、分布由墩身传递的荷载,在承台顶部设置的钢筋混凝土平台,是承台与索塔联系部分。塔座施工时,除应控制好模板的平面位置和倾斜度外,尚应对混凝土采取降低水化热和温度控制的措施,同时宜采取适当措施缩短塔座与承台、塔柱与塔座之间浇筑混凝土的间隔时间,间歇期宜不大于15d,具体施工工艺可参考图6.5.2-3。

6.5.2.4 塔柱

(1)起步段(分节模筑法施工)。

塔柱起步段采用分节模筑法(翻模法)进行施工,首先搭设内外层施工支架,作为施工平台,然后通过上一节段预埋的劲性骨架接高本节段劲性骨架,作为钢筋定位结构,进行钢筋、预埋件、冷却水管安装固定,最后安装模板并浇筑混凝土,具体施工工艺可参考图6.5.2-4。

(2)标准段。

塔柱标准节段筑塔机施工流程见表6.5.2-1。

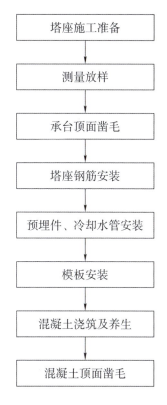
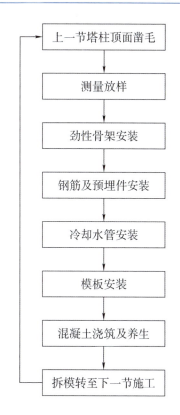

图6.5.2-3 塔座施工工艺流程图　　图6.5.2-4 分节模筑施工混凝土塔施工工艺流程图

塔柱标准节段筑塔机施工流程表　　表6.5.2-1

施工步骤	施工方法
步骤一:合模浇筑 $N+1$ 节段混凝土	1.外模通过液压伸缩装置进行合模,内模通过挂架顶部的悬吊电动葫芦进行合模,模板就位后,复测模板位置,标记出混凝土顶面高程,并连接拉杆固定; 2.内腔变截面模板安装时,模板顶部悬吊在挂架上,模板底部通过作业人员采用电动葫芦或人工将其牵引到位后固定牢固; 3.采用拖泵浇筑 $N+1$ 节段的混凝土,布料机进行布料,自动振捣装置进行振捣
步骤二:安装 $N+2$ 节段钢筋部品,养生 $N+1$ 和 N 节段混凝土	1.采用塔式起重机及吊具将 $N+2$ 节段的部品钢筋吊装就位,对接后安装对接处的箍筋; 2.采用养生系统进行 $N+1$ 和 N 节段的混凝土养生,养生方法参照前文
步骤三:拆除 $N+1$ 节段内外模板系统,养生 $N+1$ 和 N 节段混凝土	1.混凝土达到要求强度后,作业人员在内外侧操作平台上解除拉杆连接,外侧通过液压装置进行退模,内侧通过电动葫芦进行退模; 2.持续养生 $N+1$ 和 N 节段
步骤四:安装 $N+1$ 节段内、外架体锚靴	1.作业人员在内外侧操作平台上进行 $N+1$ 节段的外架体锚靴及内架体支撑牛腿; 2.同步进行内外侧模板清理
步骤五:爬升轨道至 $N+1$ 节段	控制爬升系统将外架体轨道爬升至 $N+1$ 节段,爬升时缓慢、匀速爬升,并观察架体情况
步骤六:拆除已完成节段锚靴和预埋件,并修补混凝土	作业人员在修饰层进行内架体 $N-1$ 节段锚靴和预埋件拆除,外架体 $N-2$ 节段锚靴和预埋件拆除,对外观不合格的混凝土表面进行修补

续上表

施工步骤	施工方法
步骤七:爬升内、外架体至N+1节段	1.混凝土强度达到20MPa后,方可进行爬升; 2.通过爬升系统将外爬架爬升至N+2节段,爬升过程中确保同一架体的爬升同步性,作业人员撤离爬升架体; 3.外架体爬升到位后,放置内外水平通道到达内腔顶部,作业人员在内架体完成相应提升准备工作后,通过爬梯及水平通道到达外架体处; 4.采用塔式起重机将内架体整体提升至N+2节段,应缓慢提升,设置溜绳,作业人员在外架体平台上牵引溜绳,确保内架体不触碰塔柱,提升到位后,架体底部伸缩臂卡入支撑牛腿内,提升过程中,作业人员撤离内架体
步骤八:剩余节段施工	1.重复步骤一~步骤七,完成剩余节段施工; 2.在塔柱施工过程中,同步施工相应的人孔,人孔采用钢模板施工、筑塔机爬升合模前安装,在修饰层拆除人孔模板

①一体化筑塔机施工。

一体化智能筑塔机具有混凝土自动辅助布料、双层智能养生、自动拆合模、爬升自动倒换和全封闭作业功能的一体化智能筑塔机,实现精细化、工厂化建造条件,从而提高建造品质、提升施工效率、保证施工安全。其主要由模板及预埋系统、爬升系统、外架体系统、内架体系统、振捣布料系统、养生系统、液压控制系统等组成,具体施工工艺可参考图6.5.2-5。

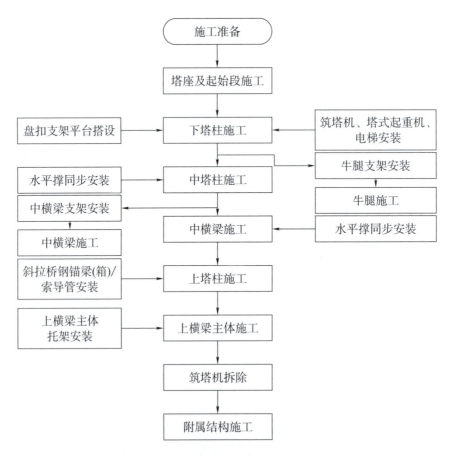

图6.5.2-5 一体化筑塔机爬模施工工艺流程

②液压爬模法施工。

钻石形混凝土塔斜拉桥采用液压爬模法施工,其施工步骤见表6.5.2-2。

钻石形混凝土塔斜拉桥施工步骤　　　　表6.5.2-2

施工步骤	施工方法
步骤一:塔柱起步段施工	1.施工准备; 2.搭设环向脚手管施工平台,接长劲性骨架,首节段钢筋及预埋件施工; 3.安装模板,浇筑混凝土并养生; 4.拆除脚手管施工平台,爬模承重架系统及上爬架系统安装; 5.塔柱第二节段钢筋及预埋件安装; 6.塔柱第二节段混凝土浇筑及养生; 7.液压爬模爬升,施工塔柱第三节段,同步安装液压爬模下吊架系统
步骤二:下塔柱施工	1.劲性骨架接长、钢筋及预埋件施工; 2.液压爬模爬升,模板安装、校验; 3.混凝土浇筑及养生; 4.针对倾斜型下塔柱按设计要求安装对撑(对拉)系统
步骤三:下横梁塔梁同步施工	1.塔柱施工至横梁底部处,拆除塔柱内侧液压爬模; 2.施工下横梁支架并预压; 3.安装塔柱及横梁钢筋,预应力波纹管定位; 4.外侧爬模爬升,安装塔柱模板及横梁模板(塔柱边坡段上部模板采用定制钢模板); 5.混凝土浇筑并养生; 6.横梁预应力张拉
步骤四:中塔柱标准段施工	1.横梁施工完成后安装塔柱钢筋及预埋件; 2.外侧爬模爬升,内侧模板安装,浇筑混凝土并养生; 3.拆除一侧爬梯,安装电梯基座,下节段塔柱钢筋安装,外侧液压爬模爬升,安装内侧爬模,浇筑混凝土并养生; 4.标准塔柱液压爬模循环施工; 5.按设计要求逐层安装对撑系统并施加顶力
步骤五:交汇段施工	1.交汇段设计支架处塔柱施工完成后拆除内侧爬模; 2.施工下节段塔柱钢筋,安装牛腿支架并预压,搭设交汇段施工平台; 3.安装交汇段钢筋、模板; 4.外侧液压爬模爬升、安装塔柱及交汇段模板,校准混凝土并养生
步骤六:上塔柱施工	1.下节段钢筋安装,索道管定位,安装预应力筋,同步张拉已浇节段预应力并压浆; 2.液压爬模爬升,安装模板,翻模法施工隔板区; 3、浇筑混凝土并养生; 4.拆除内模板,安装斜拉索钢锚梁(如有); 5.循环施工上塔柱至塔柱施工完成; 6.拆除液压爬模,完成塔柱施工

③钢筋部品化施工。

塔柱钢筋部品采用智能钢筋加工设备加工钢筋半成品,运输至塔下钢筋部品绑扎胎架进行绑扎成型,通过专用吊具进行吊装,采用锥套锁紧钢筋接头与塔上钢筋进行连接。塔柱钢筋部品总体工艺流程见图6.5.2-6。

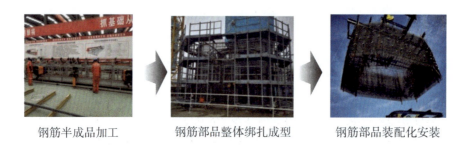

图6.5.2-6 塔柱钢筋部品总体工艺流程

(3)牛腿施工工艺流程如图6.5.2-7所示。

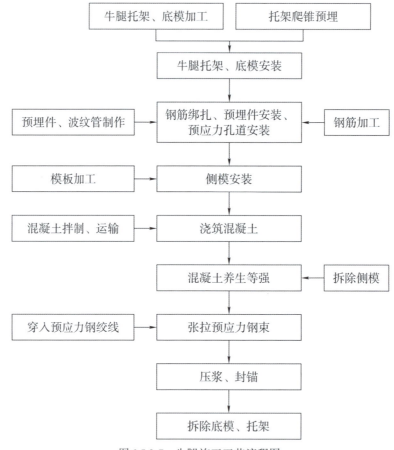

图6.5.2-7 牛腿施工工艺流程图

(4)横梁施工工艺流程如图6.5.2-8所示。

(5)主索鞍。

主索鞍格栅安置于塔顶预留槽内,网格内设锚固钢筋并填浇混凝土,与塔顶形成整体结构。格栅反力架悬出塔顶以外,以便安置控制鞍体移动的千斤顶。桥面铺装完成、鞍体顶推就位后,将格栅的悬出部分割除。

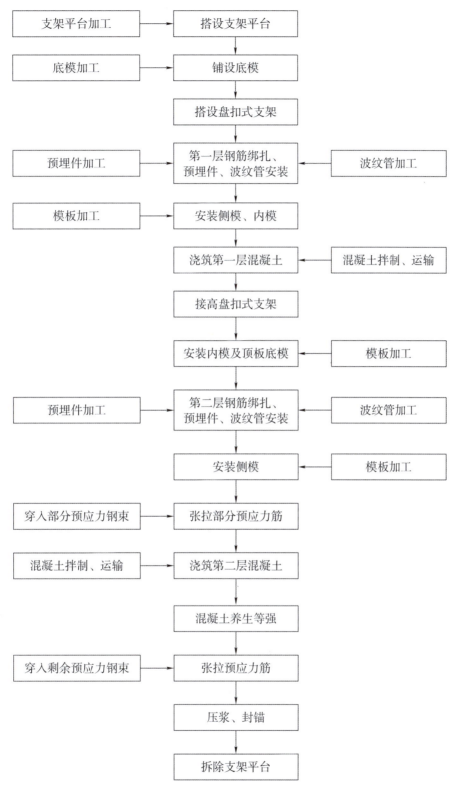

图 6.5.2-8 横梁施工工艺流程图

主索鞍一般采用门架配卷扬机起吊系统进行吊装,作业主要内容包括门架安装、提升系统安装、格栅(底板)混凝土浇筑、构件吊装等。

主索鞍施工步骤见表 6.5.2-3。

主索鞍施工步骤　　　　　　　　　　　　　　　　　表 6.5.2-3

施工步骤	施工方法
步骤一：门架安装	1.门架构件在专业钢结构加工厂制作，以散件形式陆运至施工现场； 2.在后场拼装成单片； 3.采用现场塔式起重机在塔顶进行安装
步骤二：提升系统试吊	1.安装提升系统； 2.起吊重物进行动、静载试验
步骤三：格栅吊装	1.格栅吊装就位； 2.调整格栅平面位置、高程及平整度； 3.浇筑格栅混凝土并养生
步骤四：主索鞍吊装	1.吊装主索鞍上、下承板； 2.吊装边、中跨鞍体

6.5.3 资源配置

6.5.3.1 施工平台

根据工程场地所处环境选择合适的起重吊装设备，一般陆地钢管桩插打采用履带起重机、平整场地采用挖掘机；结合工期要求和水域环境，水中钢管桩插打采用打桩船；因地质和水域环境条件限制且对吊装重量要求比较高的条件下采用浮式起重机。根据地质情况和管桩设计参数选择合适的振拔锤、运输车辆。对钢管桩下沉困难的可采取引孔方式增设相应设备。

6.5.3.2 塔柱

（1）塔式起重机选型及其布置。

塔式起重机的选择视索塔的结构形式、规模及桥位等条件而定。塔式起重机必须满足索塔施工的垂直运输起吊荷载、吊装高度、起吊范围的要求，且操作安装简单、安全可靠，并需综合经济效益等因素。

①塔式起重机选型原则。

a.性能参数能满足施工要求。

b.起重能力和生产效率满足施工进度要求，匹配合理，功能大小恰当。

c.适应施工现场的环境，便于进场、安装架设和拆除退场。

一般塔式起重机选型应综合考虑主塔及后期主梁施工各工况下最大起重荷载及吊具重量，见表6.5.3-1。

塔式起重机选型因素　　　　　　　　　　　　　　　表 6.5.3-1

参数	液压爬模承重平台	塔柱模板	对撑钢管	横梁支架	索导管	钢锚梁
重量	G_1	G_2	G_3	G_4	G_5	G_6
吊距	L_1	L_2	L_3	L_4	L_5	L_6

计算最大力矩 $G_n \times L_n$，选取最大值作为塔式起重机起重能力的下限。

②索塔施工中常用塔式起重机的起重能力。

在索塔施工中常用塔式起重机的起重力矩为 2500 kN·m、4000kN·m、6000kN·m、9000kN·m、10000kN·m、12000kN·m、15000kN·m 等。

③塔式起重机的布置方案。

塔式起重机常采用图6.5.3-1所示的3种布置方案，一般结合桥面宽度、起吊要求、塔式起重机的安装与拆除等因素布置。

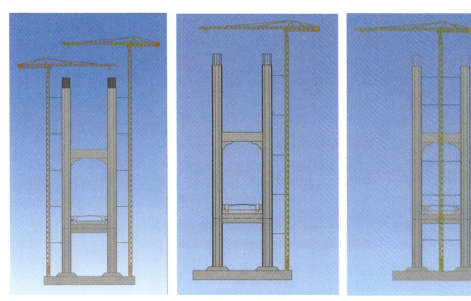

图6.5.3-1　常采用塔式起重机布置方案

(2)施工升降机选型及其布置。

施工升降机一般靠近塔柱布置，并附着在塔柱上。施工中须根据索塔的高度与形状选用施工升降机，施工升降机斜率应与塔柱斜率一致。

①常见塔形典型布置示意。

针对混凝土塔的结构特点，综合考虑安全性、高效性及经济性，混凝土塔施工一般每个塔肢各布置1台塔式起重机、1台施工升降机及1套混凝土泵送设备，泵管一般布置在塔柱外侧中心处。根据混凝土塔的结构形式不同，塔式起重机、施工升降机及泵管的布置方式各有不同。

②H形塔塔式起重机及电梯典型布置。

H形塔塔式起重机一般布置在塔肢横桥向轴线上，施工升降机布置在塔肢外侧靠边缘处，泵管及养生水管布置在塔肢外侧中心处，见图6.5.3-2。

③A形塔塔式起重机及施工升降机典型布置。

A形塔施工升降机采用斜梯，电梯斜率应与塔肢斜率相同，见图6.5.3-3。

④钻石形塔塔式起重机及施工升降机典型布置。

钻石形塔施工升降机一般采用接力的方式，下塔柱一般采用直行施工升降机，横梁以上采用与塔肢斜率相同的施工升降机，见图6.5.3-4。

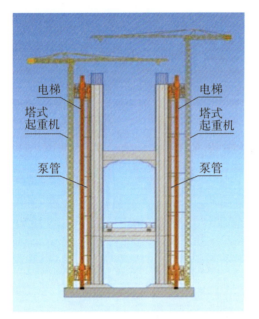
图6.5.3-2 H形塔塔式起重机及电梯典型布置图

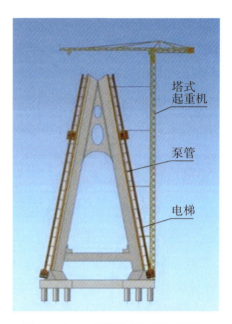
图6.5.3-3 A形塔塔式起重机及施工升降机典型布置图

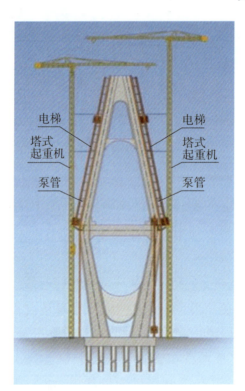
图6.5.3-4 钻石形塔塔式起重机及施工升降机典型布置图

6.5.3.3 工效分析

（1）施工平台。

在粉砂层、砂层地质条件下，以100t履带起重机配合YZ230振桩锤插打1024×12mm钢管桩举例进行工效分析，见表6.5.3-2。

（2）承台。

承台浇筑宜采取分层浇筑,工效分析见表6.5.3-3。

工效分析 表6.5.3-2

施工方法	导向架安装(h)		首节钢管桩起吊及安装(h)	首节沉桩(h)	第二节钢管桩起吊、安装(h)	第一、二节钢管桩焊接(h)	第二节沉桩(h)	第三节钢管桩起吊、安装(h)	第二、三节钢管桩焊接(h)	第三节沉桩(h)	合计(h)
履带起重机钓鱼法按3节,12m/节计	由栈桥贝雷片接长	2.0	1.0	1.0	1.0	2.0	1.0	1.0	2.0	2.0	13.0
	在桥面焊接固定	1.0									12.0

承台施工工效分析 表6.5.3-3

序号	项目	工期(d)	备注
1	围堰内抽水、清淤	7	
2	割除钢护筒、凿桩头	13	
3	围堰封底顶面清理,找平层浇筑、等强	4	
4	承台第一层钢筋绑扎	18	
5	承台第一层混凝土浇筑	3	
6	第一层混凝土养生、温控、等强,凿毛	14	
7	承台第二层钢筋绑扎、预埋件安装	12	第一层承台混凝土浇筑完成养生2d后,开始第二层承台钢筋绑扎施工
8	承台第二层混凝土浇筑	2	
9	第二层混凝土养生、温控、等强,凿毛	14	
10	后浇带施工	3	
	合计	78	

(3)塔座施工工效分析见表6.5.3-4。

塔座施工工效分析表 表6.5.3-4

序号	工作内容	工效(d)	工期(d)
1	测量放样及承台顶面凿毛	1	14
2	塔座钢筋、预埋件及冷却水管安装	7	
3	模板安装	4	
4	混凝土浇筑	2	

(4)塔柱。

①起步段(分节模筑施工)工效分析见表6.5.3-5。

分节模筑施工混凝土塔施工工效分析表　　　　　　表6.5.3-5

序号	工作内容	工效(d)	工期(d)
1	上一节段顶面混凝土凿毛及劲性骨架安装	3	18
2	钢筋、冷却水管安装	5	
3	预埋件、模板安装	2	
4	混凝土浇筑	1	
5	混凝土养生	7	

②标准段。

a.H形混凝土塔悬索桥一体化筑塔机施工工效分析见表6.5.3-6~表6.5.3-8。

单节(6m)钢筋部品施工工效分析一览表　　　　　　表6.5.3-6

编号	施工项目	控制工期时间(d)	备注
1	单节钢筋加工	4	每天按12h计
2	单节部品拼装	1	每天按12h计
	合计	5	—

塔柱起步段施工工效分析一览表　　　　　　表6.5.3-7

编号	施工项目	控制工期时间(d)	备注
1	内模支架及外模施工平台搭设	2	每天按12h计
2	钢筋绑扎	7	每天按12h计
3	内模、外模安拆及打磨	2	每天按12h计
4	混凝土浇筑	1	每天按24h计
5	混凝土养生、施工缝处理	7	每天按24h计
	合计	15	养生期仅3d计入循环工期

塔柱标准段(6m)施工工效分析一览表　　　　　　表6.5.3-8

编号	施工项目	控制工期时间(d)	备注
1	筑塔机安装	30	每天按12h计
2	结合面凿毛、内爬架提升	1	每天按24h计
3	钢筋部品吊安	2	每天按12h计
4	筑塔机爬升、合模	4.5	每天按12h计
5	混凝土浇筑	0.5	每天按24h计
6	筑塔机拆除	15	每天按10h计
	合计	8	筑塔机安装与拆除不计入单节施工

注：由于凿毛与养生可以在同一时间进行，因此单塔柱标准节段施工耗时7d，塔机设计构造除带模养生外，还可以在养生层养生一个节段时间，故能满足养生7d要求。

b.钻石形混凝土塔斜拉桥液压爬模施工工效分析见表6.5.3-9。

施工工期表　　　　　　　　　　　　　　　　表6.5.3-9

序号	项目名称	工期(d)	备注
1	塔柱起始段	7	—
2	液压爬模安装	0.5	分步安装
3	塔柱标准段	5	—
4	索区塔柱施工	7	—
5	横梁施工	25	—
6	液压爬模拆除	2	—
	合计	46.5	—

③牛腿施工工效分析见表6.5.3-10。

牛腿施工工效分析及施工计划表　　　　　　　　表6.5.3-10

序号	工作内容	工效(d)
1	支架平台搭设	7
2	底模安装	3
3	钢筋绑扎,预埋件安装	15
4	侧模安装	2
5	混凝土浇筑	1
6	混凝土养生、等强	7
7	张拉预应力筋	2
8	压浆、封锚	2
9	拆除底模,支架平台	5
	合计	44

④中横梁施工工效分析见表6.5.3-11。

中横梁施工工效分析及施工计划表　　　　　　　表6.5.3-11

序号	工作内容	工效(d)
1	搭设支架平台	15
2	铺设底模	2
3	搭设外侧支架	1
4	绑扎第一层钢筋,预埋件安装	7
5	搭设内腔支架,安装外模、内侧模	4
6	浇筑第一层混凝土	1
7	接高支架,安装内侧模、顶板底模	3
8	绑扎第二层钢筋,预埋件安装	7
9	安装外模	2
10	张拉部分预应力筋	1

续上表

序号	工作内容	工效(d)
11	浇筑第二层混凝土	1
12	混凝土等强、养生	7
13	张拉预应力筋	3
14	压浆、封锚	2
15	拆除支架平台	10
合计		66

⑤主索鞍施工工效分析见表6.5.3-12。

主索鞍施工工效分析表　　表6.5.3-12

序号	工作内容	工效(d)
1	主索鞍门架安装	15
2	门架试吊	5
3	格栅吊装及定位	3
4	格栅混凝土浇筑及养生	10
5	主索鞍安装	7
合计		40

6.5.4　控制要点

6.5.4.1　施工平台

(1)在钢管桩下沉困难时,根据地质情况可采用钻孔桩引孔方式按要求锤击至设计高程;根据水位情况,采用打桩船或浮式起重机进行施工。

(2)打桩之前,检查桩位是否正确,桩的垂直度是否符合规定。

(3)钢管桩下沉过程中,应及时观测钢管桩的倾斜度,发现倾斜应及时采取措施调整,必要时应停止下沉,采取其他措施进行纠正。

(4)钢管桩插打结束后,应及时利用测量仪器对钢管桩平面偏位、桩顶高程等复测,做好钢管桩插打原始记录。

(5)钻孔平台每道工序完成后,及时组织检查验收,对结构物从原材料、施工质量等各方面进行全面检查,检查验收通过后方可进入下道工序。

6.5.4.2　承台

(1)混凝土浇筑前,应对模板、钢筋、预埋件、冷却水管和测温元件进行详细的检查,并做好记录,经监理验收合格后方可浇筑混凝土。

(2)采用分层浇筑的方式,施工中应连续施工不中断,上层混凝土浇筑完成时间不得超过底层混凝土初凝时间。

(3)每层混凝土浇筑完成后,做好测温记录和温度控制,按照"内降外保"的原则,对混凝土内部采取设置冷却水管的措施。通过循环水冷却,对混凝土外部采取覆盖保温、保湿养生。保证内部最高温度不高于75℃,内表温差不大于25℃,混凝土表面与大气温差不大于20℃。

(4)在第一层承台混凝土浇筑完成后,及时进行养生,混凝土强度达到2.5MPa时,进行顶面凿毛,混凝土强度达到要求后,进行第二层承台施工。

(5)第一层已浇筑混凝土与第二层新浇混凝土温差宜小于20℃,加快第二层施工效率,保证两层间的浇筑间歇期严格控制在7d以内。

6.5.4.3 塔座

(1)对承台顶面塔座区域进行凿毛,凿毛严格按照规范的相关要求执行。

(2)严格按照温控方案布置冷却水管,并采取有效措施保证冷却水管牢固可靠;进行压水试验,防止冷却水管堵塞或破损。

(3)模板安装完成后,其尺寸、平面位置和顶部高程等应符合规范及设计要求,节点联系应牢固。

6.5.4.4 塔柱

(1)起步段及标准段。

①每一节段施工完成后及时对塔柱平面尺寸、高程、倾斜度进行测量检查。

②劲性骨架作为塔柱钢筋、预埋件、模板定位结构,其平面位置须满足设计要求,验收合格后方可进行下一步工序。

③模板安装前对底口模板处混凝土进行环切,或在塔柱上一节段施工时埋置模板条,确保与下一节段间的施工缝水平顺直。

④塔柱混凝土施工难度大,极易造成裂纹,需在施工缝上下各0.1m范围内增设钢筋网(图6.5.4-1)。

图6.5.4-1 分节模筑施工混凝土塔施工照片示例

⑤一体化筑塔机施工应满足如下要求:

a.筑塔机设计单位应具有相应设计资质。

b.筑塔机应由具有相应资质的单位制造。构件的制作应有完整的设计图纸、工艺文件，产品出厂时应提供产品合格证。

c.构件成批下料前应首先制作样本，经检查确认其达到规定要求后方可进行批量下料，在组对、施焊的工程中应定期对胎具、模具、组合件进行检测，确保半成品和成品质量符合要求。

d.在筑塔机的安装或者爬升时，预埋位置混凝土强度应满足设计值。

⑥塔式起重机选型时，应结合现场施工条件和后期主梁施工等因素综合考虑。

⑦主塔施工测量重点：塔柱、横梁、索导管等各部分结构的倾斜度、外形几何尺寸、平面位置、高程满足规范及设计要求。主塔主要控制定位：劲性骨架定位、钢筋定位、塔柱模板定位、横梁定位、预埋件安装定位等。

⑧斜拉索锚固区的钢锚梁（箱）由专业厂家按设计要求分段加工制作，加工时须严格控制钢锚梁（箱）单元件精度、组装几何尺寸精度和整体机械加工尺寸精度。钢锚梁（箱）出厂前由厂家在专用胎架上进行预拼装。

（2）牛腿及横梁。

①支架安装完成后应进行预压，消除支架各杆件间的非弹性变形。

②牛腿混凝土浇筑前，塔柱表面凿毛后喷涂水泥基黏结材料。

③横梁分层浇筑，从中间往两边、两侧分层对称浇筑。每层混凝土分层连续浇筑，分层厚度不超过30cm，分层间隔浇筑时间不得超过混凝土初凝时间。第一层浇筑顺序为：两侧根部腹板→底板→腹板至第一层混凝土浇筑完成。第二层浇筑顺序为：腹板浇筑顶板倒角处→腹板及顶板同步浇筑。

④为保证波纹管位置准确，安装井字形钢筋网定位波纹管。

⑤混凝土浇筑前，在波纹管内穿入芯棒，安装完成后，逐根检查波纹管芯棒是否安装到位，无问题后方可进行混凝土浇筑。待混凝土满足设计要求后，拔除芯棒。

⑥严格按照规范及设计要求进行预应力张拉，张拉完，经复查合格后，用砂轮机将钢绞线多余部分切除，严禁使用电弧切割，切割后钢绞线外露长度应不小于3cm且不小于1.5倍钢绞线直径。

⑦张拉完毕经检查签证后应尽快进行压浆，其间隔时间不得超过48h，压浆前清除孔道内杂质。

⑧浆液自拌制完成至压入孔道的延续时间宜不超过40min，孔道一次压浆要连续。

⑨压浆过程及压浆后24h内，结构混凝土的温度不得低于5℃，否则应采取保温措施。当气温高于35℃时，压浆宜在夜间进行。

6.6 斜拉索

在塔柱施工完成之后，主桥梁体施工时，开始斜拉索施工。斜拉索施工方法因斜拉索的重量、外形（平行钢丝、钢绞线）、锚固牵引力的大小以及张拉施工空间要求而不同。斜拉索结构主要分为钢绞线斜拉索及平行钢丝斜拉索。

钢绞线斜拉索施工主要包括运输、索上桥面、单根挂索、单根张拉、索力检测、调整及减振装置安装等工序。斜拉索产品应在工厂内制作完成，采用水运或陆路运输至桥位，通过汽车起重机、塔式起重机运送至桥面。张拉端锚具吊至塔顶，用卷扬机下放至塔内；钢绞线、高密度聚乙烯（HDPE）管、固定端锚具和斜拉索各附件吊至桥面。斜拉索安装前应将焊接好的通长HDPE管挂在塔外预埋管；再用塔顶穿索机把首根钢绞线穿入HDPE管内，下端穿过固定端锚具，用工作夹片锁紧；钢绞线上头从塔外经预埋管，可用电动葫芦拉入塔内张拉端锚具，工作夹片锁紧、张拉；接着下一根钢绞线挂索并张拉，直至整束钢绞线全部挂索张拉完成，张拉及索力调整应按设计与监控单位要求施工。

平行钢丝斜拉索施工主要包括运输、索上桥面、展索、挂设、牵引、张拉、索力检测、调整及减振装置安装等工序。斜拉索产品运至现场后，通过塔式起重机或梁面吊索桁车吊装至钢箱梁顶面的放索机上，运至梁端，应采用卷扬机、汽车起重机、塔式起重机、塔顶起重机配合展索。挂索可分为"先梁端后塔端"或"先塔端后梁端"两种方法。"先梁端后塔端"要求塔内布设大吨位起重设备，但受塔内空间限制，布置大吨位起重设备非常困难，另外高空作业量大，出现问题不易处理，安全性差，工效低。"先塔端后梁端"挂索方法，可利用塔式起重机配以卷扬机采用硬牵引或软牵引的方式完成塔端挂索，梁面上宜利用卷扬机、滑车组、汽车起重机、千斤顶等将下锚头牵入设计位置锚固。

根据斜拉索的长度、重量、张拉力的大小以及张拉施工空间等实际情况，应选择斜拉索先进行塔端挂索还是后进行塔端挂索的方案。斜拉索索力调整塔内进行，按设计与监控单位要求施工。

6.6.1 工装组合及选型

斜拉索施工劳动力配置可参照表6.6.1-1，斜拉索安装大型设备可参照表6.6.1-2，斜拉索安装专用设备可参照表6.6.1-3，斜拉索施工主要材料可参照表6.6.1-4。

劳动力配置表　　　　　　　　　　　　　　表6.6.1-1

序号	班组	人数
1	HDPE焊接施工班组	满足施工需要
2	钢绞线下料施工班组	
3	穿索施工班组	
4	预应力张拉施工班组	
5	起吊、转运班组	
6	电工	
7	机动班组	

斜拉索安装大型设备计划表　　　　　　　　　　　　　　　　　　　　　　表 6.6.1-2

序号	机械名称	型号规格	单位	数量	备注
1	塔式起重机	结合实际情况配置	台	满足施工需要	起重吊装
2	施工电梯		台		载人电梯
3	汽车起重机		台		材料运输
4	平板汽车		辆		材料运输
5	装载机		台		卸钢绞线
6	轨道式水平运输平车		套		水平运输吊装单元
7	全回转桥式起重机		台		自重147t
8	门式起重机		套		拼装吊装单元
9	发电机		台		备用电源
10	全站仪		台		测量
11	水准仪		台		测量
12	卷尺		把		测量
13	钢卷尺		把		测量

斜拉索安装专用设备表　　　　　　　　　　　　　　　　　　　　　　　　表 6.6.1-3

序号	设备名称	规格型号	单位	数量
1	千斤顶	结合实际情况配置	台	满足施工要求
2	油泵		台	
3	卷扬机		台	
4	高塔穿束机		台	
5	整体张拉工装		套	
6	交流电焊机		台	
7	台式切割机		台	
8	手提切割机		台	
9	HDPE焊机		台	
10	LD10镦头器		台	
11	注蜡机		台	
12	顶压千斤顶		台	
13	单孔工具锚		个	
14	锥形支座		个	
15	梅花支座		个	
16	工具夹片		付	
17	滚轮		个	
18	油管接头		个	
19	高压油管		m	
20	配电箱		个	
21	专业建筑吊笼		个	
22	滑车		个	

续上表

序号	设备名称	规格型号	单位	数量
23	放索盘	结合实际情况配置	个	满足施工要求
24	HDPE焊枪		台	
25	传感器ZX300		台	
26	显示仪		台	
27	电动葫芦		台	
28	对讲机		台	
29	牵引绳穿索器		个	
30	钢丝绳		m	
31	手拉葫芦		个	
32	工作服		套	
33	工程车		辆	
34	叉车		台	
35	汽车起重机		台	

主要材料计划表　　　　　　　　　　　　　　　　表6.6.1-4

序号	材料名称	单位	数量	备注
1	斜拉索	t	设计数量	环氧喷涂无黏结钢绞线/平行钢丝
2	HDPE护管	m	设计数量	
3	锚具	套	满足施工要求	
4	CCT磁通量传感器	套		
5	外置式HDMR永磁磁液变减振阻尼器	套		
6	液压油	升		
7	5t6m吊带	根		
8	25mm²电缆线	m		
9	10mm²电缆线	m		
10	6mm²电缆线	m		
11	2.5m²电缆线	m		
12	压力表(1.5级)	块		
13	压力表(0.4级)	块		
14	工具集装箱	个		

6.6.2 斜拉索施工监控量测

6.6.2.1 主塔监测

索塔建成后,将展开上部结构钢梁以及斜拉索等的施工,主塔监测主要是按监控方案执行塔顶纵向及横向位移的监测。

6.6.2.2 斜拉索锚点监控

斜拉索锚点坐标对斜拉索的无应力长度和主梁线形有较大影响,是塔柱施工控制的重点,而且通过锚点坐标的检测也可掌握塔偏的情况。索套管倾角关系到斜拉索在套管内的居中情况,对内置减振器的安装有直接影响。

6.6.2.3 斜拉索锚点的预抬高

在施工塔柱时,由于塔柱弹性压缩和收缩徐变等因素的影响,塔柱拉索锚点的放样坐标与设计锚点坐标(成桥)不同,在施工塔柱时可对塔柱拉索锚点进行预抬高。

拉索锚点的预抬高包括弹性压缩和收缩徐变两项,由于各拉索锚点的高程不同,锚点位置处的弹性压缩和收缩徐变也不相同,从理论上说,每一排锚点的预抬高值是不同的,但差别较小,实际预抬时,可对各锚点取一个统一的预抬高值。统一的预抬高值应通过施工全过程分析确定。

6.6.2.4 斜拉索锚点位置及索套管倾角的测量

斜拉索锚点的位置在钢锚梁安装时即已确定,因此在对钢锚梁进行精确放样时必须以斜拉索的锚点作为测量控制点,钢锚梁的安装要优先保证斜拉索锚点的放样精度。斜拉索锚点放样坐标主要由施工单位进行测量,监控单位进行复核。可采用全站仪或GPS进行测量,锚点放样坐标误差须控制在±5mm之内。

索套管的倾角是由索套管上口和下口中心点的定位坐标共同控制的,施工控制单位对该定位坐标进行精确计算并考虑竖向预抬形成施工控制指令表由施工单位遵照执行。在进行放样测量时优先保证斜拉索锚点的定位精度,其次是索套管上、下口中心点的定位精度,最后是钢锚梁的定位精度。

主桥索塔竣工时(中跨主梁施工前),施工单位应向施工监控单位提供经监理单位签字认可的索塔竣工时斜拉索各锚点的实际三维坐标,以作为后续主梁施工控制的初始数据。

6.6.2.5 索力监测

斜拉索安装阶段的索长及索力的监测的技术流程如图6.6.2-1所示。

主梁施工过程中,调索前后均应进行全桥(调索影响敏感区域的斜拉索)的索力测量;合龙前后进行全桥索力测量;铺装后成桥索力测量;根据控制需要的其他工况也应测量。

未安装锚索计的拉索应采用振动法进行索力测定,振动法测试索力是通过测量索随环境振动时的横向振动频率,换算索的拉力,从而推导出不同状态下索力的计算公式。考虑到影响索力测试的各种影响因素,为保证计算结果的准确性,结合索边界条件、抗弯刚度等因素对索力振动的影响。安装锚索计的拉索直接读取读数。

6.6.2.6 主梁监测

主梁监测应按监控方案执行主梁挠度变形监测和主梁轴线偏移监测的监测。

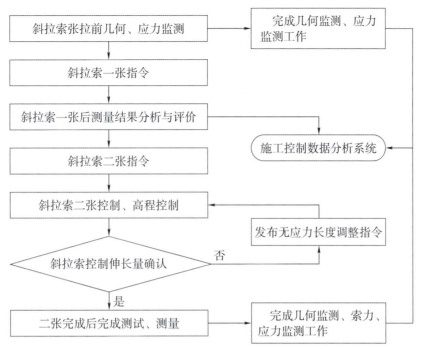

图 6.6.2-1 斜拉索安装阶段的索长及索力的监测技术流程

6.6.3 钢绞线斜拉索施工

6.6.3.1 施工工艺流程(图 6.6.3-1)

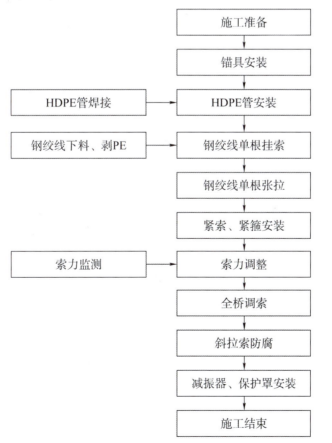

图 6.6.3-1 钢绞线拉索安装工艺流程

219

6.6.3.2 主要施工方法

(1)斜拉索整体上桥面。

斜拉索应由专业工厂加工、成盘,运至主墩旁。斜拉索出厂前应按设计要求的有关性能进行检验,到达现场后,查验并索取每根成品索的质量保证书。斜拉索应经建设单位、监理等联合验收后,运输至塔旁或直接运输至桥面。

斜拉索运输至工地后,可采用汽车起重机整体提升上桥面,置于立、卧式放索机上。亦可采用水上运输至工地,采用桥面吊索桁车整体提升上桥面置于立、卧式放索机上,为下一道斜拉索放索工序做好准备。

(2)塔、梁端锚具安装见图6.6.3-2~图6.6.3-4。

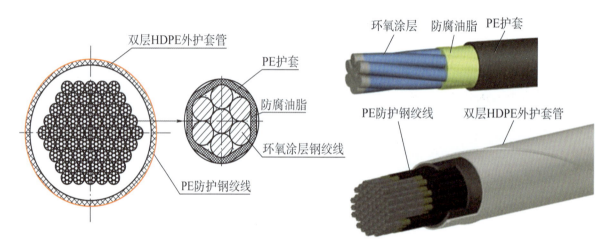

图6.6.3-2 钢绞线斜拉索示意图

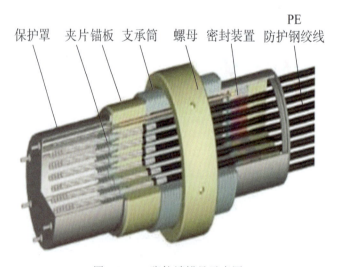

图6.6.3-3 张拉端锚具示意图

拉索锚具主要由锚板、夹片、支承筒、螺母、密封筒、密封装置索箍、减振装置、梁端及塔端PE管连接装置、保护罩等组成。

6 桥梁工程

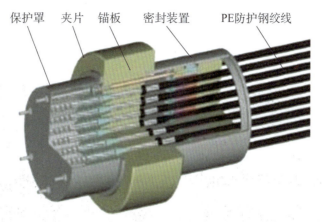

图 6.6.3-4　固定端锚具示意图

(3) 梁端锚具安装。

梁端均为固定端锚具,使用桥式起重机将锚具吊至相应索号的梁下锚垫板口处,然后从桥面预埋管口放下钢丝绳将锚具用绳夹固定后,桥面通过手拉葫芦收紧钢丝绳,将锚具固定就位。梁端锚具安装见图 6.6.3-5。

图 6.6.3-5　梁端及塔端锚具安装

(4) 张拉端锚具安装。

张拉端设在塔上,每根索的张拉端锚具都要吊入塔内对应索号的锚垫板孔内,用塔式起重机从塔顶人孔将其放入锚固齿块或钢锚梁平台位置,平移锚具至塔顶卷扬机吊点下方,塔内电梯不能预先安装。使用塔顶卷扬机及导向滑车提起锚具,横移至内侧电梯,与塔壁的空位保持一定距离,沿着塔壁下放,上塔柱垂直,将锚具下放至待安装位置附近,短距离采用电动葫芦把锚具牵引至安装位置。

安装时再次调整锚具孔位角度,使得塔端、梁端锚具孔位一一对应。

(5) 锚具施工技术要求。

张拉端和固定端锚孔按每排孔水平排列,两端锚孔相互对应,不得有错位现象;锚具中心线与锚垫板中心线保持一致;锚具灌浆孔在下方,排气孔在上方。

(6) HDPE 管焊接。

HDPE 管焊接(图 6.6.3-6)前,应对焊接长度进行复核,避免后期运营后 HDPE 管因热胀冷缩而出现长度不够的情况;同时焊接时要按技术交底要求控制好同轴度、焊接温度、加热时间、切换时间、焊接压力、冷却保压时间等,确保焊接质量。

图6.6.3-6　HDPE管焊接

其焊接工艺流程如图6.6.3-7所示。

将HDPE管安装在焊机中,当HDPE管直径$D<200$mm时所产生的外径错边量d最大为1mm,当$D\geqslant 200$mm时外径错边量d最大为2mm。

图6.6.3-7　焊接工艺流程

将HDPE管置于滚筒托架位置,放于对接机上,留足10～20mm的切削余量;根据所焊制的管材、管件选择合适的卡瓦夹具,夹紧管材,为铣切做好准备。

铣切所焊管段、管件端面杂质和氧化层时,应保证两对接端面平整、光洁、无杂质。当HDPE管直径$D<200$mm时,间隙D_w应控制在0.3mm内。当直径$D\geqslant 200$mm时,间隙D_w应控制在0.5mm之内,铣削好的端面不可用手触摸,必须使用干净的手套操作,以免污染端面。

HDPE管焊接达到吸热时间后,应迅速打开夹具,取下加热板。在取加热板时,应避免与熔融的端面发生碰撞。若已发生碰撞,应在已熔化的端面彻底冷却后,重新开始整个熔接过程。切换的时间应控制在6s以内。

闭合夹具,使熔接面进行对接,应在6s内将压力均匀升至0.2MPa,并以此压力保持对接5～10min。将压力降为0,打开夹具,取下管管件,放置于指定位置完全冷却至室温。

(7)HDPE管施工技术要求。

①HDPE管应按规格大小分类堆放,堆放场地要垫平,堆放高度不宜超过6层,要远离火源。用卷尺选出HDPE管并做好顺接标记,变形严重的HDPE管不能直接使用。

②将HDPE管放上托架在HDPE焊机处进行对接,调整HDPE管位置和卡箍使HDPE管基本顺直,两管外圆高差不大于2mm。

③刨削时压力要均衡,刨花成连续圈状,厚度均匀,才能退刀,退刀时压力要适当减小,退刀时要直进直出,不能左右摆动。退刀后进行试对,检查管口接缝四周是否有缝隙,如有缝隙必须重新刨削。刀片刀口迟钝时采用细砂轮进行水磨,要注意刀口的角度。

④刨削后调整卡箍使管口接口处外圆高差小于1mm。

⑤加热时要控制温度和压力恒定,控制时间,同时观察熔高符合要求。

⑥加热完成后取加热板、活塞推进要在5s内完成,控制好对接压力时间,焊缝翻转高度为5~8mm。

⑦在冬天进行HDPE管焊接时应采取保暖措施,宜保障焊接温度在20℃左右,冷却时用棉纱头、挡风布对接头进行保暖。

⑧冷却接近室外温度时取出HDPE管,焊接好的HDPE管堆放场地要平整,不得在HDPE管上堆放杂物,不能踩踏HDPE管。

(8)HDPE管吊装。

应在有条件的场地上按设计要求的长度将HDPE管焊接好,以备起吊。摆放时用滚筒支架或枕木将护管架立,防止HDPE管损伤。在护管内穿入一根已计算好长度的钢绞线,同时在HDPE管两端安装抱箍。可利用塔式起重机等起吊设备将钢绞线(钢绞线吊点前预留一定长度,用以穿入塔上锚具)和圆管一起吊起,到达预定高度后将钢绞线穿入塔上锚具并固定,利用千斤绳和葫芦将护管吊挂在塔外管口相应位置。护管下端牵引至下端预埋管口,将钢绞线穿入下端锚具并固定。通过张拉钢绞线使外护管挺直抬起达到设计的角度,以方便下一步挂索工作的进行。HDPE管吊装工艺可参考表6.6.3-1。

HDPE管吊装工艺　　　　表6.6.3-1

步骤	内容	效果图
第一步	焊接HDPE管	

续上表

步骤	内容	效果图
第二步	第一根钢绞线从梁端锚具穿出,并穿过HDPE管	
第三步	HDPE管两端安装抱箍	
第四步	吊装HDPE管和第一根钢绞线端部	

续上表

步骤	内容	效果图
第五步	利用塔内牵引钢丝绳,牵引第一根钢绞线穿过塔端锚具	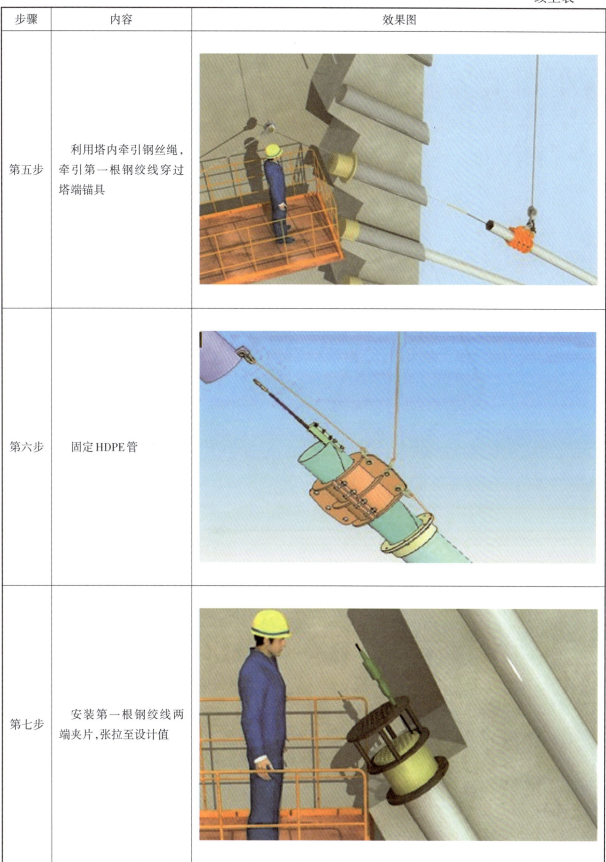
第六步	固定HDPE管	
第七步	安装第一根钢绞线两端夹片,张拉至设计值	

(9)单根挂索。

应将钢绞线用于塔端的一端与牵引系统的专用牵引装置连接,将钢绞线顺着HDPE外管牵引出上端锚板孔,至满足所需的工作长度后锚固,准备牵引下一根钢绞线。钢绞线牵引系统效果见图6.6.3-8。

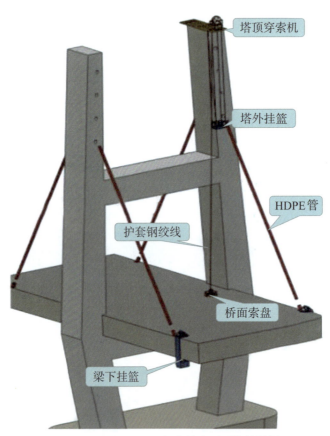

图6.6.3-8　钢绞线牵引系统效果图

将已牵引出的钢绞线从盘上全部放出,并通过钢绞线中心丝连接器与从下端锚具引出的牵引丝连接,然后将钢绞线穿入下端锚具对应孔,并接出锚板至所需工作长度,安装夹片并打紧,通知张拉端对钢绞线进行单根张拉。

斜拉索施工时,应按拉索锚具锚孔排布形式,制定穿索顺序,可将锚板孔排布图编号并打印出来,在挂索施工时,将带有编号的图贴在两端锚固工作区醒目位置,指导施工人员按顺序穿索。

每对斜拉索中边跨以及上下游宜同时挂索。从上往下逐排安装,同一排按从外侧(桥面外侧)到内侧(桥面内侧)的顺序进行。

张拉端与固定端的锚孔必须一一对应。可采用等值张拉法单根张拉钢绞线,宜按设计要求和监控指令进行挂索。

(10)单根张拉。

每束斜拉索中的钢绞线逐根穿挂后,随即用千斤顶进行单根张拉。利用单根等张值法原理实现拉索单根钢绞线应力的均匀性能,达到现行《公路桥涵施工技术规范》(JTG/T 3650)中对拉索索力均匀性的规定。为了减少索力均匀性的误差,采取技术措施:在千斤顶活塞末端增加一套压力传感器,并与显示仪配套使用。当张拉索力达到安装在锚头上的传感器显示的力值时,停止张拉、锚固,可视为两根钢绞线索力值相同。

主桥结构受力复杂,在受环境温度影响时比较敏感,挂索施工需要时间比较长,在温差变化、风等环境因素、施工荷载等因素影响下,进行张拉作业时出现导致索塔和主梁受力结构发生变化。因此,应按照现行《公路桥涵施工技术规范》(JTG/T 3650)的相关要求控制拉索索力实测值与设计值的偏差,超过时宜进行调整。

为了保证单束拉索中每根钢绞线应力满足设计要求,施工中每根斜拉索中单根钢绞线之间的索力误差不超过±2%,成桥后每根斜拉索中单根钢绞线之间索力误差不超过±1%,张拉时严格按工艺控制进行。单根张拉示意如图6.6.3-9所示。

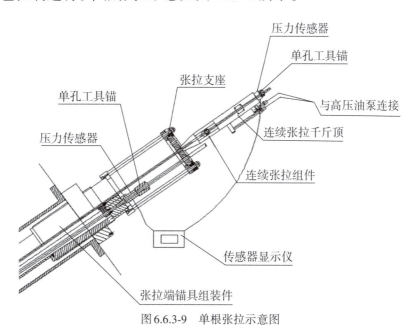

图6.6.3-9 单根张拉示意图

为使每根索中各钢绞线索力均匀,采用(等张拉力法+双重监测,如图6.6.3-10所示)进行张拉,即在基准钢绞线上安装一套压力传感器,同时在千斤顶活塞末端安装1台压力传感器,以压力传感器显示力值为准,油表读数为辅。挂索前,将监测传感器安装在1根不受外界影响的钢绞线上,安装顺序为:支座垫板—传感器—单孔工作锚。随后张拉时每根绞线的拉力是按当时传感器的显示力值进行控制的。

(11)索力调整。

根据桥型与设计单位和监控单位的指令进行索力调整。

全桥斜拉索施工完成后,如需调整桥面高程,则须进行调索,调索可以采用单根张拉或整体张拉两种方式。

采用单根张拉调索方式,应保证钢绞线伸长量大于2/3夹片长度,即夹片与原有咬痕重合长度不大于夹片长度的1/3。

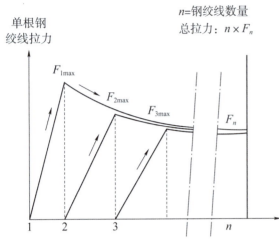

图 6.6.3-10　等张拉力+双重监测原理示意图

(12)施工控制要点。

①张拉力控制。

该工况下张拉配合性工作较强,此次张拉主要是服从监控指令,除控制拉索在该工况下有效应力外,还顾及相应的主梁段及各控制点高程,根据监控指令进行张拉,按照监控指令要求调整索力。

整体张拉时各工作点尽可能同步分级张拉,各点同级索力相对误差控制在允许范围之内。在整体张力过程中,监控方采用索力动测仪进行辅助测量对索力进行校核。

②影响斜拉索张拉的因素。

由于塔梁索的材料构成及结构的特殊性,对温度变化的敏感程度不同,变形也不同。在常温下(20℃左右)变化差异较小,但在高温季节变化差异十分明显。结构的吸热、传导、散热与变形各不相同,理论索力、线形与实测差异超过2%。

太阳直射不能全面覆盖塔、梁、索,应力随太阳照射位移而发生变化,受太阳直射的阳面使结构膨胀产生拉应力,阴面产生压应力,使塔柱产生挠曲变形,主梁产生扭曲变形、索体伸长,工况随之变化。

风对结构的影响主要是风振作用,在风力较大时施工会影响张拉效果,增加应力损失。

施工荷载的分布(机具、设备、物资、人群)不对称、不均匀都会给计算、测量带来假象,影响施工控制效果,增大成桥调索工作量。不平衡施工使塔顶水平位移量发生较大偏差,使后拉索侧线形控制误差大。

③消除不利影响因素的办法与措施。

张拉作业进行时段为:高温季节选择在0:00以后,日出之前;常温下(5~25℃)选择在20:00以后,日出之前或无日照的阴天、零星小雨天气;5℃以下时选择在日落之后,日出之前。

正常情况下控制在标准风力4级以下施工,季风期控制在标准风力5级以下施工,6级风以上停止作业。

在施工过程中大型起吊设备、穿索设备、施工物资堆放等都应控制在对称、均匀、固定的荷载分布方式下施工,绘制荷载分布图,进行现场监督。

④斜拉索临时防风振措施。

由于钢绞线斜拉索比钢丝斜拉索的构造有很大差异,自身的防风振能力和效果比钢丝斜拉索好,施工过程可不做临时减振。如果一定要求则在永久外置阻尼器未安装前,针对200m以上长索,利用2t软吊带一端捆绑于2m高位置的斜拉索外层,另一端通过手拉葫芦或花篮螺栓固定在支承架预埋板吊耳上。

(13)夹片顶压。

斜拉索体系夹片的锚固效果一方面主要取决于单根钢绞线的受力大小,另一方面借助外力加固及安装放松装置或者顶压夹片,目前常用的形式是对夹片进行顶压(图6.6.3-11)。

斜拉索是斜拉桥的"生命线",索体、锚头、夹片防腐须高度重视,按国家有关标准和OVM250(280)平行钢绞线拉索体系技术标准进行,且在防腐前需对夹片进行顶压。

钢绞线安装张拉后,为了防止主梁内锚固端夹片的松动,需要在锚固端端部安装顶架,将夹片顶紧。根据有关资料,索力低于37%钢绞线拉力极限时必须顶紧夹片,以防夹片的滑脱松动。

单根张拉支座为螺杆分离式,安装时要注意螺纹全部旋合,以保证其整体性和各根螺杆受力的均匀性;如果螺杆旋合长度无法保持一致,可用垫圈进行高度调整。

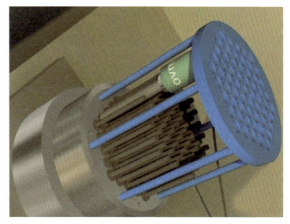

图6.6.3-11　夹片顶压效果图

利用张拉顶压支座作反力架,用轻型手动泵及薄型液压油缸对钢绞线进行逐根顶压,每次最大顶压力以总应力不超过钢绞线破断力的0.45进行控制(即顶压力=$0.45f_{ptk}$-单根平均力)。

(14)附属设施安装。

外置阻尼器、减振器的设置将减少及降低斜拉索成桥运行过程中的振动,避免钢绞线与预埋管之间的摩擦。

①索箍安装。

首先用专用的紧索器安装在斜拉索钢绞线外侧,并注意其六边形内边与斜拉索外圈的钢绞线贴紧而不偏位。循环拧紧紧索器上的锁紧螺杆,确保紧索器的定位块同步收索。紧索器内的钢绞线收紧成形后,将两半式工作索箍套在斜拉索上,并收紧索夹上的螺杆,松开紧索器上的紧索螺杆,拆除紧索器。

②减振器安装。

塔端与梁端减振器一般都是钢-橡胶混合结构,起减振作用。

安装减振器前,检查斜拉索索体是否有偏斜。若斜拉索偏斜程度不大,使用手拉葫芦、起重车等对斜拉索进行纠偏处理,若斜拉索偏斜程度严重,需要考虑对预埋管进行偏位处理;将安装好的减振器推入预埋管内,收紧减振器上的4颗锁紧螺杆,减振器的两半式橡胶块向预埋管内的校正管内壁收紧,直至其紧贴预埋管内壁;紧固减振器上螺钉头下方的锁紧板,然后将减振器外圈与预埋管内壁进行焊接固定。

对于外置式减振器,根据设计要求及生产厂家出具的产品安装说明进行安装。

③桥面防水罩安装。

解除塔端HDPE管的约束,将HDPE管整体向下牵引,直至防水罩完全罩住预埋管。

④塔外连接装置安装。

利用手拉葫芦将塔外连接装置牵引至塔外预埋管位置,将连接装置与法兰通过螺栓连接固定,然后将法兰在预埋管内进行焊接固定。

⑤外置阻尼器安装。

在斜拉索上,按照设计图纸安装HDMR永磁调节式磁流变阻尼器。长度大于250m的拉索下端设置外置式HDMR永磁调节式磁流变阻尼器,以减小较长斜拉索由支座及风雨导致的振动,减缓拉索锚固端的疲劳。

(15)斜拉索防护。

索体材料采用带PE环氧涂层钢绞线,PE层与钢绞线间涂专用油脂,如在下料、挂索等过程中发现PE管有破损处,立即用焊枪修补,谨防钢绞线锈蚀。

索体外用套管防护,成桥调索结束,减振器固定后,固定已预先套在管外的PE连接装置,与两端预埋管连接,可有效防止水分进入PE管内,并隔绝了紫外线照射,进而起到保护索体的作用。假如预埋管因偏心过大造成PE管连接装置无法顺利连接,预埋管安装方可考虑将预埋管接长,只要保证该接长段与索体同心即可。

张拉后,锚板外露部分、锚板、夹片等涂上防腐油脂,而且外露部分锚板用封箱带缠绕密封。调索结束后,锚具外安装保护罩,罩内抹油对裸露钢绞线、夹片、锚板等进行防护。上、下锚箱内必须预设防水、防潮措施,下端锚垫板应设有排水槽。

(16)钢绞线斜拉索施工质量保证措施。

①钢绞线斜拉索运至施工现场后,应根据现场的具体布置情况选择合适的堆放场地,并且要在堆放处采取确实可行的防火措施以及在堆放处摆放明显的标志,同时还须安排专人定时巡查,发现隐患及时排除。

②钢绞线斜拉索展索及挂设时应采取有效的保护措施,防止保护套、锚杯等损坏,影响钢绞线斜拉索的安装及耐久性。

③应严格按照监控单位提出的张拉程序及张拉吨位进行施工。钢绞线斜拉索张拉以张拉吨位控制为主,伸长量作为校核。

④为避免钢绞线斜拉索不平衡水平分力较大对索塔的不利影响,对应节段的4根斜拉索应同步进行张拉。

⑤钢绞线防扭施工措施。

a. 钢绞线斜拉索包装时,尽可能量采用较大索盘卷装钢绞线斜拉索,减少索绕盘产生的加扭应力。

b. 钢绞线斜拉索在桥面展索、空中挂索阶段,尽量将索绕盘时产生的加扭力释放。

c. 在钢绞线斜拉索护套上设置标识线,若展索完成后,外护套上标识线呈螺旋形,则利用吊带缠绕斜拉索配合手拉葫芦对斜拉索分节段轻微旋转,直至调整至标识线顺直,扭力释放完全。

d. 钢绞线斜拉索牵引阶段,采用软硬结合牵引方式,尽量减少钢绞线受力,防止斜拉索反扭时导致钢绞线扭转。

e. 软硬组合牵引中,采用正反捻钢绞线均匀对称布置,防止牵引过程中斜拉索扭转。

f. 成桥后索力应进行多次反复调整(在塔端调整),直到完全满足设计要求为止。

g. 斜拉索施工过程中应安装永临结合减振器,并据监控要求配合调整。

6.6.4 平行钢丝斜拉索施工

6.6.4.1 施工工艺流程(图6.6.4-1)

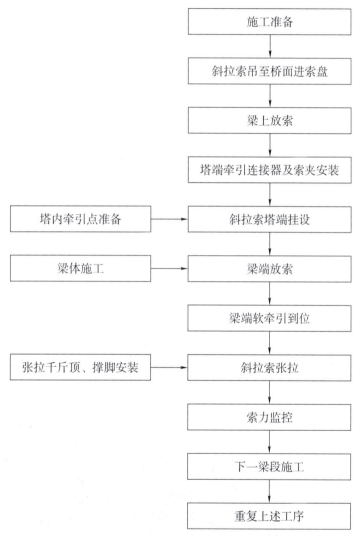

图6.6.4-1 平行钢丝拉索安装工艺流程

6.6.4.2 主要施工方法

(1)斜拉索整体上桥面。

斜拉索应由专业工厂加工、成盘,运至主墩旁。斜拉索出厂前按设计要求有关性能进行检验,到达现场后,查验并索取每根成品索的质量保证书。斜拉索须经建设单位、监理等联合验收后,运输至塔旁或直接运输至桥面。斜拉索上桥工艺流程如图6.6.4-2所示。

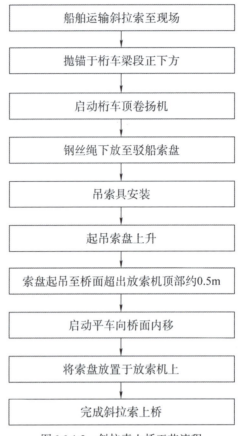

图 6.6.4-2　斜拉索上桥工艺流程

可采用梁面吊索桁车,将斜拉索连同钢盘一起提升上桥面,放置于桥面的立式或者卧式放索机索盘上(图6.6.4-3)。

图 6.6.4-3　斜拉索上桥面施工

(2)斜拉索桥面运输。

用平板车将斜拉索索盘拉至相应索道管附近(图6.6.4-4),顶升放索架脚撑,运索平板车前移,将索盘、放索架置于桥面(图6.6.4-5)。

(3)索盘在桥面上放索。

用汽车起重机配合放索盘将斜拉索锚杯脱离索盘并放置在锚杯行走小车上,安装提吊头,用桥面卷扬机将锚杯牵引至塔柱根部,开始斜拉索桥面放索。

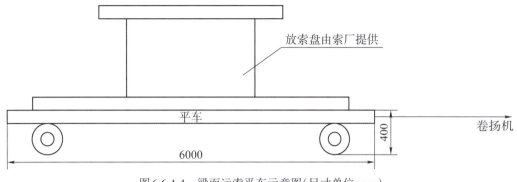

图 6.6.4-4 梁面运索平车示意图(尺寸单位:mm)

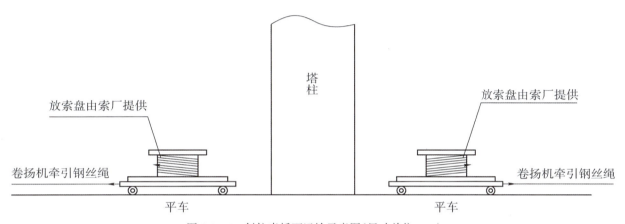

图 6.6.4-5 斜拉索桥面运输示意图(尺寸单位:mm)

牵引过程中,应在桥面上每隔3m放置一个小车,小车下设滚轮(图6.6.4-6),小车上设挡板和木槽,使斜拉索与小车间不产生位移,同时在斜拉索与小车间利用麻袋隔离,以保护斜拉索PE层,展索时需利用梁上空间充分展索。

图 6.6.4-6 索体小车照片

(4)斜拉索连接器及索夹安装(图6.6.4-7)。

在锚固区将锚杯螺母及软牵引撑脚就位,塔内牵引卷扬机钢丝绳由塔柱内腔,通过撑脚、螺母及套管延伸至塔外桥面。

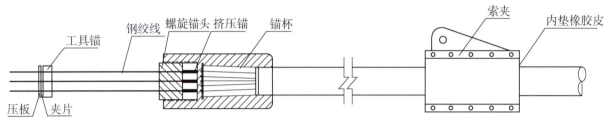

图6.6.4-7 连接器及索夹安装示意图

用压套、钢绞线、工具锚及夹片做斜拉索张拉端软牵引,在距锚杯与塔顶对应索道管长度处安装索夹,索夹应有足够的长度及强度,拧紧后索夹斜拉索之间能产生足够的摩擦力,以防止索夹受力滑移。起重索所需的力较大,吊点处弯折角度大,索夹与斜拉索之间垫一层稍厚的橡胶片,且橡胶片应稍伸出索夹两头,索夹处索体用大布包扎。

(5)斜拉索塔端牵引及挂设(图6.6.4-8)。

塔内牵引卷扬机钢丝绳连接斜拉索张拉端软牵引钢绞线,牵引钢绞线进入套管;塔外卷扬机钢丝绳连接索夹吊点,在塔端牵引斜拉索至相应套管附近,此时斜拉索在梁端配合放索,软牵引撑脚内腔工具锚穿过索道管及螺母并锚固在撑脚上。

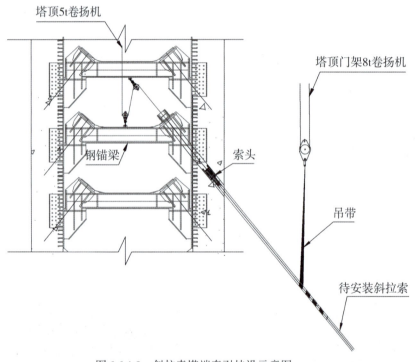

图6.6.4-8 斜拉索塔端牵引挂设示意图

(6)斜拉索梁端挂设。

塔端斜拉索挂设完成后,利用汽车起重机完成桥面展索及梁端斜拉索挂设平台的安装。利用卷扬机牵引拉索至索管内直至锚头伸出锚垫板,旋紧螺母即完成梁端挂索。斜拉索梁端挂设施工工艺流程可参考图6.6.4-9,斜拉索梁端挂索平台示意如图6.6.4-10所示,斜拉索梁端挂设示意见图6.6.4-11,现场施工示意如图6.6.4-12所示。

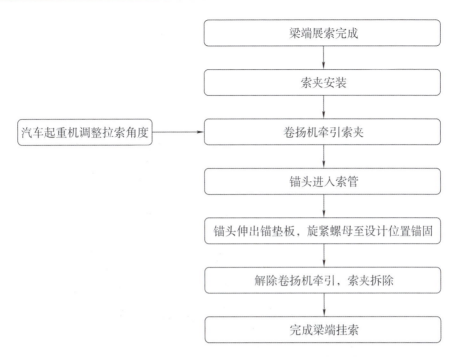

图6.6.4-9 斜拉索梁端挂设施工工艺流程图

a)

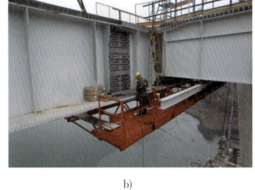
b)

图6.6.4-10 梁端挂索平台示意图

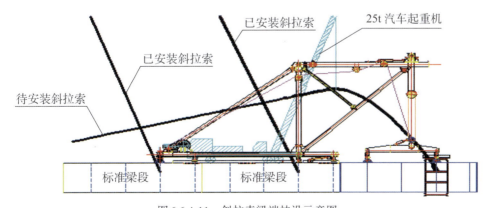

图6.6.4-11 斜拉索梁端挂设示意图

(7)斜拉索张拉。

张拉在索塔内进行,采用张拉千斤顶,油压表采用0.4级精度表。

图 6.6.4-12　斜拉索梁端挂设现场施工图

根据钢箱梁悬臂端的荷载状态，斜拉索分两次正式张拉。在张拉过程中，不断拧紧斜拉索冷铸锚的螺母，防止千斤顶回油时，斜拉索产生冲击，损坏千斤顶和油泵。同时观察油压表读数，使两者基本保持一致，如果两者相差较大应立即停止张拉并分析原因。

斜拉索张拉要求对称施工：索塔顺桥向两侧的拉索和桥横向对称的拉索必须对称同步张拉；同步张拉的不同步索力的相差值不得超出设计规定；两侧不对称的或设计拉力不同的拉索，应按设计规定的索力分级同步张拉，各千斤顶同步之差不得大于油表读数的最小分格，索力终值误差小于±5%。

（8）斜拉索索力监控与调整。

为改善主梁和索塔结构的受力状态需要对斜拉索进行索力监控和调整。全桥合龙并完成墩顶梁段箱内的第二次永久压重后，根据监控指令，对斜拉索进行索力调整。

（9）附属设施安装。

斜拉索施工期间，因风雨等影响，斜拉索的风振非常明显，直接影响箱梁悬拼的平面位置及线形的控制，因此需要对斜拉索采取临时减振措施。每根斜拉索施工完成后，用临时索将斜拉索同钢箱梁临时连接（索夹及耳板的位置根据监控要求布置）。

全桥合龙且调索完成后,安装永久减振器。斜拉索采用内置、外置阻尼器和索体气动措施并用的减振方案。内置式阻尼器(图6.6.4-13)在全部斜拉索的塔端和部分斜拉索的梁端安装,外置式阻尼器(图6.6.4-14)只在较长的斜拉索梁端安装。

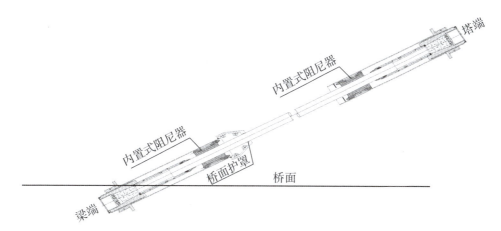

图6.6.4-13 内置式阻尼器

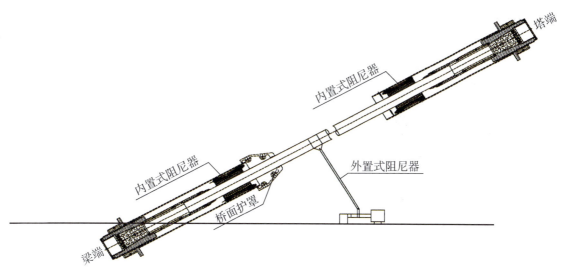

图6.6.4-14 外置式阻尼器

(10)平行钢丝斜拉索施工质量保证措施。

①应对吊索用钢丝绳、卷扬机以及塔式起重机进行不定期的检查、保养,对出现损伤的钢丝绳立即进行更换。

②斜拉索起吊上升开始前,应在斜拉索上挂设抗风缆,控制斜拉索上升过程中的摆动与旋转。

③在斜拉索上升过程中应采取两点保护,让塔顶门架滑车组随同斜拉索一起上升,对斜拉索进行跟踪保护。确保在塔式起重机或塔顶卷扬机出现异常情况时,斜拉索不坠落。

④当斜拉索将要到达索导管口处时,应派专人指挥进孔,且在斜拉索下面的索导管进口处铺设橡胶垫,避免斜拉索进索导孔过程中将锚头丝扣及斜拉索PE管刮伤。

⑤应在起吊夹具末端设置弯曲半径≥25D(D为斜拉索直径)弧形剖口,并在夹具吊耳设

置一个铰,保证起吊工程中索夹可以自由转动,从而避免因弯曲半径偏小而损伤斜拉索护套。

⑥应对放索盘进行改造,降低索盘高度,提高转向灵活性,同时在斜拉索展开将要完成时,可采用汽车起重机或叉车等工具起吊后放至桥面。

⑦宜增加托索小车的放置密度,在放索过程中严格控制斜拉索的位置,避免斜拉索接触桥面或护栏装置。

⑧应加大固定埋件的型号以及提高固定点焊接或螺栓连接的等级要求,定期对固点进行检查、加固。

⑨应加大梁端牵引夹具的长度,增加夹具同斜拉索的接触面积,减小斜拉索单位面积的受力。夹具安装要尽量保持水平,确保斜拉索两侧受力均匀,不出现局部应力集中而破坏斜拉索保护套的情况。

⑩应在斜拉索施工加工件上加涂防护漆,确保加工件在施工过程中不锈蚀污染斜拉索。

⑪应在整桥完工前,对已施工完成的斜拉索采取确实可行的临时减振措施,同时安排专人在整个施工过程中对斜拉索进行全面保护。

6.7 主缆

6.7.1 主要施工内容

主缆是悬索桥主要的承重结构,悬索桥加劲梁上承受的荷载均通过吊索传递至主缆,是全桥结构受力的最重要组成部分。

主缆一般采用平行钢丝主缆,平行钢丝由高强镀锌平行钢丝束组成,为便于施工,主缆分成束股编制架设,并在两端锚碇处安装锚固。根据主缆直径设计大小的不同,采用的索股数量不同。索股架设一般采用预制平行钢丝索股(PPWS)法,2根主缆一般分别布置在加劲梁两侧吊杆上方。

主缆施工主要包括索鞍安装、猫道安装、主缆架设、索夹及吊索、主缆缠丝、主缆附属工程施工。

(1)索鞍安装主要包括主、散索鞍安装,散索鞍常采用履带起重机安装,主索鞍常采用塔顶吊架或塔式起重机安装。

(2)猫道安装主要包括牵引系统施工和猫道架设,先导索常采用拖轮牵引或无人机牵引过江,猫道承重索架设采用托架法或吊绳法架设。

(3)主缆架设主要包括主缆索股架设、紧缆、缠丝防腐、主缆除湿系统施工,主缆索股采用单/双线往复式牵引系统架设,紧缆采用紧缆机进行施工,紧缆顺序为先主跨后边跨,主跨从跨中向塔方向进行,边跨从锚碇向塔方向进行。

（4）索夹及吊索主要包括索夹安装、猫道改吊、吊索安装施工，吊索常采用天顶小车兜底法或垂直起吊法进行吊装，从低向高安装索夹。

（5）主缆缠丝主要包括主缆缠丝、缠绕钢丝焊接、猫道拆除施工，采用缠丝机进行缠丝施工。

（6）主缆附属工程施工主要包括缆套、主缆检修通道、鞍罩安装施工，主缆检修通道常采用地脚螺栓或支架进行安装。

6.7.2 施工工艺及流程

6.7.2.1 索鞍安装（图6.7.2-1）

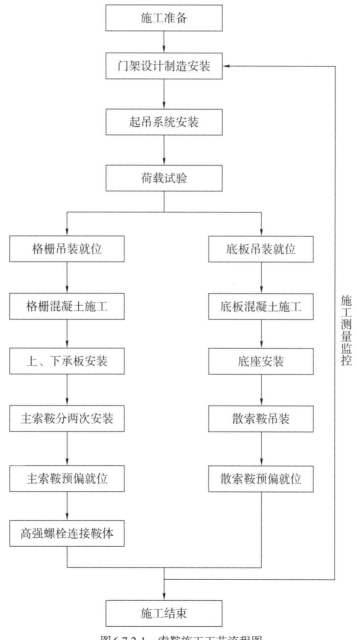

图6.7.2-1 索鞍施工工艺流程图

6.7.2.2 猫道安装（图6.7.2-2、图6.7.2-3）

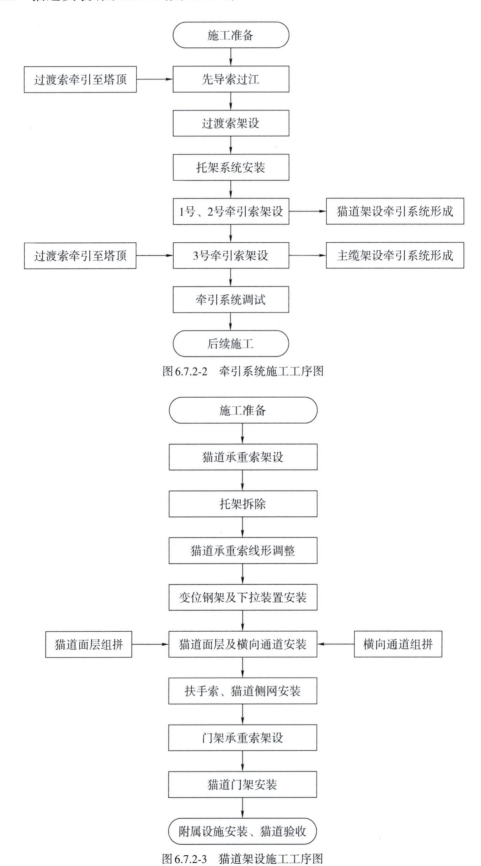

图6.7.2-2 牵引系统施工工序图

图6.7.2-3 猫道架设施工工序图

6.7.2.3 主缆架设(图6.7.2-4)及紧缆(图6.7.2-5)

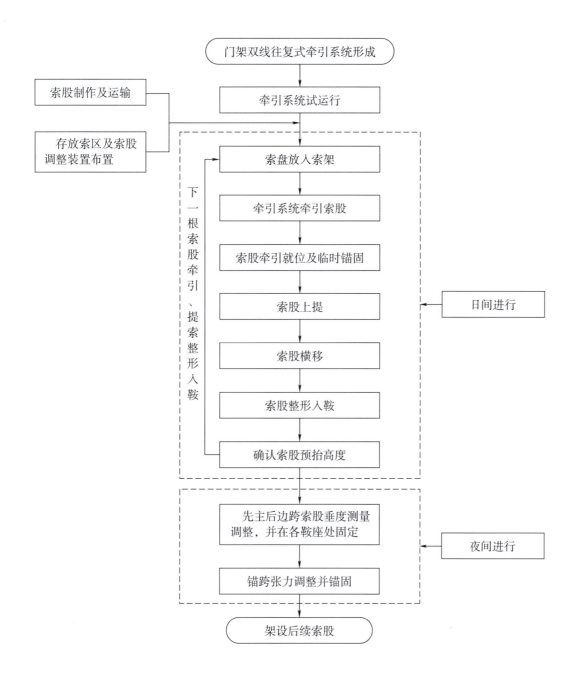

图6.7.2-4　主缆架设施工工序图

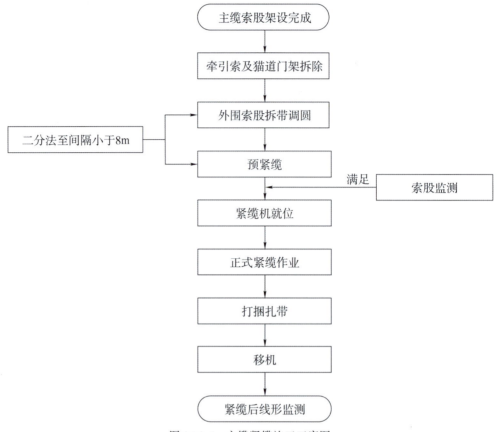

图 6.7.2-5　主缆紧缆施工工序图

6.7.2.4　索夹、吊索安装（图 6.7.2-6）

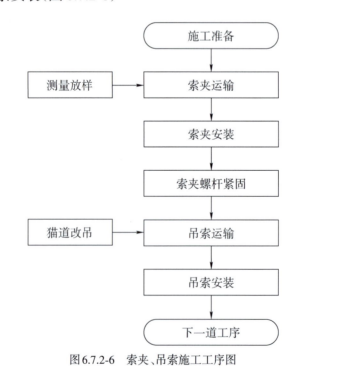

图 6.7.2-6　索夹、吊索施工工序图

6.7.2.5 主缆缠丝(图6.7.2-7)

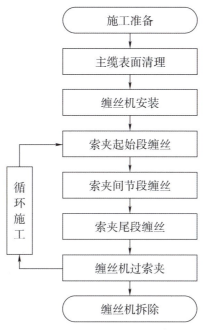

图6.7.2-7 主缆缠丝施工工序图

6.7.2.6 附属工程施工(图6.7.2-8及图6.7.2-9)

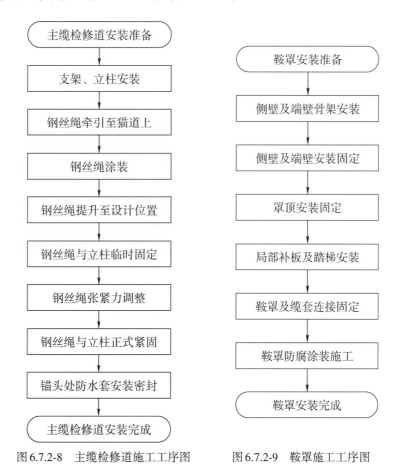

图6.7.2-8 主缆检修道施工工序图　　图6.7.2-9 鞍罩施工工序图

6.7.3 资源配置

6.7.3.1 主要人员配置

(1)施工人员应选配均从事过类似工程的施工人员,经验丰富、技术过硬、素质较高。

(2)根据实际施工需要,合理配备相应的作业人员,确保与实际施工需求数相符、满足施工效率及整体工期的要求。

6.7.3.2 主要设备配置

用于主缆各工序施工特定设备较多,基本设备配置主要为大型起重设备(塔式起重机、履带起重机、汽车起重机)以及材料运输设备(平板车)等。

猫道安装:卷扬机、放索机、放绳器、拽拉器、滑车、手拉葫芦、千斤顶等。

主缆架设:滑车组、握索器、千斤顶、深槽入鞍设备、电子测温仪、索股调整智能监控、V形保持器、液压拉伸器等设备。

紧缆设备:紧缆机、天顶小车、特殊游标卡尺、锁扣机、拉紧机等设备。

主缆缠丝:储丝轮绕丝机、缠丝机、铝热焊专用焊枪、焊接模具、紧线器、角向磨光机。

6.7.3.3 主要材料配置

严格按照设计图纸、施工方案对各项主体材料及措施材料完成进场。

6.7.3.4 工效分析(表6.7.3-1)

施工工序工效表　　　　　表6.7.3-1

序号	分项工序	施工工效
1	索鞍安装	主索鞍安装涉及格栅安装、上下承板安装、鞍体安装、塔顶门架安装,一般需要40d;散索鞍安装涉及底板安装、底座安装、鞍体安装、锚碇门架安装,一般需要30d
2	猫道安装	按照上、下游各投入1套独立的单线往复牵引系统进行猫道架设施工,一般需要15d完成牵引系统架设,60d完成猫道架设
3	主缆架设	单侧3~5根/d,紧缆按每台紧缆机每天紧缆150m的功效进行考虑。主缆索股架设一般需要60d,紧缆施工一般需要25d
4	索夹及吊索	吊索安装贯穿于加劲梁吊装期,每天可以安装3~4对,索夹及吊索预计需要50d
5	主缆缠丝	设置8个工点同时进行缠丝作业,按每台缠丝机每天缠丝35m,一般需要35d
6	主缆检修通道安装	一般需要20d

6.7.4 控制要点

6.7.4.1 索鞍安装

(1)索鞍在安装前,应根据鞍体的形状和重量、施工环境条件、起吊高度等因素合理选择吊装设备。

(2)鞍体正式起吊前应根据现行《公路桥涵施工技术规范》(JTG/T 3650)的要求,对门架及吊装系统进行静、动载试验。

(3)主索鞍底座钢格栅和散索鞍底板安装调整完成后,必须进行全桥联测检查,确认无误后方可灌注钢格栅和底板下的混凝土,混凝土应振捣密实。

(4)主索鞍安装应按监控指令进行预偏和固定,且应在主缆加载过程中根据监控数据分次顶推至设计位置。

(5)散索鞍安装应按监控指令进行预偏、固定及后续的临时支撑约束解除。

(6)鞍体起吊安装过程中,提升应缓慢,不得骤升、骤降,横移应做到平稳、匀速,下放时应轻、缓。

6.7.4.2 猫道安装

(1)牵引系统架设。

①根据地形、通航条件及气候情况合理选择先导索施工方式。

②船舶拖带法适合通航水域,施工时需临时封航及交通管制;无人机架设适用全地形施工。

③先导索施工采用无人机架设时,轻质高强尼龙绳应进行破断拉力试验。

④先导索施工采用船舶拖带时,应设置浮箱或者对河床进行排查确认。

⑤钢丝绳牵引过程中,应加强钢丝绳垂度观测,尽可能减小钢丝绳垂度。

⑥牵引系统形成后应组织验收,并经试运行后方可投入使用。

(2)猫道施工。

①应在气温稳定的时段采用温度修正的方法,将预张拉后的钢丝绳在持荷状态下进行精确测长、下料、标记(位置+编号)。

②猫道承重索应按照左右幅对称、边跨与中跨连续的原则进行架设。

③猫道承重索全部架设完成后应逐根初调至设计垂度,高差应满足设计及规范要求。

④猫道面层铺设完成后,应对猫道高程进行整体调整,达到设计要求后,再根据设计要求进行抗风缆架设及制振索、阻尼器等制振系统安装。

(3)猫道拆除。

①主缆防护工程及检修道安装施工完成后,可进行猫道拆除工作。

②拆除前应利用锚固调节系统适当收紧承重索,使其恢复悬链线受力状态。

③宜分节段拆除猫道面层和底梁,应遵循由高处向低处,中、边跨对称的则进行拆除。

④猫道承重索拆除时,应按照先内侧后外侧的顺序进行,上下游对称施工。

⑤拆除过程中,应采取措施保护主缆、吊索和桥面附属设施等不受损伤。

6.7.4.3 主缆架设

(1)索股牵引。

①索股牵引过程中同一牵引系统中的两台卷扬机应保持同步运行,收、放速度匹配,且被动卷扬机应保持一定的反拉力。

②索股牵引速度宜控制在20~30m/min,经过锚碇门架、猫道门架、塔顶门架时,应适当降低牵引速度。

③索股放索装置宜采用设置力矩电机的被动放索装置,且反向张紧力可调。

④放索时,应间隔适当距离在索股上做好索股编号标记。

⑤主缆形状保持器宜在底层主缆架设完成后安装,如遇大风天气影响索股调整的,可提前安装,安装时不可约束基准索股及待调索股。

(2)索股入鞍。

①鞍槽处索股宜在厂内进行预整形。

②提升横移用握索器应进行专门设计,且紧固用螺栓应分次紧固到位。

③现场整形时,鞍槽处索股整形后顶层钢丝总宽度应与对应槽口一致。

④索股入鞍顺序,应按照主索鞍处由边跨侧向主跨侧,散索鞍处由锚跨侧向边跨侧顺序进行。

⑤索股入鞍时应注意着色丝在鞍槽内的位置。

(3)索股垂度调整。

①索股调整前,监控单位应根据跨径、索鞍预偏量、索股垂度高程以及温度,计算索股移动量与各跨跨中垂度、温度变化的对应关系数据表。

②应采用先主跨后边跨、再锚跨的索股调整顺序。

③在绝对垂度满足设计及规范要求的同时,进行上下游两根基准索股的相对垂度调整。

④索股垂度调整完成后,应采用临时固定措施限制索股在鞍槽内的滑移,并在索股上做好固定标记。

⑤一般索股调整采用相对基准索调整方法,索股较多时,可增设基准索股。

(4)紧缆。

①预紧缆前应进行索股梳丝、清理工作。

②预紧缆应在气温稳定的夜间采用"二分法"分段进行。

③正式紧缆前应进行主缆紧缆回弹率试验,确定主缆紧固工艺。

④紧缆顺序应从低处向高处进行,紧缆挤压点的间距宜为1m。

⑤紧固蹄相互重叠,与主缆接触无挤压钢丝后方可加压,加压过程应持续观测。

6.7.4.4 索夹、吊索安装

(1)索夹安装。

①索夹安装时应核对编号,安装顺序,宜遵循由低处向高处的原则。

②正式张拉前应再次确认索夹安装位置。

③索夹在主缆上精确定位后应立即紧固螺栓,且应保证各螺栓受力均匀。

④索夹紧固时应采用偶数套千斤顶,并遵循中间向两侧原则进行对称张拉。

⑤张拉合格的螺杆应进行标记,防止螺杆重复张拉或漏张拉。

⑥索夹螺杆紧固应按安装时、加劲梁吊装后、全部二期恒载完成后三个荷载阶段分步进行,对每次紧固的数据应进行记录并存档。

(2)吊索安装。

①吊索安装顺序宜根据吊梁顺序确定,吊索应在相应梁段吊装前完成安装。

②吊索安装前应核对吊索安装位置、方向。

③吊索纵移下滑过程中应启用反拉系统。

④吊索下放过程中,猫道开口处需设置导向滑轮,防止吊索摩擦猫道面网。

⑤吊索安装时应结合索股上盘方式,确保索股弯折部位半径满足规范要求,同时应及时纠正可能出现的索股吊索扭转、索芯外露等情况。

6.7.4.5 主缆缠丝

(1)缠丝作业宜在二期恒载完成后进行,如提前进行缠丝作业,应通过计算确定缠丝张力调整值。

(2)缠丝的总体方向宜由高处向低处进行,2个索夹之间应自低到高进行。

(3)缠丝始端应嵌入索夹内不少于3圈或符合设计要求,并宜施加固结焊。

(4)钢丝缠绕应密贴,缠丝张力满足监控指令要求,缠绕钢丝接头宜采用碰接焊工艺,节间缠丝每间隔1~1.5m宜进行一次并接焊。

6.7.4.6 附属工程

(1)主缆检修道安装。

①主缆检修道钢丝绳下料长度应进行计算确定,钢丝绳宜在厂内完成单端锚头灌注,剩余锚头在检修道安装完成后进行现场灌注。

②检修道立柱与索夹预留安装孔应连接紧密。

③检修道钢丝绳涂装宜在桥位区牵引至猫道后进行。

④检修道钢丝绳紧固力应满足设计要求。

(2)缆套安装。

①缆套在主缆防护工作全部结束,主索鞍鞍罩及锚碇锚室前墙完成后进行安装。

②缆套安装前应对紧固索夹、鞍罩、前墙等结构位置进行量测。

③缆套安装前应对主缆索股表面进行清理,并按设计要求完成涂装处理。

④缆套安装完成后,并按设计要求进行密封涂装。

(3)主索鞍鞍罩安装。

①主缆附属设施安装完成、塔顶门架拆除后进行主索鞍鞍罩安装。

②主索鞍鞍罩施工前应对塔顶预埋件进行检测,安装过程中应采取临时稳定措施。

③鞍罩分块尺寸及重量应结合起吊设备参数、施工情况等综合考虑确定。

④焊缝应进行探伤检测。

6.8 预制梁板

6.8.1 预制梁类型及适用

目前国内常规的简支、连续预制装配式桥梁有矮T梁、装配式预应力混凝土小箱梁、装配式预应力混凝土T梁,选取经济合理、造型美观的截面形式及合理的桥面宽度,对于控制桥梁结构的工程投资至关重要,各主梁形式结构特点及使用性如表6.8.1-1所示。

常规预制梁类型及适用条件一览表　　　　　表6.8.1-1

结构类型	矮T梁	小箱梁	T梁
适用跨径（m）	10\13\16\20	20\25\30\35\40	20\25\30\35\40\45\50
适用情况	建筑高度低、自重轻、造价低,适用于中小跨径、净空受限区	适应性强,建筑高度相对低。桥下视觉效果较好,整体性好,适用于重载车辆多的桥梁	跨越能力强,建筑高度高。桥下视觉效果差,较适用于重载车辆多的桥梁
受力特点	简支安装,截面刚度大,横向刚接,横向整体性相对较好,结构简支、连续均可	简支安装,截面刚度大,横向整体性好,结构连续、简支均可	简支安装,截面刚度较大,横向整体性相对差,结构连续、简支均可
施工工艺	T梁预制、无内模,脱模便利,吊装重量较小,安装、运输方便。横向横隔板现浇接缝多	预制需设置内模,吊装重量大,对运输、安装设备要求高。横向现浇接缝较少	T梁预制、脱模便利,吊装重量较小,便于安装,但横向横隔板现浇接缝多
使用性能	解决了空心板铰缝脱落及桥面纵向裂缝问题,耐久性较好	外形较美观,行车平顺,后期维护工作较少	外形一般,预应力张拉后上拱偏大,影响桥面线形,行车较平顺,后期维护工作较少
主推跨径(m)	16\20	25\30	40\50

根据上表综合比选可知,T梁由于跨越能力强、吊装重量较小,常用于山区运输条件较差、吊装设备安装较困难的地区;小箱梁由于横向整体性较好、建筑高度较低、造型较美观,一般较多应用于平原微丘区以及城市高架桥等运输条件好、便于采用大型吊装设备地区的道路建设。

6.8.2　梁厂建设

相关内容详见本书第4章临时建筑"普通预制梁厂""智慧梁厂"内容。

6.8.3　梁板预制

6.8.3.1　工艺流程

梁板预制施工工艺流程见图6.8.3-1。

6.8.3.2　施工准备

(1)施工单位应按合同文件要求组织人员、机械设备和试验检测仪器,建立相应的施工管理机构制定现场管理的各项规章制度,落实管理措施。人员和机械设备如需更换,应按合同约定的办法和程序办理。

(2)工程所用的各类机械设备应符合施工组织设计或方案的要求,检验合格证明文件应齐全。

(3)应加强材料进场质量检验,且施工单位应建立工程材料管理台账,记录生产厂家、出厂日期、进场日期、数量、规格、批号及使用部位。在指定地点、按规定方式进行储存或堆放,以便随时提供给工程使用。

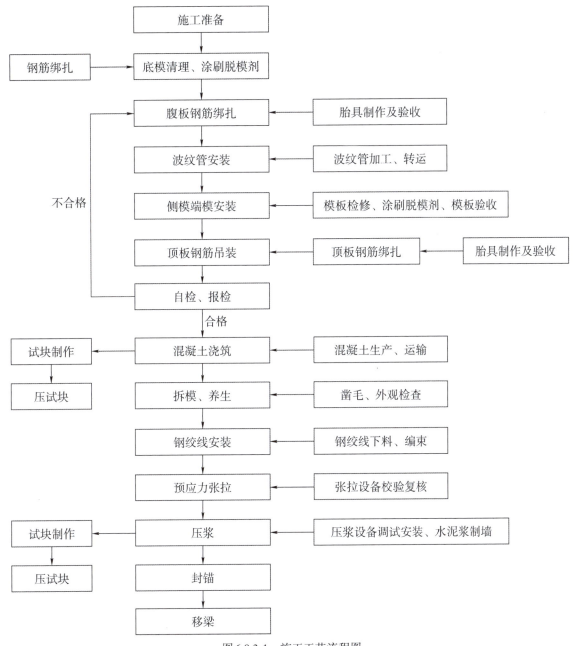

图 6.8.3-1　施工工艺流程图

6.8.3.3　钢筋加工及安装

（1）一般规定。

①钢筋应有出厂质量保证书和试验报告单,并进行力学性能试验,监理工程师应按频率进行抽检。

②钢筋运输、存放应避免污染,加工完后应按不同钢种、等级牌号、规格及生产厂家分批存放钢筋,存放必须做到"上盖下垫"。

③应选择采购符合国家标准的钢筋,对有锈蚀、麻坑、裂纹夹沙等缺陷的产品应予剔

除,不得使用。

(2)钢筋加工。

①钢筋的表面应洁净,加工前对表面的油渍、漆皮、鳞锈等清除干净。钢筋应平直、无局部弯折,成盘的钢筋和弯曲的钢筋均应调直。

②钢筋宜采用数控化机械设备在专用厂房内集中下料和加工,其形状、尺寸、连接接头、弯制和端部的弯钩应符合设计及规范规定。

③钢筋弯曲加工时,应先做样板,再按设计规格一次弯曲成型,不得反复弯折或调直后再弯,严禁热弯成型。

(3)钢筋连接。

①钢筋的连接宜采用焊接接头或机械连接接头。

②对轴心受拉和小偏心受拉构件中的主钢筋均应焊接,不得采用绑扎连接。受力钢筋的连接接头,应设置在内力较小处,并应错开布置。

③如采用电弧焊,搭接长度应满足规范要求,并应保证钢筋轴线在同一直线。钢筋直径大于或等于25mm时,应采用滚轧直螺纹等机械连接方式。

(4)钢筋绑扎和安装。

①钢筋在绑扎、安装时宜采用定位架准确定位,伸缩装置及防撞护栏预埋筋、翼缘湿接缝环形钢筋宜采用辅助措施进行定位;横隔板钢筋宜采用定位架安装,确保位置、间距符合设计要求。

②混凝土浇筑后,对外露的预埋钢筋,选择合适的防锈处理。

③钢筋与模板之间应设置结构物同强度垫块,垫块应与钢筋绑扎牢固,布置的数量应不少于4个/m²,且其绑丝的丝头不应进入混凝土保护层内。

④部分钢筋位置冲突时,严禁随意切割,钢筋避让时,应遵循普通钢筋避让预应力钢筋、次要钢筋避让主要钢筋的原则。当无法避让时,经设计和监理工程师同意后可适当改变冲突处钢筋的加工形状。

6.8.3.4 锚具安装

(1)在钢筋绑扎安装过程中,锚下加强钢筋与锚下螺旋筋按设计要求布设,螺旋筋与锚垫板相匹配。

(2)安装锚具时,垫板平面必须与钢束管道垂直且垫板注浆孔应朝上,锚孔中心对准管道中心,在施工过程中要防止割炬和焊渣对其的损害,防止浇筑混凝土时产生位移。

6.8.3.5 模板施工(图6.8.3-2)

(1)一般规定。

①严格按照已批复的施工设计图纸进行模板制作。

②组装前应对构件的几何尺寸和焊缝进行全面检查,合格后方可进行组装。

③模板使用前应进行试拼,试拼合格后方可使用。

图 6.8.3-2 模板拼装

（2）组合钢模板注意要点。

①模板使用前，先将模板表面清理干净，去除污垢或铁锈后，涂上适量脱模剂并进行保护，不得采用废机油脱模。

②模板吊装采用合格的索具，专人指挥，起吊应平稳、缓慢，应有防倾覆措施。

③模板拼缝要求粘贴双面胶，连接螺栓要求上齐拧紧，同时对预留孔洞、拼接缝等容易漏浆部位，采用泡沫填缝剂等措施进行封堵。

④模板在安装过程中须采取临时支撑措施避免倾覆，模板安装完成后应及时将对穿拉杆锁紧。小箱梁预制时需采取措施防止内模上浮，如模板顶面设置横梁反压等。

（3）液压整体模板控制要点。

①进场使用前必须对模板单块的结构尺寸进行校对，是否符合设计要求，表面平整度是否达到要求。

②模板与液压行走台车组装完成后，检查模板整体长度是否达到设计长度，各拼缝之间的螺栓连接是否牢固，与液压行走台车的连接是否可靠。

③对行走机构和液压油缸进行初步调试，进行纵向行走、水平移动等动作。在调试过程中，注意各连接部位是否有松动现象，检查行走轨道的固定是否牢固。

④每次模板使用完成后，应及时检查液压泵站的液压油存量及各油路管路是否存在漏油现象，如果存在问题应及时进行维修，补加液压油。

6.8.3.6 混凝土施工

（1）浇筑时采用斜向分段、水平分层的浇筑方式，左右侧同时对称浇筑，平面位置端头一侧至跨中，立面底板至腹板完成，然后再从跨中至端头，重复底板至腹板完成，最后一次性浇筑完顶板混凝土。按底板、腹板、顶板顺序浇筑。

（2）梁长大于20m的组合箱梁、宽幅空心板宜由梁两端同时向跨中施工，按底板、腹板、顶板的顺序浇筑混凝土。

(3)料斗移位时,应防止混凝土洒落在顶板内模上形成干灰或灰渣;侧腹板混凝土的下料和振捣应对称、同步进行,以避免内模偏位。

(4)模板边角、锚垫板下、预应力管道位置处等大型振动器振动不到的地方应辅以小型插入式振动器(图6.8.3-3),预制梁顶板可采用平板振动器振捣。对T梁马蹄部位宜增设附着式振动器。

图6.8.3-3　混凝土浇筑及振捣

(5)预制梁的拆模时间应严格控制,防止顶板及翼板塌陷造成腹板上方顶板产生纵向裂缝。

(6)箱梁防止内模上浮的反压装置宜在完成底、腹板混凝土浇筑后安装。顶板浇筑前逐段解除反压装置,不宜在顶板浇筑后立即解除反压装置,以防内模反作用力在混凝土强度形成前使箱梁内腔顶板倒角处出现裂缝。

(7)夏季浇筑气温较高,尽量避开高温时段施工,浇筑过程由专人对腹板喷水降温,确保模板和混凝土温度;冬季施工气温较低,当室外温度小于或等于5℃时,拌和混凝土时适量加入早强剂提高混凝土早期强度。

(8)顶板混凝土浇筑完毕应及时进行收面(图6.8.3-4)、拉毛(图6.8.3-5)。

图6.8.3-4　混凝土收面

图 6.8.3-5　混凝土面拉毛

6.8.3.7　模板拆除及凿毛

（1）混凝土达到拆模强度后,方可进行模板拆除,拆模顺序建议采用内模→侧模→端头。拆除时必须保证成品混凝土棱角完整。

（2）凿毛施工应凿除已浇筑混凝土表面的水泥砂浆和松软层,凿毛露出的新鲜混凝土面的面积不低于总面积的75%,靠近预应力孔道进行凿毛施工时,应注意预应力管道的保护,并应加强普通钢筋位置及梁顶板位置凿毛施工（图6.8.3-6）。

（3）在浇筑新的混凝土前,应在梁端凿毛后的混凝土表面刷一层水泥净浆。

图 6.8.3-6　混凝土凿毛

6.8.3.8　蒸汽养生

预制梁模板全部拆卸完成后,由移动台座携梁行走至固定蒸养室内,蒸养室由智能恒温系统通过蒸汽发生器生物质锅炉和专用蒸汽管道对梁板进行全方位蒸养,保证梁体蒸养温、湿度条件。

当采用蒸汽养生时,除应符合《公路桥涵施工技术规范》（JTG/T 3650—2020）第6章的规定外,当采用蒸汽养生时尚宜分为静停、升温、恒温、降温及保湿养生5个阶段。静停期间应保持蒸养棚内的温度不低于5℃;混凝土浇筑完成4h后方可升温,且升温的速度应不大于10℃/h;恒温时应将温度控制在50℃以下,恒温时间宜由试验确定;降温的速度应不大于5℃/h;蒸汽养生结束后,应立即进入保湿养生阶段,且养生时间宜不少于7d。蒸养期间、拆除保温设施及模板时,梁体混凝土表层的温度与环境温度之差应不大于15℃。

6.8.3.9 智慧台座循环

在台座上的预制梁板完成移梁工序后,进行移动台座流转工序。两台横移小车(图6.8.3-7)行走至移动台座底下将移动台座顶起脱离轨道,横移小车携移动台座移动至回程轨道,待移动台座与轨道对齐后缓慢下放,完全脱离移动台座,横移小车移动至横移轨道上,移动台座在回程轨道上行走至内模安装区完成流水线循环,开始预制下一片梁板。

a)

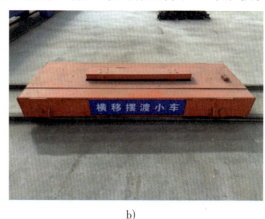
b)

图6.8.3-7 移动台座横移摆渡小车

6.8.3.10 预应力施工

(1)预应力筋进场应进行分批验收,进场时除按合同检查质量保证书,核对数量、型号、规格及有关试验检测报告外,还应加强外观质量和单位长度质量检验。

(2)张拉时构件的混凝土强度、弹性模量(或龄期)应符合设计规定;设计无规定时,混凝土的强度应不低于设计强度等级值的80%,弹性模量应不低于混凝土28d弹性模量的80%。当采用混凝土龄期代替弹性模量控制时应不少于5d,弹性模量应按照同强度等级实际配合比拌制混凝土试验确定。

(3)在穿钢绞线前,应对孔道进行清孔,以清除孔道内杂物和水分;预制梁厂应配备钢绞线整束穿束机,预应力钢绞线穿束施工应采用预先编束后整束穿孔工艺。

(4)所用锚具均应符合设计和规范要求,张拉所用的千斤顶和压力表应通过校检标定,千斤顶宜采用自动张拉设备,并按规范要求定期送检,进行校验。千斤顶和压力表在施工过程中应配套使用。

(5)应对穿入张拉管道的预应力钢绞线原材料进行保护,采取覆盖、包裹塑料布等措施防止钢绞线锈蚀。不得在钢绞线原材料存放场地及已穿钢绞线的T梁端部附近进行焊接作业,防止焊渣溅落到钢绞线上。

(6)预应力筋的张拉顺序应符合设计规定;设计未规定时,可采取分批、分阶段的方法对称张拉。采用两端张拉时,宜两端同时张拉,或先在一端张拉锚固后,再在另一端补足预应力值进行锚固。

(7)预应力筋采用应力控制方法张拉时,应以伸长值进行校核。实际伸长值与理论伸长值的差值应符合设计规定。设计未规定时,其偏差应控制在±6%以内,否则应暂停张拉,待查明原因并采取措施予以调整后,方可继续张拉。对环形筋、U形筋等曲率半径较小的预应力束,其实际伸长值与理论伸长值的偏差宜通过试验确定。

(8)预应力筋张拉时,应先调整到初应力σ_{con},该初应力宜为张拉控制应力0的10%~25%,但在实际张拉操作中,需要根据实际情况进行取舍;钢束长度在30m以下时,初应力一般取10%~15%;钢束长度为30~60m时,取15%~20%;钢束长度大于60m时,取上限25%控制应力作为初应力;钢束长度过长(如超过100m)时,25%的上限亦有可能达不到初应力的目的,对这种情况,则需要通过现场试验来确定其初应力的大小,伸长值应从初应力时开始量测。预应力筋的实际伸长值应为量测的伸长值与初应力以下的推算伸长值总和。后张法预应力筋张拉程序可参考表6.8.3-1。

后张法预应力筋张拉程序 表6.8.3-1

锚具和预应力筋类别		张拉程序
夹片式等具有自锚性能的锚具	钢绞线束、钢丝束	普通松弛预应力筋:0→初应力→1.03σ_{con}(锚固)
		低松弛预应力筋:0→初应力→σ_{con}(持荷5min锚固)
其他锚具	钢绞线束、钢丝束	0→初应力→1.05σ_{con}(持荷5min)→σ_{con}(锚固)
		0→初应力→1.05σ_{con}(持荷5min)→0→σ_{con}(锚固)
螺母锚固锚具	螺纹钢筋	0→初应力→σ_{con}(持荷5min)→0→σ_{con}(锚固)

(9)为保障预制梁使用寿命,应保证梁板养生时长不低于10d,减少后期混凝土裂纹。

(10)预应力筋在张拉控制应力达到稳定后方可锚固。对夹片式锚具,锚固后夹片顶面应平齐,其相互间的错位不宜大于2mm,且露出锚具外的高度不应大于4mm。锚固完毕并经检验确认合格后方可切割端头多余的预应力筋,切割时应采用砂轮锯,严禁采用电弧进行切割,同时不得损伤锚具。

(11)切割后预应力筋的外露长度不应小于30mm,且不应小于1.5倍预应力筋直径。锚具应采用封端混凝土保护,当需长期外露时,应采取防止锈蚀的措施。

(12)宜采用预应力智能张拉系统,设备由计算机控制,满足左右对称两端同步长拉作业条件,精确控制张拉力的大小,精确测量预应力伸长量。

6.8.3.11 预制梁封锚和孔道压浆

(1)预应力筋张拉完毕48h内应完成压浆。总数大于500片的预制梁厂应建设集中制浆站;压浆工艺应采用智能压浆设备进行循环压浆,并使用一次性止浆阀止浆。预应力孔道压浆应采用专用压浆料,压浆材料应进行进场检验。

(2)孔道压浆机应采用活塞式可连续作业的压浆泵,不得采用风压式压力泵;孔道压浆宜采用循环压浆工艺,采用自动化、智能化压浆施工及记录设备,以提高压浆质量稳定性和施工安全。

(3)压浆时,应从曲线孔道和竖向孔道最低点的压浆孔进入;对结构或构件中以上下分层设置的孔道,应按先下层后上层的顺序进行压浆。同一孔道的压浆应连续进行,一次完成。压浆应缓慢、均匀地进行,不得中断,并应将所有最高点的排气孔依次打开和关闭,使孔道内排气通畅。

(4)浆液自拌制完成至压入孔道的延续时间不应超过40min。浆液在使用前和在压筑过程中应连续搅拌,对因延迟使用所致流动度降低的水泥浆,不得通过额外加水增加其流动度,必须废弃。

(5)对水平或曲线孔道,压浆的压力宜为0.5~0.7MPa;对超长孔道,最大压力不应超过1.0MPa。压浆的充盈度应达到孔道另一端饱满且排气孔排出与规定流动度相同的水泥浆为止,关闭出浆口后,应保持一个不小于0.5 MPa的稳压期,该稳压期的保持时间宜为3~5min。

(6)孔道压浆应自下而上进行,并应设置阀门,阻止水泥浆回流。

6.8.3.12 厂内移梁、存梁

(1)预制梁采用门式起重机吊运,吊运采用兜托梁底起吊。预制构件存放时,支点处应采用垫木和其他适宜的材料进行支承,不得将构件直接支承在坚硬的存放台座。上层梁储存时,用枕木结合楔块,在两侧翼板处及横隔板进行支撑牢固,防止失稳倾覆。

(2)按编号有规划地存放,以方便架梁时取梁。

(3)在梁的两头设置牢固的存放支座,使梁处在简支状态下保存,不得将梁直接放在地上,以免地面不平引起梁片上部受拉而使梁上部产生裂缝甚至断裂。

(4)做好存梁区的排水工作,防止地表水冲刷存梁地面引起下沉。存放时间不宜大于90d。

6.8.3.13 预制梁厂建设要点

(1)预制梁厂选址应避开泥石流区、滑坡区、洪涝区等不良区域以及取(弃)土场、高压线路,与办公区和生活区的安全距离应满足相关规范的要求。

(2)预制梁厂宜选在线路附近、梁板运输便利、桥梁相对集中的位置。在条件严重受限时,可考虑将预制梁厂设立在服务区、停车区或主线路基上。

(3)预制梁厂设置在主线路基上时,应尽量设置在路基挖方段。设置在填方路堤上时,应对场地分层碾压密实,避免不均匀沉降;并应与工程进度和后期路面施工统筹考虑,尽可能减少对路面施工的影响。条件具备时,预制梁厂硬化场地宜考虑作为路面结构层使用(设计单位应对预制梁厂路段路面结构层进行单独设计),以利于环保并减少后期破除混凝土的工作量。

(4)预制梁厂建设标准应符合《湖北省高速公路建设标准化指南》的相关要求,梁厂建设规模和设备配置应与预制梁板的数量和工期要求相适应。

(5)预制梁养生宜采用自动喷淋养生系统,养生用水须循环利用,沉淀池、循环池应满足要求。

6.8.3.14 梁板预制要点

(1)梁板预制施工。

①制梁顺序:制梁顺序应与架梁顺序一致。同一孔跨的梁板,其预制施工的龄期差不宜超过10d。

②模板加工:预制梁外模和底模宜采用复合不锈钢板或不锈钢板制作,并有足够的强度和刚度。外模应设置可拆卸施工平台,防止施工人员在钢筋上行走影响顶板平整度和钢筋保护层。

③钢筋制作安装:钢筋应采用数控设备加工制作,在专用胎架上绑扎成型,并采用整体吊装的方式安装。钢筋在绑扎、安装时宜采用定位架准确定位,伸缩装置及防撞护栏顶埋筋、翼缘湿接缝环形钢筋宜采用辅助措施进行定位。

④混凝土施工:预制梁的拆模时间应严格控制,防止顶板及翼缘板塌陷造成腹板上方顶板发生纵向裂缝。箱梁施工应做好防止内模上浮措施。

⑤预应力施工:预应力管道安装应明确管道材质要求、接头连接方式,定位网布置间距等。预应力筋张拉施工应明确张拉设备、混凝土强度龄期要求、预应力筋穿索方式、张拉方式、张拉顺序、张拉控制应力等。预应力压浆应明确压浆设备、材料。

(2)梁板存放。

预制梁应按其安装的先后顺序编号存放,预应力混凝土梁、板的存放时间不宜超过3个月,特殊情况下不应超过5个月。梁板存放应符合设计要求,设计文件没有规定时,小箱梁叠放层数不得超过2层。存梁时,应采用枕木支垫,上下支垫点应当在同一条垂直线上,并尽可能地在梁板支点上。存梁的边侧支撑,上支撑点应在翼板根部,下支撑点应落在牢靠的地基上。小箱梁、T梁存放时端头两侧应采取支撑设施,确保存放稳定不倾覆。

(3)梁板运输。

应对运梁线路进行详细路况调查,确保运梁通道宽度、线路纵坡横坡、最小曲线半径、路基及结构承载力等符合要求。梁板运输应做好临时支撑及捆绑、上下坡防溜车等安全措施。

(4)梁板架设。

①采用起重车双机抬吊时宜选用同类型或性能相近的起重车,起重量分配应经计算确定,单机荷载不得超过额定起重量的80%。起重机行走通道和站位区域地基承载力应满足要求。

②运梁车在上下坡、停放或喂梁时,轮胎最前端应采取防滑、防溜措施。

6.8.4 梁板安装

当桥梁架设规模较大时且在高空高墩上,一般采用架桥机,架桥机是当前高速公路架梁施工中使用的重要设备,这种设备能够克服施工的恶劣环境,而且具有操作简单、稳定性好、承载能力强、结构质量轻等优势,为高速公路施工带来了极大的便利。

当桥梁架设规模较小时,一般采用汽车起重机等传统吊装设备进行梁体架设,该方法不但避免了架桥机安拆所产生的巨额费用,而且施工灵活,其他施工工序对其影响较小,因此在施工规模较小时一般采用该方法。具体方案可参照表6.8.4-1。

比选分析表　　表6.8.4-1

比选内容	架桥机架设	起重车架设
技术分析	不受墩柱高度、桥位场地限制	机动性好,转移迅速
	在高速公路或人口密集的市区进行施工时,架桥机会牵涉到路况、交通管制和行车安全等问题	对路面要求较高,下部施工时虽已进行平整,但重车行走范围仍需进行平整、压实
经济分析	预制梁超过3跨,场地受限高,采取架桥机经济性高	预制梁不超过3跨时,场地平整,利用机械设备进场,起重车经济性高
安全隐患	架桥机倾覆	起重车倾覆
	提梁钢丝绳断裂	提梁钢丝绳断裂
	高空作业坠落	高空作业坠落
	施工用电设备较多	用电需求较小
质量控制	平面位置、高程控制	
环保控制	无较大污染源和破坏环境因素	

6.8.4.1 架桥机比选

预制梁安装根据单导梁架桥机和双导梁架桥机施工的安全、质量、经济、进度等方面进行比选,安装设备宜采用双导梁架桥机,安装设备选型应根据梁长、梁重、梁体所处曲率半径、纵横坡及周边环境综合选择,方案比选可参照表6.8.4-2。

方案比选表　　表6.8.4-2

序号	项目	施工方案		备注
		方案1:单导梁架桥机	方案2:双导梁架桥机	
1	安全	主导梁承受弯扭组合荷载,稳定性差	承载力高,整机稳定性强	
2	质量	承载力小,不适用大跨径梁架设	承载力高,质量可靠	
3	经济	结构自重轻,利用系数高,经济性强	结构尺寸大,成本较高	
4	进度	横移困难,架设边梁不方便,落梁需要多次调整	梁片直接从运梁车上起吊,无须换装就可一次架设到位	

6.8.4.2 架桥机参数

JQ160t-30m和JQJ160t-30m步履式双导梁架桥机(使用架桥机进行安装作业时,其抗倾覆稳定系数应不小于1.3,架桥机过孔时,抗倾覆系数应不小于1.5)主要用于直桥、斜桥、曲线桥的预制梁架设,能够满足桥线制梁、梁厂制梁等工况,可携边梁一次横移到位,实现全断面机械化移、落梁。

装配步履式双导梁架桥机,采用三角桁架作主要承载受力构件单元(如纵导梁、横导梁),单元间采用销轴连接。主导梁前端设置引导梁,质量轻,过孔安全可靠。

采用步履过孔,桥机不需铺设纵移轨道;采用支点游动支撑可适应小于或等于30m的不同跨径桥梁安装;采用铺设横移轨道实现全断面架梁到位。该机配置自力纵、横移走行装置、纵导梁步履走行装置和吊重行车,用以实现安全过孔,吊、放梁体的三维运动。

采用拼装式设计,易于拆装、运输,便于转移工地,经济性好。其主要性能参数见表6.8.4-3。

架桥机主要性能参数表　　　　表6.8.4-3

主要参数				
额定起重量		160t	架梁跨度/桥机跨度	30m
整机工作级别		A3	最大架设纵坡	±4%
小车轨距		1.2m	整机宽度	13m
整机高度		11m	整机总功率	79.1kW
整机长度		66m	起升速度	0.56m/min
过孔速度		1.9m/min	小车横移速度	2m/min
小车纵移速度		3m/min	主钩左右极限位置	—
整机横移速度		2m/min	整机重量	150000kg
最大轮压		260kN	—	—
主要结构形式			桁架	
主体结构形式			三角桁架	
吊具形式			滑轮	
操纵方式			遥控	
工作机构主要特性				
起升机构	起升速度	倍率	16	电机型号/数量	YZR180L-6
		速度	0.56m/min	功率	15kW
		相应额定起重量	80t	制动器型号	YWZB-300/45
	工作级别		M3	制动力矩	630N·m
	卷筒直径		400mm	定滑轮直径	350mm
	钢丝绳型号		21.5mm	大/小车轮直径	400mm
大车行走机构	速度		1.1m/min	功率	3kW/2.2kW
	工作级别		M3	制动器型号	—
	电机型号/数量		ZDY123-4-2.2 YEZ22-4-3.0	制动力矩	— 42N·m
	减速器型号		BLEN42-473-2.2 BLEN42-473-3	传动比	473
	大车车轮踏面直径		360mm 460mm	适应轨道	P43

6.8.4.3 工艺流程

(1)预制梁运输与安装整体施工工艺(图6.8.4-1)。

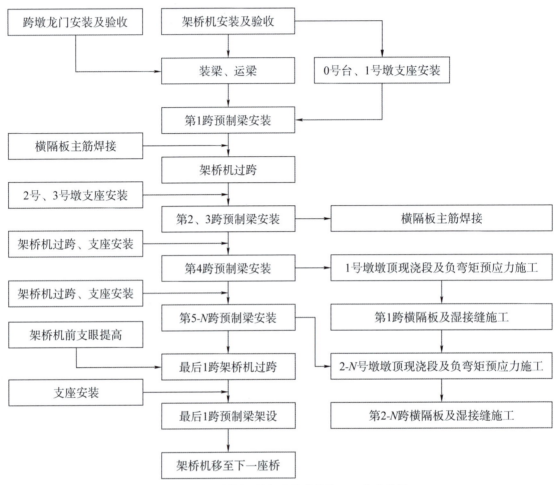

图6.8.4-1 预制梁运输与安装整体施工工艺流程图

(2)预制梁架设施工工艺。

预制梁架设施工流程如6.8.4-2所示。

6.8.4.4 主要施工方法

(1)施工准备。

①预制梁架设前,对运梁线路、临时用电、门式起重机、架桥机以及运梁车进行全面检查。

②运梁通道必须坚实平整,采用压路机碾压密实,保证炮车重载情况下平稳运行,不出现颠簸现象;道路拐弯半径满足炮车性能要求;已架设好的梁跨,对炮车经过梁片上露出的钢筋接头等进行处理,不能有尖锐物体,以免损坏炮车轮胎。架梁前,须事先进行桥台台背回填。台背回填严格按照规范要求组织施工,以防架桥机横移过程中出现下沉。

③清除地面及空中障碍。

④做好线路、桥梁中线贯通测量工作,核实线间距、线路基桩、桥梁支座十字线、垫石高

程、支座锚栓孔位置、深度、尺寸等设置情况。

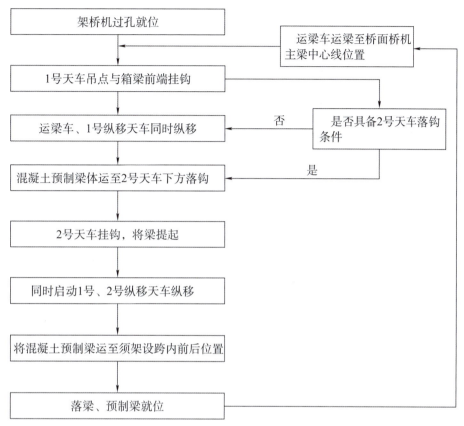

图 6.8.4-2　预制梁架设施工流程图

⑤墩台帽由测量队用全站仪放出轴线,纵、横控制点,然后依据图纸设计尺寸逐个用墨线弹出固定支座、桥台背墙与梁体轴线对应的安装位置,确保梁体就位后上下垂直、表面平整、线形顺畅。

⑥在对支座及梁体安装位置放样好之后,对每个点位进行高程测量和计算,当支座或支座垫石处的高程有误时,严禁采用未经过防腐处理的钢板垫在支座下,并与台帽、盖梁或支座垫石黏接牢固。

⑦主梁混凝土强度及孔道压浆强度达到设计要求时方可起吊移梁。在移动、运输、起吊、安装过程中均需两点搁置,采用穿索兜底的吊装方法,吊点可在支座内侧不大于30cm的范围内,采用护梁铁瓦对梁体保护。主梁在移动、吊装过程中要保持主梁轴线垂直,严防倾斜,注意横向稳定。

⑧架桥机移位架梁前,须进行空载试验、静载试验及动载试验,试验合格后进行架设施工,确保架桥机不带病作业。

a.空载试验。

提升小车空载沿主梁轨道来回行走数次,车轮无明显打滑现象,启动、制动正常可靠。

开动提升机构,空钩升降次数,开关动作灵敏准确。

把两台提升小车移动至跨中,整机在前后5m范围内行走数次,启动、制动正常可靠,车轮无明显打滑现象。

b.静载试验。

先起升额定荷载,再起升1.25倍额定荷载离地面100mm处,悬停10min后卸去荷载,检查架桥机主梁是否有残余变形,反复数次后,主梁不再有残余变形。

c.动载试验。

以1.1倍额定荷载使起升机构和提升小车在5m范围内慢速反复运转,各制动机构及电器控制应灵敏、准确可靠,主梁振动正常,机构运转平稳。卸载后各机构和主梁无损伤和永久变形。

上述试验专业检测单位进行观测,确定合格后方可使用。

(2)装梁、运梁。

①装梁。

a.预制梁装梁运输之前,对预制梁进行全面检查,合格后进行吊装作业。

b.吊装前,使用护梁铁瓦或橡胶对捆绑点梁体混凝土进行保护,预制梁采用兜底法提梁及横向移至运梁台车上方,然后平稳落梁。在制作预制梁台座时,设置预制梁起吊所需的活动底模板,必须保证梁片重心落在台车纵向中心线上。预制梁起吊时整个钢丝绳外兜梁体,钢丝绳与梁体接触部位采用内直角外圆弧形的钢制护角模板进行防护,防止破坏梁体棱角及刮伤钢丝绳造成断丝。

c.预制梁运输采用1组(两台)运梁车进行运输。运梁前,运梁车停放在梁厂运梁通道上,支撑横梁的距离按照该片预制梁两端横隔板之间长度控制。

d.在运梁车支撑横梁(可旋转)的卡槽内垫放橡胶或硬质方木,以保护梁片混凝土。

e.运梁车支撑横梁上放置钢支撑在梁体端部两侧端横隔板底部,并采用专用支撑支垫稳固,每侧加固两处,两侧共4处(运梁车上梁体两侧各1处),防止梁体左右方向倾斜。

f.采用5t手动葫芦固定梁体:葫芦一端固定在梁体翼板提梁孔上、一端拉在运梁车支撑横梁端部卡环上,左右两侧拉紧手动葫芦固定梁体,防止梁体左右方向倾斜(每侧加固两处,两侧共4处,运梁车上梁体两侧各1处)。

②运梁。

a.预制梁采用炮车进行运输,运梁前检查道路情况、胎压、制动系统、润滑系统及整体安全性。

b.梁端缝隙设置可靠搭板,防止车辆落入,经常检查搭板情况,发现情况立即整改。

c.遇到桥梁纵坡较大段落,设置防溜移保险设施。

d.运梁车安全警戒人员提前清除运输路线上的危险物品,防止钢筋等扎破轮胎造成运梁车失稳。

e.装载均匀对称,使梁片总重心投影落在车组纵中心线与车钩连挂中心横中心线交点上。

f.在运梁车运行过程中,必须至少两人(前后各一人)跟着运梁车,随时掌握运行情况,如有异常应立即通知操作人员停车检查,待维修人员维修好后再进行作业。

g. 当梁运到吊装的位置后,把运梁车停稳,松开支撑再进行吊装作业。

h. 为保证湿接头浇筑前运梁车顺利通过接头、保证梁体本身和运梁车都不受损害,须在各接头处运梁车轮胎通过的位置安放两块加劲盖板,盖板采用2cm厚的钢板,钢板长宽为1m×1m。钢板与预制梁钢筋临时固定,钢板边缘打磨成坡脚,防止损坏运梁车轮胎。

i. 预防梁体纵向滑移措施:根据线路设计,在驱动运梁车上(纵向梁端位置)焊接型钢支挡在梁体端部,高度50cm,防止运梁过程中梁体纵向滑移。

j. 在运梁车梁体运输过程中,副车和驱动车分别由专人进行全过程驾驶,预防梁片的支垫、支撑松动。运梁车重载速度为5m/min,由专人操作控制动力。

k. 在每一墩台湿接缝未施工好之前,采用型钢及3cm钢板作为临时支垫确保运梁车通行。

l. 及时在桥梁两侧及端部安装防护栏杆。

(3)箱梁安装顺序。

单跨箱梁安装顺序遵循由两侧向中间的原则架设,具体箱梁架设顺序如下:1号(边梁)、2号梁(次边梁)→5号(边梁)、4号梁(次边梁)→3号梁(中梁)(每架设一片梁,及时将相邻两片梁横隔板钢筋进行焊接,以增强稳固性)

(4)喂梁及箱梁安装。

①捆梁、吊梁。

a. 运梁车副车将梁片移至架桥机腹部,到达前端吊梁行车下方,捆绑作业时梁体底部马蹄转角与吊梁钢丝绳接触位置安放护梁铁瓦,以免破坏混凝土及割伤钢丝绳,同时捆绑钢丝绳保持垂直;确认捆绑稳固后1号起重行车垂直起吊,使梁体脱离运梁车支撑面,临时支撑后支腿,同时检查吊梁圈筒排绳并制动。

b. 前移前端吊梁行车,运梁车驱动车同步向前运输梁体。待梁体后端送到后端吊梁行车下方时,运梁车驱动车停止前行,并按照以上方式对梁体后端进行捆绑和起吊,吊起梁片后端使梁片脱离运梁车驱动车。退出运梁车,前、后端吊梁行车同步向前运输梁体。

c. 梁体的起吊及前移由专人指挥,保证操作同步;钢丝绳保持垂直,吊梁时必须保证梁体水平;在起吊梁片脱离运梁车后,对卷扬机进行两次制动试验,确保后方良好可走梁。

②移梁就位。

a. 架桥机上部的两台运梁小车起吊要平稳,速度保持一致,升降、快慢必须听从指挥命令,严禁擅自操作。起吊过程中,一定要做到平稳、安全可靠;且必须在梁的两端系手动葫芦控制方向,以避免碰撞,确保安全。

b. 梁体就位必须对准支座上预先施划的标志线,就位后检查梁体与支座之间是否有缝隙,必要时采用钢板支垫稳妥。

c. 落梁:两台吊梁行车前移至架设孔位后,下落梁体至距支承垫石或盖梁顶面最高点5~10cm,待梁体稳定没有晃动后驱动整机横移,梁片到达支座上方后,严格按照设计图纸调整梁片和支座的平面位置,经检查合格后方可落梁;梁体就位后,梁体端部横隔板采用硬质方木和木板支垫在盖梁或台帽上,边梁两端每侧采用专用支撑稳固;梁体就位后,对梁体安装位置、支座位置、支撑情况等方面再次进行检查,合格后方可拆除吊梁钢丝绳。

d. 相邻两片梁架设完成后,及时连接横隔板钢筋以增强梁体整体稳定性。必须焊接所有横隔板主筋,即梁两端部、梁中横隔板上下主筋,且连接相邻两片箱梁的横隔板钢筋必须与横隔板主筋规格型号一致。在箱梁的架设过程前必须确定梁体纵横向位置,并做好明显的标记。在架设过程中必须保证梁体平稳向前移动,不得急进急退,造成梁体在移动过程中晃动。箱梁采取兜底起吊,在箱梁前移到位后再进行横行移动,在落梁下放过程中必须保证慢速稳定,不得冲击支撑垫石、支座等。在梁体准确就位后,对梁体两端的两侧必须进行支撑,防止梁体倾覆。在一跨架设完成后前移架桥机,进行下一跨架设施工,直至架设完成。

(5)横移轨道支垫要求:枕木呈"井"字形布置,要求不超过三层,高度不够可采用增加钢筒作为支垫的形式,同时尺寸长度为60~100cm,宽度为20cm,厚度为2cm、6cm、8cm、10cm、20cm不等厚度的枕木可用作横移轨道调平。

(6)落梁及临时固定。

落梁前再次检查临时支座和永久支座是否安装到位。

临时支座采用壁厚不小于6mm的无缝钢管焊制成砂箱,砂箱内径为$\phi180mm$,侧边钻孔设置临时阀门封闭,内部填充细砂,使用前利用试验室压力试验机试压临时制作的承载力,确保1.5倍以上的安全系数,砂箱放置方式为单个梁端头左右对称放置2个,确保底部平稳牢靠,临时支座安装高度根据梁底高程确定,箱梁就位后,保证支座在无支撑力下和梁底钢板完全接触。

箱梁架设之前,首先将砂筒安装到位,梁板两端横梁采用木楔块支撑。临时支座安装时,高度应控制在30cm左右为宜,临时支座的高程控制按照设计永久性支座高程控制,误差不大于±2mm,使墩顶现浇段施工时与最终成桥状态最大限度接近。临时支座应在桥梁上部结构完成桥面系体系转换后及时拆除。

架设边梁、横移到指定位置后,在桥墩上侧用倒链拉在梁上两端,架桥机两台起吊桥式起重机同时慢速松钩。同时逐渐收紧倒链,直到边梁落到正确位置。

(7)支座安装。

①箱梁架设前完成支座安装。支座安装时,要精确找平垫石顶面,确定支座螺栓位置,并检查其孔径大小和深度,用高强度混凝土锚固螺栓。

a. 支座安装采用整体法进行安装。

b. 安装支座高程应符合要求,保持两个方向水平,其四角高差不大于2mm。

c. 支座上各个部件支座中心线应与支座垫石中心线对中。

d. 如有跨线施工时,应采取交通管制措施,避免吊物等意外安全事故发生。

(8)架桥机过跨。

①架桥机安装、验收完成后,准备过孔。

②前支腿和后支腿顶起,将中支移到架桥机前端,反托轮移到距后支30m位置,然后前支和后支落下。

③将桥式起重机运行到架桥机尾部。

④收起前支和后支,依靠中支和后托的纵移电机带动主梁向前。

⑤前小车走到后托轮位置时,后托下落,前桥式起重机吊起后托向前移动。

⑥到达后后托轮顶起,后桥式起重机吊起梁片,向前运行,前桥式起重机向后开,保持和后托轮位置不变。

⑦前支到达桥墩后前支和后支下落,过孔完成。

(9)其他箱梁安装。

①按上述步骤安装剩余梁片。

②最后一跨桥,架桥机前支腿必须在桥台上运行,前支腿高度应降低。架设最后一跨时,可把前支腿套管整个拆下,把行走箱和可旋转的铰链联结,然后将前支腿托梁连接起来,如高度不够,可使用枕木调整。

(10)不得采用将梁、板吊挂在架桥机后部配重的方式进行过孔作业。

(11)施工管理人员配备可参考表6.8.4-4。

施工管理人员一览表　　　　表6.8.4-4

序号	职务/职称	人数	工作内容/职责
1	项目经理	1	项目负责人全面负责项目管理工作
2	项目总工程师	1	负责工程技术指导、工程质量控制
3	项目安全总监	1	负责安全、环水保监督管理
4	项目副经理	1	负责架桥机现场进度、质量、安全总协调
5	质检工程师	1	负责质量监督、指导
6	试验室主任	1	负责试验检测工作、混凝土控制
7	测量队队长	1	负责施工放样、箱梁平面位置及高程控制
8	工区主任	2	负责现场具体施工组织
9	技术员	3	负责落实架桥机施工任务、资料编制

(12)职安全生产管理人员配备可参考表6.8.4-5。

专职安全生产管理人员一览表　　　　表6.8.4-5

序号	职务/职称	人数	工作内容/职责
1	安全总监	1	项目安全分管领导,负责安全监督
2	安全员	2	负责督导落实架桥机施工现场安全工作

(13)特种作业人员配备可参考表6.8.4-6。

特种作业人员一览表   表6.8.4-6

班组	人数	工作内容/职责
电工	1人	现场临时用电作业管理

(14)其他作业人员配备。

箱梁运输与安装施工共计配备劳务人员24名,具体劳动力配备可参考表6.8.4-7。

箱梁运输及安装作业人员一览表   表6.8.4-7

序号	人员类别	人员数量	工作内容/职责
1	箱梁安装	12人	负责箱梁安装时架桥机操作、支座安装、箱梁临时支撑
2	箱梁运输	12人	负责运梁车驾驶及箱梁运输时周边警戒工作

6.9 斜拉桥主梁、悬索桥加劲梁

6.9.1 斜拉桥

6.9.1.1 类别

斜拉桥主梁是主要的承重结构之一,直接承受车辆荷载。主梁由于受斜拉索的支撑作用,其受力性能不仅取决于自身的结构体系,还与索塔的刚度、塔梁连接方式、索的刚度和索形等密切相关,因此,主梁的结构与索塔、斜拉索紧密相关。主梁按材料类型可分为四大类,分别为混凝土主梁、钢主梁、钢-混凝土组(叠)合梁、钢-混凝土混合梁。

(1)混凝土主梁。

混凝土主梁具有造价低、后期养护简单、刚度大、挠度小、抗风稳定性好等优点,但其跨越能力不如钢主梁大,施工速度不如钢主梁快。混凝土主梁的主要结构形式有实体梁式和板式主梁、箱形截面主梁。

(2)钢主梁。

钢主梁主要分为I字形钢主梁、钢箱梁、钢桁梁等。I字形钢主梁、钢箱梁一般在专业厂家制作(其中I字形钢主梁可散拼,也可整体散装),分节段运输至桥位处进行安装。钢桁梁一般用于施工现场节段运输困难时,采用钢桁梁构件现场组拼的方式进行施工。

(3)钢-混凝土组(叠)合梁。

钢-混凝土组合梁是指钢主梁上用预制或现浇混凝土桥面板代替常规的正交异性钢桥面板,钢主梁翼缘板与设置于其上的混凝土桥面板之间通过剪力键结合共同受力。钢-混凝土组合梁不但具有与钢主梁相同的优缺点,同时与钢主梁相比,其刚度、抗风稳定性优于钢主梁,且还能节约钢材用量。

(4)钢-混凝土混合梁。

钢-混凝土混合梁是指主跨为钢梁(或钢-混凝土组合梁)、边跨或部分边跨为混凝土梁,钢梁(或钢-混凝土组合梁)与混凝土梁采用钢-混结合段进行连接。

6.9.1.2 混凝土主梁施工

混凝土主梁的主要施工方法有悬臂施工法、支架现浇法、预制拼装法等,对于大跨径斜拉桥,一般采用悬臂施工法,跨径较小的斜拉桥宜采用支架现浇法、预制拼装法。

悬臂施工法分为悬臂浇筑法和悬臂拼装法。悬臂浇筑法是采用挂篮在塔柱区起始梁段逐段进行混凝土浇筑施工,通常适用于地形环境复杂,无法满足水运、陆运等施工环境;悬臂拼装法则是将混凝土节段梁预制完成后,采用起吊设备从塔柱区起始段逐段拼装施工,适用于施工工期紧张,且具备水运、陆运等施工环境,具备起吊条件的混凝土梁施工。

支架现浇法一般适用于塔柱区域的无索节段梁和第一对斜拉索梁段施工,为挂篮/桥式起重机等设备提供施工作业面,或者适用于桥梁高度不高、地形平坦等具备搭设支架条件的主梁施工。

预制拼装法是近年来发展的一种施工方法,在边跨端部或中部设置预制施工平台,在主梁区域搭设高位移梁施工平台,梁段预制完成后移至安装位置进行拼装施工。该方法能够很好地保证主梁的外观质量、拼装线形,相比支架法而言可降低支架搭设成本及混凝土梁开裂风险。

(1)塔区梁段施工。

①施工方法。

塔区梁段一般是指塔柱区域无索梁段和第一对斜拉索梁段,宜采用支架现浇法施工。现浇支架主要有落地式支架(图6.9.1-1)和托架(图6.9.1-2),其中落地式支架适用于主梁距离地面不高、主梁自重较大的混凝土梁段现浇施工;托架适用于主梁距离地面较高,且主梁自重不大的混凝土梁段现浇施工。

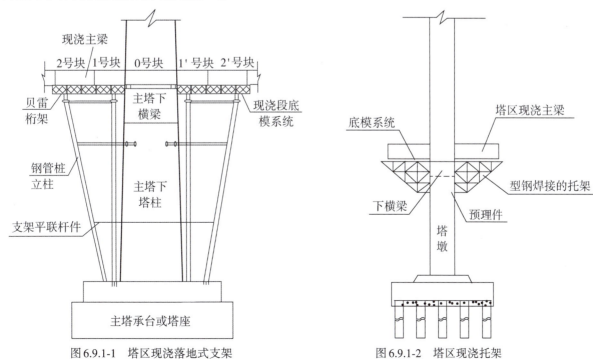

图6.9.1-1 塔区现浇落地式支架　　图6.9.1-2 塔区现浇托架

现浇支架是主要的受力结构,在施工前需进行详细的支架结构设计、计算及复核,确保结构自身安全及施工作业的安全性。对于塔区梁段以外的主梁采用悬臂施工工艺时,塔区梁段支架设计尚应考虑悬臂施工工艺所需的挂篮荷载、桥式起重机荷载等。

②工装组合及选型。

针对距离地面或施工平台不高的塔区梁段,宜选用汽车起重机、履带起重机等进行吊装作业施工;针对距离地面或施工平台较高的塔区梁段,宜选用塔式起重机并配合汽车起重机进行作业施工。

③施工工艺。

a.施工工艺流程(图6.9.1-3)。

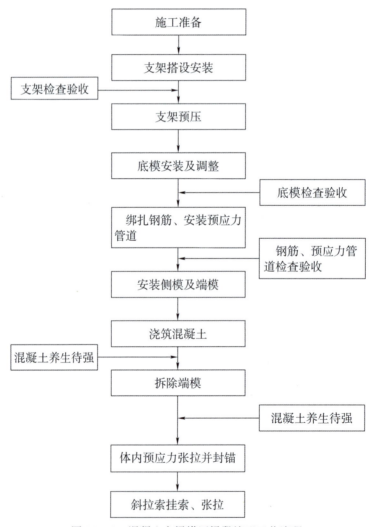

图6.9.1-3 混凝土主梁塔区梁段施工工艺流程

塔区梁段施工前需提前完成支座垫石施工,并将支座摆放到位,根据施工工艺确定支座安装时机。

b.支架安装施工。

支架各钢构件宜提前在后场或工厂加工完成,构件的加工应设置加工胎架,加工完成后应对构件的材料型号、尺寸、焊接质量等进行验收,必要时需在出场前进行试拼装,构件运至施工现场后应采用起重设备自下而上逐个安装构件。安装完成后,应对支架进行整体验收,验收内容包含支架的结构尺寸、现场焊接质量、支架顶高程等。

c.支架预压施工。

根据其结构形式、所用材料和地基情况的不同,应在施工前确定是否对支架进行预压,并应符合下列规定:

对位于刚性地基上的刚度较大且非弹性变形可确定控制在一定范围内的支架,在经计算并通过一定审核程序,确认其满足强度、刚度和稳定性等要求的前提下,可不预压,但应在施工过程中对支架的材料和安装施工质量采取严格的管控措施。

对位于软土地基或软硬不均地基上的支架,应通过预压的方式,消除地基的不均匀沉降和支架的非弹性变形,同时获取弹性变形相关参数。

对支架进行预压时,预压荷载宜为支架所承受荷载的1.05~1.10倍,预压宜采用水袋法、水箱法、预埋牛腿反顶、堆载混凝土预压块,钢筋等材料等进行预压施工,预压荷载的分布应模拟需承受的结构荷载及施工荷载进行布置并分级加载。

d.模板、钢筋、预应力管道、混凝土施工。

支架预压完成经验收合格后方可进行底模安装,底模高程需根据预压的弹性变形量进行预抬。底模安装完成且验收合格后方可进行钢筋绑扎、预应力管道安装、侧模及端模安装、混凝土浇筑。混凝土浇筑施工时,应根据浇筑结构合理布置浇筑下料管位置和数量及相应的振捣棒数量。

④施工控制要点。

a.支架搭设完成后应对支架的整体结构形式、结构尺寸、支架顶高程、构件连接质量等进行全面检查验收,支架搭设遵循自下而上的原则。

b.底模安装应根据支架预压获取的弹性变形参数进行预抬,底模铺设应平整,确保拼接缝横平竖直、无错台。

c.混凝土浇筑施工时应确保浇筑密实,对于大体积混凝土施工,必要时设置温控冷却水管,进行温度监测,确保混凝土外观质量。

(2)悬臂浇筑施工。

①施工方法。

主梁悬臂浇筑采用挂篮施工。挂篮的结构形式主要有三种,分别为后锚式挂篮、前支点挂篮、劲性骨架挂篮。

a.后锚式挂篮。

先利用后锚式挂篮悬臂浇筑完成一个标准节段,张拉本节段预应力后再挂设、张拉相应的斜拉索。在施工过程中,挂篮结构和索塔结构无直接关系,在挂篮定位以及一个节段混凝土浇筑过程中无须调索,施工工艺简单。后锚式挂篮的缺点是需要承受全部施工荷载,使浇筑节段长度受到限制,且主梁在施工过程中为悬臂受力,要求主梁有较大的刚度。

b.前支点挂篮(图6.9.1-4)。

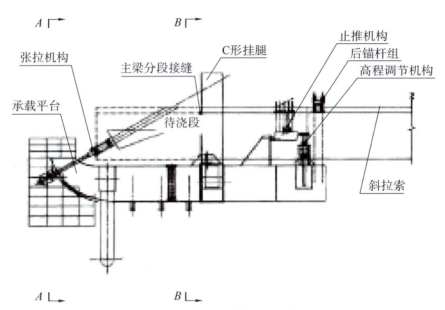

图6.9.1-4 前支点挂篮施工示意图

前支点挂篮能充分发挥斜拉索的效用,悬浇节段长度延长,承重能力大大提高,施工进度快。前支点挂篮的缺点是施工工艺复杂,施工过程中要分阶段调整斜拉索索力,挂篮及斜拉索索套管定位难度大。其施工工艺流程如图6.9.1-5所示。

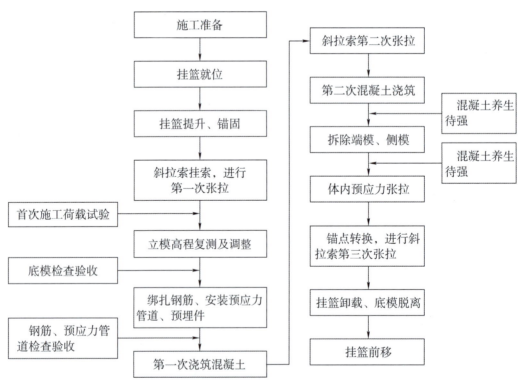

图6.9.1-5 前支点挂篮施工工艺流程

(a)挂篮制作完成后对主要的承重梁进行对拉试验,验证承重主梁强度、刚度是否满足受力要求。

(b)在索塔区主梁段施工完成后,在索塔区主梁位置安装挂篮。将挂篮行走至第一个悬浇梁段,安装斜拉索并与挂篮张拉机构(牵引系统)进行连接。检查挂篮的锚固系统、止推机构等,应按照规范要求对挂篮进行预压施工,满足要求后卸载预压荷载、调整挂篮高程、平面位置,准备进行主梁悬浇施工。

(c)进行斜拉索第一次张拉,应根据挂篮预压参数,测量并调整底模高程。

(d)检查斜拉索锚头、索道管锚垫板位置是否正确,若有误差则通过张拉机构进行调整,直至满足设计及施工要求。

(e)进行钢筋绑扎、预应力管道安装、预埋件安装,支立内模、安装侧模、端模,第一次浇筑混凝土。混凝土浇筑至理论方量的二分之一时,进行斜拉索第二次张拉,观测挂篮前支点测点高程,并通过索力调整使高程符合设计要求。

(f)浇筑剩余二分之一的主梁混凝土,混凝土养生待强后拆除端模、侧模、内模,强度达到设计要求后张拉主梁预应力。

(g)进行体系转换,将斜拉索锚头锚环锚固在主梁斜拉索锚垫板上,牵引系统千斤顶送油加压,松开牵索系统的锚固螺栓,千斤顶回油,解除牵引系统与斜拉索的连接,通过锚杯将斜拉索索力由牵索系统转换至梁体结构上,实现体系转换。

(h)第三次张拉斜拉索,使索力值达到要求值,并进行锚固,完成本节段混凝土主梁施工。

(i)解除挂篮前后约束,通过锚固系统及C形挂腿、吊杆的下放,实现挂篮脱模。

(j)挂篮前移。

c.劲性骨架挂篮。

劲性骨架挂篮是利用斜拉索拉住主梁内设置的劲性骨架,以减小挂篮承受的荷载。其施工安全可靠,缺点是主梁结构钢材耗用量大,经济性较差。

②工装组合及选型。

针对斜拉桥结构特点、施工环境合理选择挂篮,挂篮悬浇施工平均工效为15~20d/节。

③施工控制要点。

a.挂篮设计时,应根据现场施工环境、桥梁结构形式等选择合适的挂篮结构形式,在确保挂篮结构满足强度、刚度、稳定性要求外,还应满足以下规定:

(a)挂篮与悬浇梁段混凝土的质量比宜不大于0.5,且挂篮的总质量应控制在设计规定的限值之内。

(b)挂篮的最大变形(包括吊带变形的总和)应不大于20mm。

(c)挂篮在浇筑混凝土状态和行走时的抗倾覆安全系数、锚固系统的安全系数、斜拉水平限位系统的安全系数及水平限位的安全系数均应不小于2。

(d)挂篮的支承平台应有足够的平面尺寸,应能满足梁段现场施工作业的需要。

(e)挂篮模板的制作与安装应准确、牢固。后吊杆和下限位拉杆孔道应严格按设计尺寸准确预留。

(f)挂篮锚固系统所用的轴销、键、拉杆、垫板、螺母、分配梁等应专门设计、加工,并不得随意更换或替代。

(g)悬挂系统两端应能与承压面密贴配合,混凝土承压面不规则、不平整时应及时整理平整,应使吊杆能轴向受拉而不承受额外的弯矩和剪力。

(h)挂篮制作加工完成后应进行试拼装。挂篮在现场组拼后,应全面检查其安装质量,并应进行模拟荷载试验,符合挂篮设计要求后方可正式投入使用。

b.为保证梁体结构的安全和线形平顺,在主梁悬浇施工过程中,必须进行施工跟踪监控,监控的主要内容包括主梁的里程、轴线、平面位置、高程,斜拉索索力、延伸量,索塔塔柱偏位等,同时必须考虑主梁受日照、环境温差影响引起的变形。

c.在混凝土浇筑之前,应对挂篮进行预压施工,预压施工工艺与常规连续梁挂篮悬浇施工工艺相同。

d.每一节段梁悬浇之前需对挂篮吊挂系统、锚固系统等进行检查验收,确保挂篮施工安全可靠。

(3)悬臂拼装施工。

①施工方法。

悬臂拼装施工方法主要有桥式起重机悬拼施工、缆索起重机悬拼施工、大型浮式起重机悬拼施工、钢扁担吊机悬拼施工等。目前以桥式起重机悬拼施工最为常用,此处仅以桥式起重机悬拼施工加以说明。

②工装组合及选型。

根据施工环境合理选择节段梁预制场地,预制场位置应便于节段梁的预制、移运、存放及装车(船)出运。根据施工工效及施工工期合理配置预制台座数量、模板数量、存梁台座数量。

根据节段梁结构尺寸、起吊重量、施工工期、施工成本等确定节段梁运输方式及运输施工设备。

预制场内转运:采用门式起重机进行节段梁转运吊装施工。

水上运输:搭设节段梁下河码头,采用门式起重机或浮式起重机等起重设备将节段梁转运至运输船上,中跨梁段运输到位后可直接起吊安装,边跨梁段需采用门式起重机或浮式起重机等起重设备转运至移梁排架上或运输车上运至起吊位置进行吊装。

陆上运输:采用门式起重机将节段梁转运至运输车上,运至起吊位置进行吊装。

③施工工艺。

a.施工工艺流程(图6.9.1-6)。

b.节段梁预制施工。

节段梁宜采用短线法或长线法进行预制施工,预制台座应稳定、坚固,台座的沉降量应控制在2mm以内。

预制之前应在预制场建立精密测量的平面控制网和高程控制网,并设置测量控制点、测量塔及靶标。测量控制点应设在远离热源和振动源的位置,且应具有良好的通视条件,必要时应设置备用的测量控制点。

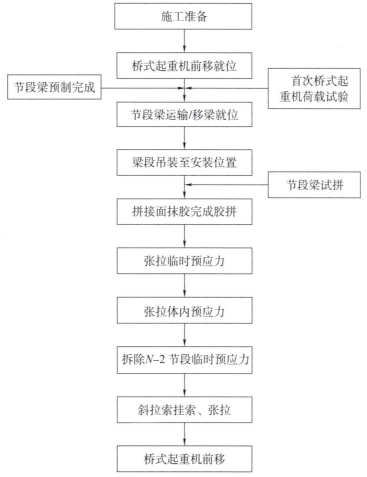

图 6.9.1-6　节段梁悬臂拼装施工工艺流程

节段预制时,应对其预制线形进行控制,使成桥后的线形符合设计要求。节段预制的测量控制宜采用专用线形控制软件进行。

节段预制应采用专门设计的钢模板,钢模板及其支撑除应满足强度、刚度和稳定性的要求外,尚应满足多次重复使用不变形及保证节段预制精度的要求。采用长线法预制节段时,同一连续匹配浇筑的梁段应在同一长线台座上制作;采用短线法时,应在台座上匹配预制,并应符合下列规定:

(a)内模系统应是可调整的,且宜安装在可移动的台车支架上。

(b)端模应垂直、牢固,外侧模与底模应能适应节段的线形变化要求。

(c)模板与匹配节段的连接应紧密、不漏浆。

节段的钢筋应在专用胎架上制成整体骨架后,吊入模板内进行安装;吊装整体骨架时应设置吊架,吊点的布置应合理,且应采用多点起吊,防止变形。对预埋件的安装和预留孔的设置,应采用定位钢筋将其准确固定;当有体外预应力钢束转向器时,其安装必须准确可靠。

节段梁应根据环境温度、水泥品种、外加剂、施工进度及对混凝土性能的要求等制订养生方案,总体养生时间应不少于14d,对节段的外立面混凝土宜采用喷湿或其他适宜的方式进行养生。

节段的脱模时间应符合设计规定,设计未规定时,在混凝土强度达到设计强度的75%后方可脱模并拆除。在脱模、拆除或移动节段时,应采取措施防止损伤节段混凝土的棱角和剪力键。

节段的起吊、移运、存放应符合以下规定:

(a)节段从预制台座起吊时,混凝土的强度应符合设计规定。

(b)节段的移运应满足运输安全和施工安全的要求。在移运时,应采取措施防止对节段产生冲击或碰撞。

节段在存放台座的叠放层数应不超过两层,并应对存放台座及其地基的承载力进行验算。节段支点的位置应符合设计规定,且宜采用垫木或橡胶板等弹性支撑物进行支承。

节段的存放时间应符合设计要求;设计未要求时,宜不少于90d。对未达到养生时间的节段,应在存放时继续养生。

c. 节段梁悬臂拼装施工。

节段梁悬臂拼装前应根据设计要求对索塔区梁段进行临时固结,并复测起始梁段拼接面的高程、轴线、里程,满足设计及施工要求后方可进行悬拼施工。

悬拼前,对节段梁逐件进行检查,重点是预应力孔道的疏通、压扁变形,匹配胶接面的清理,同时应核对编号、方向,确保准确就位。

施工前应按施工荷载对起吊设备进行强度、刚度和稳定性验算,其安全系数应不小于2。节段起吊安装前,应对起吊设备进行全面安全技术验收,并应分别进行1.25倍设计荷载的静载和1.1倍设计荷载的动载试验。经检查及起吊试验符合要求后方可正式进行节段的起吊拼装。

节段梁拼装施工前,应对预制节段的匹配面进行必要的处理,并应确定拼缝施工的方法和工艺。拼缝施工应符合以下规定:

涂胶前应就位试拼。胶粘剂进场后,应对其进行力学性能及作业性能的抽检,其各项性能应满足结构设计与节段拼装施工的要求。节段的匹配面应平整,将尘土、油脂等污染物及松散混凝土和浮浆清除干净。涂胶前应对匹配面进行干燥处理。

胶粘剂宜采用机械拌和,且在使用过程中应连续搅拌并保持其均匀性。胶粘剂应涂抹均匀,覆盖整个匹配面,涂抹厚度不宜超过3mm。对胶接缝施加临时预应力进行挤压时,挤压力宜为0.2MPa,胶粘剂应在梁体的全断面挤出,且胶接缝的挤压应在3h以内完成;当施工时间超过暴露时间的70%时,在固化之前应清除被挤出的胶结料。在涂抹和挤压胶黏剂时,应采取措施对预应力孔道的端口处进行防护,防止胶粘剂进入孔道内。

节段梁悬臂拼装时,两侧的节段应对称起吊,且应保证平衡受力,最大不平衡力应符合设计规定。

d.施工控制要点。

预制节段梁混凝土浇筑时应振捣密实,外形尺寸准确,表面光滑,匹配拼接面吻合度好,剪力齿分明、完整。

悬拼施工前,应对桥塔区初始梁段的高程、轴线、里程作详细复核,符合设计要求后,方可进行悬拼施工。

悬拼前,应按照规范要求对桥式起重机进行静载和动载试验,满足要求后方可进行施工。

在悬臂拼装施工过程中应进行跟踪监控,监控的主要内容包括主梁的里程、轴线、平面位置、高程,斜拉索索力、延伸量、索塔塔柱偏位等,同时必须考虑主梁受日照、环境温差影响引起的变形。当实测梁体线形与设计值有偏差时,应及时进行调整。

梁体不得出现超过设计和规范规定的受力裂缝,胶接材料的性能应符合设计要求,相邻块颜色一致,接缝填充密实、平整、无明显错台。

(4)支架现浇施工。

①施工方法。

在桥孔位置搭设支架,然后立模浇筑混凝土主梁并施加预应力,整孔主梁施工完成后进行斜拉索挂设并张拉,之后拆除支架。现浇支架法适用于支架高度不超过20m、高宽比不大于2、陆地或不同航(河)道的桥梁施工。该方法的优点是施工简单方便,就地浇筑无须预制场,且不需要大型起吊、运输、安装设备,桥梁整体性好,能够确保主梁结构满足设计线形要求。

②工装组合及选型。

根据基础形式选择支架基础施工设备,支架搭设及现浇梁主体结构施工时应根据现场施工条件合理选择施工设备,宜选择汽车起重机、履带起重机、塔式起重机等起重设备进行吊装作业施工。

③施工工艺流程(图6.9.1-7)。

a.支架基础施工。

支架基础形式分为扩大基础和桩基础。地基处理施工时首先需对原地面整平,对有斜坡处应根据规范要求开挖台阶,地基处理完成后承载力不宜低于100kPa,且宜采用厚度不小于10cm的C20混凝土进行硬化封闭处理,地基处理范围应超出支架1.0m,并在两侧做好排水沟及集水井,避免地基被雨水浸泡。地基较好时,可选择扩大基础的方式,施工前对扩大基础区域进行地基承载力检测,满足设计要求后方可进行施工。针对现浇梁跨径大、自重大、跨河、跨线等现浇梁支架基础可采用桩基础的方式,桩基础施工时严格按照相应的规范要求进行施工。

b.支架搭设施工。

支架基础施工完成后进行支架搭设施工,搭设时遵循自下而上原则,满堂盘扣支架应严格按照规范要求控制排距、步距、扫地杆、水平剪刀撑、连墙件等,型钢支架应严格检查型钢型号、尺寸、焊接或栓接质量等。支架搭设完成后应对整体结构、尺寸、高程进行验收。

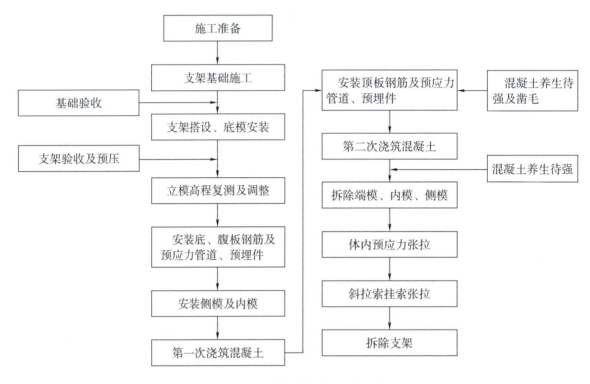

图 6.9.1-7　支架现浇施工工艺流程

c.支架预压施工。

满足要求后铺设底模,进行支架预压,以消除支架地基的不均匀沉降和支架的非弹性变形,并获取弹性变形参数,检验支架的安全性。设计未规定时,预压荷载宜为支架需承受全部荷载的1.05~1.1倍。支架预压宜采用水袋法、吨袋法、预制块堆载法等进行,预压荷载的分布应充分模拟需承受的结构荷载和施工荷载。

d.模板安装并同时开展钢筋、预应力及混凝土施工工作。

支架预压完成经验收合格后方可进行底模安装,底模高程应根据预压的弹性变形量进行预抬。底模安装完成经验收合格后方可进行钢筋绑扎、预应力管道安装、侧模及端模安装、混凝土浇筑。混凝土浇筑施工应根据浇筑结构合理布置浇筑下料管位置和数量及相应的振捣棒数量。

e.施工控制要点。

严格控制支架基础施工质量,针对地基处理、扩大基础施工应做好地基顶硬化封闭,使四周排水通畅,避免地基被雨水浸泡。

支架搭设完成后,应对支架整体结构、尺寸、高程、焊接、栓接等质量进行检查验收,满足设计及施工要求后,进行支架预压,消除非弹性变形,获取弹性变形相关参数。

根据支架预压的弹性变形相关参数进行底模预抬,模板设计时应有足够的强度、刚度,确保现浇梁表面平整、顺直。

(5)节段预制拼装。

在桥孔位置根据桥梁线形搭设高位移梁支架,在边跨端部或中部搭设高位预制支架与移梁支架顺接,预制完成后采用移梁牵引系统将梁段移至安装位置进行拼装,或者在边跨端部设置低位预制场,预制完成后采用起重设备将梁段吊至移梁支架上再移至安装位置进行拼装。

该方法能够确保主梁结构线形满足设计要求,减少开裂风险,适用于桥下净空高、地形条件复杂的斜拉桥边跨梁段施工。

(6)合龙段施工。

①施工方法。

在边跨现浇梁段与悬臂施工梁段之间、中跨两侧悬臂施工梁段之间一般设计有合龙段。主梁对称悬拼至合龙段时按照"先边跨、后中跨"的顺序进行合龙施工。合龙温度应符合设计要求,合龙段两端悬臂高程及轴线允许偏差应符合设计或规范要求。

合龙段施工形式主要有两种,一种为合龙段整体现浇施工,另一种为预制合龙段施工。

②工装组合及选型。

合龙段整体现浇施工设备:宜在桥面上布置汽车起重机等起重设备进行施工。

预制合龙段施工设备:具备水上运输条件的可采用运输船将合龙段运至起吊位置再采用桥式起重机进行吊装施工;不具备水上运输条件的则可采用运输车或移梁轨道牵引移梁的方式将合龙段运至起吊位置,再采用桥式起重机进行吊装施工。

③施工工艺。

a.施工工艺流程(图6.9.1-8)。

b.合龙时间的选择。

合龙前对主梁的温度与挠度变化实施48h跟踪观测,以便选择合理的合龙时间,一般合龙时间宜定在凌晨2时左右,此时气温最低。但考虑到梁体温度一般都存在滞后环境温度的情况,因此合龙时间宜适当推迟,具体时间可根据梁体温度的实测情况来定。

c.悬臂端配重。

根据监控指令,在悬臂端采用水箱、水袋等方式进行配重,配重方式应便于在合龙段混凝土浇筑过程中同步、等载进行卸除。

d.合龙口锁定。

为了克服日照、温差及混凝土收缩、徐变等多种因素的影响,主梁合龙宜采用劲性骨架先进行临时锁定,临时锁定是合龙段施工的关键工作,必须严格按照设计及监控要求认真做好以下工作:

为使合龙后的梁底线形达到设计预期的理想状态,将高程及轴线误差控制在最小的范围内,因此将提前3~4个块件进行挠度和高程的联测与监控工作,并及时进行合理的调整,确保合龙时的高差不大于20mm、轴线偏差不大于10mm。

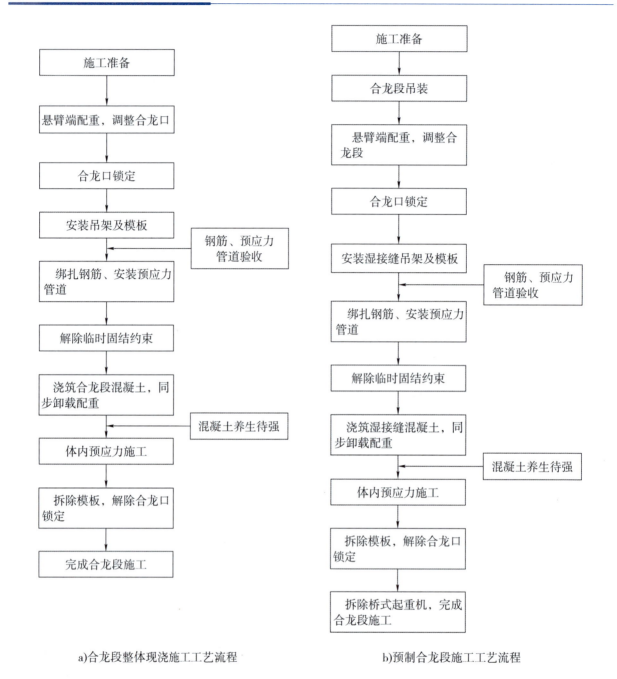

a) 合龙段整体现浇施工工艺流程　　　　b) 预制合龙段施工工艺流程

图6.9.1-8　混凝土主梁合龙段施工工艺流程

合龙前对主梁的温度与挠度变化实施48h跟踪观测,以便选择合理的合龙时间。

为缩短合龙时劲性骨架的安装与焊接时间,一般分2次完成,即劲性骨架安装就位时,先焊接固定一端,待合龙时再焊接固定另一端。

e.体系转换。

合龙口锁定完成后立即拆除塔区内临时固结,完成体系转换。

f.混凝土浇筑。

合龙段混凝土浇筑过程中,按新浇混凝土的重量分级卸去平衡重,合龙段混凝土选择在一天中气温较低时进行浇筑,可保证合龙段新混凝土处于气温上升的环境中,在受压的状态下达到终凝,以防止混凝土开裂。

④施工控制要点。

a. 合龙段施工前须清理主梁顶、主梁空腔内的施工材料、机具。

b. 提前对合龙口进行跟踪观测,确定合理的合龙时间。

c. 劲性骨架设计应有足够的强度刚度,选择合适的时间进行合龙口锁定。

d. 混凝土浇筑时同步进行配重卸载,浇筑时间选择一天中环境气温较低时进行,确保合龙段处于受压状态。

6.9.1.3 钢主梁施工

钢梁安装一般分为塔区梁段、标准梁段、边跨梁段、合龙段几个部分。

(1)塔区梁段施工。

①施工方法。

根据钢主梁的结构形式和桥位区的水文、地形条件不同,塔区梁段安装可采用浮式起重机拼装法(图6.9.1-9)、桥式起重机吊装法、整体提升法、顶推法、滑动拖拉法等进行施工,其中浮式起重机拼装法是塔区梁段安装最常见的方法,一般适用于桥址区具备通航条件,且通航水深和施工作业面能满足大型起重船舶施工要求的场合。本书仅对浮式起重机拼装法进行说明。

图6.9.1-9 浮式起重机拼装法施工示意图

②工装组合及选型。

梁段吊装设备:具备通航条件,满足大型起重船舶施工要求时可采用运梁船配合浮式起重机进行吊装作业,不具备条件时可采用桥式起重机、整体提升机等进行吊装作业。

支架搭设施工设备:通常保留一台索塔施工塔式起重机配合汽车起重机进行搭设施工。

移梁施工设备：宜选用穿心千斤顶+精轧螺纹+滑座的方式进行移梁施工，也可选用卷扬机+钢绞线+滑座的方式，根据具体施工条件进行选择。

调梁施工设备：为满足梁段平面位置、里程、高程满足设计及监控要求，需至少配置4台三向千斤顶进行调梁作业，并配置若干小型千斤顶配合码板进行调整。

③施工工艺流程（图6.9.1-10）。

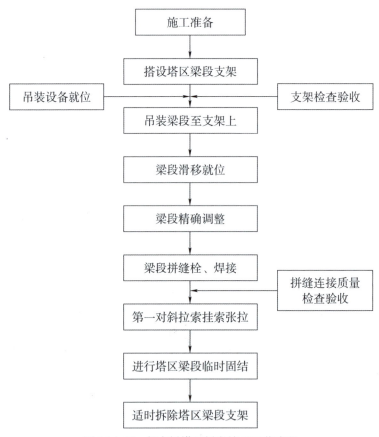

图6.9.1-10 钢主梁塔区梁段施工工艺流程

a.塔区支架搭设。

除整体提升法外，塔区钢箱梁安装须搭设临时支架，以实现钢箱梁节段临时搁置、拼接、线形调整、临时锚固等工序作业。根据索塔及箱梁构造不同，临时支架可以相应设计为落地支架或托架，落地支架多支撑于承台上，托架一般支撑在塔柱和下横梁上。临时支架采用型钢和钢管搭设，由轨道梁、钢立柱、平联支撑、斜支撑、附墙等组成。支架自下而上进行搭设施工，应严格控制构件栓、焊连接施工质量以及支架顶轨道高程，进行整体检查验收。轨道高程按照宜低不宜高的原则进行安装，并确保轨道平顺。

b.梁段吊装。

梁段吊装施工前应根据各梁段的吊点距离及重心偏离等参数，设计专用吊具以满足各梁段吊点及重心变化的需要。起吊前应对起重设备、梁段、吊具、吊耳、环境等进行检查，无异常情况后再进行起吊，梁段起吊及落梁需平稳缓慢，并设置牵引绳，时刻对梁段起吊后的空中姿态进行调整。

c.移梁施工。

移梁施工牵引系统方式有多种,应根据施工条件进行合理选择,确保移梁的安全性。轨道采用型钢制作,应确保平顺,顶面型钢连接处需进行打磨,控制轨道高差在施工要求范围内。为减小移梁阻力,可在滑座下设置四氟板等材料,减小摩擦因数。牵引系统应两侧对应布置,并同步进行牵引,单侧牵引系统的牵引力须大于梁段的最大牵引力,牵引施工时,需安排专人对梁段牵引情况进行巡查,发现偏位及时进行纠正。

d.梁段精确调整。

梁段移梁到位后,安装三向千斤顶液压控制系统,进行精确调梁施工,调梁施工流程为:高程测量→高程调整→轴线测量→轴线调整→环焊缝宽度检查→高程复测→高程调整→轴线复测→轴线调整→环焊缝宽度检查。调整梁段平面位置及高程直至满足设计要求后抽出滑座,以钢支撑凳及垫块塞紧,完成落梁工作。

④施工控制要点。

a. 支架搭设完成后应对支架的整体结构形式、结构尺寸、轨道顶高程、构件连接质量等进行全面检查验收,轨道顶高程遵循宜低不宜高的原则。

b. 吊装作业前应精确计算梁段起吊重心,调整吊具重心与梁段重心一致后进行起吊作业施工。

c. 吊装时应分级缓慢进行起吊作业,落梁时须再次检查滑座位置,满足施工要求后方可落梁。

d. 轨道安装应平顺,轨道两端须设置止滑板,并保留安全距离,防止梁段滑移脱轨。

(2)标准梁段施工。

①施工方法。

标准梁段施工主要有桥式起重机悬拼施工法(图6.9.1-11)、浮式起重机拼装法、整体拼装法、滑动拖拉法、顶推法等,其中以桥式起重机悬拼法施工最为常见,本书仅对桥式起重机悬拼法施工进行说明。

图6.9.1-11 桥式起重机悬拼法施工示意图

②工装组合及选型。

浅滩区悬臂吊装施工设备:当不具备通航条件,不能满足运梁船就位吊装要求时,须采用浮式起重机、汽车起重机等起重设备搭设移梁支架,配置浮式起重机将梁段转运至移梁支架上,采用移梁牵引系统将梁移至起吊位置再采用桥式起重机进行吊装。移梁牵引系统选用穿心千斤顶+精轧螺纹+滑座/移梁小车的方式、卷扬机+钢绞线+滑座/移梁小车的方式进行移梁施工,根据具体施工条件进行选择。

深水区悬臂吊装施工设备:具备通航条件,能满足运梁船就位吊装要求时,须采用运梁船将梁运至起吊位置再采用桥式起重机进行吊装。

目前常用的桥式起重机提升系统有卷扬机提升系统和钢绞线千斤顶提升系统两种形式,应根据施工条件进行合理选择。以1台400t桥式起重机为例,相关性能参数见表6.9.1-1,钢梁采用桥式起重机悬拼施工平均工效为6d/节。

桥式起重机性能参数 表6.9.1-1

项目	参数	备注
提升质量(t)	400	
提升高度(m)	60	
平均提升速度(m/h)	30	
节段调位精度(mm)	±1	任意方向
吊幅(m)	3.4~9	
提升期间最大允许风速(m/s)	20	桥面高程处
行走其间最大允许风速(m/s)	25	桥面高程处
非工作状态最大允许风速(m/s)	30	
运梁船在水中平面定位精度(m)	±2.5	

③施工工艺流程(图6.9.1-12)。

a.桥式起重机组拼与安装。

桥式起重机组拼及安装可采用在地面组拼和桥面组拼两种方式,根据施工现场的场地、吊装设备进行合理选择,地面组拼时,利用汽车起重机等起重设备将桥式起重机各构件组拼完成后再采用大吨位起重设备将桥式起重机吊装至桥面上;桥面组拼时,将桥式起重机各杆件转运至桥面后,进行组拼,然后移至安装位置。安装桥式起重机前,须挂好第一对斜拉索,并进行第一次张拉,然后拆除支架,使钢箱梁悬空。

b.桥式起重机试吊。

桥式起重机安装好后,应进行全面的检查验收。为了验证桥式起重机的主要技术性能,须进行荷载试验。荷载试验分为3个部分:首先进行$0.5G$(G为最大悬拼梁段重量)设计起重量的动载试验,其目的是标定电子秤、调节卷扬机制动系统和检验桥式起重机结构受力情况;然后进行$1.0G$、$1.1G$的动载试验,其目的是校核电子秤的准确性并进行微调,检查卷扬机动载制动系统运行情况和检查测试受力构件受力情况;最后进行1.25G的静载试验,其目的是检验起重机及其各部分的结构承载能力和测试应力是否与理论值一致。

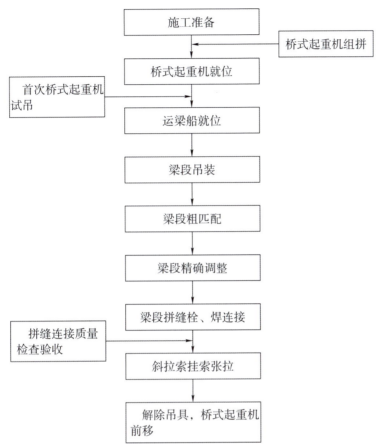

图6.9.1-12　钢主梁标准梁段吊安施工工艺流程

c.梁段吊装。

运梁船运输或移梁至梁段起吊位置,下放桥式起重机的吊具至梁段吊装孔位置,并慢慢对准吊装孔,将吊具与钢箱梁吊装孔连接,为了保证钢箱梁起吊过程中的稳定,须在钢箱梁上设置缆风绳,随时对梁段起吊后的空中姿态进行调整。起吊宜分级缓慢进行,起重设备缓慢起钩,将梁段平稳调离50cm高后,停止起吊,静置,然后进行起重设备、梁段、吊具、环境等检查,无异常情况后再进行起吊。梁段悬臂吊装时,应确保两侧对称起吊。

d.梁段粗匹配。

将梁段吊至桥面高度时,须对钢箱梁进行粗匹配。调整桥式起重机的幅度,使钢箱梁与已安装梁段大致齐平,采用两个手拉葫芦交叉斜拉钢箱梁进行微调,使吊装梁段与已装梁段纵隔板处的匹配件对接。对接之后插上匹配件插销,锁定桥式起重机,完成粗匹配。

e.梁段精确调整。

为消除温度对钢箱梁调整的影响,宜选择在夜间气温稳定时进行钢箱梁精确调整。精调时解除部分匹配件插销。精调流程为:轴线测量→轴线调整→高程测量→高程调整→环焊缝宽度检查→轴线复测→轴线调整→高程复测→高程调整→环焊缝宽度检查。待轴线、高程、焊缝宽度均满足设计及施工要求时,插入所有匹配件插销,安装拉杆箱拉杆,锁定桥式起重机,完成精调。

④施工控制要点。

运梁船运至起吊位置后,须将桥式起重机的吊具落至运梁船上方,根据吊具调整运梁船位置,调整到位后抛锚定位。

桥式起重机所在的梁段在中纵前支点反力和边上斜拉索拉力的作用下,梁段处于中间下挠、两边上翘的态势,而待安装梁段自重的作用正好相反,安装时须采取相应的工装消除这一变形误差。

悬臂吊装时,安装线形应根据实际施工情况进行动态调整,大风、大雨、大雾等恶劣天气严禁吊装作业。

(3)边跨梁段施工。

斜拉桥边跨钢箱梁安装主要采用浮式起重机拼装法,其工作原理与塔区梁段施工类似,采用浮式起重机将梁段吊至临时搁置支架上,通过牵引系统将梁段移至安装位置。此处不再赘述。

(4)合龙段施工。

①施工方法。

合龙施工方法主要分为锁定合龙(配切法)和顶推合龙两种方式。锁定合龙即根据现场监测温度、线形结果配切合龙段尺寸,在设定的温度下合龙施工,多用于中跨合龙;顶推合龙是一种不改变合龙段理论尺寸的合龙方法,预先将合龙口设定得比合龙段稍大,待合龙段吊装就位后,再将两端梁段顶推复位,一般多用于边跨合龙。

②工装组合及选型。

合龙段通常采用桥式起重机吊装合龙进行施工,顶推合龙时需在0号块设置顶推千斤顶及反力架进行顶推施工。

③施工工艺流程(图6.9.1-13)。

a.合龙口调整。

合龙前合龙段两边的线形调整必须与设计要求的状态相吻合,以保证合龙段顺利安装,线形调整必须在夜间气温变化不大时进行,以期与合龙时温度状态一致。

b.合龙段配切。

在某一稳定的温度下多次测量中跨合龙段长度,由设计单位或监控单位根据测量结果推算至设计温度下该梁段的长度,对合龙段进行精确的二次切割余量下料。

c.顶推施工。

顶推施工前,应根据监控方提供的顶推力设计顶推反力架及配置相应的千斤顶,为防止顶推过量或梁段反向移动,顶推装置须在中跨及边跨侧均设置。

④控制要点。

a.施工前应对桥面杂物进行清理,对合龙口姿态进行调整,可通过临时压重、调索等方式进行。

  b. 施工前须确定合龙温度,具体温度由设计、监控单位确定。

  c. 合龙施工时应遵循先边跨后中跨的原则。

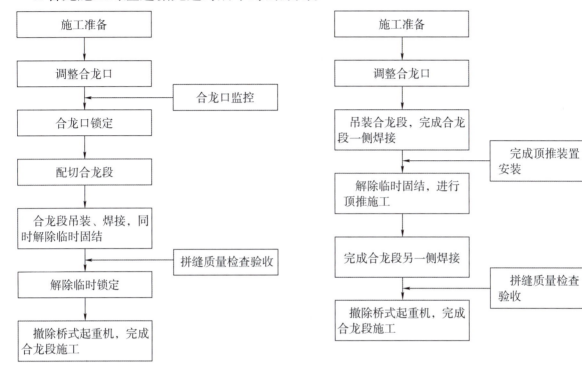

a) 锁定合龙施工工艺   b) 顶推合龙施工工艺

图6.9.1-13 钢主梁合龙段施工工艺流程

6.9.1.4 钢-混凝土组合梁施工

(1)施工方法。

对于钢-混凝土组合梁,目前常见的是钢主梁上采用预制或现浇混凝土桥面板代替常规的正交异性钢桥面板。钢-混凝土组合梁施工与钢主梁施工方法大体相同,均可采用支架上分段安装法、整孔安装法、分段顶推法、悬臂拼装法施工。本节仅对悬臂拼装法进行说明。

(2)工装组合及选型。

吊装设备工装组合及选型参考本章钢主梁"标准梁段施工"。对如UHPC等超高性能混凝土桥面板施工设备,配置专用高速搅拌机,桥面板整体现场浇筑时须配置专用布料机、振捣整平机等进行布料浇筑施工。养生施工时需配置蒸养系统。

(3)施工工艺。

①施工工艺流程(图6.9.1-14)。

②桥面板可采用在梁段加工制作厂进行安装,也可在施工现场进行预制安装或现场浇筑。

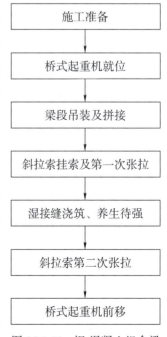

图6.9.1-14 钢-混凝土组合梁施工工艺流程

③湿接缝浇筑前应对安装过程中变形的连接钢筋予以校正和调直,对损伤的连接件予以修复。

④湿接缝混凝土浇筑完成后应保湿,保温养生不少于7d;当气温低于5℃时,宜采用热水拌和混凝土。

(4)施工控制要点。

①桥面板预制应符合以下规定:

a.桥面板安装前宜存放6个月以上。

b.桥面板预制及存放台座基础宜选择坚实地基,对软质地基应进行加固。

c.桥面预制板存放支点和吊点位置相吻合,同时4个支点应严格调平,保证在同一平面。

d.混凝土强度达到设计强度的85%后方可吊装,应采用4个支点起吊,并配置相应的吊具,防止吊装受力不均匀产生裂纹。

e.桥面板安装前应对每块桥面板进行称重,并将重量提交给监控单位。

②桥面板现浇施工应符合以下规定:

a.混凝土板的现浇时机和程序应符合要求。

b.浇筑桥面板混凝土前,应清除钢梁上翼缘和连接件上的锈蚀、污垢,保持表面清洁。

c.在湿接缝混凝土达到设计强度的85%前,不应进行起重机移动、大型构件吊装等作业。

6.9.1.5 钢-混凝土结合段施工

(1)施工方法。

钢-混凝土结合段施工方法常见的有支架安装法和悬臂施工法。本书以支架安装法为例进行说明。

(2)工装组合及选型。

钢-混凝土结合段支架法施工工装组合及选型参见本章钢主梁"塔区梁段施工"。

(3)施工工艺。

①施工工艺流程(图6.9.1-15)。

②支架搭设完成后进行检查验收,并进行预压,消除非弹性变形获取弹性变形相关参数。支架预压宜采用地锚反拉、压重或吊装合龙段至支架上施加荷载。

③采用三向千斤顶对结合段进行精确调整,调梁施工流程为:高程测量→高程调整→轴线测量→轴线调整→环焊缝宽度检查→高程复测→高程调整→轴线复测→轴线调整→环焊缝宽度检查。调整梁段平面位置及高程直至满足设计要求后以钢支撑凳及垫块塞紧。

④钢-混凝土结合段因结构复杂,应配制大流态低收缩高性能混凝土,宜采用微膨胀钢纤维混凝土或聚丙烯纤维混凝土。

⑤钢-混凝土结合段混凝土浇筑前应对混凝土结合面进行凿毛,满足规范要求后方可进行浇筑作业。

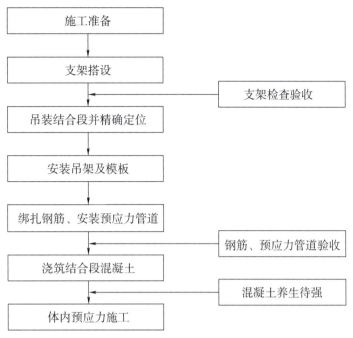

图6.9.1-15　钢-混凝土结合段施工工艺流程

(4)施工控制要点。

①当以结合梁为基准梁,后续钢箱梁段安装时,结合梁轴线定位精度应控制在5mm以内;当以结合梁为基准梁,后续混凝土梁施工时,结合梁轴线定位精度应控制在10mm以内。

②结合梁混凝土宜选择在夜间气温较低时段浇筑,浇筑前应进行降温,使钢结构温度与环境温度一致。

③在不易振捣的钢结构部位预留出气孔或振捣孔,当插入式振捣棒无法使用时,宜采用附着式振捣器辅助振捣。

6.9.1.6　主梁施工监控量测

(1)一般情况下,斜拉桥应进行施工监控。施工监控单位由项目建设单位依法依规确定,独立开展结构分析计算,并就计算结果与设计单位进行复核确认。施工监控应做好桥梁施工过程中结构内力、线形等监测,动态调整和控制,保证结构在施工过程中的内力和变形始终处于可控、安全及合理的范围。

(2)施工承包单位应根据桥梁结构形式、施工工艺、环境因素等,编制测量方案,复测首级施工控制网及成果报验、加密施工控制网点、计算放样数据,选择结构关键部位,明确监测项目(施工各控制点高程、轴线偏位、索塔偏位、沉降、斜拉索应力应变等)、仪器设备、监测方法、监测频率及测点布置等。

(3)主梁施工前,应对基础及下部结构施工中使用的控制网进行复测及加密,以确保主梁施工精度。

(4)主梁施工线形的监测。主梁各施工阶段应观测主梁的线形是否与当前工况下的监控控制指标相吻合,并预测、调整主梁成桥后的线形。宜采用三角高程测量的方法进行,在风力较小和温度变化小的时间段内完成观测。对悬臂施工的主梁,其线形监测截面应设置在各梁段顶面的前端附近,每个截面的测点数不应少于3个;对其他方式施工的主梁,其监测截面应设置在支点、跨中、四分点,每个截面的测点数不应少于3个。对成桥桥面线形监测截面应设置在支点、跨中、四分点、八分点,每个截面的测点数不应少于2个。

(5)主梁竣工测量。主梁安装完成后,对梁体结构尺寸、纵横坡度、高程、中线偏位情况及节段梁上索道管的位置做一次系统的竣工测量。

(6)项目建设单位应加强施工监控、成桥荷载试验、健康监测数据统筹、相互核对和延续共享管理,在相关文件中明确各方监测数据延续共享等有关要求。

6.9.2 悬索桥

6.9.2.1 类别

(1)悬索桥加劲梁作为传递桥面荷载、抵抗风荷载及横向水平力的结构,应设加劲以增强动力刚度和结构抗风能力。大跨径地锚式悬索桥加劲梁一般设计为双层钢桁梁、单层扁平式钢箱梁或钢梁与混凝土桥面板叠合结构。小跨径自锚式悬索桥亦可采用预应力混凝土梁结构,但随着材料更新、施工技术进步,预应力混凝土梁已很少采用。

(2)随着桥梁建造水平和装备能力的提升,结合工程建设"标准化、工厂化、产品化"等要求,高速公路悬索桥设计多用于跨越千米级以上江河湖海的区域,自锚式悬索桥因其跨越能力较小,在高速公路桥型选择时应用较少。大跨径悬索桥加劲梁多采用工厂节段预制、工地整节段安装。对于山区、丘陵地等交通运输不便区域的悬索桥加劲梁施工,宜采用悬臂拼装方案。

(3)加劲梁节段通常在工厂内预制,通过水、陆运输至施工现场,采用缆索式起重机按照从跨中向边跨的顺序,逐个节段对称提升架设(图6.9.2-1)。塔区及无吊索区梁段宜采用荡移法、滑移法安装(图6.9.2-2)。

图6.9.2-1 缆索式起重机垂直提升示意图

图6.9.2-2 塔区及无吊索区梁段荡移示意图

(4)对于不具备加劲梁节段运输条件的山区、丘陵、峡谷等区域,应在现场设置加劲梁组拼场,采用桥面(悬臂)起重机悬臂拼装,其吊装顺序与缆索式起重机法不同,从桥塔向跨中方向架设。

6.9.2.2 工装组合及选型

(1)悬索桥加劲梁施工设备主要包括:运输设备(运梁小车、运输船)、起重设备(缆索式起重机、浮式起重机、桥式起重机)、荡移系统(卷扬机、滑车组、钢丝绳)、滑移系统(千斤顶、钢绞线或精轧螺纹钢、反力座、滑块)等。其中荡移系统、滑移系统主要针对塔区梁段施工。

(2)根据不同施工方法、工期要求,合理选择施工设备组合。加劲梁架设关键线路为一般梁段的架设,塔区梁段可先于一般梁段架设(浮式起重机架设),不占用关键线路。关键线路架梁设备组合及工效分析参考如下:

①根据目前国内缆索式起重机性能分析,加劲梁节段重量超过800t时,宜考虑双机抬吊。800t以内加劲梁节段经设备资源调查、起重能力分析计算,可考虑单机起吊。悬索桥一般梁段对称架设时,应根据加劲梁节段重量,全桥选配2台或4台缆索式起重机进行吊装作业。

②运输设备的选型,应结合交通运输条件、运输距离、加劲梁节段尺寸、加劲梁梁节段重量等条件进行综合选择。

③缆索式起重机根据提升动力系统不同主要包括液压千斤顶式和卷扬机式,目前液压千斤顶式缆索式起重机起重性能好、同步率控制精确、适用性强,可适用于各类型加劲梁的大节段吊装。

④液压千斤顶式缆索式起重机一般由两套在主缆上滚轮式行走的行走机构、一道主梁、两套柴油发电机一体化的液压提升设备(含提升和牵引千斤顶、柴油发电机一体化的液压泵站、控制系统及钢绞线收线装置)、吊具扁担梁等部分组成(图6.9.2-3)。

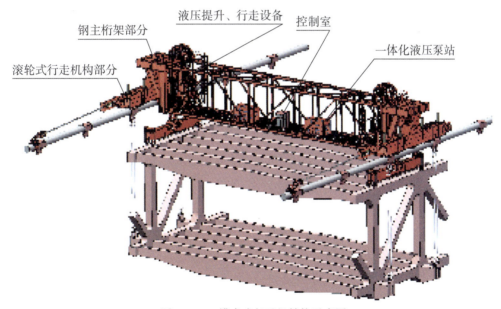

图6.9.2-3 缆索式起重机结构示意图

⑤随着悬索桥跨径、节段梁重量越来越大,对吊装设备的起吊能力和性能提出了更高要求。如温州瓯江北口大桥加劲梁采用板桁组合式整体结构,单个节段最大起吊重量约813t,国内首台千吨级缆索式起重机在该项目应运而生,主要性能参数示例如表6.9.2-1所示。

千吨级缆索式起重机性能参数　　　　　表6.9.2-1

序号	项目	性能参数
1	型式	液压千斤顶提升
2	整体提升能力	1000t
3	提升用连续千斤顶	2台630t
4	平均提升速度	30m/h
5	最大下放速度	80m/h（液压马达放线）
6	钢绞线收放装置容绳量	300m（最大起升高度75m）
7	主缆中心距	41.8m
8	主缆直径	索夹内φ874mm、索夹外φ885mm
9	行走机构最大长度	15m（行走主体）
10	最大自重（含吊具）	288t
11	行走机构通过最大索夹尺寸	1800mm×300mm
12	最大主缆倾角	30°
13	最大荡移倾角	20°
14	缆上平均行走速度	25m/h
15	起重机行走方式	滚轮行走，2台200t连续千斤顶
16	负载转换	8台120t负载千斤顶
17	工作温度	−10~−40℃
18	工作级别	整机A4、机构M4
19	防护等级	IP55
20	柴油机排放标准	不低于国Ⅳ
21	工作环境湿度	不大于85%

⑥浮式起重机、履带起重机选型与缆索式起重机选型原则基本类似，还需要额外考虑浮式起重机吃水深度与锚泊区域水深情况、航道管制以及到达工点区域沿线水路限高、限重、限宽等情况。

⑦卷扬机、千斤顶选型时应考虑其配套设施，总选型原则依据最大拉力需要进行选择。千斤顶的行程、作业方式（连续式）则根据工效和经济性选择。

6.9.2.3　钢箱加劲梁施工

（1）塔区梁段施工。

①施工方法。

a. 塔区梁段分为塔下支承梁段及近塔岸滩梁段，施工方法宜选择荡移法、滑移法或两者结合的方法。

b. 塔区梁段采用缆索式起重机配合架设时，一般选择荡移法、荡移和滑移组合法施工；塔区梁段采用浮式起重机、履带起重机等大型起重设备架设时，宜选择滑移法施工。

c.塔下支承梁段一般先于其他梁段架设,并向边跨预偏0.5~0.8m。由于场地条件及结构设计的原因,塔区需要设置临时支架,作为钢箱梁架设临时存放、后期梁段线形调整、体系转换的平台,为保证施工安全兼顾经济性,应分段设计支架高度,采用高矮支架法架设塔区梁段(图6.9.2-4)。

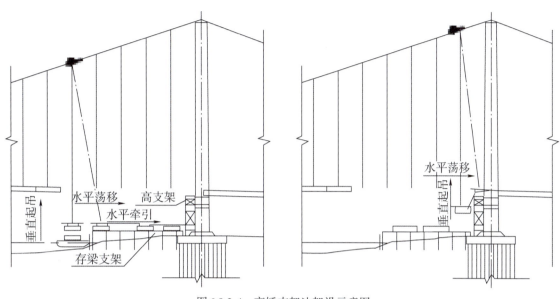

图6.9.2-4　高矮支架法架设示意图

②资源配置。

a.施工人员包含管理人员及作业人员,管理人员的配置需满足履约要求及现场施工管理需求。作业人员应依据作业面、施工方法、工期要求等合理配置。

b.施工材料包括主体结构材料、临时措施材料、安全防护材料等。为塔区梁段架设设置的临时支架,应进行专项设计和第三方复核。临时支架的长度应以支架端部水深满足加劲梁运输船驳靠为准,支架布置如图6.9.2-5所示。

③施工工艺。

荡移法施工工艺流程如图6.9.2-6所示。

滑移法施工工艺流程及施工内容可参见斜拉桥混凝土主梁"阶段预制拼装"相关内容。

加劲梁安装前应完成以下准备工作内容:全桥联测、索夹与吊索安装完成并根据监控指令进行位置复测、猫道改吊、起重机拼装与试验、吊具安装、索鞍顶推千斤顶安装、约束体系安装、加劲梁临时支架等结构安装等。

根据加劲梁安装需要在浅水区、岸上位置、索塔等特殊位置安装临时存梁支架与调整平台,并根据需要安装荡移、牵引、滑移设施。

加劲梁安装之前,应将猫道改挂于主缆上。改挂宜分段进行,并应结合主索鞍顶推逐步放松承重索的锚固系统,使猫道适应主缆线形变化。改挂绳的悬挂点应设在猫道底梁处,在桥纵向的间距宜不超过24m。

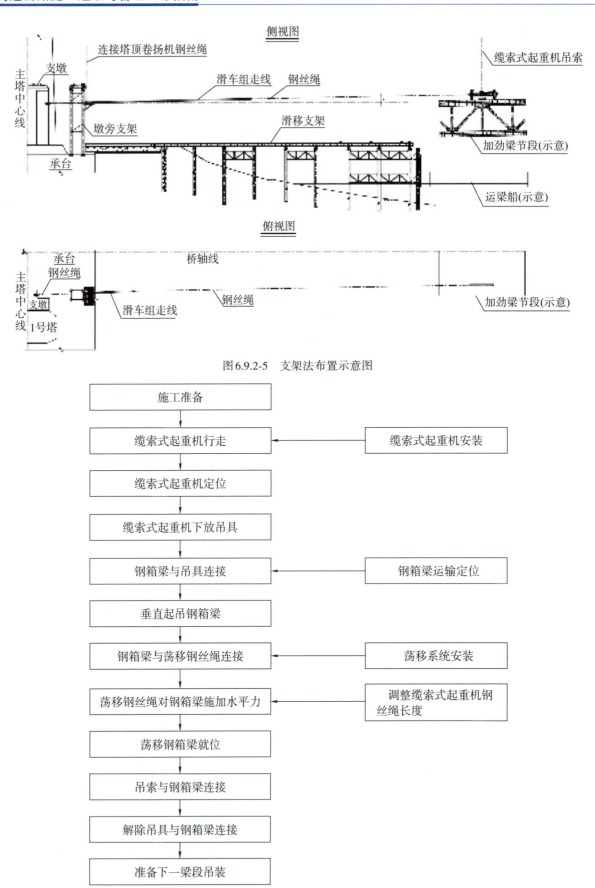

图 6.9.2-5　支架法布置示意图

图 6.9.2-6　荡移法施工工艺流程

缆索式起重机在厂内做完相关试验后，设备拆解后运输到现场进行拼装，须进行工作面的合理规划，两岸需同步对称进行（图6.9.2-7）。

图6.9.2-7 缆索式起重机安装示意图

缆索式起重机行走机构、箱型负重梁（包括已经安装好的提升千斤顶）、中间桁架梁（包括已安装好的主控台、收线装置、液压泵站）、牵引千斤顶及其反力架、液压绞车等构件安装完毕后，应当进行液压系统初调试、钢绞线穿顶及吊具安装、整机调试及荷载试验。

缆索式起重机的行走依靠沿行走方向设置的两台牵引千斤顶的牵引力，缆索式起重机与主缆顶面通过滚轮接触，跨越索夹时，缆索式起重机前、后滚轮组的液压顶升系统交替起落。

钢箱梁一般采用驳船运输，其中驳船分拖船拖拽与自航式两种方式。钢箱梁运输驳船应在梁段设计支撑位置设置相应的支承，支撑上应设置橡胶垫，防止支撑位置底板变形。钢箱梁运输过程需设置临时固定措施，将钢箱梁牢固捆绑在运输船上。

加劲梁运输驳船的定位，有抛锚定位和动力定位两种方法。抛锚定位通过锚固缆绳控制运梁驳船位置，有四点锚固定位和一点锚固定位等形式。

采用荡移法安装钢箱梁时，应提前计算荡移施工参数，主要包括最大荡移角、荡移力、荡移牵引力、荡移吊重荷载，根据计算结果确定荡移施工工艺，并要采取措施确保钢箱梁节段在荡移过程中的安全。

荡移法施工采用缆索式起重机作为垂直起升设备，根据是否设置水平牵引，分为无牵引荡移和有牵引荡移两种。无牵引荡移，通常借助吊索之间的荷载互相转移实现钢箱梁顺桥向的移动，其施工方法是缆索式起重机垂直提升梁段到达预定位置后，将梁段与荡移吊索连接，然后缆索式起重机卸载，将梁段重量逐步转移到荡移吊索上，直到梁段重量全部由吊索承担且梁段稳定后，解除起重机吊具与梁段间的连接，完成梁段荡移安装。有牵引荡移则借助水平牵引系统实现钢箱梁顺桥向的移动，施工方法是缆索式起重机垂直提升梁段到达预定位置后,将梁段与水平牵引钢丝绳连接,再启动水平牵引系统,带动加劲梁顺桥向移动,牵引过程中需要控制荡移角度,可通过缆索式起重机加载或卸载的方式维持荡移角度,待荡移至设计位置后,安装梁段区域连接吊索,解除起重机吊具与梁段间的连接,完成梁段荡移安装(图6.9.2-8)。

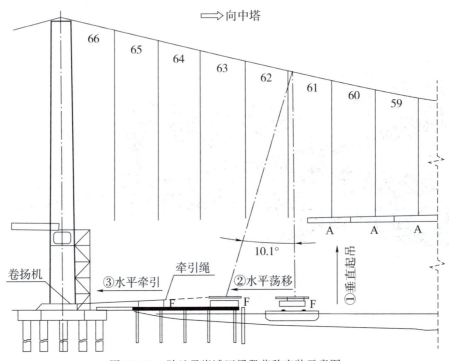

图6.9.2-8 陆地及岸滩区梁段荡移安装示意图

滑移法安装多采用大型履带起重机或浮式起重机,垂直起吊钢箱梁后,转动起重臂,将钢箱梁放置在滑移支架顶部的滑块上,千斤顶放置于反力座后侧,通过水平牵引钢绞线与滑块连接,启动千斤顶拖动滑块,钢箱梁随滑块逐渐移动至安装位置,完成滑移安装。

④施工控制要点。

钢箱梁节段的临时存放应考虑桥位处吊装顺序,方便取梁。

成品节段应先进行全面自检、验收后,专业技术人员应会同监理等共同验收确认,验收合格及时书面签认。

水上定位吊装应制定运输及定位方案并取得航道、海事等部门的许可,可直接从生产厂家处通过专用码头水运至桥位定位。吊装过程必须严格遵守高空作业及水上作业的安全规定。

梁段吊装时,起重机定位应避免待吊梁段与已安装梁段发生碰撞。

架梁起重机松钩后与运输定位钢箱梁节段的吊点连接,经检查合格后方准起吊。应调整运输船位置使吊点垂直后再行起升。起升速度宜控制在0.5~1m/min之间,各吊点平稳同步,左右侧吊点高差严格控制在200mm以内。

钢箱梁吊装前应完善临边防护、防坠网挂设及安全通道设置,并应做好施工吊装过程中安全警戒工作。

钢箱梁安装施工应重点考虑起重伤害、坍塌、物体打击、高处坠落等安全风险。

荡移作业前,应对吊具、销轴、转向耳板等的连接以及设备的固定情况进行检查,保证其能正常运转。

悬挂梁段用的吊索、吊杆等构件的强度及其连接强度应不小于计算荷载的2倍。当利用索夹作为临时吊点时,应进行验算和安全评价,并不得影响其正常使用功能,荡移施工过程中应防止其产生松动或滑移。

荡移过程中需要在悬空的钢箱梁梁段上进行检验、测量、转换吊点等作业时,应设置作业人员专用通道,且人员在梁段稳定可靠后方可进入作业区;梁段荡移时,所有人员必须撤离至作业区外。

荡移作业宜快速、连贯完成,当因故中断且停滞时间较长时,除应采取稳定梁段的措施外,还应采取有效措施消除天气等因素造成的安全隐患。

在支架上移动构件时,宜采用千斤顶、移位器、滑靴、滑道等专用工具,受力支点宜设置在轨道梁上,并应对支架及受力支点的强度、刚度和稳定性进行验算。

用于提升安装作业的钢丝绳和钢绞线应具备出厂质量合格证明文件和抗拉试验检测报告等;对重复使用的钢绞线,应检测其外径及夹片的啮合深度,并应根据钢绞线受荷的大小确定能否重复使用,当有硬弯、松股、断丝、肉眼可见的较深麻点锈蚀及被电弧灼伤时,不得使用。

(2)一般梁段施工。

①施工方法。

一般梁段宜采用缆索式起重机垂直提升法施工。

钢箱梁节段通常在工厂内制造,船舶运输至桥位,采用缆索式起重机按照从跨中向边跨的顺序,逐个节段对称提升架设。

②资源配置。

由于缆索式起重机起重工况下竖直偏转角度很小,接近垂直起吊,起升高度必然大于安装高度,故缆索式起重机选型时仅考虑设备额定起重能力大于钢箱梁重量即可。

根据设备额定起重能力的不同,可采用单机起吊或双机抬吊,不同吊装方法应满足相关起重作业规范要求。其余资源配置方法与塔区梁段配置方法相同。

③施工工艺。

钢箱梁一般梁段吊装施工工艺流程如图6.9.2-9所示。

缆索式起重机位置应略靠下一吊装梁段位置停放,使待安装梁段与已安装梁段之间有20cm以上间隙,以便于提升作业,缆索式起重机行走定位的依据应根据监控数据进行分析。

驳船运输梁段到达指定区域定位,定位误差控制在规定范围内(一般不大于1m)。

缆索式起重机下放吊具,吊具与钢箱梁临时吊点连接,调整吊具平衡吊点。

启动缆索式起重机,垂直提升钢箱梁,待超过驳船上层建筑高度后,启动运梁船,驶离安装现场。缆索式起重机垂直起吊梁段略高于已吊装梁段高度20~30cm。

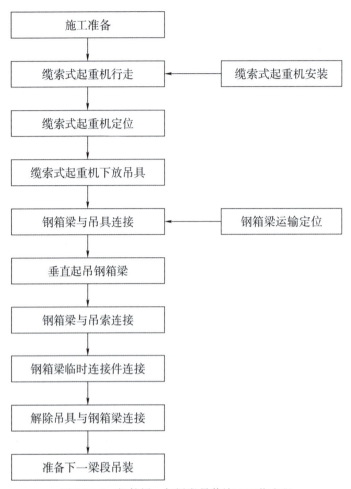

图 6.9.2-9　钢箱梁一般梁段吊装施工工艺流程

调整待安装梁段与已安装梁段缓慢靠拢。连接吊索,安装钢箱梁顶板临时连接件。

缆索式起重机慢速卸载,梁段荷载转移至吊索,吊索完全受力后解除吊具与梁段临时吊点的连接。

缆索式起重机行走至下一起吊位置定位,准备下一梁段吊装。

随着钢箱梁节段吊装的进行,两相邻梁段底板间下缘张口逐渐闭合时,即可连接梁段底板临时连接件。

根据悬索桥钢箱梁安装受力特点,刚开始安装时,钢箱梁上口贴合,下口张开,一般至三分之二以上梁段完成吊装后,下口逐渐闭合,根据上述特点,开始时只安装钢箱梁上口匹配销钉与临时连接件,下口临时连接件待后期闭合后方可安装(图6.9.2-10)。

开始架梁后,索塔索鞍将随梁段的安装逐步向主跨侧顶推至成桥的设计位置。随着梁段的逐段安装,索塔塔顶将向跨中偏位,使索塔产生附加弯矩,为了避免索塔内力过大,必须分阶段实施主索鞍顶推,以调整索塔姿态。

吊装前,应计算梁段重心,并调节起吊吊索在吊具上纵桥向位置,保证梁段水平吊装(图6.9.2-11)。

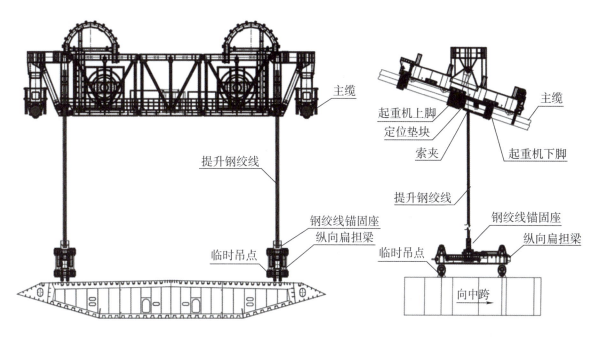

图 6.9.2-10 钢箱梁一般梁段垂直吊装示意图

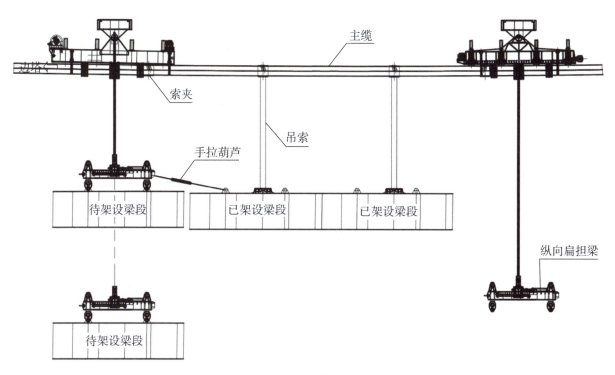

图 6.9.2-11 保证梁段水平吊装示意图

在钢箱梁临时连接件位置布置千斤顶,微调梁段线形达到设计线形后,进行梁段临时匹配。

④施工控制要点。

钢箱梁吊装过程中,在各工作面上,吊装第二节段起,须与已安装节段间预偏一定空隙(0.2~0.3m),吊至高程后,牵拉连接,避免吊装过程与相邻节段发生碰撞。

吊装过程应观察索塔变位情况，应根据设计要求和实测塔顶位移量按监控指令分阶段实施主索鞍顶推，以保证索塔根部因架梁产生的弯矩符合设计及监控要求。

起重机与梁段的吊点应连接牢固，经检查后方可起吊。应调整运输船位置使吊点垂直后再行起升。起升速度应控制在0.5~1m/min之间，各吊点平稳同步，左右侧吊点高差严格控制在200mm以内。

起重机每完成一梁段安装后，走行至架设下一个梁段位置。在架设下一个节段前起重机必须经检查签认，方可投入使用。

悬索桥施工应采取过程监控，当空缆线形、吊索长度、梁段制造线形均符合设计要求时，钢箱梁节段即可正常吊装。

已吊装的箱梁节段与其相邻段之间先行在顶板上临时连接，用于抵抗局部剪力，提高空气动力性能，并适应随后的主缆变形。梁段工地接缝焊接前，应将临时连接件全部连接。

当钢箱梁节段梁吊装达到一定数量后，梁段的挠度曲线趋于平缓并接近设计要求时，方可对该已吊装梁段接缝进行连接固定。

梁段线形调整好后即应将临时连接全部连接。每个梁段的线形调整高度，应在调整前确定好，调整后的高程与预定值的误差±5mm；吊索纵向间距的误差应小于5mm。

施工前应根据悬索桥的结构特点、施工方法和程序、环境条件等因素，编制施工监测和控制的方案。监控方案在实施过程中，宜根据监控的结果进行必要的动态调整。

（3）合龙段施工。

①加劲梁合龙位置根据现场情况确定，根据悬索桥受力特点，理论上悬索桥钢箱梁合龙位置可设在除无吊索区梁段外的任何位置，但从施工角度考虑，宜设在通航水道便于运梁驳船锚泊、可垂直提升的位置；从安装顺序考虑，多设在索塔附近位置。

②合龙施工一般需要超出合龙段长度至少20cm的吊装空间，即无须配切钢箱梁节段可直接将合龙段吊装就位完成合龙，也称无应力长度法合龙。

③悬索桥钢箱梁合龙方法有温差法和牵拉预偏法。温差法就是利用温度变化将会对合龙空间的影响来实现，温度越低，温差合龙的效果越明显。采用牵拉预偏法即牵拉已安装梁段，为合龙段留出安装空间，逐步放松牵拉力，安装临时连接件，完成合龙段安装。实践中，常采用在低温时段牵拉预偏的方法施工。

④支座、伸缩装置等桥梁专用产品应由具有资质的专业厂家制造，且在进场时应按相应产品标准的要求进行抽样复验检测。

⑤桥面防水材料的进场抽样复验检测，应按相应产品标准的要求进行。

⑥安装活动支座时，应保证支座滑板的主要滑移方向符合设计的要求。在安装活动支座的顶板时，宜考虑安装温度与设计要求不符时对位移的影响，必要时宜通过计算在顺桥向设置预偏量。

⑦吊装加劲梁时，应采取有效措施防止对支座产生偏压或产生过大的初始剪切变形。加劲梁的就位应准确且其地面应与支座顶面密贴，否则应将加劲梁临时支撑，对支座进行

重新调整安装。加劲梁从跨中开始吊装顺序见图6.9.2-12,加劲梁从索塔开始吊装顺序见图6.9.2-13。

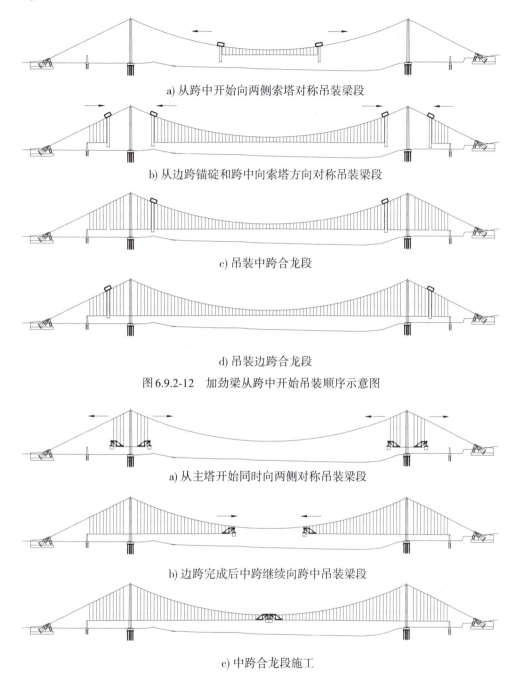

图6.9.2-12　加劲梁从跨中开始吊装顺序示意图

图6.9.2-13　加劲梁从索塔开始吊装顺序示意图

(4)加劲梁工地连接。

加劲梁吊装过程中,主缆的几何形状随着加劲梁段的架设而不断改变。若架设顺序从跨中位置开始时,当只有数量不多的梁段架设到位,这些梁段在上翼缘处互相挤压,而在下翼缘处互相分离,如果用强制力使下翼缘过早地闭合,结构或连接有可能因强度不够而破坏。通常的做法是在架梁的开始阶段,只是将各梁段在顶板临时由"铰"状结构连接,对于下翼缘板则自由张开,已架设到位且以铰相连的梁段能够抵抗横向静压风的作用。等到绝大部分的梁段已架设到位,梁段之间下面的张口就会闭合,然后对梁段间接缝进行永久性连接。

悬索桥钢箱梁节段的工地连接一般是指钢箱梁节段间的匹配件临时连接以及节段间永久焊接或栓接。

①加劲梁工地临时连接。

a.加劲梁节段间临时连接应采用临时连接匹配件进行连接,在吊装一段后,先连接顶板、再连底板,底板应先松连,待梁段缝隙闭合后再将底板处的临时连接件连紧,并在线形无误的情况下焊接该工地接缝。

b.临时连接件一般应放在刚性较大的腹板或面板折角处;临时连接件的位置要求准确,应在工厂匹配预拼阶段进行临时连接件的定位及焊接。临时连接件使用完毕后,应予切除并打磨或挖除补焊。

②加劲梁工地永久连接。

加劲梁节段间永久连接在工地焊接时属高空野外作业,焊接质量受风吹、日晒、雨淋、大雾等不利自然气候因素影响,加之加劲梁体内通风差及高空作业,施工作业环境差,工地焊接直接影响成桥线形和总体质量控制,因而必须严格按有关技术规范和焊接工艺作业。

工地焊接主要包括环缝、嵌补段及附件的焊接。环缝焊接是指各梁段之间的加劲梁构件横截面的板缝对接,包括桥面板、桥底板、上下斜腹板对接;嵌补段焊接是指箱梁内加强结构(加劲肋的嵌补),包括桥板纵肋嵌补段与桥板的角接、纵肋嵌补段与纵肋的对接;附件焊接是指附属构件的焊接,包括工作孔、检查小车路轨等的焊接。工作孔是为方便工地焊接大接头施工而开设的,可在大接头附近桥面板中心开设人孔,在两边上翼板开设通风、除尘管道孔,待大接头焊接缝完成后补孔。

为减少焊接变形和有利于焊接应力释放,工地焊接的顺序应与工地吊装大致相同。工地吊装一般从中跨跨中往两侧索塔同时对称进行,已架梁段之间通过工地匹配件临时连接,以满足抗风稳定要求,并控制加劲梁线形和焊接间隙。加劲梁架设到一定数量以后,加劲梁成桥线形接近设计线形,此时可开始工地焊接工作,逐一固接梁段。假设加劲梁由 N 个梁段组成,则有 $N-1$ 个接头。因此,以中跨跨中为中心,向索塔方向分两个工作区同时进行对称拼装焊接,每个工作区再分几个工位,分别完成工地焊缝的装配、焊接、探伤、修磨、涂装等工作。一个周期完成后,各工区交叉滚动式前进,直到工地焊接完成。此外,加劲梁梁底一般均设有数台检查维护用工作小车,在工地吊装时已安置于梁底,工地焊接时可用于节段接头的装配、焊接、探伤和涂装等工作。

焊接应力和焊接变形往往既是同时存在,又是相互制约的。如在焊接过程中,常采用焊接夹具、打码等刚性固定法施焊,这样变形减小,而应力却增大了;反之,为使焊接应力减小,就要允许焊件有一定程度的变形。在工地焊接中,要求焊件结构既不存在大的残余变形,也不允许存在较大的焊接应力。为保证工地焊接的质量,要采取防止或减少焊接应力及变形的措施,以便将应力和变形控制在允许的范围内。

加劲梁采用栓焊结合连接工艺时,常为上下翼缘板、桥面钢板采用焊接,腹板或者斜杆采用高强螺栓连接。栓焊结合工艺,减小了焊缝总长度,减轻了焊接变形的影响,减少了加劲梁内部焊接工作量,避免了施工难度很大的腹板立焊和仰焊;但其工艺复杂,栓接和焊接在施工过程中互相影响。

从高强螺栓连接副的施工要求来看,宜采用先焊后栓的工艺要求,焊接后再进行螺栓固定,但该方法往往受焊接影响,会使预制栓孔产生变形,从而很难穿栓,而且在腹板及腹杆未安装或尚未安装完成时,翼板焊接往往不足以支撑构件稳定及定位要求,焊接质量也难以保证。若采用先栓后焊工艺,即先栓接腹板及腹杆,后焊接周边翼缘板,则焊接变形会导致高强螺栓承受次内力,甚至在拼焊的过程中可能会使已终拧的高强螺栓滑动从而产生破坏。因此,应对两种连接工艺进行比选研究确定。

采用焊接连接时,应先将待连接钢箱梁的节段与已按照节段临时刚性连接,接头焊接的施焊宜从桥面中轴线向两侧对称进行;接头焊缝形成并具有足够的强度和刚度时,方可解除临时刚性连接。

伸缩装置安装预留槽口的尺寸应符合设计规定,锚固钢筋的位置应准确。伸缩装置宜在桥面铺筑施工完成后进行安装;当采用先安装再铺装桥面的方式时,应采取有效措施对安装好的伸缩装置进行妥善保护。

悬索桥加劲梁的线形控制宜以高程为主;安装施工过程中的线形控制应与构件的制造线形相结合,并应统一方案,统一实施,不得各自独立、相互脱节。

线形宜根据安装的方法和步骤,综合考虑制造偏差、构件的变形、连接、气温、施工荷载等影响因素进行控制,并应采取措施消除不利影响,提高安装精度。

6.9.2.4 钢桁加劲梁施工

(1)施工方法。

①钢桁加劲梁的安装设备种类很多,可用桥式(悬臂)起重机、缆索式起重机、浮式起重机等吊装设备。钢桁梁吊装顺序,根据施工设备和结构设计的不同,既可以采用从跨中往索塔方向吊装,也可以采取从索塔位置开始向跨中方向吊装。

②两种吊装顺序各有其适应性和优缺点,从索塔位置开始吊装,便于施工操作和管理。通过索塔电梯,施工人员和小型机具、材料等可以很方便地从索塔横梁位置到达已架设好的桥面,而且施工人员可以很方便地在主桥各跨之间往返。而从跨中开始吊装加劲梁,工作人员须通过空中猫道才能到达主跨内已吊装完成的加劲梁段上,增加了施工难度。缆索式起重机吊装方法的优点是:主缆与加劲梁的变形都较小,加劲梁在架设过程中的内应力小,且靠近塔柱的梁段是主缆达到或接近最终线形时就位的,这样可使索塔附近的梁段施工更容易适应主缆线形。

③桥式(悬臂)起重机一般适用于钢桁架梁的悬臂拼装,吊装顺序为从桥塔位置开始,向跨中方向架设(图6.9.2-14)。

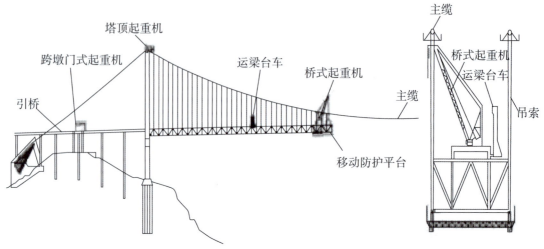

图6.9.2-14　钢桁梁桥式起重机吊装加劲梁示意图

④浮式起重法常用于塔锚区等特殊位置梁段的吊装或起步段的吊装，为拼装桥面起重机提供作业空间(图6.9.2-15)。

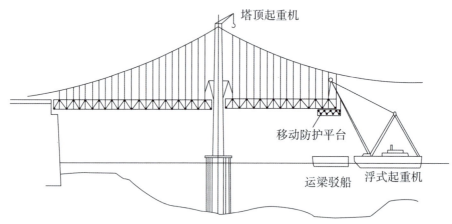

图6.9.2-15　钢桁梁采用浮式起重法吊装示意图

⑤不同架设方法对比如表6.9.2-2所示。

加劲梁主要架设方法对比表　　　　　　　　　　表6.9.2-2

方案	缆索式起重机	桥式(悬臂)起重机
适合的加劲梁类型	钢箱加劲梁、混凝土预制梁、大节段钢桁梁	钢桁梁
适应性	垂直起吊，吊装重量大	仅适用于桁架梁
加劲梁常采用的吊装顺序	大多从跨中向索塔方向吊装	从索塔向跨中方向架设
优点	1.适合加劲梁大节段吊装，吊装重量大； 2.加劲梁吊装速度快，效率较高，工期短； 3.从跨中向两端架设，主缆受力好，线形易控制； 4.设备通用性较强，可多次周转不同的悬索桥使用	1.桥式起重机可采用专用起重机，也可工地拼装，临时工程量小，成本较低； 2.设有专门运输台车，运输通道设置在已安装梁段上，施工方便； 3.施工人员主要集中在桥面位置，作业空间大，操作便利

续上表

方案	缆索式起重机	桥式(悬臂)起重机
缺点	1.加劲梁大节段制造、运输难度大,要求较高; 2.受地形条件限制较大,常适用定点起吊; 3.对于小跨径悬索桥,实用性不高,施工成本较大	1.从两端向跨中架设加劲梁,线形不易控制,对主体设计影响较大; 2.两岸均需设置主梁存放、运输场地,采用两种不同的运梁方式,增加了施工的难度,施工速度较慢; 3.需要增加起步梁段的施工场地及相关吊装设备; 4.吊装过程中需控制主梁内部弯矩不超结构允许值,必要时设置临时铰

（2）资源配置。

悬索桥钢桁加劲梁悬臂架设主要施工设备包括：运输设备（路面运输车、桥上运梁车）、起重设备（桥式起重机、提升站、履带起重机、吊具）。其机具组合及方法、工效类似于斜拉桥钢桁梁悬臂拼装架设。

（3）施工工艺。

①缆索式起重机吊装钢桁梁工艺流程与钢箱梁工艺流程相同。桥式起重机悬臂法吊装工艺流程可分为单杆吊装与整体提升两种方法，其中单杆吊装方法与连续梁桥、斜拉桥钢桁梁悬臂拼装架设方法基本相同，此处重点介绍桥式起重机整体提升吊装梁段的施工工艺流程，如图6.9.2-16所示。

②架设塔区无吊索梁段及邻近塔区的岸滩梁段时，由于作业空间等方面受限制的原因，桥面架梁起重机无法安装，梁段吊装存在作业条件繁杂、施工不便等问题。该节段的架设方法主须在塔旁搭设临时支架，采用履带起重机，以钢桁梁桁片为单元进行吊装，然后在临时支架顶面组拼为钢桁梁节段。待钢桁梁节段与主塔的距离不再影响桥式起重机拼装及作业后，采用履带起重机在钢桁梁顶面安装桥式起重机。

③桥式起重机架设一般部位钢桁梁时，从索塔开始吊装，可采用单杆散拼吊装法，也可采用节段整体提升法吊装。近年来，随着桥

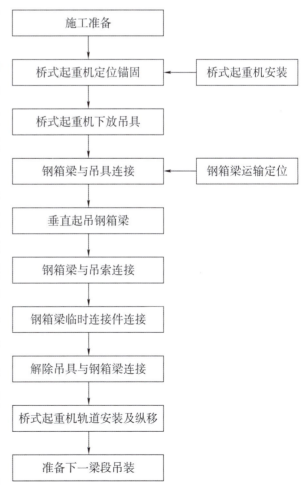

图6.9.2-16 桥式起重机整体提升吊装梁段施工工艺流程

式起重机起重能力的提升,多采用节段整体吊装法施工。在塔区部位梁段架设完成后,在钢桁梁上组装桥式起重机,在钢桁梁施工节段安装移动式防护设备和吊索牵拉装置等,然后采用节段整体垂直提升法,进行一般部位钢桁梁桁架的架设。

(4)施工控制要点。

①吊装过程应观察索塔变位情况,应根据设计要求和实测塔顶位移量按监控指令分阶段调整索鞍偏移量,以保证索塔根部由架梁产生的弯矩符合设计要求。

②架梁起重机松钩后与待吊装加劲梁节段的吊点连接,经检查后方准起吊。应调整运输船位置使吊点垂直后再行起升。起升速度应控制在0.5~1m/min之间,起吊时应平稳同步。严格控制吊点上下游高差200mm以内。

③架梁起重机每安装一段梁后,前移架设下一个梁段;在架设下一梁段前架梁起重机必须经检查并签认后,才能投入使用。

④钢桁梁吊装时制造线形测量应以锚座支承面或销板的销孔为基准;避免节段长度误差累积;上拱曲线的设置要考虑梁段顶、底板长度不同,焊接收缩量影响(一般箱梁上、下焊接收缩量差别较小,可取为相等)。

⑤当加劲梁节段梁吊装达到一定数量时,梁段的挠度曲线趋于平缓接近设计要求时,检查确认线形无误后可对该接头进行定位焊,随节段吊装的增加,其他节段的挠度曲线亦将逐渐趋于平缓,其他节段接头也将就位,可实施定位焊。一般需吊装梁段达50%以上时方可开始梁段间连接焊缝的焊接,宜在全跨吊装完后再施焊。

⑥悬索桥施工应采取过程监控,当空缆线形、吊索长度、梁段制造线形均符合设计要求时,钢桁梁节段即可顺利吊装,一般无须进行线形调整。

⑦已吊装的钢桁梁节段与其相邻段之间先行在顶板上临时连接,用于抵抗局部剪力,提高空气动力性能,并适应随后的主缆变形。梁段工地接缝焊接前,应将临时连接件全部连接。

⑧梁段线形调整好后即应将临时连接全部连接。每个梁段的线形调整高度,应在调整前确定好,调整后的高程与预定值的误差不大于±5mm;吊索纵向间距的误差应小于5mm。

⑨采用单构件方式安装时,宜根据钢桁梁和吊索的受力情况及桥位的气候条件,选择全铰法或逐次固结法。

⑩采用全铰接法架设时,在钢桁梁逐渐接近设计线形后,宜对部分铰接点逐次固结。

⑪采用无铰逐次固结法架设时,宜采用接长杆牵引吊索与钢桁梁连接,且宜在不同架设节段采用千斤顶调整吊索张力,直至最后拆除接长杆入锚。架设过程中应逐一对钢桁梁及吊索的内力及变形进行分析,并应将钢桁梁斜杆及吊索的最大应力控制在允许范围内。

⑫桥式起重机应满足拼装过程中顺桥向坡度变化的要求,底盘应设止滑保险装置。

⑬应对悬臂拼装施工过程中节段和梁体的受力进行模拟计算分析,计算所采用的施工荷载应与实际的重量和位置相符合,节段和梁体在各施工节段的应力和变形应符合设计要求。

⑭悬臂拼装施工宜按吊装就位、调整定位、复核坐标、临时固定、连接的顺序进行,其中复核坐标应包括复核轴线、里程和高程。

⑮栓接连接的钢桁梁在悬臂拼装施工时,连接处所需冲钉的数量应按承受荷载的大小经计算确定,但不得少于栓孔总数的50%,其余栓孔应全部或部分安装高强度螺栓。吊装钢桁梁构件时,起重吊钩应在构件完全固定后(梁段上安装50%冲钉和50%高强度螺栓,主桁杆件上安装50%冲钉和35%高强度螺栓,其余杆件上安装30%冲钉和30%的高强度螺栓)方可松钩,松钩后应立即补足剩余栓孔的高强度螺栓并施拧。在已安装的高强度螺栓施拧后,再将冲钉分批替换成高强度螺栓并施拧,替换时一次拆卸冲钉的数量应不超过冲钉总数的20%。

6.9.2.5 加劲梁施工监控量测

(1)一般情况下,悬索桥需要进行施工监控。施工监控单位应由项目建设单位合法合规确定,独立开展结构分析计算,并就计算结果与设计单位进行复核确认。施工监控应做好桥梁施工过程中结构内力、线形等监测,动态调整和控制,保证结构在施工过程中的内力和变形始终处于可控、安全及合理的范围。

(2)施工承包单位应根据桥梁结构形式、施工工艺、环境因素等,编制测量方案,复测首级施工控制网及成果报验、加密施工控制网点、计算放样数据,选择结构关键部位,明确监测项目(每一梁段各工况下各控制点高程、轴线偏位、索鞍位置、索夹位置、主缆线形、关键工况下塔柱变位等)、仪器设备、监测方法、监测频率及测点布置等。

(3)加劲梁吊装过程中主索鞍座顶推量的监控。主鞍座的顶推是随着加劲梁吊装的进程而逐渐进行的,顶推的时间与量由监控计算给出。顶推监控通过量取格栅横桥向轴线到主鞍几何中心(主鞍座的接缝中心)的距离,确定主鞍座的偏移量,从而实现对顶推量的监控。

(4)加劲梁架设过程中梁段线形的监测。加劲梁架设过程中观测吊装后加劲梁的线形是否与当前工况下的监控计算高程相吻合,并预测、调整加劲梁成桥后的线形。宜采用三角高程测量的方法进行,在风力较小和温度变化小的时间段内完成观测。对悬臂施工的主梁,其线形监测截面应设置在各梁段顶面的前端附近,每个截面的测点数不应少于3个;对其他方式施工的主梁,其监测截面应设置在支点、跨中、四分点,每个截面的测点数不应少于3个。对成桥桥面线形监测截面应设置在支点、跨中、四分点、八分点,每个截面的测点数不应少于2个。

(5)加劲梁架设过程中梁段中线的监测。加劲梁架设阶段,监测已吊装梁段的中线是否与设计桥轴线方向相吻合。监测可通过在索塔的上横梁上所设置的桥轴线方向点,采用经纬仪视准线法,监测梁段中线的偏位情况。

(6)架梁过程中索塔及散索鞍位移的监测。架梁过程中应定期对索塔位移进行监测。对于散索鞍位移的监测,宜在散索鞍的顶面横桥向方向轴线上设置监测点,每个散索鞍设置一个监测点,采用坐标法测量散索鞍的位移。此项监测的初始值,应在上部结构施工前测定,此后根据施工的进展,定期地对散索鞍的位移进行监测。

(7)合龙段的监测。加劲梁合龙前,对合龙段两侧梁段长度,以及合龙段处空间现有长度进行测量,记录索股及梁段温度。

(8)项目建设单位应加强施工监控、成桥荷载试验、健康监测数据统筹、相互核对和延续共享管理,在相关文件中明确各方监测数据延续共享等有关要求。

6.9.2.6 钢-混组合梁施工

钢桥面系的特点是重量小,能节省主缆、索塔材料用量,且桥梁运营期间消除了桥面断缝可能漏水等病害风险,但其桥面板本身的钢材用量较大,造价昂贵。

钢筋混凝土板作为桥面构件的特点是重量较大,对于主缆、索塔而言需要承受更大的荷载,因此就这一点来说经济性较钢桥面板差,但其能提供较大的重力刚度,改善悬索桥的整体力学性能,且混凝土板上的桥面铺装施工工艺成熟、费用效率比高。

(1)桥面板安装工艺。

①对于混凝土桥面板而言,目前常用的安装方式有两种:"全连接、全铺板"工艺和"边连接、边铺板"工艺。

②从便于控制主缆和桁架梁的线形,利于主缆、加劲梁、吊索受力考虑,早期小跨径悬索桥加劲梁的铺板工艺采用"全连接、全铺板"方式。在加劲梁全部安装到位后,将全部吊装节段间采用高强螺栓进行刚接,采用起重设备从跨中向两塔对称全断面满铺桥面板。但是,该种工艺施工速度过于缓慢,在大跨径悬索桥中尤为明显,降低了操作效率。

③为了寻求一种高效的桁架梁桥面板施工方式,将上述方法改进为"边连接、边铺板"工艺,加劲梁吊装到位后为自由悬挂,加劲梁接头不进行连接。在进行各节段加劲梁的桥面板安装时,提前将每段加劲梁接头上弦杆进行临时连接,临时螺栓不紧固,只用来传递剪力,这也是与"全连接、全铺板"最大的区别。

④采用起重设备由塔侧向跨中方向,在加劲梁顶面铺设桥面板施工通道,施工通道宽度以满足桥面板的运输和吊装即可。将通道铺设至跨中处,再利用运输车和起重设备将桥面板由跨中向塔侧全断面满铺桥面板。

(2)桥面板预应力及湿接缝施工。

①根据悬索桥的特点,加劲梁临时连接后,桥面板的加载顺序应该为由中间到两侧。为了实现由中间向两边加载,先在加劲梁中间铺装两块行车道板形成通道,然后采用汽车运输,由中到边进行桥面板的安装施工,即"边连接、边铺板"工艺。

②纵向预应力钢束在加劲梁段架设完成,线形调整完毕后各段间湿接缝尚未浇筑混凝土前穿入。穿束时,在钢束端头连接锥形头,锥形头连于牵引钢丝绳上,启动卷扬机将预应力钢束从一头向另一头穿入;牵束过程应设置必要的转向、滚轮及防护措施。湿接缝处预应力钢束制孔铁皮管宜采取套接铁皮管的方式设置。

③梁段全部吊装及梁面线形调整完毕后,应按设计要求进行梁块顶面压重,压重过程中应分段在各段梁面上分批均匀加载。梁块上的压重全部到位后,再浇筑湿接缝混凝土,张拉纵、横向钢束,孔道压浆,进行桥面铺装时,压重逐步转换为二期荷载。

④混凝土加劲梁节段间接缝施工时应采用梁底吊架,立模板扎钢筋,浇筑微膨胀混凝土。

⑤湿接缝混凝土应按设计规定顺序进行浇筑。

(3)施工控制要点。

①施工前应制定专项施工工艺、方案来指导施工。

②钢-混凝土结合段施工中一定要注意安装顺序及装吊操作,以实现顺利施工。

③钢-混凝土结合段施工时,先将结合段加劲梁部分吊装后固定、定位;再进行结合段混凝土梁部分现浇合龙。施工应确保钢-混凝土结合段连接后形成可靠的剪力键,以保证剪力传递和钢板与混凝土之间不剥离。

(4)混凝土梁工地连接。

①钢桥面板的现场焊接通常是在全部钢桥面板架设完毕,且加劲梁自重引起的变形稳定后再进行。

②混凝土桥面板的安装通常是在加劲梁架设完成后才开始进行。

③混凝土梁的接头连接,均采用混凝土现浇的湿接头,并施加预应力的工艺,以形成连续桥面板体系。

④湿接缝施工顺序一般从中跨开始,每次湿接缝混凝土浇筑宜在混凝土初凝前浇筑完成,每批湿接缝混凝土浇筑完成后,强度达到设计要求才能进行下批次混凝土浇筑。

⑤钢-混凝土组合梁中钢梁节段间栓焊连接工艺可参照本章"加劲梁工地连接"相关内容。

6.10 拱式桥梁

以拱作为桥身主要承重结构的桥梁称为拱式桥梁,拱式桥梁主要承受轴向压力。按照桥面的位置可分为上承式拱桥、中承式拱桥和下承式拱桥。

按照建筑材料的不同可分为石拱桥、混凝土拱桥、钢拱桥和组合式拱桥。目前应用较多的钢桁架组合式拱桥,即钢拱桥。

钢拱桥施工可采用支架法、缆索扣挂法、顶推法、转体法等多种方式,运用较多的为缆索扣挂法。本拱式桥施工组织设计指南以采用缆索扣挂法施工的山区跨峡谷上、下承式高低钢桁架拱桥为例,进行编制。

6.10.1 工装组合设计

缆索扣挂法架设拱桥时,主要工装组合分为缆索式起重机系统与缆索扣挂系统两部分(图6.10.1-1)。起重系统主要由缆塔、锚碇系统、缆索系统(主索、起重索、牵引索、缆塔通风缆、后风缆及桥式起重机)组成;扣挂系统主要由扣塔及扣锚索体系(扣锚索及扣锚梁)等几部分的组成。常规的缆索式起重机扣挂法施工包括缆塔与扣塔分离和缆塔与扣塔结合的形式,施工设计时,多将缆塔与扣塔结合,以节约临时建筑材料、占地资源等。施工前应对吊装所采用非定型产品和机具进行专门设计,对安装后形成的拱圈基肋进行稳定性验算。制定专项施工方案,保证施工安全。缆索扣挂法施工等危险性较大专项方案附验算通过专家评审后进行施工。

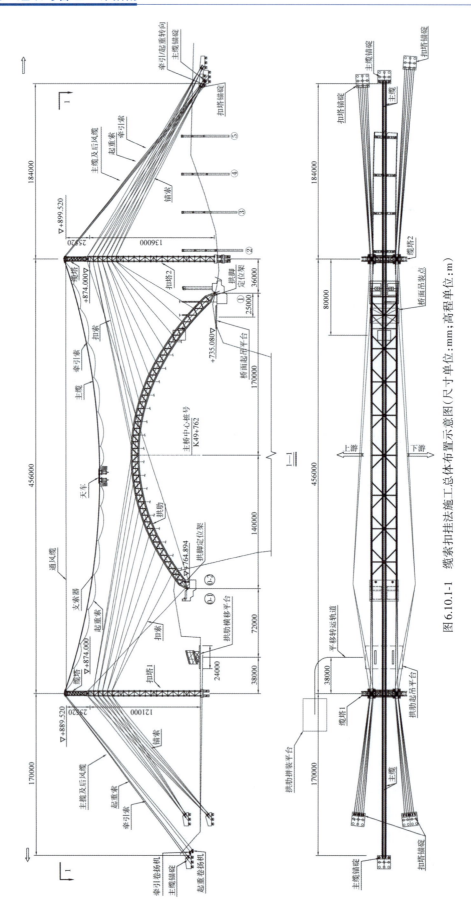

图 6.10.1-1　缆索扣挂法施工总体布置示意图（尺寸单位：mm；高程单位：m）

施工前期考虑河道通航、邻近油气管线、邻近高压线路等影响因素。在现场实地勘察后，与相应的主管部门及产权单位取得联系，编制相应的保护措施专项方案，确定安全的施工距离和施工时间，设置相应的警示装置、报警装置、监控设备。对作业活动、设备、人员、环境、设施和材料进行危险源辨识和风险评估，采取安全风险防控措施，制订应急预案，保证施工安全。相关安全措施纳入各项相关施工方案。

缆索式起重机锚碇及扣塔位置的选址宜结合拱桥主体施工需要，中跨跨径需满足拱圈、桥面、拱上立柱等单元预拼及吊装需要。中跨垂度需满足最大吊重起重吊装高度需要。

锚碇及扣锚的布置宜结合地形地貌及地质条件选择，常规的锚碇有重力式锚碇、隧道式锚碇、桩基锚及预应力锚，锚碇形式选择在满足受力的情况下尽可能节约资源投入，提高施工便利性。

6.10.2 缆索扣挂法施工

6.10.2.1 施工工艺流程

缆索扣挂法施工工艺及流程详见图6.10.2-1。

6.10.2.2 主要施工方法

(1)锚碇施工。

锚碇分为扣挂系统锚碇、缆索系统锚碇及临时风缆锚碇。锚碇体一般由基础、锚碇体、锚固系统、锚固梁、锚箱组成。地锚可靠性对整个缆索系统的安全有决定性影响，必须高度重视，对设置点的承载能力大小及地质、地形条件充分考虑，条件允许时，还可以利用桥梁墩台及山体作为锚碇。

(2)扣塔塔架施工。

塔架通常由万能杆件、军用梁、贝雷架等定型钢构件组成。扣塔塔架拼装之前，对进场材料做全面检查、验收。扣塔安装前，应全面检查塔架基础工程；确保塔脚各类预埋件埋设可靠、位置准确。塔脚铰座位置安装要确保轴心同轴。

本例每座扣塔由2组立柱组成，立柱中心距27m。每组立柱由4根$\phi1000mm$钢管+连接系组成格构式结构，立柱之间以横撑及斜撑相连，根据塔架节段进行立柱拼装。

塔架与基础之间为固接，塔架拼装采用塔式起重机配合，塔架拼装可根据20t塔式起重机的起吊能力进行分节段单元拼装，扣塔节段分两个单元进行吊装，每个吊装单元为两根立柱，两根横杆、一根斜杆（横撑节段为两根斜杆）。每节段4根立柱拼装完成后及时安装连接系。横撑和斜撑均采用两台塔式起重机联合整体吊装。塔架垂直拼装至设计有横梁的高度应及时将横梁予以联结，及时安装扣索锚梁。塔架每拼装完成一个节段时应进行测量检查，并根据测量数据进行调整。

(3)缆塔塔架施工。

缆塔塔架（图6.10.2-2）与扣塔塔架之间为铰接，缆塔塔架拼装时与扣塔塔架之间须临时固结，待缆塔风缆安装完成后再转为铰接，塔架垂直拼装至有横梁位置时应及时将横梁予以联结。缆塔塔架每拼装一个节段高度时应进行测量检查并作调整。缆塔塔架拼装过程中应及时设置缆风索确保缆塔塔架施工安全，缆塔塔架拼装完成后应进行全面检查，主塔塔顶的最大偏位宜根据索塔的强度和稳定性经验确定，塔底为固接时，其塔顶得最大偏位宜不大于1/400；塔底为铰接时，其塔顶最大偏位宜不大于塔高的1/150。扣塔塔顶的最大偏位应根据扣塔和拱肋强度、刚度和稳定性等经验算确定。

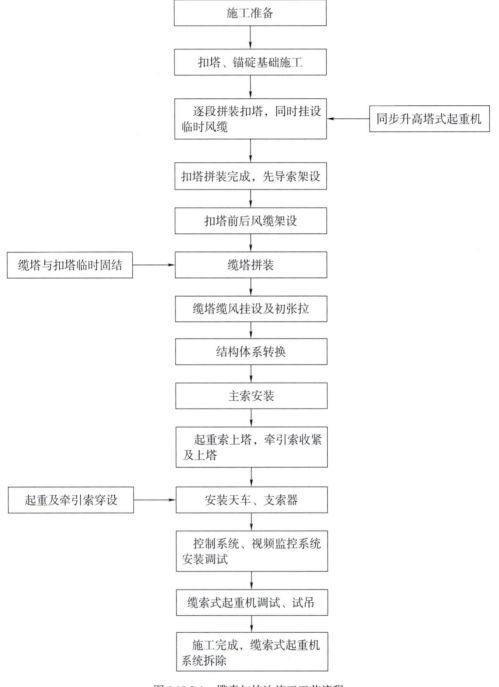

图6.10.2-1 缆索扣挂法施工工艺流程

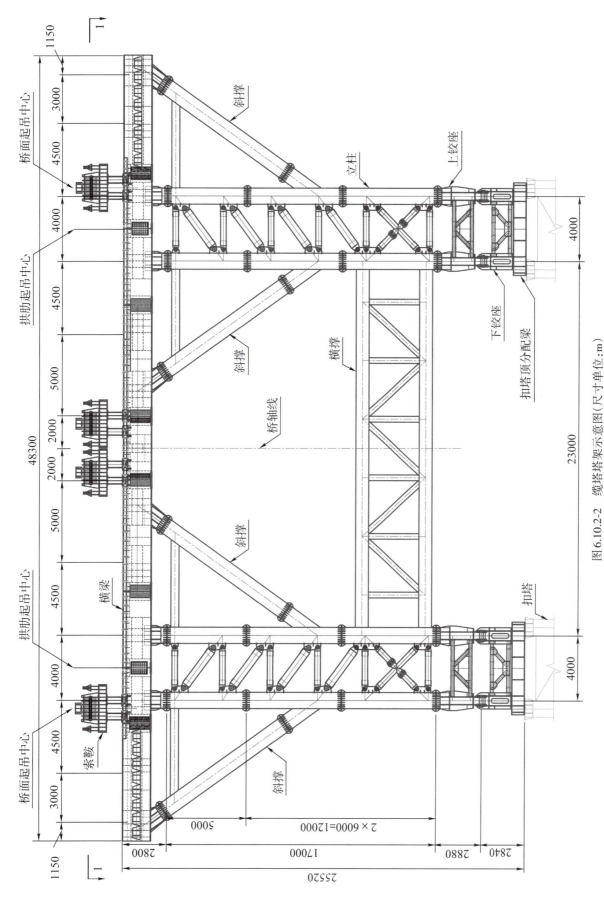

图6.10.2-2 缆塔塔架示意图（尺寸单位：m）

塔顶横梁采用高栓连接,分段吊装。缆塔塔架拼装完毕并经检查合格后,方可安装塔顶索鞍,索鞍安装后,其弧形表面及挡板应光滑,无毛刺,无棱角刃口;穿索时宜在与绳索接触面安装四氟板和涂黄油,以减少摩阻和保护绳索。

缆索式起重机塔架属高层结构物,为其安全考虑,现场宜设避雷装置。避雷引线应接地,接地电阻不大于4Ω。

(4)卷扬机系统施工。

卷扬机系统(图6.10.2-3)由牵引卷扬机、起重卷扬机、转向装置三部分组成。卷扬机均设置在桥梁一端的缆塔锚碇前方,转向装置设置于桥梁另一端的缆塔锚碇。牵引、起重索钢丝绳从缆塔顶索鞍斜向引入锚碇处的转向装置,转为水平方向后进入后方的卷扬机。

(5)先导索安装施工。

先导索采用$\phi 32mm$钢丝绳作为导索,上下游各一根。将钢丝绳吊装至塔顶,从塔顶将绳头放出边跨侧,人工将绳头牵引至主缆锚碇,盘入10t牵引卷扬机。塔顶的剩余钢丝绳全部吐出,利用塔式起重机将绳头下放宜都侧拱座上,利用无人机架和迪力玛绳辅助架设先导索,无人机将细迪力玛绳$\phi 4mm$从上游侧牵引至下游侧,通过小绳换大绳,转换2次,最终换成$\phi 16mm$迪力玛绳。以同样的方式将第二根导索牵引到位(图6.10.2-4)。

(6)塔架稳定系统施工。

塔架稳定系统由缆塔通风缆、缆塔后风缆及扣塔前后风缆组成。后风缆采用落地结构形式,后风缆锚固于风缆锚碇上,通风缆锚固于缆塔塔顶横梁。塔架风缆布设情况为:缆塔通风缆及缆塔后风缆均采用公称直径不小于$\phi 56mm$的钢丝绳。

缆塔后风缆在缆塔顶端锚固,于锚碇位置处张拉。利用人工将钢丝绳拖拽至牵引卷扬机处,并用绳卡与导索连接。开动两岸牵引卷扬机,直至将钢丝绳头提升到塔顶,将绳头绕过锚固梁并用绳夹连接,解除钢丝绳和导索的连接。

利用事先布置好的卷扬机初调后风缆钢丝绳,并将其下端锚固于张拉梁并用绳夹连接卡牢直至完成桥梁一端所有后风缆的挂设,然后再完成桥梁另一端后风缆挂设。

缆塔通风缆钢丝绳锚固于桥梁另一端,则桥梁另一端为张拉端。安装时,将通风缆钢丝绳按要求盘于塔式起重机下方,利用塔式起重机将一根通风缆钢丝绳提升至塔顶,将钢丝绳一端绕过缆塔前锚固梁上并用绳夹连接卡牢,另一端和导索卡牢,开动两岸牵引卷扬机,桥梁一端收,则另一端放,直至将钢丝绳一端拖拉至塔顶。拖拉过程中每隔30m安装一根公称直径不小于$\phi 22mm$的钢丝绳作为吊绳,减小钢丝绳的垂度,继续开动两岸牵引卷扬机,桥梁一端收,则另一端放,直至钢丝绳和绕过缆塔上的通风风缆锚固在张拉梁上,并用绳夹卡牢后,解除钢丝绳和导索之间的连接,完成剩余通风缆挂设(图6.10.2-5)。

索鞍由底部分配梁、水平转向装置、主索滑轮、牵引索滑轮、起重索滑轮、限位块等构件组成(图6.10.2-6)。索鞍设于缆塔横梁顶部的滑道上,采用单索千斤顶+钢绞线牵引的方式沿滑道横桥向移动。

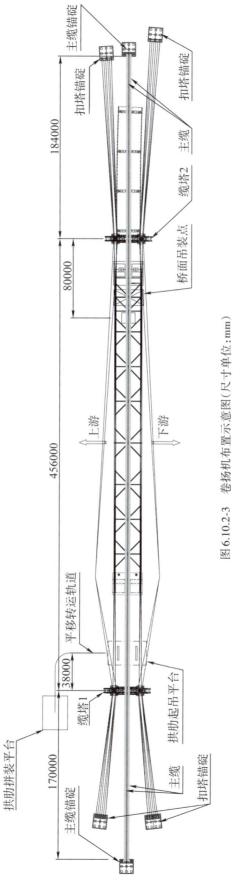

图 6.10.2-3 卷扬机布置示意图（尺寸单位：mm）

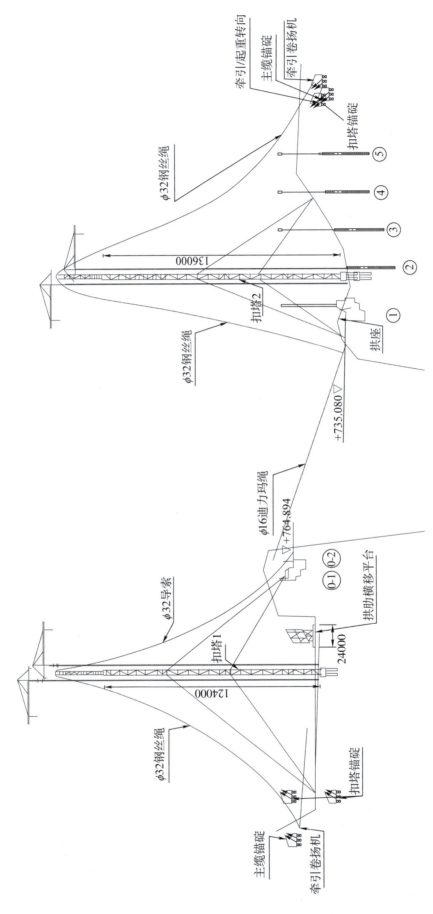

图 6.10.2-4 导索安装示意图(尺寸单位:mm;高程单位:m)

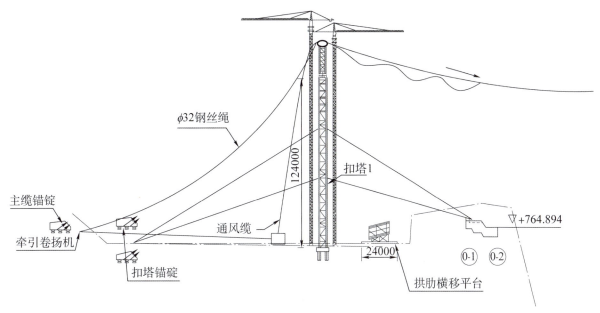

图 6.10.2-5　通风缆架设示意图(尺寸单位:mm;高程单位:m)

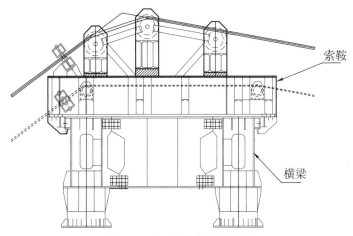

图 6.10.2-6　索鞍布置示意图

主索鞍采用塔式起重机分块吊装,在对应缆塔后侧场地上、塔式起重机吊幅范围内,将底部分配梁及主索转向装置按要求拼装成整体单元。

索鞍分次吊装,在缆塔顶组拼成整体。吊装顺序为由下而上依次吊装索鞍分配梁、索鞍垫梁、索鞍索体、主索导向结构。吊装过程中及时安装构件间连接系,并确保高栓和焊缝施工质量。

(7)绳索系统施工。

缆索式起重机绳索系统包括主索、起重索、牵引索。缆索式起重机系统主索为 $\phi 56mm$ 的钢芯钢丝绳(6×37S+IWR);起重索为 $\phi 28mm$ 的纤维钢丝绳(6×37S+FC),按"8"字形布置;牵引索为 $\phi 28mm$ 的纤维钢丝绳(6×37S+FC),按"4"字形布置。

缆索式起重机主索采用 $\phi 56mm$ 的 1960MPa 钢芯钢丝绳,共 14 根(单组 7 根),单根长度 1000m,主索横跨两侧塔架,锚固于两侧主索锚碇,主索一般桥梁一端张拉,另一端锚固。锚固张拉位置均位于两岸缆塔锚碇。

主索安装采用导索牵引主索(图 6.10.2-7),具体安装步骤如下。

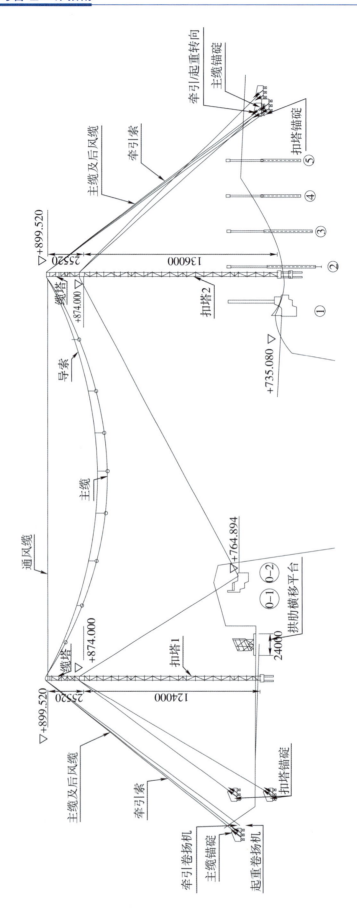

图6.10.2-7 主索牵引示意图(尺寸单位:mm;高程单位:m)

①将单根主索盘绕在桥梁一端塔架下的放绳筒上;

②同时在两侧缆塔锚碇处各设置一台15t卷扬机;

③用塔式起重机将主索一端起吊至缆塔顶,绕过鞍座主索滑轮后,与导索用绳卡连接;

④启动两岸索卷扬机,桥梁一端收,则另一端放,将主索从桥梁一端塔顶往桥梁另一端塔顶拖拽;

⑤主索行进过程中,安装吊绳悬挂于导索上,承拖于$\phi56mm$的主索,吊绳应与导索连接牢固,$\phi22mm$吊绳每隔30m设置一个,直至主索拖拽至桥梁另一端塔顶,绕过主索鞍后,继续向下拖拽;

⑥待主索拖拽至桥梁另一端卷扬机附近时,将主索绳头与缆塔锚碇附近15t卷扬机上引出的钢丝绳用绳夹连接,并解开主索与导索间的连接;

⑦将桥梁一端放绳筒上的主索全部放完,将主索端头与锚碇附近15t卷扬机上引出的钢丝绳用绳夹链接;

⑧两侧15t卷扬机同时收紧主索,待两侧主索绳头分别拖拽至两侧缆塔锚碇附近后,改用滑车组收紧,初调单根主索垂度。

⑨重复以上步骤,完成上下游剩余主索挂设,然后完成主索调整。

(8)桥式起重机、起重索、牵引索及分索器安装。

桥式起重机、起重索、牵引索(图6.10.2-8)及分索器安装步骤如下:

①主索安装完成后,安装主索鞍顶部分配梁及牵引索转向滑轮;在桥梁一端上下游设计位置安装4台20t牵引卷扬机和4台15t起重卷扬机。

②将上下游共4根$\phi28mm$的起重索钢丝绳盘放于下游侧对应的15t起重卷扬机旁,抽出起重索绳头,并将绳头与导索连接;利用导索分别将4根起重索提升至塔顶,绕过对应起重索转向滑轮后临时锁定在塔顶。

③将2根$\phi28mm$的牵引索钢丝绳盘放于桥梁一端对应的牵引卷扬机旁,抽出牵引索绳头,并将绳头与导索连接;利用导索分别将2根牵引索提升至塔顶,绕过对应牵引索转向滑轮后临时锁定在塔顶;启动两侧牵引卷扬机,桥梁一端放,则另一端收,直至将2根导索钢丝绳从桥梁另一端牵引卷扬机滚筒脱出,继续收至塔顶,并将导索绕过对应牵引索转向滑轮,利用卷扬机将绳头牵至对应的牵引卷扬机旁并盘入。

④继续启动两侧牵引卷扬机,桥梁一端放,则另一端收,直至将2根导索绳头从桥梁一端牵引卷扬机滚筒脱出,并收至塔顶,临时锁定;将4台20t牵引卷扬机移位至桥式起重机牵引索卷扬机设计位置。

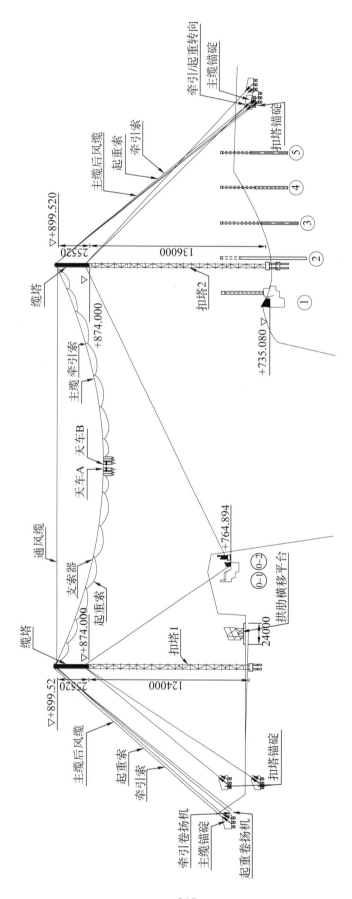

图6.10.2-8 牵引索、起重索示意图（尺寸单位：mm 高程单位：m）

⑤利用桥梁一端塔式起重机在塔顶工作平台上分别安装下游跑车A、B,先安装跑车A,安装时在塔顶工作平台上先解除分配梁、挂架长轴,利用塔式起重机吊放跑车,并正对于主索上,调整好位置后,在跑车底部进行抄垫,使跑车主索索轮底同索鞍滑轮在同一高度,将跑车临时打梢,安装分配梁及上挂架等配件;将导索活头打梢在跑车A前牵引滑轮上,作为跑车临时牵引索;用1根ϕ28mm的连接绳一端连在跑车A的轮轴上,另一端打梢在下游侧塔顶上,拆除跑车A的底部抄垫,使跑车A座于7根主索上,起吊跑车下挂架,利用细钢丝绳吊挂于上挂架下方。

⑥将一根已临时锁定在桥梁一端塔顶的ϕ28mm的起重索钢丝绳按"8"字形穿过跑车A上、下挂架的定、动滑轮,并临时绑定在跑车A前端;启动桥梁另一端对应牵引卷扬机,带动跑车移动10m;参照跑车A安装方法,安装跑车B。

⑦将1根已锁定在桥梁一端塔顶的ϕ28mm的牵引索活头按"4"字形穿过跑车B前牵引滑轮,再穿过塔顶对应牵引索转向滑轮,利用卷扬机拖拽牵引索绳头至对应的牵引卷扬机旁,并盘入;将ϕ28mm的连接绳的另一端连在跑车B的轮轴上,拆除跑车B的底部抄垫,使跑车B座于7根主索上,起吊跑车下挂架,利用细钢丝绳吊挂于上挂架下方。

⑧将另一根已临时锁定在桥梁一端塔顶的ϕ28mm的起重索钢丝绳按"8"字形穿过跑车B上、下挂架的定、动滑轮,穿过跑车A并临时绑定的跑车A前端;启动两侧对应的牵引卷扬机,桥梁一端放,则另一端收,桥式起重机由桥梁一端向另一端走行时,先桥梁一端放绳,另一端收绳,其间为间断运行,桥式起重机每行进20~30m,安装一个分索器,直至桥式起重机运行至桥梁另一端塔顶附近。

⑨用钢丝绳将跑车A临时打梢于桥梁另一端塔顶,解开导索钢丝绳和跑车A上的活头,并将导索ϕ28mm牵引钢丝绳活头按"4"字形穿过跑车A前牵引滑轮,再穿过塔顶对应牵引索转向滑轮,利用卷扬机拖拽牵引索绳头至对应的牵引卷扬机旁,并盘入,启动牵引卷扬机;将跑车A起重索临时连接解开,穿过桥梁另一端塔顶的对应起重索转向滑轮,利用导索卷扬机拖拽起重索绳头至对应的15t起重卷扬机旁,并盘入,然后将跑车B起重索临时连接解开,穿过塔顶的对应起重索转向滑轮,利用导索卷扬机拖拽起重索绳头至对应的15t起重卷扬机旁,并盘入;启动两侧4台15t起重卷扬机,使每台卷扬机卷入约500m长绳索;启动两侧2台牵引卷扬机,桥式起重机由一端向另一端运行,安装整跨分索器。重复以上步骤,安装上游侧两跑车,下放跑车下挂架。

(9)缆塔体系转换施工。

待风缆架设完毕后,进行缆塔体系转换,即由缆塔底部临时固结转换为缆塔铰接于基础,具体施工步骤如下:

①在铰座分配梁与基础之间垫放扁平千斤顶,在两层分配梁之间缓慢施力,逐步使固结立柱放松,之后解除固结杆件之间的连接螺栓,拆除固结杆件。

②落顶,使缆塔底节暂时由垫座支撑;卸下千斤顶,对另一组铰座分配梁和缆塔底节进行相同步骤的操作,解除其固结立柱,使其暂时由垫座支撑。

③重复以上步骤,全部解除缆塔和扣塔之间、缆塔和基础的固结立柱,使缆塔暂时由垫座支撑。

④同时对称卸落垫座,使铰座分配梁与缆塔底节之间完全脱空后,拆除垫座,缆塔铰接于扣塔塔顶或基础顶面,完成体系转换。

⑤缆塔体系完成转换后,在缆塔塔顶及两岸缆塔锚碇处安装缆塔风缆张拉设备,分级张拉后风缆及通风缆,在此过程两塔顶随张拉加载向后偏位;最后通过精确调整风缆索力及长度使索力和塔顶向后预偏量均达到设计值。

6.10.2.3 施工控制要点

(1)拱肋拼装采用缆索吊装斜拉扣挂的施工方法,施工过程中主要涉及的大型临时设施有扣锚系统、缆索式起重机系统及风缆系统。缆索式起重机结构包括缆塔、扣塔、主索、牵引索、缆风绳、扣索、锚碇结构,结构复杂,施工精度要求高,施工场地有限,吊装工况复杂,施工风险高。

(2)合理组织缆索吊各个部分施工,严加控制缆扣塔安装精度,加强主索线形监控,施工过程应提前规划好施工平台及上下通道,加强作业人员的安全技术培训交底,现场管理人员多巡视、多检查,确保施工人员及结构安全。

(3)缆索式起重机塔架属高层结构物,为其安全考虑,现场须设置避雷装置,避雷引线应接地。

(4)在正式吊装桥梁构件前,必须进行试吊。试吊项目包括部分荷载试验、额定荷载试验、动载试验和静荷载试验。额定荷载试验的目的是检验锚碇、塔架、桥式起重机、索鞍、卷扬机、缆索的承载能力,验证缆索式起重机各机构和制动器的功能,验证设计参数。动载试验的目的是检验锚碇、塔架、桥式起重机、索鞍、卷扬机、缆索的承载能力,验证缆索式起重机各机构和制动器的功能。在完成机构各项功能试验后,机械设备未见到异常,缆索式起重机的性能与安全没有损坏,连接没有出现松动或损坏,即可认为是试验结果良好。

6.10.2.4 资源配置

缆索式起重机系统各主要施工内容(工艺)的资源配置(包含工、料、机等)详见表6.10.2-1~表6.10.2-5。

锚碇施工资源配置 表6.10.2-1

名称	规格	材质	单位	数量
锚固梁	HM588×300	Q345B	t	
牵引转向预埋装置	2[25b	Q345B	t	
卷扬机预埋件	20mm厚钢板	Q345B	t	
锚梁	□700cm×890cm	Q345B	t	
锚箱	□700cm×1034cm	Q345B	t	
精轧螺纹钢	φ32mm	PSB930	t	
模板	平面模配置2套	Q235B	t	

续上表

名称	规格	材质	单位	数量
施工人员	钢筋工		人	5
	木工		人	12
	混凝土工		人	12
施工机械及设备	25t汽车起重机		台	2
	随车起重机		台	1
	汽车泵		台	2
	混凝土搅拌运输车		台	8
	焊机		台	4

缆塔塔架施工资源配置　　　　　　　　　　　　　　　　表6.10.2-2

序号	名称	规格	材质	单位	数量
1	钢管	ϕ1000mm	Q345B	t	
2	钢管	ϕ351mm、ϕ299 mm、ϕ273 mm	Q345B	t	
3	横梁	□1800cm×900cm×48300cm	Q345B	t	
4	上铰座	□1500cm×1200cm×5200cm	Q345B	t	
5	缆风锚梁	□500cm×450cm×5200cm	Q345B	t	
6	平台及通道	槽16,L50、建筑钢管	Q235B	t	
7	索鞍		Q345B	t	
8	拼装人员	管理人员		人	6
9		装吊工		人	6
10		信号工		人	5
11		焊工		人	12
12		普工		人	20
13	拼装设备	25t汽车起重机		台	2
14		平板车		台	2
15		20t塔式起重机		台	4
16		电梯		台	4
17		千斤顶		台	6
18		电动扳手		台	8

先导索施工资源配置　　　　　　　　　　　　　　　　表6.10.2-3

序号	名称	规格	单位	数量
1	卷扬机	10t	台	
2	卷扬机	15t	台	
3	32mm钢丝绳	6×19S+FC（钢丝芯）	根/t	
4	32mm辅助索	6×19S+FC（钢丝芯）	t	
5	U形卡	牙长为32mm	个	
6	迪力玛绳	ϕ4	m	
7	迪力玛绳	ϕ10	m	
8	迪力玛绳	ϕ16	m	

缆索系统施工资源配置

表 6.10.2-4

序号	名称	规格	单位	数量	备注
1	卷扬机	15t	台		起重
2	卷扬机	20t	台		牵引
3	卷扬机	10t	台		辅助安装
4	56mm钢丝绳	6×37S+IWR(纤维芯)	根/t		主索
5	56mm钢丝绳	6×37S+IWR(纤维芯)	根/t		风缆
6	28mm钢丝绳	6×37S+FC(钢丝芯)	根/t		起重索
7	28mm钢丝绳	6×37S+FC(钢丝芯)	根/t		牵引索
8	钢绞线	$\phi_s 15.2$	t		临时风缆
9	22mm钢丝绳	6×37S+FC(钢丝芯)	t		吊绳
10	卸扣	20t	个		吊绳
11	U形卡	中心距60mm、牙长为32mm	个		吊绳
12	桥式起重机	额定荷载65t	t		4台
13	吊具	Q345D	t		4个
14	安装人员	管理人员	人	10	
15		装吊工	人	6	
16		信号工	人	5	
17		卷扬机操作	人	8	
18		普工	人	20	
19	安装设备	130t履带起重机	台	1	
20		25t汽车起重机	台	2	
21		平板车	台	2	
22		50/80t滑车组	个	各4	
23		20t塔式起重机	台	4	
24		电梯	台	4	
25		千斤顶	台	6	
26		电动扳手	台	4	

缆索吊装工艺工序施工时间(以常规桥型、跨径、主塔高度及难易程度施工时间为例)

表 6.10.2-5

序号	施工工序	完成时间	备注
1	先期准备基本工程	50~60d	
2	锚碇施工	60~70d	
3	拼主塔	40~60d	
4	安装缆索式起重机	15~30d	
5	调试及试吊	5~10d	
6	主拱肋吊装	1~2个月	特大桥梁主拱肋安装达3个月
7	缆索系统拆除	28~40d	特大桥梁缆索吊装系统拆除达50d
8	吊杆横梁和桥面板安装	2个月	3个月时长时应包含其他工作

6.10.3 拱圈系统施工

拱圈系统主要包括主桁拱和风撑两个部分。

主桁拱拱肋、风撑一般在工厂内加工,验收合格后运送至现场拱肋拼装场地进行复拼,通常采用卧式复拼方法,为保证整体工期,拱肋节段存储量需满足拱肋复拼要求。

拱脚初始段采用焊接形式与拱铰连接,采用双面坡口熔透焊。为保证拱脚初始段定位稳定,在拱脚初始段下方设置临时支撑结构。待拱肋全部吊装完成后,方可拆除。

为方便拱肋连接,在拱肋上下弦设置施工通道及栏杆,在接头处设置施工平台,便于高强螺栓连接,在上弦临时扣索锚固点位置设置施工平台,作为扣索连接解除施工平台。

安装过程中应重点保持横向稳定,拱肋安装过程中采用全站仪观测,根据监控计算数据,拱肋垂直方向偏差采用千斤顶进行调整,横向拼装偏差采用千斤顶进行微调。合龙段采用一端焊接、一段栓接的形式,需安装临时连接件,加快合龙段吊装到位后的匹配速度。

在现场拼装成吊装单元,通过滑移轨道将拱肋单元滑移至缆索吊下方。

6.10.3.1 施工工艺流程

拱圈系统施工工艺流程如图6.10.3-1所示。

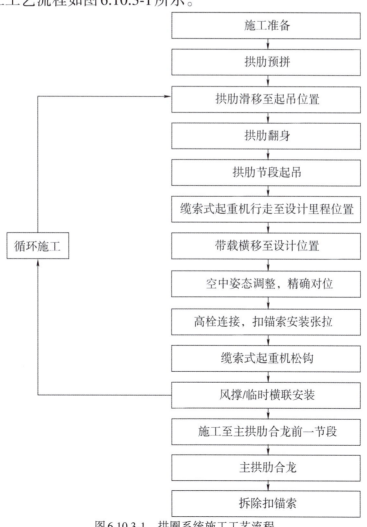

图6.10.3-1 拱圈系统施工工艺流程

6.10.3.2 主桁拱施工

主拱肋为全截面等高的空间桁架结构,上弦杆、下弦杆、横向两片拱肋桁架通过风撑相连接(图6.10.3-2)。

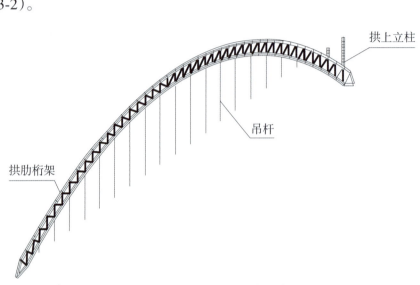

图6.10.3-2　主拱肋桁架结构示意图

主拱采用N形桁架结构,该结构由上、下弦杆,竖、斜腹杆组成。斜、竖腹杆与弦杆交汇处采用整体式节点板,即拱肋预留腹杆接头与腹板采用高强螺栓进行连接。

在拱肋对应吊杆位置设置锚箱,锚拉板为拱肋弦杆腹杆的一部分,吊杆通过锚箱锚固于拱肋弦杆之上。

拱肋桁架工厂内加工,以单根杆件运抵现场进行组拼,组拼为大节段,采用斜拉扣挂悬臂拼装法施工,分段吊装,最后合龙。

拱肋合龙段吊装到位后,先采用冲钉固定,待达到合龙焊接施工温度时,同时焊接2片拱桁上下弦接头对接钢板进行合龙段施工。

横向2片拱肋桁架通过风撑相连,风撑一般分为米字形、K字形和一字形等。

米字形风撑由横联和斜撑组合而成(图6.10.3-3),其中风撑横联由上下弦杆及腹杆组成。

6.10.3.3 拱肋加工与运输

拱肋需要在有资质的专业厂家进行加工制造,厂家应在工厂将钢桁拱分单元加工成型后,进行预拼装。预拼完毕经验收合格后,根据运输条件分单元拆解运输至桥位附近组拼场进行组拼焊接,运输、吊装过程采取橡胶垫抄垫,防止钢结构涂层损伤。

钢桁拱结构采用分段加工,长线法立体预拼装。为满足拼装要求,各节段间设临时码板连接,并预先刨好焊接坡口,焊接时预留焊缝收缩值。焊缝完成后,进行表面喷砂处理,同时进行防锈及外观油漆涂装,采用场内对孔位进行配钻。

钢结构加工完成,经检查合格后,按工地施工进度要求,运送到桥位钢结构组拼场。每次发送应有发送清单,到达施工现场应对照清单点收。对于装卸错误及运输丢失的,应及时与工厂联系证实和及时补做。

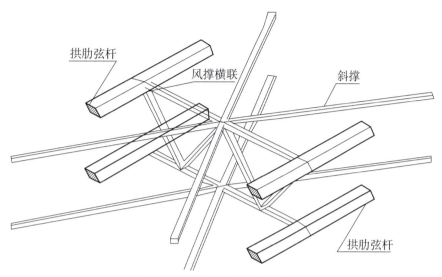

图6.10.3-3 米字形风撑示意图

拱肋杆件等构件在运输、存放过程中,吊点栓挂确保牢靠、稳定,防止杆件碰撞变形。

6.10.3.4 组拼

组拼区内钢桁拱经组拼完成后,在组拼区内拆分成吊装单元,经过滑移轨道运送到吊装平台上。每个组拼区内主拱肋节段采用短线法,按"1+1"的方式进行组拼和焊接,相邻节段的腹杆与横联在节段啮合状态下组拼。

6.10.3.5 拱圈架设

已组拼完成并检查合格的拱肋节段按拼装顺序先后通过预拼厂滑道运送至缆索式起重机下方的起吊平台。缆索式起重机两组主索横移至拱肋上方,采用2根扁担梁配合4台跑车的方式起吊单幅拱肋节段。

节段起升时为水平状态,通过跑车牵引起升,越过拱肋和扣索再下放至待拼装位置。然后再通过靠近跨中侧两台跑车起重索收绳,靠边跨两台跑车起重索放索的方式,将节段由水平状态调整至设计倾角。

待节段安装到位后,张拉节段对应的锚扣索对节段进行锚固,然后将缆索式起重机一组主索横移桥中线,起吊安装节段间连接风撑,即完成一个双幅节段。

利用缆索式起重机起吊第1节段至拱肋拼装位置,通过起吊缓慢松绳和手拉葫芦的协助,将铰轴预埋螺栓插入铰座。

其余节段到达预安装位置后,缆索式起重机缓慢松钩,下落至前一节段拱肋位置,调整吊点的高度,使匹配口大致对准,缆索式起重机在倒链配合下,进行上下、前后微调,使其和拱肋已拼装段接头拼装板能穿过。先用普通螺栓逐孔对位连接,待全部对位后,利用预先准备好的冲钉打入栓孔,再用高强螺栓逐一抽换,高强螺栓扭力采用扭力扳手进行控制。高强螺栓安装到位以后,安装扣点锚箱并挂设扣索,用千斤顶张拉扣索和锚索,调整拱肋高程至监控单位提供的高程位置,缆索式起重机缓慢松钩。

6.10.3.6 风撑安装

拱肋吊装过程中,风撑的安装是先安装风撑横联,及时确保拱肋整体稳定,然后再进行斜向杆件的安装。

风撑横联采用缆索式起重机安装,横梁上下弦杆及腹杆进行临时连接,以增加横梁的整体稳定性。风撑的斜撑连接整体吊装,桥式起重机走行至横联的前方将斜撑下放,然后桥式起重机逐步回退,插入横梁,进行高强螺栓连接。

6.10.3.7 拱肋合龙段安装

合龙段采用一端栓接,另一端焊接的合龙形式,合龙段施工如图6.10.3-4所示。

拱肋合龙段安装工艺流程为:拱肋节段吊装完毕(提前在拱肋焊接临时锁定装置)→精调合龙口及拱肋线形→安装对顶设备→监控测量并根据监控数据进行精确调整→最终下达指令实现瞬时锁定→等待升温时进行监控量测,满足相关要求后精确配切合龙口→焊接对接焊缝后最终合龙。

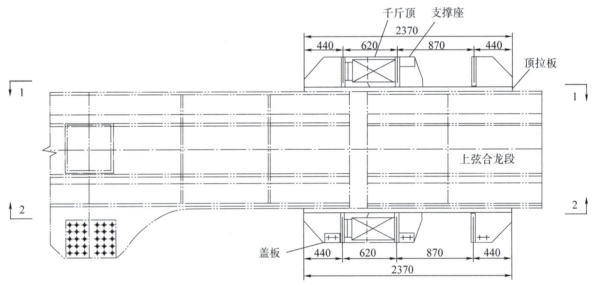

图6.10.3-4 合龙段施工示意图(尺寸单位:mm)

6.10.3.8 扣、锚索安装及张拉

扣锚索的安装过程中必须对钢绞线进行编索,保证钢绞线不缠绕在一起。钢绞线经过对岸索鞍时,设置防震器,确保钢绞线有效分离。已拼装完成的拱肋节段上设滚轮,采用缆索式起重机将钢绞线牵引至拱肋上弦。锚索钢绞线采用卷扬机及人工辅助摆放在地面上,理顺并编号。扣索与锚索的张拉端均通过塔式起重提升至扣塔上。

在张拉过程中,同一侧的扣索和锚索必须同时张拉,以保证扣塔平衡受力,并在张拉过程中对扣塔偏位进行实时监测,保证扣塔偏位在允许范围内,确保扣塔受力安全。

6.10.3.9 扣、锚索的松扣与拆除

当拱肋合龙,并焊完所有节段间的接头后,即可遵循两岸分索分级松扣原则对扣锚索进行松扣。松扣过程中,各扣索放松一级,暂停20min后,测试相关数据,经有关各方确认后,

再进行第二级放松循环。拆除全过程加强测量观测，详细记录观测数据，并与监控单位的观测数据对比、分析，最终确定扣锚索拆除后拱肋各项数据变化情况满足设计要求。

6.10.3.10 资源配置

拱圈系统各主要施工内容（工艺）的资源配置（包含工、料、机等）详见表6.10.3-1、表6.10.3-2。

拱肋拼装施工资源配置　　　　　　　　　　　　　　　　表6.10.3-1

名称	规格	材质	单位	数量
拱肋翻身架		Q235B	t	
拱肋拼装胎架		Q235B	t	
拱肋存放胎架		Q235B	t	
轨道扩大基础混凝土	C30		m³	
轨道基础钢筋	HRB400		t	
轨道梁	2HM588	Q235B	t	
钢轨	P50		t	
拱肋滑移轨道基础	C30		m³	
滑移轨道梁	3HN900	Q235B	t	
滑座		Q235B	t	
反力架		Q235B	t	
吊耳		Q235B	t	
吊装扁担梁		Q235B	t	
起重绳	φ80mm	1870MPa	根/m	
拱肋拼装人员	管理人员（含安全员）		人	4
	门式起重机司机		人	3
	装吊工		人	6
	焊工		人	4
	普工		人	16
	油漆工		人	4
拱肋拼装设备	120t门式起重机		台	1
	160t门式起重机		台	2
	130t履带起重机		台	1
	二保焊机		台	4
	电动扳手		台	16
	10t卷扬机		台	4

拱肋吊装施工资源配置　　　　　　　　　　　　　　　　表6.10.3-2

序号	名称	规格	材质	单位	数量	备注
1	拱脚支撑架		Q235B	t		拱脚
2	拱肋起始段支架		Q235B	t		

续上表

序号	名称	规格	材质	单位	数量	备注
3	分配梁		Q345B	t		合龙段吊装
4	牛腿		Q345B	t		
5	支撑座		Q345B	t		
6	顶拉板		Q345B	t		
7	盖板		Q345B	t		
8	拱肋吊耳		Q345B	t		
9	风撑临时连接	2[32a	Q345B	t		
10	拱肋施工平台		Q235B	t		平台
11	风撑施工平台		Q235B	t		
12	拱肋吊装人员	管理人员(含安全员)		人	10	
13		装吊工		人	6	
14		焊工		人	6	
15		普工		人	16	
16		张拉		人	16	
17		缆索式起重机操作		人	10	
18	拱肋吊装设备	160t门式起重机		台	1	
19		130t履带起重机		台	1	
20		220t缆索式起重机		台	1	
21		20t塔式起重机		台	4	
22		电梯		台	4	
23		电动扳手		台	16	
24		二保焊机		台	4	
25		千斤顶		台	12	
26		卷扬机		台	2	
27		随车起重机		台	1	
28		全站仪		台	2	

6.10.3.11 施工控制要点

(1)拱肋制造线形的控制:钢箱桁架拱肋采用缆索式起重机吊装及斜拉扣挂法逐段悬臂拼装架设施工方法,若拱肋制造线形误差较大,在新吊装节段前端达到理论安装线形时,后端与已安装节段间会存在转角误差,影响拱肋节段顺利对接。因此,拱肋杆件在工厂自动化加工制造时,必须提高下料精度、修正温度影响;在工厂内由杆件组装成单个拱肋节段,先保证单个拱肋节段的制造精度满足规范要求;多个相邻拱段在胎架上进行无应力试拼,调整安装节段间连接装置。

(2)制造过程的施工控制重点主要包括:组装、连接及预拼装胎架刚度及线形的控制;各腹杆杆件制造精度及安装的控制;拱段上扣点位置制造精度和安装的控制;检查制造几何线形和监测误差;分析误差情况并提供修正措施。

(3)拱肋拼装线形控制:在拱肋拼装过程中,由于竖向高程易受索力、自重的影响、横向偏位易受到温度和风荷载的影响,因此,在吊装过程中必须控制好拱肋拼装的线形。

(4)为确定日照温差对主拱线形、索力、钢箱应力的影响,选择日照较强烈的有代表性的天气对以上里程、高程、轴线3个参数进行24小时连续观测,以掌握温度的影响规律。对于不能回避温度荷载的情况,通过分别测量拱肋上游、下游杆件的温度来对拱肋横向轴线的定位坐标进行修正,对于风荷载,根据已安装节段的偏位对待安装节段的横向轴线定位坐标进行修正。

(5)拱圈安装监控量测。

钢桁拱安装过程中、合龙后,需对钢桁拱的轴线、高程及焊缝等关键控制点进行监控检测,具体检测应满足表6.10.3-3要求。

钢桁拱安装实测项目　　表6.10.3-3

项目	检查内容		规定值或允许偏差	检查方法和频率	权值
1	轴线偏位(mm)		$L/6000$	经纬仪:检查5处	1
2	拱圈高程(mm)		$\pm L/3000$	水准仪:检查5处	2
3	对称点高差(mm)	允许	$L/3000$	水准仪:检查各接头点	2
		极值	$L/1500$,且反向		
4	拱肋接缝错(mm)		0.2倍壁厚,且<2	尺量:每个接缝	2
5	焊缝尺寸(mm)		符合设计要求	量规:检查全部	2
6	焊缝探伤			超声:检查全部;射线:按设计规定,设计未规定时按5%抽查	3

注:按照桥型不同,以《公路工程质量检验评定标准　第一册　土建工程》(JTG F80/1—2017)第8.8条有关拱桥的规定取值。L为拱桥路径。

6.10.4 吊杆系统施工

6.10.4.1 主要施工内容

吊杆在工厂内预制完毕后,盘卷运输至现场存放。现场吊杆安装时,将吊索从盘内放出,放盘过程中利用缆索式起重机垂直起吊吊索,吊重性能满足要求,待吊索全部处于竖直起吊状态后,启动缆索式起重机牵引卷扬机,将吊索移动至对应安装位置,缆索式起重机纵向移动时,注意控制移动速度,保证吊索平稳移动,防止吊索与拱肋碰撞,损伤吊索,待吊索移动到位后,缆索式起重机下放吊索,人工将吊索锚固端安装在拱肋上。

拱上立柱节段通过横移轨道运至起吊平台后用缆索式起重机进行吊装。起吊过程中随着缆索式起重机跑车起升,使节段缓慢抬升直至竖直,缆索式起重机纵向走行将立柱吊装到位。

节段吊装就位后先将定位螺栓初拧,随即对节段截面轴心准确测量定位,根据误差大小与方向松动下端相应的初拧螺栓进行调整,螺栓缝间垫入预先备好的U形钢片,达到安装精度后拧紧四角螺栓,松去吊具。

张拉前需对千斤顶进行标定。张拉端设置在钢横梁下方,提前安装张拉作业平台。张拉前将张拉撑脚及千斤顶利用倒链辅助安装就位,然后按照监控指令依次对称、分级、同步张拉吊杆。张拉过程测量每级的伸长值,填好张拉记录表格,张拉到位调节球形垫块均匀受压,锚固好张拉螺母。

吊杆张拉步骤:安装球形垫环及螺母→安装张拉杆→安装张拉支座→安装千斤顶→旋钮紧固张拉螺母→预紧→按指令同步张拉→记录张拉数据。

6.10.4.2　施工工艺流程

吊杆系统施工工艺流程如图6.10.4-1所示。

图6.10.4-1　吊杆系统施工工艺流程

6.10.4.3　资源配置

吊杆系统各主要施工内容(工艺)的资源配置(包含工、料、机等)详见表6.10.4-1。

吊杆系统资源配置　　　　　　　　　　　　　　　　　　　　　表6.10.4-1

项目	类别	单位	数量
施工人员	管理人员（含安全人员）	人	7
	钢筋工	人	5
	木工	人	4
	普工	人	4
	缆索式起重机操作人员	人	10
施工机械及设备	25t汽车起重机	台	2
	随车起重机	台	1
	焊机	台	4
	3t导链	个	2

6.10.4.4 施工控制要点

采用缆风对拱上立柱进行轴线纠偏。由于立柱的结构形式不同，缆风绳设置的位置也有所不同，采用ϕ12.6mm的钢丝绳作为缆风绳，固定采用相配套的马鞍式卡扣，通过2个3t导链进行调整，调节立柱的垂直度保证立柱整体线形质量。对于无横撑的立柱，缆风绳设置在立柱顶端，分别对称拉结在单拱肋横联上；对于带横撑立柱吊段，缆风绳设置在立柱吊装节段最上面的横撑中心，对称拉结在单拱肋的横联上。

每一节段立柱轴线纠偏后采用码板在四周进行临时固定，在码板固定之前预留焊接收缩量，采用计算焊接收缩补偿量的方法（焊接收缩量），减小四周因焊接收缩量不同影响立柱的轴线偏位，在焊缝焊接时四周焊缝采用前后、左右对称同时焊接。

最后顺拆除定位螺栓、割除码板。

6.10.5 桥面系及附属结构

桥面系结构采用组合梁体系，钢梁为纵、横向格子梁形式，预制板采用标准件进行预制，后期通过纵横向现浇带处剪力钉与钢梁连成整体。

桥梁横梁共分为吊杆横梁、立柱横梁、端横梁、次横梁和拱间横梁五种类型。除端横梁采用箱形截面外，其余桥面系横梁均采用焊接工字形截面，桥面横梁间采用纵梁进行连接，纵梁分为边纵梁和中纵梁，纵梁结构形式为工字形断面。

钢梁在拱肋拼装场进行组拼，通过横移轨道滑移到起吊平台，缆索式起重机起吊。将钢梁标准节段的杆件分为N个单元拼装，利用履带起重机将节段单元吊装上起吊平台，N个节段单元横移到位后进行组拼，组拼成标准节段利用缆索吊装至设计位置，从跨中向两岸对称架设。

6.10.5.1 施工工艺流程

钢梁安装、桥面系及附属结构施工工艺流程如图6.10.5-1、图6.10.5-2所示。

6.10.5.2 资源配置

桥面系及附属工程施工资源配置（包含工、料、机等）详见表6.10.5-1。

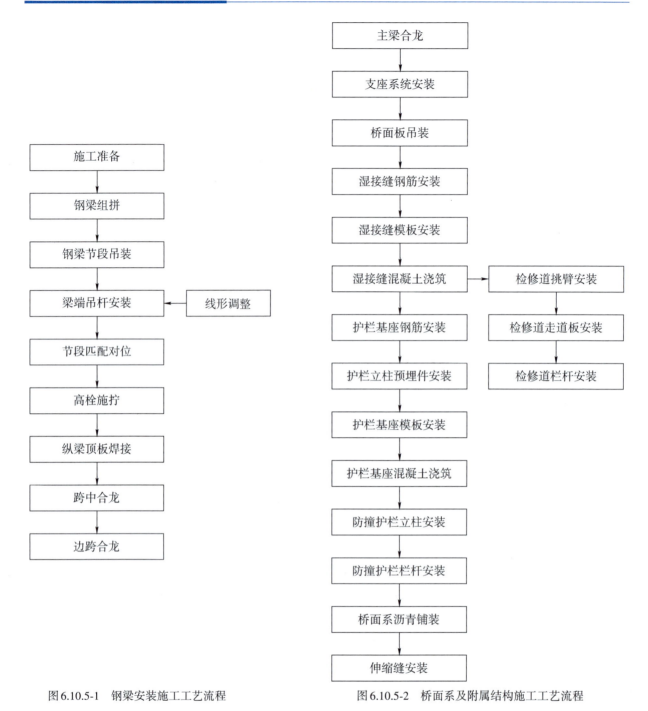

图 6.10.5-1 钢梁安装施工工艺流程　　　　图 6.10.5-2 桥面系及附属结构施工工艺流程

桥面系及附属工程施工资源配置　　　表 6.10.5-1

序号	名称	型号	单位	数量
1	钢梁吊装吊耳	Q345B	t	
2	钢梁吊装分配梁	Q345B	t	
3	钢梁节段吊装吊具	Q345B	t	
4	门式起重机走向轨道基础	Q345B	t	
5	门式起重机轨道	P50	t	

续上表

序号	名称	型号	单位	数量
6	桥面板吊架	Q345B	t	
7		门式起重机	25t	台
8	桥面系施工人员	管理人员(含安全员)	人	10
9		装吊工	人	6
10		焊工	人	6
11		普工	人	16
12		缆索式起重机操作	人	10
13	桥面系施工设备	220t缆索式起重机	台	1
14		20t塔式起重机	台	1
15		电梯	台	1
16		电动扳手	台	8
17		二保焊机	台	4
18		全站仪	台	2
19		50t汽车起重机	台	2
20		平板车	台	1

6.10.5.3 钢梁安装施工

桥面系施工首先进行横梁吊装施工，桥梁两岸同步吊装横梁，横梁分为吊杆、立柱、端、次、拱间横梁，其中吊杆横梁和立柱横梁在拱肋外侧设置临时吊点。拱下节段在塔柱上游侧或下游侧拼装，将钢梁标准节段的杆件分 N 个单元拼装，利用履带起重机将节段单元吊装上起吊平台，N 个节段单元横移到位后进行组拼，组拼成标准节段利用缆索吊装至设计位置，从跨中向两岸对称架设。拱上节段在拼装场完成拼装后进行横移，横移就位后吊装。

钢梁首先进行吊点横梁节段吊装施工，采用缆索式起重机吊装和吊索连接。

吊杆横梁吊装区段之间由次横梁、边纵梁和中纵梁连接，每两个吊杆横梁节段区域之间内横梁吊装完毕后，对该区域内纵梁进行吊装作业。纵梁吊装采用缆索式起重机进行吊装，按照先吊装次横梁和边纵梁，并临时高栓定位，然后再吊装中纵梁，最终完成横梁区段与之间梁的全部焊接工作，使钢梁形成整体。

钢梁节段吊装前完成支座垫石施工及支座安装，吊杆单元及其间纵梁吊装完毕后，最后安装中纵梁连接，完成全桥钢梁合龙。

6.10.5.4 桥面板安装施工

桥面板在预制场提前完成预制，将桥面板转运至拼装场材料存放区。桥面板安装时先采用缆索式起重机架设中间2块(纵向)，快速形成桥面通道，然后采用50t汽车起重机吊装两边的桥面板，桥面板从跨中向边跨对称吊装，最后现浇带连接成整体。

桥面板安装完成后，绑扎湿接缝钢筋，预埋防撞护栏预埋件完成湿接缝混凝土浇筑。最后进行防撞护栏及检修走道,排水管的安装。在桥面沥青铺装完成后进行伸缩缝及速度锁定器的安装。

桥面板安装完成后,拆除门式起重机、桥面平车及其轨道,按照纵桥向3个节段作为1个单元,完成湿接缝钢筋安装及混凝土浇筑。各浇筑单元之间预留1条横缝后浇。

6.10.5.5 伸缩缝

桥梁伸缩缝待桥面系及二期恒载完成后进行安装。

6.10.5.6 检修道桥面板及挑臂

检修道桥面板采用"Π"形加劲钢桥面板,横向顶板无横坡,后期通过铺装层调整设计要求的横坡度。钢面板厚不小于8mm,设置板式加劲肋进行加强,支点处设置横隔板。

挑臂为焊接的工形板梁,挑臂腹板竖向加劲肋在腹板两侧成对称布置。检修道桥面板与挑臂分别在工厂焊接成整体,工地安装时,检修道桥面板与挑臂采用螺栓连接。

6.10.5.7 支座

一般采用球型钢支座,拱上立柱、肋间横撑及端横梁下成对设置。

6.10.5.8 桥面排水

行车道桥面雨水采用集中排放式,钢梁部分雨水口设置在桥面靠外侧护栏位置。纵向雨水管在桥面系横梁位置采用钢梁上预留孔穿过固定。

6.10.5.9 涂装体系

拱肋螺栓拼接头两端设封端隔板,其内部采用涂装+密封隔绝大气交换的方式防腐,隔板外留泄水孔排水。杆件拼装完成后,所有隅角部位、拼接板间的缝隙,都必须用弹性腻子填实后再做涂装。

高强螺栓连接处表面采用防滑型无机富锌漆进行防腐,干膜厚度不小于80μm,摩擦面涂层初设抗滑移系数不小于0.55,安装时(6个月内)涂层抗滑移系数不小于0.45。

6.10.5.10 施工控制要点

(1)钢梁安装时,严格控制钢梁的轴线位置和垂直度,严禁超差。同时也要控制好钢梁顶高程、相邻钢梁板的高差,严禁错位。

(2)桥面系钢梁顶板剪力钉布置区,后期需与混凝土进行连接,因此钢梁顶板仅作冷喷锌底漆,不作面漆,干膜厚度2×80μm,与钢梁重叠的5cm按照主体钢结构外表面进行涂装。

6.11 连续梁(刚构)桥

6.11.1 主要内容

(1)现浇预应力混凝土连续结构桥梁主要施工方法是悬臂浇筑法、支架法。悬臂浇筑法适用于大跨径的预应力混凝土连续梁(刚构)桥。支架法对场地要求较高,按结构形式主要分为满堂式支架和梁柱式支架,满堂支架适用于支架高度不宜大于20m、梁体高度不宜大于7m、地基不需要特殊处理即可满足承载力和沉降变形要求的地段。梁柱式支架适用于地形高差大,跨越铁路、公路、河道、管线、特殊地质条件的地段。根据现场地形地貌特点,选择合适的施工方法。应对附近邻近高崖、边坡地质、地形情况进行调查,先期做好地质风险评估,完成相应的临时防护方案,危险性较大的按照评审合格后的方案执行。挂篮应经过第三方安全验算并经过审核验收后投入使用。

(2)施工组织设计的内容主要包含资源配置,挂篮设计、安装、拆除,0号块施工,悬臂浇筑施工,支架安装、拆除,边跨现浇段施工,合龙段施工等。

6.11.2 资源配置

(1)根据工程规模、工期要求和技术复杂程度等进行工效分析,配备相应的管理、技术、测量、试验、环保、专职质量检查和安全管理人员。

(2)无支架悬臂挂篮施工法资源配置按一个主墩(左右幅)为一个配置单元。

①根据工程实际,结合工装、工序、工艺作业特点等因素,进行施工工效分析,见表6.11.2-1。

连续梁(刚构)施工工效分析　　　　　表6.11.2-1

序号	施工工序		用时(d)	备注
1	0号块施工	支架、底模安装及预压	20	合计65d
		外侧模板及桁架安装	11	
		底板、腹板、隔板钢筋及预应力安装	12	
		内模及内腔支架安装	7	
		顶板钢筋及预应力安装	5	
		混凝土浇筑	1	
		混凝土养生及等强	7	
		预应力张拉及压浆	2	
2	挂篮安装及预压		20	合计20d
3	悬臂浇筑节段施工	钢筋及预应力安装	2	单个节段12d
		混凝土浇筑及养生	7	
		预应力张拉压浆	2	
		挂篮前移及模板调整	1	
4	边跨现浇段施工	支架、底侧模安装及预压	30	合计46d
		钢筋及预应力安装	4	
		内模及内腔支架安装	4	
		混凝土浇筑	1	
		混凝土养生	7	
5	边跨合龙段施工		20	合计20d
6	次中跨合龙段施工		20	合计20d
7	中跨合龙段施工		20	合计20d

②作业人员配置。

作业人员资源配置不得少于表6.11.2-2的要求,在同一单位工程内,两作业断面人员可以交叉作业,左右幅岗位人员可交叉作业,作业人员不宜跨单位工程作业。

连续梁(刚构)施工作业人员配置　　　　表6.11.2-2

序号	施工人员	岗位配置(人)	备注
1	模板工	5	模板安装、保养维护
2	钢筋工	8	钢筋加工安装
3	混凝土工	8	混凝土浇筑
4	预应力工	5	预应力安装、张拉、压浆
5	操作工	3	挂篮操作
6	普通工人	4	配合施工
7	起重工	3	起重设备(塔式起重机、起重机)司机、司索、指挥
8	电工	1	施工用电安装和检查
9	气割、电焊工	5	焊接及加工
	合计	42	

③施工机械资源配置参照表6.11.2-3的要求。

机具设备配置　　　　表6.11.2-3

序号	设备名称	规格型号	单位	数量	备注
1	塔式起重机	QTZ7020	台	2	
		6035	台	1	
2	施工电梯	SC200	台	2	
3	人行爬梯		套	2	
4	挂篮	菱形	套	4	
5	汽车起重机	50t	台	1	支架、挂篮转运及组拼
6	平板车	13m	辆	2	材料转运
7	电焊机		台	5	
8	混凝土搅拌运输车	$10m^3$	辆	4	根据实际运距调整
9	车载泵	SY5143THBF-11025C-10GS	台	1	
10	泵管		m	600	
11	插入式振捣棒		套	20	
12	空气压缩机		台	2	
13	电镐		台	5	
14	高扬程水泵		套	2	
15	张拉千斤顶	公称张拉力≥500t	套	2	纵向预应力钢束预应力张拉
16	穿心式旋转千斤顶	公称张拉力≥70t	套	2	预应力精轧螺纹钢棒张拉
17	张拉千斤顶	公称张拉力≥50t	套	2	横向预应力钢束张拉
18	智能张拉系统		套	1	
19	智能压浆系统		套	1	
20	卷扬机	10t	台	2	
21	发电机	300kW	台	1	备用
22	倒链	5t/10t	个	48	

续上表

序号	设备名称	规格型号	单位	数量	备注
23	套筒拧紧扳手		把	16	
24	力矩扳手		把	2	
25	对讲机		台	20	
26	千斤顶	200t	套	4	支架、挂篮预压

（3）支架法资源配置一联现浇梁为一个配置单元。

①结合工装、工序、工艺作业特点等因素，计算施工工效，见表6.11.2-4。

单联现浇梁施工工效分析　　　　　　　　　　　　表6.11.2-4

序号	分项工程名称	工序名称	用时(d)	备注
1	支架部分	地基处理	3	
2		垫层浇筑	3	加等强
3		支架搭设	5	验收后进行下一步
4		底模及外模安装	5	
5		支架预压	7	预压监测
6	箱梁部分	底板，腹板钢筋安装	6	
7		腹板内模安装	5	
8		第一次混凝土浇筑及养生	7	包含凿毛
9		顶板内模安装	4	
10		顶板、翼缘板钢筋绑扎及验收	4	
11		第二次混凝土浇筑及养生	7	
12	支架拆除	支架体系拆除	4	支架拆除后周转下一联施工
	合计		60	

②作业人员资源配置。

作业人员资源配置不得少于表6.11.2-5的要求。

作业人员配置（单座桥梁）　　　　　　　　　　　　表6.11.2-5

序号	岗位	人数	备注
1	起重工	4	起重设备司机、司索工、指挥
2	电工	2	施工用电安装和检查
3	气割、电焊工	8	焊接及加工
4	架子工	15	支架搭设
5	模板工	10	模板改制拼装
6	钢筋工	20	钢筋加工安装
7	混凝土工	10	混凝土浇筑
8	吊装工	5	模板、钢筋吊装
9	普工	5	配合施工
	合计	79	

③机械设备配置。

机械设备配置不得少于表6.11.2-6的要求。

机械设备配置计划　　　　　　　　表6.11.2-6

序号	设备名称	规格型号	单位	数量	备注
1	挖掘机	PC220-6	台	1	场平
2	打夯机		台	2	局部压实
3	压路机	YZ22	台	1	压实地基
4	装载机	ZL50	台	1	地基处理
5	自卸汽车		台	4	装卸土方
6	平板车		台	2	材料转运
7	运输车	ZL50	台	1	运输脚手架及钢筋
8	汽车起重机	QY25t	台	1	材料吊运
9	电焊机		台	8	钢筋焊接
10	木工圆锯机	MJ-116	台	3	木模板加工
11	汽车泵	HBT50	台	1	混凝土浇筑
12	混凝土搅拌运输车	$10m^3$	台	8	混凝土运输
13	振捣设备	Q30mm、Q50mm	套	8	混凝土振捣

④作业人员配置要求：现浇预应力混凝土连续梁可根据作业条件、工程规模进行划分，同时也应兼顾客观自然环境、施工难度、施工能力、以往业绩等，作业人员数量将根据施工进度安排及施工工序进行动态调整。

⑤材料资源配置要求：根据施工进度计划，施工所需的主体结构材料钢筋、混凝土、预应力筋、锚具、波纹管等应满足施工需要，且至少在施工前7d进场。

⑥施工机械资源配置要求：

a.施工机械设备进场要求。施工机械设备进场必须有出厂合格证及相关证书，性能必须满足工程要求，安全装置及安全设施应齐全，控制系统灵活可靠。根据施工进度计划陆续进入施工现场，并至少先于计划时间10d到达。

b.施工机械设备验收要求。进场后，项目部进行自检，监理抽检，验收合格后方可进行使用。

c.塔式起重机、施工升降机等特种设备由具有相应资质的专业单位负责安拆，并按规定办理使用登记。挂篮由专业厂家设计、制作，并在厂内进行试拼装，挂篮安装完成后，应检查验收并进行预压，合格后方可进行使用。

d.施工期间定期对机械设备进行保养，发现故障或隐患应立即停止使用。

6.11.3　施工准备

6.11.3.1　技术准备

(1)图纸复核。

对相关设计文件和技术资料全面熟悉并复核，充分了解设计意图；对已施工完成的桥梁桩位、墩柱平面位置及高程进行复测，复测精度应符合设计文件的要求。

(2)施工方案。

编制的施工方案已完成审批,所有用于现场的原材料均经过试验检验合格,混凝土配合比试验已完成,并报送监理工程师完成审批。

(3)技术交底。

所有与现场施工有关的人员、机械、材料准备到位,并对施工人员进行安全技术交底,做好安全交底记录。进场机械设备已经调试就位。

(4)预埋件验收。

悬臂浇筑法施工前应对墩身预埋件、预留孔、墩顶临时固结预埋件、0号块托架预埋件等进行全面检查,并形成验收记录留档,如有问题应及时处理并再次验收,确认无误后方可下一步施工。

(5)监控量测。

对墩顶偏位按照经审批的监测方案进行观测监测。

6.11.3.2 现场准备

(1)人员准备。

作业人员完成安全教育培训工作和体检工作,特种作业人员持证上岗。

(2)原材料验收。

完成原材料进场检验工作,对进场的砂石料、钢筋、套筒、脚手管及扣件、钢材、预应力钢筋等的质量进行严格把关。

(3)机械准备。

塔式起重机、施工电梯、混凝土泵、起重机、挂篮、张拉及压浆设备等机械设备进场检验,特种设备按规定进行检验及登记。

(4)场地准备。

修筑临时便道、便桥及施工平台,施工前对施工场地进行平整,清表后整平夯实,确保地基承载力满足要求,施工场地大小及承载力满足机械设备作业、运输车辆来往、施工材料临时堆放要求。施工作业平台、安全通道、安全防护设施等按要求设置,验收合格后方可进行相应作业。

6.11.4 施工工序

6.11.4.1 挂篮施工工序
挂篮施工工序见图6.11.4-1。

6.11.4.2 支架法施工工序
支架法施工工序见图6.11.4-2。

6.11.5 施工要点

6.11.5.1 挂篮施工
(1)托架施工。

①托架一般采用三角托架形式,托架顶部设置脱模垫块、横梁,底模纵梁及侧模桁架均支撑在横梁上。翼缘桁架片通过垫梁支撑在横梁上。

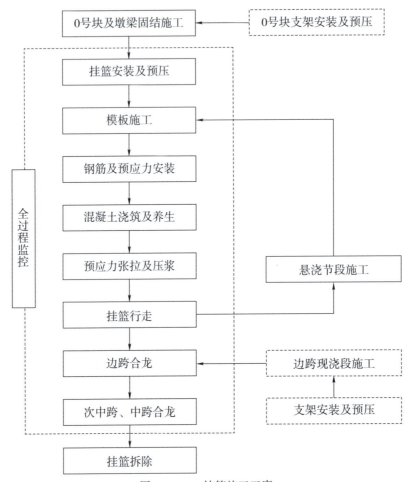

图6.11.4-1　挂篮施工工序

②托架安装时,按照墩身施工设置的预留孔安装牛腿预埋件。钢棒预留孔设置时,对墩身竖向钢筋位置进行微调,避免切断主筋。节点处钢管预留孔下方增设钢筋网片进行补强,提高局部承压强度。

③宜在地面将托架结构组拼成片,减少高空作业量。

④作业人员在操作平台上将钢牛腿安装在预埋锚板上,安装节点箱。

⑤分片安装三角托架,采用手拉葫芦微调托架结构,将其与节点箱或钢牛腿连接固定,安装对拉杆。

⑥焊接托架间连接系,对拉杆施工预紧力。

(2)底模施工。

①按照设计文件要求在托架顶部依次安装脱模垫块、横梁、纵向分配梁。

②按设计间距铺设方木、木模。

③支架顶面四周应设置宽度为1.0m的作业平台,平台面铺满面板,四周设置高度不小于18cm的挡脚板,临空面设置高度不低于1.2m的防护栏杆,栏杆外挂设安全网。

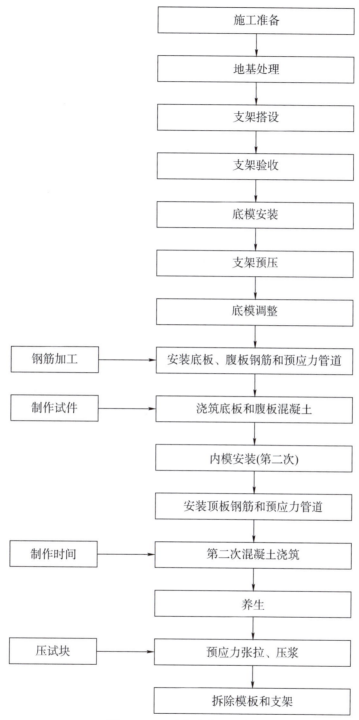

图6.11.4-2 支架法施工工序

④预压后,将预压过程中实测数据与理论计算进行对比,计算支架的弹性变形及非弹性变形,并对底模高程进行调整。

(3)挂篮安装要求。

①挂篮由具备资质的专业厂家进行制作,挂篮加工制作前,对所用的原材料、成品件、加工件按规范要求进行检测检验,验收合格后方可使用。挂篮与悬浇梁段混凝土的质量比宜不大于0.5,且挂篮的总重应控制在设计规定的限重之内。

②挂篮构件进入施工现场后,应及时组织进场验收,对构件规格、型号、尺寸、数量、出厂资料等进行认真核对、检查,并做好记录。验收合格的构件按编号分类集中存放,小型构件分类装箱保管,防止构件缺失,不得在施工现场随意拼凑。

③挂篮安装前,对0号块上预留孔、预埋件的位置及尺寸进行检查,合格后方可进行挂篮安装。

④安装行走轨道,精确设置两组轨道间距,并抄平垫实,确保轨道间的中心距与设计图纸一致,轨道顶面高差不大于5mm。轨道前端外伸超出梁端长度不大于1m。

⑤所有操作平台临边侧均设置高度不小于1.2m的防护栏杆,并用钢丝网进行封闭。所有上下通道两侧均设置扶手及护栏。

6.11.5.2　支架施工

(1)基本要求。

①同一桥跨的支架宜采用同一类型支架材料构筑,不宜将不同类型、直径、壁厚或材质的钢管材料混合使用。

②满堂式支架的高度超过其平面最小边尺寸时,应采用刚性结构将支架与墩身进行可靠连接;连接结构的竖向间距不应大于支架的最小平面尺寸,横向间距不应大于2m。

③梁式支架荷载及荷载组合应符合现行《公路桥涵施工技术规范》(JTG/T 3650)中有关支架的要求。

④支架应结合模板的安装考虑设置预拱度和卸落装置。施工预拱度应考虑模板、支架承受施工荷载引起的弹性变形、受载后由于杆件接头的挤压和卸落装置压缩而产生的非弹性变形及支架地基在受载后的沉降变形。落架时要对称、均匀,不应使主梁局部受力。

⑤支架不得与应急安全通道相连接。

(2)支架基础施工要求。

①满堂支架的地基顶面宜设置混凝土垫层,垫层应设置单向横坡,采用其他材料作垫层时,应满足地基承载力和防排水要求。垫层顶面高程应综合考虑梁底高程、地形条件、支架步距和立杆长度、底座及顶托伸出立杆的长度计算确定;当垫层顶面不能设置在同一高程时,可采用纵向台阶形式,且应采取加固措施保证台阶稳定。

②梁式支架基础可采用桩基础、扩大基础,基础设计应满足承载力及沉降控制要求。针对现场地形及墩身情况,经计算验算,选择适宜的支架基础形式。支架基础周边设置排水沟土沟,排水沟必须畅通、不积水,可将现场雨水、山坡面流水集中排出基础范围。支架基础位置无法挖设排水沟的,应平整地面设置排水坡,将地表水排出,不积水。

③同一桥跨的梁式支架宜采用相同类型的基础、立柱和承重梁结构。支墩的立柱底面应根据其基础的承压强度设置钢垫板与立柱及基础应密贴并连接牢固。支墩的立柱顶端构造应考虑局部应力采取加强措施立柱顶上横梁与立柱顶端应紧密接触并连接牢固。

(3)满堂支架施工要求。

①支架架设宜采用标准化、系列化、通用化的钢构件制作拼装。

②支架应按施工图设计的要求进行制作、安装。立柱应垂直,节点连接应可靠;高支架应设置足够的斜向连接、扣件或缆风绳,横向稳定应有保证措施;支架在安装完成后,应对其平面位置、顶部高程、节点连接及纵、横向稳定性进行全面检查,符合要求后,方可进行下一工序。

(4)梁式支架(贝雷梁)施工要求。

①对预埋钢板平面位置精确放样,控制钢管立柱位置,钢管立柱逐节检查垂直度。将工作平台安装到位,并形成稳固的作业平台才可进行钢管立柱安装。钢管立柱应逐节吊装,钢管立柱间连接形式、最大节高应符合规范要求。

②钢管立柱支立前应焊接操作平台角钢横梁、上下竖向爬梯、安全带挂环。

③横撑、剪刀撑、连接板、主横梁应按照设计图纸要求安装,且安装完成后,必须经过检查,经监理工程师验收合格后,方可进行贝雷片安装。

④贝雷梁安装要求。

a.贝雷片的验收应由监理单位进行,按照设计要求和施工标准进行验收,对贝雷片质量严格把关,重点检查各重要构件是否有损伤,如有不合格严禁用于工程施工。

b.贝雷梁安装应按照施工方案的制定要求、执行标准、验收标准进行施工,才能保证贝雷片施工的质量和效率。

c.贝雷片应在地面按一跨长度进行拼接,整跨逐榀吊装。安装顺序为先吊装中间,后对称吊装两边的贝雷片。每两榀吊装完成后,安装横向联系杆,增强贝雷片的横向刚度。

d.吊装作业必须有专人指挥,起吊和下落须平稳,避免对立柱等结构造成冲击,以确保安全。

e.贝雷梁安装至主横梁上后,横向调整至预定位置,并焊接横向固定挡板及防止贝雷梁碰撞倾倒的压梁。

⑤底分配梁安装。

a.底分配梁安装施工前,在贝雷梁之间张拉防坠网,防坠网满铺,避免高空坠物。

b.底分配梁应在贝雷梁顶按照相关规定等距布置。安装时,需检查各主梁、分配梁、贝雷片等构件间缝隙,并采取措施进行填塞、抄垫。

6.11.5.3 临边防护和安全通道

(1)临边防护。

支架搭设完成后,在铺设底模的同时,必须在梁的端头及两侧搭设临时防护,两侧应设置不少于120cm的施工通道及操作平台。操作平台通过支架进行搭设,外檐设置防护围栏,防护栏杆高度不少于120cm。

(2)安全通道。

①施工时上下安全通道应采用定型爬梯或电梯,人行上下安全通道在施工现场墩高较低处设置,基础承载力应满足要求,并预埋锚锥将爬梯或者电梯与混凝土有效连接锚固,顶部设置人行通道,人行通道宜设置高度不低于1.2m的护栏高。

②现浇梁施工上下梯道设施宜设置在该联现浇梁端部,应尽量搭建在承台上,当位于承台以外时,对基础部分压实或换填后浇筑满足承载力要求的水泥混凝土进行硬化处理,硬化范围不小于梯笼外30cm范围。

③梯笼出口位置向外,进行水平校准,保证出口标准节安装好后的垂直度在0.5%之内。

④为保证稳定性,可考虑两侧用缆风绳拉紧,并设置附墙件,附墙件采用钢管、型钢与架体连接,梯笼主要受力杆件立杆每间隔6~8m必须与建筑物有刚性连接。

⑤防护网安装顺序为首先安装侧面防护网,最后安装下部安全门。

6.11.5.4 预压

(1)地基预压要求。

①支架应根据结构形式、所用材料和地基状况,在施工前确定是否对其进行预压。对位于刚性地基上的刚度较大且非弹性变形可确定控制在一定范围内的支架,在经计算并通过一定审核程序,确认其满足强度、刚度和稳定性等要求的前提下,可不预压,但在施工过程中应对支架的材料和安装施工质量采取严格的管控措施。

②地基预压应将预压区划分为若干个单元,每个单元内的地基预压荷载应为此单元内上部结构自重与钢管支架、模板重量之和的1.2倍,每个单元内的支架预压荷载应为此单元内上部结构自重及未铺设的模板重量之和的1.1倍,预压荷载在每个单元内宜采用均布形式。

③地基预压荷载在上部结构截面形式或支架布置变化较大处单元划分宜加密,使单元内实际荷载强度的最大值不超过该单元内荷载强度平均值的20%。支架预压荷载在上部结构截面形式变化较大处单元划分宜加密,使单元内实际荷载强度的最大值不超过该单元内荷载强度平均值的10%。

④地基预压卸载过程可为一次性卸载,宜沿纵向和横向对称进行。加载完成后,若最初三次各测点沉降量平均值累计小于5mm,则同类地基可不进行预压。

(2)托架预压要求。

①为了保证施工安全,托架搭设完成后应进行预压,以检验托架各部分的承载能力及受力变形情况,消除托架的非弹性变形。

②0号块墩顶实心段施工时,应预埋反拉精轧螺纹钢。

③托架安装完毕,应进行预压前的检查验收,并形成验收记录,发现不合格部位,及时返工或返修处理,只有在整个托架全面检查验收合格后方能进行加载工作。

④预压加载模拟混凝土浇筑过程,按0→60%→100%→110%荷载进行加载试验,加载时对称加载。加载用千斤顶及压力表必须进行标定。每级加载完成后,及时测量观测点的变化值。第三级加载后经静停12h后开始分级卸载,并逐级观测弹性变形值。每个中间过程均需要测量相应的观测点数据,所有测量记录资料均需及时整理分析,现场发现异常及时上报。

⑤托架预压卸载应分三级进行,即110%→100%→60%→0荷载。对托架两侧进行同步

卸载，防止单边操作对托架横断面受力不均。卸载时，要测量记录托架的弹性恢复情况，所有测量记录资料均需及时整理分析，发现异常及时上报。

⑥预压过程中对托架进行监测，观测点布置在托架顶部，每个三角托架宜在侧边布置2个观测点，测量时各测量点做详细标记。观测点布设完毕后，测出各部位在预压加载前的自重变形及支点处的压缩变形量，并将数据收集整理，以便在加载预压后对测量数据进行对比分析。加载过程中，荷载达到60%、100%、110%时各观测一次：托架加载前，应监测记录监测点初始值；每级加载完成后1h测量一次，连续两次观测沉降差平均值小于2mm时，可进行下一级加载。110%加载后，间隔6h监测记录各观测点的位移量，当连续12h监测位移平均值之差不大于2mm，方可卸除预压荷载，支架卸载6h后，监测记录各观测点的位移。

⑦托架预压可采用反力架，以重量能准确计量、安全可行、便于施工为宜。边跨现浇段支架按一次浇筑成型设计计算。

⑧墩柱单边托架应考虑偏心荷载对墩柱的影响。

（3）挂篮预压要求。

①挂篮最大预压荷载宜为梁段重量与施工人员、材料、机具荷载的1.2倍，根据箱梁横截面各部位（腹板区域、翼缘板悬挑区、顶底板区域）分布的比例进行千斤顶顶推力设置。预压后挂篮的最大变形（包括吊带变形的总和）应不大于20mm。

②预压加载按0→60%→100%→120%荷载进行加载试验，每级加载间隔1h，待相关测量工作完成后即进行下一级加载直至加载完成。每级加载完成后，及时测量观测点的变化值。

a. 预压卸载分三级进行，即120%→100%→60%→0荷载。每级加载完成后，及时测量观测点的变化值。

b. 预压过程中，应左右对称加载、卸载。对两端两个挂篮对称加载、卸载，最大不平衡重不超过加载重量的30%。

③预压过程中，对挂篮进行观测，在挂篮底模前、后下横梁上应各布置不少于3个观测点。

a. 加载过程中，荷载达到60%、100%、120%时各观测一次，加载前，应监测记录监测点初始值；每级加载完成1h后进行变形观测，以后每间隔6h监测记录各监测点的位移量，当相邻两次监测位移平均值之差不大于2mm时方可进行后续加载。

b. 全部预压荷载施加完成后，应间隔6h监测记录各监测点的位移量，当连续12h监测位移平均值之差不大于2mm时，方可卸除预压荷载。

c. 挂篮卸载6h后，应监测记录各监测点的位移值，并统计预压结果。

④挂篮安装后，应全面检查挂篮安装质量，符合挂篮设计要求后方可提交验收。

（4）支架预压要求。

①支架预压应在支架结构经监理工程师检查合格后进行。

②对支架进行预压时，预压荷载宜为支架所承受荷载的1.05~1.10倍，预压荷载的分布

宜模拟需承受的结构荷载及施工荷载。

③支架预压时应进行预压监测。加载前，按照设计文件及相关规范规定布置测点，应监测记录各监测点初始值；加载时，按照相关文件要求对基础沉降变形、支撑架竖向位移、顶面水平位移、横梁和纵梁的挠度等进行监测；支架预压完成后，应分析监测数据，评价支架安全性，确定立模高程，形成支架预压报告。当支架的沉降量偏差较大时，要及时对支架进行调整。

④对采用定型钢管脚手架作为承重杆件的满布式支架进行预压时，可按现行《钢管满堂支架预压技术规程》（JGJ/T 194）的规定执行。

⑤满堂支架预压加载过程宜分为3级进行，依次施加的荷载应为单元内预压荷载值的60%、80%、110%。每级加载完成后，应每间隔12h对支架沉降量进行监测，当支架测点连续2次沉降差平均值均小于2mm时，方可继续加载。纵向加载时，应从跨中开始向支点处进行对称布载；横向加载时，应从结构中心线向两侧进行对称布载。

⑥支架预压加载和卸载应按照对称、分层、分级的原则进行，严禁集中加载和卸载，卸载6h后应对监测点高程进行监测。

6.11.5.5 支座安装

（1）支架搭设完成后，铺设模板前，支座必须按照设计要求安装完成。

（2）支座安装要保持梁体垂直，支座上下板水平，不产生偏位。支座与支承垫石间及支座与梁底间密贴、无缝隙。

（3）安装过程须保证连接上下支座钢板的限位连接板不发生移动。支座对中完成，并确认安装方向正确后，调整支座顶面高程与四角高差至满足设计及规范要求。安装完成后报专业监理工程师检验，检验合格后进行下道工序施工。

6.11.5.6 模板

（1）模板安装前首先对模板结构、尺寸、表面平整度、外观质量进行检查，如变形较大或者破损，应立即进行修补，确保模板面光洁平整、无翘曲破损。

（2）每种型号模板首次应用前均进行抛光。模板安装前将其内表面清理干净，并均匀涂抹脱模剂，不得使用废机油等油料。

（3）模板安装应遵循下列顺序：底模板→侧模板→端模板→内模板。

（4）底模板安装前应测量调整好高程，底模安装时考虑施工预拱度，施工时应随时观测底模的拱度及下沉量，便于后续施工对理论值进行修正。底模板与相邻板块之间要连接一致、拼缝严密、无错台，在模板间采用止水橡胶条封堵预留间隙；相邻板块之间应采取措施密封，以防漏浆。

（5）侧模桁架在后场拼装完成后，运输至现场，分段进行吊装，安装时采用缆风绳临时固定，保证稳定。外侧模板与桁架之间通过钩头螺栓进行固定，外侧模板及桁架安装时由墩顶向两端对称安装。

（6）在两块模板之间的拼缝处贴止水条，防止漏浆；两节模板面板密贴，相邻两块钢模板间错台不得大于2mm,并进行连接固定。

(7)外侧模板安装完成后,对其进行复核,对外侧模桁架底部采用型钢支垫,支垫完成后进行焊接,确保模板高程及位置准确。

(8)端模采用钢模板,在纵向钢筋、纵向波纹管对应位置处开槽,采取措施对开槽处进行封堵,防止漏浆。

(9)内模在绑扎完底板及腹板钢筋并验收合格后方可进行安装,应按照混凝土分层浇筑次数分次完成。由于连续梁混凝土的高度较高,为保证混凝土浇筑内模不产生上浮,必须对模板进行加固,采用钢管扣件使内外模形成一个整体,应采取措施防止下倒角模板上浮。应对内膜进行结构加固,浇筑时为保证模板不上浮,浇筑厚度严格控制在底板上300mm左右,保证混凝土产生较小的浮力。

(10)有模板加工制作完成后,须经监理工程师验收合格后可进行安装。模板安装完毕后,应对其平面位置、断面尺寸、腹板厚度、顶面高程、模板整体稳定性及预埋件的位置等进行检查,验收合格后可进行下一步施工。

6.11.5.7 钢筋加工

(1)钢筋原材料进场后,应对钢筋的等级、规格、产品外观进行检查,同时核验出厂质量合格证书和质量检验报告单,无合格证书和质量检验报告单的不予验收。进场钢筋应按试验规定要求抽检,合格后才能投入使用。

(2)钢筋应进行调直,钢筋的形状、尺寸按照设计图纸要求进行加工。加工后的钢筋,其表面不应有削弱钢筋截面的伤痕。钢筋的切断应采用锯床设备进行,不得使用火焰切割。切断后的钢筋断口应平整,不应有马蹄和起弯现象。同规格钢筋根据不同长度搭配,统筹配料,一般先断长料,后断短料,以减少短头和损耗。钢筋表面有劈裂、夹心、缩颈、明显损伤或弯头者,必须切除。

(3)套筒进场后进行检查验收,主要检查套筒的合格证、型号规格和数量是否符合要求,同时抽查套筒外观质量及外形尺寸。套筒内螺纹牙型应饱满,连接套筒表面不得有裂纹,表面及内螺纹不得有严重的锈蚀和其他肉眼可见的缺陷。

(4)钢筋机械接头施工前,对第一批进场钢筋进行接头工艺试验,每种规格钢筋的接头试件不少于3个。

(5)钢筋绑扎应严格按照图纸要求规范操作,预留足够的钢筋保护层厚度,钢筋保护层采用的垫块强度不得低于梁体混凝土强度。混凝土浇筑前应对钢筋、模板、保护层厚度等项目进行检查,确保保护层厚度满足设计和规范要求。

(6)纵向主筋宜采用机械连接。为防止混凝土开裂,必要时在腹板外侧增设防裂钢筋网片。

(7)钢筋应在常温状态下进行弯制,弯制钢筋时应从中部开始,逐步弯向两端。加工完成后的钢筋,表面无削弱钢筋截面的痕迹。

(8)钢筋绑扎应遵循如下顺序:混凝土垫块放置→底板下层钢筋安装→底板处纵向预

应力管道安装→底板上层钢筋安装→腹板钢筋骨架、下部倒角钢筋安装→腹板纵向钢筋安装→腹板竖向预应力筋及纵向预应力管道安装→顶板及翼缘板下层钢筋安装、腹板上部倒角钢筋安装→顶板横向预应力筋及纵向预应力管道安装→顶板及翼缘板上层钢筋安装。

(9)钢筋绑扎、预埋件完成后,再次检查钢筋位置、间距、保护层、局部加强筋、预埋件是否完整齐全,并报请监理验收合格后方可进行下一步施工。

(10)预埋件(预留孔)按设计要求设置,数量及定位必须准确。支座预埋钢板、通气孔、排水孔等预埋管及伸缩缝、护栏等预埋筋均与主筋点焊在一起,防止混凝土浇筑时位置偏移。

6.11.5.8 混凝土施工

(1)混凝土配合比设计、生产、拌和、运输、浇筑和养生应符合相关规定要求。

(2)混凝土浇筑前,仔细检查波纹管的位置、数量、接头质量及固定情况;检查直管是否顺直,弯管是否顺畅;检查波纹管是否已被破坏,发现问题要及时处理。

(3)混凝土浇筑应分段、分层逐级一次性浇筑完成。浇筑时应检查模板、预埋件位置是否正确,并及时修整。预应力钢筋混凝土保护层厚度要求与普通钢筋的混凝土保护层厚度相同。无密封套管(或导管孔道管)的预应力钢筋的混凝土保护层厚度应比普通钢筋的混凝土保护层厚度大10mm、后张预应力管道外缘至混凝土表面的距离,在结构的顶面和侧面不应小于1倍管道直径,在结构底面不应小于60mm。

(4)混凝土浇筑前应对前一施工阶段浇筑的混凝土面充分凿毛,直至凿出均匀的粗集料,并将松动石子剔除干净,凿毛部位的混凝土表皮应全部清除形成毛面,并采用洁净水冲洗干净,浇筑前要对接缝处洒水湿润。

(5)混凝土分层浇筑厚度控制在30cm左右,振捣应遵循"少下料勤振捣"的原则,振捣时应分区定块、定员作业,混凝土振捣应密实,无漏振、过振现象,振捣时特别注意波纹管的保护,严禁振动棒碰漏波纹管,振捣时间以表面泛浆、混凝土不再下沉并无气泡冒出为准。

(6)悬浇段混凝土浇筑。

①悬浇段混凝土浇筑配合比设计时,应通过实测修正混凝土的设计重度,确保悬浇梁段自重与设计值的误差在±3%以内。应在保证抗压强度、施工输送性能和耐久性的同时,使混凝土的收缩、徐变、抗拉等性能符合要求,以预防和减少混凝土裂缝,确保桥梁在设计年限内安全使用。

②挂篮悬浇施工两侧同时对称进行,以尽量减少不对称荷载。不平衡荷载不允许超过设计允许值。从悬臂端开始,向已完成梁段推进分层浇筑。已浇筑梁段及现浇梁段上不宜堆放施工用料、用具等。为防止混凝土大面积流动产生离析,纵向浇筑应从悬臂方向向墩顶处浇筑;混凝土横向浇筑应沿桥梁轴线平衡对称,防止挂篮扭转变形。

③悬臂浇筑施工过程控制宜遵循变形和内力双控的原则,且宜以变形控制为主。

④应采取合理措施严格控制浇筑完成的梁段与正在浇筑的梁段的温差,两者温差不宜大于20℃。

⑤悬臂浇筑段宜全断面一次浇筑完成,先底板,后腹板,最后浇筑顶板,在初凝时间以内保证每一节段混凝土浇筑完毕。

a. 底板混凝土浇筑时,先从腹板上方下料,然后待倒角处混凝土密实后,再从箱室上方浇筑底板。浇筑底板混凝土时应注意底板混凝土有一部分来自腹板处因振捣而溢流的混凝土。

b. 腹板可采取水平分层浇筑,浇筑顶板时应控制好高程及平整度,并应进行3次收面,防止混凝土产生收缩裂纹。

c. 顶板混凝土浇筑时,应待腹板混凝土浇筑至倒角后,再整体浇筑混凝土顶板,由于桥面存在横坡和纵坡,浇筑顶板顶层混凝土时,应从低处向高处进行施工。

d. 桥墩两侧两悬臂端混凝土浇筑应对称、平衡施工,为避免先浇部分对后浇部分的约束作用,各节段与前一施工节段的龄期差控制在2周左右。

e. 腹板、隔板混凝土浇筑时,在模板上开设观察孔和振捣孔,确保混凝土密实。

(7)合龙段混凝土浇筑。

①为保证合龙段混凝土浇筑过程中悬臂端始终处于稳定状态,在合龙口两侧的梁体顶面设置配重,并在浇筑合龙段混凝土时同步卸载。在混凝土浇筑过程中,按等量换重的方式撤除配重。配重重量和配重位置可根据梁体实际线形、高程等因素适当调节。配重应沿横桥向均匀对称布置。边跨合龙、主跨合龙均需设置压重结构。

②悬臂施工梁段在距合龙口2~3个梁段时,应对合龙口两侧悬臂端的中线及高程进行联测调控,使合龙口中线及高程偏差控制在允许范围内。当合龙口两侧悬臂任何方向相对偏差大于15mm时采取措施进行纠正。中心方向偏差应通过合龙前每个块段进行观测、调控,若有误差在下一块段进行模板调整,在悬臂浇筑过程中不断控制,从而使合龙段施工时的合龙口两侧悬臂端的中线偏差在允许范围内。

③合龙前悬臂端与边跨等高度现浇段应临时连接,尽可能保持相对固定,以防止合龙段混凝土在浇筑及早期硬化过程中发生明显的体积改变,锁定时间按合龙段锁定设计执行,临时"锁定"是合龙的关键,合龙"锁定"应遵循又拉又撑的原则,"锁定"包括焊接劲性骨架和张拉临时预应力束。

a. 对合龙口梁段的连日温度变形应持续观测48h,定期对合龙口两侧梁端高程和中线以及合龙口宽度进行观测,确定合龙临时锁定时的具体时段和温度。

b. 合龙口临时锁定应在一天中温度较低且稳定的时段进行,劲性骨架的锁定应尽量快速。合龙施工前对两端悬臂梁段的轴线、高程和梁长受温度影响的偏移值进行观测,并应根据实际观测值进行合龙的施工计算,确定准确的合龙温度、合龙时间及合龙程序。

④混凝土浇筑前,要求监控量测单位应对温度进行监测,无大风。合龙段混凝土浇筑时间应在全天最低温度、温差变化小的时段进行,凝固过程确保处于温升状态。

⑤合龙段利用挂篮模板进行浇筑,按照设计图纸要求对称合龙。

(8)严禁将混凝土散落在翼板上,同时杜绝振捣棒碰模板,以免影响梁体外观质量。

(9)混凝土浇筑前,应做好防雨准备,避免雨水对混凝土的冲刷。混凝土施工过程中,应由专职人员检查支架沉降,如发现支架沉降量超过支架弹性形变量,应立即停止混凝土浇筑,认真分析原因,根据实际情况采取有效措施,保证混凝土施工的安全。

(10)混凝土浇筑完成并初凝后,及时覆盖洒水养生,养生期内必须保持混凝土表面湿润,不可干湿交替,养生期不得小于14d。

6.11.5.9 预应力施工

(1)预应力安装。

①预应力钢束、管道、锚具、夹具、连接器等应按照相关合同、规范规定进行检验验收,验收合格后方可进场安装施工。

②预应力管道预埋位置允许偏差应符合预留孔道位置允许偏差的规定。预应力筋的下料,应采用切断机或砂轮锯切断,严禁采用电弧切割。

③对于分段张拉的预应力混凝土构件应使用连接器,宜待上一梁段预应力张拉压浆后,再进行预应力筋连接操作。对接拼装喇叭口保护罩应紧固螺栓,两半片保护罩拼接缝应使用密封胶进行封堵。

④预应力孔道、预埋件、锚具安装与钢筋施工同步进行。预应力筋曲线段设置防崩钢筋,防崩钢筋必须钩住纵向钢筋,确保钢束定位准确。

⑤预应力钢束纵向和横向采用金属波纹管成孔,其性能应满足《预应力混凝土用金属波纹管》(JG/T 225—2020)的相关要求。塑料波纹管的环刚度要满足施工和规范要求,在搬运和浇筑混凝土过程中不损坏、不变形、不漏浆。预应力管道的连接管采用大一级直径的同类管道,其长度为被连接管道内径的5~7倍。连接时不应使接头处产生角度变化及在混凝土浇筑期间发生管道的转动或移位,并采取措施缠裹紧密,防止水泥浆渗入。

⑥纵向预应力每束钢绞线端头对齐后应用铁丝绑扎头部,防止钢绞线松散。间隔1m左右应采用铁丝将整束理顺绑扎编束,并标明名称、长度、使用部位等。为安装夹片和锚具时钢绞线不致错乱,应对每根钢绞线两端进行编号。穿束前应先检查管道情况,从一端向另一端拖拉就位。横向预应力钢绞线按设计要求下料后,将其整束穿入波纹管内,在钢筋安装时随波纹管一并进行安装。

(2)预应力张拉。

①预应力张拉前,首先对张拉设备进行检查和检验,千斤顶与压力表应配套校验,以确定张拉力与压力表读数之间的关系曲线。张拉时,应按照校正系数公式计算出分级加载的油表读数与张拉力的对应值。对张拉力和伸长量结合实际工作长度进行计算,计算成果报监理审核合格后使用。

②所有预应力应在混凝土强度、弹性模量达到设计要求后进行,当采用龄期代替弹性模量控制应不少于5d,纵向预应力应保持对称同步张拉(至少4个千斤顶同步工作)。长预应力初张值宜取设计张拉控制力15%~25%,持荷时间不少于180s,张拉到位后应保持480s。竖向预应力钢束锚固后,应进行二次张拉,第一次与第二次时间间隔不少于48h,严禁遗漏。对

于梁高大于7m的节段,在混凝土强度达到60%时,可预张30%竖向预应力,施工过程中严禁砂浆进入管道。所有预应力施加都应在混凝土强度满足设计图纸及规范要求后施加,张拉钢束采用控制张拉力和伸长量双控,实际伸长值和理论伸长值的差值应控制在±6%范围内。

③合龙段混凝土设计强度、弹性模量达到100%,且龄期不小于7d后,对称割除锁定合龙劲性骨架,完成体系转换,进行合龙段预应力张拉及压浆工作。合龙段钢束张拉原则:先长束后短束,顶板、底板交错进行,每次对称张拉两束。为保证箱梁顶板受力的均匀性,合龙段横向预应力与相邻两个梁段同期张拉。

④预应力钢绞线及预应力精轧螺纹钢筋的张拉程序如下:

a. 预应力钢绞线:$0 \rightarrow 0.1\sigma_{con}$(初应力)$\rightarrow \sigma_{con}$(持荷5min 锚固)。

b. 预应力精轧螺纹钢筋:$0 \rightarrow$ 初应力 $\rightarrow \sigma_{con}$(持荷5min)$\rightarrow 0 \rightarrow \sigma_{con}$(锚固)。

c. 对于同一类型预应力束张拉时应先长束,后短束,先腹板束,后顶板束,先两边束,后中间束。混凝土达到设计要求强度后,进行梁段预应力钢束张拉。张拉中横梁和纵向预应力筋采用两端同时张拉,左右对称进行,一次张拉完成,张拉原则为先腹板束后顶板束,先外后内,以梁中线为对称轴两侧对称进行,最大不平衡束为1束。张拉竖向预应力和顶板横向预应力束采用单端单根张拉。竖向预应力筋采取二次张拉工艺。

6.11.5.10 管道压浆

预应力张拉完成后,应在48h内完成预应力管道压浆。

6.11.5.11 墩梁临时固结及解除

(1)挂篮施工时,在0号梁段施工时必须在墩顶设置由高强度混凝土抗压临时支座和抗拉钢筋等组成的临时固结系统。

(2)临时固结系统应进行不平衡弯矩作用下的抗倾覆验算,其稳定系数应不小于1.3。

(3)抗拉锚固钢筋的布置应注意避开箱梁预应力钢筋,位置冲突时应适当调整锚固钢筋位置。

(4)抗拉钢筋宜采用直径32mm以上的高强度精轧螺纹钢筋,钢筋布置间距不宜小于100mm,钢筋在墩身及梁体内的锚固长度应按现行《混凝土结构设计规范》(GB 50010)中相关公式计算,一般不宜小于40倍钢筋直径,并保证锚固深度安全系数不小于2。

(5)纵向采用多排锚固钢筋时,相邻两排钢筋锚固底端竖向宜错开20d(d为钢筋直径)布置。

(6)抗压临时支座设置在永久支座两侧,宜采用强度等级为C50及以上的混凝土。混凝土垫块与墩顶接触位置可设置隔离层,以便解除。

(7)对于墩身及梁体承受较大局部荷载的部位,应设置钢筋网进行加强。

(8)中跨合龙后,进行墩梁临时固结的解除,临时固结的解除时序应符合设计体系转换程序的要求。

6.11.5.12 挂篮、支架、模板拆除

(1)全桥合龙后,体系转换完毕后进行挂篮拆除。先拆除挂篮侧模,再拆除挂篮底模,最

后拆除横向桁架、菱形架、轨道。

(2)0号块混凝土强度达到100%,且预应力张拉压浆完成后,才可以进行底模及0号块托架的拆除。托架可与挂篮同步或者前后时间拆除。

(3)模板、支架的拆除应遵循后支先拆、先支后拆的原则顺序进行不得损伤混凝土结构。钢筋混凝土结构的承重模板、支架,应在混凝土强度能承受其自重荷载及其他可能的叠加荷载时,方可拆除。拆除承重模板时,宜从跨中向支座方向依次循环卸落,在横向应同时、在纵向应对称均衡卸落。非承重侧模板应在混凝土抗压强度达到2.5MPa,且能保证其表面及棱角不致因拆模而受损坏时方可拆除。

(4)挂篮、支架、模板拆除时,现场应设置警戒区域,张挂醒目警示标志,警戒区域内严禁非操作人员通行和在下方施工。

6.11.5.13 监控量测

(1)施工前应编制桥梁监控量测专项施工方案,并通过监理工程师审批。

(2)监控量测方案应包含监控量测内容、频率、断面位置、测点布置、观测方法、数据分析方法、结果处理措施等。

6.11.6 质量通病及预防措施

6.11.6.1 混凝土病害及预防措施

混凝土病害主要包括:混凝土强度不足、钢筋保护层厚度合格率偏低,表面不平整、垂直度和光洁度不满足要求,表面蜂窝、气泡、麻面、裂缝、错台等。

混凝土病害预防措施:

(1)优选混凝土原材料、合理设计混凝土配合比。应选用低水化热和含碱性量低的水泥,避免使用早强水泥。优用优质粉煤灰,加大粉煤灰掺量减小混凝土绝热温升。在满足混凝土强度要求的基础上降低单方混凝土中胶凝材料及硅酸盐水泥的用量。可使用性能优良的聚羧酸类高效减水剂,尽量降低拌和水用量。

(2)尽量降低混凝土浇筑温度。水泥使用前应充分冷却,确保施工时水泥温度不大于60℃。搭设遮阳棚,堆高集料、底层取料、用水喷淋集料。当气温较高时,应加快运输和浇筑速度,减少混凝土在运输和浇筑过程中的温度回升。混凝土输送管外用草袋遮阳,并经常洒水。混凝土升温阶段,为降低最高温升,应对模板及混凝土表面进行冷却,如洒水降温、避免暴晒等。

(3)模板在安装拆卸时应加以保护,防止局部受力变形。拼装应合缝严密,平顺,不漏水、漏浆,可采用胶条堵塞拼缝间隙。

(4)混凝土下料及振捣时,应由中间向两边振捣,移动时不得超过振动器作用半径的1.5倍,与侧模距离保持在5~10cm之间,上层混凝土浇筑时插入下层混凝土深度5~10cm,以混凝土不再沉落、不冒气泡,表面呈现平坦、泛浆为准,振捣时不断地将振动器上下抽动,使混凝土均匀受振。

(5)混凝土振捣时禁止工人踩钢筋上进行振捣,可在墩身适当位置额外增加螺纹钢承重或使用加长振捣棒振捣。

(6)钢筋保护层采用圆形滚轮高强度砂浆垫块,每平方米不少于4个,呈梅花形布置。垫块应合理、准确地绑扎在受力钢筋(主筋)上,而不应布置在非受力筋上,固定要牢固,防止在浇筑过程中发生位移和滑落,混凝土浇筑前全面检查垫块是否缺少或损坏。

(7)立模前在基础混凝土面上弹出墩身模板位置线,按线安装墩身模板。不得在模板内利用振捣器使混凝土长距离流动或运送混凝土,以免引起离析。混凝土捣实后1.5~24h之内,不得受到振动。

(8)混凝土浇筑高度超过2m时,必须采取措施,如用串筒进行下料,串筒离混凝土表面高度不大于60cm,防止放料时混凝土飞溅粘在模板表面时间过长失水凝固。

(9)混凝土浇筑时安排专人指挥,浇筑混凝土时要尽量减少对钢筋的冲击,派专职钢筋工进行护筋,发现钢筋移位时,及时进行修整。

6.11.6.2 预应力病害及预防措施

(1)预应力管道材料品种、规格不符合设计或验标要求。

预防措施:预留孔道的品种、规格和质量应加强检验,确保检验指标符合设计和现行《预应力混凝土用金属波纹管》(JG/T 225)中规范要求。

(2)预应力材料管理不严格。

①钢绞线弹性模量变化大,造成伸长量波动较大,双控难以实现。

②锚环与夹片不匹配,表现在不同厂家的产品混用,或同一厂家的产品,不同批次的锚环与夹片也不一定能匹配。

预防措施:对每个批次的钢绞线及锚具、夹具等材料进行登记,使用同一批次产品;使用不同批次产品时,根据实际检验数据调整张拉控制值。

(3)预应力制作和安装。

①预应力预留孔道位置不准确,在进行预应力张拉时,实际张拉力及伸长值就会与设计发生较大偏差,甚至超出设计和规范允许范围。

预防措施:按设计图纸要求布设管道定位筋,同时逐根检查管道位置安装偏差是否符合规范要求。

②因混凝土浆液流入管道造成的管道堵塞,造成预应力筋无法穿入或预应力筋因管道堵塞、摩阻力加大,张拉质量无法保证。

预防措施:浇筑混凝土前检查管道有无破损,出现问题及时用胶带包裹,重点检查管道与锚垫板连接处包裹的密实性,防止漏浆。

③喇叭口端面和管道中心不垂直,造成张拉时锚具受力不均发生断、滑丝现象。

预防措施:锚垫板安装完成后进行重点检查。

④预应力管道固定钢筋不足,锚头后加强钢筋网片缺失;预应力管道定位钢筋未锁死,定位不准,存在预应力管道漂移;螺旋钢筋配置不正确等现象。导致张拉后梁体端头,底、腹

板开裂。

预防措施:严格检查预应力管道固定钢筋、锚头后加强钢筋网片、螺旋钢筋的配置情况。

(4)压浆。

①预应力筋压浆后(水泥浆凝固前)进浆管未及时进行封闭处理,导致浆液外流,造成压浆管、出浆管内无水泥浆,管道内浆体不饱满。

预防措施:对压浆后进浆管及时进行封闭处理。

②压浆不饱满。

预防措施:操作人员未按照规定作业,稳压时间不足。应确保稳压时间。

6.11.7 季节性施工

6.11.7.1 雨期施工要求

(1)做好防触电工作。电源线不得使用裸导线和塑料线,不得沿地面敷设。配电箱必须防雨、防水,电器布置符合规定,电元件不应破损,严禁带电明露。机电设备的金属外壳,必须采取可靠的接地或零保护。手持电动工具和机械设备使用时,必须安装合格的漏电保护器。电气作业人员应穿绝缘鞋,戴绝缘手套。

(2)做好防雷击工作。达到一定高度构筑物应安全避雷装置。

(3)做好防坍塌工作。坑、槽、沟两边要放足边坡,危险部位要另作支撑,做好排水工作,一经发现紧急情况,应立即停止土方施工。

(4)做好防台风、大风工作。

(5)做好防潮工作,现场各类机械设备、电气装置、仓库等,应做好防潮工作。

(6)施工现场准备雨棚及防雨物资。六级大风及恶劣天气不得施工。

6.11.7.2 冬期施工要求

(1)组织设备管理和操作人员学习冬期施工的知识和有关要求,提出冬期施工的材料、机具、设备等计划,保证冬期施工的顺利进行。

(2)重物起吊遇雪天气、六级以上大风、大雾天气、信号不清和机械故障时要停止作业。

(3)施工现场道路、平台、爬梯等位置,均采取有效的防滑措施;雨雪天气后,及时派人消除冰雪。

(4)施工现场严禁生明火进行取暖,定期对电线、配电箱等电气设备进行检查,防止因冻胀造成电气设备损坏短路,造成火灾事故。

(5)冬期进行混凝土浇筑时,混凝土浇筑时间尽量控制在白天进行,并且控制混凝土的出机温度不低于10℃,入模温度不低于5℃。

(6)砂石料应遮盖,防止砂石料温度过低或冻结。铲车上料时,先清开表层材料,尽量使用里层的材料。

(7)适当提高搅拌用水的温度,可采取在水箱内用电阻加热的方法提高搅拌用水的温度至50℃左右。

(8)混凝土搅拌运输车、泵管应采取措施进行包裹,减少温度损失。

(9)混凝土浇筑前,应对泵管预热,对管道进行包裹,减少混凝土在泵管中热量损失,尽量缩短混凝土浇筑时间。在罐车出料口与拖泵接料口处搭设挡风棚,并采用篷布密闭挡风棚,减少混凝土出料热量损失。

(10)模板外侧可用泡沫保温板或聚氨酯泡沫包裹覆盖,延长带模养生时间。在混凝土浇筑同时拌制试块,放置现场同条件养生,试块强度达到设计强度后才准予拆模。气温低于5℃时,不得采用洒水养生,拆模后采用喷涂养生液进行养生,并采取保温措施。

(11)在挂篮四周采取保温措施,可用保温帘将箱梁四周包裹住,形成密封空间,减少热量散失,保温帘采用防火布(阻燃装饰布)与帆布缝制而成。在已浇筑梁体内腔应设置加热装置,进行保温养生。

(12)混凝土收面完成后,梁顶板上立即覆盖养生,可在暖棚内设置煤炉及热水锅,通过沸腾产生蒸汽进行保温养生。

(13)混凝土试件除按规定制作外,还应根据养生、拆模和承受荷载的需要,增加与结构同条件养生的试件不少于2组;同条件养生试件的养生条件必须与结构物的养生条件完全一致。

6.11.7.3 热期施工要求

(1)混凝土配制和搅拌。

①对水泥、砂、石料应采取降温措施,遮阴防晒,砂石料堆上喷水,对集料进行降温。

②拌和水使用冷却装置,对水管及水箱加遮阴和隔热设施。也可采用在拌和水中加冰块降温。

③根据施工现场实测的坍落度损失,综合考虑,合理调整配合比设计。

④高温期施工,及时检测砂、石料的含水率,每个台班不少于一次。

⑤掺加减水剂减少水泥用量,提高混凝土的早期强度。严格控制缓凝剂的掺量,并检查混凝土的凝固时间。

⑥拌和系统、储水池、皮带运输机等尽可能遮阴,拌和时间适当缩短。经常测混凝土的坍落度,适时调整配比,使其满足施工要求。

(2)混凝土运输及浇筑。

①高温期混凝土、钢筋混凝土、预应力混凝土施工保证连续进行,尽量缩短从拌和到浇筑的时间,并尽快开始养生。

②尽量缩短运输时间,采用混凝土运输搅拌车,运输中进行慢速搅拌。

③混凝土的浇筑温度控制在30℃以下,选择一天中温度较低的时间进行。

④混凝土浇筑前,应通过试验确定在最高气温条件下混凝土分层时的覆盖时间,施工时应严格控制。

(3)混凝土的养生。

①及时洒水养生,采用自动喷水进行,始终保持养生面湿润,不得形成干湿循环。

②混凝土浇筑完成后,表面立即覆盖养生,保持湿润状态最少7d。

③当气温超过35℃时,管道压浆宜在夜间低温下进行。

(4)其他方面。

①对职工进行防暑降温知识的宣传教育,使职工知道中暑症状,学会对中暑人所应采取的应急措施。

②施工现场应采取必要的防暑降温措施,配备必要的应急药品,配备医疗箱,应随时保证作业人员现场饮水,定时足量发放给各班组及一线作业工人防暑药物,根据气温情况合理安排作息时间,应避开每天气温最高时间段作业。

③高温条件下的作业场所,应采取通风和降温措施。对高温、高处作业的人员,须经常进行健康检查,发现有作业禁忌者,应及时调离高温和高处作业岗位。当室外气温高于40℃时,可以指令各班组停止现场施工作业。

④应加强班组安全教育,增强作业人员对各种情况的应急处置能力。应加强施工现场临时用电管理,严禁私拉乱接电线。应加强临时用电日常检查,发现问题,及时整改落实。应加强夏季施工安全宣传工作,提高作业人员在实践中的应变能力和处置能力等。

⑤应做好夏季传染病预防工作。施工现场生活垃圾应集中放入垃圾箱中,且及时清理。应加强食堂、厕所等的卫生检查,坚决杜绝食用腐坏变质食物,严把病从口入关。应高度重视暑期有关传染病防治工作,发现施工作业人员身体不适要及时休息,患病应及时医治。

6.12 涵洞工程

涵洞工程一般结构形式有混凝土圆管涵、波形钢涵洞、倒虹吸管、拱涵、盖板涵、涵洞接长等。高速公路常见结构一般为混凝土圆管涵、波形钢涵洞、倒虹吸管、盖板涵、涵洞接长。

涵洞的常见施工方法有现浇、预制吊装两种(表6.12-1),一般情况下通常现浇预制因地制宜,根据结构形式、长度、施工环境、工期、成本等条件综合考虑,选用适合的工艺、工装。

现浇与预制的优缺点分析　　　　表6.12-1

序号	内容	优缺点	现浇涵洞方案	预制涵洞方案
1	工程技术方面	优点	①资源投入少,仅需现场作业资源投入; ②施工技术简单,施工工序少,工艺较成熟; ③现场不需要特殊场地处理	预制、安装均为专业施工队伍,质量控制有保障

续上表

序号	内容	优缺点	现浇涵洞方案	预制涵洞方案
1	工程技术方面	缺点	对作业人员要求低,施工质量控制难	①资源投入大,需现场作业资源投入和预制场资源投入;②施工技术较难,施工工序较多,分为预制工艺和现浇工艺,同时对基础平整度要求高,对预制构件安装精度要求高;③现场安装时须进行吊装平台场地处理
2	工程经济方面	优点	仅需进行涵洞作业队伍的招采,合同结构简单	采用先预制吊装施工技术进行涵洞施工,可加快工序衔接,降低项目管理费及现场机具费,节约成本,同时提升施工进度符合当前现代化施工环保节能、耐久高效的具体需要,是涵洞工程走向标准化、工业化的一个重要方向
		缺点		需进行预制作业队伍的招采,包括预制、运输、安装、现场作业,合同结构较复杂
3	施工工期方面	优点	①采用平行作业方式有利于进度控制;②进场即可开展施工作业	单个施工点施工周期短,主体路基成型快
		缺点	单个施工点施工周期比较长,对主体路基成型有一定影响	①需根据预制的施工进度安排现场施工顺序;②须优先进行预制场地施工,预制达到一定数量后开展现场施工
4	场地使用方面	优缺点	红线范围内开展施工,不需要临时征地	预制场需要临时征地
5	环水保方面	优缺点	现场混凝土作业、基坑作业工程量大,对周围环境影响大	现场混凝土作业、基坑作业工程量小,对周围环境影响小

6.12.1 一般规定

(1)涵洞在开工前应根据设计文件进行现场核对;当设计文件与现场的实际情况差别较大,确需变更时,应及时办理设计变更手续。对地形复杂处、斜交、平曲线和纵坡上的涵洞,应先绘出定位详图,再依图放样施工。

(2)除设置在岩石地基上的涵洞外,涵洞的洞身及基础应根据地基土的情况,按设计要求设置沉降缝,且沉降缝处的两端面应竖直、平整,上下不得交错。填缝料应具有弹性和不透水性,并应填塞紧密。预制圆管涵的沉降缝应设在管节接缝处,预制盖板涵的沉降缝应设在盖板的接缝处,沉降缝应贯穿整个洞身断面;波纹钢管涵可不设沉降缝。

(3)涵洞施工完成后,砌体砂浆或混凝土强度达到设计强度的85%时,方可进行涵洞洞身两侧的回填。涵洞两侧紧靠涵台部分的回填土不宜采用大型机械进行压实施工,宜采用人工配合小型机械的方法夯填密实。填土的每侧长度应符合设计规定;设计未规定时,应不小于洞身填土高度,特殊地形条件下应根据实际情况适当加长,填筑应在两侧同时对称、均衡地分层进行,填筑的压实度应不小于96%。涵洞顶部的填土厚度必须大于0.5m后方可通行车辆和筑路机械。

(4)涵洞进出口宜与既有道路顺接,确保通行顺畅。涵洞进出水口的沟床应整理顺直,与上下游导流、排水设施的连接应圆顺、稳固,并应保证流水顺畅。

6.12.2 现浇涵洞

(1)一般规定。

①现浇涵洞可视具体情况分阶段施工,且宜先进行底板和梗肋的混凝土浇筑,然后再完成剩余部分的混凝土浇筑。本阶段施工时前一阶段的混凝土强度要求以及施工缝的处理应符合相应规定。

②混凝土强度达到设计强度的85%时,方可拆除支架;达到设计强度的100%后,方可进行涵顶回填土。设计有具体要求的应按照设计要求。

(2)主要施工内容。

现浇涵洞主要采用人工配合挖掘机开挖基坑,现浇基础、墙身及支架现浇盖板或预制盖板预制构件场集中预制后运输至现场安装的方式。

(3)施工工艺及流程(图6.12.2-1)。

①基础、墙身施工。

首先对涵洞基础进行放样,确定开挖限界和开挖高程,以人工配合挖机进行开挖。基坑开挖完毕后,留出工作面后即可沿基坑四周内开挖排水沟,开挖排水沟时,注意对沟底高程的控制,便于水顺利汇于集水井中。开挖到位以后,由试验室进行地基承载力试验,并经监理工程师认可,达到要求以后,进行整平夯实;当地基承载力不能满足要求时,必须进行换填处理。

涵洞基础采用分离式基础和整体式基础两种形式,地基经检验符合设计和规范要求后应迅速组织基础的施工,不得长时间暴露。根据施工图设计,铺设混凝土垫层,便于模板固定且可防止泥土混入基础混凝土内。

在垫层上绑扎钢筋、安装模板,用汽车泵泵送浇筑基础混凝土,垫层不能作为钢筋的保护层,要在垫层上设置混凝土垫块作为保护层。基础、垫层及墙身按图纸要求每4~6m设置一道沉降缝(接缝应一致),缝宽1~2cm,缝内应按照设计要求采用相应的材料进行填充,基层在顺路线方向每边比立墙边宽20cm。

基础顶面与墙身相接部分应凿成毛面,基础与墙身按图纸设置的沉降缝分段浇筑。沉降缝采用沥青或其他具有弹性的不透水性材料填塞。

模板采用不小于5mm厚钢模。在模板安装前进行除锈处理,在模板内侧涂抹脱模剂,便于拆模。为防止模板接缝漏浆,在模板侧面采用双面胶条挤紧进行封堵。模板加固采用钢筋或钢管进行支撑。

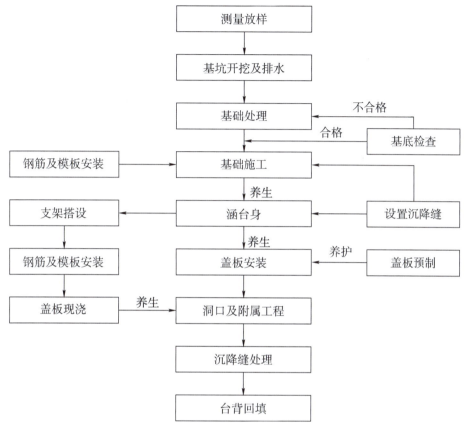

图 6.12.2-1　现浇涵洞施工工序流程

混凝土搅拌运输车运输混凝土到达现场,采用起重机配合漏斗送混凝土入模,混凝土的自由倾落高度不得超过 2m,以免产生离析。

基层混凝土浇筑振捣密实后及时找平,用 3m 水平尺检查基层的平整度,高程误差控制在 10mm 之内,平整度控制 3mm 之内。

夏季施工时,在收浆后覆盖土工布并洒水养生,保持基层混凝土表面湿润,养生时间不短于 7d。冬季施工时,当气温低于 5℃时,应覆盖土工布保温,不得洒水养生。养生期间,在混凝土强度 2.5MPa 前,不得承受行人、运输工具、模板、支架及脚手架等荷载。

模板应在混凝土强度能保证混凝土表面及棱角不损坏的情况下方可拆除,一般在混凝土抗压强度达到 2.5MPa 时方可拆除模板。

②现浇盖板。

盖板采取现浇施工,施工工艺流程为:支架搭设→支架预压→底模安装→钢筋加工与安装→侧模安装→混凝土浇筑→混凝土养生→拆模。

支架安装完后,安装调节顶托,准确调整顶托的顶部高程,必要时按照规范设计要求预留一定的预拱度。

顶托安装完毕后,对其平面位置、顶面高程、节点连接及纵横向稳定性进行全面检查,确认安装无误后,安装底模板,底模安装完后应进行预压,消除非弹性变形。

③洞口施工。

八字墙基础开挖以人工配合挖机进行开挖。采用机械开挖,预留5~10cm采用人工清理整平。

基坑修整完毕后及时检查基坑尺寸、高程、基底承载力,并经监理工程师认可,地基承载力不小于设计值。如地基承载力达不到设计要求,基底进行换填处理,承载力应满足规范及设计要求。

模板采用钢模板,厚度不小于5mm,要求表面平整、光洁、无变形,混凝土在拌和站拌和,混凝土搅拌运输车运输,溜槽浇筑,混凝土按30cm的厚度分层浇筑,混凝土浇筑完成后,对混凝土表面进行修整、抹平,无严重啃边、掉角;混凝土浇筑完毕进行养生。

八字墙墙身模板采用大块拼装钢模板,厚度不小于5mm,要求表面平整、光洁、无变形。八字墙墙身浇筑前,基础顶面应凿毛且冲洗干净,以保证良好的结合;混凝土在拌和站拌和,混凝土搅拌运输车运输,溜槽浇筑,混凝土按30cm的厚度分层浇筑,混凝土浇筑完成后,对混凝土表面进行修整、抹平,无严重啃边、掉角;混凝土浇筑完毕后进行养生。

帽石横向布局在边盖板顶部,两端各1个。

④防水层处理。

施工前应检查防水层材质的试验资料,均应符合规定的要求,盖板涵表面应平整、洁净,在涵台、台帽外侧、盖板顶面用刷子在涵身表面彻底刷上三层防水沥青,每层均应在完全吸收后才能刷下一层。在封层硬结前不应与水或土接触。沥青完全吸收后,在盖板顶面和沉降缝外敷一层油毛毡。

(4)资源配置。

每2~3道涵洞安排一劳务协作队负责施工。每队约12人(分为钢筋班3人、模板班4人、混凝土班3人、杂工2人)。每个队伍之间为平行作业,各班组内为流水作业。各队伍配置1台挖机及1台起重机负责涵洞基坑开挖、涵洞模板安拆、混凝土浇筑等工作。模板按照每个班组最大通道所需模板进行配置。

涵洞墙身现浇一般采用常用拉杆普通钢模及无拉杆全自动液压模板(图6.12.2-2)。

全自动液压模板与常用拉杆普通钢模优缺点分析如下。

优点:

①全自动液压模板可以节约施工成本。

②全自动液压模板可提高施工效率。

③全自动液压模板可以提高结构物外观质量。

④全自动液压模板施工安全风险低。

缺点:

①全自动液压模板一次性投入成本较高,适用于涵洞长度为50m以上,结构形式较统一的工程项目。

图 6.12.2-2　全自动液压模板

②如涵洞结构形式较多,液压模板通用性不强。

③液压模板前期安装要求高,转场相对麻烦。

(5)控制要点。

①在涵洞或通道底板强度达到设计强度的75%以上后方能进行现浇盖板的支架搭设。支架的横、纵、竖向间距分别不小于60cm、60cm、90cm,支架搭设完毕后应进行加载预压,然后铺筑现浇梯形板底、侧模板。

②浇筑混凝土前对支架、模板、钢筋等进行检查,对模板内的杂物、积水和钢筋上的油污进行清理。

③经现场检查混凝土的坍落度和施工和易性合格后,现场留样3组制试件,同等条件养生,方可浇筑混凝土。混凝土由拌和站集中拌制,混凝土搅拌运输车运往施工现场,泵车泵送浇筑施工。

④混凝土用汽车泵泵送的方式按一定的厚度、顺序和方向分层浇筑,在下层混凝土初凝或能重塑前浇筑完成上层混凝土。

⑤现浇盖板混凝土完成后,对混凝土表面进行修整、抹平,无严重啃边、掉角;分块施工时接缝应与沉降缝吻合,板的填缝应平整密实。

⑥夏季混凝土养生可在混凝土面上覆盖渗水土工布并不间断地洒水养生,保持湿润状态,冬季混凝土养生先在混凝土面上覆盖带膜土工布,后盖上草帘或棉布保温保湿,当施工温度低于5℃,严禁在混凝土面上洒水,养生期达到7d。

⑦涵洞墙身及基础设置应在地基土沉降较大变化处及每隔4~6m设沉降缝一道,缝宽1~2cm,先将沉降缝内的泡沫扣除,缝内用沥青麻絮和其他具有弹性的不透水材料填塞。沉降缝施工要做到使缝两边的构造物既能自由沉降,又能严密防止水分渗漏,故沉降缝必须贯穿整个断面(包括基础)。沉降缝端面应整齐、端正,基层、立墙、盖板应贯通,上下不得交错,嵌塞物应紧密填实。

6.12.3 预制涵洞

6.12.3.1 一般规定

(1)预制构件的混凝土强度应达到设计强度的85%后,方可搬运安装,设计有规定时应从其规定。

(2)安装前,应检查构件及拱座、涵台的尺寸;安装后,拱圈和盖板上的吊装孔,应以高强砂浆填塞密实。

(3)拱座与拱圈、拱圈与拱圈的拼装接触面,应先拉毛或凿毛(沉降缝处除外),安装前应浇水湿润,再以M10水泥砂浆砌筑。

(4)预制钢筋混凝土箱涵节段拼装时,接缝两侧的混凝土表面应采用清水冲洗干净,再按设计要求进行拼接施工。拼装时应符合下列规定:

①设计未规定时,预制构件的混凝土强度应达到设计强度的85%,方可吊运、安装。

②构件安装前,应完成构件、地基、定位测量等验收工作。

6.12.3.2 主要施工内容

涵洞施工主要采用人工配合挖掘机开挖基坑,现浇基层及底板,墙身、盖板预制构件场集中分块预制,经车运送,再用起重机安装的施工方案(图6.12.3-1)。

6.12.3.3 施工工艺及流程

(1)基础施工。

预制涵洞基础施工参考现浇涵洞基础施工,故不再重复描述。

(2)墙身预制。

墙身采用集中分块预制,经车运送,再用起重机安装的施工方案。

施工流程:钢筋加工及安装→模板安装→混凝土浇筑→模板拆除→混凝土养生→移位。

小型预制构件场分为小构预制区和存放区,预制区采用不小于10cm厚的C20混凝土进行硬化,存放区采用15cm厚C20混凝土进行硬化。预制场内设置横向1.5%的坡,将水排至台座纵向两侧的排水沟内(建议:条件合适,小型构件预制场一般宜与拌和站、钢筋加工场建设综合场站,详见临时建筑篇)。

(3)墙身安装。

预制立墙安装顺序:从一端向另一端逐一进行安装。

①预制立墙在混凝土强度达到设计强度的75%以上时,通过预制立墙侧面三个吊环将预制立墙平稳调至运输车上,待基础混凝土强度达到设计强度的75%以上后进行预制立墙安装。

②预制立墙采用运输车运输,运输车行驶缓慢平稳,预制立墙底部设置垫块,防止运输过程中损伤预制立墙,装车后对立墙进行固定。

③将预制立墙运送至施工现场后,将立墙平稳卸下,放置在平整的地面上。

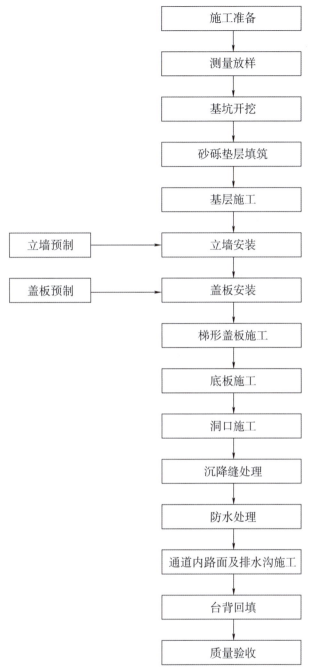

图 6.12.3-1 预制涵洞施工工序流程

④立墙安装前,在涵洞基层上用墨线弹出预制立墙安装的轮廓线,以便于立墙定位。

⑤由于盖板涵基层有纵坡,为防止立墙纵向出现倾斜,采用水泥砂浆找平立墙底部,再用水平尺检测基层平整度。

⑥立墙起吊前先检查吊绳的安全状况,再对立墙进行预起吊,以便检查起重机的工作状况和安全性。起吊时,为保证各吊点受力均匀,两吊点起吊时两个吊点的吊索与水平面的夹角必须相等,翻转时吊点吊索与水平面的夹角不小于70°。

⑦吊时,以立墙底板边缘为支撑边,采用起重机起吊立墙侧面靠上的吊环和立墙顶部

两个吊环的方式,平稳将立墙翻转至竖直安装姿态。由于立墙有外露吊环,用氧割进行割除后才能拼装到位。

⑧起吊的立墙邻近已安装好的立墙时,施工人员指挥起重机慢速起吊,避免速度过快导致立墙之间发生碰撞掉角。

⑨严格控制拼缝宽度:沉降缝2cm、节段缝1cm。

(4)盖板预制与安装。

盖板采用集中分块预制,经车运送,再用起重机安装的施工方案。

施工流程:底座施工→钢筋加工与安装→模板安装→混凝土浇筑→混凝土养生→移位→吊运与安装。

①盖板预制时要注意预埋吊环,以便于起吊运输和安装。在两侧边盖板施工时,必须严格检查帽石预埋钢筋是否遗漏,位置数量是否准确。

②盖板达到设计强度的75%后方可调运、安装,安装完毕以后,采用强度等级为C30的水泥砂浆充填台背和盖板之间的空隙,在其强度达到设计强度的75%后方可进行涵洞回填。

③帽石采用就地绑筋立模浇筑的方法施工。

(5)现浇底板施工。

盖板吊装施工完成后,进行底板浇筑。

底板混凝土浇筑参考基层混凝土浇筑,故不再重复描述。

(6)洞口施工。

预制涵洞洞口施工参考现浇涵洞洞口施工,故不再重复描述。

(7)防水层处理。

预制涵洞防水层处理参考现浇涵洞防水层处理,故不再重复描述。

6.12.3.4 资源配置

预制涵洞在预制场集中预制,每15~20道涵洞安排一劳务协作队负责墙身及盖板的预制施工。每队约16人(分为钢筋班8人、模板班4人、混凝土班4人、杂工2人)。每个队伍之间为平行作业,各班组内为流水作业。

8~10道涵洞安排一劳务协作队负责现场施工。每队约12人(分为钢筋班2人、模板班2人、混凝土班2人、安装班4人、杂工2人)。每个队伍之间为平行作业,各班组内为流水作业。各队伍配置1台挖机及1台起重机负责涵洞基坑开挖、涵洞预制件安装、混凝土浇筑等工作。

(1)施工任务及计划工期。

以某项目为例,主要承担K38+010~K64+900段涵洞通道墙身共计684片/2052m的预制工作。

计划工期8个月,为2019年4月1日至2019年11月30日。

(2) 资源配置。

根据小构预制区承担的生产任务和总体工期安排情况,对预制区生产能力、台座、模板配备情况进行如下计算：

① 功效分析。

每个月按25d有效时间计算,每个台座5d周转一次,一个月周转5次,模板2.5d周转一次,一个月周转10次。

② 资源配置。

台座计算：684÷8÷5=17(个)

模板计算：684÷8÷10=9(套)

预制区设置钢制台座(墙身预制)合计17个,墙身模板9套。

生产用水主要来源为打井取水；小构预制场与钢筋加工场、拌和站、梁场等共用一套供电系统,用水用电满足生产要求。

6.12.3.5 控制要点

(1) 必须在预制墙身、盖板的强度达到设计强度的75%后,方能脱模吊运。

(2) 盖板和墙身块件堆放时得采用两点搁置,且不得将上下面倒置。

(3) 盖板涵基础浇筑时应保证混凝土振捣密实,以起到支撑梁及承受冲刷的作用。

(4) 盖板安装完毕后采用水泥砂浆充填台背与盖板间的空隙,待其强度达到设计强度的75%后,方进行台后填土。涵洞洞身两侧填土应分层夯实,每侧长度不应小于洞身填土高度的一倍,压实度不小于96%。

(5) 涵洞墙身及基础设置应在地基土沉降较大变化处及每隔4~6m设沉降缝一道,缝宽1~2cm,缝内用沥青麻絮和其他具有弹性的不透水材料填塞。

(6) 分离式基础盖板涵洞铺砌采用40cm厚C20混凝土,浇筑时应保证混凝土振捣密实,以起到支撑及承受冲刷的作用。设置于非岩石地基上的涵洞,洞内应进行铺砌,洞外铺砌长度应视河沟纵坡、地基土、冲刷等条件而定,涵洞上游至少应在端墙(或锥坡)范围铺砌,下游应铺出端墙以外3~5m。对于无明显沟槽的河沟,出口铺砌的扩散平面宜采用等腰梯形,其铺砌扩散角可取20°。

(7) 涵台基础及洞口八字墙基础在天然地基满足设计承载力要求时,基础可直接筑在岩石地基上,土质地基上设置20cm碎砾石垫层。

6.12.4 圆管涵施工

6.12.4.1 一般规定

(1) 管涵的管节宜在工厂内集中制作,仅当不具备集中制作的环境和条件时,方可在工地设置预制场地进行制作,管节预制应满足表6.12.4-1的相关要求。管节可采用振动制管法、离心法、悬辊法或立式挤压法等方法进行制作,采用振动法制作管节时,应采取有效措施防止内外模板产生移位,保证管壁的厚度均匀。

管节预制实测项目　　　　表6.12.4-1

项次	检查项目	规定值或允许偏差	检查方法和频率
1	混凝土强度(MPa)	在合格范围内	按照《公路工程质量检验评定标准 第一册 土建工程》(JTG F80/1—2017)附录D检查
2	内径(mm)	不小于设计值	尺量:2个断面
3	壁厚(mm)	不小于设计壁厚−3mm	尺量:2个断面
4	顺直度	矢度不大于管节长的0.2%	沿管节拉线量,取最大矢高
5	长度(mm)	+5,−0	尺量

(2)制作完成的管节,内外侧表面应平直圆滑,其端面应平整并与其轴线垂直;斜交管涵进出水口管节的外端面,应按斜交角度进行处理。

(3)管节在运输、装卸过程中,应采取防止管节碰撞损坏的措施。管涵安装时应对接缝进行防水、防裂处置。

(4)管涵基础的顶面应设置混凝土管座,管座的弧形面应与管身紧密贴合,使管节受力均匀。当管节直接放置在天然地基上时,应按设计要求将管底的土层夯压密实或设置砂垫层,并做成与管身弧度密贴的弧形管座。

6.12.4.2　主要施工内容

圆管涵由洞身及洞口两部分组成。洞身是过水孔道的主体,主要由管身、基础、接缝组成。洞口是洞身、路基和水流三者的连接部位,主要有八字墙和一字墙两种洞口形式。

圆管涵的管身通常由钢筋混凝土构成,管径一般有0.5m、0.75m、1m、1.25m和1.5m等五种,管径的大小根据排水要求选择,多采用预制安装,预制长度通常为2m。当采用0.5m或0.75m管径时用单层钢筋,而孔径在1m及1m以上时采用双层钢筋。0.5m管径时其管壁厚度不小于6cm,0.75m管径时管壁厚度不小于8cm,1m管径时管壁厚度不小于10cm,1.25m及1.5m管径时管壁厚度不小于12cm。圆管涵施工工序流程见图6.12.4-1。

6.12.4.3　施工工艺及流程

(1)基坑开挖。

①基坑开挖以机械开挖为主,当挖至高于设计高程0.2~0.3m时,用人工配合继续开挖修整成型。挖方边坡采用1∶1(如基坑坑壁牢固可将坡率适当放大)的比例,两边留置各0.5m的施工作业面。从基坑中挖出的素土应集中运转至弃土场,基坑周围1m范围内严禁堆载。

②基坑开挖过程中遇到容易坍塌的土质时采用木板桩、挡板等进行支护。

③若在基坑开挖过程中,地下水渗流量过大,则在基坑两端开挖集水坑用人工或水泵及时将渗水排除,以防基坑坍塌。

④开挖深度严格按设计高程进行控制,严禁超挖,如在施工过程中进行了超挖,则用中粗砂回填。

⑤基础施工完成后,会同监理工程师检查地基承载力,应保证盖板涵基底承载力不小

于设计承载力要求,如地基承载力不足,需进行换土处理。

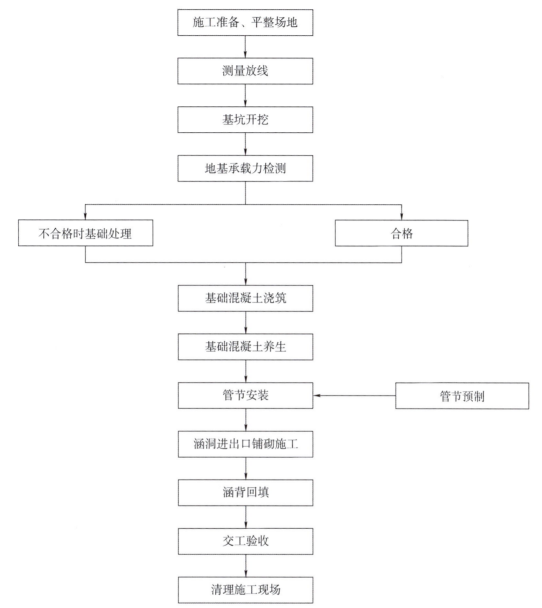

图 6.12.4-1 圆管涵施工工序流程

(2)砂垫层施工。

基坑开挖完成后,先进行垫层施工,分层回填砂砾并夯实,压实度满足规范和设计要求。涵洞两端200cm范围内垫层厚度为50cm(若原土地基为砂砾,且地基承载力满足该填土高度级别要求地基容许承载力,则可不设砂砾垫层)。

(3)基底混凝土浇筑。

砂砾垫层填至设计高程施工完毕后,应在其上精确放样立模后进行管基第一层混凝土和端墙基础混凝土的浇筑,混凝土采用强度等级为C20的混凝土,在拌和站集中拌和,可以使用汽车泵进行浇筑。采用插入式振捣器进行振捣,在振捣密实后用木抹子仔细找平。此时,注意用2cm厚木板按每4~6m设置一处沉降缝且必须与日后施工混凝土管节接缝对齐,在混凝土终凝后及时将木板抽出并用沥青麻絮将沉降缝填塞满。

在圆管涵管节安装前安排专人对已施工完毕的管底以下管基混凝土进行凿毛处理。

(4)管节安装及防水处理。

圆管涵管节从工厂集中购进,现场拼装。

购进时确保钢筋混凝土圆管成品符合下列要求:管节端面平整并与其轴线垂直,内外管壁平直圆滑,如有蜂窝,深度不得大于10mm,面积不得大于30mm×30mm,总面积不得超过圆管全面积的1%并不得露筋。蜂窝处应修补完善后方可使用。

安装管节前,先在基础上表面上精确放出涵洞的中心线及轴线,并测放出每一节管的接头位置。安装时以此作为控制每一管节的具体位置。施工放样时,必须注意管涵全长与管节配置,以及洞口端墙的精确位置。

圆管管节从涵洞中心向两端进行吊装,吊装时注意保护管节端头不被钢丝绳损坏。管节平稳安放在管基上用混凝土垫块垫好后,摘下钢丝绳,用撬杠缓缓移动混凝土管并适当调整垫块直至两管整齐对接,并注意两管接头处内侧管底平顺、不错台。

管节安装完毕后,在表面涂敷两层热沥青。在管节接头处表面两侧各15cm范围内进行刷毛处理,然后用1∶3的水泥砂浆抹带(图6.12.4-2),抹带完成后及时洒水养生。在涵管的整个表面涂抹两层沥青。

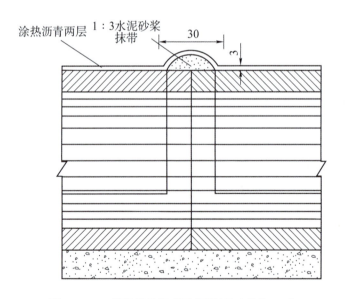

图6.12.4-2 管节接头处理示意图(尺寸单位:cm)

涵身每4～6m设置一道沉降缝,一般管接头采用3cm厚15cm宽M10砂浆抹环处理后涂沥青两层;沉降缝处先堵塞沥青麻絮(麻绳),然后用粗铅丝绑扎四层沥青浸制麻布(图6.12.4-3)。

(5)剩余混凝土浇筑。

管节安装完毕后,在已凿毛的管基上支立模,浇筑管基第二层混凝土。采用插入式振捣器振捣,使管底三角区混凝土充分密实与管壁紧密贴合。

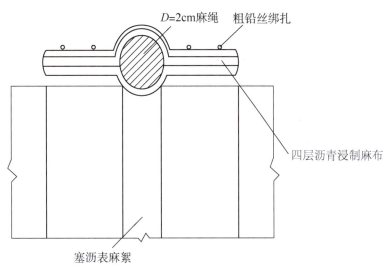

图 6.12.4-3 沉降缝防水层设置示意图

(6)端墙施工。

首先对墙身进行精确放样,根据放样点用墨线弹出立模内边线,然后进行支模工作,为了保证涵洞通道八字墙表面平整光滑密实颜色一致,采用钢模板,模板面板厚大于5mm。用对拉、外加斜支撑方式进行加固,对拉螺栓位置应进行设计,保证纵横向在一条线上。螺栓采用φ16mm的光圆钢筋制作,八字墙截面范围内采用塑料套管,套管伸出模板并封堵严密,严防漏浆。

混凝土浇筑:浇筑前将模板内的杂物、积水和钢筋上的污垢清理干净。混凝土采用C20混凝土,在拌和站集中拌和,可以使用溜槽或汽车泵进行浇筑。从高处直接浇筑时,其自由倾落高度不宜超过2m,以不发生离析为度。

每段的八字墙混凝土均要求分层对称浇筑,防止不对称浇筑混凝土造成偏压,把八字墙模板挤偏向一侧。

采用插入式振动器,其移动间距不应超过振动器作用半径的1.5倍,与侧模保持5~10cm的距离,每一处振动完毕后,应边振动边徐徐提出振动棒,振动过程中避免触碰模板,对某一振动部位必须振动到该部位混凝土密实为止,混凝土浇筑完毕后及时对混凝土表面进行修整抹平。

模板拆除:等混凝土强度达到2.5MPa以上时才可拆除模板,拆时不得蛮力猛砸硬撬,严禁抛扔。

(7)回填(图6.12.4-4)。

回填的要求与盖板涵涵背回填相同。

6.12.4.4 资源配置

4~6道圆管涵安排一劳务协作队负责施工。每队约12人(分为基坑开挖3人、安装班4人、混凝土班3人、杂工2人)。每个队伍之间平行作业,各班组内流水作业。各队伍配置1台挖机及1台起重机负责涵洞基坑开挖、涵洞模板安拆、混凝土浇筑等工作。模板按照每个班组最大通道所需模板进行配置。

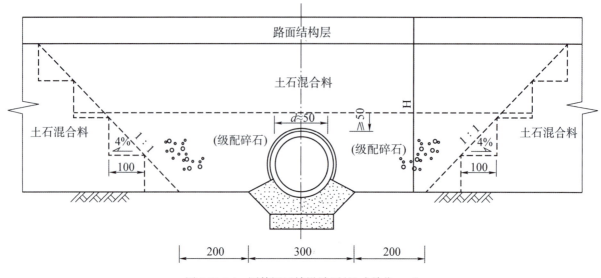

图 6.12.4-4 圆管涵回填设计图(尺寸单位:cm)

6.12.4.5 控制要点

(1)管节在对头拼接时,填塞缝隙的沥青麻絮,上半圈应从外往里填塞,下半圈应从里往外填塞。

(2)涵洞全长范围内,每3~6m应设一道沉降缝。对于洞身受力不均匀处,或地基沉降相差较大处,应设置沉降缝。

(3)管基混凝土可分两次浇筑。先浇筑管底以下部分,此时,应预留管壁厚度及安放管节坐浆混凝土2~3cm,待管节安放就位后再浇筑管底以上部分,并应保证新旧混凝土以及管基混凝土与管壁混凝土的有效结合。

(4)管涵基底应按设计要求铺设,必须注意平整,砂砾石垫层必须均匀、密实。

(5)洞口尺寸的设计系按路基边坡率1:1.5、1:1.75和1:2计算,若路基边坡坡率与此不同时,应按设计边坡进行调整。

(6)施工时,当管顶填土厚小于0.75m时,应严禁重型车辆通过。

(7)涵台基础及洞口八字墙基础在天然地基满足设计承载力要求时,基础可直接筑在岩石地基上,土质地基上设置20cm砂砾石垫层。

(8)涵洞顶上及涵身两侧在不小于2倍孔径范围内的填土须对称夯实,密实度要求不小于96%。涵洞顶填土厚0.75~1.0m时,管顶路基及管身两侧,在不小于2倍孔径范围内,应用含石灰量9%的石灰土米每10cm一层,分层夯实,使密度达到石灰土最佳含水率的90%;或用天然级配砂石料保持最佳含水率每10cm一层,分层夯实,相对密度达到96%。

6.12.5 倒虹吸施工

6.12.5.1 一般规定

(1)倒虹吸管宜采用钢筋混凝土或混凝土圆管,进出水口应设置竖井及防淤沉淀井。施工时对管节接头及进出水口砌缝的质量应严格控制,不得漏水。填土覆盖前应做灌水试验,符合要求后,方可回填土。

(2)倒虹吸管一般不要在冰冻期施工,当一定要在此期间施工时,需要将管内积水排出,否则管内积水结冰后体积膨胀,将会使涵管冻裂。

(3)倒虹吸管的进出水口应在完工后及时上盖,并应按设计要求及时安装防堵塞装置。

6.12.5.2　主要施工工艺流程

倒虹吸基坑采用挖掘机开挖,人工配合清底整平,基底砂砾垫层采用人工铺填,小型冲击夯夯填密实。竖井模板采用平面钢模板,起重机安装,钢管支架及对拉螺栓支撑加固,钢筋在钢筋加工厂加工成型后,运至施工现场人工进行拼装。倒虹吸施工工艺流程见图6.12.5-1。

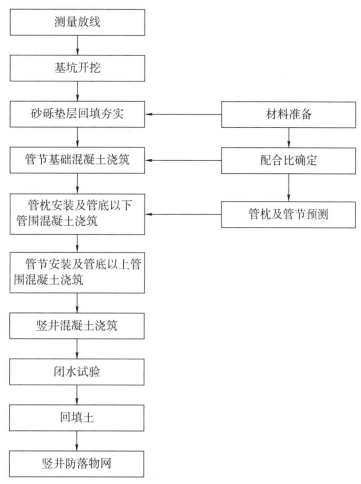

图6.12.5-1　倒虹吸施工工艺流程

6.12.5.3　施工工艺及流程

(1)基坑开挖。

基坑开挖采用人工配合挖掘机进行,根据开挖深度及地质情况放样出开挖边线开挖过程中控制好基底高程,机械开挖至距离基底15cm时采用人工开挖清底,以免造成基底原状土松动。基坑开挖至设计高程后,及时进行承载力检测,同时进行基坑的几何尺寸及高程自检,经监理工程师检查验收合格后,及时进行下道工序施工。

(2)砂砾垫层回填。

按照设计图纸要求,基底铺设20cm后砂砾垫层,砂砾垫层采用电动夯夯实后,人工对垫层顶面进行找平,进入下道工序。

(3)基础浇筑。

砂砾垫层夯实整平后,在垫层顶面放样出管节基础边线确定立模位置,安装模板并加固后浇筑基础混凝土。基础模板采用木模板,钢管支撑加固。模板安装前首先检查模板质量(表面平整度、变形现象),不符合要求严禁使用。模板接缝粘贴双面胶带,防止漏浆,安装完成后,用2m直尺检查相邻模板之间错台,错台控制在2mm以内,不符合要求重新安装加固。混凝土浇筑前,在模板表面涂刷脱模剂,严禁用废旧机油代替脱模剂使用,检查模板内部尺寸及高程并清理基坑内杂物,自检合格后,经监理工程师检验认可后,开始浇筑混凝土。

混凝土采用拌和站集中拌和,混凝土搅拌运输车运输入模搭设滑槽,插入式振捣器捣固。混凝土拌和严格控制混凝土水灰比和坍落度,确保质量,混凝土运输要及时连续,避免因时间过长导致混凝土初凝,影响混凝土质量。运送到现场后及时使用,确保和易性和坍落度,混凝土浇筑过程中,安排专人检查模板情况,发现跑模或胀模等现象及时处理。

(4)管枕安装及管围混凝土浇筑。

为确保管节安装精度,管枕采用集中预制后现场安装的方法施工、管枕预制采用定型模板。安装前,在管节基础顶面放样出管枕安装位置,管枕安装完成后,挂线检查各管枕与管节接触面是否在同一斜面上,调整后在管枕四周打孔锚固钢筋进行固定。经监理工程师检查合格后,浇筑管围混凝土至管节底部,浇筑时注意振捣棒不要触碰管枕,以防管枕移位。混凝土浇筑时注意预留管节厚度及安装管节坐浆混凝土2~3cm。

(5)管节安装及管围混凝土浇筑。

为保证管节质量,加快施工进度,拟从正规生产厂家购买成品管节,管节强度及结构尺寸必须满足设计要求,并须提供质量检验报告,管节进场后必须对管节结构尺寸、强度及外观情况进行检查,不符合设计要求时坚决予以清退。

管节采用人工配合起重机安装,安装顺序为从下坡往上坡和承口向前原则进行,安装结束后,挂线对管节进行调整,使其轴线在同一直线上,然后按照图纸要求对管节接缝进行处理。管节接头的处理采用沥青麻絮填塞密实,不得有空鼓漏水现象,管道接口采用O形橡胶密封圈。

管节安装完成并经监理工程师验收合格后,浇筑剩余管围混凝土至设计高度。

(6)竖井施工。

竖井采用大块钢模板施工,钢筋加工及安装符合设计及规范要求。混凝土浇筑施工同管节基础混凝土施工。竖井混凝土浇筑前,必须检查预埋踏步钢筋位置是否准确,合格后方可浇筑混凝土。

(7)闭水试验。

竖井施工完成,回填土施工之前,必须对竖井及管节进行渗漏量每10m管长不超过8kg/h

的24h闭水试验,符合要求后方可回填。

(8)防落物网。

采用∠50mm×50mm×5mm等边角钢及钢筋焊接而成,防落物网加工及安装严格设计图纸要求进行,安装完成后,涂刷防锈漆。

6.12.5.4 资源配置

2~3道倒虹吸安排一劳务协作队负责施工。每队约12人(分为基坑开挖3人、安装班4人、混凝土班3人、杂工2人)。每个队伍之间为平行作业,各班组内为流水作业。各队伍配置1台挖机及1台起重机负责倒虹吸基坑开挖、倒虹吸模板安拆、混凝土浇筑等工作。模板按照每个班组最大通道所需模板进行配置。

6.12.5.5 控制要点

(1)倒虹吸管宜采用钢筋混凝土或混凝土圆管,进出水口应设置竖井及防淤沉淀井。施工时对管节接头及进出水口砌缝的质量应严格控制,不得漏水。填土覆盖前应做灌水试验(表6.12.5-1),符合要求后,方可回填土。

(2)倒虹吸管一般不要在冰冻期施工,当一定要在此期间施工时,需要将管内积水排出,否则管内积水结冰后体积膨胀,将会使涵管冻裂。

(3)倒虹吸管的进出水口应在完工后及时上盖,并应按设计要求及时安装防堵塞装置。

(4)倒虹吸管施工允许偏差应符合规范要求。

(5)倒虹吸施工控制要点参考圆管涵施工控制要点,故不再重复描述。

倒虹吸管灌水试验渗水量限值 表6.12.5-1

管径 (m)	最大渗水量 (混凝土和钢筋混凝土)		管径 (m)	最大渗水量 (混凝土和钢筋混凝土)	
	m³/(d·km)	L/(h·m)		m³/(d·km)	L/(h·m)
0.75	27	1.13	1.50	42	1.75
1.00	32	1.33	2.00	52	2.17
1.25	37	1.54	2.50	62	2.58

6.12.6 涵洞接长施工

6.12.6.1 一般规定

(1)接长涵洞的施工,除应符合本节的规定外,尚应符合相应类型涵洞的规定。

(2)新建涵洞与既有涵洞连接处应按沉降缝处理。接长涵洞的涵底(铺砌)应与既有涵洞的涵底(铺砌)顺接,并应符合设计要求的涵底纵坡。

(3)对有流水的涵址,施工前应根据实际情况制定可行的排水措施。

(4)当明挖新建涵洞的基底高程低于既有涵洞基底高程时,应对既有涵洞基础做好防护措施。

(5)对在软基上采用沉入桩的涵洞基础,沉桩不宜采用射水或振动法施工;沉桩顺序应从靠近既有涵洞的一侧开始,逐排向外扩展,同时应随时监测既有涵洞的沉降变形。

6.12.6.2 主要施工内容

新建涵洞与既有涵洞拼接时的线形、纵坡衔接顺畅与否,关系到涵洞过水功能能否正常实现。因此,为保证施工质量,必须严格按照施工工艺精心施工,以满足涵洞的实际使用性能(图6.12.6-1)。

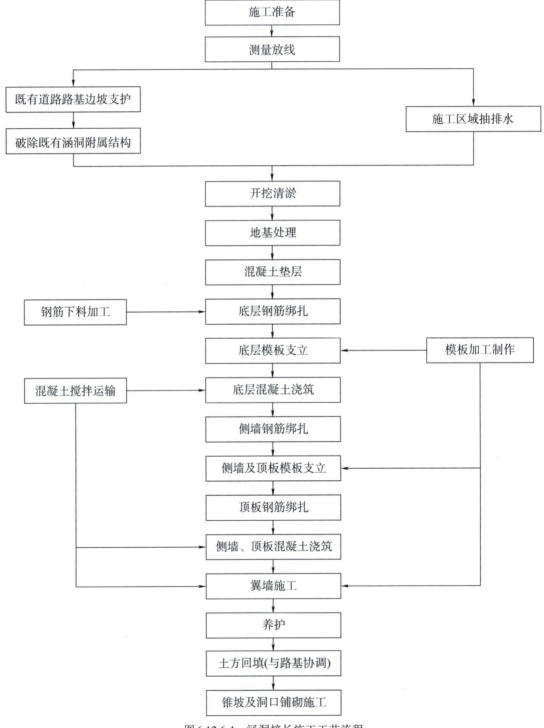

图6.12.6-1 涵洞接长施工工艺流程

6.12.6.3　施工工艺流程

（1）圆管涵接长施工按照以下流程进行：

测量放样→基槽开挖→地基处理→管涵基础施工→管节安装及接头处理→管道回填→洞口铺砌。

由于大部分工序与箱涵施工基本类似，下面仅对管节安装及接头处理施工环节作简要说明：

①管涵基础施工完毕后，管节下管前应进行外观检查，如有裂缝、破损脱落等现象，应更换或修补并经鉴定合格后方可使用。

②采用起重机安装管节，吊装时，采用两点起吊，钢丝绳与涵管接触位置垫柔性材料，以免对涵管造成损伤；管节下放要平稳，避免碰撞。

③管节安放时，将混凝土管用垫木临时限位，调整好高程、轴线后，立即施工管座混凝土。混凝土浇筑从一侧开始，以使管底部空气排出。

④各管节要相互顶紧，接缝内外均以环氧砂浆填塞抹带，管下半部由内向外填。上半部由外向内填，砂浆填塞密实。

⑤各管节应顺流水坡度成平顺直线。

⑥管身沉降缝要与基础沉降缝设在同一竖直断面内，不得交错。

⑦接缝及沉降缝按要求采用沥青麻絮或其他弹性材料填塞，宽度1cm。

（2）盖板涵接长施工按照以下流程进行：

测量放样→基槽开挖→地基处理→条形基础施工→支撑梁施工→墙身施工→盖板预制安装→涵背回填。

盖板涵施工各工序操作要点与前基本一致，在此不一一赘述。施工时需注意以下事项：

①基槽开挖前，和管道产权单位取得联系，商定管线保护和应急措施。开挖时，安排专人指挥，避免机械碰撞管道，靠近管道部分采用人工开挖清底。

②基槽开挖过程中和开挖完毕后，须及时对管道加以支撑，尤其是管道接头部位。

③盖板预制时，需注意两端异形板的尺寸和角度，要根据现场实际测量数据确定以确保安装顺利。

④盖板涵内的管道需检漏，补漏合格后方可回填。

⑤盖板涵两端洞口封口处理采用袋装细砂土填实。

6.12.6.4　资源配置

涵洞拼宽（接长）施工资源配置参考现浇涵洞施工控制要点，故不再重复描述。

6.12.6.5　控制要点

（1）对有流水的涵洞进行接长施工与直接新建涵洞施工不同，新建涵洞能较为方便地将涵洞处的流水临时改道进行导流，而接长涵洞直接进行导流则难以实现，因此施工前需要根据实际情况制定可行的排水措施。

（2）涵洞接长施工控制要点上述涵洞施工控制要点，故不再重复描述。

6.12.7 波形钢管涵施工

6.12.7.1 一般规定

(1)波纹钢的管节、块件及连接螺栓宜采用定型产品,并应符合现行《公路涵洞通道用波纹钢管(板)》(JT/T 791)的规定。其管节和块件除应满足强度要求外,尚应具有足够的刚度,在运输和安装过程中应具备抵抗冲击力的能力,以及在安装就位后填土夯实时仍可保持不产生较大变形的能力。

(2)波纹钢的管节、块件及连接螺栓均应作防腐处理。

(3)波纹钢构件进场时,应在检查产品质量证明书的基础上,对其质量进行组批抽样检验。组批时,同一牌号、同一规格、同一制造工艺的产品,应以50个管节或100个块件为一批,数量不足时亦应为一批;抽样时,应将规格和用量最大的管节或块件作为抽取对象,从每批产品中随机抽取一个管节或一个块件进行检验。检验项目为产品规格、尺寸偏差和外观质量等,检验试验方法及合格判定规则应符合现行《公路涵洞通道用波纹钢管(板)》(JT/T 791)的规定。

(4)在运输、装卸、堆放和安装管节或块件时,应采取措施防止其变形或损坏,不得对管节和块件进行敲打或碰撞硬物,损伤其防腐涂层。管节在搬运、安装时不得滚动;块件在运输、堆放时应按同规格、同曲度进行叠放,且相互间宜设置适宜的材料予以隔离。对在施工中轻微损坏的防腐涂层,应涂刷防锈漆进行修补;变形严重或防腐涂层脱落的管节和块件不得用于工程中,应做更换处理。

6.12.7.2 主要施工内容

波形钢管涵施工工艺流程见图6.12.7-1。

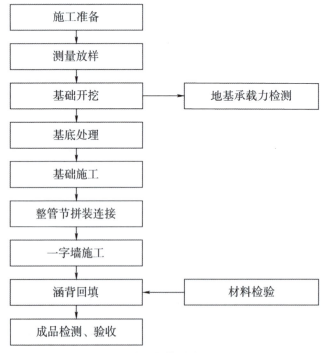

图6.12.7-1 波形钢管涵施工工艺流程

6.12.7.3 施工工艺流程

管涵施工前首先应该确定出管涵中心及纵横轴线,基坑边坡坡度可依据土质情况按设计和规范要求所列基坑坑壁坡度适合放陡。基坑宽度与管涵基础尺寸相同。放边桩应考虑换填厚度,一次放够尺寸。

(1)基坑开挖。

参考上述涵洞施工流程,故不再重复描述。

(2)基础施工、基底处理。

参考上述涵洞施工流程,故不再重复描述。

(3)管节拼装、链接。

①施工前准备:检查管涵底部平整度、高程及基底预拱度的设置,确定管涵的位置、中心轴线、中点。

②拼装底板:以中心轴线、中点为基准,第一张波纹板定位,以此为起点向两侧延伸,直至管涵进出口两端;第二张板叠在第一张板上(搭接长度为 50mm),对正连接孔。螺栓由内向外插入螺孔,对面套上垫圈螺母,用套筒扳手紧螺母。

③拼接环形圈由下向上顺次拼装:搭接部分上板覆盖下板,圆周向链接采用阶梯形,即上面两块板的连接叠缝与下面两块板的叠缝错位,链接孔对正后,用螺栓由内向外插入螺孔,用套筒扳手紧螺母。

④每米长度拼装成型后,要测定截面形状,达到标准后才能继续拼装,未达到标准时应及时调整。圆周向拼装到环形圈合拢时,测定截面形状,采用定位拉杆固定,调整预紧螺栓,拼装波纹管。

⑤管涵拼装全部完成后,用定扭气动扳手紧固所有螺栓,按次序不得遗漏,紧固后的螺栓用红油漆标注。所有螺栓应在回天之前拧紧,保证波纹管的重叠部分紧密地嵌套在一起。

⑥外圈搭接处螺栓拧紧并符合要求后,为防止波形钢板板缝和螺栓孔处渗水,在钢板连接处和螺栓孔处采用专用密封材料密封,以防止波纹板连接处渗水。

⑦安装完毕后,在管内均匀涂刷两道沥青,沥青总厚度不小于1mm。

(4)整体波纹管施工。

①施工前准备:备齐安装工具、安装所需配件,检验波纹管各管节长度、直径是否与该涵符合,该涵管安装指挥一名,负责指挥起吊及施工人员现场操作。

②安装前工作:检查涵管底部基础平整度、高程及基础预拱度的设置,确定涵洞位置、中心轴线、中点。

③连接安装钢波纹管:根据实际情况,排放管涵。安装时从一侧排放第一根管节,使其管中心和基础纵向中心线平行,同样把第二根管放置就位,当两根管相邻法兰间距在 3~5cm 的缝隙时,用小撬棍对准法兰上的螺栓孔,使其两根管法兰上的螺栓对正,这时从第二节管节向另一端用撬杠撬动管节,使其向涵洞纵向平移;当两法兰间距在 2cm 左右时,将各个螺栓插入螺孔,套上螺母后稍拧紧,不拧紧螺母。

④镶密封垫:由于现场地形等原因,有时相邻两法兰间距较小,这时可用手锤、凿子把两法兰间距凿开1cm间距,用螺栓刀把密封垫放在两法兰之间;有时管节顶部两法兰间距较大,密封垫镶嵌困难,用绑扎丝把密封垫绑在螺栓上,然后对称拧紧螺母。

⑤拧紧螺母:管涵拼装全部完成后,用定扭气动扳手紧固所有螺栓,按次序不得遗漏,紧固后的螺栓用红油漆标注。所有螺栓应在回天之前拧紧,保证波纹管的重叠部分紧密地嵌套在一起。

⑥管壁内外涂沥青:从外观看管壁内外均匀涂成黑色即可,涂层总厚度不小于1mm。

⑦用千斤顶校正整个涵管,使其中心位于涵管的中心轴线上。

(5)两侧及顶部回填。

①两侧及顶部回填材料要求同基础换填材料一样,顶部2m以上部分采用路基填筑材料。

②楔形部位回填钢波形管涵的楔形部位密实度很重要,采用粒径不大于3cm的级配碎石。

③管涵两侧部位回填:填土之前,可在波形钢管涵两侧用红油漆按每15cm高度做出填高标志,填筑时按红线控制。在管径最大处用压路机压实,小范围用夯机夯实,避免大型机械对涵管的碰撞。分层压实压实度满足要求后方可填筑下一层,两侧对称填筑,两侧对称填筑高差不大于15cm。

④管涵顶部回填:管涵顶部填土小于50cm时,采用小型压路机进行静压,压实度满足规范要求。

⑤管涵顶部及两侧20m范围内不允许有机械进行强夯。

⑥从回填开始到洞顶填土完毕,最终截面尺寸与组装时尺寸差异最大不能超过2%。如果截面变形超出范围,应停止施工查明原因,采取措施使变形量控制在范围之内。

6.12.7.4 资源配置

波形钢管涵施工资源配置参考现浇涵洞施工控制要点,故不再重复描述。

6.12.7.5 控制要点

(1)管节或块件的形式、规格、直径和厚度等应符合设计规定。

(2)拼装管节时,上游管节的端头应置于下游管节的内侧,不得反置;采用法兰盘或管箍环向拼接时,应将螺栓孔的位置对准,并应按产品设计规定的力矩值进行螺栓的施拧。

(3)管节或块件的拼接处应清理干净,其接缝应采用不透水的弹性材料进行嵌塞,宽度宜为2~5mm;接缝嵌塞材料应连续,不得有漏水现象。

(4)各管节应顺水流方向安装平顺,垫稳坐实,安装完成后管节内不得遗留泥土等杂物。

(5)波形钢管涵宜设置预拱度,其大小应根据地基可能产生的下沉量、涵底纵坡和填土高度等因素综合确定,但管涵中心的高程应不高于进水口的高程。

(6)在涵洞的进出水口处,当波纹钢管节的管端与涵洞刚性端墙相连时,宜采用直径不小于20mm的螺栓,按不大于500mm的间距,将管节与端墙墙体予以锚固。

6.12.8 涵洞防水与排水

（1）防水与排水设施的施工应符合下列规定：

①通道防水设施的施工应符合设计要求，并应在结构物验收合格后方可施工。

②通道桥涵地面以下结构和防、排水设施施工时，应防止周围的地面水流入基坑，当基坑底低于地下水位时，应采用井点法或其他排水方法将地下水位降低至桥涵底部防水层以下不小于0.3m处。不得在带泥水情况下进行防水混凝土和其他防、排水设施的施工。

③排水工程应按设计规定施工；设计未规定时，集水井、排水管、水泵、总排水管（明渠）的排水能力应大于地面汇水范围内设计水流量的1.5倍。

④集水井的数量、尺寸应根据地面水流量和每个集水井的泄水能力确定，井口应设平箅盖，并应设深度不小于0.3m的沉淀池。集水井、检查井的深度宜为1.5m，并应考虑通道桥涵排水构造和冻胀的影响。

（2）排水管道和排水总管的施工应符合下列规定：

①排水管道应垫稳并连接平顺，管间承插口或套环接口应平直，环间间隙应均匀。管道与集水井间应连接牢固，接缝处和结合处均应采用弹性不透水材料充填密实。采用抹带接口时，其表面应平整，不得有裂缝、间断及空鼓等现象。

②排水管道或排水总管每隔50m及转弯处均应设检查井，井底应设沉淀池。管道的纵坡应不小于0.5%。

③应对排水管道和排水总管做闭水试验，其允许渗水量应符合规范规定。

（3）自流式盲沟排水和渗排水层排水的施工应符合下列规定：

①盲沟滤管基座应采用混凝土浇筑，并应与滤管密贴；纵坡应均匀，无反向坡。管节应逐节检查，不合格者不得使用。

②渗排水层可由粗细卵石和粗细砂分层构成。施工时基坑中如有积水，应将水位降到砂滤水层以下，且不得在泥水层中做滤水层。施工完成后的渗排水系统应保持畅通。

6.12.9 小型预制件

6.12.9.1 总体施工工艺流程

小型预制件施工工艺流程见图6.12.9-1。

6.12.9.2 主要施工工艺

（1）模具验收。

模具采用刚度、强度和外观光洁的高强塑料模具，模具委托专业加工厂统一加工和定制，其主要由聚丙乙烯加工制成的高强度复合塑料制品。定型模具壁厚4mm，棱角处进行圆角处理。模板使用前报监理工程师验收后方可投入使用。

（2）模具清理。

①模具的清洗分4个清洗池采用流水作业，第一个池子盛放15%~20%的稀盐酸溶液先将模具浸泡5~10 min。

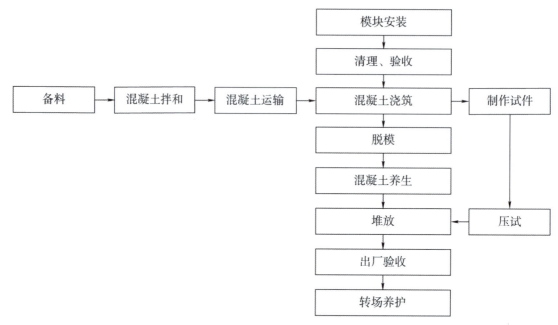

图 6.12.9-1 小型预制件施工工艺流程

②在第二个盛放 15%的稀盐酸溶液池子利用硬清洗球将模具上的水泥浆等杂物清洗干净。

③在第三个盛放洗衣粉水的池子内将从第二个稀盐酸溶液池子清洗过的模具采用软毛巾清洗一遍。

④在第四个盛放清水的池子将模具用软毛巾清洗第二遍,确保模具清洗干净、光洁、无杂物。

⑤把清洗干净的模具放置在晾晒架上,先将水分晾干,再涂刷轻质液压油均匀涂抹模具内壁。

(3)混凝土浇筑。

①混凝土的配合比必须上报总监办及检测中心,批准后方可使用。混凝土统一采用拌和站集中拌和,由混凝土搅拌运输车运输至施工现场。

②对于无钢筋的小型构件,振动台电机功率为 1.5kW。振动台面积不宜过大,为 1.2m×1.2m,以防振动力在边角处衰减,振动台高度以人工操作方便为宜。混凝土入模完成后,移送至振动台振动,将模具内的混凝土振动均匀,振动时间为 2~3min,直至气泡完全散尽,混凝土停止下沉,表面出现平坦、泛浆为止利用延时继电功能振动,直至混凝土中的气泡完全排除。

(4)混凝土压光及养生。

①振动完成产品放置约 2h 后进行表面压光,压光应轻搓轻压,避免损伤混凝土内部的结构和密实状态。压光时应将模具顶沿的浮浆清理干净,避免脱模过程中因浮浆脱落影响构件外观。

②压光之后尽快对产品进行养生,洒水养生以水雾为最佳。

(5)脱模、成品打包存放及运输。

6.12.9.3 控制要点

(1)模板应采用定型优质高强加厚模板,模板经监理验收符合设计要求后方可使用。

(2)做好混凝土的施工配合比设计,与原材料的进场取样试验,严格控制质量,在施工工程中,保持同一构造物用同一类型、规格的原材料,以保证受力均匀,外观一致。

6.13 桥面系及附属工程

桥面系及附属工程是指上部结构中,直接承受车辆、人群等荷载并将其传递至主要承重构件的桥面构造及配套设施,包括伸缩装置、桥面防水与排水、桥面铺装、桥面防护设施及桥头搭板等。

本节内容涵盖伸缩缝、桥面排水、桥面铺装、桥面防撞护栏以及桥头搭板等部位施工组织设计相关要求。

6.13.1 一般规定

(1)桥面防裂钢筋网片宜在专业厂家加工生产,集中运输至施工现场进行安装。

(2)伸缩装置等桥梁专用产品应由具有相应资质的专业厂家制造,且在进场时应按相应产品标准的要求进行抽样检测。桥面防水材料的进场抽样检测,应按相应产品标准的要求进行。

(3)桥面铺装混凝土在搅拌站集中搅拌,混凝土搅拌运输车运输至施工现场。

(4)桥面铺装施工时,运料车辆的等候排队应保持足够的距离,应避免车辆过于集中导致超载或偏载,损伤桥梁结构。

(5)桥面系施工应做好交通疏导措施,进行分段交通控制,必要时安排交通管控人员值守。

(6)严格控管和及时外运桥面系施工垃圾,避免造成二次污染。

6.13.2 资源配置

6.13.2.1 人员配置

单个工点主要作业人员配置见表6.13.2-1。

单个工点主要作业人员配置　　　　表6.13.2-1

类别	人数	负责内容
作业班长	2	班组生产进度、质量、安全
模板工	6	安装模板
钢筋工	8	制作、安装钢筋
混凝土浇筑工	8	预制T梁混凝土浇筑
电焊工	6	钢筋焊接
电工	1	电气设备维修

各工种进场计划根据工程实际施工进度确定,施工人员根据施工计划和工程实际需要,分批组织进场。在施工过程中,由作业队负责人统一调度,合理调配施工人员,确保各工种之间相互协调,减少窝工和施工人员浪费现象。

6.13.2.2 主要机械施工及设备配置

根据施工要求,选择施工机械及辅助设备。遵循先进性和技术性能相匹配,确保选用设备可靠的原则,进行机械设备配套。针对工程特点,按多作业面并行施工,配备的机具设备及运输车辆保证按时进场,足量到位,对机械及早调试、彻底检修,保证上场机具性能完好。同时,抓好材料的组织与管理,进行必要的物资储备,确保机具设备高效率运转,每个桥梁桥面系和附属施工队拟配置的具体机械、设备见表6.13.2-2。

主要机械设备配置 表6.13.2-2

名称	数量	单位
混凝土运输车	2	台
插入式振动器	3	台
平板振动器	2	台
二氧化碳气体保护焊	6	台
全站仪	1	套
装载机	1	台
水准仪	2	套
钢尺	1	把
张拉设备	4	套
汽车起重机或汽车泵	2	台
定型钢模板	若干	节
发电机	2	台
砂浆搅拌机	1	台
手扶式切割机	1	台
振捣梁	1	台
手扶式打磨机	2	台
压浆设备	2	套
三辊轴摊铺机	1	台

6.13.2.3 主要材料

(1)钢筋网片:其技术指标应分别符合《钢筋混凝土用钢 第2部分:热轧带肋钢筋》(GB/T 1499.2—2018)的相关要求。

(2)钢筋:普通钢筋分为HRB400和HPB300两种,其技术指标应分别符合《钢筋混凝土用钢 第2部分:热轧带肋钢筋》(GB/T 1499.2—2018)和《钢筋混凝土用钢 第1部分:热轧光圆钢筋》(GB/T 1499.1—2017)的相关要求,HPB300、HRB400钢筋用于抗裂钢筋、构造钢筋及受力钢筋。

(3)所有进场材料均由试验室取样试验,严控进货和验收质量关,收货时对材料进行严格的质量检查验收,确保工程材料质量。考虑工程所处地雨季较长,为减少气候条件对施工进度的影响,设置材料储备设施,适量储备施工材料。

6.13.3 主要施工方案

6.13.3.1 桥面混凝土铺装

(1)施工工艺流程(图6.13.3-1)。

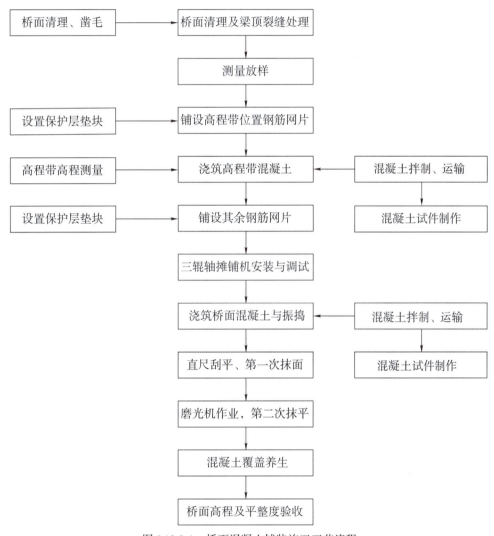

图6.13.3-1 桥面混凝土铺装施工工艺流程

(2)施工要点。

①桥面铺装工作在梁体的横向联结、纵向结构连续或湿接缝浇筑完成、预应力筋应张拉完成并封锚后,方可进行。铺装混凝土采用泵送方式浇筑,人工配合铺料,三辊轴摊铺平整机进行铺装,平整机行走应匀速缓慢,以便于混凝土的成型平整密实,若在施工过程中发现局部欠缺料,应及时补料到位并重新振捣,确保桥面铺装的一次成型,使用高强度合金钢刮杠刮平,人工收面抹平,最后在混凝土初凝之前拉毛并洒水养生。

②梁板顶面用风镐凿毛，并用空气压缩机清扫梁板之间伸缩缝、顶面位置的浮渣及污物等，然后用高压水枪冲洗干净。调整倒伏的预埋钢筋，以保证钢筋网片下表面保护层厚度，同时应用水浸润湿透梁体顶面，但不能存在积水。

③梁体顶面清理干净后，应仔细检测主梁顶面是否有裂缝或裂纹，如果发现主梁顶面有裂缝，应采取以下措施处理：

a. 如果裂缝较多，且裂缝宽度小于0.15mm时，应先采用灌缝材料对裂缝进行灌缝处理，并需要监理检查验收确认。

b. 当裂缝宽度大于0.15mm时，应先做灌缝处理，沿裂缝宽度方向，设置5cm×5cmϕ8mm钢筋网并固定，保证裂缝不向桥面铺装层扩散。

④施工前由测量人员复测桥面中心线、桥面宽度、泄水管位置和桥面板高程，每20m作为一个断面进行复测，清除多余混凝土，保证桥面铺装层混凝土8cm的厚度，符合要求后才能进行桥面高程带施工，高程带宽度根据三辊轴摊铺机的规格型号确定。

⑤在梁板顶面混凝土凿毛并清扫冲洗干净报监理工程师检查同意后，开始进行桥面混凝土铺装层钢筋网片安装。首先检查负弯矩张拉槽加强钢筋网是否安装完成。钢筋网片采用人工配合起重机安装，按设计图纸搭接。为保证桥面铺装保护层满足设计要求，施工时插入7字形钢筋（呈梅花形布置），确保钢筋网到桥面现浇层顶面的净保护层厚度。因护栏钢筋影响钢筋网片时，可适当对钢筋网片进行截断处理。钢筋网片安装完成后，对桥面进行再次清洗。

⑥根据图纸算出相应位置桥面混凝土铺装层的高程，然后用水准仪在钢筋顶部上测量高程，然后焊接钢筋顶托，架立高程带模板，高程带模板采用5cm的槽钢，模板顶面高程与桥面设计高程一致。为保证模板刚度，需对模板进行支撑加密（一般宜每间隔1m加密1个支撑），模板安装完成后，再一次复测其高程，将高程偏差控制在规范允许范围内。因梁板表面粗糙，轨道下缝隙用高强度等级砂浆根据控制点高程进行找平，然后浇筑高程带混凝土，浇筑时雨水管的位置应安装聚氯乙烯（PVC）管，PVC管头应采用透明胶带进行封端，防止混凝土进入，高程带混凝土浇筑完成后应立即进行养生。

⑦桥面混凝土摊铺、振捣、整平施工应采用三辊轴摊铺平整机进行。三辊轴摊铺机直接安放在已经施工完成的高程带上，摊铺机平行于桥面中心线，其顶面高程即是该处桥面铺装混凝土的控制高程。

⑧桥面混凝土浇筑前保证桥面板干净，钢筋网片布设位置正确，连接牢固；同时伸缩缝处用泡沫板进行塞填，以免混凝土灌入。混凝土按照批复的配合比施工，控制入模坍落度，一般坍落度控制在80~120mm范围内。

⑨混凝土浇筑过程中减少集中放料，避免损坏网片，浇筑之前要用水湿润基面。桥面混凝土铺装层以一联为作业单元进行施工，必须整幅连续浇筑，整体从一端向另一端推进浇筑。人工局部布料、摊铺时，应用铁锹反扣，严禁抛掷和楼把，靠边角处应采用插入式振捣器振捣辅助布料。

⑩在混凝土收面结束待混凝土终凝后对混凝土表面进行拉毛或压槽施工,采用硬质扫把拉毛刷拉毛,要注意控制拉毛深度在1mm左右。采用滚筒压槽,要保证槽纹深度、纹线直顺和均匀。

⑪夏季施工时,拉毛完成后混凝土初凝后,及时覆盖土工布进行洒水养生,使混凝土长期保持湿润状态。防止风吹和烈日暴晒,在覆盖前若出现塑性裂缝和干缩裂缝可采用二次抹压的方法消除,混凝土养生期不小于7d。

⑫冬季施工桥面应采取保温养生措施,在混凝土面层先铺一层带膜土工布或棉布保温保湿。当环境温度低于5℃时,严禁对混凝土表面进行洒水养生,混凝土养生周期不少于7d。若赶在气温骤变或大风天气施工时,施工完毕后应立即用塑料薄膜和土工布双层覆盖保水保温,以防桥面混凝土发生收缩裂缝。

⑬养生过程中严禁车辆通行,养生结束后要对高程、平整度、横坡等进行检测。在桥面混凝土的强度达到100%以前,注意管制交通,禁止任何施工机械在上面行走。

6.13.3.2 桥面防撞护栏

(1)施工工艺流程(图6.13.3-2)。

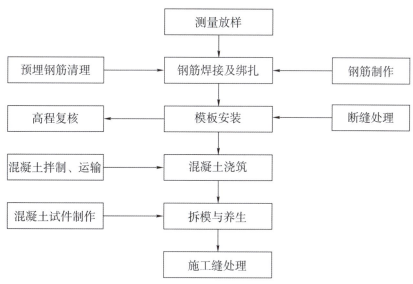

图6.13.3-2 桥面防撞护栏施工工艺流程

(2)施工要点。

①桥面铺装完成后,清理梁板表面杂物及松散混凝土渣,组织人员对防撞护栏与梁板接触部位的混凝土进行凿毛,凿除处理层混凝土表面的水泥砂浆和松散层,并用水冲洗干净;复核设计图中提供的设计高程,并确认前后是否一致,是否与实际吻合。经认真复核、确认无误后方可依据施工图纸提供的设计尺寸进行施工放样。

②为保证混凝土防撞护栏的外表线条顺直,用全站仪对防撞护栏的内边线进行准确放样,直线段,纵向每5m放一点;曲线段,纵向加密至每2m一个点,用墨线将每个放样点弹线连接起来作为内模的安装边线,以便更好地控制好防撞护栏的外侧线形。内边线放样完成

后,再每隔5m对防撞护栏边线上的点精测高程,超高和欠高部分凿除或找平,以此为基础控制防撞护栏模板的位置和高程。

③钢筋下料尺寸必须经施工技术人员严格审查后执行。钢筋制作一律在钢筋加工厂内采用机械加工弯制成半成品使用。钢筋半成品加工质量应符合设计和规范要求,特别是弯起角度和焊接质量应重点控制,加工过程中应保持钢筋表面清洁,并做好预制钢筋防锈保养工作。加工好的成品钢筋应垫平堆放,且应分规格和品种堆放。钢筋堆放时,要保持钢筋表面洁净,同时应避免踩踏已绑扎好的钢筋。

④护栏钢筋焊接时采用拉线法控制。同时焊接搭接长度满足设计和规范要求,钢筋焊接前应根据施工条件进行试焊,合格后方可进行正式施焊。焊工必须持考试合格证上岗。钢筋绑扎时宜采用十字扣绑扎法,不得采用顺扣,防止钢筋变形。为保证钢筋保护层厚度,在护栏钢筋上采用同护栏强度等级的混凝土垫块,其垫块的相邻间距不得大于1.2m,呈梅花形布置,每平方米不少于4个。

⑤护栏模板分为端模、内模、外模,通过加劲肋来增强模板的刚度,节与节之间法兰盘螺栓固定连接,模板采用自制的模板吊架配合人工安装。

⑥模板应具有足够的强度和刚度、平整度,重复使用不变形。应按照护栏设计图纸和施工工艺定制标准化整体式定型钢模,模板交角处采用圆角处理,使其线形圆顺,每套模板应按桥面1~3联长度制作。制作好的模板应进行试拼编号,对于有错台和平整度不符合要求的要及时整修,合格后方可使用。钢模板制作完成后,在正式使用前要进行试拼装,检测模板接缝处是否平顺,有无缝隙和错台现象,并将模板缝用双面胶条填塞严密,将接缝处用磨光机打磨平整、光滑。

⑦模板安装完成后进行检查,主要是检查安装尺寸是否合适,各个固定点(拉杆、支杆等)是否牢固可靠,模板顶面高程控制是否在规范允许的范围内,对超出标准的地方进行相应调整;模板必须采用可靠的拼缝止水措施,确保模板不漏浆,模板安装好后,必须清理干净,才能移交给下一道工序。使用过的模板必须经过清洁处理后才能重新拼装使用。

⑧混凝土浇筑时采用水平分层浇筑,每层厚度不超过30cm,振捣时严格按照快插慢提、先外围后中间、先边角后里面的原则进行,观察到混凝土不再下沉、无明显气泡冒出,表面泛浆且隐现集料时为止。

⑨混凝土浇筑至顶面时,应派专人进行顶面抹面修整,顶面收面分为两次进行,第一次收光用木抹子压平提浆使其线形顺适,顶面平整,第二次在混凝土初凝后终凝前用铁抹子压光顶面细褶、印痕,使其平整光滑。

⑩防撞护栏的拆模时间根据气温和混凝土强度而定,一般情况下12h左右即可拆模。拆模顺序:先拆外侧模,后拆内侧模;拆除时不得破坏混凝土表面,模板吊装时应有人专门负责,防止模板吊装过程中将混凝土表面碰坏或划伤。拆模时应特别应注意倒角处,尽量避免碰伤倒角。

⑪脱模后及时用土工布覆盖,并洒水养生,土工布始终保持湿润,条件允许时采用自动

喷淋养生,养生期不少于7d。

⑫防撞护栏施工完毕后,清理断缝处的聚乙烯泡沫板,然后在断缝表面用与周边同色高弹性密封膏密封,密封后按照标准养生程序进行养生。在伸缩缝部位的断缝采用钢模板进行装饰,钢模板采用直径1cm、长8cm的铆钉固定。对于现浇式防撞护栏,应按要求设置切缝,每5m设置一道,切缝宽3~5mm,深15mm,应在护栏浇筑完成并且拆模后马上组织进行切缝,不可长时间放置后才进行切缝;纵向在墩顶处断开,断缝宽2~3cm,并采用沥青麻絮填充。

6.13.3.3 伸缩缝

(1)施工工艺流程(图6.13.3-3)。

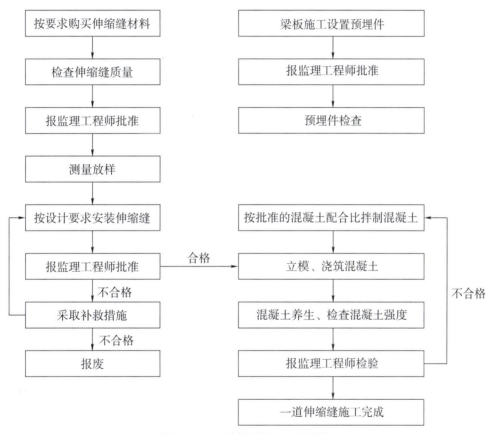

图6.13.3-3 伸缩缝施工工艺流程

(2)施工要点。

①在已施工完毕的沥青混凝土铺装层上放出伸缩缝宽度的准确位置线,用切割机沿放样线进行切割,清理伸缩缝及墩帽顶处渣物。

②检查和整改预留槽口宽度、深度,调整预埋钢筋,使预埋钢筋定位满足设计要求。

③伸缩缝安装时宜采用专用卡具将其固定,伸缩装置的中心线应与桥梁中心线重合,顶面高程一般低于桥面铺装2mm。伸缩缝平面位置及高程调整好后,用两台电焊机由中间向两端将伸缩缝的一侧与纵向预埋钢筋电焊定位;如位置、高程有变化,应边调边焊,且每个焊点焊长不小于5cm,点焊横向间距应控制在小于1m,点焊完成后再加焊;焊完一侧后,用气焊解除锁定,调整伸缩缝在温度下的上口宽度,上口宽度调整符合要求后,按上述要求

先进行点焊后,再焊接所有连接钢筋。

④绑扎其他钢筋和铺设防裂钢筋网等。绑扎其他钢筋和铺设防裂钢筋网等工作应在按桥面横坡定位、焊接固定后进行。

⑤浇筑过渡段混凝土:浇筑过渡段混凝土前应用泡沫将间隙填塞,防止浇筑混凝土将间隙堵死,影响伸缩。浇筑时应防止混凝土渗入伸缩装置的位移控制箱内,或洒落在密封橡胶带缝中及表面,否则应立即清除。

⑥待混凝土接近初凝时,应及时二次压浆抹面,使混凝土表面平整。

⑦混凝土二次抹面后用土工布覆盖养生。覆盖洒水养生不小于7d,且强度满足设计要求后方可通车。

⑧梳齿式伸缩装置安装应采取措施防止产生梳齿不平、扭曲和变形等现象,并应对梳齿间隙的偏差进行控制,在气温最高时,梳齿的横向间隙应不小于5mm,齿板的间隙应不小于15mm。

⑨当螺栓高出板面时,应采用磨光机磨平,以免烧坏板面油漆。然后用环氧树脂灌满上部螺栓孔,应将螺栓覆盖住,但不得高出伸缩缝板面,否则会影响行车舒适度。

6.13.3.4 支座

(1)一般规定。

①支座进场后,应对其规格、数量、产品合格证等进行检查,不符合设计要求的不得用于工程。对有包装箱保护的支座,应开箱对其规格、部件数量及装箱单等进行核对,支座在开箱检查时以及直至安装前均不得随意拆卸其上的固定件。

②支座应存放在干燥通风的库房内,并不得直接置于地面,应垫高堆放整齐,保持清洁;支座不得与酸、碱、油类和有机溶剂等相接触,且应距热源1m以上。

③支座在场内运输和装卸时,应采取有效措施防止对其产生碰撞或其他机械损伤。

④支座在安装前,应对支座垫石的混凝土强度、平面位置、顶面高程、预留地脚螺栓孔和预埋钢垫板等进行复核检查,确认符合设计要求后方可进行安装。调整支座的顶面高程时,应采用钢垫片对支座进行支垫,支垫处在支座安装完成后留下的空隙应采用环氧树脂砂浆填实。

⑤支座安装完成后,其顺桥方向的中心线应与梁顺桥方向的中心线水平投影重合或相平行,且支座应保持水平,不得有偏斜、不均匀受力和脱空等现象。

⑥支座下设置的支座垫石混凝土强度符合设计要求,顶面要求高程准确,表面平整,其相对误差不得超出规范允许值,避免支座发生偏移、不均匀受力和脱空现象。

(2)预制梁支座安装工艺流程(图6.13.3-4)。

(3)现浇梁支座安装工艺流程(图6.13.3-5)。

(4)板式橡胶支座安装要点。

①支座在安装时,应对其顶面和底面进行检查核对,避免反置。对矩形滑板支座,应按产品表面顺桥向和横桥向的方向标注进行安装。

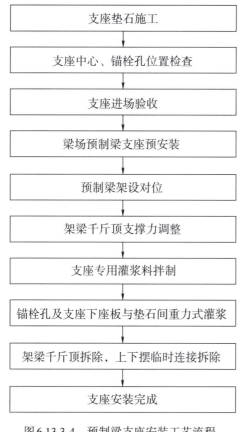

图 6.13.3-4 预制梁支座安装工艺流程　　图 6.13.3-5 现浇梁支座安装工艺流程

②支座垫石的顶面高程应准确无误。在平坡情况下，一片梁（板）中两端的垫石和同一墩（台）上的垫石，其顶面高程应一致，相对高差应不超过±1.5mm，同一垫石上的四角高差应小于0.5mm；当顺桥向有纵坡导致两相邻墩（台）的垫石顶面高程不同时，同一片梁（板）在考虑坡度后其相邻墩垫石顶面高程的相对误差应不超过3mm。

③梁、板吊装时，应采取有效措施防止对支座产生偏压或产生过大的初始剪切变形。梁、板的就位应准确且其底面应与支座顶面密贴，否则应将梁、板吊起，对支座进行重新调整安装；梁、板在安装时不得采用撬棍移动梁、板的方式进行就位。

（5）盆式橡胶支座安装要点。

①梁、板底面和垫石顶面的钢垫板应埋置稳固。垫板与支座间应平整密贴，检查支座钢板四角相对高差和活动支座的纵横向错动量，支座四周不得有0.3mm以上的缝隙，并应保持清洁。

②盆式支座的顶板和底板可采用焊接或锚固螺栓栓接在梁体底面和垫石顶面的预埋钢板上。采用焊接时，应对称、间断焊接，并应防止温度过高对改性聚四氟乙烯板和不锈钢冷轧钢板以及对周边混凝土的影响；安装锚固螺栓时，其外露螺杆的高度不得大于螺母的厚度。锚固螺栓和焊接部位均应作防腐处理。

③支座安装前在支座上标示出中心线，确定支座的位置及安装方向。

④墩（台）帽顶面地脚螺栓的预留孔深度应满足地脚螺栓埋置深度的要求，如预埋深度

需埋设至墩(台)帽内需提前进行埋设。地脚螺栓位置应符合设计要求,与垫石钢筋有冲突时,应适当调整垫石钢筋的位置。

⑤预制梁底预埋的支座钢板,其预埋位置、钢板厚度、锚筋长度、锚筋直径等应符合设计要求,锚筋与钢板间应双面焊接,并应清除焊渣,锚筋的方向应符合设计要求。

⑥螺栓孔内灌浆料应填塞密实,调节用的钢楔块抽出后的空间采用灌浆料进行密实。

(6)球形支座安装要点。

①支座的安装时应保证支座平面的水平,支座支承面的四角高差应不大于2mm。

②安装支座板及地脚螺栓时,在下支座板四周宜采用钢楔块进行调整,使支座水平。支座在安装过程中不得松开上顶板与下底盘的连接固定板。

③灌浆料应采用质量可靠的专用产品,灌浆应饱满、密实。灌浆料硬化并达到规定的强度后,应及时拆除支座四角的临时钢楔块,楔块抽出的位置应采用相同的灌浆料填塞密实。

④在梁体安装完毕或现浇混凝土梁体形成整体并达到设计要求强度后,张拉梁体预应力之前,应拆除支座上顶板与下底盘的连接固定板,解除约束使梁体能正常转动和位移。

⑤当支座采用焊接连接时,应在支座准确定位后,采用对称、间断的方式焊接。焊接时应采取适当措施防止损伤支座的钢构件、聚四氟乙烯板、硅脂以及周边的混凝土等;焊接后应对焊接部位作防腐处理。

6.13.3.5 搭板

(1)施工工艺流程。

搭板施工工艺流程如图6.13.3-6所示。

(2)施工要点。

①待桥头搭板下的路面基层施工完成并强度和压实度满足设计要求后,方可进行桥头搭板的施工。先用全站仪放出桥台搭板的平面位置,并用油漆做好标记。

②钢筋加工采用在钢筋场地集中下料加工,现场绑扎成型。钢筋加工前应将钢筋表面的油渍、漆皮、鳞锈等清除干净,钢筋的弯制和末端的弯钩应符合设计要求,钢筋的焊接采用搭接焊,尽量采用双面焊,当焊接困难时可采用单面焊,搭接双面焊缝的长度不应小于5d(d为钢筋直径),单面焊缝的长度不应小于10d。具体操作步骤是先在钢筋场地上按图纸加工好护栏施工所需的各种样式的钢筋,同时将T梁上的护栏预埋钢筋调直,然后拉直线单面焊接护栏的竖向主筋,最后穿纵向钢筋。钢筋的各项检验指标均不得超过验收标准的要求,各项允许误差为:箍筋、横向水平钢筋间距为+0,-20mm,

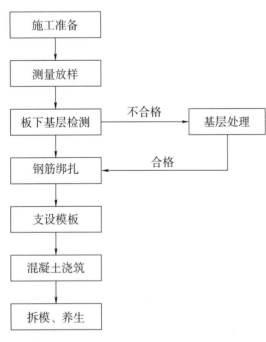

图6.13.3-6 搭板施工工艺流程图

钢筋骨架尺寸长为±10mm,宽、高为±5mm,保护层厚度为±5mm。

③根据放出的搭板边线,采用钢模或竹胶板支立搭板模板,并加固牢靠,用水准仪在模板边线上测出搭板高程线,以便浇筑混凝土时控制搭板顶面高程,并拉线检查搭板厚度是否符合设计要求。

④拌制混凝土的原材料必须为经自检和监理抽检合格的原材料,拌制混凝土前先检查配合比是否为经认可的合格配合比,各种计量器具是否齐全,拌和、运输设备是否正常工作。混凝土采用强制式搅拌机拌和,拌和时间不少于3min,然后通过预拌混凝土搅拌运输车运送至施工现场,拌制过程中严格按规定的配合比施工,并随时检查混凝土的坍落度、和易性等指标是否符合设计和规范要求。混凝土的运输采用2台1.5t的前翻斗车运输至施工现场,然后人工将混凝土铲进模板内。混凝土的浇筑连续进行。

⑤浇筑完混凝土后,待混凝土达到拆模强度后方可拆模,以防止碰坏混凝土的棱角;拆模前和拆模后均采用麻布袋覆盖洒水进行养生,最少养生7d。

6.13.3.6 桥面排水

(1)施工工艺流程(图6.13.3-7)。

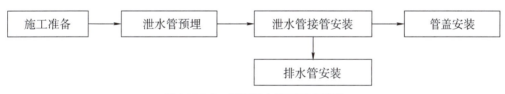

图6.13.3-7 桥面排水施工工艺流程

(2)施工要点。

①泄水管预埋时要求安装牢固,以免混凝土浇筑时振捣导致倾斜或变形等。

②在混凝土浇筑前,应对所有泄水管的预埋位置及牢固程度进行检查,混凝土浇筑时不得直接用振动棒振捣泄水管。

③预制梁泄水管的位置相对固定,可以在模板上开孔,通过拉杆丝扣加固。

④混凝土浇筑完成后,将预埋泄水管加固拉杆丝扣拆除,泄水管周边收光抹平。模板拆除或梁吊出台位后,对泄水管进行清理并安装其接管。

⑤排水管、泄水管安装好后,用填充物将泄水管管口塞住,待桥面施工完成后将填充物去除,安上管盖。

⑥泄水管的施工应符合设计规定。泄水孔的顶面不应高于水泥混凝土铺装层的顶面。

6.13.3.7 桥梁护坡

(1)施工工艺流程。

桥梁护坡施工工艺流程如图6.13.3-8所示。

(2)施工要点。

①由测量工程师根据图纸放出护坡的轴线控制桩,做好水准点,拉线确定好护坡坡度。

②根据现场情况确定砂石材料等的分类堆放地、机具设备的摆放位置,材料堆放场地

设在护坡坡脚5m以外,并将材料堆放场地硬化,材料堆放下垫上盖,以保证施工材料不受污染。

③石料应强韧、密实、坚固与耐久,质地适当细致,色泽均匀,无风化剥落和裂纹及结构缺陷。石料不得含有妨碍砂浆的正常黏结或有损于外露面外观的污泥、油质或其他有害物质。石料的运输、储存和处理,应不使有过量的损坏和废料。在砌筑前每一石块均应用干净水洗净,其下铺设10cm砂垫层,垫层亦应干净并湿润。

④如果石块松动或砌缝开裂,应将石块提起,将垫层砂浆与砌缝砂浆清扫干净,然后将石块重铺砌在新砂浆上。

⑤在砂浆凝固前应将外露缝勾好,勾缝深度不小于20mm。如条件不允许时,应在砂浆未凝固前,将砌缝砂浆刮深不小于20mm,为以后勾缝做准备。

⑥砌体应分层砌筑,体积较大的石块由专人用风钻配合楔子破碎,然后两人一组将规则的块石搬运至砌筑区域,注意搬运块石时轻拿轻放,砌筑上层块石时不应振动下层,砌筑完成后24h内不能在坡面上行走,不准在已砌好的砌体上抛掷、滚动翻转或敲击石块。砂浆、石块不得顺坡溜至砌筑部位。

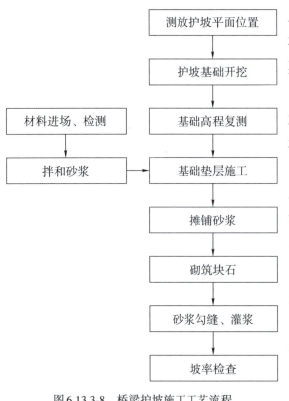

图6.13.3-8 桥梁护坡施工工艺流程

⑦护坡坡面应平整、坡度正确,缝宽度不小于2.5cm。施工过程中通过坡底、坡顶拉线控制坡面的平整度和坡度。

⑧砌筑时首先按照设计图纸宽度挂线砌筑,砌块在使用前须浇水浸润,表面如有泥土,应清洗干净。砌体分层砌筑,各砌层先砌筑外圈定位行列,然后砌筑里层,外圈砌块与里层砌块交错连成一体。各层砌块安放稳固,砌块间砂浆饱满,黏结牢固,不得直接贴放或脱空。砌筑时,底浆铺满,竖缝砂浆先在已砌石块侧面铺放一部分,然后于石块放好后填满捣实。砌筑工作中断后恢复砌筑时,已砌筑的砌层表面加以清扫和浸润。

⑨坡面采用预制块砌筑时。预制块在小型预制构件场集中加工。预制块采取从下往上的顺序砌筑,砌筑应平整、咬合紧密。砌筑时依放样桩纵向拉线控制坡度,横向拉线控制平整度。混凝土预制块铺筑应平整、稳定、缝线规则。

6.13.4 工程保障措施

6.13.4.1 进度管理

(1)成立进度管理领导小组,配足经验丰富的专业化施工队伍和精良的设备,提高组织管理水平和施工能力。

(2)施工准备做到"三快",即进场快、安家快、开工快;做好各项准备工作,包括技术准备和组织准备;施作好各项临时工程,包括施工便道、拌和站、工区、钢筋加工场等,为规模施工打好基础。

(3)定期召开生产调度会,依据存在的问题及时调剂劳动力、设备和器材,保证施工顺利进行。

(4)搞好沟通和协调工作,创造良好的施工环境。一是及时与监理、业主沟通联系,确保信息畅通;二是与当地政府及沿线群众融洽关系,取得支持,减少干扰;三是与沿线施工单位建立良好的关系,在施工中密切配合,实施资源共享。

(5)应用网络技术,对施工进度实施动态管理,及时纠偏纠错,搞好计划管理,在工、料、机安排上做到保证重点、兼顾一般,协调好各项目的顺序衔接,保持均衡生产。

(6)对影响施工进度的施工技术难题,积极组织攻关,充分吸取各方面的合理化建议和广泛开展小改小革的活动,加快施工进度和经济效益。

(7)加强技术培训,提高施工人员的技术和操作熟练程度,掌握应用新工艺、新设备、新技术,降低工程成本,提高施工效率。

(8)采用各作业队平行作业与各工序之间流水作业相结合的方式组织生产,减少工序衔接时间,加快施工进度。

(9)加强现场技术管理,按规范施工,保证措施到位,提高工程质量,杜绝安全事故,避免窝工。

(10)加强材料采购管理,畅通材料供货渠道,备足雨季、节假日施工用料,特殊材料提前订购,保证施工生产需要。

(11)加强设备管理,组织好设备配件的采购、供应,提高设备完好率和利用率,保证进度计划的顺利实现。

(12)开展目标管理,适时组织劳动竞赛,不断掀起施工高潮。推行各种经济承包,包任务、包成本、包质量、包安全、包工期、包环保。

(13)落实奖惩兑现,提高员工的主动性和创造性。

(14)加强材料采购管理和资金调度,特殊材料提前订购,保证施工生产需要。

6.13.4.2 质量管理

(1)建立健全质量保证体系。

结合项目实际,建立项目质量管理体系。项目质量保证体系由组织保证体系、制度保证体系、技术保证体系和施工保证体系组成。以"谁管理谁负责,谁操作谁保证"的管理原则,将质量管理职能分解到各业务部门,将质量责任落到实处、落实到人,实现全面、全员质量管理,确保质量体系的正常运行。

质量体系文件包括公司质量手册和程序文件、施工组织设计、施工技术方案、工艺流程图、技术交底书、施工规范、作业指导书、检查表格和记录等。

(2)完善质量保证措施。

①质量检测措施:采用新版本技术规范和检验标准与监理工程师一道严把质量监测关。

②测量:测量组负责整个项目的控制网复测和施工复测和成品复检工作,负责施工测量放样工作。

③严格执行质量管理制度:工程质量三检制、工程质量终身责任制、首件和模板准入制度、质量检查评审制度、人员素质培训制度、设计图纸会审制、技术交底制度等。

(3)完善技术保障措施。

①优化施工组织设计,做到科学施工。

②工程部负责编制详细的实施性施工组织设计和各分项工程施工方案,对关键和重点工序编制作业指导书。

③做好图纸会审、工前技术交底、工中检查指导和工后总结评比工作,使每道工序有标准、有验收、有结论。

④试验室加强工程试验与检验工作,建立台账和施工记录,优选工程施工配合比,经监理工程师批准后执行。

6.13.4.3 技术管理

(1)施工准备阶段主要工作。

①学习、会审施工图设计文件和技术资料。

②展开现场调查核对,对重要临时工程进行策划和布置。

③展开平面和高程复测,同时加密施工控制点。

④工地试验室策划,配备试验仪器设备,展开标准试验和配合比设计。

⑤编制实施性施工组织设计、项目开工报告、复核工程量、编制材料计划。

⑥专项方案制定评审、执行。

(2)施工阶段主要工作。

①加强施工方案的执行力度,执行施工交底制度,确保施工现场可控。

②加强原材料和外购件的进场质量检验和控制。

③严格报验程序,加强施工过程工序检验和试验。

④加强施工核对和优化,存在与现场不符及需要设计变更调整的,认真执行设计变更审批手续。

⑤"关键过程、特殊过程"的控制。

⑥加强劳务分包的技术和指导管理。

⑦施工技术安全管理。

⑧推进科技进步,开展技术攻关活动和"四新"技术的应用。

⑨做好施工人员培训提高工作。

(3)竣工验收阶段主要工作。

①做好质量自检评定。
②整理、编制竣工文件。
③交工验收。
④缺陷责任期的维护。
⑤竣工验收。
⑥项目施工总结。
⑦工程回访。

7 隧道工程

7.1 一般规定

(1)隧道施工前,应熟悉设计文件和地质勘查报告,充分领会设计意图,做好现场调查和图纸核对工作。

现场调查宜包含但不限于下列内容:
①历史洪水、地质灾害发生情况及不良地质现象。
②隧道施工对地表和地下结构物的影响。
③交通运输条件和施工运输便道的情况。
④施工场地布置与洞口相邻工程、弃渣利用、农田水利、征地等的关系。
⑤建(构)筑物、道路工程、水利工程和电信、电力线路等设施的拆迁情况和数量。
⑥调查和测试水源、水质并拟定供水方案。
⑦可利用的电源、动力、通信、机具、物资、消防、劳动力、生活供应及医疗卫生条件。
⑧当地气象、水文资料及人文环境。
⑨施工中和运营后对自然环境、生活环境的影响及需要采取的保护措施。
⑩其他。

图纸核对工作宜包含但不限于下列内容:
①技术标准、主要技术条件、设计原则。
②隧道设计的勘测资料,如地形、地貌、工程地质及水文地质、钻探图表等。
③隧道平、纵、横断面图。
④洞门位置、形式、衬砌类型、洞口周围环境及衔接工程。
⑤设计文件中确定的施工方法、通风方案、技术措施与施工实际条件是否相符合。
⑥洞外排水系统和设施的布置是否与地形、地貌、水文、气象等条件相适应。
⑦设计给定的明暗分界断面地形地质与实际是否一致,边仰坡刷坡是否过高,浅埋段长度能否减少,能否按"早进晚出"原则调整明暗分界断面位置。
⑧工程数量。

(2)编制施工组织设计时,应根据隧道长度、跨度、工期、地质和自然条件、重点及难点工程、施工方法等因素,选配适宜、充足的施工机械,组织均衡生产,提高劳动生产效率。

(3)积极推广"零开挖"进洞理念,遵循"早进洞、晚出洞"施工原则。隧道洞口开挖前,施工单位应编制隧道洞口专项施工方案,监理工程师应组织设计、施工单位进行专项审查。

(4)隧道进洞前,应完成以下工作:隧道进出口联测已完成,且贯通误差符合规范要求;洞顶的沉降观测点已布设完成,并取得第一组数据;洞顶截水沟已施工完成,洞口初步形成畅通的排水系统;边坡和仰坡临时防护已完成,边坡稳定;隧道临时工程和洞口前可能影响洞身施工的相关工程已全部完成,复合式衬砌台车已进场。

(5)工地试验室应具备满足隧道施工需要和质量控制要求的试验检测能力。

(6)隧道开工前,应完成单位、分部、分项工程划分,先期工程施工方案编制及混凝土配合比设计等技术准备工作。

(7)应合理安排隧道与邻近工程的施工顺序,避免后序工序施工影响结构安全和质量,减少互相干扰。

(8)隧道宜采用机械化配套施工。

(9)隧道施工应积极而慎重地推广应用新技术、新工艺、新材料、新设备。

(10)特长隧道、长隧道及地质复杂中长隧道施工应开展信息化建设。施工组织设计应编制"信息化建设"相关内容。

(11)隧道施工除应符合本指南的规定外,尚应符合国家和行业现行有关标准的规定。

7.2 临时工程

临时便道、施工场地、混凝土拌和站、钢结构加工厂、弃渣场、危险品库参照本指南第4章"临时建筑"。

7.2.1 风、水、电供应

7.2.1.1 施工供风

隧道施工供风主要是隧道开挖过程中使用风动凿岩机进行炮眼钻孔、锚杆钻孔、超前钻孔等施工用风,同时,风钻台车、装渣机、喷射混凝土机具、压浆机等也是常用的风动机具。

1)空气压缩机站位置及建设要求

(1)空气压缩机站应设在洞口附近,当有多个洞口需集中供风时,可选在适中位置,但应靠近用风量较大的洞口。长隧道及特长隧道可将空气压缩机布设在洞内适当位置。

(2)空气压缩机站布置在洞口两侧位置时,应保证地基坚固,周围无坍塌及落石危害,不受洪水威胁。

(3)空气压缩机站应有防水、降温和防雷击设施。距离居民区较近时应有防噪声、防振动措施。

(4)空气压缩机站旁应设一循环水池(长×宽×深为2m×2m×1m)。四周设置排水沟(宽×深为0.3m×宽0.4m),具备条件的应另设栅栏。

(5)高压供风管使用期间,应有专人负责检查、养护。压力表和安全阀应定期维护且每年至少校验一次。

(6)空气压缩机房应配备一定数量的灭火器。

2)空气压缩机安装要求

(1)空气压缩机电源应从主配电室分别接线,以免相互干扰。

(2)洞内高压风管不宜与电缆电线敷设在同一侧。高压风管在安装前应进行检查,有裂纹、创伤、凹陷等现象时不得使用,管内不保留有残余物和其他脏物。

(3)应在空气压缩机站总输出管上设总闸阀;主管上每隔300～500m应分装闸阀。高压风管长度大于1000m时,应在管路最低处设置油水分离器,定时放出管中的积油和水。

(4)管路应敷设牢固、平顺,接头严密,不漏风。

(5)高压风管不应妨碍运输、影响边沟施工。

(6)洞外地段,当高压风管长度超过100m和温度变化较大时,宜安装伸缩器;靠近空气压缩机150m以内,风管的法兰盘接头宜用石棉衬垫。

(7)高压风管前端至开挖面宜保持30m距离,并用高压软管连接分风器,通向上导坑开挖面使用的软管长度不宜大于50m。分风器与凿岩机间连接的胶皮管长度,不宜大于15m。应加强对风管的保护,避免爆破飞石对风管的损坏。

(8)高压风管使用期间,应有专人负责检查、养护。

3)空气压缩机配置要求

(1)隧道掌子面使用风压应不小于0.5MPa,高压风管的直径应根据最大送风量、风管长度、闸阀等条件计算确定。

(2)空气压缩机站设备能力应能满足同时工作的各种风动机具最大耗风量和风压的要求。配置时应考虑空气压缩机的工作效率、分风及管路造成的风量风压损失。

(3)单向掘进供风长度大于1.5km时,宜考虑增设空气压缩机组。

(4)空气压缩机配置。较常使用的空气压缩机配置一般为20m³/min,单机功率132kW,公路隧道施工空气压缩机配置可参考表7.2.1-1。

空气压缩机配置表(单端洞口)　　　　　表7.2.1-1

隧道单向掘进长度(m)	$L \leq 500$	$500 < L \leq 1500$	$1500 < L \leq 2000$	$2000 < L \leq 2500$
空气压缩机配置(台)	4～6(含6)	6～8(含8)	8～10(含10)	>10

4)移动式空气压缩机使用要求

(1)移动式空气压缩机宜设置在隧道紧急停车带、设备洞、横通道等对隧道施工干扰小的地方,设置隔离和警示标牌。

(2)移动式空气压缩机平放停妥后,应采取制动和机身稳定措施。

(3)输气管应避免急弯。

(4)开启送气总阀前,应通知用气地点的工作人员。

(5)使用过程中,移动位置前,应切断电源。停止工作时,应先关闭负荷,再停车。

7.2.1.2 施工供水

隧道施工供水主要为工程用水和生活用水。

(1)供水方案及设备配置要求。

①供水量应满足工程和生活用水的需要。水池的容量应能满足洞内外集中用水的需要且有一定的储备量。容量一般为 $50~150m^3$。

②有高位自然水源时,应合理修建蓄水池,水池高程应满足隧道最高用水点的使用水压且不低于0.3MPa。不宜设置在洞顶正上方,有条件的应考虑永临结合。

③对于修建高位水池困难的隧道,采用低位抽水向水池供水时,宜采用变频高压供水装置,抽水站水泵扬程应选取取水点与水池高差的1.5~2倍,且应有备用的抽水机。

④工程和生活用水使用前应经过水质鉴定。

⑤水池和水管应根据当地的气候情况,采取防寒措施。

(2)工程用水。

①隧道开挖工作面供水压力不应小于0.3MPa。水管的直径应根据最大供水量、管路长度、弯头数量、闸阀等条件计算确定。

②洞内供水管不宜与电缆电线敷设在同一侧。

③应在水池总输出管上设总闸阀;主管上每隔300~500m应分装闸阀。

④供水管在安装前应进行检查,有裂纹、创伤、凹陷等现象时不得使用,管内不应保留有残余物和其他脏物。

⑤管路应敷设牢固、平顺,接头严密,不漏水。

⑥洞内供水管不应妨碍运输、影响边沟施工。

⑦洞内水管前端至开挖面宜保持30m,并用高压软管连接分水器。洞内软管的长度不宜大于50m;分水器与凿岩机间连接的胶皮管长度,不宜大于15m。应采取措施避免爆破飞石损坏水管。

⑧管路使用期间,应有专人负责检查、养护。冬期应注意管道保温。

7.2.1.3 施工供电

隧道施工临时供电的施工组织设计、建设及维护除应符合国家和地方的相关规定外,还应符合以下规定:

(1)隧道施工用电优先利用地方电网,必要时设置专线,根据用电负荷(考虑机械化施工负荷)选配变压器,考虑永临结合;洞口配备柴油发电机组,以备停电时临时供电使用。

(2)对于短隧道,应采用高压至洞口,再低压进洞;长隧道及特长隧道应考虑高、中压进洞,以满足施工需要。

(3)洞外变电站。

①洞外变电站宜设在靠近负荷集中地点和设在电源来线一侧。

②当变电站电源线需跨越施工地区时,其与施工道路安全距离应符合以下要求:

架空电力线路电压等级不大于10kV时,最小垂直安全距离为7m;大于10kV且小于或等于220kV时,最小垂直安全距离为8m;大于220kV且小于或等于500kV时,最小垂直安全距离为14m。

③洞外变电站应设置防雷击和防风装置。

(4)洞内变电站。

①洞内变电站应设置在干燥的紧急停车带或不使用的横通道内。

②变压器与周围及洞壁的最小距离不应小于300mm,同时应按规定设置灯光、轮廓标等安全防护设施。

③洞内高压变电站之间的距离宜不大于1000m,由变电站分别向相反两方向供电时,每一方供电距离宜为500m。

④洞内高压变电站应采用井下高压配电装置,且应有防尘措施。

(5)供电线路布置与安装要求。

①隧道施工供电应采用三相五线供电系统,电压满足规范要求。宜采用总配电箱、分配电箱、末级配电箱三级配电系统。

②洞内电线路架设在风、水管路相对一侧,输电干线或动力线路安装在同一侧时,必须分层架设,其原则是:高压在上,低压在下;干线在上,支线在下;动力线在上,照明线在下,动力设备电压采用380V。

③成洞地段固定的电线路,应采用绝缘良好的胶皮线架设;施工地段的临时电线路应采用橡胶套电缆;涌水隧道的电动排水设备应采用双回路输电,并有可靠的切换装置和防水措施。

④电力线电缆横担每隔10m安设一个。每个横担采用2个ϕ12mm膨胀螺栓锚固,锚固长度不小于7cm,瓷瓶间距15cm,与横担间采用ϕ18mm螺栓固定,瓷瓶与角钢横担之间宜垫一层薄橡皮,以防紧固螺栓时压碎瓷瓶。

⑤动力干线上每一分支线,必须装设开关及保险装置,同时做到"一机一闸一箱一漏";严禁在动力线路上加挂照明设施。

⑥电线路不得与人行道布设在一侧。照明和动力线路安装在同一侧时,必须分层架设。电线悬挂高度应满足:400V以下不应小于2.5m,6~10kV不应小于3.5m。

⑦36V低压变压器应设在安全、干燥处,机壳接地,输电线路长度不应大于100m。

⑧分配电箱与末级配电箱的距离不宜超过30m。动力末级配电箱与照明末级配电箱应分别设置。配电箱中心与地面的垂直距离宜为1.4~1.6m。落地安装的配电箱底部距离地面应不小于0.2m。配电箱的进出线不应承受外力。

⑨开关应设置在配电箱内。各级配电箱分支回路应设置具有短路、过负荷、接地故障保

护功能的电器。总配电箱和分配电箱,进线应设置断路器;断路器无隔离功能时,应设置隔离开关;总断路器的额定值应与分路断路器的额定值相匹配。末级配电箱,进线应设置总断路器;各种开关电器的额定值应与其控制用电设备的额定值相适应。

(6)隧道照明。

①隧道照明应保证光线充足、布设均匀,宜每隔10m安设一个36W节能照明灯,每隔50m设置一座应急照明灯,每隔100m安设一个照明灯控制开关;渗漏水地段采用防水灯头和灯罩。

②隧道内设应急照明设备,该设备必须在短路或供电中断时,能自动接通并连续工作2h以上。

③作业地段照明电压不大于36V,成洞和不作业地段采用220V。

(7)变压器容量及数量配置。

①单向掘进1.5km以内的隧道,一般不需要在洞内增设变电站,只需在洞口设置相应电容量的变压器即可。

②单向掘进1.5km以上的隧道,考虑电损耗,需要在洞内增设变电站,增设后,洞口至洞内变电站区段内均为高压电,只考虑洞内增设变电站的实际施工电容需求即可。

③湿喷站或者集中大型搅拌站的供电尽量单独设置变压器,尽量不与隧道洞内用电混用。确需混用的,则需要考虑湿喷站或拌和站用电量。

公路隧道单端洞口变压器配置可参考表7.2.1-2。

变压器配置表(单端洞口) 表7.2.1-2

隧道单向掘进长度(m)	$L \leq 500$	$500 < L \leq 1500$	$1500 < L \leq 2000$	$2000 < L \leq 2500$
变压器配置(kVA)	1台800	1台1000~800(2台)	800(2台)	1000(2台)
(高压进洞)洞内变压器(kVA)	—	—	300	400
备用发电机(kW)	300	400	500	500

7.2.1.4 施工通风

(1)通风方式选择。应根据隧道长度、断面大小、施工方法、设备条件等综合确定通风方式。

①单向掘进长度小于150m时,采用自然通风;超过150m时,采用机械通风。

②单向掘进长度大于1.5km时,宜进行通风设计。

③主风流不顺畅、主风流改向、风速不符合规定等情况下,宜设置局部或诱导通风系统。

④巷道式通风宜优先利用辅助坑道。

⑤公路隧道施工常用通风方式为压入式、抽出式和混合式。

(2)隧道施工通风应能提供洞内各项作业所需要的最小风量。

①每人应供应新鲜空气3m³/min。

②采用内燃机械作业时,供风量不宜小于4.5m³/(min·kW)。

③全断面开挖时,风速不应小于0.15m/s,导洞内不应小于0.25m/s,但均不应大于6m/s。

④隧道开挖时,工作面的通风量应综合考虑以下因素,取其中最大值:按洞内同时工作的最多人数计算风量;在规定时间内把同时爆破且使用最多炸药量所产生的有害气体稀释到允许浓度以下,按爆破15min内将工作面的有害气体(每千克炸药爆破后,按可产生折合成40L一氧化碳气体)排出或冲淡至容许浓度计算风量;根据不同的施工方法,按坑道内规定的最小风速计算风量;洞内使用内燃机械时,按内燃设备总功率(kW)需要的空气计算风量。

(3)通风参数选择。

①通风机的功率、风管的直径应根据供风风量、洞内风速、隧道单向掘进长度、运输方式、断面大小、通风方式等计算确定。

②通风量应按实际需要风量的1.5倍计算。

③通风管应与风机配套,同一管路的直径宜一致。

④单向掘进长度较长时(大于1km),宜选用大直径风管。

⑤通风管较长(大于2km),需要提高风压时,可采用多台通风机串联。

⑥巷道式通风无大功率通风机时,可采用数台通风机并联。

⑦串联与并联的通风机应采用同一型号。

(4)通风机安装与使用要点。

①主风机安装应满足通风设计要求。

②压入式通风主风机应设在洞外。

③洞内辅助风机应安装在新鲜风流中。

④通风机应装有保险装置,当发生故障时能自动停机。

⑤主风机应保持经常运转,如需间歇时,因停止供风而受影响的工作面应停止工作。

(5)通风管安装要点。

①送风管宜采用软管。靠近风机的软风管应采用加强型。

②送风式的进风口宜在洞口30m以外。部分山岭重丘区隧道洞口陡峻,施工场地无法满足本规定时,可根据现场实际情况布设,但应采取措施避免污风循环。

③送排风并用式通风的进风口与出风口宜错开约20m。洞外排风管出口宜做成烟囱式,并高于压入式风机进风口。

④通风管靠近开挖面的距离应根据开挖面大小确定,送风式通风管的送风口距开挖面不宜大于15m,排风式风管吸风口不宜大于5m。靠近开挖面的风管应可移动,爆破前从掌子面处移走。

⑤采用混合通风方式时,当一组风机向前移动,另一组风机的管路应相应接长,并始终保持两组管道相邻端交错20~30m。局部通风时,排风式风管的出风口应引入主风流循环的回风流中。

⑥通风管的安装应平顺,接头应严密,每百米平均漏风率不应大于2%,弯管半径应不小于风管直径的3倍。

⑦通风管应安排专人定期维护、修理,如有破损,应及时修补或更换。

(6)特长隧道通风要点。

①风管接头宜少不宜多,风管长度可选择50~100m。

②宜优先选用大直径风管,必要时可设置接力风机。

③宜适当加密风管吊装间距,宜不大于5m。

④应加强风管的保护,及时修补。

(7)公路隧道施工常见通风配置。

公路隧道单端洞口通风机配置可参考表7.2.1-3。

通风机配置表(单端洞口) 表7.2.1-3

隧道单向掘进长度(m)	L≤150	150<L≤500	500<L≤1500	1500<L≤2500
轴流通风机(kW)	自然通风	1台55/1台75	1台110	2台110
通风管直径(mm)	—	1200	1500	1800

注:单向掘进长度超过1.5km时,可选择多台通风机串联排风,也可利用辅助坑道采用巷道式通风排风。

(8)变频风机。

建议使用变频风机进行隧道通风,变频风机具有噪声小且节能、固流风速、既可遥控又可实际操作等特点。

变频风机遥控界面如图7.2.1-1所示。

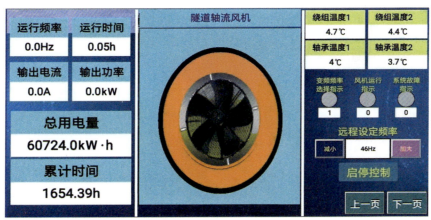

图7.2.1-1 变频风机遥控界面

7.2.2 其他

7.2.2.1 防尘措施

(1)隧道施工应采取通风、洒水等防尘措施,并按规定时间测定粉尘和有害气体浓度。

(2)钻眼作业应采取湿式凿岩,凿岩机钻眼时必须先送水后送风。

(3)放炮后应进行喷雾、洒水、清扫,出渣前应用水淋湿石渣和附近的岩壁(黄土除外)。

(4)施工人员均应佩戴防尘口罩。

7.2.2.2 "三管两线"布置

施工期间"三管两线"应架设、安装顺直、整齐,应按图7.2.2-1、图7.2.2-2布置。

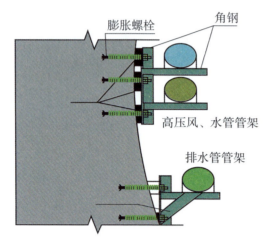
图7.2.2-1 高压风、水管安装示意图(尺寸单位:mm)

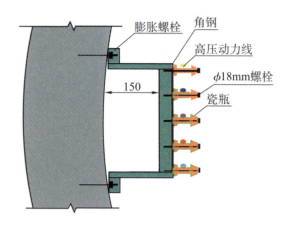
图7.2.2-2 高压动力线安装示意图(尺寸单位:mm)

7.2.2.3 通信

(1)对外联络应采用移动电话和互联网通信相结合的方式。现场联络宜采用对讲机或内部电话,隧道内宜增设移动信号转换机等设备保证通信畅通。

(2)长隧道、特长隧道及地质复杂的中长隧道应设置视频监控系统。

7.3 施工测量

7.3.1 平面控制测量

(1)施工前根据设计单位和建设单位技术部门现场进行的交接测量控制桩位及办理的相关手续,组织测量人员对交接的导线网点和水准基点进行复核测量,复核导线点的坐标和水准基点高程的准确性,测量结果经过平差后与所交的控制点结果进行对比,完全无误后作为施工控制点。

(2)洞内导线应布置成多边形导线环;应根据贯通精度的要求布点,宜选择在施工干扰小、稳固可靠、通视良好的地方。导线边长在直线地段不宜小于200m,在曲线地段不宜小于70m。掘进长度超过2倍导线边长时,应进行一次洞内导线延伸测量。导线测量视线与障碍物距离不应小于0.2m。

(3)平面控制测量的竖井联系测量可借助光学垂准仪投点、陀螺仪辅助定向。应根据竖井长度和贯通精度要求选择测量仪器和测量方法,估算贯通误差,确定测量方案。

(4)斜井导线测量宜采用有双轴补偿的全站仪,否则应进行竖轴倾斜改正;垂直角应小于30°,仪器和棱镜宜强制对中,测回间应检查仪器和棱镜气泡偏离情况,必要时重新整平,导线边长应对向观测。

(5)平面控制测量等级应按表7.3.1-1确定。

隧道平面控制测量等级 表7.3.1-1

隧道贯通长度 L(m)	测量等级
$L \geqslant 6000$	二等
$3000 \leqslant L < 6000$	三等
$1000 \leqslant L < 3000$	四等
$L < 1000$	一级

7.3.2 高程控制测量

(1)隧道高程控制测量等级和误差应符合表7.3.2-1的规定。高程控制测量宜采用水准测量,洞外四等高程控制测量也可采用光电测距三角高程测量;光电测距三角高程测量能够满足三等高程测量要求,并满足高程贯通误差的要求时,对长度为3~6km的隧道,也可在洞外高程测量中采用光电测距三角高程测量。

隧道高程控制测量等级 表7.3.2-1

隧道贯通长度 L(m)	测量等级	每公里高差中数中误差(mm)	
		偶然中误差 M_Δ	全中误差 M_W
$L \geqslant 6000$	二等	±1	±2
$3000 \leqslant L < 6000$	三等	±3	±6
$L < 3000$	四等	±5	±10

(2)高程控制点可利用稳固坚硬的基岩刻凿,如无稳固坚硬的基岩可以利用,应埋设有金属标志的混凝土桩。高程控制网的竖井联系测量应采用全站仪或光电测距仪传递高程。

7.3.3 隧道贯通测量

(1)贯通误差的测定应符合下列规定:

①采用导线法测量时,在贯通面附近设置临时点,由两端分别测量该点的坐标,所得的闭合差分别投影至贯通面及其垂直方向,得出实际的横向和纵向贯通误差,再置镜于该临时点测求方位角贯通误差。

②采用中线法测量时,由两端向中间进行测量,并在贯通面上分别得出中线点,量出两点的横向和纵向距离,即为该隧道的实际贯通误差。

③由两端向中间进行水准测量,分别测至贯通面附近的同一高程控制点或中线点上,所测得的高程差值即为实际的高程贯通误差。

(2)隧道贯通后,洞内导线、施工中线及高程的实际贯通误差,应在贯通面两侧未衬砌段调整,该贯通误差调整段的长度应根据中线形式、贯通误差值、支护和衬砌(包括仰拱)施工情况综合确定,长度宜大于100m,贯通面两侧对称。该段的后续施工均应以调整后的中线及高程为准进行放样。

(3)两端开挖至贯通误差调整地段时,开挖断面宜适当加宽,二次衬砌在贯通前施工时,贯通误差调整地段开挖断面应加宽,加宽值宜不超过贯通极限误差允许值的一半。

(4)贯通误差宜符合表7.3.3-1的要求。

隧道贯通误差的限值　　　　　　　　　　　　　　　表7.3.3-1

不同贯通长度L(m)的横向贯通误差限值(mm)			高程中误差(mm)
L<3000	3000≤L<6000	L≥6000	
≤150	≤200	≤300	≤70

(5)高程贯通误差调整应符合下列规定:

①由两端分别引测贯通点附近的高程控制点,采用其平均值作为该点调整后的高程,并作为放样依据。

②高程贯通误差的一半,分别在贯通面两端未衬砌地段按水准路线长度的比例调整。

7.4　资源配置

(1)根据工程规模、工期和技术难度等配备相应的管理、技术、测量、试验、环保、专职质量和安全管理人员。

(2)在隧道开工前,制订详细的人员进场计划,对隧道施工的钻爆、运输、支护、模筑、衬砌等作业安排专业化队伍进行施工。

(3)隧道开工前,应根据隧道地质条件选择专业的监控量测和超前地质预报单位。

(4)隧道进洞前,衬砌模板台车须通过进场验收。

(5)隧道各工序施工机械设备宜按表7.0.4-1的要求配备多臂凿岩台车(图7.0.4-1)、湿喷机械手(图7.0.4-2)、二次衬砌台车(图7.0.4-3)、智能注浆台车(图7.0.4-4)等设备。

施工工艺资源配置表　　　　　　　　　　　　　　　表7.0.4-1

施工工艺和内容	设备名称	施工能力	数量(台)	备注
开挖	开挖台车	6m	2	自制
	凿岩机		32	全断面施工
	挖掘机	1m³	2	
	装载机	2.8m³	3	2台同时装渣
	自卸汽车	20t	6	2km以内
			9	2km以上
	多臂凿岩台车		2	1.5km以上,Ⅲ、Ⅳ级围岩较多
	空气压缩机	20m³	8	
初期支护	作业台车	6m	2	
	注浆	3MPa	4	
	湿喷机械手	4~24m³/h	1	每座隧道

续上表

施工工艺和内容	设备名称	施工能力	数量（台）	备注
二次衬砌	普通模板台车	12m/9m	2	根据平曲线半径选择
	自行式自动布料二次衬砌台车			优选
	输送泵	60m³/h	2	
	施工栈桥	12m	2	
	自行式液压栈桥	36m	2	1.5km以上且仰拱施工≥60%
	弧形模板			每座隧道
	自动化挂布台车		2	每座隧道
	养生台车		2	
辅助作业	发电机	200kW	1	备用电源
	变压器	800kVA	2	施工用电
	辅助作业	2×55kW	2	2km以内
	射流通风机	50kW	1	2km以上增加
	潜水泵	5.5kW	2	洞内排水
	大功率抽水机		1	应急备用

注：以上设备按单向双洞施工配置。洞内混凝土路面施工设备参见《湖北省高速公路建设标准化指南 第二分册 工地建设》内容；安全设施参见《湖北省高速公路建设标准化指南 第九分册 安全生产及管理》内容。

图 7.0.4-1 多臂凿岩台车

图 7.0.4-2 湿喷机械手

图 7.0.4-3 自行式自动布料二次衬砌台车

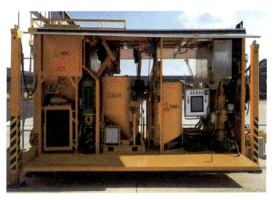

图 7.0.4-4 智能注浆台车

7.5 洞口、明洞与浅埋段工程

7.5.1 洞口工程

7.5.1.1 施工工艺及流程（图7.5.1-1）

进洞前须先进行洞口边坡和仰坡防护施工，并进行观测，确定边坡和仰坡稳定后，再进行洞口工程施工。

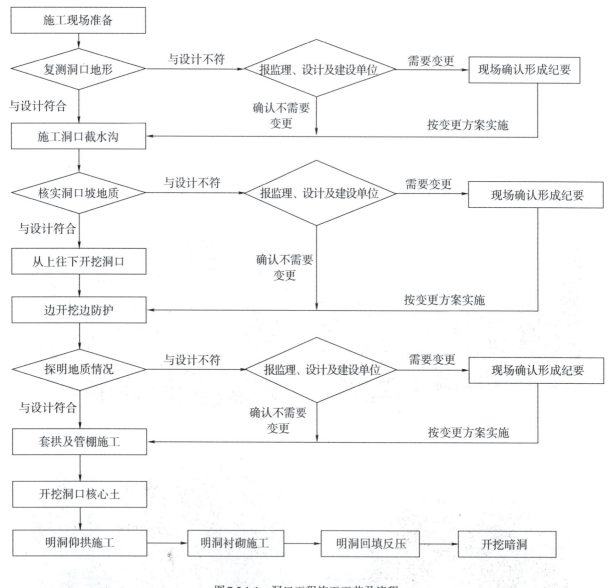

图 7.5.1-1 洞口工程施工工艺及流程

7.5.1.2 控制要点

(1)隧道洞口开挖前，要对控制网进行加密测量，对进出口进行联测，并对洞口段地形地貌进行复测，对隧道洞口地质进行复核，清除危岩体，采取相应工程措施确保边坡和仰坡稳定,保证隧道进洞安全。

(2)隧道洞口开挖前,应编制隧道进洞专项施工方案,报监理工程师审批。

(3)洞口开挖和进洞施工宜避开雨季和融雪期,当不能避免时,应采取防止坍塌的安全保障措施。

(4)隧道洞口开挖前,应结合设计文件,遵循"早进晚出"的原则,复核确认明暗分界位置的合理性,进出洞口边坡和仰坡施工宜遵循少挖或不挖、零进零出的原则,宜采取适当延长明洞和隧道长度的方式,避免对山体的大挖大刷。

(5)开挖进洞前,应完成管棚、地层加固、降水等设计要求的辅助工程施工。

(6)截、排水工程。

①隧道洞顶截水沟以内宜进行清表,分离式隧道中间山体和连拱隧道中导洞开挖时应尽可能保护两侧山体,维护原有的生态地貌。

②应结合地形条件设置截水沟,具备有效拦截、排水顺畅的能力。截水沟迎水面不得高于原地面,回填应密实,不易被水掏空。水沟出水口应引入排水系统,不应冲刷路基边坡面及桥梁锥坡等设施。

③洞口截、排水设施应在雨季和融雪期之前完成。

④截水沟应采取防止渗漏和变形的措施。

⑤洞内排水应与洞外排水设施合理连接。

⑥对于反坡施工洞口,施工期间洞口应设渗水盲沟,并在两侧排水沟于洞口部位设浆砌片石隔墙和洞外隔离。

(7)洞口土石方开挖。

①洞口边坡和仰坡采用明挖法施工,应自上而下开挖,不得掏底开挖或上下重叠开挖,每层开挖高度不大于2m。

②边坡和仰坡应开挖一级、防护一级。

③宜采用人工配合机械开挖,或者采用控制爆破措施减少对边坡和仰坡及围岩的扰动。洞口爆破开挖影响邻近建(构)筑物或已建工程时,应采取措施控制爆破振动,并进行爆破振动监测。

④应随时监测边坡和仰坡的变形状态。

(8)边坡和仰坡防护。

①洞口土石方开挖过程中,应按设计要求及时进行边坡和仰坡防护。

②在洞口松软地层开挖边坡和仰坡可能出现地层滑坡、崩塌时,应及时采取措施稳定坡体,确保施工安全。

③锚杆施工时,应先在坡面上用红油漆画出每根锚杆的准确位置;钻孔时应控制钻孔方向,保证孔深和孔径符合设计要求。

④偏压洞口施工应做好支挡、反压回填等工作后再开挖。开挖方法应结合偏压地形情况选定,不得因人为因素加剧偏压。

⑤如坡体含水率较大或有地下水,导致坡面渗漏水较多时,应增设泄水孔。

⑥洞口永久性挡护工程应紧跟土石方开挖,应及早完成。

(9)管棚。

①洞口地质情况相对较好的,可优化管棚支护,零开挖进洞施工。

②洞口地质水文条件较差的,可适当延长管棚长度和加密环向间距,可分台阶施工,应严格控制进洞施工顺序,采用明洞或半明半暗法进洞。宜采取适当延长明洞和隧道长度的方式。应在完成洞口辅助工程后,立即进行明洞主体模筑衬砌施工,然后再进行暗洞浅埋段施工。

(10)套拱。

根据地质地形情况,可调整套拱尺寸、形状,分步施工。

①轮廓开挖。在边坡和仰坡临时支护锚杆(管)注浆浆液强度达到设计要求后,用开挖机械按设计高程挖出套拱拱脚基础,并进行地基承载力检测,要求承载力不小于设计值。拱脚基础浇筑完成并达到设计强度后,按设计高程开挖套拱外轮廓,掌子面中部应预留核心土,核心土既对周围土体起到支撑作用,又可作为套拱施工底模支撑平台。

②拱架埋设。套拱轮廓开挖完成后,在套拱内埋设工字钢钢拱架,并用钢筋纵向连接。

③模板安装。套拱底模模板宜采用钢模板。模板安装之前应按照设计标记出套拱的轮廓线,确保模板安装位置正确,控制好模板拼缝。模板底部应加强支撑,使其具有足够的强度和刚度,能够承受施工荷载及混凝土自重。

④套拱混凝土浇筑。套拱混凝土采用拌和站集中拌制,应采用插入式振捣器振捣密实。浇筑混凝土时必须两侧对称同步进行,且两侧混凝土顶面高差不超过50cm,以免产生偏压而导致套拱横断面中心及高程产生偏差。混凝土浇筑前应将导向管孔口管两端封堵,防止混凝土进入堵塞管体。

⑤套拱养生。套拱混凝土浇筑完成24h后进行洒水养生;冬季气温低于5℃时,禁止洒水,需用土工布或棉被覆盖保温,养生时间不少于7d。洞口围岩较差时,应在套拱混凝土浇筑前对掌子面采用喷射混凝土临时封闭。

(11)长管棚。

①架立钻机立轴方向必须准确控制。钻机位置不宜远离孔口,距孔口距离小于4m。

②注浆时要注意地表变化。若地表变形较大,应分析原因,以便采取针对性措施,如暂停注浆、限制注浆压力与泵量、调整浆液配合比等。

③注浆过程中,若出现进浆量很大,压力不上升的现象,可改小压力与泵量,调整浆液浓度和胶凝时间,或暂停注浆,但中断时间不能大于初凝时间。

④达到设计注浆量,或注浆压力达到设计终压后稳压不少于15min,进浆量一般为20~30L/min,可作为注浆结束标准。超过设计注浆量10%且注浆压力仍未达到设计终压,应及时停止注浆,分析原因。

7.5.2 明洞

7.5.2.1 施工工艺及流程（图7.5.2-1）

开挖前复测地形，开挖至基底后，先进行基底承载力检测、岩溶探测，若不满足要求，采用基底置换或注浆加固处理，先施工仰拱及仰拱填充，然后将二次衬砌台车作为明洞及洞门的内模，在二次衬砌台车外根据设计安装钢筋，立外模后浇筑混凝土，最后拆模后安装防排水设施并回填。

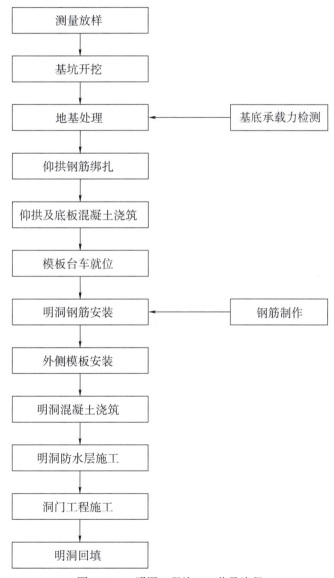

图7.5.2-1 明洞工程施工工艺及流程

7.5.2.2 控制要点

（1）明洞衬砌及防水。

①明洞衬砌及防水的施工要点与洞内复合式衬砌基本相同，明洞与暗洞分界处要设置沉降缝。

②明洞衬砌边墙基础和遮光棚支柱基础必须设在稳固的基础上,当地基承载力达不到要求时,必须进行加固处理。

③软岩隧道明洞衬砌应在边坡和仰坡及洞口辅助工程施工完毕后及时施作,其他隧道明洞衬砌宜在洞身开挖100m以内及时施作,由于特殊条件不能按要求施作明洞的,需经过设计单位及监理工程师同意。

④明洞防水层铺设前,应检查并清除拱墙背面露出的尖锐突出物,明洞拱墙背面混凝土表面应平整圆顺,必要时可用砂浆抹平。防水层的铺设应保证各方向的搭接宽度。

(2)洞门施工。

①洞门应力求与自然环境、人文景观相协调。

②洞门墙宜在洞口衬砌施工完成后及时施作。

③洞门墙基底虚渣、杂物、泥、水等应清除干净,地基承载力应符合设计规定。

④洞门拱墙应与洞内相邻的拱墙衬砌同时施工,连成整体,洞门端墙应与隧道衬砌紧密连接。

⑤洞口衬砌两侧端墙砌筑和墙背回填应对称进行。

⑥洞门墙墙背排水设施应与洞门墙同步施工。洞门墙墙身底部应设泄水孔。

⑦洞门施工模板宜采用定型钢模,模板刚度满足施工要求,模板面积不小于2m²,面板厚度不小于5mm,并定期校正模板。

(3)明洞回填。

①明洞拱背回填应在外模拆除、防水层和排水盲管施工完成后进行。人工回填时,拱圈混凝土强度应不小于设计强度的75%。机械回填时,拱圈混凝土强度应不小于设计强度。

②明洞两侧回填水平宽度小于1.2m的范围应采用浆砌片石或同级混凝土回填。

③回填料不宜采用膨胀岩土。

④回填顶面0.2m可用耕植土回填。

⑤明洞土石回填应对称分层夯实,分层厚度不宜大于0.3m,两侧回填高差不应大于0.5m,回填到拱顶以上1.0m后,方可采用机械碾压。回填土压实度应符合设计规定。

⑥单侧设有反压墙的明洞回填应在反压墙施工完成后进行。

⑦回填时不得倾填作业。

⑧明洞回填时,应采取防止损伤防水层的措施。

⑨洞门顶排水沟砌筑在填土上时,应在夯实后砌筑。

7.5.3 洞口浅埋段

(1)浅埋段的开挖施工应遵循"管超前、严注浆、短开挖、强支护、早封闭、勤量测、速反馈、控沉陷"的原则。

(2)围岩自稳能力差或三车道及以上跨度隧道的浅埋段,可选择地表降水、地表加固、管棚、超前小导管、预注浆等辅助工程措施。

(3)浅埋隧道应加强初期支护和减小爆破振动,及时施作初期支护,尽早施作二次衬砌。

(4)洞口浅埋段施工基本要求。

①浅埋、偏压隧道施工前,应对洞口及周边地形、地貌、水系、构造物等进行详细调查。

②浅埋、偏压隧道施工前,应按设计要求进行洞口处置并布设监控量测点。常见的处置措施有地表注浆、卸载反压、施打抗滑桩、施加预应力锚索、施作混凝土挡墙等。

③浅埋、偏压隧道洞内主要采取超前支护、采用单侧壁导坑法等进行开挖、加强支护参数、尽早施作二次衬砌等措施,减少偏压对隧道施工安全和结构安全的影响。

(5)洞口浅埋段施工控制要点。

①应减少洞口边坡和仰坡的开挖,减少对洞口围岩的扰动,宜采取半明半暗的方式进洞。

②偏压挡墙应先行施作,基础地基承载力必须满足设计要求。

③隧道浅埋、偏压段应采用分部开挖形式,先开挖隧道偏压一侧,再开挖另一侧。

④隧道浅埋、偏压段应采用控制爆破方式,减少对洞口围岩的扰动,严格进行监控量测。

⑤左右洞同时存在偏压时,应遵循"先难后易、先外侧后内侧"的施工顺序。

7.6 超前支护

7.6.1 主要施工内容

隧道超前支护是根据隧道"管超前、严注浆"的施工原则,对掌子面前方围岩进行预加固措施,通过注浆方式提高前方围岩的稳定性,减少隧道洞室的变形。超前支护方式一般有长管棚、超前小导管、超前锚杆等。

7.6.2 施工工艺及流程(图7.6.2-1)

7.6.3 控制要点

(1)测量放样:按设计要求在施工作业面放出钻孔位置,并做好标记。

(2)钻孔:①采用气腿式风钻进行引孔(孔径较设计导管管径大20 mm以上)。②按设计倾角、间距、孔深钻孔,允许误差为方向角2°、孔口距±50mm、孔深±50mm。

(3)清孔:用高压风从孔底向孔口清理钻渣。

(4)安装:成孔后,将小导管插入孔中或用气腿式风钻直接将小导管从钢架上部打入,外露20cm焊接于钢架上,相邻两排小导管搭接长度应符合设计要求。

(5)注浆:①按由下至上顺序进行,单孔注浆压力达到设计要求值,注浆压力为0.5~1.0MPa,持续稳压15min且进浆速度为开始进浆速度的1/4或进浆量达到设计进浆量的80%及以上时方可结束注浆。②注浆后,管口应设置止浆阀。

(6)注浆浆液采用水泥单液浆,如遇地下水较丰富时,可采用水泥-水玻璃双液浆。

(7)注浆压力及具体配合比应根据现场试验确定,具体施工参数可在施工过程中根据情况及时调整。

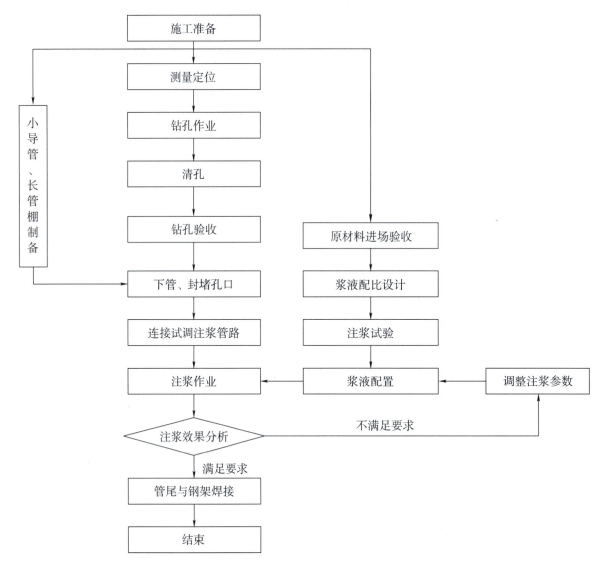

图 7.6.2-1　超前支护施工工艺及流程

7.7 洞身开挖

7.7.1 主要施工内容

隧道开挖是隧道施工关键环节,其开挖方法的选择直接关系到隧道洞室的安全稳定。隧道施工宜采用新奥法施工,特别是在软岩地带,根据"弱爆破、短进尺、强支护、早封闭、勤量测"的原则,尽量减少对围岩的扰动,发挥围岩自身的支护作用。Ⅱ～Ⅳ级围岩主要采用钻孔爆破法,Ⅴ级围岩可采用机械开挖。隧道开挖施工内容一般有钻孔、装药、爆破、出渣等。

7.7.2 施工工艺及流程（图7.7.2-1）

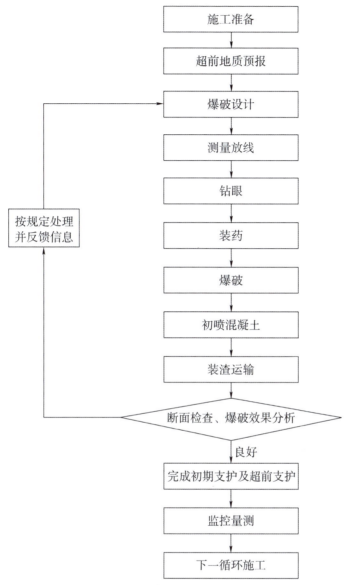

图7.7.2-1 洞身开挖施工工艺及流程

7.7.3 隧道洞身开挖工效分析（表7.7.3-1）

隧道洞身开挖工效分析表 表7.7.3-1

序号	工序	施工工效（Ⅳ级围岩上台阶）
1	炮眼布设	0.25h
2	钻孔	采用双曲臂凿岩台车，每孔1.5~2min，上台阶约1.5~2h
3	装药、爆破	清孔，爆破约2~3h
4	出渣	2~3h
5	排险	0.25h

推荐使用双曲臂凿岩台车进行钻孔作业，双曲臂凿岩台车具有以下特点：①与传统人

工钻爆开挖相比,人工成本低;②节约用电成本;③单个钻孔效率高;④适用性高,与三臂凿岩台车相比,更能适用单台阶和双台阶作业;⑤安全性高。双曲臂凿岩台车开挖与传统开挖对比分析见表7.7.3-2。

双曲臂凿岩台车开挖与传统开挖对比分析表　　　　表7.7.3-2

对比项目	机械开挖	传统开挖
采购成本	全套约320万元	68400元
开挖方式	双曲臂凿岩台车开挖	人工开挖
所需人工	11人(不分围岩)	18人(Ⅲ级围岩) 15人(Ⅳ级围岩)
人工成本	约4148元/d(不分围岩)	约5100元/d(Ⅲ级围岩) 约4250元/d(Ⅳ级围岩)
用电功率	125kW(双曲臂凿岩台车)+132kW(吹孔所用空气压缩机)	528kW(4×132kW)(Ⅲ级围岩) 396kW(3×132kW)(Ⅳ级围岩)
用电成本	约510kW·h每循环(含钻孔吹孔)	约1600kW·h每循环(含钻孔吹孔)
单个钻孔效率	单孔钻孔时间为1~1.5min	单孔钻孔时间为20min
总循环时间	19.5h(Ⅳ级围岩) 11.5(Ⅲ级围岩)	17h(Ⅳ级围岩) 11.5h(Ⅲ级围岩)
单循环进尺	约3.9m(Ⅳ级围岩) 约3.9m(Ⅲ级围岩)	约3.7m(Ⅳ级围岩) 约3.7m(Ⅲ级围岩)
空气压缩机配套	不含空气压缩机,吹孔需单独各1台空气压缩机	4台空气压缩机辅助施工

7.7.4 控制要点

(1)应根据地质条件、隧道开挖断面和围岩稳定情况选择开挖方法。不同围岩条件和开挖断面适宜的开挖方法见表7.7.4-1。

不同围岩条件和开挖断面适宜的开挖方法　　　　表7.7.4-1

序号	开挖方法		围岩级别(双车道隧道)
1	全断面法		Ⅰ~Ⅲ
2	台阶法	长台阶法	Ⅲ~Ⅳ
		短台阶法	Ⅳ~Ⅴ
		超短台阶法	Ⅴ
3	分部开挖法	环形开挖留核心土法	Ⅴ~Ⅵ
		中隔壁法	Ⅴ~Ⅵ
		侧壁导坑法	—

(2)隧道爆破应采用光面爆破。

(3)施工前应进行钻爆设计,内容包括:爆破方法,炮孔(掏槽孔、辅助孔、周边孔)的布置、数量、深度和角度,炸药种类,装药量和装药结构,起爆方法,起爆器材和爆破顺序等。钻爆设计图应包括炮孔布置图、周边孔装药结构图、钻爆参数表、主要技术经济指标及必要的说明。

(4)爆破后应对开挖断面形状、轮廓尺寸及爆破效果进行检查,超欠挖量应符合规范要求,且炮眼残留率宜为硬岩≥80%、中硬岩≥70%、软岩≥50%。

(5)软岩开挖时,开挖应尽量采用挖掘机和人工配合无爆破施工,需爆破施工时,应采取相应的超前支护措施,并应进行弱爆破施工,以尽量减少对地层的扰动,软岩开挖通常采用的开挖方法有台阶分步法、三台阶临时仰拱法、交叉中隔墙法(CRD法)、侧壁导坑法等。多臂凿岩台车施工如图7.7.4-1所示。

图7.7.4-1 多臂凿岩台车施工

(6)开挖爆破后,应对围岩地质状况进行观察记录,分析确定围岩级别和岩层走向,根据围岩实际情况,修改完善开挖、支护设计,预测围岩变化趋势,为采取预防措施提供依据。硬岩爆破效果如图7.7.4-2所示。

图7.7.4-2 硬岩爆破效果

7.8 初期支护

7.8.1 主要施工内容

隧道初期支护应在洞室开挖后及时施作,改善围岩岩体应力,主动适应围岩形变,发挥围岩自稳能力;同时能够加固围岩,限制围岩岩体的形变。隧道内初期支护施工内容一般包括开挖面处理、初喷混凝土、铺设钢筋网及架立钢架、复喷混凝土至设计厚度等。

7.8.2 施工工艺及流程(图7.8.2-1)

(1)无钢架地段施工。

隧道Ⅲ级围岩采用全断面法施工,无钢架地段隧道初期支护是由系统锚杆、钢筋网和喷射混凝土组成的一种联合受力结构。施工工艺流程为初喷→挂钢筋网→复喷至设计厚度→施作锚杆(图7.8.2-2)。

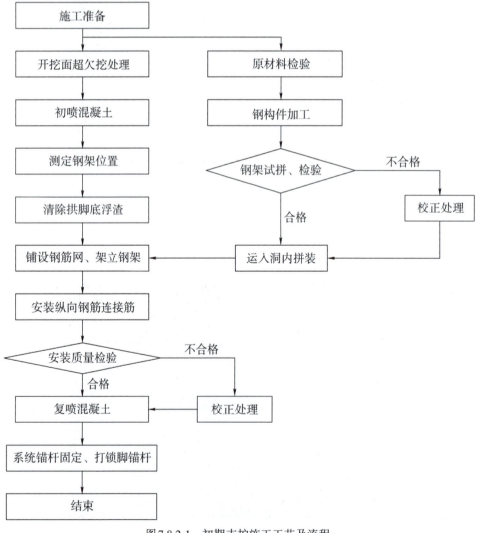

图7.8.2-1 初期支护施工工艺及流程

7 隧道工程

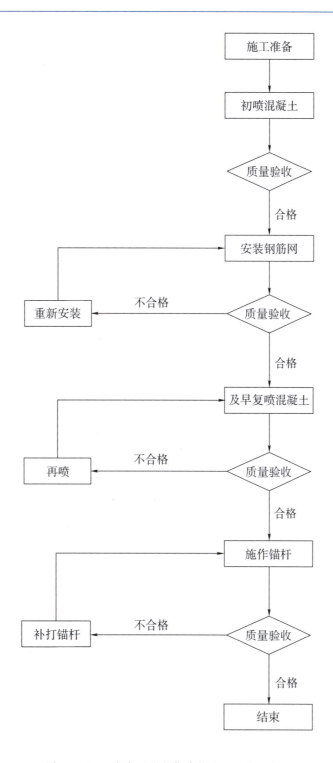

图 7.8.2-2　无钢架地段初期支护施工工艺及流程

（2）有钢架地段施工。

有钢架地段隧道初期支护是由系统锚杆、钢筋网、钢架和喷射混凝土组成的一种联合受力结构。施工工艺流程为初喷→挂钢筋网→钢架安装→复喷至设计厚度→施作锚杆（图 7.8.2-3）。

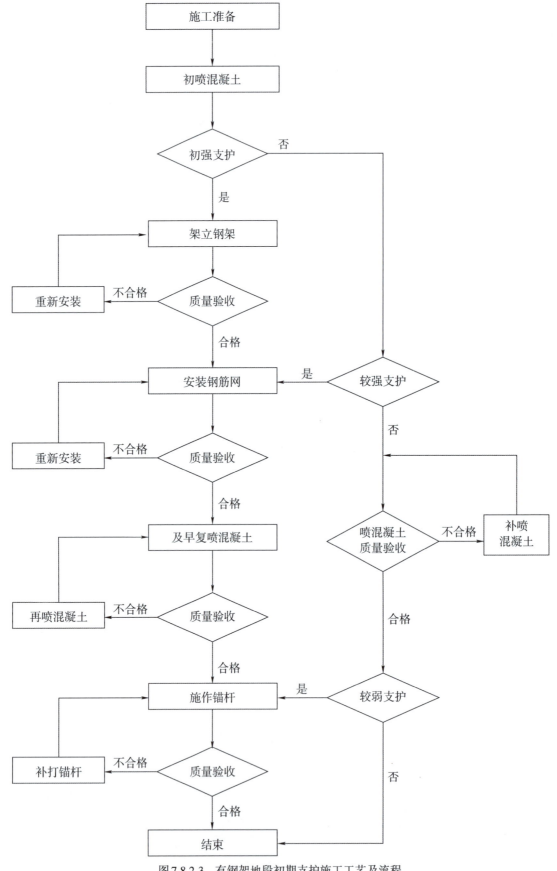

图7.8.2-3 有钢架地段初期支护施工工艺及流程

7.8.3 隧道初期支护工效分析(表7.8.3-1)

隧道初期支护工效分析表　　　　　　　　　　表7.8.3-1

序号	分项工程	施工工效(Ⅳ级围岩上台阶)
1	第一次喷射混凝土	湿喷机械手0.5h
2	锁脚锚杆、立架施工	采用多臂凿岩台车钻孔,1.0~1.5h
3	钢筋网安装	0.5~1.0h
4	第二次喷射混凝土	湿喷机械手2.0~2.5h
5	系统锚杆钻孔及安装	采用多臂凿岩台车钻孔,2.0~3.0h

注:湿喷机械手:与传统工艺相比,作业环境得到大幅度改善,人工成本低,施工时仅需2名操作手(1名主喷手配1名复喷手),喷浆时间为3h,初喷效果好,作业方式如图7.8.3-1所示,喷射效果如图7.8.3-2所示。

图7.8.3-1　湿喷机械手作业图

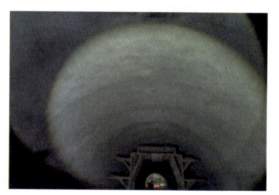

图7.8.3-2　湿喷机械手喷射效果图

7.8.4 控制要点

(1)喷射混凝土应采用湿喷工艺,混凝土由隧道外自动计量拌和站生产。

(2)喷射混凝土施工前应清除危岩体,使用激光断面仪扫描开挖断面净空尺寸,凿除欠挖凸出部分。

(3)喷射混凝土作业应按初喷混凝土和复喷混凝土分别进行,复喷混凝土可分层多次施作。

(4)喷射混凝土应与围岩密贴,应分段、分片、分层按由下而上的顺序进行,拱部喷射混凝土应对称作业。

(5)喷射混凝土配合比应满足设计强度和喷射工艺的要求。

(6)锚杆孔宜采用锚杆钻机或(多臂)凿岩台车钻孔。

(7)系统锚杆钻孔方向应为设计开挖轮廓线法线方向;局部锚杆应与岩层面或主要结构面成大角度相交。

(8)锚杆应安装垫板与喷射混凝土接触,并拧紧螺母。

(9)型钢钢架应采用冷弯法制造成型,宜在工厂加工。

(10)钢架应在初喷混凝土后安装。

(11)安装前应清除钢架拱脚虚渣,使之支撑在稳定的地基上。

(12)钢架应垂直于隧道中线在竖直方向安装,竖向不倾斜,平面不错位、不扭曲;上、下、左、右允许偏差为±50mm,钢架倾斜度允许偏差为±2°。

(13)钢架应贴近初喷混凝土面安装,当钢架和围岩初喷混凝土面之间有间隙时,应采用钢楔块或木楔块楔紧,并用喷射混凝土填充密实。

7.9 防排水

(1)在铺设防水板前,应每2m为一个检测断面进行初期支护断面测量;标识欠挖位置应及时处理,确保衬砌厚度及净空,并保留记录存档备查。

(2)基面外露的锚杆头、钢筋头等尖锐物、突出物应予以割除并覆盖砂浆抹平顺。

(3)防水板、土工布的材质、性能、规格及铺设范围应符合设计要求,并在基面验收合格后方可进行土工布、防水板施工。

(4)采用无钉铺设工艺:先铺设土工布,热塑垫圈+射钉固定,再铺设防水板与热塑垫圈焊接牢固;环向铺设先拱后墙,下部防水板应压住上部防水板,纵向铺设下游防水板压住上游防水板,三层以上塑料防水板的搭接形式必须是"T"形接头。

(5)垫圈间距为0.8~1.0m,土工布搭接宽度应不小于5cm,平整、无隆起、无褶皱。

(6)防水板搭接缝与施工缝错开距离应不小于100cm。防水板搭接长度应不小于15cm,分段铺设的防水板边缘应预留至少60cm的搭接余量,允许偏差为-10cm。

(7)防水板采用双焊缝焊接,单条焊缝宽度应不小于15mm,焊接温度应控制在200~270℃为宜;热塑垫圈的物理性能须与防水板一致,焊缝及防水板与垫圈焊接无漏焊假焊、焊焦、焊穿;若存在漏焊、假焊,应予以补焊,焊穿、焊焦处及外露固定点,采用同质材料覆盖焊接。

(8)防水板铺设应多于复合式衬砌1~2个衬砌长度,与开挖面保持一定安全距离。

(9)钢筋安装、焊接与绑扎等在防水板附近作业时,须注意对防水板的保护,避免破损。钢筋段衬砌防水板执行"两次检查",即防水板安装后检查、台车定位前检查,及时发现处理破损处。

(10)初期支护及隧底渗水的地方应增设排水设施,并引排至隧道边沟。

(11)防排水及自动化钢筋挂布台车功效分析可参照表7.0.9-1。

隧道防排水施工工效分析表　　　　　　　　　　　表7.0.9-1

序号	工序	施工工效
1	排水管安装	0.25h
2	土工布铺设	自动化钢筋挂布台车0.25~0.5h
3	防水板铺设	自动化钢筋挂布台车1~1.5h

7 隧道工程

推荐使用自动化钢筋挂布台车,该台车具有以下特点:①施工系统行走简便、方向调整简便;②施工质量提高明显;③节约人工且降低工人的作业强度;④有效保障作业时下方施工人员的安全。自动化与传统钢筋挂布台车施工对比如表7.0.9-2与图7.0.9-1所示。

自动化与传统钢筋挂布台车施工工效对比表　　　　表7.0.9-2

对比项	自动化钢筋挂布台车	传统钢筋挂布台车
采购价格	285000元	视加工情况而定
规格	8m	12m
型号	自行液压式	简易式
工作人数	1~2人	3~4人
施工平台	多台阶式施工平台,全花纹钢板覆盖	钢筋网
施工效率	无须额外支撑,两人可分别独立作业	需额外支撑
行走方式	液压装置操控	其他机械辅助移动

a) 自动化钢筋挂布台车

b) 传统钢筋挂布台车

图 7.0.9-1　自动化与传统钢筋挂布台车施工效果对比图

7.10 复合式衬砌

7.10.1 主要施工内容

复合式衬砌由二次衬砌(一般是整体衬砌)与初期支护共同组成。作为支护结构的必要组成部分,其主要是提高隧道的安全性能,同时在局部收敛变形较大段落提前施工二次衬砌,参与整体受力,能够有效控制围岩的变形发展。复合式衬砌施工内容一般包括仰拱施工、防水板铺设、模筑混凝土等。

7.10.2 施工工艺及流程(图7.10.2-1、图7.10.2-2)

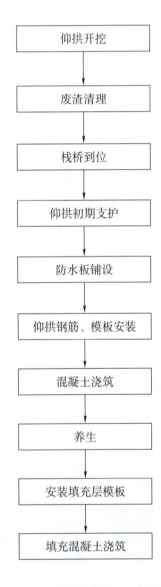

图7.10.2-1 仰拱衬砌施工工艺及流程

7 隧道工程

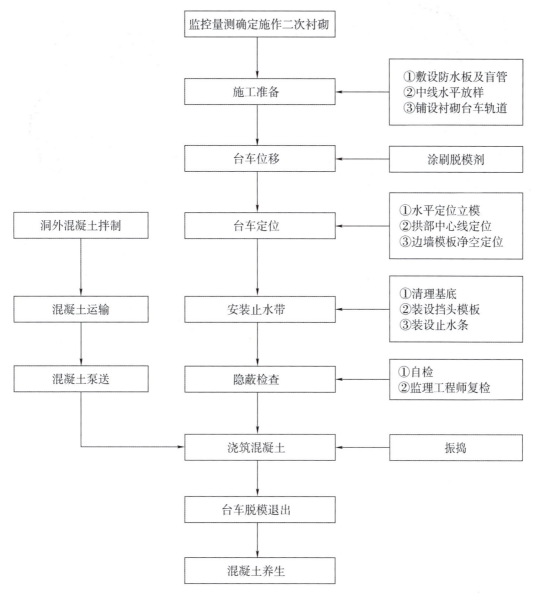

图 7.10.2-2 拱墙衬砌施工工艺及流程

7.10.3 隧道二次衬砌工效分析(表 7.10.3-1)

二次衬砌工效分析表　　　表 7.10.3-1

序号	工序	施工工效
1	钢筋绑扎	自动化钢筋台车,2~2.5d
2	台车就位	自行式自动布料二次衬砌台车 5~6h
3	混凝土浇筑	自行式自动布料二次衬砌台车 9~10h

推荐使用自行式液压栈桥(图 7.10.3-1)、自行式自动布料二次衬砌台车(图 7.10.3-2),具有工效高、安全可靠等特点。

425

图7.10.3-1　自行式液压栈桥

图7.10.3-2　自行式自动布料二次衬砌台车

7.10.4　控制要点

初期支护变形稳定,方能施工二次衬砌。

(1)隧道周边位移有明显减缓趋势,水平收敛速度≤0.2mm/d,总变形量已达到预留变形量80%以上,方可施工二次衬砌。

(2)隧底开挖断面形状、尺寸、基底高程、基底承载力应符合设计规定。

(3)欠挖部分应予以凿除,并清除隧底虚渣、杂物、淤泥,抽干积水。

(4)仰拱初期支护喷射混凝土与仰拱混凝土衬砌不能一次浇筑;仰拱填充混凝土不得与仰拱混凝土一次浇筑。

(5)仰拱衬砌混凝土应整幅一次浇筑成形,不得左右半幅分次浇筑,一次浇筑长度不宜大于5m。

(6)"五线"上墙。"五线"为仰拱上层钢筋线、仰拱下层钢筋线、纵向盲管线、环向盲管线、仰拱混凝土顶面线。采用激光射线在隧道边墙上绘出虚拟标准线,代替人工拉线、喷漆画线。

(7)衬砌受力筋与模板之间、受力筋与防水层之间应安装满足设计厚度要求的混凝土垫块。垫块应按梅花形布置,垫块纵向、环向间距不宜大于1.5m。

(8)环向受力筋与纵向分布筋每个节点应进行绑扎或焊接。仰拱衬砌钢筋或预埋连接钢筋应与拱墙环向受力筋焊接或机械连接。环向受力筋的搭接应采用焊接或机械连接。

(9)相邻环向受力筋搭接位置应错开,错开距离应不小于1000mm,同一受力钢筋的两个搭接距离应不小于1500mm。

(10)采用模板台车浇筑混凝土的衬砌段,应在钢筋全部安装绑扎完成后,再将模板台车移动就位。

(11)衬砌混凝土宜采用附着式和插入式振捣相结合的方式振捣,采用高频机械振捣时,振捣时间宜为10~30s,振捣不应使模板、钢筋和预埋件移位。

(12)混凝土出料口距浇筑面的垂直距离不应大于2.2m。混凝土应从两侧边墙向拱顶、由下而上依次分层对称浇筑,两侧混凝土浇筑面高差不应大于1.0m,同一侧混凝土浇筑面高差不应大于0.5m。混凝土浇筑至振捣窗下0.2m时,应关闭振捣窗。

(13)衬砌混凝土养生时间不得少于7d。掺加引气剂或引气型减水剂时,混凝土养生时间不得少于14d。隧道内空气湿度不小于90%时,可不进行洒水养生。

7.11 紧急停车带

7.11.1 施工工艺

紧急停车带断面跨度大、施工安全风险高,开工前需要对围岩状况进行充分的研究分析,准确判定围岩类别,并且根据围岩情况制定周密、可靠的施工方案。

隧道紧急停车带加宽断面为Ⅴ级围岩破碎段时,开挖施工采用中隔壁法进行,导洞台阶长度为3~5m;先行导坑与后行导坑应错开不小于10m,开挖循环进尺不超过一榀拱架间距,初期支护紧跟开挖面,开挖以人工配合机械为主。因此,在施工时正常一侧断面尺寸一次开挖到位,扩大端设3.2m渐变段。渐变段采用净空渐变增大的异形拱架锚喷支护,过渡至紧急停车带断面。紧急停车带加大断面缩小至隧道正常断面时,采用突变方式,并在隧道正常断面处架立一榀钢支撑,拱部布设超前小导管,然后按微台阶法进行正常断面的开挖支护施工,按设计要求对堵头墙进行支护。

隧道紧急停车带加宽断面段为Ⅲ、Ⅳ级围岩时,开挖施工采用台阶法进行,开挖后及时施作初期支护封闭围岩,以减少围岩暴露时间,抑制围岩变形,防止围岩在短期内松弛剥落。初期支护落底后及时施作仰拱和仰拱回填层,然后施作二次衬砌。

隧道紧急停车带施工现场如图7.11.1-1所示。

7.11.2 控制要点

(1)根据隧道紧急停车带断面大、围岩稳定性差的特点,合理配置施工机械设备,同时组织有经验的施工队伍进行平行流水作业,缩短各工序作业时间,加强各工序施工的衔接,逐步加快施工进度,保证施工工期。

(2)严格执行信息化施工,隧道开挖前采取多种形式的超前地质预测预报手段,将掌子面前方围岩提前探知,以指导现场施工。

图7.11.1-1　隧道紧急停车带施工现场图

（3）加强隧道施工过程的监控量测，根据拱顶下沉、净空收敛情况，及时调整初期支护参数，若变形速率值增加，须立即封闭仰拱及掌子面，再根据变形速率情况进行后续处理。

7.12　隧道横通道

7.12.1　隧道人行横通道

（1）隧道正洞与人行横通道交叉处的施工。

隧道正洞与人行横洞交叉口处，先按照设计进行隧道正洞施工，并按设计图纸加强该段初期支护，待交叉口处滞后正洞开挖掌子面一定距离后再单向开挖施工。开挖后及时进行初喷、铺设钢筋网、安装系统锚杆、复喷。

交叉口处正洞支护结构按照设计参数进行加强，在横通道开口之前先架设纵向托梁与竖向支撑钢架以加固正洞钢拱架，加固完成后再破除开口处正洞支护结构，最后开挖横通道。

（2）人行横通道施工。

因人行横洞断面较小，开挖采用全断面开挖，风动凿岩机钻眼，按照隧道设计轮廓线将隧道一次爆破开挖成型，再进行下一步工序施工。各道工序尽可能平行交叉作业，缩短作业循环时间，施工中及时施作初期支护，保证施工安全。

在人行横洞初期支护和二次衬砌之间设置纵向和环向排水管以排除衬砌后渗漏水。沿人行横洞全长每隔10m设置一根φ50mm环向软式透水管，两侧拱脚各设一根φ100mm纵向排水波纹管，环向软式透水管与纵向排水波纹管互相连通；横洞纵向排水管与主洞二次衬砌拱脚背后的纵向排水波纹管互相连通，将地下水排入主洞水沟内。

人行横通道初期支护和二次衬砌间拱墙背后设乙烯-醋酸乙烯共聚物（EVA）复合土工膜防水层，与底部防水层相接。衬砌采用衬砌台架及木模全断面模筑混凝土，混凝土输送泵输送混凝土。

7.12.2 隧道车行横通道

(1)主线初期支护预留,洞口加固。

考虑到主线隧道开挖支护已扰动周边围岩,不宜同时对车行横通道开挖支护。因车行横通道开挖时,洞顶岩体为悬空状态,故在主线隧道施工时候,主线隧道钢拱架须在车行横通道断面范围的拱部进行加固。在横通道开口之前先架设纵向托梁与竖向支撑钢架以加固正洞钢拱架,托梁施作前,必须先在设计位置施作φ42mm锁脚锚管,锁脚锚管单根长4m,加固完成后再破除开口处正洞支护结构,再开挖横通道。

(2)车行横洞施工。

因车行横洞断面较小,开挖采用人工配合机械全断面开挖方式。开挖后及时进行初喷、拱架安装、钢筋网铺设、复喷、系统锚杆安装。防排水施工同人行横洞。

7.12.3 控制要点

(1)横通道的永久性防排水工作,应按设计要求施工,并应符合下列规定:

①横通道与正洞连接处的防排水工程应与正洞一次同时完成。

②横通道与正洞连接的折角处,防水层应根据铺设面的形状平顺铺设,不得出现空白,应减少搭接。

(2)横通道的衬砌施工应符合下列规定:

①认真复查防排水工程的质量。防排水工程经检查验收符合设计规定后,方可进行复合式衬砌施工。

②衬砌中各类预埋管件和预留孔、槽及边墙内的各类洞室应按设计位置定位。模板架设时应将经过防腐与防锈处理后的预埋管和预埋件绑扎牢固,留出各类孔、槽及边墙内的各类洞室位置。灌筑混凝土时应确保各类预埋管件和预留孔、槽不产生移位。

③各类洞室、横通道与正洞连接处的钢筋应互相连接可靠,绑扎牢固,使之成为整体。

④主洞与各类洞室、横通道连接处钢架和主筋的断开和处置应符合设计规定。

7.13 斜井

7.13.1 斜井挑顶施工

斜井与正洞交叉部位段现场施工时根据掌子面围岩情况及时进行支护参数调整,确保施工安全。

斜井与正洞连接段开挖要支护紧跟,复合式衬砌及时施工。斜井开挖到接近正线时采用上半断面开挖,以斜井上半断面的尺寸穿交叉口,当围岩较差时,按100cm控制开挖进尺;根据支护变形情况,及时加强正洞初期支护参数,并适当加大预留变形量。交叉口段根据围岩情况增设临时支护,上半断面开挖后再进行断面扩挖至正洞断面。斜井与正洞相交段施工时加强量测工作,当变形量超允许值时及时采取加强支护措施。

斜井进入正洞施工:

(1)斜井先以小导洞进入正洞施工,导坑断面按小型挖机能够扒渣设计,支护参数根据实际围岩等级采用适当的支护结构形式,确保施工安全。

(2)在正洞导坑施工时,导坑拱顶高程在正洞开挖轮廓线以外30cm左右,考虑到围岩变形量可能较大,实际开挖尺寸比设计高程再提高10～15cm。开挖进尺严格控制在1m以内,施工中做到边开挖边支护。

(3)待导坑完成正洞开挖限界后,停止向前施工,返回进行正洞交叉口段扩挖。

(4)正洞交叉口段扩挖时,采用台阶法向小里程方向开挖,先开挖上台阶,边开挖边支护,开挖长度达到15~20m后,再以相同方法向大里程方向开挖正洞。

(5)在上台阶开挖到一定长度后,及时进行中、下台阶施工,以便初期支护与仰拱尽早成环,确保施工安全。

斜井挑顶施工现场如图7.13.1-1所示。

图7.13.1-1　斜井挑顶施工现场图

7.13.2　斜井运输施工

(1)洞外30m及洞内的铺底面进行防滑处理作为路面,要确保铺底施工质量,表面不得有坑洼,设置2%横坡,确保路面水流入侧沟,路面无积水、流水、渗水。铺底路面施工混凝土集料应选择坚韧耐磨的石料,以免混凝土路面磨光后摩擦力减小;铺底施工时左右幅错开施工,保证施工通道畅通,混凝土路面在确保强度满足设计要求后方可通行。

(2)运输线路应设专人按不低于4级道路的标准要求进行维修和养生,道路上不得有积水淤泥、废渣、杂物等,排水沟的淤泥、杂物应随时清除,保证排水通畅。

(3)在成洞和非作业地段,道路两侧除按设计布置管线路外,严禁存放材料、机具、设备或其他杂物;在作业地段,禁止随意放置和乱堆杂物,保证行车安全畅通。

(4)斜井从洞口段至井底,每隔200m设置由沙袋和废旧轮胎组成的防溜墩。

(5)防溜墩设置:防溜墩长5m、宽3m、高1.5m;靠墙设置于下坡方向右侧,墩身利用沙袋堆码形成,并于溜车方向相对一面加设废旧轮胎,起减振缓冲的作用;防溜墩墩身与坡体底板垂直,四周张贴明显的警示标志和反光条,上坡侧使用反光锥桶引流10m,放置防溜墩标识牌。

(6)斜井底部三岔口段,在正洞边墙处设置防撞墙和防撞轮胎(厚1m、高1.2m、宽5m),并安装明显的警示标志(包括"禁止停留""紧急出口""防溜墩"等)和应急照明设备。

(7)斜井内设有集水坑、抽水泵站、空压房、紧急避险处等特殊设施的,应在其周围加设防撞隔离栏、反光条和霓虹灯警示,并于该设施上坡方向位置设置防溜墩。在洞内变压器的上坡侧设置混凝土防溜墩,防溜墩设置在变压器与沙袋防溜墩之间,与变压器栅栏距离不小于10m。

(8)防溜轮胎上必须粘贴黄白相间的反光条加以提醒(禁止使用红色),同时需有"防溜墩"标识牌。标识牌采用不干胶制作和粘贴。

(9)防溜墩处禁止摆放金属或其他尖锐物体(石块、方木、混凝土块等),墩身禁止带有高压电源。

(10)隧道斜井井底正前方的左洞墙面上应设置一个曲面导视镜,确保斜井与正洞交接部位各方会车驾驶员能更好地观察到交叉口处的通行情况。

(11)运输设备的技术状况必须满足相关要求,确保运输安全。车辆进场后,由机电部组织有关人员对车况进行检查验收,经验收合格后方可投入使用。项目部安排专职人员每天对进出斜井的运输设备进行刹车检查,杜绝问题设备进入斜井。

7.14 隧道贯通

7.14.1 施工工艺

从地质情况、施工工期、机械设备配置及施工技术条件等方面的因素综合考虑,为保证隧道安全贯通,严格按照设计要求安装预支护,同时遵循"短开挖、弱爆破、强支护、早封闭、勤量测"施工原则,确保隧道安全贯通。

隧道对向开挖的两工作面相距不小于4倍隧道跨度时,两端施工应加强联系、统一指挥;两工作面不得同时起爆。土质和软弱破碎围岩地段,两开挖工作面间距离不小于3.5倍隧道跨度时,根据地质情况改为单向开挖;围岩条件较好地段,两开挖工作面间距离不小于2.5倍隧道跨度时,根据地质情况改为单向开挖。

隧道单向开挖距隧道出洞口明暗分界最后不小于10m处开始施工小导洞。

7.14.2 单向掘进出洞

(1)当掌子面施工至贯通面不小于10m的距离时,暂停掌子面的施工。完善围岩的初期支护,并采用5cm厚的喷射混凝土将掌子面封闭。

(2)隧道仰拱需紧跟掌子面,初期支护封闭成环,确保围岩稳定;同时隧道二次衬砌紧跟,保证隧道安全。

(3)单向出洞时,宜先做好出口边坡和仰坡危岩体清理及边坡和仰坡处置,出洞口附近道路、构造物同时下方有交叉道路时,需进行交通管制,确保出洞安全。

7.14.3 控制要点

(1)在施工过程中,通过超前地质预报了解前段隧道围岩状况,结合对围岩的观察和监控量测结果分析,对围岩稳定性、支护结构的工作状态做好安全评价,并提供修改支护系统和设计变更的依据,及时调整施工工艺及支护参数,实现"动态设计、动态施工"的根本目的。

(2)洞身开挖隧道贯通段采用台阶法施工,当两对向开挖的工作面相距不小于4倍隧道跨度时,贯通测量,两端施工应加强联系、统一指挥,爆破前相互告知对方爆破时间,在确认有关人员撤离作业面到安全区域后再进行爆破。当两对向开挖的工作面间的距离剩不小于3.5倍隧道跨度时,应改为单向掘进,爆破前通知对方爆破时间,确保安全作业。当两对向开挖的工作面相距3.5m时,为了保证光爆效果,应根据地质围岩情况重新计算炮眼间距及装药量,一次爆破贯通,严格控制超欠挖。

(3)为保证贯通安全,台阶法爆破时严格控制进尺,每循环进尺不超过两榀拱架间距,同时应及时进行初期支护防护,遵循开挖一循环、支护一循环。

(4)注重测量控制,确保按精度贯通,贯通处无欠挖,严格控制隧道的偏差在允许范围之内。

(5)在贯通完成之前,要特别注意加强安全防范与安全知识教育。防止因隧道即将贯通,现场人员产生麻痹大意的思想,盲目追求进度。

(6)在小导洞施工前,布设洞口地表监控点,便于安全出洞。施工过程中密切关注围岩变化情况,根据现场调整支护方式,保证施工安全。小导洞开挖过程中,加强对地表监测,发现异常及时处理。小导洞施工前对原有地面进行一次复测,准确掌握出洞时洞顶的覆盖层厚度,确保施工安全。小导洞贯通后,将洞内的风、水、电引出洞外,并按要求布设整齐。

7.15 不良地质

7.15.1 软弱破碎围岩

7.15.1.1 总体原则

(1)熟悉设计文件,提前预判地质条件。

(2)隧道洞身穿越断裂、断层,岩体受断层挤压破碎较严重。为避免施工灾害发生,应了解断层性质、产状、富水情况、在隧道中的分布位置、断层破碎带的规模、物质组成等,并分析其对隧道的危害程度,主要遵循"一探二判三施工四观测五应急"原则。

(3)遵循"优化轮廓、主动加固、分级控制、强化支护"的基本原则,遵循"快开挖、快支护、快封闭"的理念。"快开挖"为采用三台阶预留核心土开挖。"快支护"为开挖后及时封闭岩面,尽快施作喷锚网等支护措施,防止高地应力软岩长时间暴露产生更大变形,并根据监测数据动态调整支护参数。"快封闭"为支护结构尽快封闭成环,在最短的时间发挥最有效的作用。

(4)监控量测、二次衬砌施作时机,衬砌结构应充分考虑高地应力软岩大变形的复杂性、滞后性的影响。

(5)在监控量测的指导下调整开挖方法、支护参数,及时完成初期支护。

7.15.1.2 施工控制

(1)合理选用施工方法,施工时宜采用三台阶预留核心土、侧壁导坑等法施工。

(2)减少扰动,采用弱爆破开挖。进行钻爆法开挖时,应短进尺、多循环,开挖断面轮廓应圆顺。

(3)在监控量测的指导下及时调整支护参数和工序转换时机。及时封闭衬砌。衬砌紧跟开挖工序,尽可能减少岩层暴露时间。

(4)控制拱脚下沉。初期支护拱脚及时设置锁脚锚管,并设置临时仰拱封闭成环,有效控制上半断面支护的沉降,保证半断面开挖的安全。

(5)配置专用机械设备。大变形地段应配置应急物资。

(6)加强防排水。加强施工用水管理,及时抽排隧道内的渗水及施工废水,严格控制施工用水,完善隧道内排水设施,避免人为造成围岩软化。

7.15.2 岩溶

(1)施工中须检查溶洞顶板,及时处理危石。当溶洞较大较高时,应进行安全施工防护。

(2)溶洞处理应根据设计文件要求,结合现场实际情况,采取引排水、填堵、跨越、绕行等措施。

岩溶探测隧道遵循"以超前地质预报为基础,动态设计与施工,对发现的各种岩溶,根据其形态大小、与隧道空间关系、有无地下水和充填物采取多种措施综合处理"的原则。对于岩溶管道水,遵循"尽量维持既有水通道"的原则,当预报会发生涌突水、突泥和环境破坏严重时,遵循"主动预防、避免揭水、以排为主、以堵为辅、限量排放,采用排水通道(泄水洞、涵洞、暗沟、中心水沟等)和含水溶洞连通,释能降压"的原则。

7.15.3 瓦斯施工技术细则

7.15.3.1 总体原则

(1)瓦斯隧道开工前,应编制瓦斯隧道专项施工方案和应急预案,并应严格遵照执行。

(2)应坚持"加强通风、勤测瓦斯、严控火源"的基本原则。

(3)应明确通风、瓦斯检测、火源管控、救护等的责任部门。

(4)对进入现场的所有人员进行安全培训。瓦斯检测员、爆破员、电工、焊工等应持证上岗。

(5)应编制瓦斯隧道工程施工阶段安全风险评估报告,开展应急预案演练。

7.15.3.2 施工措施

(1)瓦斯工区钻爆作业:低瓦斯工区、高瓦斯工区和煤(岩)与瓦斯突出工区必须采用煤矿许用炸药和煤矿许用电雷管;低瓦斯煤层应采用安全等级不低于二级的煤矿许用炸药;高瓦斯煤层应采用安全等级不低于三级的煤矿许用炸药;煤(岩)与瓦斯突出工区揭露和穿过煤层时,应采用安全等级不低于三级的煤矿许用含水炸药。

(2)应使用煤矿许用瞬发电雷管、煤矿许用毫秒延期电雷管、数码雷管,严禁使用秒级及半秒级电雷管以及火雷管,不应使用普通导爆索。起爆电源必须使用防爆型起爆器。

(3)应编制全隧道和各工区的施工通风设计,并应考虑工区贯通后的风流调整和防爆要求。

(4)应建立瓦斯通风、监控、检测的组织机构,系统地测定瓦斯浓度、风量风速及气象等参数。

(5)高瓦斯工区、煤(岩)与瓦斯突出工区的电气设备应使用矿用防爆型,作业机械应使用矿用防爆型或采取防爆措施。其他工区的行走机械严禁驶入高瓦斯工区、煤(岩)与瓦斯突出工区。

(6)任何人员进入隧道前应在洞口外进行登记并接受检查,严禁携带烟草及点火物品、手机、钥匙等违禁物品进入隧道。严禁穿戴易于产生静电的化纤服装等进入瓦斯工区。

7.15.3.3 施工控制

(1)非瓦斯工区、微瓦斯工区、低瓦斯工区应配备低浓度光干涉式甲烷测定器,宜配备瓦斯自动检测报警断电装置。

(2)高瓦斯工区和煤(岩)与瓦斯突出工区应同时配备低浓度光干涉式甲烷测定器和高浓度光干涉式甲烷测定器,应配备瓦斯自动检测报警断电装置。

(3)高瓦斯工区应严格按规范规定的甲烷浓度实行分级管理,甲烷浓度超限时应采取相应的瓦斯防治措施。

(4)瓦斯工区内的机电设备,在使用期间,除日常检查外,应按规定周期进行检查,发现问题及时维修或更换。

(5)施工期间应连续通风,因故障停风时,必须立即撤出人员、切断电源。恢复通风前,必须检测风机及其开关地点附近10m以内甲烷浓度,符合规定后方可启动风机。

(6)瓦斯工区的通风机应设两路电源,电源的切换应在10min内完成,保证风机正常运转。应有一套同等性能的备用通风机,并保持良好的使用状态,且应能在15min内启动。

(7)进入高瓦斯工区和煤(岩)与瓦斯突出工区的作业人员应携带个人自救器。瓦斯工区内严禁擅自动火作业,对易燃、可燃物应进行严格控制与管理;铲装石渣前应将石渣浇湿,铲装作业时不得产生火花。

(8)通风用的风筒、风道、风门和风墙等设施,应保持密闭、固定牢固,应派专人维修和保养;不得频繁开启风门。

7.15.4 岩爆

隧道施工中,一旦发生岩爆,应立即采取下列处理措施:

(1)停机躲避,必要时人机撤至安全地段。观察工作面,并记录岩爆的位置、强度、类型、数量以及山鸣等。

(2)每循环内对暴露的岩面找顶2~3次。

(3)增设摩擦式锚杆(不能替代系统锚杆),锚杆应装垫板。

(4)及时增喷纤维混凝土,厚度为5~8cm。

(5)施工机械重要部位应加装防护钢板,避免岩爆弹射出的岩块伤及作业人员和砸坏施工设备。

(6)采取技术措施释放围岩内部应力。

对可能发生岩爆的地段进行深孔减压时,宜喷混凝土和锚杆加固岩体,以控制岩爆发展;当岩爆特别强烈时,增加钢拱架支护。此外,也可采用地应力预先释放法、在开挖爆破之后对掌子面及周边喷洒水、提前开挖小导坑、开挖超前应力释放孔等措施。加强超前地质预报,对岩爆出现的可能性与等级进行预测,以便施工时提前采取相关防范措施。加强光面爆破,提高光面爆破效果,降低岩爆强度。加强初期支护,延缓岩爆应变释放的强度和频率。采用喷雾和高压水冲洗岩壁,进一步释放岩爆应变能量。

(1)隧道开挖过程中,可采用下列方法进行岩爆预报:

①以超前探孔为主,辅以地震波法、电磁波法、钻速测试等手段。

②观察岩体表面的剥落情况,监听岩体内部发生的声响。

③采用工程类比法进行宏观预报。

(2)针对不同岩爆级别的隧道段,可采取下列技术措施,促使围岩内部应力释放:

①微弱岩爆地段,可直接洒水浇湿开挖面。

②中等岩爆地段,在拱部及边墙开挖轮廓线以外100~150mm范围内,钻孔喷灌高压水。

③强烈岩爆地段,浅埋隧道宜用地表钻孔注水方式;深埋隧道可先贯通15~30m^3的小导洞,使岩层中的地应力得到部分释放,再进行隧道的开挖。

(3)预防岩爆锚杆长度宜为2m,间距宜为0.5~1.0m,并宜与网喷钢纤维混凝土联合使用。

综合防治:因目前对岩爆尚无准确的预测方法和特效的防治措施,某种单一的方法可能难以奏效。因此,针对实际情况采取综合防治措施就显得十分必要。施工中同时选用上述数种防治措施进行综合防治,使岩爆造成的损失降至最低。

7.15.5 富水软弱破碎围岩隧道

(1)在富水区隧道安装量测仪器或进行钻孔时,发现岩壁松软、掉块或水量突然增大,以及有顶钻等异常情况时,须停止钻进,立即上报有关部门,并派人监测水情。当发现情况危急时,须立即撤出所有受水威胁区域的人员,然后采取措施进行处理。

(2)在地下水较多的地段,敷设爆破网络时接头不得浸在水中,应做好接头的防水与绝缘处理。

(3)隧道施工过程中,一旦发现浑水、携带泥沙、顶钻、高压喷水、水量突然增大等情况,应立即停止施工,分析原因,采取相关措施。

(4)隧道穿越富水断层破碎带或可溶岩与非可溶岩接触带。

①当隧道遇富水断层破碎带或可溶岩与非可溶岩接触带,判定可能发生突(涌)水(泥)等施工灾害危及施工安全时,采用Ⅰ型超前帷幕注浆或Ⅱ型超前帷幕注浆,其中,当注浆段落长度≥25m时采用Ⅰ型超前帷幕注浆,注浆段落长度<25m时采用Ⅱ型超前帷幕注浆。

②隧道穿越可溶岩与非可溶岩接触带的溶蚀破碎带、溶缝、溶穴时,发生突(涌)水(泥)等施工灾害的可能性较小。隧道开挖后存在股流、大面积淌水、淋水,严重影响施工,并对水环境产生不可恢复的影响或超过隧道排水能力时,采用开挖后径向全断面注浆或开挖后径向局部注浆方案。

7.16 附属设施

7.16.1 主要施工内容

公路隧道的附属设施工程包括紧急停车带、行人、车行横洞和预留洞室,运营通风建筑物、照明设施、电缆槽与其他设施的预留槽,隧道防排水设施。

7.16.2 预留、预埋件施工工艺及流程

预留洞室及预埋件施工工艺及流程如图7.16.2-1所示,隧道沟槽施工工艺及流程如图7.16.2-2所示,隧道沟槽施工台车如图7.16.2-3所示。

7.16.3 隧道洞室及沟槽控制要点

7.16.3.1 预留洞室

(1)预留洞室应按设计位置设置。当原定位置地质条件不适合时,施工单位应会同有关单位根据实际情况调整。

(2)隧道预留洞室宜在正洞开挖时一次到位,预留洞室里程位置及高程应符合设计要求。

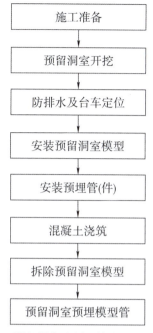

图 7.16.2-1　预留洞室及预埋件施工工艺及流程

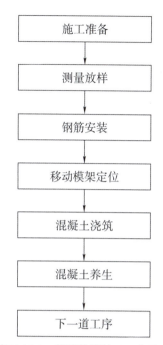

图 7.16.2-2　隧道沟槽施工工艺及流程

图 7.16.2-3　隧道沟槽施工台车

（3）预留洞室位置处的钢支撑拆除宜超前 1~2 模复合式衬砌。

（4）预留洞室的永久性防排水工程，应与正洞同时完成。洞室与正洞连接的折角处，防水层应根据铺设面的形状平顺铺设，不得出现空白，应减少搭接。洞室不得设在衬砌断面变化及各种衬砌接缝处。

（5）预留洞室模型及预埋件安装就位后，应采取加固措施，防止模型及预埋件发生移位。

（6）预留洞室应有明确的标识，防护门施工应符合下列规定：

①防护门框及门扇骨架应在平整的场地上先放样。

②各种钢材应经调直、调平后下料加工成所需的形状，不得产生裂纹。

③安装过程中应保证各类构件的防锈层完好。

④应开启方便，做到严密、防火、隔热。

⑤符合相关设计规定。

7.16.3.2　隧道通风、照明、消防等预留预埋件

(1)应落实各种预留预埋件之间以及它们与排水系统之间有无冲突,如有冲突,应会同有关单位解决。监控、照明、供配电、消防设施调整位置为前后5m范围内,通风及检测设施位置不宜调整。

(2)隧道边墙内的预留洞室与正洞连接地段的开挖,应在正洞掘进至其位置时,与主洞同步进行。

(3)预埋件施工应符合下列规定：

①预埋件材料品种、规格、性能、位置应符合设计和国家相关标准规定。

②预埋钢板平行度应不大于1%。

③预埋钢板位置偏差应不大于10mm。

④预埋件各部分之间及其与混凝土钢筋之间的连接应牢固。

(4)预埋管数量、材质应符合设计要求,并按要求弯曲、穿线,保证管路畅通。

(5)预埋管道处混凝土浇筑前应封堵管口,并在复合式衬砌混凝土施工后进行检查、试通。

7.16.3.3　沟槽

(1)沟槽模板一次安装长度必须与隧道曲线半径相适应。

(2)模板应加固且具有足够的强度和刚度。

(3)模板定位后,高程、纵向偏位、纵坡、结构尺寸与形状应符合设计要求。

(4)混凝土所用材料应符合设计要求,并严格按照设计强度配合比生产,搅拌时间不小于180s,纤维混凝土应试拌确定搅拌时间。

(5)浇筑分仓卸料,由一端向另一端分段、分层平行浇筑,采用小直径振动棒,捣固充分,过程中不要碰及模板、钢筋,避免模板、钢筋移位。

(6)混凝土强度达到8MPa时方可脱模,并注意棱角的保护。

7.17　监控量测与超前地质预报

7.17.1　监控量测项目

在复合式衬砌隧道施工时,必须进行表7.17.1-1所列项目的量测,其作业应符合表7.17.1-1的规定。根据设计要求、隧道横断面形状和断面大小、埋深、围岩条件、周边环境条件、支护类型和参数、施工方法等综合确定选测项目。选测项目量测作业应符合表7.17.1-2的规定。

7 隧道工程

隧道现场监控量测必测项目

表 7.17.1-1

序号	项目名称	方法及工具	测点布置	精度	测量间隔时间			
					1~15d	16d~1个月	1~3个月	大于3个月
1	洞内、洞外观察	现场观测、地质罗盘等	开挖及初期支护后进行	—	—	—	—	—
2	周边位移	各种类型收敛计、全站仪或其他非接触量测仪器	每5~100m一个断面，断面2~3对测点	0.5mm（预留变形量不大于30mm时）；1mm（预留变形量大于30mm时）	1~2次/d	1次/2d	1~2次/周	1~3次/月
3	拱顶下沉	水准仪、钢钢尺或其他非接触量测仪器	每5~100m一个断面		1~2次/d	1次/2d	1~2次/周	1~3次/月
4	地表下沉	水准仪、钢钢尺、全站仪	洞口段、浅埋段（h≤2.5b），布置不少于2个断面，每断面不少于3个测点	0.5mm	开挖面距量测断面前后<2.5b时，1~2次/d；开挖面距量测断面前后<5b时，1次/2~3d；开挖面距量测断面前后≥5b时，1次/3~7d			
5	拱脚下沉	水准仪、钢钢尺、全站仪	富水软弱破碎围岩、流沙、软岩大变形、含水黄土、膨胀岩土等不良地质和特殊性岩土段	0.5mm	仰拱施工前，1~2次/d			

注：h为隧道埋深，b为隧道开挖宽度。

隧道现场监控量测选测项目

表 7.17.1-2

序号	项目名称	方法及工具	布置	精度	测量间隔时间			
					1~15d	16d~1个月	1~3个月	大于3个月
1	钢架内力及外力	支柱压力计或其他测力计	每代表性地段1~2个断面，每断面钢架内力3~7个测点，或外力1对测力计	0.01MPa	1~2次/d	1次/2d	1~2次/周	1~3次/月
2	围岩内部位移（洞内设点）	洞内钻孔中安设单点、多点杆式或钢丝式位移计	每代表性地段1~2个断面，每断面3~7个钻孔	0.1mm	1~2次/d	1次/2d	1~2次/周	1~3次/月
3	围岩内部位移（地表设点）	地面钻孔中安设各类位移计	每代表性地段1~2个断面，每断面3~5个钻孔	0.1mm	同表7.17.1-1地表下沉要求			
4	围岩压力	各种类型岩土压力盒	每代表性地段1~2个断面，每断面3~7个测点	0.01MPa	1~2次/d	1次/2d	1~2次/周	1~3次/月

续上表

序号	项目名称	方法及工具	布置	精度	测量间隔时间			
					1~15d	16d~1个月	1~3个月	大于3个月
5	两层支护间压力	压力盒	每代表性地段1~2个断面,每断面3~7个测点	0.01MPa	1~2次/d	1次/2d	1~2次/周	1~3次/月
6	锚杆轴力	钢筋计、锚杆测力计	每代表性地段1~2个断面,每断面3~7个锚杆(索),每根锚杆2~4测点	0.01MPa	1~2次/d	1次/2d	1~2次/周	1~3次/月
7	支护、衬砌内应力	各类混凝土内应变计及表面应力解除法	每代表性地段1~2个断面,每断面3~7个测点	0.01MPa	1~2次/d	1次/2d	1~2次/周	1~3次/月
8	围岩弹性波速度	各种声波仪及配套探头	在有代表性地段设置	—				
9	爆破振动	测振仪及配套传感器	邻近建(构)筑物	—	随爆破进行			
10	渗水压力、水流量	渗压计、流量计	有特殊要求	0.01MPa				
11	地表下沉	水准测量的方法,水准仪、钢钢尺等	有特殊要求段落	0.5mm	开挖面距量测断面前后<2.5b时,1~2次/d;开挖面距量测断面前后<5b时,1次/2~3d;开挖面距量测断面前后>5b时,1次/3~7d			
12	地表水平位移	经纬仪、全站仪	有可能发生滑移的洞口段高边坡	0.5mm	—	—	—	—

注:b为隧道开挖宽度。

7.17.2 监控量测

(1)监控量测的目的:掌握围岩和支护动态,及时反馈信息,指导施工作业。围岩和支护的变形、应力量测信息,可为修改设计提供依据。

(2)监控量测工作应结合开挖、支护作业的进程,按量测方案布点和监测,根据现场量测情况及时调整补充,量测数据应及时分析、处理和反馈。

(3)现场量测仪器,应根据量测项目及测试精度选用。宜选择简单适用、稳定可靠、操作方便、量程合理、便于进行结果处理和分析的测试仪器,并经过有效检校。

(4)洞内必测项目,各测点宜在靠近掌子面、不受爆破影响范围内尽快安设,初读数应在每次开挖后12h内、下一循环开挖前取得,最长不得超过24h。选测项目测点埋设时间宜根据实际需要确定。

(5)测点应牢固、可靠、易于识别,应能真实反映围岩、支护的动态变化信息。洞内必测项目各测点应埋入围岩中,深度不应小于0.2m,不应焊接在钢架上,外露部分应有保护装置。

(6)各项量测作业均应持续到量测断面开挖支护全部结束,临时支护拆除完成且变形基本稳定后15~20d。

(7)监控量测数据应真实、有效、规范并经过复核,有可追溯性,并应及时填报反馈报表。

(8)监控量测实测位移值不应大于隧道的极限位移,并按表7.17.2-1的规定明确位移管理等级。一般情况下,将隧道设计的预留变形量作为极限位移,设计变形量应根据检测结果不断修正。

位移管理等级　　　　　　　　表7.17.2-1

管理等级	管理位移(mm)	施工状态
Ⅲ	$U<(U_0/3)$	可正常施工
Ⅱ	$(U_0/3)\leq U \leq (2U_0/3)$	应加强支护
Ⅰ	$U>(2U_0/3)$	应采取特殊支护措施

7.17.3 掌子面地质素描和加深炮孔

(1)地质素描:地质专业工程师根据设计勘察资料、已揭露的围岩地层、地质构造、富水构造、岩层含水情况、涌水量大小、炮眼钻孔回水返渣、地表不良地质体情况及其他特殊工程地质现象等,综合研判后进行宏观预测预报。

①应随隧道开挖及时进行,对于地层岩性变化点、构造发育部位、岩溶发育带附近等复杂、重点地段,应每开挖循环进行一次素描,其他一般地段按10m进行一次掌子面地质素描。

②掌子面地质素描需包含以下内容:掌子面状态、喷射混凝土前开挖面状况、岩石强度、风化程度、裂隙宽度、裂隙状态、地下水状态和围岩级别划分。

③记录表中须包含地质图例、掌子面附图和地质总体描述。

(2)加深炮孔:探测孔深应较爆破孔(或循环进尺)深3~5m,不良地质(富水段、岩性接触带、断层、岩溶段)段落加深炮孔不得小于10m,揭示异常情况的钻孔资料应作为技术资料保存,指导钻爆进尺。

7.17.4　地质雷达

地质雷达法:借助空间探测雷达原理,使用仪器向被探测物体发射高频脉冲电磁波,通过观测研究反射电磁波的时间滞后及强弱特征研究地质体特征的电磁类物探方法。该方法预报距离小于30m。下列隧道地段应采用地质雷达法进行预报:

(1)短隧道及地质简单且围岩较好的中长隧道。
(2)全部或大部分通过可溶岩,特别是强溶岩地层的隧道。
(3)灰岩隧道底板进行地质预报探测。
(4)需要和其他超前探测方法进行综合判定时。

7.17.5　超前地质钻探

超前地质钻探可比较直观地探明钻孔所经过部位的地层岩性、岩体完整程度、岩溶及地下水发育情况。其对断层等面状构造一般不会漏报,却对溶洞有漏报的可能。超前地质钻探宜采用中距离钻探,必要时可采用长距离钻探,连续钻探时前后两次宜重叠5~10m。下列隧道地段应结合预报异常和实际开挖揭露情况实施超前地质钻探,并以工地会议纪要的形式明确需要超前地质钻探的具体段落:

(1)设计指定使用地质超前钻孔的地段。
(2)勘测设计推断断层破碎带地段。
(3)岩溶涌水突泥地段。
(4)使用其他超前预报方法不能实现对前方地质状况准确判断时。
(5)超前地质预报结果和施工揭露的不良地质情况不一致时,须实施超前钻孔并调整超前探孔的位置和数量,进一步探明验证前方的不良岩溶地质。
(6)岩溶隧道底板须进行合理物探预报,如超前地质预报有不良岩溶地质,或施工揭露隧道底板有溶洞,必须实施隧底超前钻孔验证,为隧底岩溶处理提供依据。

7.17.6　弹性波反射法(TSP法)

弹性波反射法(TSP法):利用人工激发的弹性波(地震波)或声波在不同波阻抗地质体中产生的反射波特性来预报隧道开挖工作面前方地质条件的物探方法。该方法预报距离较长(100~150m),操作方便,提交资料及时,对施工干扰小,结论相对可靠。一般地段洞身每100~150m施作一次探测预报,地质复杂地段视情况加密进行(重叠20m)。下列隧道施工应采用弹性波反射法:

(1)地质条件复杂的特长隧道及长隧道。

(2)推测存在大断层、大涌水涌泥、岩爆、有害气体突出等严重工程地质灾害的隧道。

(3)全部或大部分通过可溶岩,特别是强溶岩地层的隧道。

(4)设计明确指定使用弹性波反射法进行超前地质预报的隧道位置。

7.17.7 瞬变电磁法(探水)

(1)富水段落可采用瞬变电磁探水技术。

(2)瞬变电磁法在完整岩体地段预报距离宜在100m以内,在断层破碎带、软弱夹层等不均匀地质体地段的有效探测长度则应根据电位衰减曲线有效时间判定。

(3)由于瞬变电磁法浅层存在10～30m探测盲区(盲区范围与仪器性能关系密切),连续预报时前后两次重叠长度应在30m以上。

(4)瞬变电磁法工作期间需排除掌子面后方20m范围内大型金属体干扰,如开挖台车、大型机械等。

(5)工作期间需暂停隧道内强电磁作业,主要为电焊作业。

8 路面工程

8.1 一般规定

(1)根据工程规模、技术标准和合同约定等有关要求进行施工场地规划、驻地建设、拌和站和工地试验室建设。

(2)开工前必须建立健全质量、环保、安全管理体系,并对各类施工人员进行岗前培训和技术、安全交底。

(3)应统筹规划、强化协调,避免路基、交通安全设施、绿化等工程交叉施工污染,并应采取防污染措施,积极贯彻路面"零污染"施工理念。

(4)级配碎石结构层上未铺水稳时,禁止开放交通,以保护表层不受破坏。

(5)水泥稳定碎石基层应尽量避免在高温季节施工,施工时日最低温度应在5℃以上(无机结合料稳定材料结构层宜在气温较高的季节组织施工,施工日最低气温应在5℃以上,在有冰冻的地区,应在第一次重冰冻到来的15~30d之前完成施工。宜避免在雨季施工,且不应在雨天施工);施工透层、黏层、封层及面层的气温不应低于10℃,大风、有雾、降雨或即将降雨时应停止施工。

(6)施工透层、封层、黏层、桥隧防水黏结之前,必须按相关验收要求,全面检查下承层的质量,应将表面的松散颗粒、泥土、杂物等清扫干净,必须将下承层清洗干净,施工时严禁污染。施工前应用塑料薄膜将缘石、纵向排水沟、混凝土护栏等结构的外露部分严密覆盖,防止被沥青污染。

(7)路面基层、面层应铺筑试验段,实行首件工程验收制。基层试验段长度应不小于200m,功能层及面层试验段长度应不小于300m。

(8)沥青结构层推行"零污染施工"。应针对现场实际情况,采取措施,杜绝交叉施工和运输等造成污染。为防止沥青路面施工期间交叉污染,在铺筑沥青混凝土面层之前,宜尽可能完成下列工程施工:土路肩缘石和中央分隔带缘石的安砌;中央分隔带渗沟和超高路段的左侧路缘带排水沟施工;通信管道敷设、交安基础施工、中央分隔带填土以及人(手)孔施工;土路肩施工。

(9)热拌沥青混凝土摊铺宜采用大功率抗离析摊铺机,对热拌沥青混合料进行单机宽幅摊铺(摊铺宽度达12m)。

(10)各层沥青混合料之间应喷洒黏层油,使层间黏结良好,各层沥青混合料应满足所在层位的性能要求,且便于施工,不易离析。各层施工间隔时间应尽量缩短,做到连续施工并连接成为整体。

(11)特长隧道内沥青路面施工时,必须上报专项施工方案,针对隧道内施工照明、通风、排烟尘、人员防护及救护等说明具体措施,在确保隧道结构质量、路面质量的同时,避免出现影响路面施工操作人员人身健康、安全与设备安全的隐患,避免出现防火涂料受污染、机电设施受损的情况。

(12)施工过程中,施工原始记录应与施工工序同步,工程现场验收应与施工资料签认同步,对隐蔽工程应保留相关影像资料。

(13)对高速公路,水泥稳定材料从装车到运输至现场时间宜不超过1h,超过2h的应作为废料处置。

8.2 机械设备及场站要求

厂站参照本指南第4章"临时建筑",本节仅对摊铺机功效进行分析。

8.2.1 摊铺机

摊铺机应为履带式,选型应根据道路的设计宽度、摊铺工艺及摊铺质量且与拌和站生产能力大致匹配。摊铺机理论摊铺能力Q可参照式(8.2.1-1)计算。

$$Q=hBv\rho K \qquad (8.2.1\text{-}1)$$

式中:h——摊铺层厚度(m);

B——摊铺宽度(m);

v——摊铺速度(m/min);

ρ——摊铺密实度;

K——时间利用率,一般取0.75~0.95。

拌和站设置时,应充分考虑路面设计宽度和摊铺需求,拌和设备生产能力无法满足摊铺机连续作业需要时,会增加停机待料的次数,影响路面平整度,应调整摊铺机的摊铺速度,或多个拌和站同时供料。根据工程经验,铺筑双向四车道公路的基层拌和设备应选择不低于600型拌和机,铺筑双向六车道、八车道公路的基层拌和设备应选择不低于800型拌和机。

8.3 基层

8.3.1 技术准备

8.3.1.1 图纸审核

组织技术人员对设计图纸进行审核,查看图纸是否存在漏项、多项及设计不合理的地方。

8.3.1.2 测量复测

接桩后应进行导线、水准点的复测和加密测量工作。

8.3.1.3 试验准备

施工前应做好工程原材料、配合比、延迟时间等相关试验。

8.3.1.4 施工方案

结合项目具体情况、工期要求、施工队伍、机械设备等因素，编制路面专项施工方案。

8.3.1.5 路床复验

(1)进场后，应及时组织路床复验。复验路床的长度应保证路面连续施工1个工作日，严禁小路段复验，其他交叉施工工程应在沥青路面施工前完成。

(2)路基、桥梁、隧道工程交验工作应有路面施工单位参加，并办理相关书面复验手续。

(3)台背回填范围、零填零挖和填挖过渡部位应加大弯沉值的检测频率。

(4)路面施工单位铺筑路面结构层之前必须清除路床顶面的软弱、坑槽、平整度差等质量病害，并采用自重18t以上的重型振动压路机根据实际情况予以多次全幅慢速振动碾压，确保压实质量符合要求。

8.3.1.6 断面要求

(1)基层摊铺时，每工作日流水作业段长度宜不低于500m。

(2)为保证基层施工的连续性，路基交验量(互通至互通或互通至重大结构物)宜不低于4km/幅。

(3)上基层施工宜在下基层施工满足设计强度要求后(一般为7d)开展。

8.3.1.7 设备验收

对施工机械设备进行调试、标定、验收。

8.3.2 资源配置

(1)根据工程规模、工期和技术难度等配备相应的管理、技术、测量、试验、环保、专职质量检查和安全管理人员。

(2)基层施工机械设备宜按不低于表8.3.2-1的要求配备。

单个工区基层施工主要机械设备配置表　　　　表8.3.2-1

序号	机械名称	数量	备注
1	强制式粒料厂拌设备	1台	产能性能不低于600型拌和机；具备电子秤计量计系统，两级搅拌缸串联拌和工艺，功率不小于130kW
2	全自动履带式摊铺机	2台	若采用2台设备，单机功率不小于130kW；当采用宽幅大厚度单机摊铺时，功率不小于220kW
3	单钢轮振动压路机	2台	自重18~22t，两挡振幅
4	轮胎压路机	1台	自重不小于30t，带配重

续上表

序号	机械名称	数量	备注
5	装载机	3台	ZL50
6	洒水车	2台	不小于6000L
7	双钢轮压路机	1台	自重不小于13t

(3)劳动力资源宜按表8.3.2-2要求配置。

劳动力资源配置表 表8.3.2-2

用工部位	岗位	单位	数量	备注
前场	负责人	人	1	
	带班	人	1	
	测量辅助	人	1	
	打桩挂线	人	4	
	装模	人	6	
	签票	人	1	
	看料斗、指挥料车	人	2	
	观察检测仪器、厚度检查	人	2	
	移铝合金尺	人	2	
	检平	人	2	
	质检辅助、配合取芯	人	3	
	安全管理及保通	人	8	
	路面清理、清扫、养生(含抽水)	人	6	
	后勤人员	人	3	
	小计	人	42	
后场	料仓捣料、输送带漏料清理	人	2	
	皮带	人	4	
	保卫	人	2	
	工区卫生	人	1	
	小计	人	9	
合计		人	51	

注:实际可根据项目工程量和作业班组水平适当增减人员。

(4)基层产能分析表见表8.3.2-3、表8.3.2-4。

基层站600型拌和机混合料产能计算表 表8.3.2-3

序号	项目	单位	参数	备注
1	数量	套	1	
2	额定产量	t/h	600	

续上表

序号	项目	单位	参数	备注
3	按额定产量75%计	t/h	450	
4	工作时间	d/h	8	
5	产量	t/d	3600	
6	月工作天数	d	21	
7	月产量	万t	7.56	

基层站800型拌和机混合料产能计算表　　　　表8.3.2-4

序号	项目	单位	参数	备注
1	数量	套	1	
2	额定产量	t/h	800	
3	按额定产量75%计	t/h	600	
4	工作时间	d/h	8	
5	产量	t/d	4800	
6	月工作天数	d	21	
7	月产量	万t	10.08	

(5)基层搅拌设备要求：

①集料供给系统。配备不少于4个集料仓,料仓上部应设有剔除超限料的格网,以利于超限料滚落。细集料仓应配备振动破拱装置。集料供给应采用变频调速及负反馈控制的皮带秤电子计量方式。

②水泥储存、供给系统。配备不少于3个水泥储罐,罐体底部设有高、低压空气破拱装置,不宜采用振动破拱。水泥供料宜采用变频调速的电子螺旋秤方式计量。

③水、添加剂供给系统。水供给系统严禁采用手动阀门的方式控制流量,应采用涡轮流量计或压差流量计进行计量,且采用电子调节装置实现自动控制。

④拌和系统。强制式搅拌缸单级长度不小于3m,且有效长宽比不小于2。为提高拌和的均匀性,应采用两级搅拌缸串联拌和。磨损严重的搅拌缸叶片必须及时更换。

⑤混合料的输送系统。为防止混合料抛料离析,在输送带卸料部位安装防止抛料挡板装置。

⑥混合料储存系统。应备有带防离析装置的混合料储料仓用以暂时储存混合料。

⑦计量标定。所有电子计量系统需进行静态标定,允许误差：集料不大于1%,水不大于0.5%,水泥不大于0.5%。并进行物料标定和动态配料误差检查,允许配料误差：集料不大于2%,水不大于1%,水泥不大于1%。

(6)基层摊铺设备要求：

①摊铺能力与型号要求。宜采用1台宽幅抗离析摊铺机单机摊铺,以避免纵向接缝及通车后的纵向裂缝,宽幅抗离析摊铺机的功率应不小于220kW。也可以采用两台摊铺机梯队联合作业,摊铺机型号应一致,单台摊铺机功率应不小于130kW。

②摊铺机应具备摊铺速度控制功能、刮板输料控制功能、螺旋分料控制功能、夯锤振捣控制功能、两纵一横调平功能、停机油缸锁定功能。

(7)基层碾压设备要求:

①当单层压实厚度不大于20cm时,每个作业面的18~22t重型单钢轮振动压路机不少于3台,自重不小于30t的轮胎压路机1台。

②当单层压实厚度大于20cm时,每个作业面的18~22t重型单钢轮振动压路机不少于2台,自重不小于30t的轮胎压路机1台,并且配备1台自重不小于30t的超重型单钢轮振动压路机。

8.3.3 配合比设计

8.3.3.1 级配

(1)水泥稳定碎石基层采用骨架密实级配;水泥稳定碎石底基层采用悬浮密实结构;一般级配见表8.3.3-1。

基层和底基层级配组成　　　表8.3.3-1

项目	通过下列筛孔(mm)的质量百分比(%)							
	37.5	31.5	19	9.5	4.75	2.36	0.6	0.075
水泥稳定碎石基层	—	100	68~86	38~58	22~32	16~28	8~15	0~3
水泥稳定碎石底基层	100	93~100	75~90	50~70	29~50	15~35	6~20	0~5
级配碎石基层	—	100	85~95	31~41	28~38	18~28	8~14	0~6
级配碎石底基层及垫层	100	90~100	73~88	49~69	29~54	17~37	8~20	0~7

(2)水泥稳定碎石基层级配调整。根据工程经验,在施工过程中,水泥稳定碎石基层的级配可以适当调整:0.075mm通过率可以放宽为0%~5%;4.75mm通过率可以放宽为22%~38%。

(3)水泥稳定碎石底基层级配调整。根据工程经验,在施工过程中,水泥稳定碎石底基层的级配可以适当调整:0.075mm通过率可以放宽为0%~7%。

(4)级配碎石底基层级配采用悬浮密实级配,级配碎石基层采用骨架密实级配,但级配碎石做基层结构时应慎用。

8.3.3.2 级配碎石配合比设计

级配碎石混合料采用重型击实方法进行设计,其技术指标见表8.3.3-2。

级配碎石混合料重型击实技术要求表　　　　表8.3.3-2

试验项目	浸水4d的承载比值(CBR)	压实度
基层	≥100%	≥98%
底基层	≥80%	≥96%

设计步骤为：

(1)按实际使用的集料，分别进行筛分，按颗粒组成进行计算，在级配颗粒组成范围内按4.75mm筛孔的通过率调配出粗、中、细三种级配。

(2)对每种级配选取5个含水率进行重型击实试验，确定级配碎石的最佳含水率及最大干密度。

(3)对最佳含水率下的成型试件，进行级配碎石浸水4d的CBR试验。在满足CBR值要求的级配中，选取CBR值最大者作为设计级配。

(4)施工单位级配碎石组成设计完成后形成试验报告，报送监理单位审批，监理单位应事先按规定进行相关的平行试验，作为审批的依据。通过批复后方可进行试铺段铺筑。

8.3.3.3　水泥稳定级配碎(砾)石配合比设计

(1)水泥稳定碎石技术要求见表8.3.3-3。

水泥稳定碎石技术要求表　　　　表8.3.3-3

项目	设计强度(MPa)	压实度(%)	水泥剂量(%)	
			最大	最小
底基层	≥2.5	97	4.5	3.0
基层	≥3.5~4.5	98	5.5	4.0

(2)混合料组成设计的步骤：

①取工地实际使用的碎石，分别进行水洗筛分，按颗粒组成进行计算，确定各种碎石的组成比例。要求混合料的级配应符合水泥稳定碎石混合料中合成碎石的颗粒组成的规定。

②取工地使用的水泥，按不同水泥剂量分组试验，一般建议基层水泥剂量按4.0%~5.5%(底基层按3.0%~4.5%)范围，分别取3~4种比例进行试验(以集料质量为100计)。制备不同比例的混合料(试件为大试件，每组试件个数为13个，偏差系数要求不大于15%)，用重型击实法确定各组混合料的最佳含水率和最大干密度。

③根据确定的最佳含水率，拌制水泥稳定碎石混合料，按要求压实度制备混合料试件，在标准条件下养生6d，浸水1d后取出，测定不同剂量下混合料的无侧限抗压强度。

④水泥稳定碎石7d浸水无侧限抗压强度代表值应满足设计要求。

⑤取符合强度要求的最佳配合比作为水泥稳定碎石的生产配合比。确定水泥稳定碎石级配、最佳含水率、最佳水泥剂量后，确定水泥剂量检测乙二胺四乙酸(EDTA)滴定速查表。通过延迟试验确定碾压时间的影响。将以上配合比设计资料报批后进行试验段铺筑，以指导施工。

8.3.3.4 基层原材料要求

（1）原材料需要坚持源头控制、准入管理。应对提供路面集料的石料生产企业进行严格考察，仔细筛选，综合考虑材料技术指标、产量、运距等因素，确保所提供的集料质量满足工程需要。

（2）在开工前，应储备足够的原材料（一般不低于合同段设计总量的30%），以满足大规模连续施工的需要。

（3）须根据规范要求按检测频率对原材料进行检查，项目须对所用水泥、集料等原材料进行至少1次全套指标的外委检测。

（4）基层石料：

①粗集料应采用单一粒径的规格料，且不应含有黏土块、有机物等。

②细集料塑性指数不大于17%，粗集料塑性指数不大于9%。

③针片状颗粒含量，基层不大于18%，底基层不大于20%。

④基层0.075mm以下粉尘含量，粗集料不大于2%，细集料不大于15%。

（5）基层水泥：

①强度等级：基层水泥宜采用42.5级。

②品种：基层水泥可采用硅酸盐水泥、普通硅酸盐水泥、粉煤灰硅酸盐水泥、矿渣硅酸盐水泥、复合硅酸盐水泥，也可以采用具有凝结时间长和微膨胀性能的基层专用水泥。严禁采用快硬水泥、早强水泥以及受潮变质的水泥。

③凝结时间：基层水泥初凝时间应大于3h；终凝时间宜大于6h且小于10h。

④使用温度：夏季高温作业时，散装水泥入罐温度不能高于50℃，当高于50℃且必须使用时，应采取降温措施；冬季施工，水泥进入拌缸温度不低于10℃。

8.3.4 施工流程

基层施工流程见图8.3.4-1。

8.3.5 施工要点

8.3.5.1 拌和要点

（1）水泥稳定级配碎石应采用两级搅拌缸串联的拌和工艺，且每级搅拌缸长度不短于3m。

（2）每天开始搅拌前，应检查场内各处集料的含水率，计算当天的施工配合比，外加水与天然含水率的总和应比最佳含水率略高。天气炎热或运距较远时，拌和无机结合料稳定材料时宜适当增加含水率。对稳定中、粗粒材料，混合料的含水率可高于最佳含水率0.5~1个百分点；对稳定细粒材料，含水率可高于最佳含水率1~2个百分点。

（3）在正式拌制混合料之前，必须先调试所有设备，使混合料的颗粒组成和含水率都达到规定的要求。当原集料的颗粒组成发生变化时，应重新调试设备。

（4）在拌和过程中，应实时监测各料仓（包括水泥仓和加水）的生产计量。

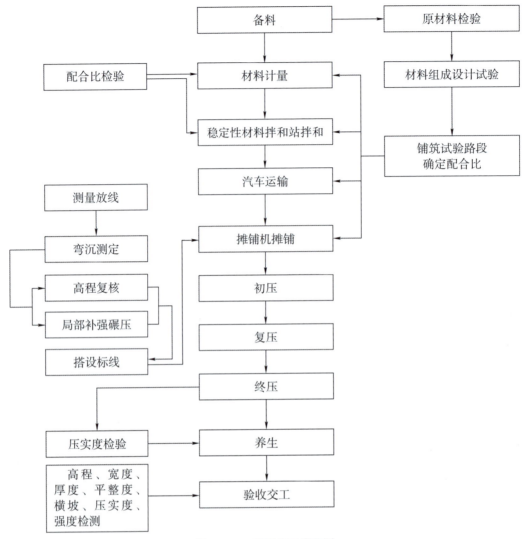

图 8.3.4-1 基层施工流程图

(5)发现干湿不均、有离析的混合料以及连续式拌和出现"料头""料尾"质量不良的混合料,应改作他用或予以废弃。

(6)拌和机出料应配备带活门漏斗的料仓,由漏斗出料,直接装车运输。装车时车辆应前后移动分三次装料,不应采取自由跌落式的落地成堆、装载机装料运输的方法。

(7)每天开始搅拌之后,应取样检查配合比,随时在线抽检其配合比、含水率、水泥剂量是否满足要求。高温作业时,早晚与中午的含水率应根据温度变化及时调整。

(8)粒料必须连续均匀拌和。

8.3.5.2 运输与摊铺要点

(1)水泥稳定碎石和级配碎石基层(底基层)宜采用宽幅抗离析的大功率摊铺机单机摊铺,也可以采用双机梯队联合摊铺。采用双机梯队联合摊铺时,两台摊铺机的间距严格控制在10m之内,且两个施工断面纵向应有300~400mm的重叠。

(2)基层或底基层的单层摊铺压实厚度一般控制在16~20cm范围内。

(3)装料前应将车厢清洗干净,运输车辆装料时应分前、后、中三次移动装料,以防止装料离析。运输车辆数量应满足拌和、出料与摊铺需要,并略有富余。运输车上的混合料必须覆盖,减少水分损失。应尽快将拌成的混合料运送到铺筑现场,水泥稳定材料从装车到运输至现场,时间宜不超过1h,超过的2h应作废料处理,初凝前必须完成摊铺。

(4)铺筑底基层前,应将路床表面浮土、杂物清除干净,进行二次整修(复压、洒水),并保证路床表面湿润。

(5)基层施工时应在两侧立钢模板,每块钢模板可采用不少于3根角钢上下错开连接支撑,角钢另一端采用钢钎固定,模板之间采用榫卯连接。

(6)两层水泥稳定碎石之间,须清除浮灰,且喷洒水泥净浆,宜采用水泥净浆洒布机,水泥浆洒布量为1.0~1.5kg/m²(按水泥质量计),水泥净浆稠度以能洒布均匀为度,洒布长度不超过摊铺机铺筑前端30~40m为宜。

(7)基层和底基层摊铺采用导线找平方式。

(8)摊铺时,摊铺机须开启夯锤振捣功能,以提高摊铺密实度和平整度。振捣频率与摊铺速度和摊铺厚度有关,当摊铺机每行走1m,夯锤振捣必须多于200次,即摊铺速度为2m/min时,夯锤振捣频率大于400转/min;摊铺速度为3m/min时,夯锤振捣频率大于600转/min;摊铺速度为4m/min时,夯锤振捣频率大于800转/min。

(9)摊铺机宜连续匀速摊铺。拌和机生产能力应与摊铺机摊铺速度相匹配,当采用宽幅大厚度施工工艺时,宜采用两台拌和楼集中供料。

(10)混合料摊铺时,应连续施工,因故中断施工时间超过水泥初凝时间或第二天开工的接头断面均要设置横缝,横缝尽量设置在与构造物相接处。

8.3.5.3 碾压

(1)碾压时,应紧跟摊铺机碾压,一次碾压长度一般为50~80m。碾压段落须层次分明,设置明显的分界标志,由专人指挥。

(2)碾压应遵循试铺段确定的程序与工艺,碾压应遵循以下原则:

①驱动轮朝向摊铺机方向碾压,单钢轮压路机用于初压时须具有双驱功能,以减少碾压推移裂缝。

②由路边向路中碾压。

③先稳压后振动。宜按照稳压→强振→弱振→最后稳压的工序进行压实,直至表面基本无轮迹。初压宜采用双钢轮压路机或者具有双驱功能的单钢轮压路机稳压;复压采用单钢轮压路机碾压,先高振幅碾压,后低振幅碾压,当单层摊铺碾压厚度大于20cm时,应增加采用1台自重超过30t的单钢轮压路机振动碾压;终压采用钢轮或者胶轮静压。

④先下部密实后上部密实碾压。稳压完后,先用大吨位压路机碾压使下部密实,后用小吨位压路机碾压使上部密实。

⑤低速行驶碾压。碾压速度控制在1.5~2.2km/h之间,以避免出现推移、起皮和漏压的现象。

⑥碾压适当重叠。静压时压路机应重叠1/3~1/2轮宽,振压时压路机应重叠30~50cm。

(3)压路机换挡应轻且平顺,不应拉动基层。在第一遍初步稳压时,倒车后尽量原路返回,换挡位置应在已压好的段落上,在未碾压的一头换挡,倒车位置应错开,成齿状。出现个别拥包时,应安排专人进行铲平处理。压路机倒车应自然停车,无特殊情况,不允许紧急制动。

(4)碾压过程中,基层的表面应始终保持湿润。如水分蒸发过快,应及时补洒少量的水,但严禁大量洒水。

(5)碾压宜在水泥初凝前及试验确定的延迟时间内完成,并达到规定的压实度。

(6)为保证基层、底基层边缘强度,应在边缘处洒水泥浆液,水泥净浆稠度以能洒布均匀为度,并采用小型压路机补压。

(7)对于机械无法摊铺碾压到位的台(墙)背处,应采用人工摊铺平整,并应采用小型压路机及直立夯进行碾压夯实。每个作业面应配备小型压路机及直立夯各不少于1台。

(8)上基层出现"镜面"现象时应拉毛处理。

(9)雨季施工,应注意天气变化,降雨时应停止施工,但已经摊铺的混合料应尽快碾压密实,并及时覆盖。

8.3.5.4 养生

(1)水泥稳定碎石养生期不宜短于7d,养生期宜延长至上层结构开始施工前2d。级配碎石无须养生,施工完成后应禁止开放交通,以保护表层不受破坏,同时应尽快施工覆层。

(2)水泥稳定碎石可以用土工布或薄膜覆盖养生。

①采用土工布覆盖养生时,应注意选用透水式土工布全断面覆盖,并注意缝之间的搭接,不留有间隙,同时要及时喷雾洒水,每天洒水次数视天气而定,保持基层处于湿润状态。

②采用薄膜养生时,应在混合料摊铺碾压成形后立即覆盖薄膜,薄膜之间应搭接完整,避免漏缝,覆盖后应用沙土等材料呈网格状堆填,避免在长期养生过程中被风吹开,当局部薄膜破损时,应立即更换。冬季施工时,应采用薄膜+土工布的养生方式,确保温度、湿度符合规范要求。

(3)部分路段如需尽早开放交通,上基层水泥稳定碎石碾压完成后可立即施工透层和下封层进行保湿养生,但须经审批许可。

(4)基层养生结束后不宜长期暴露,需要及时铺筑上覆层。

(5)在养生期间应采取硬隔离措施封闭交通,严禁施工车辆通行。

(6)上基层未施工时,下基层断面应保持交通管制状态。上基层施工完毕且透层、封层洒布强度满足要求后,可根据实际情况适当开放交通。

8.3.6 质量要点

8.3.6.1 基层原材料的管理

基层原材料的质量管理要求见表8.3.6-1。

基层和底基层用碎石、砾石试验项目和要求 表8.3.6-1

项次	项目	目的	频率	试验方法
1	含水率	确定原始含水率	每天使用前测2个样品	T 0801/T 0803
2	级配	确定级配是否符合要求,确定材料配合比	每档碎石使用前测2个样品,使用过程中每2000m³测2个样品	T 0303
3	液限、塑限①	计算塑性指数,审定是否符合规定	每种材料使用前测2个样品,使用过程中每2000m³测2个样品	T 0118/T 0119
4	毛体积相对密度、吸水率	评定粒料质量,计算固体体积率	使用前测2个样品,砾石使用过程中每2000m³测2个样品,碎石种类变化则重测2个样品	T 0304/T 0308
5	压碎值	评定石料的抗压碎能力是否符合要求		T 0316
6	粉尘含量	评定石料质量		T 0310
7	针片状颗粒含量	评定石料质量		T 0312
8	软石含量	评定石料质量		T 0320

注:①级配砾石和级配碎石中0.6mm以下的细土进行此项试验。

用作基层和底基层的细集料,应按表8.3.6-2所列试验项目和要求进行检测评定。

基层和底基层用细集料试验项目和要求 表8.3.6-2

项次	项目	目的	频率	试验方法
1	含水率	确定原始含水率	每天使用前测2个样品	T 0801/T 0803
2	级配	确定级配是否符合要求,确定材料配合比	每档碎石使用前测2个样品,使用过程中每2000m³测2个样品	T 0327
3	液限、塑限	求塑性指数,审定是否符合规定	每种材料使用前测2个样品,使用过程中每2000m³测2个样品	T 0118/T 0119
4	毛体积相对密度、吸水率	评定粒料质量,计算固体体积率	使用前测2个样品,使用过程中每2000m³测2个样品	T 0328/T 0352
5	有机质和硫酸盐含量	确定是否适宜于石灰和水泥稳定材料	有怀疑时做此试验	T 0336/T 0341

8.3.6.2 基层、底基层混合料质量管理

基层、底基层混合料质量管理要求见表8.3.6-3。

基层和底基层混合料试验项目和要求 表8.3.6-3

项目	目的	频度	试验方法
重型击实试验	最佳含水率和最大干密度	材料发生变化时	T 0804
承载比(CBR)	确定非整体性材料是否适宜做基层和底基层	材料发生变化时	T 0134
抗压强度	整体性材料配合比试验及施工期间质量评定	每次配合比试验	T 0805

续上表

项目	目的	频度	试验方法
延迟时间	确定延迟时间对混合料密度和抗压强度的影响,确定施工允许的延迟时间	水泥品种变化时	T 0805
绘制EDTA标准曲线	对施工过程中水泥石灰剂量进行有效控制	水泥、石灰品种变化时	T 0809

8.3.6.3 基层施工过程中质量控制要点

(1)压实度检测应在碾压结束后立即进行。

(2)工地试验室应制备基层水泥剂量标准曲线。水泥剂量测定应在拌和后取样,并立即(一般不得大于10min)送到工地试验室进行滴定试验。

(3)除按要求用滴定法检测水泥剂量之外,还应进行总量控制检测,记录每天的实际水泥用量、集料用量和实际工程量,计算对比水泥剂量检测的准确性。

(4)混合料集料级配检验和抗压强度检验应在拌和场按规定方法取样,配合水泥剂量测定进行水洗法筛分,在基层碾压的同时制备抗压强度试件。

(5)压实度检查应在碾压结束后立即进行,对于小于规定值的测点应立即进行处理,直到全部测点符合要求为止。

(6)施工前必须做延迟时间对基层混合料强度影响的试验,并通过试验确定施工中应该控制的实际延迟时间。

8.3.6.4 施工过程检测

(1)施工过程中的质量控制包括外形尺寸检查及内在质量检验两部分。

(2)外形尺寸检查项目、频度和质量标准应符合表8.3.6-4的规定。

外形尺寸检查项目、频度和质量标准 表8.3.6-4

工程类别	项目		频度	质量标准	
				高速公路和一级公路	二级及二级以下公路
基层	纵断面高程(mm)		二级及二级以下公路每20m测1点;高速公路和一级公路每20m测1个断面,每个断面3~5点	+5~-10	+5~-15
	厚度(mm)	均度	每1500~2000m²测6点	≥-8	≥-10
		单个值		≥-10	≥-20
	宽度(mm)		每40m测1处	>0	>0
	横坡度(%)		每100m测3处	±0.3	±0.5
	平整度(mm)		每200m测2处,每处连续10尺(3m直尺)	≤8	≤12
			连续式平整度仪的标准差(mm)	≤3.0	—
底基层	纵断面高程(mm)		二级及二级以下公路每20m测1点;高速公路和一级公路每20m测1个断面,每个断面3~5点	+5~-15	+5~-20

续上表

工程类别	项目		频度	质量标准	
				高速公路和一级公路	二级及二级以下公路
底基层	厚度(mm)	均度	每1500~2000m²测6点	≥-10	≥-12
		单个值		≥-25	≥-30
	宽度(mm)		每40m测1处	>0	>0
	横坡度(%)		每100m测3处	±0.3	±0.5
	平整度(mm)		每200m测2处,每处连续10尺(3m直尺)	≤12	≤15

（3）施工过程中的内在质量控制分为原材料质量控制、拌和质量控制等。

（4）后场质量控制的项目、内容应符合表8.3.6-5的规定，实际检测频率应不低于表中的要求，检测结果应满足本指南或具体工程的技术要求。

施工过程中后场质量控制的关键内容　　　　表8.3.6-5

项次	项目	内容	频度
1	原材料抽检	结合料质量	每批次
		粗、细集料品质	异常时,随时试验
		级配、规格	异常时,随时试验
2	混合料抽检	混合料级配	每2000m²测1次
		结合料剂量	每2000m²测1次
		混合料最大干密度	每个工日
		含水率	每2000m²测1次

（5）前场质量控制的项目及内容应符合表8.3.6-6的规定，实际检测频率应不低于表中的要求，检测结果应满足本指南或具体工程的技术要求。

施工过程中前场质量控制的关键内容　　　　表8.3.6-6

项次	项目	内容	频度
1	摊铺目测	是否离析	随时
		初估含水率状态	随时
2	碾压目测	压实机械是否满足	随时
		碾压组合、次数是否合理	随时
3	压实度检测	含水率	每一作业段检查6次以上
		压实度	每一作业段检查6次以上
4	强度检测	在前场取样成型试件	每一作业段不少于9个
5	钻芯检测	—	每一作业段不少于9个
6	弯沉检测	弯沉值	每一评定段(不超过1km)每车道40~50个测点
7	承载比	承载比	每2000m²测1次,异常时,随时增加试验

8.3.7 质量控制措施

8.3.7.1 施工防离析措施

(1)运输车辆车厢侧板后门处加装挡板,以防止卸料、喂料离析。
(2)摊铺机螺旋布料器应有2/3埋入混合料中,或者满埋螺旋,防止横向离析。
(3)摊铺机中间链齿箱处加装反向叶片,防止纵向离析。
(4)摊铺机应降低布料器前挡板,或者焊接前挡板,以降低离地高度,防止竖向离析。
(5)摊铺机应采取两次收斗方式,并应在摊铺机后面安排专人检查混合料离析现象,铲除局部粗集料过多的铺层或局部粗集料"窝",并用新拌混合料填补,防止收斗窝状离析。

8.3.7.2 裂缝处理措施

基层在养生过程中出现裂缝,经过弯沉检测,结构层的承载能力满足设计要求时,可继续铺筑上面的沥青面层,也可采取下列措施处理裂缝:在裂缝位置灌缝,在裂缝位置铺设玻璃纤维格栅,洒铺热改性沥青。

8.3.7.3 基层平整度控制措施

(1)加强材料验收,杜绝其中含有较大粒径的颗粒。
(2)掌握机械特性,重视机械操作,提高机械管理水平,严格操作程序。
(3)采用适当的方法处理接缝,做好拼幅和搭接的工作。
(4)加强养生期车辆管制。
(5)严格控制上路床平整度及高程。

8.3.7.4 基层碾压时产生"弹簧"预防措施

(1)混合料摊铺前,应对下承层的质量进行检查,保证下承层达到要求的压实度,若有"弹簧"现象应先处理再做上层。
(2)施工时应注意气象情况,摊铺后应及时碾压,避免摊铺后、碾压前的间断期间淋雨,防止造成含水率过高以致无法碾压或碾压引起"弹簧"现象。
(3)含水率宜控制在与最佳含水率相差1~2个百分点内。

8.4 碾压混凝土基层

8.4.1 一般规定

(1)开工前应进行设计技术交底。
(2)施工前应根据相关标准、规范,检查基层或下承层质量,符合要求后方可铺筑碾压混凝土。
(3)拌制碾压混凝土宜选用强制间歇搅拌设备或双卧轴连续式搅拌设备。
(4)碾压混凝土施工应根据工程规模、施工工艺和进度要求等确定进场设备生产能力。
(5)实际施工前,应对隧道内仰拱或调平层进行整修并用水冲洗干净,其顶面高程、混凝土强度均应符合设计及规范要求。

(6)施工过程应连续进行,不得随意中途停机。

(7)施工过程中,碾压混凝土拌和物遭雨淋时,应立即停止摊铺,未压实成形的拌和物应清除、废弃。

(8)施工单位应编制安全生产作业指导书,加强现场施工安全管理。

8.4.2 资源配置

(1)搅拌设备配料系统静态计量精度和动态配料精度应满足表8.4.2-1和表8.4.2-2的要求。

搅拌设备配料系统静态计量允许偏差表(单位:%) 表8.4.2-1

项目	水泥	粉煤灰	细集料	粗集料	水	外加剂
间歇式	±0.3	±0.3	±0.5	±0.5	±0.3	±0.3
连续式	±0.5	±0.5	±0.5	±0.5	±0.3	±0.5

搅拌设备动态配料允许偏差表(单位:%) 表8.4.2-2

项目	水泥	粉煤灰	细集料	粗集料	水	外加剂
高速公路、一级公路	±1	±1	±2	±2	±1	±1
其他等级公路	±2	±2	±3	±3	±2	±2

(2)碾压设备要求

①压路机:双钢轮压路机自重不宜低于13t,单钢轮压路机自重不宜低于18t(不少于两档振幅),轮胎压路机单轮自重不宜低于25t。

②摊铺机:宜采用一台沥青混凝土摊铺机摊铺。

(3)原材料应满足《公路水泥混凝土路面施工技术细则》(JTG/T F30—2014)和设计文件要求。

8.4.3 配合比设计

(1)配合比设计应满足《公路水泥混凝土路面施工技术细则》(JTG/T F30—2014)的相关规定。

(2)碾压混凝土配合比设计应包括目标配合比设计与施工配合比设计两个阶段。经批准的配合比在施工过程中不得擅自调整。

(3)目标配合比设计应对碾压混凝土性能进行全面检验。目标配合比设计应按下列要求进行:

①根据原材料、路面结构及施工工艺要求,通过计算或试验拟定混凝土配合比的控制参数。

②按拟定配合比进行试拌,实测各项性能指标,选择混凝土的弯拉强度、工作性、耐久

性满足要求且经济合理的配合比作为目标配合比。

(4)施工配合比应符合目标配合比的实测数据,并应按下列要求进行：

①施工配合比中的水泥用量可根据拌和过程中的损耗情况,较目标配合比适当增加5~10kg/m³。

②根据搅拌设备试拌情况,对试拌配合比进行性能检验和调整,直至符合目标配合比要求。

③进行碾压混凝土弯拉强度、工作性和耐久性检验,确定是否满足要求。

④总结试验数据,提出施工配合比,确定设备参数,明确施工中根据集料实际含水率调整搅拌设备上料参数和加水量的有关要求。

(5)配合比设计时要考虑压实度变化和随机因素对质量的影响。

(6)碾压混凝土拌和物的现场施工改进振动压实(VC)值宜在35~45s之间。搅拌设备出口拌和物的稠度应考虑经时损失值。

(7)施工过程中,若需要更换原材料的品种或来源,应重新进行配合比设计。

8.4.4 施工流程

施工流程见图8.4.4-1。

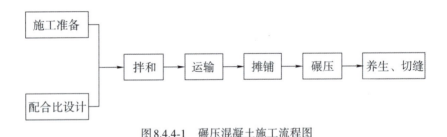

图8.4.4-1 碾压混凝土施工流程图

8.4.5 施工要点

8.4.5.1 拌和

(1)严格监测拌和厂计量系统的准确性,保证计量准确,拌和站混合料计量允许偏差应符合搅拌设备配料系统静态计量精度和动态配料精度的要求。实际采用水泥剂量应比室内试验确定的剂量增加5个百分点。水泥剂量的测定应在拌和后进行取样,并立即(一般不大于10min)送到工地试验室进行滴定试验。每天进行实际水泥用量、集料用量和实际工程量记录,计算对比水泥剂量检测的准确性。

(2)水泥用水泥泵匀速送入,碎石料用装载机上料,上料正对料仓,防止碎石溢出或混仓。铲料时从不同方位、不同断面、不同层次铲料,使送上的石料颗粒均匀、大小一致、含水率达到均衡状态。

(3)碾压混凝土宜采用振动搅拌工艺。

(4)拌和时控制集料的含水率在最佳含水率±1%以内,并根据天气情况,调整用水量,保证混合料拌和均匀、颜色一致、含水率适中,根据出料时含水率和摊铺后含水率之差进行调整。

(5)水泥罐、粉煤灰罐应防止洒漏,罐顶部应设置除尘装置,避免水泥、粉煤灰飞散。

(6)当施工现场机械设备出现故障时,应及时通知搅拌设备停止生产。雨天不得拌和碾压混凝土。

8.4.5.2 混合料装卸与运输

(1)每天开工前,要检验运输车辆完好情况,装料前应将车厢清洗干净。从混合料拌和、运输能力及摊铺速度等因素综合考虑,计算运输车辆数量,确保摊铺机前有3~4辆料车等待,减少铺筑现场停机待料的情况,并且在2h内混合料必须运送到摊铺现场。

(2)运送混凝土的车辆装料前,应清洁车厢,洒水润壁,排干积水。

(3)运输车辆装料时,搅拌设备应分3~5次卸料,车辆前、后、中移动装料,以减少离析。不得采取自由跌落、落地成堆的方式。

(4)运输车上的碾压混凝土拌合物宜覆盖,运输过程中不得取下覆盖的篷布,以减少水分散失,防止混凝土污染和遗撒。

(5)运输过程中应防止离析和污染。卸料过程中应减少混合料离析。

(6)碾压混凝土拌和物运输到施工现场时应具有适宜的工作性。一般装料后应尽快将拌成的混凝土运送至摊铺现场,超过2h(不掺入缓凝剂的拌合物允许的最大时长不超过1h)应做废料处理。碾压混凝土拌合物出料至施工现场适宜时间见表8.4.5-1。

碾压混凝土拌合物出料至施工现场时间对照表　　　表8.4.5-1

施工气温(℃)	5~9	10~19	20~29	30~35
时间(h)	1.0	0.8	0.6	0.4

(7)运输车应有足够的运输能力,施工过程中摊铺机前方等候卸料的运输车不少于1辆。

8.4.5.3 摊铺

(1)应采用履带式、高密实、全自动摊铺机,摊铺速度宜为2~3m/min。

(2)摊铺机就位后,按照拟定的松铺厚度调整好熨平板的高度。

(3)摊铺机熨平板应具有强夯功能,摊铺时须开启,摊铺密实度宜大于85%。

(4)运输车辆在摊铺机前方50cm停车,防止碰撞摊铺机,由摊铺机推动卸料车,边前进边卸料,卸料过程中运料车应挂空挡,靠摊铺机推动前进,卸料速度应与摊铺机铺筑速度相协调。

(5)摊铺机每次停机起步时,慢速起步,并保证至少摊铺5m时调整速度到正常摊铺速度。同时注意接头处的处理,保证平整度。

(6)碾压混凝土摊铺层应均匀、平整、无离析。为减少纵向施工接缝,在有效控制摊铺离析的前提下,可宽幅摊铺;当采用多台摊铺机梯队摊铺作业时,宜选用同类型摊铺机,相邻两台摊铺机前后距离不宜超过10m,两幅搭接宽度不宜小于50mm。

(7)摊铺过程中,刮板输料器的供料量应与螺旋布料器的分料量相匹配,调节料位传感器使螺旋分料器中的混合料处于合适位置,且不宜低于螺旋直径的2/3,料位应均衡、稳定。

前挡板下沿增加橡胶板挡块,防止混合料自由下落造成离析。

（8）碾压混凝土施工宜采用挂线或架设铝合金梁作为基准进行高程控制。

（9）挂线基准宜按10m间距设支架,转弯处宜按5m间距设支架。钢丝绳直径为2.5mm时,拉力不小于1000N;钢丝绳直径为3.0mm时,拉力不小于1400N。架设铝合金梁时,支点间距不宜大于5m。

（10）摊铺碾压混凝土的松铺系数不宜大于1.2,并通过试铺确定。

（11）摊铺前对摊铺机进行运转情况检查,调试检查熨平板平整度,检查接缝严密情况,检查螺旋送料器长度及高度是否满足要求,橡胶挡板安装是否到位,防止摊铺不平整和混合料离析。用3m直尺检查摊铺机熨平板平整度,螺旋离地高度控制在10～15cm,螺旋到端头挡板距离控制在50cm以内,前挡板下部安装橡胶板,离地高度10cm,由专业人员检查和调试,摊铺机操作手配合。

（12）摊铺机起步前熨平板下方需垫长400mm、宽200mm的杂木板,厚度为松铺厚度与压实厚度的差值。

（13）摊铺前应洒水润湿基层或下承层。

8.4.5.4 碾压

（1）碾压混凝土宜采用双钢轮振动压路机、单钢轮振动压路机和轮胎压路机进行组合碾压作业,压实成形的路面应满足压实度和平整度要求。

（2）碾压宜分为初压、复压、成型和终压四个阶段进行。初压、复压、成型和终压作业应衔接配合,避免相互干扰。

①初压:采用双钢轮振动压路机以2～3km/h的速度静压,碾压遍数不宜少于2遍,重叠量宜为1/4～1/3钢轮宽度。

②复压:采用单钢轮振动压路机以2.5～3.5km/h的速度进行振动碾压,根据铺层厚度选择振幅,碾压遍数根据压路机型号、碾压混凝土铺层厚度和材料种类等因素由试验确定,一般宜为4～6遍,重叠量为1/3～1/2钢轮宽度。

③成形:采用轮胎压路机以4～6km/h的速度静压,对混合料进行揉搓,消除褶皱和裂纹,使其致密,碾压遍数宜为2～6遍。

④终压:采用双钢轮压路机以3～5km/h的速度静压,碾压遍数宜为2遍。

（3）碾压段长度宜控制在30～50m。直线段碾压时,压路机应从外到内直线碾压;曲线超高路段,应由低侧到高侧、自内侧到外侧碾压。

（4）碾压时应将压路机驱动轮面向摊铺机,碾压路线及碾压方向不应突然改变,避免导致混合料推移。

（5）摊铺机采用梯队作业时,相邻两台摊铺机搭接处前机已铺的摊铺层预留200～400mm宽度暂不碾压,作为后机的调平传感器基准面,待后机摊铺完成,跨缝碾压以消除缝迹。

（6）压路机不得在未碾压成形路段上转向、掉头、加水或停留。

(7)大型压路机碾压不到的部位,宜采用小型压路机或振动夯补充碾压。

(8)施工过程中应采取措施控制碾压混凝土表面裂纹的产生。碾压终了的面层表面不应有可见微裂纹。

8.4.5.5 接缝施工

对于隧道内碾压混凝土基层,由于碾压混凝土基层会产生收缩裂缝导致沥青混凝土面层出现反射裂缝,应对碾压混凝土基层设置横向缩缝。

(1)横向施工缝应与其他横向接缝合并设置;接缝应使用切割机按设计要求切割而成。

(2)碾压混凝土施工接合缝应平顺,混合料无明显离析;接合缝宜按斜坡法或导木法设置。

(3)横向缩缝间距宜为6~8m,纵向缩缝间距不宜大于4.5m,且满足设计要求。

(4)横向缩缝采用硬切缝,横向缩缝切割顺直度应小于10mm,硬切缝以不啃边为最佳时机,所有横缩缝最晚切割时间均不得超过24h,切缝深度宜为板厚的1/3~1/4,最小深度不小于60mm。

(5)采用热沥青对清理干净的开口缝隙进行滴灌,并铺一层宽1.5m的单面烧毛土工布。

8.4.5.6 养生

(1)碾压混凝土碾压完毕,检测合格后,应及时喷雾、洒水,并尽早覆盖养生。养生期不宜少于7d,且应延长至上层结构施工前2d。

(2)养生可以采取洒水养生、薄膜覆盖养生、土工布覆盖养生、使用透层养生等方式。

(3)养生材料对接时,纵向搭接宽度不宜小于400mm,横向搭接宽度不宜小于200mm。

(4)气温较低(日平均气温5~9℃)时应采取保温、保湿双重措施,确保碾压混凝土摊铺温度在5℃以上;遭遇降雨时,应在保温片材上、下表面采取包覆隔水膜等防水措施。

(5)实测碾压混凝土强度大于设计强度的80%以后,可停止养生。不同气温条件下的最短养生龄期可参照表8.4.5-2确定。当在碾压混凝土中掺加粉煤灰时,最短养生龄期宜延长7d。

不同气温条件下最短养生龄期参考表　　表8.4.5-2

养生期间日平均气温(℃)	5~9	10~19	20~29	30~35
养生龄期(d)	21	14	10	7

(6)养生初期,人、畜、车辆不得通行,达到设计弯拉强度40%以后,可允许行人通行。

(7)面层达到设计弯拉强度后,方可开放交通。

8.4.6 质量要点

(1)在拌和机出料口随机抽取混合料试样,检测混合料含水率、拌和均匀性、级配是否符合规定。如发现异常变化,根据试验结果及时调整配料,不合格的混合料作废弃处理,以确保质量。

(2)含水率:现场采用干燥箱测含水率。一般情况下,碾压混凝土拌制前,每台班检测含水率不宜少于3次,并根据测定结果及时调整。

(3)水泥剂量采取以取样检测与总量控制相结合的方式控制。水泥剂量的测定应在拌和后随机取样,并立即(一般不大于10min)送到工地试验室进行滴定试验。每天施工结束后进行实际水泥用量、集料用量和实际工程量记录,计算对比水泥剂量检测的准确性。同时应根据水泥强度、试件无侧限抗压强度、底基层芯样情况进行优化,在确保混合料强度的前提下控制水泥用量。

(4)碾压混凝土拌合物运到摊铺现场,应目测拌和质量,不符合规定要求、已经结成团块、有花白料或遭雨淋湿的拌合物应废弃。

(5)摊铺时碾压混凝土温度宜为5～30℃,各级公路碾压混凝土不应在日间零下气温下铺筑。

8.5 功能层(透层、封层、黏层)

8.5.1 技术准备

8.5.1.1 图纸审核
组织人员对设计图纸进行审核,查看图纸是否存在漏项及设计不合理的地方。

8.5.1.2 试验准备
施工前应做好工程原材料、配合比等相关试验。

8.5.1.3 施工方案
结合项目的具体情况、工期要求、施工队伍、机械设备等因素,编制路面专项施工方案。

8.5.1.4 桥面和隧道混凝土顶面处理
铺筑沥青混凝土前,应按照设计要求对桥面水泥混凝土顶面进行处理,要求构造深度不小于0.7mm;隧道内水泥混凝土、碾压混凝土应采用精细铣刨工艺,构造深度要求为0.7mm,清除浮浆,除去过高的突出部位和"露骨",清洗干净,晾晒干燥。

8.5.2 资源配备

(1)根据工程规模、工期和技术难度等配备相应的管理、技术、测量、试验、环保、专职质量检查和安全管理人员。

(2)功能层施工机械设备宜按不低于表8.5.2-1要求配备。

功能层施工机械设备配置表　　表8.5.2-1

项目	设备名称	单位	单个工作面数量	工作面	数量
功能层	沥青洒布车	台	1	1	1
	同步碎石封层车	台	1	1	1
	稀浆封层车	台	1	1	1
	铣刨机或抛丸机	台	1	1	1
	滑移装载机	台	1	1	1
	轮胎压路机	台	1	1	1

(3)透层油洒布应采用智能型洒布车,稀浆封层摊铺应采用稀浆封层摊铺车。

8.5.3 稀浆封层配合比设计

(1)级配设计。采用ES-2型结构级配设计(表8.5.3-1)。

ES-2型结构级配设计表　　表8.5.3-1

筛孔(mm)	9.5	4.75	2.36	1.18	0.6	0.3	0.15	0.075
级配	100	95~100	65~90	45~70	30~50	18~30	10~21	5~15

(2)确定拌和用水量。根据经验选初始乳化沥青用量为12%或沥青用量为6.5%(其中乳化沥青用量按乳化沥青的蒸发残留物含量60%计算),调整用水量进行稠度试验,确定合适的用水量。

(3)确定沥青用量范围。以满足湿轮磨耗试验磨耗值的确定最小沥青用量,以满足负荷轮试验黏附砂量确定的最大沥青用量。

(4)试验可拌和时间、初凝时间、固化时间。通过手工拌和确定可拌和时间;以滤纸表面没有褐色斑点判断初凝时间;通过黏聚力试验检查初凝时的黏聚力以及固化时间和固化时的黏聚力。

(5)稀浆封层混合料应符合相关规范的要求。

8.5.4 施工材料要求

8.5.4.1 透油层材料要求

沥青路面的半刚性基层顶面应喷洒透层沥青,喷洒透层油后通过钻孔或挖掘确认透层油渗透入基层的深度,宜不小于5mm,并能与基层连接成为一体。根据基层类型选择渗透性好的乳化沥青,液体石油沥青(煤油稀释沥青)透层油质量应符合《公路沥青路面施工技术规范》(JTG F40—2004)的要求。

透层宜采用PC-2型乳化沥青。

为了提高乳化沥青的质量,将残留蒸发物的针入度指标在规范要求基础上适当提高,针入度(25℃)为50~150(0.1mm)。

8.5.4.2 碎石封层材料要求

采用改性沥青(改性乳化沥青)+碎石封层。沥青材料的规格和质量应符合《公路沥青路面施工技术规范》(JTG F40—2004)的要求。集料选用单一粒径石料,粒径可用4.75~9.5mm。

宜采用改性沥青或改性乳化沥青。

在采用BCR改性乳化沥青时,宜将残留蒸发物的针入度指标在规范要求基础上适当提高,针入度(25℃)为40~80(0.1mm)。

8.5.4.3 稀浆封层材料要求

稀浆封层采用的乳化沥青指标应符合《公路沥青路面施工技术规范》(JTG F40—2004)的相关要求。

集料通过4.75mm筛的合成矿料的砂当量不得低于60%;对于从料场运来的石料,应将超粒径颗粒筛除,然后进行水洗法筛分,严格控制级配并符合《公路沥青路面施工技术规范》(JTG F40—2004)的要求。

宜采用BC-1型乳化沥青或者BCR改性乳化沥青。

为了提高乳化沥青的质量,将残留蒸发物的针入度指标在规范要求基础上适当提高。

8.5.4.4 黏层沥青材料要求

黏层沥青材料规格和质量应符合《公路沥青路面施工技术规范》(JTG F40—2004)的要求。一般采用快裂的PCR改性乳化沥青,要求残留固化物含量不小于50%。

为了提高乳化沥青的质量,将残留蒸发物的针入度指标在规范要求基础上适当提高,针入度(25℃)宜为40~80(0.1mm)。

桥隧防水黏结层一般采用热熔沥青碎石或者改性乳化沥青稀浆封层。潮湿的隧道内宜洒布SBS(苯乙烯-丁二烯-苯乙烯嵌段共聚物)热改性沥青,不宜洒布PCR改性乳化沥青。集料采用4.75~9.5mm的单一粒径石料。

8.5.5 施工流程

透层施工流程见图8.5.5-1。

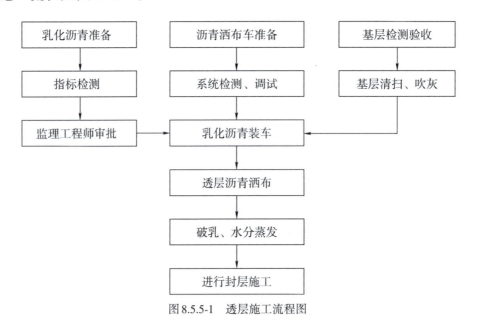

图8.5.5-1 透层施工流程图

封层施工流程见图8.5.5-2。黏层施工流程见图8.5.5-3。

8.5.6 施工要点

8.5.6.1 透层施工要点

1)基层表面的清扫与冲洗

(1)用自行式强力清刷机在基层养生结束后即对基层顶面进行全面清扫。清扫后的基层顶面必须确保浮浆清除干净、集料外露。

（2）强力清刷机清扫完成后，组织专人清扫表面碎石，用吸尘机将基层表面浮尘吸净，必要时采用高压水枪冲洗。

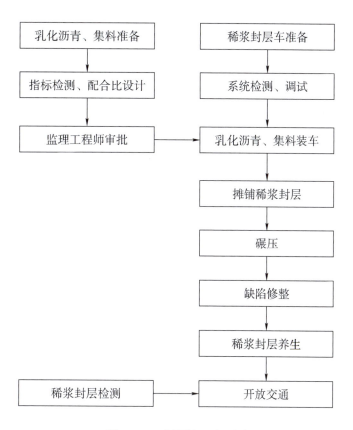

图 8.5.5-2　封层施工流程图

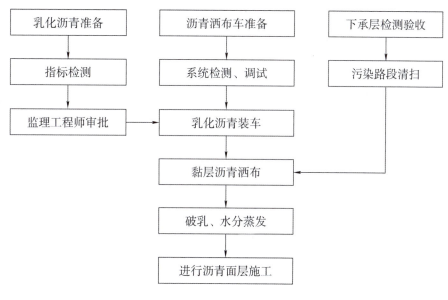

图 8.5.5-3　黏层施工流程图

2）喷洒透层沥青

（1）透层油应采用智能型洒布车进行洒布，洒布前应对计量装置进行标定，检查各个喷嘴是否堵塞。

(2)透层油的洒布量一般为0.7~1.5kg/m²,应通过试洒确定,不宜超出《公路沥青路面施工技术规范》(JTG F40—2004)要求的范围。

(3)透层油的稠度应通过试配、试洒确定,以能透入基层一定深度、不出现流淌、不形成油膜为原则。透层油达不到渗透深度要求时,应调整透层沥青稠度。

(4)根据透层油类型确定喷洒工艺,当采用高渗透乳化沥青时,应在碾压成型后表面稍变干燥但尚未硬化的情况下喷洒;当采用煤油稀释沥青时,应在水稳层用土工布覆盖养生7d后及时喷洒。

(5)洒布过程中应采取必要的措施防止对附属设施的污染,自高程低的一侧开始顺路线方向逐步向高程高的一侧洒布,每车搭接宽度不超过5cm,要求洒布均匀,喷洒不漏白,不过多重叠,漏白部分可采取人工补洒。

(6)透层油洒布后的养生时间根据透层油品种和天气条件确定,确保稀释沥青中稀释剂全部挥发,乳化沥青渗透且水分蒸发,然后尽快施工下封层。

8.5.6.2 碎石封层施工

(1)碎石封层宜采用同步碎石封层车施工,也可以采用沥青洒布车和碎石洒布车施工。

(2)喷洒热改性沥青或改性乳化沥青。

(3)采用智能型沥青洒布车或者同步碎石封层车喷洒热改性沥青或改性乳化沥青,洒布量为1.0~1.4kg/m²,洒布方法与透层施工相同,起步及终止时必须采取措施,避免喷量过多或者过少,横向搭接处应调整好宽度,避免搭接处喷量过多或者漏洒现象;若局部过多或者漏洒,则应采用人工进行适当清除或者补洒。

(4)洒布集料。采用同步碎石封层车或者石料洒布车洒布集料,集料为4.75~9.5mm单一粒径预拌碎石,数量宜为(3±0.4)kg/m²,以均匀覆盖70%~90%的面积为宜。对洒布不到位或过多的区域应及时处理,确保洒布均匀。集料洒布全部在改性乳化沥青破乳之前完成。

(5)碾压。集料洒布后,应用轮胎压路机匀速进行2~4遍的碾压,碾压速度宜控制在3~5km/h,碾压过程应在改性乳化沥青破乳之前完成。

8.5.6.3 稀浆封层施工

(1)施工前准备。稀浆封层施工前,应检查透层是否受泥土污染,对污染部分应提前冲洗干净并补洒乳化沥青。

(2)拌和。混合料的拌和必须均匀,不得有结团、成块或花白现象。否则应停止铺筑,从矿料级配、油石比、拌和速度、时间等方面检查原因,及时调整。

(3)摊铺。摊铺槽四周的橡胶刮板要安装准确且牢固,保证槽内混合料不发生外漏。拌好的稀浆混合料流入摊铺箱,当混合料体积达到摊铺箱容积的2/3且在路宽方向布满料后,摊铺机以1.5~3km/h的速度匀速前进。摊铺时应保持稀浆摊铺量与搅拌量基本一致,保证摊铺箱中的稀浆混合料的体积为摊铺箱的1/2左右。

(4)找平。稀浆混合料摊铺后,立即使用橡胶耙进行人工找平,对漏铺和稀浆不足处应立即修整。找平时应注意超大粒径集料产生的纵向刮痕,应尽快清除并填平路面。

(5)停机。当摊铺机内任何一种料用完时,立即关闭所有材料输送的控制开关,让搅拌筒内的混合料搅拌完,并送入摊铺箱摊铺完毕,摊铺机停止前进。

(6)搭接。两幅纵缝搭接宽度不宜超过80mm,横向接缝宜做成对接缝。接缝处不得出现余料堆积或缺料现象,不平整度不得大于6mm。

(7)碾压。稀浆封层铺筑,待初凝后(一般30min后),用轮胎压路机碾压两遍。如果发现团块或松散等缺陷,应将其铲除重铺。

(8)摊铺厚度的测定。现场应对摊铺厚度随时进行测定;如发现厚度不当,及时提醒操作人员调整摊铺厚度。

(9)交通管制。稀浆封层铺筑后应进行交通管制,待干燥成形后才能开放交通。

8.5.6.4 黏层施工

(1)各沥青混合料层之间须喷洒黏层油,黏层沥青应在上层沥青混合料施工前1~2d喷洒,期间应做好交通管制。喷洒黏层油前需对下层进行清扫或清洗。

(2)采用沥青洒布车喷洒,喷洒的黏层油必须呈均匀雾状,在路面全宽度内均匀分布成一薄层,不得有漏空或成条状,也不得有堆积。喷洒不足的要补洒,喷洒过量处应予刮除。

(3)洒布量为0.3~0.6L/m²。

(4)结构物与沥青层接触部位须均匀涂刷黏层油,同时应注意保护桥头、涵顶及路面两侧的结构物不受污染。

8.5.6.5 桥隧防水黏结层

(1)大面积开展防水黏层施工之前,必须先选长度100m以内的段落进行试生产,以检验材料性能,确定施工工艺、参数。

(2)底涂层施工采用智能型沥青洒布车洒布,洒布量为0.3~0.6kg/m²。

(3)热融沥青碎石防水黏结层宜采用同步碎石封层车施工,也可以采用智能型沥青洒布车配合碎石洒布车施工。施工工艺与碎石封层施工相同。

①热改性沥青的洒布量为1.2~1.6kg/m²,预拌碎石的油石比控制在0.4%~0.6%,预拌碎石的出料温度应控制为175~190℃,碎石洒布温度不得低于170℃,预拌碎石洒布量宜为5~8 m³/1000 m³,以均匀覆盖50%的面积为宜。

②集料洒布后,用轮胎压路机匀速碾压2~4遍,碾压速度宜控制在3~5km/h,碾压应在改性乳化沥青破乳之前完成。

③施工后不得大量开放交通,限制行车速度不超过20km/h,以防松散;并尽早覆盖下面层,以防污染。

(4)稀浆封层防水黏结层施工工艺与黏层施工相同,采用BCR改性乳化沥青稀浆封层。

8.5.7 质量要点

8.5.7.1 透层施工过程中的质量管理

(1)应随时检查半刚性基层表面处理是否符合要求,并应在上午、下午各记录1次。

(2)每天应至少检测1次(随机布设3处)透层沥青洒布量和乳液中沥青含量,评价其是否符合试验路段确定的数据,并做好记录。当偏差超过0.3%时,应及时调整。

(3)应随时检查透层沥青洒布是否均匀,在喷洒范围内有无漏洒或过量现象,并做好记录;发现缺陷应及时修补。

8.5.7.2 封层施工过程中的质量管理

(1)稀浆封层施工前,应检查已洒布的透层油是否符合要求、损坏部位是否预先处理并符合要求、表面泥土及其他杂物是否清理干净。

(2)对稀浆封层沥青混合料,每天应至少抽检2次集料级配及油石比是否符合批准的生产配合比要求。

(3)应随时检查防水黏结层喷洒量是否均匀,在沥青面层全宽范围内有无漏洒或过量现象,并及时做好记录;发现缺陷应及时补救。

8.5.7.3 黏层施工过程中的质量管理

应随时检查黏层沥青喷洒量是否均匀,在沥青面层全宽范围内有无漏洒或过量现象,并及时做好记录;发现缺陷应及时补救。

8.6 热拌沥青面层

8.6.1 技术准备

8.6.1.1 图纸审核

组织人员对设计图纸进行审核,查看图纸是否存在漏项及设计不合理的地方。

8.6.1.2 试验准备

施工前应做好工程原材料、配合比等相关试验。

8.6.1.3 施工方案

结合项目的具体情况、工期要求、施工队伍、机械设备等因素,编制路面专项施工方案。

8.6.1.4 路面下承层验收

(1)桥隧平整度达不到要求的部位,须抛丸或铣刨至合格为止。

(2)必须对桥面铺装裂缝情况进行逐跨步行检查,对长度超过50cm或宽度超过0.2mm的裂缝应进行取芯分析原因并进行相应处理,对浅表性的收缩裂缝,应进行环氧树脂灌缝处理,裂缝情况严重路段要求返工处理。

(3)桥、隧、搭板、过渡板等水泥混凝土表面要求进行抛丸或铣刨处理,确保与沥青面层连接成整体。

(4)桥面排水系统应完善,铸铁管泄水孔顶高程应略低于水泥混凝土铺装层,超高路段中分带泄水孔应考虑排除沥青路面层间水,并注意靠近伸缩缝处的排水情况,对于不符合要求的应进行处理。交验过程中应加强桥面积水情况的检查。

8.6.2 资源配置

(1)根据工程规模、工期和技术难度等配备相应的管理、技术、测量、试验、环保、专职质量检查和安全管理人员。

(2)路面施工机械设备宜按不低于表8.6.2-1要求配备,并根据试验段总结确定施工机械类型、数量及组合方式。

沥青路面施工机械设备配置表　　　　表8.6.2-1

序号	机械名称	数量	备注
1	沥青混合料拌和设备	1套	设备额定产量不小于320t/h(4000型及以上)
2	履带式摊铺机	1~2台	三车道及以下,上面层应采用1台宽幅抗离析摊铺机单机摊铺。平纵指标较高的双车道路面中、下面层宜选择单机摊铺,平纵指标较低的双车道及三车道路面中、下面层亦可双机梯队联合作业,上面层宜采用1台宽幅抗离析摊铺机单机摊铺
3	双钢轮振动压路机	2台	不小于10t,双驱双振
4	轮胎压路机	2台	不小于25t,带配重
5	振荡压路机或高频压路机	2台	用于高墩大跨桥面碾压
6	小型振动压路机	1台	用于边沿碾压
7	同步碎石沥青洒布车	1台	计算机控制洒布量
8	稀浆封层车	1台	—
9	乳化沥青生产设备	1台	—
10	全自动路面清扫车	1台	—

(3)劳动力资源配置见表8.6.2-2。

劳动力配置表　　　　表8.6.2-2

用工单位	岗位	单位	数量
前场	负责人	人	1
	带班	人	1
	测量辅助	人	1
	打桩挂线	人	4
	签票	人	1
	观察料斗、指挥料车	人	2
	观察试验设备、进行厚度检查	人	3

续上表

用工单位	岗位	单位	数量
前场	移铝合金尺、捡平	人	4
	质检辅助	人	1
	安全管理及保通	人	8
	胶轮刷油	人	2
	后勤人员	人	3
	路面清洗清扫	人	10
	小计	人	41
后场	料仓料斗、输送带漏料清理	人	2
	皮带	人	1
	清理拌缸/粉尘	人	2
	保卫、清洁	人	2
	指挥料车	人	2
	盖油布、擦料车油	人	2
	小计	人	11
合计		人	52

注：实际施工可根据项目工程量和作业班组水平适当增减人员。

8.6.3 面层产能

面层产能分析见表8.6.3-1、表8.6.3-2。

面层4000型拌和设备产能计算表　　　　表8.6.3-1

序号	项目	单位	参数	备注
1	数量	套	1	
2	额定产量	t/h	400	
3	按额定产量75%计	t/h	300	
4	工作时间	h	8	
5	产量	t/d	2400	
6	月工作天数	d	21	
7	月产量	万t	5.04	

面层5000型拌和设备产能计算表　　　　表8.6.3-2

序号	项目	单位	参数	备注
1	数量	套	1	
2	额定产量	t/h	500	
3	按额定产量70%计	t/h	375	
4	工作时间	h	8	

续上表

序号	项目	单位	参数	备注
5	产量	t/d	3000	
6	月工作天数	d	21	
7	月产量	万t	6.3	

8.6.4 沥青搅拌设备要求

(1)生产能力。产量不小于320t/h(4000型及以上)。

(2)冷料仓不少于5个,设有料门,采用变频、直流或电磁调速方式。料仓上部有防串仓隔板,顶部有剔除超限料网格。

(3)热料仓不少于5个,设置全程料位计或高低料位计,砂仓有热电偶式或热电阻式温度传感器。筛网布置规格宜满足表8.6.4-1的要求。

沥青拌和楼热料仓建议筛网布置规格表(单位:mm)　　表8.6.4-1

类别	1号筛孔	2号筛孔	3号筛孔	4号筛孔	5号筛孔	6号筛孔
5级热料仓	4	6	11	20	35	—
6级热料仓	4	6	11	20	27	35

(4)热料配料误差小,并能自动进行落差补偿。质量计量系统准确度应满足矿料偏差不大于±0.5%,矿粉偏差不大于±0.5%,沥青偏差不大于±0.3%。

(5)除尘系统为二级,第二级除尘系统为袋式除尘,具备粉尘湿式排放功能。矿粉和回收粉分别存放,二级回收粉严禁使用。设备安装时必须切断粉尘回收管道。

(6)控制系统必须配置计算机控制系统,在拌和过程中可逐盘采集、记录并打印材料用量、配比、温度、拌和时间、产量等参数。

(7)配备3个以上沥青罐,改性沥青罐宜配备足够的强制搅拌装置。

(8)成品料仓应具备良好的保温性能。

(9)搅拌设备安装完毕后应进行冷料标定、计量标定和温度标定,并给出标定成果。施工过程中宜每月进行一次冷料计量系统校核。冷料料门一经标定,无特殊情况不得擅自变动。

(10)干燥筒应具有全自动控温系统,控温误差在±5℃之内,燃烧器为全自动比例控制。

(11)如沥青面层混合料中有纤维的,则需要配备纤维自动计量添加装置。

8.6.5 面层原材料要求

8.6.5.1 一般要求

(1)原材料应坚持源头控制、准入管理。应对提供路面集料的石料生产企业进行严格考察,仔细筛选,确保所提供的集料质量。

(2)开工前,应储备足够的原材料,以满足沥青路面大规模连续施工需要。

(3)根据规范要求按检测频率对原材料进行检查,所用水泥、沥青、集料等原材料应至少进行1次全套指标的外委检测。

8.6.5.2 面层石料要求

1)沥青面层矿山母岩要求

(1)应采用准入方式确定定点厂家,面层集料生产厂应按照规格加工生产。

(2)上面层抗滑石料宜使用磨耗值低的火成岩(玄武岩、辉绿岩、辉长岩、闪长岩等),胶结填充的细集料宜采用碱性石料(黏附性好的);不宜采用变质岩。

(3)中、下面层石料宜使用与沥青黏附性好的碱性石灰石(颜色为青色,表面粗糙,盐酸滴定整体剧烈冒泡,化学成分为$CaCO_3$);若选择中性、酸性岩石时,应添加抗剥落剂。

2)面层碎石规格要求

(1)沥青抗滑表层采用13型(SMA-13和AC-13C)或者16型(SMA-16、AC-16C)结构,抗滑表层石料应按照表8.6.5-1中的筛孔进行分级,面层石料统一为4种规格。

抗滑表层面层石料规格表(单位:mm)　　表8.6.5-1

类型	1号料		2号料	3号料	4号料
	13型	16型			
筛孔尺寸	17	19	11	6	3.5
集料规格	9.5~16	9.5~19	4.75~9.5	2.36~4.75	0~2.36

(2)沥青中面层一般设计为AC-20C型结构,下面层一般设计为AC-25C型结构,沥青稳定碎石柔性基层一般设计为ATB-25型结构,因此,石灰石石料厂统一按表8.6.5-2中的筛孔进行布置,面层石料统一为5种规格。配置AC-20C型结构时采用2号料~5号料,配置AC-25C型结构和ATB-25型结构时采用1号料~5号料。

中、下面层石料规格表(单位:mm)　　表8.6.5-2

类型	1号料	2号料	3号料	4号料	5号料
筛孔尺寸	34	24	15	6	3.5
集料规格	26.5~31.5	13.2~26.5	4.75~13.2	2.36~4.75	0~2.36

3)沥青面层粗集料要求

沥青面层粗集料技术指标见表8.6.5-3。

沥青面层粗集料技术表　　表8.6.5-3

项目	单位	技术指标	
		中、下面层石料	上面层抗滑石料
压碎值	%	≤28	≤26
洛杉矶磨耗损失	%	≤30	≤28
磨光值	PSV	—	≥42

续上表

项目		单位	技术指标	
			中、下面层石料	上面层抗滑石料
实密度		g/cm³	≥2.50	≥2.60
吸水率		%	≤3.0	≤2.0
与沥青的黏附性		—	5级(上面层);≥4级(其他面层)	
坚固性		%	≤12	
细长扁平颗粒含量	>9.5mm	%	≤15	≤12
	<9.5mm		≤20	≤18
软石含量		%	≤5	≤3
水洗法<0.075mm含量		%	≤1	

注:对于S14规格的粗集料中粒径为2.36~4.75mm的部分,其针片状颗粒含量可不予要求,采用水洗法检测时,粒径小于0.075mm的针片状颗粒含量可放宽到3%。

4)面层碎石厂要求

(1)矿山开采要求:矿山开采前,应采用机械或人工全面清理母岩表层的泥土与软弱风化层,严防泥土和杂质渗入母岩。

(2)主要生产设备标准:颚式破碎机规格不小于600×900型;反击式(或冲击式)破碎机不小于1214型,即产量不小于150t/h。

(3)石料进颚式破碎机前须设置振动预筛喂料装置,并将筛出的泥块、泥渣通过除渣运输皮带排出,以减少石料的含泥量,保证石料洁净。预筛筛网长度不小于2m,筛孔尺寸不小于5cm。

(4)沥青面层石料厂需设置布袋除尘器,除尘器需将振动筛整体罩住,且不得在破碎机上采用淋雨压尘措施,控制5号料中0.075mm通过率不大于12.5%。

(5)抗滑表层石料厂宜配备整形机,降低针片状颗粒含量;中、下面层石料厂宜配备整形机。

5)面层机制砂与细集料要求

(1)机制砂:面层用细集料宜采用洁净、干燥、无风化、无杂质的石灰岩(也可以采用与粗集料相同母岩的火成岩,但不得采用方解石、白云石、石英石)经过制砂机加工的机制砂,石灰石和火成岩母岩标准与面层石料相同。

(2)制砂机:制砂机采用850型以上(生产量65~110t/h),制砂机必须配置布袋除尘装置。

(3)细料:面层用细集料也可以采用面层二级破碎石料厂加工且经过除尘、符合质量要求的石屑(石灰石或者火成岩),但掺量不宜超过机制砂的掺量。

(4)细集料:技术指标应满足《公路沥青路面施工技术规范》(JTG F40—2004)和设计文件的要求。

6)矿粉与抗剥离剂要求

(1)矿粉必须采用干燥、清洁、无杂质的碱性石灰岩或岩浆岩中的强基性岩石等憎水性石料经磨细得到,其母岩标准同中、下面层母岩要求。

(2)宜自加工矿粉,加工点应设在满足要求的石料厂或拌和站进行加工生产,加工设备可采用球磨机、雷蒙磨、立式磨等,产量不小于10t/h。

(3)矿粉技术指标见表8.6.5-4。

矿粉技术指标表 表8.6.5-4

视密度 (g/cm³)	含水率 (%)	粒度范围(通过率%)			外观	亲水系数	塑性指数
		0.6mm	0.15mm	0.075mm			
≥2.5	≤1	100	90～100	75～100	无团粒结块	<1	<4

(4)抗剥离措施。所有沥青抗滑表层需掺加1%～2%的P.O 42.5水泥或者1.5%～2%的I级钙质消石灰,作为抗剥离措施,且石料应满足表8.6.5-5要求。

面层技术指标表 表8.6.5-5

项目		单位	技术指标	
			中、下面层石料	上面层抗滑石料
压碎值		%	≤24	≤20(常温) ≤24(高温)
洛杉矶磨耗损失		%	≤30	≤28
磨光值		PSV	—	≥42
视密度		g/cm³	≥2.50	≥2.60
吸水率		%	≤3.0	≤2.0
与沥青的黏附性		—	5级(上面层);≥4级(其他面层)	
坚固性		%	≤12	
细长扁平颗粒含量	>9.5mm	%	≤15	≤12
	<9.5mm		≤20	≤18
软石含量		%	≤5	≤3
水洗法<0.075mm含量		%	≤1	

7)面层用纤维要求

(1)木质素纤维技术指标见表8.6.5-6、表8.6.5-7。

絮状木质素纤维技术指标表 表8.6.5-6

序号	项目	技术指标	试验方法
1	0.15mm质量通过率(%)	60~80	JT/T 533—2020附录A
2	灰分含量(%)	13~23	JT/T 533—2020附录B
3	pH值	6.5~8.5	JT/T 533—2020附录C
4	吸油率(倍)	5~9	JT/T 533—2020附录D

续上表

序号	项目	技术指标	试验方法
5	含水率(%)	≤5	JT/T 533—2020附录E
6	质量损失(210℃,1h)(%)	≤6,且无燃烧	JT/T 533—2020附录F
7	木质纤维含量(%)	≥85	JT/T 533—2020附录G
8	最大长度(mm)	≤6	JT/T 533—2020附录H
9	平均长度	实测	JT/T 533—2020附录H
10	密度	实测	JT/T 533—2020附录I或附录J

粒状木质素纤维技术指标表 表8.6.5-7

序号	项目		技术指标		试验方法
			直径规格 4.0mm	直径规格 6.5mm	
1	颗粒直径(mm)		4.0±1	6.5±1	JT/T 533—2020附录K
2	颗粒长度(mm)		≤16	≤16	JT/T 533—2020附录K
3	原纤维颗粒筛分	4mm通过率(%)	—	≤8	JT/T 533—2020附录L
4		2.8mm通过率(%)	≤7	—	JT/T 533—2020附录L
5	磨损后纤维颗粒筛分	4mm通过率增加值(%)	—	≤12	JT/T 533—2020附录L
6		2.8mm通过率增加值(%)	≤11	—	JT/T 533—2020附录L
7	造粒剂	含量(%)	3~20		JT/T 533—2020附录M
8		旋转黏度(135℃)(mPa·s)	≥200		JT/T 533—2020附录M
9	灰分含量(%)		12~22		JT/T 533—2020附录B
10	质量损失(210℃,1h)(%)		≤6,且无燃烧现象		JT/T 533—2020附录F
11	含水率		≤5		JT/T 533—2020附录E
12	松方密度(kg/m³)		350~550		JT/T 533—2020附录N
13	密度		实测		JT/T 533—2020附录I或附录J
14		吸油率(倍)	4~8		JT/T 533—2020附录D
15	热萃取后的木质纤维	木质纤维含量(%)	≥85		JT/T 533—2020附录G
16		最大长度(mm)	≤6		JT/T 533—2020附录H
17		平均长度	实测		JT/T 533—2020附录H

(2)聚酯纤维技术指标见表8.6.5-8。

聚酯纤维技术指标表 表8.6.5-8

序号	参数		技术指标	试验方法
1	长度	平均值(mm)	19~38	JT/T 533—2020附录R
2		偏差(%)	±10	JT/T 533—2020附录R
3	直径	平均值(μm)	10~20	JT/T 533—2020附录H

续上表

序号	参数		技术指标	试验方法
4	直径	偏差(%)	±10	JT/T 533—2020 附录 H
5	断裂强度(MPa)		≥450	JT/T 533—2020 附录 S
6	断裂伸长率(%)		≥20	JT/T 533—2020 附录 S
7	密度(g/cm³)		1.360±0.050	JT/T 533—2020 附录 I 或附录 J
8	卷曲纤维含量(%)		≤3	JT/T 533—2020 附录 U
9	熔点(℃)		≥240	GB/T 16582

(3)矿物纤维的技术指标见表8.6.5-9、表8.6.5-10。

絮状矿物纤维技术指标表　　　　　　　　　　　　　　　表8.6.5-9

序号	项目	技术指标	试验方法
1	平均长度(mm)	≤6	JT/T 533—2020 附录 H
2	平均直径(μm)	≤5	JT/T 533—2020 附录 H
3	渣球含量(0.15mm)(%)	≤20	JT/T 533—2020 附录 O
4	0.15mm质量通过率(%)	60±10	JT/T 533—2020 附录 A
5	0.15mm通过率增加值(%)	≤22	JT/T 533—2020 附录 P
6	吸油率(倍)	≥2.0	JT/T 533—2020 附录 D
7	密度(g/cm³)	≥2600	JT/T 533—2020 附录 I 或附录 J
8	含水率(%)	≤1.0	JT/T 533—2020 附录 E
9	絮状纤维团质量百分率(%)	≤20	JT/T 533—2020 附录 Q

束状矿物纤维技术指标表　　　　　　　　　　　　　　　表8.6.5-10

序号	项目		技术指标	试验方法
1	长度	平均值(mm)	6、9、12	JT/T 533—2020 附录 R
2		偏差(%)	±10	JT/T 533—2020 附录 R
3	直径	平均值(μm)	16	JT/T 533—2020 附录 H
4		偏差(%)	±10	JT/T 533—2020 附录 H
5	断裂强度(MPa)		≥1000	JT/T 533—2020 附录 S
6	断裂伸长率(%)		2.0~3.0	JT/T 533—2020 附录 S
7	断裂强度保留率(%)		≥85	JT/T 533—2020 附录 S
8	吸油率(倍)		≥0.5	JT/T 533—2020 附录 D
9	密度(g/cm³)		≥2.600	JT/T 533—2020 附录 I 或附录 J
10	含水率(%)		≤0.2	JT/T 533—2020 附录 E

注：矿物纤维不能采用酸性、致癌的石棉纤维，可以采用碱性、干拌不脆断的纤维(如玄武岩纤维、水镁石纤维、海泡石纤维等)。

(4)掺量：木质素纤维掺量一般为沥青混合料质量的0.3%；聚酯纤维掺量一般为沥青混

合料质量的0.2%～0.3%;矿物纤维掺量一般为沥青混合料质量的0.4%。

（5）掺加方式:纤维宜采用机械风送投放。

8）面层水泥

面层水泥要求与基层水泥相同

9）面层沥青要求

（1）基质沥青应选用70号A级沥青。为了提高沥青混合料的抗高温车辙性能和抗低温开裂性能,将针入度指标范围适当缩小,将含蜡量指标适当提高,具体指标应满足现行《公路沥青路面施工技术规范》(JTG F40)和设计文件要求。

（2）改性沥青宜选用SBS改性沥青,且SBS改性沥青应选用I-D级。为了提高沥青混合料的抗高温车辙性能,将软化点指标在规范要求的基础上适当提高,具体技术指标应满足现行《公路沥青路面施工技术规范》(JTG F40)和设计文件对SBS(I-D)改性沥青技术指标要求。

（3）到达工地的每车沥青需具备三个条件后方能入罐:有出厂检测报告;驾驶员代表沥青供应商取样并签字,一份供检,若干份封存留样;软化点检测合格,运输车到工地2h内施工单位需检测出软化点,合格后方能卸车。

（4）SBS改性沥青宜采用固定式工厂集中制作,不宜现场制作。固定工厂制作的成品改性沥青到达施工现场后应存储在改性沥青罐中,改性沥青罐中必须加设搅拌设备并进行搅拌,使用前必须将改性沥青搅拌均匀。在施工过程中,应定期取样检验产品质量,质量不符合要求的改性沥青不得使用。

8.6.6 配合比设计

8.6.6.1 沥青碎石（ATB-25、ATB-30）基层混合料的技术要求

沥青碎石混合料配合比设计采用马歇尔击实试验方法进行,马歇尔试验技术要求应符合表8.6.6-1要求。

密级配沥青碎石马歇尔试验技术要求　　表8.6.6-1

项目	ATB-25	ATB-30
马歇尔试件尺寸(mm×mm)	$\phi 101.6\times63.5$	$\phi 152.4\times95.3$
双面击实次数(次)	双面各击75	双面各击112
空隙率(%)	3～6	3～6
沥青饱和度(%)	55～70	55～70
矿料间隙率(%)	≥13	≥12.5
稳定度(kN)	≥7.5	≥15
马歇尔试件尺寸(mm×mm)	$\phi 101.6\times63.5$	$\phi 152.4\times95.3$
流值(0.1mm)	15～40	实测

8.6.6.2 沥青路面面层混合料的技术要求

沥青路面面层混合料的技术要求见表8.6.6-2。

沥青路面面层混合料技术要求　　　　　表8.6.6-2

技术指标	SMA-13	SMA-16	AC-13	AC-16	AC-20	AC-25
双面击实次数(次)	75	75	75	75	75	75
稳定度(kN)	≥6	≥6	≥8	≥8	≥8	≥8
流值(0.1mm)	—	—	改性沥青15~50;基质沥青15~40			
空隙率(%)	3~4.5	3~4.5	3~6	3~6	3~6	3~6
沥青饱和度(%)	70~85	70~85	65~75	65~75	65~75	60~70
矿料间隙率(%)	≥17	≥16.5	≥14	≥13.5	≥13	≥12
浸水马歇尔残留稳定度(%)	≥85	≥85	改性沥青≥85;基质沥青≥80			
动稳定度(次/mm)	≥4000	≥4000	改性沥青3000;基质沥青1000			
冻融劈裂残留强度比(%)	≥80	≥80	改性沥青80;基质沥青75			
粗集料骨架间隙率VCA_{mix}	≤VCA_{DRC}	≤VCA_{DRC}	—	—	—	—
谢伦堡沥青析漏试验的结合料损失(%)	≤0.1	≤0.1	—	—	—	—
肯塔堡飞散试验的混合料损失或水飞散损失(%)	≤15	≤15	—	—	—	—
沥青混合料试件渗水系数(mL/min)	≤60	≤60	≤100	≤100	≤120	—

注:1.动稳定度技术指标比规范要求提高;沥青混合料渗水系数指标比规范有所提高,若沥青路面采用表中以外的其他结构形式,具体指标应满足规范要求。

2.桥梁下面层,特别是大桥及特大桥的沥青下面层,应进行针对性设计:级配适当调细,油石比适当提高0.1%~0.2%,设计空隙率适当调小为3%~4%。

3.长大纵坡上坡段的路基段的沥青面层,应进行针对性设计:级配适当调粗,油石比适当降低0.1%~0.2%,设计空隙率应取高值,沥青饱和度取低值。

4.超重载交通路基段的沥青面层,其设计空隙率应取高值,沥青饱和度取低值。

8.6.6.3 热拌沥青混合料的技术要求

热拌沥青混合料级配范围应满足《公路沥青路面施工技术规范》(JTG F40—2004)和设计文件对各类型的级配范围要求。

8.6.6.4 配合比设计程序

沥青混合料配合比设计分目标配合比设计、生产配合比设计和生产配合比验证三个阶段。

1)目标配合比设计阶段

(1)试验过程:试验过程包括原材料的试验选用、矿料级配组成计算、沥青最佳用量的确定以及混合料性能验证。工程使用的材料按《公路沥青路面施工技术规范》(JTG F40—2004)附录B的方法,优选矿料级配,确定最佳沥青用量,使沥青混合料技术性能符合配合比设计技术标准和检验要求,以此作为目标配合比,供生产配合比设计使用。

(2)报告内容:总说明(含工程概况、材料性能汇总表、合成级配一览表、马歇尔试验技术指标汇总表、最佳油石比的确定图表以及其他说明),相关材料试验的数据与表格,混合料试验过程的数据与表格。

(3)审批程序。施工单位完成目标配合比报告后,应及时向有关单位提出正式报告,并经复核,取得正式批复后,方可进行生产配合比设计,作为生产配合比的设计依据。

2)生产配合比设计阶段

(1)试验过程:

①冷料流量试验。分别对各档规格冷料输送带不同转速、下料口不同开口程度的流量进行测定,将目标配合比选定的冷料级配比例,转换为冷料输送带进料速度、下料口开口程度的参数,供拌和楼使用。

②确定热料级配。冷料仓按目标配合比上料,从二次筛分后进入各热料仓的集料取样进行筛分,通过计算,使合成矿质混合料的级配与目标配合比相吻合,并符合混合料矿料级配范围的规定,以确定各热料仓集料和矿粉的用料比例,供拌和机控制室使用。

③确定最佳油石比。根据计算的矿质混合料配比,取目标配合比设计的最佳油石比OAC、OAC±0.3%三个油石比,用试验室的小型拌和机拌制沥青混合料进行试验,按目标配合比设计方法选定最佳油石比。生产配合比确定的最佳油石比与目标配合比确定的最佳油石比之差应不超过0.2个百分点;否则,应分析原因,重新进行生产配合比设计,并进行混合料性能检验。

④性能检验。按以上生产配合比,用室内小型拌和机拌制沥青混合料,制备试件,进行混合料性能检验。

(2)报告内容:总说明(含生产配合比设计过程的简要介绍、冷料流量试验结果、热料仓筛孔尺寸、各热料仓的配比比例一览表、混合料的拌和时间、马歇尔试验的关键数据以及结论),相关的试验数据与表格,经批准的目标配合比设计报告。

(3)审批程序。完成生产配合比设计报告及试验段铺筑方案后;及时提出正式报告,并经复核,正式批复后方可进行试验路段的批复。

3)生产配合比验证阶段

(1)试验段试验过程。采用生产配合比,用生产拌和机进行试拌,沥青混合料的技术指标检验合格后铺筑试铺段。取试铺用的沥青混合料进行马歇尔试验,并进行沥青含量、筛分试验,由此确定正常生产用的标准配合比。

(2)试验段总结报告内容:总说明(含试验路的全过程的简要介绍、拌和工艺、运输工艺、摊铺工艺、碾压工艺、施工温度、松铺系数、压实度检测、级配油石比检测等、是否达到预期目标以及结论);相关的试验数据与表格;经批准的目标配合比设计报告和生产配合比设计报告。

(3)审批程序。试验段总结报告报监理工程师审批后,方可作为大面积施工的指导方案;得到项目业主的开工令后,方可进行正式施工。

4)马歇尔试验温度

当缺乏沥青黏温曲线时,马歇尔试验温度参照表8.6.6-3执行。

沥青混合料拌和和成型温度范围表(℃)　　表8.6.6-3

项目	改性沥青SMA结构	改性沥青AC结构	普通沥青AC、ATB结构
矿料加热温度	180	180	170
沥青加热温度	165~170	165~170	160~165
沥青混合料拌和温度	175	170	155
试模预热温度	100	100	100
试样装模温度	165~170	160~165	145~150
试件开始击实温度	155~160	150~155	135~140

8.6.7 施工流程

施工流程见图8.6.7-1。

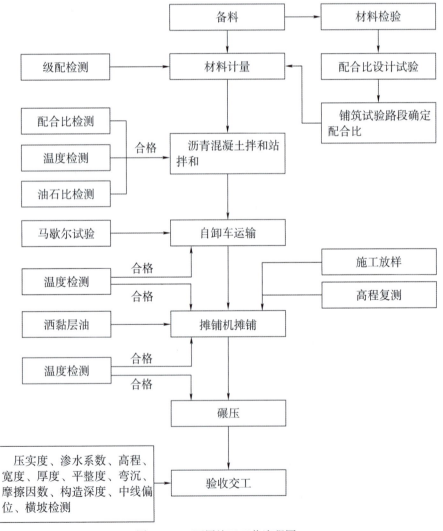

图8.6.7-1　面层施工工艺流程图

8.6.8 施工要点

8.6.8.1 拌和

1) 间歇式拌和楼要求

(1) 间歇式拌和楼控制室必须配备计算机设备，拌和过程中逐盘采集并打印各个传感器测定的材料用量、沥青混合料用量及拌和温度等各种参数。每个台班结束时，打印出一个台班的统计量，进行沥青混合料生产质量及铺筑厚度的总量检验，总量检验的数据有异常波动时，应停止生产，分析原因并纠偏整改。

(2) 间歇式拌和楼必须备有保温性能好的成品储料仓，储存过程中混合料温度损失不得大于10℃，且不能有沥青滴漏。普通沥青混合料的储存时间不得超过72h，改性沥青混合料的储存时间不得超过24h。

2) 冷料仓集料及装入方式要求

(1) 集料必须经过检验合格，未经检验不得使用。

(2) 应随时检测集料的含水率，以便调节冷集料进料速度。冷集料的含水率应控制在5%以内，热集料的残余含水率应控制在0.1%以内；当冷集料含水率大于5%时，应降低拌和产量，以确保残余含水率不致超标。将集料彻底烘干，不仅有利于保障级配稳定，而且利于减少沥青混合料运输和摊铺过程中的温度损失。

(3) 应严格按试验确定的料号（即粒组分档）分别装入各自受料斗，不得混杂。当集料发生变化时，应停止生产，重新进行配合比设计。

(4) 不同来源的集料，即使料号（粒组分档）相同也不得混杂使用。

(5) 由料堆将集料装入受料斗时，装载机应在料堆向阳面且垂直于集料流动方向摄取，以减少集料离析。

(6) 宜采用"矿粉后加法"拌和工艺，即先加石料，后加矿粉。

3) 拌和时间要求

拌和时间由试拌确定。应使所有集料颗粒全部裹覆沥青，并确保沥青混合料拌和均匀、无花白料。沥青混合料拌和时间可参照表8.6.8-1的范围选择，并根据实际情况适当调整。

沥青混合料拌和参考时间表（s） 表8.6.8-1

类型	干拌时间	湿拌时间	总拌和时间	拌和周期
普通沥青AC、ATB结构	≥5	≥25	≥30	≥45
改性沥青AC结构	≥5	≥30	≥35	≥50
改性沥青SMA结构	≥10	≥30	≥40	≥55

4) 温度要求

严格掌握沥青和集料的加热温度以及沥青混合料的出厂温度，集料温度应比沥青温度高10~15℃。沥青混合料施工温度可参照表8.6.8-2选择，并根据实际情况适当调整。

沥青混合料施工温度表(℃)　　表8.6.8-2

项目	改性沥青SMA结构	改性沥青AC结构	普通沥青AC、ATB结构
沥青加热温度	160~175	160~170	155~165
矿料温度	190~200	190~200	165~185
混合料出厂温度	175~185（超过195的废弃）	170~185（超过195的废弃）	145~165（超过195的废弃）
运输到现场温度	不低于165	不低于160	不低于145
摊铺温度	不低于160	不低于155	不低于135
初压开始内部温度	不低于150	不低于145	不低于130
碾压终了表面温度	不低于90	不低于90	不低于80
开放交通路表温度	不高于50		
施工气温	不低于10		

注：1. 铺筑长隧道及特长隧道时，由于隧道封闭，场内散热很慢，因此，沥青混合料的拌和温度、摊铺温度都应相对低10℃以上，且应立刻喷雾状水碾压。

2. 低温季节施工沥青面层，由于温度降低很快，因此，沥青混合料的拌和温度、摊铺温度都应相对高10℃以上，且应立刻喷雾状水碾压。

3. 对于特长隧道施工沥青面层、低温季节施工沥青面层，宜采用温拌沥青混合料，不仅可以降低拌和温度和摊铺温度约30℃，而且可以降低碾压终了温度约20℃。

5）拌和均匀性要求

随时检查混合料拌和的均匀性。沥青混合料以无花白石子、无沥青团块、乌黑发亮为宜。如果出现花白石子、枯黄灰暗的混合料，应废弃并停机，分析原因予以改进。

8.6.8.2　运输

（1）沥青混合料运输车必须采用大吨位的运输车辆，数量应根据运距、拌和能力、摊铺能力、速度等确定，摊铺机前方应有不少于5辆运料车等候卸料，运量应较拌和能力和摊铺速度有所富余。一套拌和楼配套的运输车辆不宜少于15辆，且应满足拌和楼及摊铺机连续作业，避免停机待料。

（2）为防止沥青黏结车厢，应将车厢板清理光洁后，涂抹薄层隔离剂（可采用色拉油或植物油与水的混合液等，油:水=1:3），但不得有余液在车厢底部，也不得使用柴油与水的混合液。每次卸料后应及时将粘在车厢板上的余料清除干净，保持其光洁度。

（3）拌和机向运料车放料时，应采用3次或多次卸料法，以防止混合料发生粗、细集料的离析。料车应前后移动，第1、2次卸料分别在车厢两端，第3次及以后卸料在车厢中部。

（4）运料车应采用厚篷布覆盖严密。施工运输车辆进入施工现场时，应设定区域安排专人对汽车轮胎进行清洗，以免车辆对路面造成污染从而影响沥青混合料的摊铺质量。

（5）沥青混合料运到摊铺现场后，应有专人凭运料单收料，并随即检查其温度和外观质量。凡不符合温度要求、花白、结团成块、滴漏、颜色枯褐灰暗或遭雨淋的，均应送到固定地点废弃,不得使用。

(6)采用数字显示插入式热电偶温度计检测沥青混合料的出厂温度和运到现场温度。插入深度要大于150mm。在运料卡车侧面中部设专用检测孔,孔口距车厢底面约300mm。

(7)在连续摊铺过程中,运料车不得撞击摊铺机。卸料过程中运料车应挂空挡,靠摊铺机推动前进。

8.6.8.3 摊铺

1)摊铺方式

双向四、六车道高速公路的上面层宜采用1台宽幅抗离析摊铺机单幅摊铺;双向六车道以上高速公路的上面层宜采用梯队摊铺。

双向四车道高速公路的中面层、下面层及沥青碎石柔性基层宜采用1台宽幅抗离析摊铺机单幅摊铺,也可采用梯队摊铺;双向六车道及以上高速公路的中面层、下面层及沥青碎石柔性基层宜采用梯队摊铺。

高速公路隧道面层采用1台摊铺机单幅摊铺。

梯队摊铺的两机间距应控制在10~20m,两机搭接宽度3~6cm,避开车道轮迹线,相邻层次的搭接纵缝宜错开20cm以上。两台摊铺机初始压实度和横坡度应尽可能保持一致。

2)摊铺速度

摊铺机的摊铺速度应根据拌和机的产量、施工机械配套情况、摊铺厚度、摊铺宽度,按2~4m/min予以调整选择。

为保证桥梁沥青面层的摊铺密实度,摊铺速度应适当降低(摊铺速度为面层的0.8倍以下,宜为2~2.5m/min),做到缓慢、均匀、不间断地摊铺。尽量做到每天收工停机一次。

3)找平方式

下面层和桥隧中面层摊铺时宜采用非接触式平衡梁控制厚度的找平方式。按每10m一个断面,弯道处每5m一个断面。桥隧中面层导线两端延伸到路基各100m。钢丝绳的张拉力不小于100kN,挂线高程误差不大于±5mm。

中面层和上面层摊铺采用3D或非接触式平衡梁控制厚度的找平方式。

形状不规则地区允许人工手控找平。

4)摊铺机双振动参数调节

为提高摊铺初始密实度(初始密实度必须不小于85%,即松铺系数不大于1.2)和平整度,摊铺机必须开启"双振"功能,即夯锤(振捣梁)振捣和熨平板振动。应根据混合料的类型、集料尺寸、厚度等情况选择"双振"参数。熨平板的振动频率尽可能与沥青混合料频率相同,以达到共振的目的,约40Hz,即2400r/min左右,且不小于1600r/min。夯锤的振幅与摊铺厚度关系最大;当厚度为4cm时,选择3mm行程;当厚度为6cm时,选择5mm行程;当厚度为8cm时,选择7mm行程。夯锤的振捣频率与摊铺速度关系最大,摊铺机每行走1m,夯锤振捣必须大于200次,即摊铺速度为2m/min,则夯锤振捣频率大于400r/min;摊铺速度为3m/min,则夯锤振捣频率大于600r/min;摊铺速度为4m/min,则夯锤振捣频率大于800r/min。

5)摊铺机初始工作仰角调节

两台摊铺机的熨平板初始仰角要仔细调整,以保证路面平整度,工作仰角一般为15′~40′。开始摊铺前的垫块厚度为松铺系数与设计厚度乘积。

6)摊铺前摊铺机预热

摊铺前熨平板应提前0.5~1h预热至不低于100℃。如温度过低,则混合料表面有拖刮痕迹;如温度过高,则熨平板起拱。

7)螺旋布料器参数选择

螺旋布料器前应设置塑料挡板以防止混合料竖向离析。

全幅摊铺和梯形摊铺之间的转换应设置反向叶片,以防止纵向离析。

调好螺旋布料器两端的自动料位器,使料门开度、链板送料器的速度和螺旋布料器的转速相匹配,并使螺旋布料器料位稳定在2/3螺旋位置以上,以防止条带状离析。

8)松铺厚度

随时检测松铺厚度是否符合规定,发现异常应立即调整。

9)其他

摊铺时尽量缩短料车更换的间隔时间,保证摊铺机料斗在此期间不断料,尽量避免摊铺机料斗在摊铺过程中拢料。尽量减少收斗次数,以防止窝状离析。摊铺机应不等受料斗内的混合料全部用完就折起收斗。

10)人工修补与人工摊铺

机械摊铺的混合料不宜人工反复修整,但在接缝接头处、摊铺带边缘可以人工修补。在局部混合料明显离析、摊铺机后有明显的拖痕、表面明显不平整、混合料中混有杂物或石块等情况下,可以人工修补。

在路面狭窄、不能机械摊铺的部分,可用人工摊铺。人工摊铺时要扣锹摊铺,不得扬锹抛撒。边摊铺边用刮板整平。

11)安全

隧道封闭、场内摊铺时,沥青混合料散热很慢,应采取措施防止摊铺机高温熄火、施工人员高温中暑和尾气中毒。一方面降低隧道内沥青混合料的拌和温度、摊铺温度和碾压温度,另一方面要排风降温,摊铺机前一组风机鼓入新鲜空气,摊铺机后一组风机排出废气,通过横洞进入另外一洞。施工人员要戴口罩,轮流进洞交替作业。

8.6.8.4 碾压

(1)沥青混凝土AC、SMA结构的压实层最大厚度不宜大于10cm,沥青稳定碎石ATB结构的压实层最大厚度不宜大于12cm,但当采用大功率压路机且经试验证明能达到压实度时允许增大到15cm。

(2)沥青混合料的压实应配备足够数量的压路机,选择合理的压实方式及碾压步骤。尽可能采用重型压路机,铺筑双车道路面的压路机数量应不少于5台,中央分隔带左缘右侧宜采用小型压路机贴边压实。初压应在混合料不产生推移、开裂等情况下尽量在较高温度下进行。

(3)压路机应以缓慢而均匀的速度碾压,压路机的适宜碾压速度根据初压、复压、终压及压路机的类型确定,应符合《公路沥青路面施工技术规范》(JTG F40—2004)和设计文件对混合料碾压速度的要求。

(4)压实工艺控制原则为:高温,紧跟,高频,低幅,慢速,小水。压路机采用高振动频率、低振幅、紧跟摊铺机、适当慢速碾压,并且防黏轮所用的水量调低。

(5)初压应符合下列要求:

①初压应紧跟摊铺机后碾压,并保持较短的初压区长度,以尽快使表面压实,减少热量散失。摊铺初始密实度较大,经实践证明采用振动压路机或轮胎压路机直接碾压无严重推移而有良好效果时,可免去初压,直接进入复压程序。

②宜采用钢轮压路机静压 1~2 遍。从外侧向中心碾压,在超高路段则由低向高碾压,在坡道上宜从低处向高处碾压。

(6)复压应符合下列要求:

①复压应紧跟在初压后进行,且不得随意停顿。压路机碾压段的总长度应尽量缩短,通常不超过 60m。采用不同型号的压路机组合碾压时宜安排每一台压路机做全幅碾压,防止不同部位的压实度不均匀。

②密级配沥青混凝土(如 AC)的复压宜优先采用两台 25t 以上重型轮胎压路机进行搓揉碾压,以增强密水性,压实遍数应达 4~6 遍。相邻碾压带应重叠 1/3~1/2 的碾压轮宽度。

③对粗集料为主的混合料(如 SMA、ATB 结构),宜优先采用振动压路机复压。振动压路机的频率宜为 35~50Hz,振幅宜为 0.3~0.8mm。层厚较大时选用高频率大振幅,以产生较大的激振力,厚度较薄时采用高频率低振幅,以防止集料破碎。相邻碾压带重叠宽度为 10~20cm。振动压路机折返时应停止振动。

④对路面边缘、加宽及港湾式停车带等大型压路机难以碾压的部位,宜采用小型振动压路机做补充碾压。

(7)终压应紧接在复压后进行,终压可选双钢轮压路机或关闭振动的振动压路机,碾压不宜少于两遍,至无明显轮迹为止,在终压温度以上完成收光及消除轮迹碾压。

8.6.9 无人摊铺碾压

无人摊铺碾压技术适用于平纵指标相对较高的长纵面全幅摊铺的路面施工,具有摊铺碾压数据监控全面、面层工程质量有保障、有效降低现场作业人员强度等优点,如项目应用场景适宜,可采用此工艺施工。

8.6.9.1 施工准备

除执行常规摊铺碾压相关准备工作外,还应执行如下要求:

(1)无人施工机群需 2 名操作人员负责机群施工调度,1~2 名机手负责接缝、收边。

(2)操作人员应具备机电设备操作的基础知识。

(3)操作人员应对测绘工具方法有基本了解。

(4)操作人员应掌握无人化施工技术,并根据施工需求制定碾压策略。

(5)操作人员须有较强的安全施工意识。

8.6.9.2 RTK基站及管理后台安装

(1)管理后台及微波发送天线安装位置应能便于无线信号覆盖施工区域。

(2)周围不宜有高大建筑及密集树木。

(3)具有放置基站后台的场所、设施(无尘土、高温等),土地坚实,能够抵抗7~8级大风。

(4)提供两套12V直流蓄电池,必要时应采用直流逆变方式提供。

(5)要求通信微波天线支架固定,施工区域与基站微波天线之间无遮挡,可控制在2km范围内。

(6)如遇到复杂地形遮挡信号使其衰弱时,需增加中继电台,间隔控制在2~3km。

8.6.9.3 碾压组合

中、上面层双向四车道宜采用1台全幅摊铺机和5台压路机,其中4台压路机(2+2模式)采用同进同退策略,每台压路机跟在前一个压路机之后同进同退,压路机之间存在重叠区域,及时消除前后两梯队压路机的停车轮迹,提升碾压平整度,终压由人工驾驶完成收面工作,小型压路机进行收边。

8.6.9.4 碾压控制要点

(1)横向接缝施工,碾压时用双钢轮压路机进行斜向压实,待摊铺机拉开15m距离后(形成安全工作路段),操作人员通过手持平板遥控双钢轮压路机从中间分开向两端成45°角碾压,先振压后静压,从先铺路面上跨缝逐渐移向新铺面层。

(2)为保证压实度和平整度,初压应在混合料不产生推移、开裂等情况下,尽可能在高温状态下开始碾压。初压、复压应遵循"紧跟、慢压、高频、低幅"的原则。

(3)碾压时按照无人机群规划路径软起软停并错轮碾压,避免碾压时混合料推挤产生拥包。碾压位置不停留在同一断面上,呈有序阶梯形。

(4)无人化机群宜支持一键调整碾压到边的功能,实现边部碾压。

(5)双钢轮加水时,通过手持平板收到报警提醒,操作人员确定启动加水模式,需加水压路机自动规划路径退到非施工区后,由人工驾驶进行加水,备用双钢轮压路机到接替区域后一键自动接续进入无人化施工碾压,依次循环完成换水工作,全过程中其他车辆不停车。

(6)上方有桥梁的无人化连续施工,桥下定位设备无法接收到卫星定位信息时,采用人工托管的方式,暂时停止无人施工,待所有摊压设备经过桥梁、定位信息恢复正常后,立即恢复无人化机群施工。

(7)机群施工经过须做接缝的桥面时,操作手应在桥头处抬起摊铺机熨平板,行进至桥的另一侧重新落下熨平板接续摊铺。完成常规碾压任务后,自动碾压压路机由人工接管,放置在桥上。

(8)机群施工经过无须抬板的结构物或者桥面时,无人化机群应连续摊铺,并根据桥面施工要求实时调整无人化机群的碾压速度、碾压遍数、振动遍数等参数,保证施工质量。

8.6.9.5 注意事项

(1)在使用无人摊铺碾压技术时,应制定详尽实施方案,配备必要技术人员提供技术支持。

(2)长大隧道、偏远山区或受电磁影响较大区域(如高压输电线附近)容易出现无信号或信号受干扰的情况,造成无人摊铺碾压设备失灵,此类地区不宜采用无人摊铺碾压技术。

(3)无人摊铺碾压施工过程中,基站应架设在远离振动源和开阔地带,避免信号受到干扰或中断。

(4)渐变断面及圆曲线段不宜采用无人摊铺碾压技术施工。

(5)辅助人员应接受必要培训,避免施工时引起无人技术智能识别的误判导致急停。

8.6.10 质量要点

8.6.10.1 原材料质量管理

面层原材料检查项目与频度参考表8.6.10-1。

面层原材料检查项目与频度参考表　　　　　表8.6.10-1

材料	检查项目	检查频度
粗集料	外观(石料品种、含泥量等)	每4000t
	针片状颗粒含量、颗粒组成、压碎值、含水率	每4000t
	磨光值、洛杉矶磨耗值	必要时
细集料	颗粒组成(筛分)、含水率	每2000t
	砂当量	每1000t
矿粉	外观	随时
	0.075mm含量、含水率	必要时
	塑性指数	每批次或200t/次
基质沥青	针入度	每车1次,老化后每3d 1次
	软化点	每车1次,老化后每3d 1次
	延度(老化前后)	每车1次,老化后每3d 1次
	含蜡量	必要时
改性沥青	针入度	每车1次,老化后每3d 1次
	软化点	每车1次,老化后每3d 1次
	延度(老化前后)	每车1次,老化后每3d 1次
	离析试验(对成品改性沥青)	每周1次
	低温延度(老化前后)、弹性恢复	必要时
	显微镜观察(对现场改性沥青)	随时

续上表

材料	检查项目	检查频度
乳化沥青	蒸发残留物含量、蒸发残留物针入度	每2d 1次
改性乳沥青	蒸发残留物含量	每2d 1次
	蒸发残留物针入度、软化点	每2d 1次
	蒸发残留物的延度	必要时

注：1.表列内容是在材料进场时已按"批"进行了全面检查的基础上，日常施工过程中质量检查的项目与要求。
　2."随时"是指需要经常检查的项目，其检查频度可根据材料来源及质量波动情况由建设单位确定；"必要时"是指施工各方任何一个部门对其质量发生怀疑，提出需要检查时，或是根据需要商定的检查频度。
　3.到达工地的每车沥青必须具备三个条件后方能入罐：一是有出厂检测报告；二是司机代表沥青供应商取样并签字，一份供检测，若干份封存留样；三是软化点指标检测合格，运输车到工地2h内，施工单位必须检测出软化点，合格后方能卸车。
　4.成品改性沥青到达施工现场后，应存储在改性沥青罐中，改性沥青罐中必须加设搅拌设备并进行搅拌。使用前，必须将改性沥青搅拌均匀。在施工过程中，应定期取样检验产品质量，发现离析等质量不符合要求的改性沥青，不得使用。

8.6.10.2　面层摊铺质量管理

1)沥青混合料层的清扫、喷洒黏层油。

(1)铺筑各沥青混合料层之前，应清扫下层表面。对受泥土污染、无法扫除干净的表面，应用水洗刷晾干；对油污染处，应局部凿除，用相同沥青混合料修补。

(2)下承层清扫、清洗、风干后，喷洒黏层油。

(3)对于水泥混凝土桥面，除按本指南规定处理外，在铺筑沥青混合料下铺装层前，应检查桥面防水层的完整性，必要时应补洒防水层；同时将防水层表面浮动集料扫至桥面以外。桥面沥青混合料铺装应与路面中面层和上面层同时施工。

2)摊铺及碾压。

(1)压路机不得在未碾压成形的路段上转向、掉头、加水或停留；也不得左右移动位置、变速或突然制动；压路机起动、停止应减速缓行，不得制动；压路机折回应呈阶梯状，不应处在同一横断面上；在当天成形的路面上，不得停放各种机械设备或车辆，不得散落矿料、油料等杂物。

(2)沥青路面应重点对碾压工艺进行过程控制，适度钻孔检测压实度，钻孔位置宜设置在标线位置。为减少钻孔数量，施工、监理宜合作进行钻孔检测，以避免重复钻孔。施工过程中钻孔的试件应编号，贴上标签予以保存，以备工程交工验收时使用。

(3)为保证桥面碾压的结构安全性和压实度，桥面沥青铺装层需使用振荡压路机或者高频振动压路机碾压(频率大于50Hz)，以保证压实度。

(4)在终压过程中，应有专人用3m直尺逐尺检测平整度，并做好记录；对不平整地方应加密测量，同时做好标记，以便进行修补碾压，直至达到要求。铺完一段后应及时用连续式平整度仪进行检测，分析各桩号的数据，找出存在的问题与处理措施，指导下一步施工。

(5)表面温度低于50℃后,方允许施工车辆通行。

3)施工缝处理。

(1)纵向施工缝。

①采用两台摊铺机成梯队联合摊铺方式完成的纵向接缝,以热接缝形式在最后做跨接缝碾压,以消除缝迹。如果两台摊铺机相隔距离较短,也可做一次碾压。上下层纵缝应错开20cm以上。

②采用半幅摊铺时,如互通式立交匝道及联络线双向横坡路面,可沿路中线设置竖直纵缝(应装模板)。摊铺另半幅时,已铺筑层的结合面应涂黏层沥青。

(2)横向施工缝。

①所有路段沥青混合料施工尽可能在构造物接头处收尾。

②全部采用垂直的平接缝,不得采用斜接缝或阶梯形接缝。用6m直尺沿纵向放置,在摊铺段端部的直尺呈悬臂状,以摊铺层与直尺脱离接触处定出接缝位置,用锯缝机割齐后铲除斜坡层,用水冲洗干净,并涂抹黏层沥青。

③新旧接缝碾压应采取有效措施,初压采用双钢轮压路机45°角斜向碾压和横向碾压,以提高平整度质量,碾压过程中跟踪检测平整度,确保接缝平顺,压实度合格。

④相邻两幅及上、下层的横向接缝均宜错位1m以上。

⑤当天碾压完毕,应将压路机开向未铺新面层的下承层上过夜,第二天压路机开回新施工面层上后,铲除接缝处斜坡层,继续摊铺沥青混合料。

⑥上面层横向施工缝应远离桥梁伸缩缝20m以上,以确保伸缩缝两边路面表面平顺。

4)摊铺过程中污染防治。

沥青面层施工期间,运输车辆进入施工断面前,轮胎上不得粘有泥土等可能污染路面的脏污,否则应设水池先洗净轮胎后方可进入工程现场。

5)下承层检查与处理。

(1)沥青下封层的检查与处理:施工下面层前,应检查下封层的完整性与基层表面的黏结性,对局部基层外露和下封层两侧宽度不足部分应补洒乳化沥青;对已成形的下封层,用硬物刺破后应与基层表面黏结,以不能整层被撕开为合格。应再次对基层反射裂缝情况进行仔细检查,如发现反射裂缝,应按本指南的有关原则进行处理,处理完毕后方可进行下面层施工。

(2)对下、中面层进行全面检查与处理:

①级配离析的检查与处理。对严重级配离析的路段,应划出处理范围,将离析的沥青混合料层铣刨后,用同类沥青混合料修补。

②渗水的检查与处理。对下、中面层渗水系数超过标准的路段,划出应处理的范围,用喷洒改性乳化沥青或防水剂等方法提高抗渗水性。可在雨后观察,确定渗水范围,用渗水仪进行量化检查。

8.6.11 质量通病防治

8.6.11.1 沥青混合料离析

(1)偏粗。级配偏粗是混合料离析的主要原因,特别是下面层混合料,在进行配合比设计时,不能过粗。

(2)温度偏低,碾压不密实。摊铺、碾压过程中,专人检查混合料施工温度,当混合料温度低于最低施工温度时,不得施工。

(3)机械原因。施工前调整摊铺机熨平板接缝、螺旋布料器高度,使之处于最佳状态。

8.6.11.2 压实度不足

(1)混合料级配不能满足设计要求。原材料分仓堆放,料源、材质稳定,可以保证生产出来的混合料级配稳定。

(2)混合料温度偏低,碾压达不到规定压实度。严格控制混合料施工温度,温度偏低的混合料不得使用。

(3)碾压不到位。严格按照试验段总结的施工工艺进行沥青混合料碾压。

8.6.11.3 碾压"推移现象"与"微裂缝现象"

(1)振动碾压温度过高会出现碾压推移现象,振动碾压温度过低会出现微裂缝现象。

(2)油石比过大会出现碾压推移现象,油石比过小会出现碾压微裂缝现象。

(3)桥面铺装下层采用振动碾压会出现推移现象。应采用静压、胶轮碾压和振荡碾压或高频振动压路机,且增加碾压遍数以满足压实度。

8.6.11.4 平整度较差

(1)机械故障原因。加强沥青摊铺机保障措施,特别是摊铺机控制系统,避免控制系统施工过程中出现故障,影响平整度。

(2)碾压不当。严格执行碾压工艺,安排专人负责碾压。

(3)横向施工缝处理不当。接缝处涂刷黏层油,继续摊铺新混合料时,接缝处应保持干燥,必须对接缝处已压实部位进行预热甚至软化后方可摊铺新混合料。

(4)技术保障不足。在进行复合式路面施工以及桥头沥青面层施工时,根据测量数据,采取挂钢丝进行沥青面层施工,提高平整度。

8.6.11.5 桥面沥青混凝土表面泛白、积水

(1)桥面沥青混凝土铺装渗水。桥面施工时,将下面层级配适当调细,油石比适当提高,保证碾压密实。

(2)桥面防水层黏结层。桥面防水黏结层施工前铣刨桥面,对局部平整度较差部位进行处理。

8.6.11.6 碾压黏轮消除

(1)碾压轮在碾压过程中应保持清洁,有混合料黏轮应立即清除。

(2)钢轮须严格控制喷水量且呈雾状,不得漫流,以防止混合料降温过快。

(3)轮胎压路机开始碾压阶段,可适当烘烤、涂刷少量隔离剂或防黏剂,也可少量喷水,并先到高温区碾压使轮胎尽快升温。轮胎压路机轮胎外围加设围裙保温。

8.7 水泥混凝土路面

8.7.1 一般规定

(1)三辊轴机组铺筑工艺可用于二级及二级以下公路的水泥混凝土路面面层、桥面和隧道混凝土面层的施工,也可用于高速、一级公路硬路肩、匝道、收费广场边板、封闭式中央分隔带、弯道超高加宽段硬路肩及局部异形面板等的施工。

(2)水泥混凝土路面正式施工前,应铺筑试验段以确定施工工艺参数,试验段长度宜为100m,水泥混凝土路面应采用混凝土三辊轴摊铺机全幅一次性施工。

(3)隧道路面施工过程中,洞内必须保持良好通风,并应设置满足施工需要的照明系统。

(4)水泥混凝土路面强度达到设计强度前,不得开放交通。

(5)路面施工应选用满足施工要求的配套机械设备。各种机械设备(如三辊轴机组、振捣机及路面切缝机、刻槽机等)应提前进场,并在施工前做好安装调试工作。

8.7.2 施工流程

路面施工流程见图8.7.2-1。

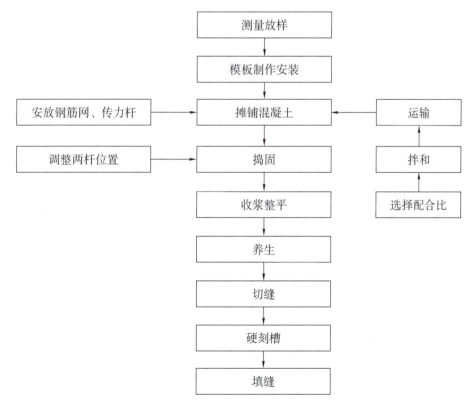

图8.7.2-1 路面施工工艺流程图

8.7.3 施工要点

(1)路面施工前应检查基层(调平层),其几何尺寸,高程、纵横向坡等均应符合设计及规范要求,对侵入面层的部分予以凿除处理,及时用高压风水冲洗表面污物,确保面板厚度及表面洁净。

(2)应对路面中线、边线及高程进行测量放线,每隔10m(曲线段每隔5m)打基准桩,测出高程,拉紧基准钢丝控制整体高程。

(3)模板安装:

①路面施工模板强度及刚度应满足施工要求。

②模板应安装稳固,接头紧密平顺,不得有前后错茬、高低错台等现象。禁止在基层上挖槽嵌入安装模板。模板底部悬空处用砂浆封堵,模板接头和拉杆插入孔用塑料薄膜等密封,以免漏浆。模板与混凝土的接触表面应涂隔离剂。

(4)混凝土摊铺:

①摊铺混凝土前,基层表面应清扫干净,洒水湿润。

②应由专人指挥车辆均匀卸料。布料应与摊铺速度相适应,摊铺厚度应考虑振实预留高度(由铺筑混凝土试验段确定)。

(5)混凝土振捣:

①混凝土振捣必须配备振动棒和平板振动器,振动棒应沿横断面连续振捣密实,并应注意路面板底、内部和边角处不得欠振或漏振。

②振捣棒在每一处的持续时间,应以拌和物全面振动液化、表面不再冒气泡和泛水泥浆为限,不宜过振,也不宜少于30s。振动棒的移动间距不宜大于50cm,至模板边缘的距离不宜大于20cm。

③振动棒应轻插慢提,不得猛插快拔。严禁在拌和物中推行和拖拉振动棒。

④在振动棒已完成振实的部位,可开始振动板振实,纵横交错两遍,全面提浆振实。

⑤振动板移位时,应重叠10~20cm,振动板在一个位置的持续振捣时间不应少于15s。振动板需由两人提拉振捣和移位,不得自由放置或长时间持续振动。

⑥缺料的部位,应辅以人工补料找平。

(6)纵缝拉杆和横缝传力杆及其他钢筋必须采用定位架预埋在正确的位置。

(7)整平:

①混凝土经振捣密实后,应立即用三辊轴进行提浆和整平。三辊轴整平机按作业单元分段整平,作业单元长度宜为20~30m,振捣器振实与三辊轴整平两道工序之间的时间间隔不宜超过15min。

②三辊轴滚压振实后的料位高差宜高于模板顶面5~20mm,应有专人处理轴前料位的高低情况:过高时,应辅以人工铲除;轴下有间隙时,应使用混凝土找补。

③三辊轴整平机在一个作业单元长度内,应采用前进振动、后退静滚方式作业,宜2~3

遍。最佳滚压遍数应经过试铺确定。

④滚压完成后,将振动辊轴抬离模板,用整平轴前后静滚整平,直到平整度符合要求、表面砂浆厚度均匀为止。

⑤表面砂浆厚度宜控制为(4±1)mm,三辊轴整平机前方表面过厚、过稀的砂浆应刮除。

(8)人工精平及抹面:

①应采用3~6m铝合金刮尺沿高程控制带顺路线方向连续反复几次直至刮平,再横向拉动混凝土面,并均匀向前滑移尺杆,检查尺杆与面层接触情况,并做平整度修补及混凝土质量检查。检查平整度时,3m直尺最大间隙控制在3mm以内。

②第一次抹面:在混凝土表面精平后进行,采用不短于40cm的木抹子进行人工抹面,以柔压泛浆、压下露石、消除明显的凹凸为主。

③第一次抹面结束后,混凝土表面出现泌水时,进行第二次收浆。该工序主要是将第一次木抹收浆时留下的各种不平整印痕抹平,并进一步提浆抹光,保证局部平整度,防止出现裂缝。完成后的混凝土表面应呈现平坦、密实的外观,不露砂,无抹痕、砂眼,无气泡、蜂窝、麻面、损边、掉角、龟裂等现象。

(9)缩缝、胀缝及施工缝:

①横向施工缝施工。每天摊铺结束或摊铺中断时间超过30min时,应设置横向施工缝,其位置宜与胀缝或缩缝重合。横向施工缝在缩缝处采用平缝加传力杆,施工缝传力施工方法同缩缝传力杆。在胀缝处构造与胀缝相同。

②胀缝设置与施工。隧道进出口应按要求设置胀缝,洞内需要设置胀缝时,应结合洞内衬砌沉降缝设置。胀缝应采用前置钢筋支架法施工。应在混凝土未硬化时,剔除胀缝板上部混凝土,嵌入(20~25)mm×20mm的木条,整平表面。胀缝板应连续贯通整个路面板宽度。

③灌缝。混凝土面板养生期满后,应及时灌缝。灌缝前应采用高压风水彻底清除缝中的尘土及其他杂物,确保缝内清洁、干燥。灌缝料必须符合设计及施工规范要求。填缝必须饱满、均匀,厚度一致并连续贯通,填缝料不得缺失、开裂和渗水。

(10)抗滑构造施工:

路面混凝土应采用硬刻槽,刻槽深度为2~4mm,宽度为3~5mm,槽间距为15~25mm。

(11)混凝土养生:

①混凝土有一定强度、表面略微干燥时,或现场用手指轻按混凝土面而无明显压痕时,及时覆盖塑料薄膜或渗水土工布,洒水进行养生。在覆盖前若出现塑性裂缝和干缩裂缝,可采用二次抹压的方法消除。保湿养生天数宜为14~21d,高温天气下不宜少于14d,低温天气下不宜少于21d。

②冬季施工气温较低时,应采取保温养生措施,可在混凝土面层先铺一层无渗土工布或塑料薄膜,再覆盖草帘或棉被等保湿保温。当环境温度低于5℃时,严禁对混凝土表面进行洒水养生,并采取冬期施工措施。

③混凝土养生初期,严禁人、车通行,在达到设计强度70%后,行人方可通行。面板达到

设计弯拉强度后,方可开放交通。

8.7.4 质量要点

(1)混凝土拌合物应在初凝之前运输到铺筑现场。

(2)应保证运输到现场的拌合物具有适宜摊铺的工作性。

8.7.5 质量通病防治

8.7.5.1 混凝土表面龟裂

(1)混凝土路面浇筑后,及时用潮湿材料覆盖,认真洒水养生,防止强风和暴晒。在炎热季节或雨季,应搭防雨、防晒棚施工。

(2)配制混凝土时,应严格控制水灰比和水泥用量,选择合适的粗集料级配和砂率。

(3)在浇筑混凝土路面时,将基层和模板浇水湿透,避免吸收混凝土中的水分。

(4)干硬性混凝土采用平板振捣器时,防止过振及漏振。收浆时砂浆层厚度应控制在2~5mm范围内。抹平时不必过度抹压。

8.7.5.2 混凝土路面横向裂缝

(1)严格掌握混凝土路面的切缝时间,一般在抗压强度达到5MPa左右即可切割,尽可能及早进行,以切割时边口整齐、无碎裂为度。尤其是夏天,昼夜温差大,更需注意。

(2)当连续浇捣长度很长、锯缝设备不足时,可在二分之一长度处先锯,再分段隔缝切锯;在条件比较困难时,在混凝土初凝前,可间隔几十米设一条压缝,以减少收缩应力的积聚。

(3)保证基础稳定、无沉陷,在沟槽、河浜回填处,必须按规范要求做到密实、均匀,基层裂缝已进行了处理。

(4)混凝土路面的结构组合与厚度设计应满足交通需要,特别是重车、超重车的路段。

(5)对于轻微(<0.5mm)的非结构性损坏裂缝,宜采用封缝修补的方法或灌浆法;对于裂缝比较宽、板体刚度明显削弱的裂缝,需要进行部分厚度或全厚度修补,以恢复其整体性和承载力。

(6)对于混凝土板由于沉陷、唧泥引起的脱空,可以采用钻孔压力注浆法填充板底孔隙与抬高板块,使之恢复原位。可沿裂缝发育方向及时切缝。

8.7.5.3 化学反应引起的膨胀裂缝

(1)加强集料的碱活性检验,禁止使用会产生碱集料反应的集料。使用低碱水泥,控制外加剂的含碱量,应用活性掺合料,以抑制碱集料反应。

(2)增加混凝土钢筋保护层厚度。对钢筋涂刷防腐蚀涂料。混凝土采用级配良好的粗集料、低水灰比,以增加混凝土密实度,提高抗渗透性。

(3)加强水泥检验,防止用游离CaO过多的水泥。

8.7.5.4 混凝土路面纵向裂缝

(1)对填方路基,应分层填筑、碾压,保证均匀、密实。

(2)在新旧路基界面处应设置台阶或格栅,板面加设拉杆,防止板面相对滑移、雨水渗入而造成唧泥脱空、引起板面断裂。

(3)河浜地段,务必彻底清除淤泥。沟槽地段,应采取措施保证回填材料有良好的水稳性和压实度,以减少沉降。

(4)在上述地段应采用半刚性基层,并适当增加基层厚度;在拓宽路段应加强土基,使其略高于旧路结构强度,并尽可能保证有一定厚度的基层能全幅铺筑;在容易发生沉陷地段,混凝土路面板应铺设钢筋网或改用沥青路面。

(5)混凝土板厚度与基层结构应按设计规范施工,以保证应有的强度和使用寿命。基层必须稳定,宜优先采用水泥石灰稳定类基层。

8.7.5.5 断板

(1)混凝土终凝后及时做好压缝并及时切缝,避免过早开放交通。

(2)要控制原材料质量,水泥和集料应符合规范要求,水泥混凝土抗弯拉强度试验满足设计要求。

(3)做好基层强度、水稳性、基层高程和平整度的控制。

(4)做好施工工艺和边界影响因素的控制。

(5)对于轻微断裂、裂缝无剥落或轻微剥落、裂缝宽度小于3mm的断板,宜采用灌入胶粘剂的方法灌缝封闭。

(6)对于严重断裂、裂缝处有严重剥落、板被分割成3块以上、有错台或裂块已开始活动的断板,应采用更换整块板的措施。

8.7.5.6 胀缝不贯通

(1)封头板要与侧面模板、底面基层接触紧密,有足够的刚度和稳定性,在浇捣混凝土时不得有移动和漏浆现象。

(2)在浇捣后一块混凝土板面前,应将胀缝处清理干净,确保基层平整并贴置油毛毡,摆放接缝板时要贴紧模板和基层,不得有空隙,以免漏浆。

(3)锯缝后应检查是否露出嵌缝板,否则继续锯,直至露出嵌缝板。

(4)接缝板质量应符合设计规范要求。

8.8 路面附属工程

8.8.1 一般规定

(1)施工内容包括路缘石、中央分隔带排水设施、路面排水设施等附属工程。

(2)路基开工前必须建立健全质量、环保、安全管理体系,并对各类施工人员进行岗前培训和技术、安全交底。

(3)路缘石(拦水带)、集水井盖板、边沟盖板及超高排水沟盖板、路肩石等小型构件应统一规格、统一集中预制、统一队伍安装。小型预制件集中预制时,应分类堆放并标注日期、编号。

(4)小型预制构件预制模板应采用定型高强塑料模具。

(5)小型构件预制场施工机械设备配置见表8.8.1-1。

施工机械设备配置表　　　　　　　　　　　表8.8.1-1

序号	设备名称	单位	数量	用途	备注
1	强制式50搅拌机	台	1	混凝土搅拌	
2	滚筒式350搅拌机	台	1	混凝土搅拌(备用)	
3	铲车	台	1	上料	
4	叉车	台	1	搬运预制块	较大型预制件
5	小型发电机	台	1	备用发电	不小于75kW并能同时满足50台搅拌机和振动台使用
6	洒水车	辆	1	养生及取水	
7	钢筋切断机	台	1	切割钢筋	
8	钢筋弯曲机	台	1	制作钢筋	
9	振动台	套	2	混凝土振捣	振动台面积不小于1m²
10	小型翻斗车	辆	1~2	运送混凝土	
11	模具	个	若干	预制	设计要求的各种类型
12	手推车	辆	4~8	转运材料	
13	磅秤	台	1	称重计量	
14	其他小型工具	套	≥5	钢筋绑扎及预制收浆找平等	

(6)施工过程中,施工原始记录应与施工工序同步,工程现场验收应与施工资料签认同步,对隐蔽工程应保留相关影像资料。

8.8.2　中央分隔带施工

8.8.2.1　中央分隔带的开挖

当路面基层施工完毕后,即可进行中央分隔带的开挖,采用人工开挖的方式。沟槽的断面尺寸及结构层端部边坡应符合设计要求,沟底纵坡应符合设计要求,沟底需平整、密实,沟底不得有杂物。

8.8.2.2　防水处理

沟槽开挖完毕并经验收符合设计要求后,按设计图纸要求做防水处理。

8.8.2.3　纵向碎石盲沟的铺设

(1)开挖的土料不得堆置在已铺好的基层上,以防止污染并应及时运走。

(2)开挖中央分隔带横向排水管的集水槽尺寸等符合设计要求。

(3)铺设软式透水管,软式透水管铺设的纵坡应与路基、路面纵坡一致。集水槽处设置三通,连接中央分隔带横向排水管。遇中分带开口、中分带人孔、交通安全设施标志标牌、信号基础等隔断且设计时该处来水方向未设置中央分隔带横向排水管情况,应在上述交叉分项施工前预埋PVC排水管,与软式透水管连通,以保证中分带整体排水要求。集水槽、盲沟所用粗集料采用开级配碎石,其技术指标应符合设计要求。

(4)碎石盲沟上铺设反滤土工布,与回填土隔离。须平滑、无拉伸地铺在碎石盲沟的面层上,不得出现扭曲、折皱、重叠,避免过量拉伸超过其强度和变形的极限而发生破坏或撕裂。现场施工若发现土工布有破损时,必须立即修补好。土工布的接长和拼幅需采用平搭接的连接方式,搭接长度不得小于30cm。与防撞护栏打桩交叉施工时,应要求其施工时不破坏中分带防水处理措施。

8.8.2.4 中分带填土

(1)不得选择建筑弃土、砾石土等,应选择适宜树木生长的种植土。

(2)填土宜在基层施工和路缘石安装完成后、面层施工前完成。

(3)填土前应确保中分带沟槽的防水处理、碎石盲沟和硅芯管等处于正常设计状态,否则应进行修复。

(4)填土过程中要采取防污染措施,可铺设彩条布或土工布等,对不慎落入路面、超高排水沟或集水井的土应及时清理。

(5)采用自卸车填土时应防止车辆对超高排水沟和路缘石的破坏。

(6)填土表面应人工整平,多土时清理、缺土时填补,以满足设计要求。

(7)填土应预留一定的松铺高度,防止沉降后填土高度不能满足设计要求。

8.8.3 路缘石滑模施工

8.8.3.1 路缘石工艺

下承层处理→测量、放样→打桩、挂线→混凝土搅拌、运输、卸料→滑模摊铺→抹面修整→覆盖养生→切割。

8.8.3.2 路缘石施工工序

1)下承层处理

施工作业前将工作面清扫干净,无泥土杂物,后采用水泥浆湿润,以利于基底结合,施工中做到清扫一段、湿润一段、施工一段,始终保持作业面干净湿润。

2)测量、放线

首先恢复中线,放出准备施工段落的路缘石平面位置,测出直线段高程,并每20m设一桩,平曲线段每10m设一桩,清楚标识各桩点里程。

3)打桩、挂线

路缘石施工采用滑模机,滑模机有两个测针,一根感应高度,一根感应位置。在每个里程桩位钉一根钢钎,钢钎上安装可调钢丝夹,挂上钢丝,钢丝平面位置按中线或边线位调整一致,钢丝水平位置按各桩位实测高程之差由桩位向上返,调整钢丝,使钢丝平面及水平位置均满足设计要求,由钢丝引导滑模机按设计高程及位置进行滑模施工。

4)混凝土搅拌、运输、卸料

(1)搅拌:混凝土的搅拌质量直接影响路缘石的滑模质量,指定专人在现场负责配料的过磅、加水量,严格按照配合比进行搅拌,不合格的混凝土不许出厂。固定专人操作搅拌机,依气候和运输距离适时调整配合比。

(2)运输及注意事项

混凝土从拌和站内运输至现场的时间以3h内为宜,最长不超过5h。如运输路程太长,则另设拌和场地,避免混凝土发生离析和因天气炎热使坍落度发生变化。上料前应检查混凝土状况,不合格的坚决不用。大于标准坍落度的混凝土容易造成路缘石沉陷变形、表面气泡;小于标准则会下料振捣困难,需提起模具进行清理,影响质量与进度。对于运输路程长且可使用的混凝土,上料前必须派人用铁锹从下向上翻拌,以防因坍落度不同,影响滑模施工质量。散装材料(如砂石、水泥等)在卸料点必须铺设足够的彩条布或土工布等隔离物,同时,施工人员及车辆必须保持清洁,减少对基层的污染。控制材料的现场堆放量,防止突然遇雨对基层造成污染。每天施工完后,及时对施工场地进行清理与清扫,减少对基层的污染。

5)路缘石滑模机摊铺

水泥混凝土路缘石可采用滑模摊铺或专门滑模摊铺机摊铺。采用滑模摊铺机悬臂连体摊铺硬路肩及路缘石时,最大悬臂摊铺机悬臂连体摊铺宽度不应大于2.75m。其模具外形应设置2°~3°、前大后小的挤压喇叭口,并应配备专用振捣棒振捣密实。

路缘石滑模成型机运作时,要密切注意机仓内混凝土高度,操作手密切注意起步时振动强弱。滑模摊铺时,应先振捣密实,再起步前进,保证混凝土挤压成形效果满足要求,确保滑模的路缘石成形后平整、直顺。随时检测滑过的混凝土的厚度及平面位置,发现问题及时调整滑模机液压高度及滑模机与钢丝的宽度。检查成形的路缘石是否塌陷,若塌陷则说明混凝土的水灰比过大,此时应减少拌和用水量,直至调到合适为止,以后水灰比以此为准。路缘石滑模机施工时滑模机速度按1.5~1.7m/min控制。

6)抹面修整

路缘石滑模初次成形后,及时用抹子抹面,保证表面平整。人工用抹板对其进行二次抹面,以保证路缘石表面光洁。在混凝土初凝前检查线形是否圆顺平直,需修正处用3m直尺轻拍混凝土侧面、表面,再进行二次抹面;如表面有需要修补位置,及时采用混凝土修补。

7)覆盖养生

路缘石施工完毕后及时采用塑料薄膜覆盖养生,塑料薄膜两侧用沙土压住,防止水分散失及被风吹起。

8)切割

采用汽油发动手推式切割机,切割时机控制在混凝土强度达到75%时,夏天一般控制在48h内,冬季一般控制在5d以内,避免因过早切割混凝土出现切缝毛糙、过迟出现断板情况。切缝后应对破坏薄膜进行修补,以达到养生的效果。切缝按照每4m一道,切缝深度不小于2cm。

8.8.4 超高排水沟

8.8.4.1 现浇混凝土超高排水沟

(1)现浇混凝土超高排水沟施工流程见图8.8.4-1。

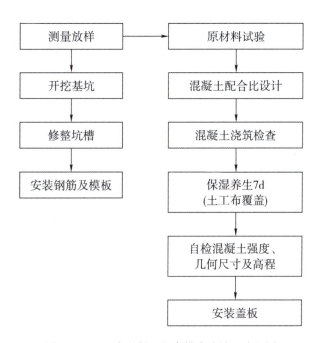

图8.8.4-1 现浇混凝土超高排水沟施工流程图

(2)现浇混凝土超高排水沟施工要点如下:

①超高排水沟在基层施工完成后,应精确放样,用白灰撒出边沟边线,用带冲头的小型挖掘机反开挖基层,人工清理松动的基层块料并修整沟槽,确保沟体线形美观、直线线形顺直、曲线线形圆滑。

②沟底纵坡宜与路线纵坡一致,并不宜小于0.3%。

③边沟开挖成形,高程检验合格后,可浇筑边沟底部混凝土。采用人工找平,保证沟底平整及纵坡平顺。对于墙身部位要人工拉毛。

④安装钢筋。钢筋应调直,绑扎应符合要求。混凝土应集中拌和。

⑤沟底混凝土终凝后可进行墙身模板安装,边沟墙身模板要求有足够的刚度,模板顶面每隔5m用水准仪测出该位置的高程,用墨线连接,作为混凝土浇筑控制点。

⑥模板安装时支撑必须到位,保证支撑强度,安装对拉螺杆时应保证墙身厚度,墙身须采用二道横梁,墙身外侧支撑间距须小于1m,支撑端持力在强度较高的地面或垫块上。

⑦为保证超高排水沟台口及台顶线形平顺、顶面平整,须按设计挂线一次成形。台口混凝土浇筑宜采用压板成形并挂线二次收面。

8.8.4.2 预制安装超高排水沟

(1)预制安装超高排水沟施工流程见图8.8.4-2。

图8.8.4-2 预制安装超高段混凝土排水沟流程图

(2)预制安装超高排水沟施工要点如下：

①超高排水沟在基层施工完成后,应精确放样,用白灰撒出边沟边线,用带冲头的小型挖掘机反开挖基层,人工清理松动的基层块料并修整沟槽,确保沟体线形美观、直线线形顺直、曲线线形圆滑。

②沟底纵坡宜与路线纵坡一致,并不宜小于0.3%。

③边沟开挖成形、高程检验合格后,方可安装预制装超高排水沟。预制安装超高排水沟时,应按设计线形及高程挂线和坐浆安装。

8.8.5 集水井

(1)集水井要在路基成形验收后、路面基层施工前进行施工,往往集水井及集水井横向排水管预埋同时施工。衔接于横向排水管的集水井按图纸规定高程、尺寸立模现浇,横向排水管管节嵌入集水井壁内,并严格按图纸或批准的方法做好防水处理。

(2)现浇混凝土集水井施工流程见图8.8.5-1,施工要点同现浇混凝土超高排水沟。

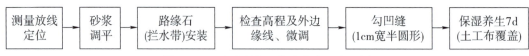

图8.8.5-1 现浇混凝土集水井施工流程图

8.8.6 横向排水管

(1)路基施工完毕且交验后,即可进行埋设横向排水管的施工。

(2)基槽开挖,根据设计要求,按图纸所示桩号,定出埋设位置。采用人工开挖或用挖机挖槽的方式,沟槽应保持直线并垂直于路中心线,开挖深度及宽度应符合设计要求。

①横向排水管设置在正常路段时,沟底坡度应和路面横坡一致。

②横向排水管设置在超高路段时,沟底坡度应和路面超高横坡相反,并设置大于或等于2%的横坡。

(3)铺设垫层。垫层采用设计要求的材料,铺设厚度应保持均匀一致,同时保证垫层顶面具有规定的横坡。

(4)埋设横向排水管：

①一端应插入中央分隔带范围内的纵向排水盲沟或超高排水沟位置,另一端应伸出路基边坡外。

②横向塑料排水管的进口需用土工布包裹,防止碎石堵塞。

③接头处理:当排水管不足一次埋设的长度时,需套接。套接时,管口要对齐,并靠紧,接头处用一短套管套紧相邻两根排水管,套管两端需用不透水材料扎紧。

④挖方路段横向排水管外侧接路堑边沟,路堑边沟深度应满足排水要求。

⑤填方路段横向排水管位置较设计桩号可适当调整,外侧接下边坡骨架流水槽,以免路面排水对填方边坡造成冲刷。

⑥超高排水管若设置在非超高侧,埋设长度应从中桩延伸至超高段排水沟位置。

(5)沟槽回填:

①横向排水管埋设完毕并经验收合格后,方可进行沟槽回填,回填施工时,所填筑混凝土采用插入式振动棒振捣密实。

②预埋及回填土完毕后,应清除并转运开挖剩余的土石方,以保证施工面的整洁。

8.8.7 填方段路肩纵向碎石盲沟排水

(1)施工放样:按照图纸的断面尺寸要求,放样确定路肩纵向碎石盲沟的位置。

(2)清理路肩处弃土,铺底前纵坡应与路基、路面纵坡一致,验收合格后才能进行碎石盲沟施工。

(3)铺设土工布:工作面验收合格后,立即按照横断面铺设渗水土工布,土工布搭接长度符合设计要求。

(4)回填碎石:盲沟所用碎石采用未处置的开级配碎石组成,并采用人工摊平夯实,厚度严格按设计要求。

8.8.8 质量通病防治

8.8.8.1 路缘石折断或缺角破损防治措施

(1)注意模板的拼装及接封的处理。

(2)禁止使用破损、折断的路缘石,折断的路缘石应废弃。

(3)禁止野蛮装卸路缘石。

(4)提高混凝土预制强度。

8.8.8.2 路缘石尺寸不一致的防治措施

(1)严格制作钢模,保证每个钢模尺寸一致、形状一致。

(2)选择合理的混凝土配合比,加强振捣,认真养生。

8.8.8.3 路缘石色差较大的防治措施

(1)应将钢模表面除锈,采用干净的脱模剂,批量生产。

(2)采用同一品种、同一厂家的水泥和石料。

(3)养生和运输时注意不受污染。

8.8.8.4 滑模施工路缘石线形不顺的预防措施

(1)逐段放线,保证基准高程准确。

(2)配备小直径振捣棒,加强振捣。

8.9 特殊季节施工要求

8.9.1 施工准备

(1)为了保证在不利季节期间施工质量,在发生险情时能够及时组织人员进行抢险救灾,各级单位应成立相关领导小组,明确责任。

(2)在安排生产任务时,要考虑热期、冬期施工的不利因素,及时收集当地的长期及短期天气预报信息,合理安排生产,做好不利季节施工材料准备,防止自然灾害给施工造成影响。

8.9.2 雨期(高温)施工

(1)做好临时排水,及时排出地面水。经常维修和疏通临时通道及排水沟,以防暴雨来时积水过多,确保雨后畅通,必要时路面加铺防水材料。

(2)基层细集料全部搭设防雨棚,面层集料均搭设防雨棚。

(3)在雨季施工期间,由于雨季的影响,集料中含有一定水分,每天拌和前对集料进行含水率的测量,对混合料含水率进行控制。在其他季节施工,含水率的控制应当按实际情况决定。

(4)基层施工时若遇降雨,立即停止施工,并将已摊铺好的混合料快速压实,未摊铺的予以废弃。

(5)基层施工时,尽量避开高温,并适当增加含水率,运输车全部覆盖,减少水分蒸发。

(6)沥青混合料面层施工时,若遇降雨,立即停止路面摊铺。对未经压实即遭雨淋的沥青混合料,应全部清除。同时,与沥青拌和厂联系,停止生产,避免造成更大损失。

(7)降雨后尽快排除路面积水,并对其进行晾晒。

(8)施工前注意气象预报,与气象单位保持必要联系,做好每日气象预报记录,以便正确合理地安排和指导施工。

8.9.3 冬期施工

8.9.3.1 保证下承层温度

要采取措施使下承层温度提高,尤其是接缝位置满足规范要求,确保层间结合牢固,保证摊铺层下部碾压密实。

(1)密切关注天气预报,避开阴雨和强风天气,充分利用晴暖天气施工。

(2)提前一天洒布黏层油。黏层油洒布温度一般在 70~80℃。在冬期季节施工,黏层油破乳时间较长,水分蒸发缓慢,提前1d洒布使其充分破乳,并蒸发水分。

(3)施工前,应对施工接缝处和起步段 50m 左右下承层表面进行加热,使接缝热接,使起步段作业面迅速升温。

8.9.3.2 优化工艺措施,保证摊铺、碾压温度

调整摊铺、碾压工艺,使混合料在高温下快速得到强有力的碾压,在较短的时间内达到密实。

(1)适当提高沥青混合料出料温度5~10℃,改性沥青混合料出料温度控制在180~185℃。当混合料温度超过195℃时,按废料处理,避免沥青过度老化影响路面质量。沥青混合料到场温度不低于170℃。

(2)为保证运力,沥青混合料运输车宜选用大吨位货车,根据运输距离配备运输车辆,保证运力略有富余。沥青混合料运输过程中热量损失不宜超过10℃。为防止热量损失过快,运输料车应加强保温措施。每台运料车必须全车厢粘贴岩棉保温块,在装满料后及时用岩棉被全面覆盖顶部,必要时可加盖多层再用厚帆布包裹覆盖严密,四周绑扎牢固,迅速运输到场。

(3)施工前,做好混合料运输线路规划,制定科学合理的运输方案,确保运输连续。施工现场要加强与沥青拌和站的联系,做到专人指挥,统一调度,定量、定时、定车组织供应。出现异常断料要及时反馈,避免摊铺过程中停机待料。

(4)料车到达现场后,每台摊铺机前要保证有5台以上料车方可摊铺,但不可积压过多,要保持连续稳定摊铺,同时安排专人指挥适时掀料车帆布和棉被,不可过早掀开。经检查到场温度后,采用温度较高的一车最先摊铺。

(5)摊铺应采用高密实度的摊铺机,在开始摊铺前0.5~1h对熨平板预热,加热时间不少于0.5h,加热温度不低于100℃,摊铺中持续保温加热,以弥补温度的散失。同时摊铺机夯锤频率适当提高一档,使摊铺面初始密实度提高。

(6)摊铺速度根据料车供料情况,保持在3m/min。梯队摊铺时,前后摊铺机间距保持在5~8m,不可过长,否则纵向接缝处降温过快影响压实及外观质量。当不可避免地出现纵向间距拉长情况时,及时采用薄棉被将纵缝处覆盖保温。

(7)在碾压工艺上进行优化调整:根据作业面宽度增加一台初压压路机,以减少摊铺面未碾压时的暴露时间,初压压路机均紧跟摊铺机碾压,确保在摊铺后5min内完成全断面初压。初压采用双钢轮压路机以静压模式碾压;随后采用轮胎压路机紧跟进行复压,利用轮胎压路机轮胎蓄热好、散热慢的特点进行追密碾压;然后采用双钢轮振动压路机紧跟轮胎压路机振动碾压2遍,消除轮迹;最后采用双钢轮压路机静压收光。每个碾压段长度均较常温下适当缩短,每台压路机起止点均随摊铺机的行进保持阶梯状递进,前后紧密衔接,确保压实在高温下完成。

9 安全管理

9.1 一般规定

(1)工程参建单位必须遵守《中华人民共和国安全生产法》和其他有关安全生产的法律、法规,加强安全生产管理,建立健全全员安全生产责任制和安全生产规章制度,加大对安全生产资金、物资、技术、人员的投入保障力度,改善安全生产条件,加强安全生产标准化、信息化建设,构建安全风险分级管控和隐患排查治理双重预防机制,健全风险防范化解机制,提高安全生产水平,确保安全生产。

(2)安全生产工作实行管行业必须管安全、管业务必须管安全、管生产经营必须管安全,强化和落实生产经营单位主体责任。

(3)工程参建单位的主要负责人包括法定代表人、实际控制人、实际负责人,是本单位安全生产第一责任人,对本单位的安全生产工作全面负责。分管安全生产的负责人协助主要负责人履行安全生产职责;其他负责人对职责范围内的安全生产工作负责。主要技术负责人有安全生产技术决策和指挥权,对安全生产技术方案承担直接责任。

(4)工程参建单位实行全员安全生产责任制,编制全员安全生产责任清单,明确全部岗位的责任人员、责任范围等内容,加强监督考核,把安全生产工作纳入生产经营全过程。

(5)工程参建单位应当设置安全生产管理机构并配备专职安全生产管理人员,施工单位应当根据工程施工作业特点、安全风险以及施工组织难度,按照年度施工产值配备专职安全生产管理人员。

(6)建设单位与施工单位及监理单位、施工单位与分包单位应在合同或安全生产协议中明确各方的安全生产责任和义务,履行各自的安全生产责任。

(7)工程参建单位必须执行依法制定的保障安全生产的国家标准或行业标准。

(8)工程参建单位应当依法对从业人员进行安全生产教育和培训。未经安全生产教育和培训合格的从业人员,不得上岗作业。

(9)工程参建单位按照规定推进安全生产标准化建设,实现安全管理、操作行为、设施设备、作业环境标准化。

(10)施工单位应为从业人员包括短期雇用的从业人员办理工伤保险,为施工现场从事危险作业的人员办理意外伤害保险。

(11)任何单位和个人不得对建设、勘察、设计、施工、监理等单位提出不符合建设工程安全生产法律法规和标准规定的要求,不得违规压缩工程工期,不得降低安全标准。

(12)新建、改建、扩建工程项目的安全设施,必须与主体工程同时设计、同时施工、同时投入生产和使用。安全设施投资应当纳入建设项目概算。

(13)施工单位应当具备的安全生产条件所必需的资金投入,由施工单位的决策机构、主要负责人或者个人经营的投资人予以保证,并对由于安全生产所必需的资金投入不足导致的后果承担责任。应当按照规定提取和使用安全生产费用,专门用于改善安全生产条件。安全生产费用在成本中据实列支。

(14)严格执行落实安全生产"吹哨人"制度,任何单位和个人都有权对生产安全事故隐患或者安全生产违法行为进行报告或者举报。

(15)贯彻执行交通运输部、应急管理部公布的《公路水运工程淘汰危及生产安全施工工艺、设备和材料目录》等文件,施工单位不应使用应当淘汰的危及生产安全的施工工艺、设备和材料,提升本质安全水平。

(16)严格执行交通运输部《"两区三厂"建设安全标准化指南》的要求,规划应做到安全优先、因地制宜、生产有序、科学管理、永临结合,选址工作应按照选址初筛、地质灾害危险性评估两个阶段实施。

(17)严格执行《公路工程施工安全技术规范》(JTG F90—2015)的要求,项目开工前应进行项目风险评估、专项风险评估及危大工程的专项方案的编制评审等工作,及时开展安全生产条件审核,并填写《危险性较大的分部分项工程施工前安全生产条件核查表》,报建设单位确认;重点审查资源配置、风险分析、安全保障措施、应急处置措施、监控监测、验收内容及标准等内容。

(18)建设单位要切实落实安全管理责任,建立健全平安工地建设、考核、奖惩等制度,将平安工地建设情况纳入工程合同履约管理,对项目平安工地建设负总责;施工单位要切实落实安全生产主体责任,将平安工地建设作为施工组织设计必要组成部分,明确建设内容、实施主体和工作要求,定期开展自查自纠、自我评价;监理单位要按规定将平安工地建设作为安全监理的主要内容,严格安全生产条件、专项施工方案和应急预案审核把关,对施工单位平安工地建设情况进行监督检查,督促问题整改落实。

9.2 安全组织机构

9.2.1 安全生产领导小组

(1)项目安全生产领导小组组长由项目负责人担任,副组长由分管安全领导、其他班子成员担任,各部门主要负责人为小组成员。领导小组办公室一般设在安全管理部门,安全管理部门负责人为领导小组办公室主任。

(2)项目安全生产领导小组应贯彻落实国家、行业有关安全生产方针政策、法律法规和技术标准,制订安全生产指标和安全工作计划,落实项目安全生产条件,规范施工安全管理程序,开展安全检查评价,定期组织应急演练,督促落实安全生产责任。

9.2.2 组织管理机构

9.2.2.1 建设单位安全组织机构

建设单位内部成立安全生产领导小组(图9.2.2-1),组长由建设单位项目负责人担任,副组长由建设单位分管安全项目负责人、其他班子成员担任,成员为各部门负责人。安全生产领导小组下设办公室,主任由安全管理部门负责人兼任。

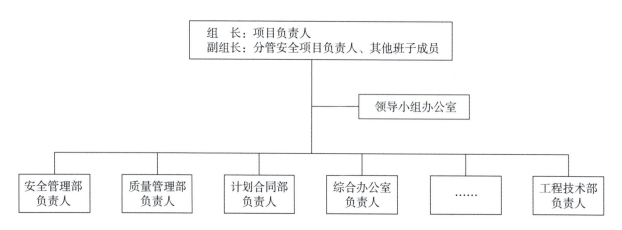

图9.2.2-1　建设单位安全生产领导小组机构示意图

9.2.2.2 建设单位安全生产条件

(1)建立健全安全生产责任制,制定项目安全生产管理制度。

(2)设置专职安全生产管理机构,按照工程需要配备专职安全管理人员,应熟悉、掌握施工安全生产法律法规、标准规范。

(3)保证安全生产条件所需资金的投入。

(4)办公区、生活区及相关设备和配件符合有关安全生产法律法规、标准规范的要求。

(5)制定生产安全事故应急救援预案并组织开展应急演练。

(6)法律法规规定的其他条件。

9.2.2.3 监理单位安全组织机构

(1)监理单位设置为两级监理机构的,监理单位内部的安全生产领导小组组长由总监理工程师担任,副组长由副总监理工程师、安全负责人担任,成员为各部门的负责人、各驻地监理工程师、总监办各专业监理工程师(图9.2.2-2)。

(2)工程项目监理单位设置为一级监理机构的,监理单位内部的安全生产领导小组组长由总监理工程师担任,副组长由副总监理工程师、安全负责人担任,成员为设立部门的负责人、各专业监理工程师(图9.2.2-3)。

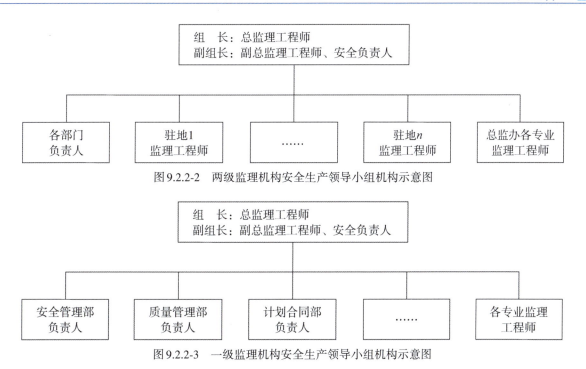

图9.2.2-2　两级监理机构安全生产领导小组机构示意图

图9.2.2-3　一级监理机构安全生产领导小组机构示意图

9.2.2.4　监理单位安全生产条件

（1）具备法律法规等规定的相关资质和资格。

（2）建立健全安全生产管理制度，制定安全生产监理计（规）划和监理细则，明确安全监理工作程序，落实安全生产责任制。

（3）总监办、驻地办安全监理人员满足合同约定的数量配备，同时应满足项目重大风险源预控管理、跟踪巡视等工作强度要求。

（4）法律法规规定的其他条件。

9.2.2.5　施工单位安全组织机构

施工单位安全生产领导小组，组长由项目经理担任，副组长由安全总监、副经理、总工程师担任，成员为各部门负责人，以及各分包单位负责人（图9.2.2-4）。安全生产领导小组下设办公室，主任由安全管理部门负责人兼任。

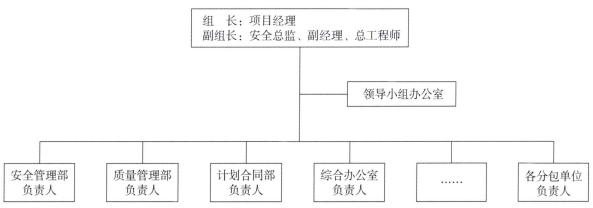

图9.2.2-4　施工单位安全生产领导小组机构示意图

9.2.2.6　施工单位安全生产条件

(1)取得有效的施工企业安全生产许可证,具备法律法规等规定的相关资质和资格。

(2)建立健全安全生产责任制,制定相应的安全生产管理制度和操作规程。

(3)保证安全投入并规范使用。

(4)设置专职安全生产管理机构并配备专职安全管理人员,按照年度施工产值配备专职安全生产管理人员。

(5)企业主要负责人、项目负责人和专职安全生产管理人员必须取得交通运输主管部门颁发的安全生产考核合格证书;特种作业人员应经有关业务主管部门考核合格,取得特种作业操作资格证书,所有从业人员应按规定参加安全生产教育培训。

(6)应依法参加工伤保险,为从事危险作业的人员办理意外伤害险。

(7)按照平安工地考核标准,每月组织自查,作业场所和安全设施、设备、工艺等符合有关安全生产法律法规和标准规范的要求,为从业人员配备符合国家、行业标准的劳动防护用品。

(8)按规定开展施工安全风险评估工作,实施重大风险源监控管理。

(9)制定生产安全事故应急救援预案,为应急救援组织或应急救援人员配备必要的应急救援器材、设备。

(10)法律法规规定的其他条件。

9.3　安全工作内容

9.3.1　安全生产责任

9.3.1.1　主要负责人安全生产法定职责

(1)建立健全并落实本单位全员安全生产责任制,加强安全生产标准化建设。

(2)组织制定并实施本单位安全生产规章制度和操作规程。

(3)组织制定并实施本单位安全生产教育和培训计划。

(4)保证本单位安全生产投入的有效实施。

(5)组织建立并落实安全风险分级管控和隐患排查治理双重预防工作机制,督促、检查本单位的安全生产工作,及时消除生产安全事故隐患。

(6)组织制定并实施本单位的生产安全事故应急救援预案。

(7)及时、如实报告生产安全事故。

(8)法律、法规、规章规定的其他安全生产职责。

9.3.1.2　安全生产分管负责人(安全总监)安全生产责任

(1)贯彻执行并督促本单位落实安全生产方针政策和法律法规、规章标准等内容。

(2)协助本单位主要负责人履行安全生产工作职责。监督本单位其他分管负责人贯彻执行安全生产方针政策和法律法规、规章标准以及"管业务必须管安全、管生产经营必须管安全"情况。

（3）协助本单位安全生产委员会主任开展工作。负责本单位安全生产委员会日常工作，定期听取安全生产工作汇报，组织开展安全生产大检查，指导协调有关安全生产工作并及时研究解决存在的问题。

（4）领导本单位安全管理机构及安全管理人员、应急救援队伍，根据需要向本单位分支机构和生产经营场所派驻安全管理人员。

（5）负责组织审查并监督落实本单位的安全生产规章制度和操作规程、生产安全事故应急救援预案、安全风险分级管控措施和重大事故隐患治理方案等。

（6）按照权限制止或撤销本单位下达的影响安全生产、可能导致发生生产安全事故的决定或作业指令，制止和纠正任何违章指挥、违规生产、强令冒险作业和违反操作规程、规范标准等行为，下达立即停止作业(施工、使用)及撤离现场等临时处理措施指令。

（7）负责督促或组织生产经营单位落实负有安全生产监督管理职责部门的监管指令和要求，按照规定向负有安全生产监督管理职责的部门报告重大生产安全事故隐患。

（8）组织制定本单位安全生产工作规划、年度工作计划，开展安全生产标准化建设。

（9）受县级以上人民政府委托负责牵头组织调查本单位未造成人员伤亡的一般生产安全事故。

（10）组织制定安全生产责任制绩效考核制度并监督实施。

（11）履行安全生产法律法规、规章标准和本单位规定的，以及主要负责人委托的其他安全生产工作职责。

9.3.1.3　安全生产管理机构以及安全生产管理人员安全生产责任

（1）组织或参与拟订本单位安全生产规章制度、操作规程和生产安全事故应急救援预案。

（2）组织或参与本单位安全生产教育和培训，如实记录安全生产教育和培训情况。

（3）组织开展危险源辨识和评估，督促落实本单位重大危险源的安全管理措施。

（4）组织或参与本单位应急救援演练。

（5）检查本单位的安全生产状况，及时排查生产安全事故隐患，提出改进安全生产管理的建议。制止和纠正违章指挥、强令冒险作业、违反操作规程的行为。

（6）督促本单位其他机构、人员履行安全生产职责和安全生产整改措施。监督劳动防护用品的采购、发放、使用和管理。

（7）组织落实本单位安全风险分级管控措施。

（8）督促落实本单位外来施工作业安全管理制度。

（9）对本单位动火、受限空间(有限空间)、盲板抽堵、高处、吊装、临时用电、动土、断路以及邻近高压输电线路、邻近输油(气)管道、爆破、建(构)筑物拆除等危险作业的安全管理进行抽查监督。

（10）协助安全生产分管负责人(安全总监)开展有关安全生产工作。

（11）履行法律法规、规章标准和本单位规定的，以及安全生产分管负责人(安全总监)交办的其他安全工作职责。

9.3.2 参建各方重点安全工作内容

9.3.2.1 建设单位

（1）建设单位对工程项目安全生产负有主导责任，应加强工程项目各阶段安全工作的综合协调管理，按照合同约定督促工程参建单位落实安全生产责任，按照每半年一次的频率做好平安工地考核评价工作。

（2）应向施工单位提供施工现场及毗邻区域内供水、排水、供电、供气、供热、通信、广播电视等地下管线资料，气象和水文观测资料，相邻建(构)筑物、地下工程的有关资料，并保证资料的真实、准确、完整。

（3）不得对勘察设计、施工、监理等单位提出不符合建设工程安全生产法律法规和强制性标准规定的要求，不得压缩合同约定的工期。

（4）在编制工程概算时，应确定建设工程安全作业环境及安全施工措施所需费用。

（5）不得明示或者暗示施工单位购买、租赁、使用不符合安全施工要求的安全防护用具、机械设备、施工机具及配件、消防设施和器材。

（6）在办理施工许可或申领施工许可证时，应提供工程项目有关安全施工措施的资料。

（7）应依法将工程项目发包给具有相应资质等级的单位。建设单位与勘察设计、施工、监理、检测、监测等单位签订的合同中，应明确双方的安全生产责任。

典型事故案例：2016年11月24日，某发电厂三期扩建工程发生冷却塔施工平台坍塌特别重大事故，造成73人死亡、2人受伤，直接经济损失10197.2万元。调查发现的主要问题包括建设单位未经论证压缩冷却塔工期、安全质量监督管理工作不力、项目建设组织管理混乱等。

9.3.2.2 勘察设计单位

（1）勘察单位应当按照法律法规和工程建设强制性标准进行勘察，提供的勘察文件应当真实、准确，满足建设工程安全生产的需要。

（2）勘察单位在勘察作业时，应当严格执行操作规程，采取措施保证各类管线、设施和周边建(构)筑物的安全。

（3）设计单位应当按照法律法规和工程建设强制性标准进行设计，防止因设计不合理导致生产安全事故的发生。

（4）设计单位应当考虑施工安全操作和防护的需要，对于涉及施工安全的重点部位和环节，应在设计文件中注明，并对防范生产安全事故提出指导意见。

（5）采用新结构、新材料、新工艺的建设工程和特殊结构的建设工程，设计单位应当在设计中提出保障施工作业人员安全和预防生产安全事故的措施建议。

（6）设计单位和注册建筑师等注册执业人员应当对其设计负责。

典型事故案例：2007年8月13日下午，某大桥发生特别重大坍塌事故，造成64人死亡、4人重伤、18人轻伤，直接经济损失3974.7万元。事故间接原因之一为设计和地质勘察单位违规将勘察项目分包给个人，地质勘察设计深度不够，现场服务和设计交底不到位。

9.3.2.3 监理单位

（1）监理单位和监理人员应按照法律法规、规章和标准规范要求实施监理，并对工程项目安全生产承担监理责任。

（2）监理单位应审查施工合同约定的项目安全生产条件、施工组织设计中的安全技术措施、危险性较大的分部分项工程的专项施工方案，以及安全生产专项费用计提使用情况。未经监理单位审查签字认可，施工单位擅自施工的，监理单位应及时下达工程暂停令，施工单位拒不执行时，应及时将情况书面报告给建设单位。

（3）监理单位应按规定核查施工单位特种设备进场检验验收情况，组织施工安全检查，督促安全事故隐患排查治理，按季度做好平安工地考核评价工作。

（4）在监理巡视检查时，发现安全事故隐患的，应按规定及时下达书面指令要求施工单位进行整改或停止施工。施工单位拒绝整改或者整改不到位时，监理单位应及时将情况书面报告给建设单位。

典型事故案例：2023年9月13日，某项目工程塔式起重机在安装作业过程中发生坍塌事故，造成6人死亡、4人受伤，直接经济损失1134万余元。调查发现的主要问题包括未健全和落实安全生产责任制，监理职责履行不到位，未认真审查塔式起重机安拆专项施工方案，未及时发现纠正安拆人员未经技术交底参加塔式起重机顶升作业，以及顶升作业期间塔式起重机安装施工现场负责人不在岗等。

9.3.2.4 施工单位

（1）施工单位是安全生产责任主体，主要负责人依法对本单位安全生产工作全面负责。项目负责人应由取得相应执业资格证书的人员担任，经授权对相应的工程项目施工安全生产负责。

（2）工程项目实行施工总承包的，总承包单位对施工现场安全生产负总责。总承包单位依法将建设工程分包给其他单位的，应在分包合同中明确各自的安全生产的权利和义务，总承包单位和分包单位对分包工程的安全生产承担连带责任。

（3）列入工程概算的安全作业环境及安全施工措施所需费用，应用于施工安全防护用具及设施的采购和更新、安全施工措施的落实、安全生产条件的改善。安全施工措施费应单列，专款专用，不得挪作他用。

（4）施工组织设计应明确安全技术措施，危险性较大的分部分项工程还应编制专项施工方案，并附安全验算结果，经施工单位技术负责人、总监理工程师签字后实施，超过一定规模的危险性较大的分部分项工程，施工单位应组织专家对专项施工方案进行论证、评审。施工单位应按规定制定临时用电组织设计方案。

（5）施工单位应将施工现场的办公区、生活区与作业区分开设置，并保持安全距离；现场临时搭建的建筑物应符合安全使用要求,使用装配式活动房屋应具有产品合格证;施工单位不得在尚未竣工的建筑物内设置员工集体宿舍。职工的膳食、饮水、休息场所等应符合卫生标准。

(6)施工单位应在施工现场出入口、沿线各交叉口、施工起重机械所在处、拌和场、临时用电设施所在处、爆破物及有害危险气体和液体存放处,以及孔洞口、隧道口、基坑边沿、脚手架边沿、码头边沿、桥梁边沿等危险部位,设置明显的符合国家标准的安全警示标志或者必要的安全防护设施。

(7)施工单位应建立健全消防安全责任制度,确定消防安全责任人,制定用火、用电、使用易燃易爆材料等各项消防管理制度和操作规程,设置消防通道,配备相应的消防设施和灭火器材,并在施工现场入口处设置明显标志。

(8)工程施工前,施工单位应将有关施工安全技术要求分三级向施工项目部各职能部门、施工作业班组、一线作业人员进行安全技术交底,向作业人员书面告知危险岗位的操作规程和应急措施,并由双方签字确认。

(9)施工单位应定期开展安全检查评价和隐患治理工作,消除安全事故隐患。专职安全员应按规定每日巡查施工现场安全生产,并做好检查记录,发现安全事故隐患时,应及时向项目安全管理机构负责人报告;对违章指挥、违章操作的,应立即制止;一时难以消除的事故隐患,施工单位应制定治理方案,明确治理的措施、时限、资金、验收和责任人等安全内容。

(10)施工单位应根据不同施工阶段、周围环境及季节、气候的变化,在施工现场采取相应的安全施工措施。施工现场暂时停止施工的,应做好现场防护,所需费用由责任方承担,或按合同约定执行。

(11)施工单位对因工程施工可能造成损害的毗邻建(构)筑物和地下管线等,应进行安全风险论证并采取专项防护措施。

(12)施工单位应遵守环境保护的法律法规,在施工现场采取措施,防止或减少粉尘、废气、废水、固体废物、噪声、振动和施工照明对人和环境的危害和污染。

(13)施工现场的安全防护用具、机械设备、施工机具及配件必须由专人管理,定期进行检查、维修和保养,建立相应的资料档案。采购、租赁的安全防护用具、机械设备、施工机具及配件,应具有生产(制造)许可证、产品合格证,应在进入施工现场前进行查验。

(14)安装、拆卸施工起重机械,整体提升脚手架、模板等自升式架设设施,必须由具有相应资质的单位承担。使用前,应组织有关单位进行验收,也可以委托具有相应资质的检验检测机构进行验收(并出具相关验收合格证明文件);使用承租的机械设备、施工机具及配件的,应由施工总承包单位、分包单位、出租单位和安装单位共同进行验收,验收合格的方可使用;使用起重机械等特种设备,在验收前应经有相应资质的检验检测机构监督检验合格。

(15)施工单位在签订的起重机械租赁合同中,应明确租赁双方的安全责任,要求租赁单位提供起重机械等特种设备制造许可证、产品合格证、制造监督检验证明、备案证明和自检合格证明,提供安装使用说明书。

(16)施工单位不得租用有下列情形之一的起重机械:

①属国家明令淘汰或者禁止使用的。

②超过安全技术标准或者制造厂家规定的使用年限的。

③经检验达不到安全技术标准规定的。

④没有完整安全技术档案的。

⑤没有齐全有效的安全保护装置的。

(17)作业人员应遵守安全施工的规章制度、强制性标准和操作规程,正确使用安全防护用具、机械设备。有权对施工现场的作业条件、作业程序和作业方式中存在的安全问题提出批评、检举和控告,有权拒绝违章指挥和强令冒险作业。发生危及人身安全的紧急情况时,有权立即停止作业或者在采取必要的应急措施后撤离危险区域。

(18)施工单位应建立安全培训教育制度,对管理人员和作业人员每年至少进行一次安全生产教育培训,作业人员进入新的岗位、新的施工现场前或在采用新技术、新工艺、新设备、新材料时应接受安全生产教育培训。未经教育培训或者教育培训考核不合格的人员,不得上岗作业。

(19)施工单位应针对本工程项目特点制定生产安全事故应急预案,定期组织演练。发生事故时,施工单位应立即采取措施减少人员伤亡和事故损失,启动应急预案,并按有关规定及时、如实地向建设单位、监理单位和事故发生地县级以上人民政府安全生产监督管理部门和负有安全生产监督管理职责的有关部门报告。

典型事故案例:2023年8月21日凌晨,四川省凉山州金阳县芦稿林河流域受上游短时强降雨影响暴发山洪泥石流灾害,位于芦稿林河下游的某项目经理部钢筋加工场施工人员驻地被冲毁,造成6人死亡、46人失联、21人受伤。调查发现的主要问题包括谎报瞒报失联人数、项目部未组织转移避险、违法使用临时用地、违法违规占用河道、汛期违规安排住人、隐患整改不到位等。

9.3.3 交工验收阶段安全工作内容

(1)在交工验收阶段,应进一步完善安全管理制度,所有参与交工验收的人员,都应严格遵守安全规章制度,佩戴相应的安全防护设备,确保人身安全。

(2)在交工验收过程中,应对施工现场进行全面细致的安全隐患排查,包括设备设施的安全性能、现场环境的安全状况等。及时发现并消除安全隐患,确保验收工作在安全的环境中进行。对于无法立即消除的隐患,应采取有效的防范措施,确保其不会对人员安全构成威胁。

(3)除了对施工现场进行安全隐患排查外,还应对交付使用的设备设施进行全方位检测,确保其符合国家相关安全标准,能够安全可靠地运行。

(4)制定针对可能出现的紧急情况下的应急预案,并确保所有参与验收的人员都了解并掌握应急预案的内容和操作程序。

（5）在完成交工验收后，应继续对项目进行跟踪管理，及时发现并处理可能出现的安全隐患，确保项目的长期安全运行。

9.4 安全管理要点

9.4.1 临时设施与设备

9.4.1.1 "两区三厂"

（1）"两区三厂"选址应符合安全性要求，考虑周边地形地质、水文气象、既有建(构)筑物、线路管道等因素，在滑坡、崩塌等不良地质区域施工的应开展地质灾害危险性评估，采取有效安全防护措施。"两区三厂"不应设置在已发现的泥石流影响区、滑坡体等危险区域。

（2）"两区三厂"应进行总体布局规划，生活区、办公区与施工现场应分开设置并保持安全距离，钢筋加工厂、拌和厂和预制厂厂内应合理分区。"两区三厂"厂房设计应满足当地防风、防雪、防汛防雷、防风暴潮等相关要求，防火措施应符合现行《建设工程施工现场消防安全技术规范》（GB 50720）的规定，生活区、办公区用房建筑构件芯材的燃烧性能等级应为A级。

（3）"两区三厂"重要结构、设施设备应编制专项施工方案。

（4）"两区三厂"宜实施视频监控与封闭管理，对存在物体打击、机械伤害、车辆伤害等事故风险的作业区域应采取隔离警示、防护等措施。

（5）"两区三厂"应验收合格后再投入使用。

智慧梁厂如图9.4.1-1所示。

图 9.4.1-1　智慧梁厂

9.4.1.2 临时用电

（1）施工现场应根据工程规模、场地特点、负荷性质、用电容量、供电条件等编制临时用电组织设计，经审核批准后实施。

(2)施工现场临时用电应实行三级配电,设置逐级回路保护,并应符合现行《建设工程施工现场供用电安全规范》(GB 50194)的规定。用电设备应满足"一机一闸一漏"的要求,动力开关箱与照明开关箱应分别设置,定期维修检查。

(3)水上或潮湿地带电缆线应绝缘良好并具有防水功能,船舶进出的通行航道抛锚区和锚缆摆动区不应架设或布设临时电缆线。

(4)配电箱、开关箱应装设在干燥、通风及常温场所,应装设端正、牢固(图9.4.1-2)。

图9.4.1-2 临时用电

9.4.1.3 便道便桥、临时码头

(1)便道便桥、临时码头应根据施工荷载、使用功能、环境条件等进行设计,便道宜避开不良地质地段,便桥应考虑洪水、风浪、潮汐、通航等因素的影响,临时码头宜选址在岸坡稳定、波浪和流速较小的岸段。

(2)便道便桥、临时码头安全防护设施设置应满足使用要求。便道应对不良地质地段进行地基处理或边坡防护,在急弯或特殊路段增设减速、防撞等设施及警示标志。便桥应设置限高、限宽、限载及通航水域航行警示标志。临时码头应设置救生设施。

(3)便道便桥、临时码头使用过程中应进行定期检查、设施维护及结构安全监测,验收合格后方可使用。

临时钢栈桥如图9.4.1-3所示。

图9.4.1-3 临时钢栈桥

9.4.1.4　施工船舶、机械设备

(1)施工单位应配备施工船舶、机械设备(图9.4.1-4)专职管理人员,建立分类管理台账,将外租或分包单位的机械设备纳入项目部统一管理,定期检查维护保养。

(2)船机设备进场前应根据使用要求对机械设备证件、安全装置、机械性能和状况等进行查验。

(3)特种设备应经检验检测机构定期检验,使用单位应办理使用登记,并将使用登记标志、定期检验标志置于该特种设备的显著位置。

(4)施工单位应对使用的特种设备进行风险辨识,明确预防和控制特种设备事故发生的技术和管理措施。

(5)内河砂石运输船、施工船和交通船等应在船舶适航证书规定的航区作业,不应超出适航区域。

(6)船机设备退场应及时办理退场手续。

a)施工用船和门式起重机

b)施工用船和悬臂吊装设备

图9.4.1-4　施工船舶、机械设备

9.4.2　通用作业

9.4.2.1　高处作业

(1)高处作业人员身体状况应满足工作要求,作业时个人防护用品和用具的佩戴和使用应符合现行《公路工程施工安全技术规范》(JTG F90)、《水运工程施工安全防护技术规范》(JTS 205-1)的有关规定。

(2)高处作业应设置专门的上下通道。墩柱及盖(系)梁施工跨越式支架搭设、围堰拼装、设备安装等高处作业应设置作业平台,作业平台应进行设计验算,不应超载使用。

(3)高处作业下方应设置警戒区,不应同时上下交叉作业。

高处作业如图9.4.2-1所示。

图9.4.2-1 高处作业

9.4.2.2 吊装作业

(1)起重吊装的地基基础、起重设备附着处应经承载力验算并满足使用说明书要求。起重机械的索具、卡环、绳扣等的规格应符合起吊能力的要求,起吊作业前应检查起重设备的滑轮、吊索、卡环和地锚等主要构件的完好状况。

(2)起重吊装作业应明确由专人统一指挥,明确警戒区设置要求,多台机械在同一区域作业时应保持安全距离,并采取防碰撞安全技术措施。

(3)吊装施工材料、构件、设施设备前应计算确定吊点的数量、位置和捆绑方法。吊装大型及重型结构构件和采用新的吊装工艺时,应先进行试吊。

(4)六级及以上大风或大雨、大雪、大雾等恶劣天气时,不应进行露天起重吊装作业。

吊装作业如图9.4.2-2所示。

图9.4.2-2 吊装作业

9.4.2.3 钢筋(钢绞线)作业

(1)钢筋(钢绞线)张拉作业前,张拉机具设备应校验标定。

(2)钢筋与钢绞线机械加工作业应遵守安全操作规程,张拉时非作业人员不应进入警戒区内。

(3)预制的钢筋骨架和钢筋网应具有足够的刚度和稳定性,高度超过2m的钢筋骨架应采取防倾覆措施。

9.4.2.4 有限空间作业

(1)人员进入密闭船舱、钢箱梁、桩孔、管道井等有限空间作业前应先通风后进行气体检测,检测合格后方可作业。

(2)有限空间作业应为作业人员配备防中毒窒息的防护装备,制定应急处置措施并向作业人员交底。

(3)有限空间内实施焊接及切割作业时,应采取防火、防爆措施,并配备消防器材。

有限空间作业如图9.4.2-3所示。

图9.4.2-3　有限空间作业

9.4.2.5　支架及模板作业

(1)支架整体、杆配件、节点应进行强度和稳定性计算,地基或基础承载力应满足安全使用要求。水中支架基础应考虑水流冲刷影响。

(2)钢管支架及构配件使用前应抽检合格,承重支架安装完成后应进行预压。

(3)大体积混凝土浇筑应按照专项施工方案要求的顺序进行,并对模板支撑体系进行过程监测。

(4)支架和模板拆除应按照专项施工方案要求的顺序进行,作业时应设立警戒区。承重模板及支架应在混凝土强度达到设计或规范要求后拆除。

9.4.2.6　基础工程作业

(1)基础施工前应现场核对地质勘察资料符合性,邻近建(构)筑物的基础施工应采取安全保护措施。

(2)基础施工作业区域应设置警戒区,四周应设置护栏及明显的警示标志。

(3)基坑施工应采取措施控制地表和地下水,并对施工现场降(排)水系统进行检查和维护,保证降水、排水畅通。深基坑施工应先支护后开挖,未达到拆除条件时不应拆除支撑支护,不应随意削弱支撑支护。应对基坑进行监测和检查,周边荷载不应超过设计要求的地面荷载限值。

(4)沉井施工过程中应进行沉降和倾斜观测,发现异常应停止作业并采取相应措施。

(5)围堰内作业应及时掌握水文、气象等信息,遇有洪水、风暴、潮汐等异常情况,应提前做好人员、机械的撤离和加固工作。邻近航道的围堰作业区应设置防止船舶撞击的装置。

（6）钢围堰应对内外侧壁、斜撑、内撑、围檩等受力构件及整体稳定性进行计算，围堰内外水位变化时应进行变形动态监测。

9.4.2.7 爆破作业

（1）大型土石方爆破、水下爆破、重要设施附近及技术要求高的爆破作业应编制爆破设计方案，制定相应的安全技术措施。

（2）爆破作业中民用爆炸物品的运输、存放和使用应符合现行《爆破安全规程》（GB 6722）的规定。

（3）爆破作业应设置警戒区并安排警戒人员，水下爆破作业应在现场设置禁航信号与警戒船。

（4）水下爆破作业应进行作业区域及周围环境状况调查，爆破影响范围内有水下管线、堤防等重要构筑物时，应进行试爆并监测。起爆前应检查药包布设位置，投药船离开投药地点后应检查船底、船舵及船桨有无缠绕的爆破导线或药包。

爆破作业如图9.4.2-4所示。

图9.4.2-4 爆破作业

9.4.2.8 水上水下作业

（1）水上水下作业前应办理水上水下施工作业许可证，制定施工通航安全保障方案，发布航行警告、航行通告。

（2）水上水下作业应考虑洪水、台风、波浪、水流、潮汐、通航等因素影响，作业区域应设置安全警示标志，与作业无关的船舶、人员及设施不应进入作业区域。

（3）施工船舶号灯、号型应满足作业要求，作业时应与施工水域的掩护条件、水深、风浪、水流及其变化等工况条件相适应，不应超出核定航区作业，在狭窄水道或来往船舶较多的水域，应明确船舶避让规则。

（4）陆用施工机械上驳船组合作业时，应编制专项施工方案，进行船舶稳性和结构强度验算。

（5）潜水作业前应了解现场的水文、气象、施工船舶锚缆布设及移动范围等情况，制定安全保障措施。无关船只不应进入潜水作业水域。

9.4.2.9 涉路作业

(1)涉路施工时,应针对施工作业与交通运营相互干扰的风险制定预防预控措施,设置施工作业控制区,做好施工交通组织管理。施工作业控制区临时交通安全设施设置应满足工程实际需要。

(2)桥梁跨线施工应搭设安全防护棚。安全防护棚应具备足够的抗砸与抗冲击能力。

(3)作业车辆、机械设备宜设置安全警示灯。

涉路作业如图9.4.2-5所示。

图9.4.2-5 涉路作业

9.4.2.10 拆除工程

(1)做好拆除设备进场,严格按照批复的专项施工方案组织施工,重点检查拆除设备、拆除顺序、危险区域警戒和相应的安全警示标志的设置等情况;对影响作业的管线、设施和树木的挪移进行核查,当被拆除建筑与交通道路的安全跨度不能满足要求时,必须采取相应的安全防护措施。

(2)机械拆除时,非作业人员不得进入施工区。机械设备使用的场地必须满足足够的承载力;拆除顺序必须遵守从上至下、逐层分段进行:先拆除非承重结构,再拆除承重结构;作业中机械不得同时回转、行走;采用双机抬吊作业时,施工中必须保持两台起重机同步作业;爆破拆除时,严格按爆破方案、爆破管理办法执行。必须持有工程所在地法定部门核发的"爆炸物品使用许可证"。

(3)拆除作业完成后,将拆除材料运输到指定位置。并且,应及时恢复相应的安全防护设施等。

(4)在拆除作业中,发现不明物体,应停止施工,采取相应的应急措施,保护现场并及时向有关部门报告,按照国家相关部门和地方各级人民政府有关法规要求,妥善处理。

拆除作业如图9.4.2-6所示。

图9.4.2-6　拆除作业

9.4.3　分部分项工程

9.4.3.1　路基路面工程

(1)路基工程开工前,应进行现场施工调查与核对,掌握施工范围内地形地质、水文、气象以及地下埋设的各种管线等情况,制定安全防护措施。

(2)取(弃)土场(坑)施工作业时,应设置警示标志和安全防护设施,不应危及既有建(构)筑物等设施的安全。

(3)高边坡工程应按设计要求逐级开挖、逐级防护(图9.4.3-1),并开展边坡稳定性监测,及时设置截排水设施,邻近建(构)筑物作业时应采取隔离、保护措施。

(4)特殊路基工程应按设计要求采取合理的整治方案,明确施工安全防护、过程监测等工程措施。

(5)路面施工现场出入口、未施工完成的下承层沟槽及伸缩缝处应设置警示标志及临时封闭设施。

(6)现场非作业车辆和人员未经同意不应进入路面施工作业区(图9.4.3-2)。

图9.4.3-1　高边坡安全防护措施　　　　图9.4.3-2　路基安全措施

(7)隧道沥青路面施工应采用机械通风排烟,并对隧道内空气中的有毒气体和可燃气体进行监测。

9.4.3.2　桥梁工程

(1)翻模、滑(爬)模等自升式架设设施,以及自行设计组装或者改装的施工挂(吊)篮、移动模架、非定型桥面悬臂吊机等设施在投入使用前,施工单位应组织有关单位进行验收,或者委托具有相应资质的检验检测机构进行验收,验收合格后方可使用。

(2)爬(滑)模预埋件设置应符合设计要求,施工前应对工作平台、液压系统、滑升装置模板系统等进行检查。

(3)桥梁悬浇不应采用配重式挂篮设备。挂篮结构应满足强度、刚度和稳定性要求,挂篮移动、锚固应安全可靠,施工荷载不应超过挂篮设计的允许荷载,两端悬臂荷载不平衡偏差应满足设计要求。

(4)移动模架应由设计制造厂家派专人现场指导安装与调试,使用前应进行试拼装和静载试验,并按设计要求进行预压。

(5)悬臂拼装起吊作业应符合现行《公路桥涵施工技术规范》(JTG/T 3650)的有关规定,梁、墩临时锚固或墩顶临时支撑的设置及拆除应满足设计要求。

(6)架桥机轨道应设置限位器、缓冲器等安全装置,支腿处应铺设垫木,垫木应使用硬杂木,一般不多于3层。纵向移动应设专人指挥,不应中途停顿,宜对架桥机关键受力结构变形监测,停止作业的架桥机应临时锚定。

(7)大跨径拱桥施工应开展施工过程监测与控制,应对拱桥形成过程中结构的变形应力等进行分析评价和适时调整,使其控制在设计计算允许范围内。

(8)拱架浇(砌)筑拱圈应按照现行《公路工程施工安全技术规范》(JTG F90)的相关要求,对拱架进行专项设计,施工前应进行预压。

(9)采用少支架或无支架施工修建拱桥时,应按设计和施工方法选定适宜的吊装机具设备。作业中应监控塔架、缆(索)、动力装置、锚固系统等工作状态以及通信指挥系统的通畅性能。

(10)桥梁索塔及横梁施工应设置环绕塔身的封闭作业系统,索塔施工范围内应配备消防器材,建立区域通信联络系统。

(11)桥梁缆(索)安装应根据塔高、缆(索)长度、起重设备性能等综合因素选择架设方法。缆(索)作业前应对施工平台、张拉机具及塔顶卷扬机等设施设备的吊点、连接处进行检查。

(12)悬索桥施工时,应对桥梁的线形、应力、索力等进行实时监控,确保桥梁结构在施工中应力、变形与稳定状态在设计计算允许范围内。

(13)悬索桥猫道应专门设计,其强度、刚度和抗风稳定性应符合要求。猫道架设与拆除应满足现行《公路工程施工安全技术规范》(JTG F90)的相关要求。

(14)桥梁拆除作业应按专项施工方案要求的顺序进行,不应立体交叉作业。拆除施工现场应划定警戒区,设置安全警示标志。采用爆破拆除时,应在倒塌范围铺设缓冲材料或开挖防振沟。

桥梁施工安全防护如图9.4.3-3所示。

图 9.4.3-3 桥梁施工安全防护

9.4.3.3 隧道工程

(1)隧道施工掘进前应开展超前地质预报和监控量测工作,并纳入施工工序进行管理。

(2)隧道洞口边坡和仰坡应按设计要求及时完成加固防护与截排水系统设置。

(3)隧道施工应建立洞内外通信联络系统,并设置门禁系统、视频监控系统、人员识别定位系统与逃生通道。

(4)隧道施工通风、照明、消防设施应满足施工作业要求,洞内有毒有害气体和粉尘浓度不应超标。

(5)洞身开挖施工应结合超前地质预报和监控量测结果及时调整开挖循环进尺,开挖安全步距应按经审核后的专项施工方案控制。

(6)隧道初期支护应及时施作并封闭成环,拱架施工锁脚锚杆应按设计要求实施,拱脚不应脱空,不应有积水浸泡,支垫应安装牢固。

(7)富水软弱破碎围岩隧道施工中,应开展隧道围岩和支护结构变形、地下水变化的监测,依据监测结论合理控制开挖循环进尺。

(8)瓦斯隧道应采用防爆电器和设备,低瓦斯工区、高瓦斯工区和煤(岩)与瓦斯突出工区必须采用煤矿许用炸药和煤矿许用电雷管;低瓦斯煤层应采用安全等级不低于二级的煤矿许用炸药;高瓦斯煤层应采用安全等级不低于三级的煤矿许用炸药;煤(岩)与瓦斯突出工区揭露和穿过煤层时应采用安全等级不低于三级的煤矿许用含水炸药。应使用煤矿许用瞬发电雷管、煤矿许用毫秒延期电雷管、数码雷管,严禁使用秒及半秒级电雷管以及火雷管,不应使用普通导爆索。

(9)岩爆隧道施工时,应开展围岩特性、岩爆强度等级等预报预测,对可能发生的岩爆应及时采取施工对策。

(10)盾构法施工时,应结合工程地质条件、作业环境等因素合理确定盾构机选型,盾尾密封应进行专门设计。盾构始发、到达施工应做好土体加固、防渗防突涌等防护措施。掘进过程应开展关键指标的监测监控,控制好掘进参数。

(11)沉管隧道管节出运前应对管节进行试漏检查。管节出运、安装作业应对作业水域进行航道管制,设置施工警戒区及禁航区。沉放过程应采取措施防止钢封门受损,对接完成后应按设计要求实施锁定回填。

9.4.3.4 改扩建工程

(1)编制保畅施工专项方案,重点审查资源配置、风险分析、安全保障措施、应急处置措施等相关内容;检查涉路施工手续及交通组织方案审批情况;建立交通保畅安全保证体系,配备专职安全管理人员。交通保畅队伍资质、交通保畅队伍人员配备情况必须满足相关要求。

(2)严格按照批复的专项施工方案组织施工,交通保畅安全教育培训、技术交底应执行到位。重点检查现场从业人员是否按要求统一穿着具有反光效果的服装,严禁现场从业人员在危险区域逗留,不得随意违规穿越通行车道;严格按照已审批的交通组织方案设置施工作业控制区、交通安全设施、交通保畅应急资源配备等。

(3)加强施工车辆管理,按要求办理涉路施工手续,车辆安全性能、标志及安全标识要符合要求,禁止违章行驶;机械设备、备用材料应在规定作业区域内停放整齐。

(4)加强安全交通设施的检查维护,如隔离栅、锥桶、水马等安全设施应及时维护;各类交通保畅安全管理记录应齐全。

(5)制定安全操作规程,并向施工人员进行安全技术和工程交通安全方案交底;及时发布施工信息及周边路况信息,细化落实远端提示及近端分流措施;开工前及时召开保畅工作协调会。

(6)完善防拥堵、防交通事故等现场应急处置方案,储备应急物资,及时开展应急演练。

涉路施工安全防护如图9.4.3-4所示。

图9.4.3-4 涉路施工安全防护

9.4.4 特殊季节与特殊环境施工

9.4.4.1 特殊季节施工

(1)台风、季风期间,施工单位应密切关注气象和海浪预报信息,适时采取防风加固或避风措施。

(2)台风、雨季(汛期)期间,易发生洪水、泥石流、滑坡、崩塌等灾害的施工现场应加强观测、预警,若发现危险预兆,应及时撤离作业人员和施工机械设备。

(3)强风、暴雨前,施工单位应检查防风锚定装置,对机械设备、施工船舶、临时设施进行全面检查,对防排水设施、支架、起重设备、临时房屋等进行完善或加固。

(4)雨季(汛期)应经常检查和确保现场电气设备的电线绝缘接地保护、漏电保护等装置有效可靠,拌和站、塔式起重机等高大的设施设备应检查防雷装置。

(5)夏季高温施工作业应合理安排作业时间,并采取合理的防暑、降温措施,为作业人员提供相应的个体防护用品。

(6)冬季施工作业,施工单位应落实人员防寒、防冻、防滑措施,做好船机设备及临时设施的防风、防火工作。

9.4.4.2 特殊环境施工

(1)夜间施工作业场所或工程船舶机械作业应设置满足作业要求的照明设备和警示标识,作业人员应穿戴反光警示服。

(2)沙漠地区施工应及时了解风沙情况、沙丘变化及天气预报,为作业人员提供口罩、护目镜、防尘帽等相应的个体防护用品。沙暴和龙卷风易发地区应设置应急避险场所。

(3)高海拔地区施工应组织从业人员进行健康体检,并在施工现场设立医疗机构和氧疗室,为作业人员配备供氧器等医疗应急物品与相应的个体防护用品。

(4)无掩护水域或远离陆地的海上施工现场应配备通信设备、救生设施和应急船舶,及时收集气象及海况预报。

9.5 安全管理制度

9.5.1 制度编制

(1)工程参建单位应结合项目实际需要,建立健全项目安全生产责任制和安全生产规章制度,并根据情况变化及时修订。

(2)建设单位的安全管理制度应包含但不局限于以下内容:

①全员安全生产责任制。
②安全生产会议。
③安全教育培训。
④安全生产检查。
⑤安全风险管理。
⑥事故隐患排查治理。
⑦平安工地建设。
⑧安全生产奖惩。
⑨安全生产费用管理。
⑩生产安全事故报告。
⑪应急管理。

(3)监理单位的安全管理制度应包含但不局限于以下内容:

①全员安全生产责任制。
②安全生产会议。
③安全教育培训。
④施工组织设计与专项施工方案审查。
⑤安全生产费用审查。
⑥船机设备人员进(退)场审核。
⑦特种设备复核检查。
⑧安全生产检查。
⑨事故隐患排查治理。
⑩平安工地建设现场监督管理。
⑪生产安全事故报告。
⑫应急管理。

(4)施工单位的安全管理制度应包含但不局限于以下内容：
①全员安全生产责任制。
②专业(劳务)分包单位安全管理。
③特种作业人员管理。
④安全生产会议。
⑤安全教育培训。
⑥项目主要负责人带班生产。
⑦施工组织设计与专项施工方案编制。
⑧安全技术交底。
⑨安全生产检查。
⑩安全风险管理。
⑪事故隐患排查治理。
⑫平安工地建设。
⑬临时设施与设备安全管理。
⑭临时用电管理。
⑮劳动防护用品管理。
⑯民用爆炸物品管理。
⑰消防安全管理。
⑱安全生产奖惩。
⑲安全生产费用管理。
⑳职业健康安全管理。
㉑生产安全事故报告。
㉒应急管理。

9.5.2 制度实施

(1)工程参建单位应定期组织安全管理制度实施情况检查。

(2)施工单位应遵守安全管理制度,制止和纠正违章指挥、违章作业、违反劳动纪律等行为。

9.5.3 安全技术保障

9.5.3.1 安全风险预控

(1)项目应开展施工安全风险评估,编制风险评估报告。

(2)建设单位应根据施工安全总体风险评估结论,向施工单位与监理单位提出相应的风险控制要求。

(3)施工单位应根据施工安全专项风险评估结论,制定风险预控措施,确定不同风险等级的管理要求,并将重大风险的名称、位置等可能导致的生产安全事故及管控措施等及时告知直接影响范围内的相关单位或人员。

9.5.3.2 施工组织设计和专项施工方案

(1)施工组织设计应明确安全技术措施和保障措施,并结合施工安全风险评估结论进行完善。

(2)施工单位应按照现行《公路工程施工安全技术规范》(JTG F90)的相关要求,结合施工安全风险评估结论,编制危险性较大分部分项工程专项施工方案,并附安全验算结果。超过一定规模的危险性较大分部分项工程的专项施工方案应通过专家论证。

(3)分部分项工程与关键工序开工前,施工单位应按照相关要求,组织做好分级安全技术交底。

(4)施工单位应按照批准的专项施工方案组织施工,专项施工方案确需调整的,应重新审批后实施。

9.5.3.3 隐患排查治理

(1)施工单位应全员参与事故隐患排查治理,建设单位与监理单位应定期组织开展事故隐患排查,督促施工单位完善排查机制。事故隐患排查主要内容见表9.5.3-1、表9.5.3-2,隐患巡查工作如图9.5.3-1所示,隐患排查工作如图9.5.3-2所示。

(2)重大事故隐患治理应明确责任、措施、资金、时限预案等相关要求,整改过程中应采取相应的安全防范措施,整改治理完成后应通过验收。

事故隐患排查基础管理主要内容划分表　　　　表9.5.3-1

序号	隐患类别	序号	隐患类别
1	资质证照	5	专项施工方案
2	安全生产管理机构及人员	6	安全操作规程
3	安全生产管理制度	7	教育培训
4	施工组织设计	8	技术交底

续上表

序号	隐患类别	序号	隐患类别
9	风险预控	14	特种设备基础管理
10	临时用电	15	职业卫生基础管理
11	安全生产管理档案	16	相关方基础管理
12	安全生产投入	17	其他基础管理
13	应急管理		

事故隐患排查现场管理主要内容划分表　　表9.5.3-2

序号	隐患类别	序号	隐患类别
1	特种设备现场管理	9	职业卫生现场安全
2	生产设备设施及工艺	10	路基工程
3	场所环境	11	路面工程
4	安全防护	12	桥梁工程
5	主要工序作业	13	隧道工程
6	从业人员操作行为	14	水运工程
7	消防安全	15	相关方现场管理
8	临时用电	16	其他现场管理

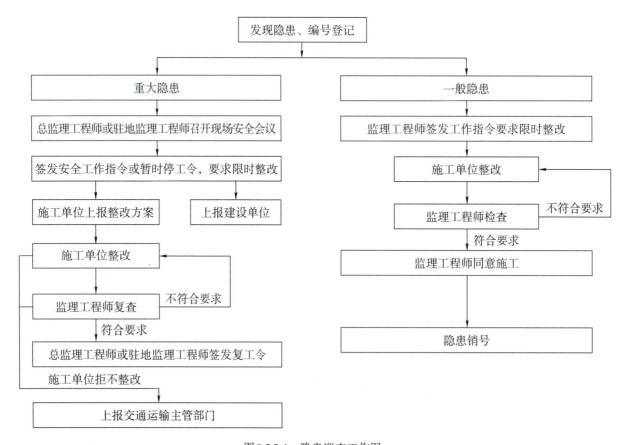

图9.5.3-1　隐患巡查工作图

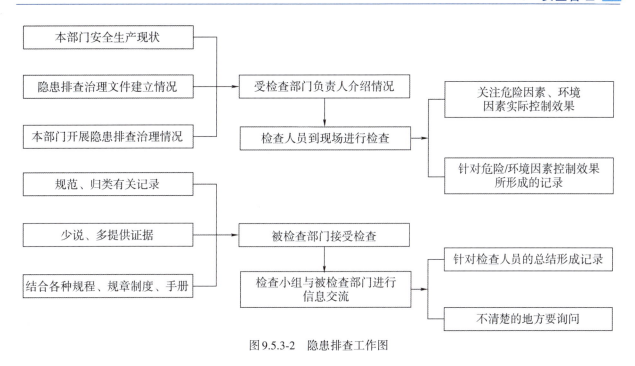

图 9.5.3-2　隐患排查工作图

9.6 应急管理

9.6.1 应急预案体系

(1)公路水运工程项目生产安全事故应急预案体系一般由项目综合应急预案、合同段施工专项应急预案与现场处置方案组成。建设单位应组织项目参建单位根据项目组织管理体系、建设规模和风险特点等科学合理确定应急预案体系。

(2)项目综合应急预案是建设单位为应对项目可能发生的各种生产安全事故而制定的总体工作方案,应从总体上阐述项目应急领导机构、预警预防、应急联动现场救援、应急资源调配等要求。

(3)合同段施工专项应急预案是施工单位为应对单位工程、分部分项工程施工中某一种或者多种类型的生产安全事故而制定的专项应对方案,重点规范应急组织机构以及应急救援处置程序和措施。

(4)现场处置方案是施工单位根据不同生产安全事故类型,针对具体部位、作业环节和设施设备等制定的应急处置措施,重点分析风险事件,规范应急工作职责、处置措施和注意事项,应突出班组自救互救与先期处置的特点。

(5)对于危险性较大工程与《公路水运工程施工安全风险评估指南》确定的风险等级较大及以上作业活动,应组织编制合同段施工专项应急预案与现场处置方案。对于风险等级较小及以下作业活动的合同段,可只编制现场处置方案。

(6)在合同段施工专项应急预案或现场处置方案的基础上,施工单位宜针对工作岗位特点编制应急处置卡。

(7)项目综合应急预案、合同段施工专项应急预案和现场处置方案之间应相互衔接,项目综合应急预案还应与本单位的上级部门、项目属地负有安全生产监督管理职责的交通运输管理部门和应急管理部门等相关单位的应急预案相衔接，合同段施工专项应急预案应与本企业的应急预案相衔接。

9.6.2 应急预案编制

（1）应急预案编制应以应急处置为核心，体现自救互救和先期处置的特点，做到职责明确、程序规范、措施科学，尽可能简明化、图表化、流程化。

（2）项目综合应急预案的内容应包括总则、风险事件描述、应急组织机构、预警信息事故报告、应急响应善后处置、应急保障、应急预案管理与附件。

（3）合同段施工专项应急预案的内容应包括适用范围、风险事件描述、应急组织机构、处置程序、处置措施与应急预案管理。

（4）现场处置方案的内容应包括风险事件描述、应急工作职责、处置措施与注意事项。

（5）编制工作小组应按《生产安全事故应急演练指南》的要求，对应急预案组织开展桌面演练验证，并根据验证情况修改完善。

9.6.3 风险事件类型

根据施工安全专项风险评估结论、施工工艺、作业环节与岗位特点等实际情况，分析综合应急预案、专项应急预案、现场处置方案适用的风险事件。风险事件包括：①坍塌；②高处坠落；③物体打击；④机械伤害；⑤触电；⑥车辆伤害；⑦起重伤害；⑧淹溺；⑨中毒和窒息；⑩放炮；⑪火药爆炸；⑫火灾；⑬瓦斯爆炸；⑭涌水突泥；⑮冒顶片帮；⑯水上交通事故。

9.6.4 应急预案培训

明确对项目相关人员开展应急预案培训的计划内容、方式和要求，并满足以下要求：

（1）应急预案培训应纳入项目安全生产培训工作计划。

（2）项目综合应急预案培训应侧重项目应急预案体系、应急组织机构、预警信息、应急响应、应急保障等。

（3）应结合项目实际，明确专题培训、全员培训、案例研讨等培训方式及培训时间等要求，如涉及沿线居民，施工单位应明确做好宣传和公示告知等工作。

9.6.5 应急演练

明确应急预案演练目的与形式、演练组织机构构成与职责、演练方案内容与实施、演练频次、演练记录、演练评估总结等要求，应急演练的计划、准备、实施、评估总结和持续改进等应满足《生产安全事故应急演练指南》的相关要求。相关要求如下：

（1）预案演练可采取桌面演练、书面演练和现场演练等形式。

（2）演练前应制定演练方案并向参演人员进行技术交底。

（3）演练后，要真实记录演练情况。针对演练过程中发现的问题，应及时进行总结并修改完善,并再次进行交底。

(4)生产经营单位应当制订本单位的应急预案演练计划,根据本单位的事故风险特点,每年至少组织一次综合应急预案演练或者专项应急预案演练,每半年至少组织一次现场处置方案演练。

9.6.6 事故报告和处理

9.6.6.1 生产安全事故等级

国务院公布的《生产安全事故报告和调查处理条例》规定,根据生产安全事故造成的人员伤亡或者直接经济损失,事故一般分为以下等级:

(1)特别重大事故,是指造成30人以上死亡,或者100人以上重伤(包括急性工业中毒,下同),或者1亿元以上直接经济损失的事故。

(2)重大事故,是指造成10人以上30人以下死亡,或者50人以上100人以下重伤,或者5000万元以上1亿元以下直接经济损失的事故。

(3)较大事故,是指造成3人以上10人以下死亡,或者10人以上50人以下重伤,或者1000万元以上5000万元以下直接经济损失的事故。

(4)一般事故,是指造成3人以下死亡,或者10人以下重伤,或者1000万元以下直接经济损失的事故。

以上定义中,"以上"包括本数,"以下"不包括本数。

9.6.6.2 生产安全事故报告

(1)事故发生后,事故现场有关人员应立即向本单位负责人报告;单位负责人接到报告后,应于1小时内向事故发生地县级以上人民政府安全生产监督管理部门和负有安全生产监督管理职责的有关部门报告。

(2)情况紧急时,事故现场有关人员可直接向事故发生地县级以上人民政府安全生产监督管理部门和负有安全生产监督管理职责的有关部门报告。

(3)事故发生后,施工单位还应立即报告监理单位和建设单位;监理单位得到消息后,应向建设单位报告;建设单位应向事故发生地交通运输主管部门报告。

(4)事故报告的主要内容如下:

①事发项目的简要概况。

②事故发生的时间、地点以及现场情况。

③事故的简要经过和当前状态。

④事故已经造成或者可能造成的伤亡人数(包括下落不明的人数),以及初步估计的直接经济损失。

⑤已经采取的控制措施。

⑥对事态发展的初步评估(如果有)。

⑦报告人(或单位)姓名(或名称)、联系方式。

⑧其他应报告的情况。

（5）事故发生后，有关单位和人员应妥善保护事故现场和相关证据，任何单位和个人不得破坏事故现场、毁灭证据。因抢救人员、防止事故扩大以及疏通交通等原因，需要移动事故现场物件的，应作出标志，绘制现场简图并作出书面记录，妥善保存现场重要痕迹、物证。

（6）事故发生24小时内，应形成专门文字报告并上报。事故报告后出现新情况的，应及时补报。自事故发生之日起30日内，事故造成的伤亡人数发生变化的，应及时补报；道路交通事故、火灾事故自发生之日起7日内，事故造成的伤亡人数发生变化的，应及时补报。

9.6.7 应急响应

9.6.7.1 响应分级

根据事故性质、危害后果（包括严重程度、影响范围、被困与受伤及遇难人员数量等），以及参建单位控制事故事态的能力与应急工作职责，对项目应急响应进行分级。上级部门启动应急响应后，项目应急响应级别不能低于上级部门的应急响应级别。

9.6.7.2 响应启动

根据项目应急响应分级要求，明确应急响应启动条件以及指挥协调与会商、应急工作组运行、信息沟通与反馈等响应程序。其中，未达到应急响应启动条件时，应明确响应准备与实时跟踪事态发展的要求；应急响应启动后，根据事态发展及时调整应急响应级别。项目综合应急预案应急响应流程可参考图9.6.7-1。

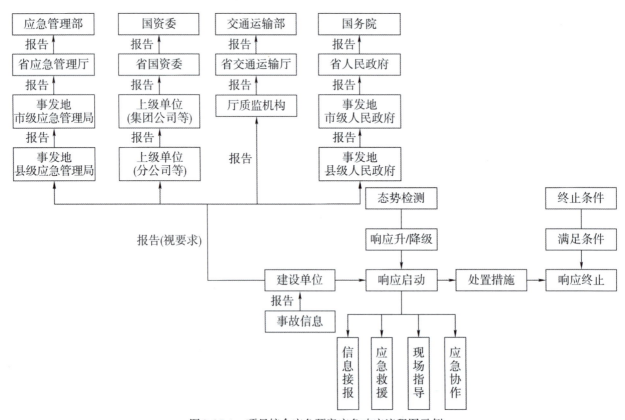

图9.6.7-1　项目综合应急预案应急响应流程图示例

9.6.7.3 处置措施

针对公路水运工程可能发生的生产安全事故风险、危害程度和影响范围,制定切实可行的自救互救等先期应急处置措施,扩大应急处置范围,并明确应急处置的原则和具体要求。

9.6.7.4 响应终止

明确应急响应终止的条件与要求。

10 生态环保

10.1 一般规定

(1)当项目建设对环境有影响时,必须依法进行环境影响评价。应当进行而实际未进行环境影响评价的开发利用规划,不得组织实施;应当进行而实际未进行环境影响评价的建设项目,不得开工建设。

(2)建设项目中防治污染的设施,应当与主体工程同时设计、同时施工、同时投产使用。防治污染的设施应当符合经批准的环境影响评价文件的要求,不得擅自拆除或者闲置。

(3)建设项目的环境影响评价文件经批准后,建设项目的性质、规模、地点、采用的生产工艺或者防治污染、防止生态破坏的措施发生重大变动的,建设单位应当重新报批建设项目的环境影响评价文件。

(4)建设单位应当将防治扬尘污染的费用列入工程造价,并在施工承包合同中明确施工单位扬尘污染防治责任。施工单位应当在施工工地设置硬质围挡,并采取覆盖、分段作业、择时施工、洒水抑尘、冲洗地面和车辆等有效防尘降尘措施。建筑土方、工程渣土、建筑垃圾应当及时清运;在场地内堆存的,应当采用密闭式防尘网遮盖。工程渣土、建筑垃圾应当进行资源化处理。

(5)暂时不能开工的建设用地,建设单位应当对裸露地面进行覆盖;超过3个月的,应当进行绿化、铺装或者遮盖。

(6)建设单位在江河、湖泊新建、改建、扩建排污口的,应当取得水行政主管部门或者流域管理机构同意;涉及通航、渔业水域的,环境保护主管部门在审批环境影响评价文件时,应当征求交通运输、渔业主管部门的意见。建设项目的水污染防治设施,应当与主体工程同时设计、同时施工、同时投入使用。水污染防治设施应当符合经批准或者备案的环境影响评价文件的要求。

(7)禁止在江河、湖泊、运河、渠道、水库最高水位线以下的滩地和岸坡堆放、储存固体废弃物和其他污染物。

(8)禁止在饮用水水源一级保护区内、二级保护区内、准保护区内新建、改建、扩建与供水设施和保护水源无关的建设项目。

(9)在生态保护红线区域、永久基本农田集中区域和其他需要特别保护的区域内,禁止建设工业固体废物、危险废物集中储存、利用、处置的设施、场所和生活垃圾填埋场。

（10）在河道管理范围内建设桥梁、码头和其他拦河、跨河、临河建（构）筑物，铺设跨河管道、电缆，应当符合国家规定的防洪标准和其他有关的技术要求，工程建设方案应当依照防洪法的有关规定报经有关水行政主管部门审查同意。

（11）建设项目选址、选线应当避让湿地，无法避让的应当尽量减少占用，并采取必要措施减轻对湿地生态功能的不利影响。建设项目规划选址、选线审批或者核准时，涉及国家重要湿地的，应当征求国务院林业草原主管部门的意见；涉及省级重要湿地或者一般湿地的，应当按照管理权限，征求县级以上地方人民政府授权的部门的意见。

（12）在文物保护单位的建设控制地带内进行建设工程，不得破坏文物保护单位的历史风貌；工程设计方案应当根据文物保护单位的级别，经相应的文物行政部门同意后，报城乡建设规划部门批准。

（13）自然保护区可以分为核心区、缓冲区和实验区。自然保护区内保存完好的天然状态的生态系统以及珍稀、濒危动植物的集中分布地，应当划为核心区，禁止任何单位和个人进入；核心区外围可以划定一定面积的缓冲区，只准进入从事科学研究观测活动；缓冲区外围划为实验区，可以进入从事科学试验、教学实习、参观考察、旅游以及驯化、繁殖珍稀、濒危野生动植物等活动。

（14）在自然保护区的核心区和缓冲区内，不得建设任何生产设施。在自然保护区的实验区内，不得建设污染环境、破坏资源或者景观的生产设施；建设其他项目，其污染物排放不得超过国家和地方规定的污染物排放标准。在自然保护区的实验区内已经建成的设施，其污染物排放超过国家和地方规定的排放标准的，应当限期治理；造成损害的，必须采取补救措施。在自然保护区的外围保护地带建设的项目，不得损害自然保护区内的环境质量；已造成损害的，应当限期治理。

（15）在洪泛区、蓄滞洪区内建设非防洪建设项目，应当就洪水对建设项目可能产生的影响和建设项目对防洪可能产生的影响作出评价，编制洪水影响评价报告，提出防御措施。洪水影响评价报告未经有关水行政主管部门审查批准的，建设单位不得开工建设。

（16）需要临时使用林地的，应当经县级以上人民政府林业主管部门批准；临时使用林地的期限一般不超过2年，并不得在临时使用的林地上修建永久性建筑物。临时使用林地期满后1年内，用地单位或者个人应当恢复植被和林业生产条件。

（17）建设占用土地，涉及农用地转为建设用地的，应当办理农用地转用审批手续。永久基本农田转为建设用地的，应由国务院批准。临时使用土地期限一般不超过2年。

（18）总体施工组织设计通过监理和专家审查外，应同时组织环评、水保、监测、咨询、验收等环水保咨询单位参与施工组织设计评审，并依据政策法规、行业规范以及项目环评文件、水保文件提出审查意见，规避环水保施工组织方案不合法合规设计及不合理设计。

（19）编制环境影响报告书、环境影响报告表的建设项目竣工后，建设单位应当按照国务院环境保护行政主管部门规定的标准和程序，对配套建设的环境保护设施进行验收，编制验收报告。

(20)分期建设、分期投入生产或者使用的建设项目,其相应的环境保护设施应当分期验收。

10.2 工作内容

10.2.1 勘察设计及项目策划阶段

勘察设计及项目策划阶段环水保工作要求及重点包括:手续及批复完备性核查、环水保重大变更专项核查、环水保设计符合性核查、建立项目环水保管理体系、施工组织设计方案环水保审查5项工作内容。

10.2.1.1 手续及批复完备性核查

手续批复包括必备手续及专项手续批复,各类手续及批复一般包括:

(1)必备手续及批复,包括环评报告书及其批复、水土保持报告书及其批复。

(2)专项手续及批复。

根据项目所处生态社会环境不同,涉及的专项手续及批复不同。一般包括重要生态功能区、生态敏感区/脆弱区。湖北省内交通项目一般常见类型包括:

保护区类:涉及饮用水源、各类自然保护区、水产种质资源保护区、湿地公园、森林公园、地质公园等,无法避让情况下根据要求需办理允许穿越论证报告或同意批复。

其他生态红线类:涉及林地、重要水体、水土保持功能区、生物多样性区域等。

10.2.1.2 环水保重大变更专项核查

1)环保核查依据

环保重大变更:《环境保护部办公厅关于印发环评管理中部分行业建设项目重大变动清单的通知》(环办〔2015〕52号)中"高速公路建设项目重大变动清单(试行)"明确,建设项目的性质、规模、地点、生产工艺和环境保护措施五个因素中的一项或一项以上发生重大变动,且可能导致环境影响显著变化(特别是不利环境影响加重)的,界定为重大变动。属于重大变动的,应当重新报批环境影响评价文件,不属于重大变动的,纳入竣工环境保护验收管理。高速公路建设项目重大变动清单(试行)内容如下:

(1)规模:

①车道数增加或设计速度提高。

②线路长度增加30%及以上。

(2)地点:

①线路横向位移超出200m的长度累计达到原线路长度的30%及以上。

②工程线路、服务区等附属设施或特大桥、特长隧道等发生变化,导致评价范围内出现新的自然保护区、风景名胜区、饮用水水源保护区等生态敏感区,或导致出现新的城市规划

区和建成区。

③项目变动导致新增声环境敏感点数量累计达到原敏感点数量的30%及以上。

(3)生产工艺：

项目在自然保护区、风景名胜区、饮用水水源保护区等生态敏感区内的线位走向和长度、服务区等主要工程内容，以及施工方案等发生变化。

(4)环境保护措施：

取消具有野生动物迁徙通道功能和水源涵养功能的桥梁，噪声污染防治措施等主要环境保护措施弱化或降低。

2)水保核查依据

水保重大变更：《水利部办公厅关于印发〈水利部生产建设项目水土保持方案变更管理规定(试行)〉的通知》(办水保〔2016〕65号)明确，水土保持方案经批准后，生产建设项目地点、规模发生重大变化，有下列情形之一的，生产建设单位应当补充或者修改水土保持方案，报水利部审批。

(1)涉及国家级和省级水土流失重点预防区或者重点治理区的；

(2)水土流失防治责任范围增加30%以上的；

(3)开挖填筑土石方总量增加30%以上的；

(4)线形工程山区、丘陵区部分横向位移超过300m的长度累计达到该部分线路长度的20%以上的；

(5)施工道路或者伴行道路等长度增加20%以上的；

(6)桥梁改路堤或者隧道改路堑累计长度20km以上的。

其中，新设弃渣场占地面积不足10000m^2且最大堆渣高度不高于10m的，生产建设单位可先征得所在地县级人民政府水行政主管部门同意，并纳入验收管理。

渣场上述变化涉及稳定安全问题的，生产建设单位应组织开展相应的技术论证工作，按规定程序审批。

3)核查时段

规划设计过程中，在建设项目开工前进行核查，避免"未批先建"。

10.2.1.3 环水保设计符合性核查

项目公司组织技术力量在项目开工前对环水保篇章设计进行核查。主要核查内容包括：

(1)初步设计、施工图设计中环保篇章设计内容(主要包括声屏障、污水处理系统、绿化及景观设计、径流系统及事故池设计等)与环评报告及其批复文件要求是否符合，在设计内容、数量、位置、功能等方面是否满足环评及批复要求。

(2)初步设计、施工图设计中水土保持设计内容与水土保持报告书及其批复文件要求是否符合，在设计内容、数量、位置、功能等方面是否满足水保报告及批复要求。

10.2.1.4 建立项目环水保管理体系

实行项目公司、工程监理(总监办、驻地办)、施工单位三级环水保管理体系,通过垂直化科学管理,形成上下联动、运转有序的环水保管理机构体系。各参建单位应各司其职,通力配合严格按照环水保体系建设要求设专人、专岗、专职负责环水保工作,接受相关政府职能部门的监督管理及上级单位的业务指导。

10.2.1.5 施组设计方案环水保审查

施工单位施组设计是施工组织具体实施的最终方案,为初设、两阶段施工设计实际落地规划文件,施组设计中临时建筑选址规划、便道选线、施工时间组织安排、环保措施等一般与初设、两阶段施工设计存在差异,可能存在与环评及批复、水保报告及批复,以及其他环水保政策法规相悖的地方。

施工单位施组方案环水保审查主要目的:一是避免施工单位临时建筑选址规划、便道选线规划、施工计划安排违规违法;二是环保措施及资源配置满足环评、水保报告及批复要求,以及建设项目"三同时"管理过程中污染防治及环境管理要求。审查内容包括:政策法规合法性审查、环水保措施设计审查。

1)政策法规合法性审查

审查施工单位施组设计临时建筑方案是否存在政策法规方面违法违规情况,施组设计规划占地征地、选线等总体布局应遵守生态红线、饮用水源、自然保护区、风景名胜区、湿地等专项保护法律法规规定;符合项目取得的红线穿越相关专题论证,自然保护区、风景名胜区、湿地等同意批复文件的相关要求,以及满足《水利部办公厅关于印发〈水利部生产建设项目水土保持方案变更管理规定(试行)〉的通知》(办水保〔2016〕65号)中关于弃渣场方案变更管理相关要求。

主要包括:

(1)审查临时场站(拌和站、梁厂、营地、石料场等)选址、便道选线是否占用、穿越禁止区域,是否满足环境管理要求,避免发生违法违规设计规划。

(2)审查取弃渣场选址合理合规性,包括:

①弃渣场数量、位置与原水土保持方案报告书要求符合性,针对变动情况,按照《水利部办公厅关于印发〈水利部生产建设项目水土保持方案变更管理规定(试行)〉的通知》(办水保〔2016〕65号)中关于弃渣场方案变更管理要求办理相关手续。

②审查弃渣场安全稳定性,进行选址优化、容量调配或及时办理安稳评估报告。

③审查渣场防洪要求,审查是否存在占用河道或存在防洪风险情况,及时办理行洪安全评估及方案。

④审查施工工艺、计划是否符合环评、水保报告及批复要求,如涉敏感区施工时间计划是否符合管理要求,涉水桥梁施工工艺设计是否满足污染防治要求等。

2)环水保措施审查

主要审查施组方案环水保临时措施与环评、水保报告及批复要求符合性,确保满足项目建设阶段环水保管理要求,主要包括：

(1)水污染防治措施审查:包括生活污水处理措施、生产废水处理措施。交通建设项目主要涉及临时场站(施工营地、预制厂、拌和站、材料加工厂等)排水、沉淀池及污水处理设施设计;项目部、施工营区生活污水防治措施设计;桥梁、隧道、路基施工生产废水防治措施设计。

(2)大气/噪声防治措施审查:临时建筑场站(施工营地、预制厂、拌和站、材料加工厂等)、施工便道扬尘/噪声防治措施设计;桥梁、隧道、路基施工扬尘/噪声防治措施设计。

(3)固废防治管理措施审查:包括施工生产废弃物、生活垃圾等治理措施设计。

10.2.2 施工建设阶段

项目公司在施工阶段应督促施工责任单位落实建设项目"三同时"制度,主要从路基工程区、桥梁工程区、隧道工程区、施工便道工程区、弃渣场工程区、施工生产生活区6个重点区域开展管控。

10.2.2.1 路基工程区

(1)路基施工前,应建立路基工程区基础设施台账,编制路基工程区施工环水保专项方案,并逐级上报审核。按"蓝天、碧水、净土"要求,按照"一路一主题"策略进行绿化景观营造,自然衔接红线范围外路域环境,与周边自然山水、田园风貌有机融合,达到顺向演替。路基绿化(图10.2.2-1)景观宜以常绿植物为主,降雪较多的区域可适当栽植落叶或针叶等抗雪压的植物。因地制宜选择乔灌草,营造色彩丰富、高低错落的景观效果。

图10.2.2-1 高速公路路基绿化

(2)施工前应对占用耕地和林地部分的表土进行剥离,运至表土临时堆放场堆放,后期用于工程绿化区覆土。坡面绿化景观宜选用抗逆性强、耐瘠薄、根系发达、覆盖度好、便于管理,同时兼顾绿化景观效果的灌、草等。挡墙、护面墙、桩板墙等圬工护面可采用植物进行遮蔽绿化,弱化人工痕迹。在外部风景优美或高路堤路段,路肩外侧、护坡道等处可少植树,留出视线通道,达到透景效果;不良景观路段,宜栽植枝叶丰满、常绿植物进行遮挡。路堑边沟碎落台,绿化景观宜选用常绿或落叶灌木及小乔木,搭配色叶与观花植物;也可与边坡绿化统筹考虑,形成近自然的绿化景观效果。路侧填挖结合处、超填/挖空地绿化景观,可考虑乔-灌-草复层配置,遮挡工程防护,提升视觉环境品质。低填浅挖路段应尽量将边坡放缓,形成曲线坡,与原地貌融为一体。应根据沿线立地条件、边坡坡度、边坡岩土性质和支护形式等因素,给出植物防护施工工艺与绿化景观方案。

(3)全线应设排水沟、截水沟、急流槽等,形成完整的排水系统,以尽快将路基范围内的水流引出路基以外。涉水施工严格按相关法律法规执行,做好相应的环水保工作。

(4)改(扩)建高速公路的建设,应根据改(扩)建形式,对路侧绿化景观进行分类处理。单侧拼宽段可将原路侧绿化进行保留,对长势不佳的植物进行更换补植,对影响行车视线的植物进行整形修剪。单侧拼宽段新建侧和两侧拼宽段的路侧绿化需进行移除,可将原有长势良好、经济价值高的植物进行迁移。新建段路侧绿化宜延续原有植物品种及种植形式,保持全线绿化景观的整体性。

10.2.2.2 桥梁工程区

(1)按要求建立桥梁工程区基础设施台账,编制桥梁工程区施工环水保专项方案,并逐级上报审核。

(2)桥梁施工中应采取必要的措施,防止泥土、石块阻塞河流、水渠或灌溉排水系统,确保防洪排涝的安全。加强文明施工教育,各个工序的施作应严格按照技术规范施工,坚决杜绝违章施工、野蛮施工。工地材料堆放及机械布设应有序,严禁乱堆乱放,做到施工场地整洁、道路畅通、环境文明。

(3)需临时堆土时,泥浆沉淀宜晾干后与桥梁施工过程中产生的土石渣临时堆放于桥下,表层用防雨布覆盖。遵照相关环境保护法律法规和规章制度,加强对燃油、材料、设备和废水、废渣、废气等的控制与治理。

(4)桥梁墩台修筑完毕,应及时清除围堰等临时工程的堆积物,并将施工中产生的废浆、弃渣及时运到弃渣场,恢复河道河岸。

(5)桥梁施工中挖出的污泥、渣土不宜直接抛入沿线水体或乱丢乱堆,应选择不影响行洪和沿线、沿岸景观的弃渣场堆放,并应采取工程措施,进行绿化处理。运输、储存细颗粒散体材料时,应采取遮盖、密封措施,减少和防止颗粒飞扬。车辆开出工地前,应及时清洗,做到不带泥沙、不扬尘、不撒漏。

桥梁下部结构施工恢复效果如图10.2.2-2所示。

图10.2.2-2 桥梁下部结构施工恢复效果

10.2.2.3 隧道工程区

(1) 应按要求建立隧道工程区基础设施台账,编制隧道工程区施工环水保专项方案,并逐级上报审核。按照"一段一特色"的策略进行绿化景观营造,综合考虑隧道周边植被地貌、洞门装饰等情况,使隧道出入口绿化景观与周边环境、洞门景观融为一体。入口绿化景观,应强化洞口仰坡开挖面绿化植物配置设计,模仿周边自然植物群落,营造"零开挖进洞"的效果。

(2) 洞口清表(图10.2.2-3)时应严格控制范围,防止清表范围过大造成山体植被破坏面积扩大。隧道洞口仰坡和洞顶平台绿化景观,应保留坡体周边原生植被,侧重生态修复,削竹式隧道洞口仰坡绿化景观以地被植物为主,端墙式隧道洞顶平台绿化景观可栽植灌木和小乔木,不宜选择浅根性、易倒伏的植物品种。

图10.2.2-3　隧道洞口清表

(3) 隧道出入口如有配电房等建筑物,宜采用植物遮挡。隧道三角区绿化景观应根据种植宽度进行分段设计,选择抗逆性和抗病虫害能力强、易成活、耐修剪、见效快、抗污染的植物。三角区绿化景观宜采取"近密远疏、近常绿远落叶"的植物配置方式,形成明暗过渡的效果。植物配置根据种植宽度进行植物空间划分,营造丰富的林缘线和乔木林带空间。

(4) 开挖土石方宜尽量用作路基填料,多余部分应运至弃渣场,并做好支挡、复垦及绿化。

(5) 严禁随意排放施工废水,应设置沉淀池。

(6) 施工过程中宜尽量采用低噪声机械,对于超过国家标准的机械,应禁止进入施工场地,夜间施工更应加强施工管理。

(7) 改(扩)建高速公路隧道段的建设,应根据改(扩)建形式,对隧道出入口绿化景观进行有针对性的设计。

10.2.2.4 施工便道工程区

(1) 选址应严格遵循国家关于生态红线保护的有关规定,禁止在基本农田保护区等区域内开展临时建筑工程建设,已建成的临时建筑工程应及时依法拆除,恢复场地原貌。

(2)应合理选线,减少对周围环境的破坏。施工前应编制施工便道、临时堆土场环水保专项方案,并逐级上报审核。

(3)选址确定后,应事前征得当地村、镇、县各级政府部门同意,签订临时用地协议并向当地县级国土资源部门及相关主管部门书面备案。

(4)使用完毕后,应对非保留便道进行疏松平整,回覆表土,占用耕地部分复耕,占用其他部分恢复植被。

10.2.2.5 弃渣场工程区

(1)选址应严格遵循国家关于生态红线保护的有关规定,选址确定后,应事前征得当地村、镇、县各级政府部门同意,签订临时用地协议并向当地县级水利部门及相关主管部门书面备案。

(2)选址应避开不良地质条件地段,不宜设置在汇水面积大、沟谷纵坡陡、出口不易拦截的沟道;选址靠近河道的,应符合治导规划及防汛行洪的规定,并征得当地县级水行政主管部门同意。

(3)禁止在基本农田保护区等区域内开展临时建筑工程建设,已建成的临时建筑工程应及时依法拆除,恢复场地原貌。

(4)应严格按设计要求控制渣体边坡坡度、堆渣工序,已分级完成的坡面应及时采取绿化措施。

(5)弃渣过程中,应加强施工现场环境管理及污染防治,采取有效措施减少噪声、扬尘污染。

10.2.2.6 施工生产生活区

(1)选址应严格遵循国家关于生态红线保护的有关规定,禁止在基本农田保护区等区域内开展临时建筑工程建设,选址应避开取(弃)土场及塌方、落石、危岩等地段。

(2)应优先选择租用房屋,尽可能少占耕地,四周应设计完善的排水系统,保证畅通;生活污水应设计满足容量的污水处理装置,最终汇集至三级沉淀池沉淀后达标排放。绿化景观应选用抗逆性强、病虫害少、对人体无害、观赏性强且具有碳汇降噪作用的植物,植物选择与配置应根据生活区的功能与规模,结合场地条件、建筑布局划分景观功能区。

(3)拌和站区域,应经常对场地进行冲洗,抑制扬尘,出口处应设计车辆冲洗区域,对进出车辆进行冲洗,减少运输扬尘(图10.2.2-4);沥青拌和站拌和楼应设计沥青烟净化装置,确保沥青烟排放浓度达标。拌和站污水循环系统如图10.2.2-5所示。

(4)场站选址确定后,施工单位应事前征得当地村、镇、县各级政府部门同意,签订临时用地协议并向当地县级国土资源部门及相关主管部门书面备案。

(5)绿化景观应体现绿色低碳、生态环保的主题,运用新的设计理念,将低碳生态技术运用其中。绿化景观,应充分考虑场地周边自然景观及地域文化,整体风格、色彩应与建筑物及周边环境相协调。

图 10.2.2-4　拌和站车辆自动冲洗系统

图 10.2.2-5　拌和站污水循环系统

10.2.3　环水保交工验收阶段

1）验收程序（图 10.2.3-1）

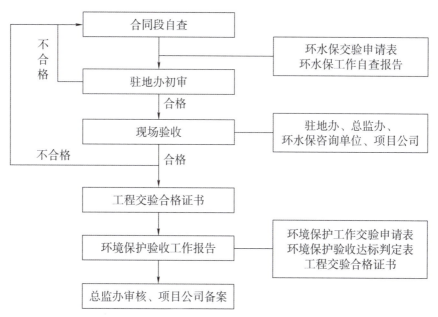

图 10.2.3-1　环水保交工验收流程图

各施工单位退场前，需充分落实环境保护及水土保持清查工作，在自查工作完成后，上报环水保工作交验申请,由驻地办进行初审。初审合格后,向总监办提出交验申请,由总监办组织项目公司、驻地办、设计单位、环水保技术咨询单位联合对施工单位分项进行现场验收,签署验收意见。所有分项工程验收合格,发放"环境保护、水土保持交验合格证书"(表10.2.3-1)。

环境保护、水土保持交验合格证书 表10.2.3-1

施工单位： 施工合同段：
监理单位： 日 期：

验收项目	验收标准	判定标准	达标情况
路基工程区	详见各分项工程交工验收评定表	所有分项工程全部验收合格后判定合格	
桥梁工程区			
隧道工程区			
施工便道工程区			
弃渣场工程			
施工生产生活区			
临时堆土场区			
互通工程区			
附属工程区			
内业资料			

驻地监理工程师办公室意见：

签字(盖章)： 日期：

总监理工程师办公室意见：

签字(盖章)： 日期：

项目公司意见：

签字(盖章)： 日期：

2）施工单位环水保内业资料验收工作内容

对施工单位专项方案及台账、指令及通报、计划与总结、实施方案及活动方案、培训交底等情况开展检查，具体见环水保内业资料达标判定表（表10.2.3-2）。

3）现场工程环水保验收工作要求

路基工程、桥梁工程、隧道工程、弃渣场、施工便道、施工生产生活区环水保交工验收要求具体见本指南10.4"管理要点"。

环水保内业资料达标判定表　　　　表10.2.3-2

施工单位：　　　　　　　　　　　　　　　　　　　　施工合同段：

指标	判定方法	达标情况
专项方案及台账	环水保专项方案无缺失、遗漏且全部报批	
	各分项工程基础设施台账内容翔实	
指令及通报	建设单位或监理单位指令及通报回复及时，闭合完整，落实有成效	
计划与总结	按月编制环保工作报告，包含月度工作计划，并且有年度总结、年度计划，内容翔实	
实施方案及活动方案	各类环水保活动有对应的实施方案或活动方案，有活动总结及相关材料	
环水保工程量及投资统计	对本合同段环水保工程量及对应的投资金额进行了统计，对各水土保持防治分区工程量及对应的投资金额进行了统计，有影像资料	
培训交底	开展全员环保培训，针对不同施工工艺进行了环水保工作交底，并且记录真实	
投诉处理	无环境问题投诉，投诉的问题能及时处理，处理投诉问题没有遗留隐患	
施工单位（签字）	驻地办（签字）	总监办（签字）	项目公司（签字）

10.3　组织管理

10.3.1　组织机构

实行项目公司、工程监理、施工单位、施工班组四级环水保管理（图10.3.1-1）。各参建单位应各司其职，按照环水保体系建设要求设专人、专岗、专职负责环水保工作。

项目经理部建立环境保护和水土保持领导小组，项目经理是项目环水保管理的第一责任人。以项目经理为组长，项目总工程师、项目副经理、安全总监为副组长，部室负责人为成员的环水保领导小组，负责项目环水保的监督与管理，施工过程中严格遵守国家有关环境保护和水土保持的法律法规，做好各项工作。

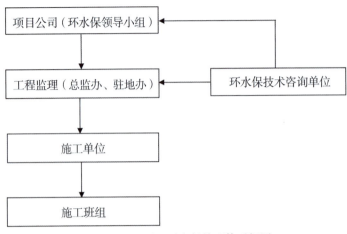

图 10.3.1-1　项目环水保管理体系框图

10.3.2　参建单位环保职责

参建单位包括：建设单位、监理单位（总监办、驻地办）、施工单位、设计单位、环保咨询单位等，具体环保职责见表10.3.2-1。

参建单位各时期环保职责　　　　表 10.3.2-1

序号	单位名称	施工准备期	施工期	验收期
1	建设单位	（1）监督和检查监理单位、施工单位、技术咨询服务单位的环水保管理工作； （2）建立健全项目环水保工作管理体系，制定环水保工作的考核办法及处罚措施； （3）督促总监办认真履行环境保护、水土保持监督管理职责，建立环水保档案资料台账，收集、汇总环水保工作资料	（1）督促和检查监理单位、施工单位、环水保技术咨询服务、监测单位的环水保管理工作； （2）每月参加总监办组织的对各合同段的环水保工作巡查，督促总监办、驻地办整改落实，执行环水保考核办法及罚款细则，落实环水保工作失职追责制度； （3）定期组织召开环水保工作专题例会，总结阶段性的环水保工作成果；以多种活动形式为载体，推动项目环水保工作质量达标，满足总体目标要求	（1）组织环保技术咨询单位、施工单位、监理单位开展项目环保交工、验收工作； （2）编审"三同时"环水保工作总结报告，整理归档环水保竣工资料； （3）组织环保技术咨询单位、施工单位、监理单位进行环保工程质量缺陷的调查和处理

续上表

序号	单位名称		施工准备期	施工期	验收期
2	监理单位	总监办	(1)贯彻执行环境保护、水土保持法律法规、技术标准及相关文件； (2)编制总监办环境保护、水土保持监理计划，审批环水保技术咨询单位、驻地办、施工单位环境保护、水土保持实施方案； (3)督促环水保技术咨询单位、驻地办、施工单位按照相关要求建立环水保工作体系	(1)督促驻地办做好环水保监理工作并检查其执行情况，监督驻地办及时编制环境监理工作报告并按时提交当地环保部门； (2)定时对各施工单位环水保工作进行巡检，及时下发书面整改指令，对整改不到位的或严重违规的合同段按总监办下发文件的相关条款进行处罚和通报；督促施工单位按要求上报环境保护工作报告(年报、月报)； (3)督促环水保监测、咨询单位和水土保持监测、咨询单位定期上报环水保工作资料并存档	(1)在项目公司领导下，协助组织环保技术咨询单位、施工单位、驻地办开展项目环保交工、环保验收工作； (2)协助环保技术咨询单位进行环保工程质量缺陷的调查和处理
3		驻地办	(1)编制驻地办监理环境保护、水土保持监理计划；并报总监办进行审批；审批后监督各监理小组遵照执行； (2)审核施工单位施工组织方案环境保护、水土保持篇章，督促施工单位按要求建立环水保管理体系，对施工方环水保体系进行审核； (3)督促施工单位编制各工程分区(含路基施工、桥梁施工、隧道施工、施工营地建设、施工便道、弃渣场、拌和站等临时建筑工程)环水保专项方案并进行审核	(1)每月制订下月环水保工作监理计划下发至各监理组执行，同时上报总监办备查； (2)对所辖合同段的环水保工作进行巡检，对整改不到位的或严重违规的施工合同段按相关条款进行处罚和通报，同时上报总监办备查； (3)督促各合同段上报合同段环水保管理工作月报并进行审查，并报驻地监理工程师审批	(1)协助总监办、环水保技术咨询单位进行环水保工程质量缺陷的调查和处理； (2)整理本监理合同段的环境保护、水土保持工作资料； (3)协助环水保技术咨询单位、总监办、建设单位进行环境保护验收工作

续上表

序号	单位名称	施工准备期	施工期	验收期
4	施工单位	(1)组建本合同段环境保护、水土保持工作领导小组，指定分管领导和专职环保工作人员； (2)制定合同段环水保管理各项管理制度及保证措施，管理制度文件报驻地办、总监办批准； (3)编制本合同段内的环境保护、水土保持工作总体方案以及工程分区环水保专项方案，报驻地办、总监办批准	(1)严格按照经批准的环境保护、水土保持总体方案及专项方案开展施工作业，加强对噪声、粉尘、废气、废水和废油的控制，努力降低噪声，减少粉尘污染，防止施工活动污染水源； (2)加强对施工现场环境保护工作情况的自检，对违反环境保护技术标准、规范和操作规程的行为进行纠正，消除环境影响隐患； (3)每月制订下月本合同段环水保工作计划，报驻地办审批并发至各工区执行；并向驻地办报送本月环水保工作月报； (4)每月应对相关员工有针对性地至少进行一次环水保技术培训，并记录存档；各分项工程开工前应对全员有针对性地进行一次环水保工作交底，并记录存档	(1)在环水保交工验收前，应整理关于施工期环境保护、水土保持的有关资料，编制环境保护、水土保持工程总结报告； (2)积极配合建设单位完成本项目的环水保验收工作； (3)解决由于施工原因产生的环水保工程质量缺陷，确保满足环保、水保专项验收要求
5	设计单位	(1)研读环评报告、水土保持方案及批复，落实项目环境保护、水土保持措施至初步设计文件； (2)参与临时场站、弃渣场选址，避免在生态红线内设置临时设施；参与临时场站环保设施设计、参加第一次工地会议，对施工单位进行环境保护、水土保持设计技术交底； (3)审查施工单位编制的《施工组织设计》，对不符合工程环水保要求的环节内容提出整改意见，对遗漏的环节和内容要求增补	(1)配合环保咨询单位对弃渣场、声屏障、桥面径流等进行现场核实，对发生变化的，应当按照环保要求对原设计文件进行优化变更； (2)技术咨询：为项目公司、总监办、驻地办及施工单位提供所需的环水保设计咨询	(1)在环水保交工验收前，应整理关于施工期环境保护、水土保持的有关资料，编制环境保护、水土保持设计总结报告； (2)积极配合建设单位完成本项目的环水保验收工作； (3)配合解决由于施工原因产生的环水保工程质量缺陷，确保满足环保、水保专项验收要求

续上表

序号	单位名称	施工准备期	施工期	验收期
6	环保咨询单位	(1)按照招标文件及合同要求成立环水保技术咨询项目部,配备人员及仪器设备并报总监办审批,编制项目施工环境保护、水土保持工作实施方案; (2)建立环水保工作体系,明确责任人,将工作落实到人;对施工单位和施工监理进行环水保培训,参加第一次工地会议,对施工单位进行环境保护、水土保持技术交底; (3)审查设计单位编制的《初步设计》环保篇章、施工单位编制的《施工组织设计》,对不符合工程环水保要求的环节内容提出整改意见,对遗漏的环节和内容要求增补	(1)现场监测:按照监测实施方案及监测规范定期开展环水保监测工作,按照相关要求提交监测报告; (2)环水保现场管理:以独立检查、协调配合项目公司、总监办检查、联合驻地办检查等方式开展月度检查,以及按需开展抽查、复查、专项检查等内容,检查范围涵盖各施工单位; (3)环保培训:按施工阶段项目环保培训实际需要制订相应的培训计划或应项目公司、总监办要求,完成各阶段环水保培训; (4)技术咨询:为项目公司、总监办、驻地办及施工单位提供所需的环水保专业咨询	(1)依据国家环水保验收相关规定及环水保方案要求,编制项目环水保工程交(竣)工验收办法和标准,配合项目公司及总监办完成工程环水保交工验收工作; (2)协助解决环水保交工验收过程中出现的质量缺陷问题,提供技术咨询服务; (3)编制竣工环水保验收调查报告,组织环保、水保验收审查会,完成项目环保、水保专项验收备案公示工作

10.3.3 管理制度

环水保管理制度是环水保工作的行为准则,制度应明确施工单位环水保各阶段管理的内容、程序与职责分工等,包括但不局限于表10.3.3-1所列出的各项制度,一般以汇编形式印发。

环境保护管理制度 表10.3.3-1

序号	制度名称	主要内容
1	环水保会议制度	制度分领导小组会议、环水保例会和环水保专题会等形式,会议制度应包括会议目的、制度适用范围、职责和工作程序,重点明确会议频次、参会人员、讨论议题、会议签到、会议记录和纪要等内容
2	环水保责任制及考核制度	制度应包括目的、适用范围、各部门和人员环水保职责等内容,重点明确项目部各层级之间,与协作单位签订的环水保目标责任书(或环水保生产合同)的内容、签订频次、履行情况的考核、奖惩等内容(结合实际附相应的考核一览表)
3	环水保教育培训制度	制度应包括目的、适用范围、培训计划、培训对象、培训内容、学时、频次和考核等内容(明确覆盖全部功能分区措施要求)
4	环水保技术交底制度	制度应包括目的、适用范围、交底计划、交底对象、交底内容等内容(明确覆盖全部施工班组)
5	环水保奖惩制度	制度应明确目的、适用范围、编制依据、奖励和处罚的条件与方式,以及结果的应用(结合实际附相应的奖罚一览表)

续上表

序号	制度名称	主要内容
6	环水保专项施工方案的编制和审核制度	制度应明确目的、适用范围、编制依据、编制原则、主要内容、环境及水土流失风险分析、环水保防控及治理保障措施、内部审核程序与责任分工、实施管理等内容（涵盖各工程分区，拌和站、弃渣场每处单独编制）
7	环水保应急管理制度	制度应明确目的、适用范围、编制依据、预案编制、审核的程序要求，预案构成的主要要素、应急处置组织、应急演练培训等内容
8	环水保检查评价制度	制度应明确目的、适用范围、编制依据、责任、标准、形式、内容、频次、整改等内容
9	环水保隐患排查治理制度	制度应明确目的、使用范围、编制依据、隐患排查方式、治理措施和责任分工，环水保事故隐患治理方案、时限、措施、资金和责任人等内容
10	环水保事故报告制度	制度应明确目的、使用范围、编制依据、事故等级划分、责任、信息报送流程、内容、时限等内容
11	环水保重大环境因素、重大污染源风险评估制度	制度应明确目的、使用范围、编制依据、施工现场作业环境敏感点辨识、分析、估测等管理程序、职责分工、重大环境因素、重大污染源预控和书面告知等内容
12	环水保举报制度	制度应明确目的、使用范围、举报内容、责任人、联系方式、相关奖惩措施、地方相关行政主管部门地址、联系方式等内容
13	环水保内业资料管理制度	制度应明确目的、适用范围、编制依据、责任部门及责任人、环水保内业资料涵盖内容、报送程序、频次、规范存档要求、保障措施等内容
14	环水保网格化管理制度	制度应明确目的、适用范围、编制依据、网格化管理领导小组、网格化管理责任、网格化具体职责、制度运行保障措施等内容

10.4 管理要点

10.4.1 路基施工环保管理要点

10.4.1.1 路堑施工

路堑施工的主要环境问题是水土流失和弃渣。

（1）路基开挖前，施工单位应在开挖坡顶设置截水沟，铺砌防护，顺接至自然水系排水沟。开挖遵循由上至下、逐级开挖、开挖一级防护一级原则，过程中应采取临时挡护措施，如袋装土挡护、竹跳板挡护，防止土石滚落造成植被扰动面积扩大。靠近自然水体的应在临水一侧坡面加高挡护，如修筑挡墙、设置竹跳板等，防止土方进入自然水体。

（2）在施工前应明确开挖范围，严禁施工单位为施工方便而任意破坏沿线两侧的植被；在路基开挖过程中，严禁弃土堆于两侧，破坏植被。运渣车辆应停在路基开挖范围内，随挖、随运至指定的弃渣场。

10.4.1.2 路堤施工

路堤施工中，环境保护工作控制对象主要是施工便道、路堤临时排水及边坡防护。

（1）对于新开施工便道，要明确便道的范围，防止大面积破坏沿线植被。利用原有道路作为施工便道的，环境保护重点是便道洒水降尘和运输车辆噪声。

（2）路堤填筑过程中，应在坡脚修筑临时排水沟，结合地形和汇水面积在排水沟出口处设沉砂池或临时沉淀池，出口处设土工布围栏拦截泥砂。

（3）路堤施工中，在路基外侧边坡顶设置宽0.5m、高0.2m防水下泄的堰作为临时防护，并沿路线纵向每隔50m在路基边坡上设置一条临时排水沟，以排泄路面集中汇流，纵向排水沟顺接至坡脚临时排水沟。

（4）雨季应对路堤坡面采取临时苫盖措施，减少水土流失量，疏通沿线沟渠，及时排洪、排涝。

10.4.1.3　路基防护工程施工

路基防护主要是为了防止水流、波浪、雨水、风力、不良水文地质和其他因素对路基造成的危害，防止路基病害，确保路基稳定，改善环境景观，保持生态平衡。路基坡面防护应紧跟开挖、填筑工序，边开挖填筑边防护，缩短作业面裸露时间。路基防护一般包含植物防护、坡面工程防护、沿河路基防护等。

（1）采取植物防护时，施工单位要科学选取绿化植物，做到因地制宜，如选用狗牙根、白三叶、黑麦草等适应性强、成活率高的品种；肥料尽量使用有机肥和生物肥料。

（2）采用喷浆或喷射混凝土护坡时，施工单位在施工过程中要及时对喷射洒落物进行清理，严禁施工废水随地排放。

（3）采用锚杆铁丝网喷浆护坡时，要防止填料对周围环境造成污染。

（4）对于路基冲刷防护，应采取必要的环保措施以减轻对河流等生态环境的影响。

10.4.1.4　路基排水工程施工

路基排水设施是为了排除路基、路面范围内的地表水、地下水，防止路面积水，确保行车安全。地表排水设施主要有边沟、截水沟、排水沟、急流槽等，地下排水设施主要有暗沟、渗沟等。

（1）边沟坡度应符合要求，确保排水通畅。

（2）施工单位应及时清理边沟积土，防止施工期雨水造成水土流失。

（3）确保排水沟同当地周围水利设施衔接良好，防止出现"断头边沟"，严禁雨水经边沟流入人行涵洞，造成下穿道路积水。

（4）对于地下水位比较高的区域，要抬高边沟地面高程，或者设置暗沟（渗沟），防止公路外侧地下水向公路边沟渗透。

10.4.1.5　路面施工

（1）物料开采运输堆放时环境保护工作。

料场开采之前，施工单位应明确其开采范围，如插彩旗、立桩界等。施工单位应在批准的开采范围内，严格按要求作业。石灰、粉煤灰等路用粉状材料运输和堆放应有遮盖，其混合料集中拌和，减少对空气、农田的污染。

(2)路面摊铺作业时环境保护工作。

摊铺作业时会产生沥青烟气等有害有毒气体,施工单位必须为作业人员提供有效的劳动保护用品,以保证施工人员的健康。摊铺和碾压的机械噪声,应该执行现行《建筑施工场界环境噪声排放标准》(GB 12523)标准。当噪声敏感区域夜间的噪声值因摊铺和碾压不能达到现行《声环境质量标准》(GB 3096)中的4类声环境功能区夜间标准55dB时,施工单位应采取相应的措施或调整作业时间,以保证居民休息。施工单位对沿线摊铺过程中产生的沥青废渣进行集中处理,防止产生危害。严禁施工单位在施工沿线附近就地掩埋。

10.4.2 桥梁施工环保管理要点

桥梁施工过程主要需关注对水源的保护、桩孔出渣以及施工噪声控制等方面;施工结束后,布设桥面排水系统,桥台锥布设急流槽(含消力池)和顺接排水沟,对桥下裸露部分进行土地整治,播撒草籽恢复植被。具体施工环保管理要点如下:

(1)水泥混凝土拌和站不得设在饮用水源地保护区内,施工过程中搅拌站的排水、混凝土养生水等须经沉淀池沉淀后方可排放。

(2)桥梁附近的施工营地或施工现场应尽量远离水体。若不得不布设在水体附近,产生的生活污水严禁直接排入水体,生活污水经化粪池处理沉淀后供绿化使用。

(3)严格检查桥梁施工机械,防止油料泄漏;严禁将废油、施工垃圾等随意抛入水体。

(4)涉水桥梁桩基施工时应采用围堰控制水体污染,成孔施工采用清水钻进,防止泥浆污染环境。钻孔弃渣经循环水带出,经过滤后由船集中转运至两岸,再由汽车转运至弃渣场。围堰施工一般安排在枯水期进行,并且需做好防水措施,待桥梁下部结构基础施工完成后,将外延材料清除,恢复河道。

(5)陆地桥梁桩基施工时应在桩基附近设置钻孔泥浆池及中转泥浆池,泥浆池底部及四周铺设彩条布,防止泥浆渗漏,临水泥浆池外围采用装土编织袋进行围栏挡护防止外泄,钻孔泥浆池泥浆应及时转运至中转池,防止泥浆过多造成泄漏,严禁泥浆未经沉淀直接排入水体。

(6)需临时堆土时,将泥浆沉淀晾干后与桥梁施工过程中产生的土石渣临时堆放于桥下,堆放高度控制在2.5m,堆放边坡控制在1:2,周边用袋装土临时拦挡,堆砌成顶宽0.5m、高0.5m、坡率1:1的梯形断面,表层用防雨布覆盖。

(7)桥梁施工中挖出的污泥、渣土,不得直接抛入沿线水体或乱丢乱堆,应选择不影响行洪河流沿线、沿岸景观的弃渣场堆放,并采取防护措施。

(8)位于山体的桩基,在开挖施工平台及便道时,应加强土石方的拦挡措施,开挖面上边坡应设置袋装土或竹跳板拦挡措施,防止土石方顺坡滑落造成植被破坏,开挖中加强土石方的清运。

(9)人工挖孔桩施工时孔渣应及时清运,严禁孔渣直接顺坡倾倒。

(10)桥梁下部结构施工完毕后,应及时对泥浆池进行回填平整,清理场地构筑物及施工弃渣,顺地势进行土地整治,土地整改完成后播撒狗牙根等本地草籽,沿桥梁走向设置纵向排水沟,为桥底植被恢复创造条件。

10.4.3 隧道施工环保管理要点

隧道施工会产生大量的弃渣,必须严格控制弃渣的处理;施工中还应注意扬尘、噪声、污废水等污染。隧道施工过程中具体环保工作如下:

10.4.3.1 水土流失控制措施

洞口防护:隧道洞口边坡应严格按照设计要求进行防护和绿化,施工时注意保护洞口的自然植被,施工后清理废弃物,减少人为活动痕迹,尽早恢复自然景观。

10.4.3.2 环境保护措施

(1)水污染防治:隧道施工废水中固定悬浮物(SS)较高,且被混凝土或喷射混凝土所产生的碱性污染物污染,并含有少量油脂。严禁施工废水随意排放,污染河流或其他水体;施工单位需设置截水沟、排水沟、沉淀池等,确保能够将固体悬浮物(SS)沉淀,防止污水、废水随意排放;为避免发生隧道污水污染事故,施工单位除按要求修建满足需求的沉淀池之外,还要加强沉淀设施运行管理工作,在日常工作中及时清理沉淀池沉积物,确保沉淀池能够正常运行。

(2)固体废弃物防治:隧道施工过程中出渣量较大,对于弃渣,应充分加以利用;若不能利用,隧道弃渣应运送至指定的弃渣场,不得随意堆放。

(3)大气污染防治:采用湿式凿岩机,严禁使用干式凿岩机(湿式凿岩比干式凿岩降低80%的粉尘);采用湿喷法喷射混凝土(湿喷法比干喷法降低85%的粉尘);用水封爆破法,微小的水滴和粉尘受爆破波冲击,加速碰撞而凝结使粉尘渐渐沉降;必须安装水幕降尘器,进行水幕降尘。隧道内应设置足够的机械排风设施,施工人员应配防尘口罩等安全防护用品,以降低作业时粉尘和有害气体对人体的影响。

(4)噪声防治:在施工过程中尽量使用低噪声机械,对于超过国家标准的机械,应禁止进入施工场地,施工过程中经常对设备进行维护;在距施工现场线位较近,且受施工噪声影响较重的敏感点施工时,严禁高噪声施工机械作业,夜间施工或昼间施工时,要进行良好的施工管理,同时封闭施工厂界;隧道施工时,在洞内对施工机械(如空气压缩机、送风机)等加设隔音罩、隔音墙等设施,或给作业工人佩戴防护用品。

(5)振动防治:施工现场合理布局,尽量使产生高噪声、振动的设备远离敏感建筑物;加强施工管理,进行文明施工,合理安排作业时间,避免夜间进行有强噪声、振动污染的施工作业;施工中尽量采用低噪声、振动的施工设备。

10.4.4 "两区三厂"环保管理要点

10.4.4.1 预制梁厂

1)建设要求

(1)预制梁厂修筑时应同步修筑厂区雨污水排水沟,并按要求修筑污水处理池。

(2)厂区修筑时应设置废弃材料集中收集点,对废弃材料进行集中处理利用。

(3)厂区道路应进行必要的硬化处理,减少使用阶段的扬尘污染。

(4)预制梁厂靠近自然水体时,应加强临水侧坡面、坡脚的防护工作,坡脚用石块或装土编织袋进行防护,坡面及时播撒草籽恢复绿化,减少水土流失。

2)管理要求

(1)预制厂应加强日常清扫和洒水降尘措施,防控大气污染。

(2)预制厂排水沟应定期清理,确保排水畅通,加强沉淀池沉渣清理,污水沉淀池净化后的水尽量场内循环利用,用于场地降尘和绿化养护,确保生产污水有序、达标排放。

(3)生产废料、施工废弃物集中收集堆放,涉及危险废弃物的应委托相关资质单位进行处理;场区垃圾应由专人负责清理并集中处理,严禁胡乱倾倒。

(4)严格控制夜间施工噪声,场地噪声标准应执行《建筑施工场界环境噪声排放标准》(GB 12523—2011)中的限值标准(昼间70dB,夜间55dB)。

10.4.4.2 钢筋及钢构件加工厂

1)建设要求

(1)钢筋及钢构件加工厂修筑时,厂区四周应同步修筑排水沟,确保地表径流及时外排。

(2)厂区修筑时应设置废弃材料集中收集点,对废弃材料进行集中处理利用。

(3)厂区道路应进行必要的硬化处理,减少使用阶段的扬尘污染。

(4)场地靠近自然水体时,应加强临水侧坡面、坡脚的防护工作,坡脚用石块或装土编织袋进行防护,坡面及时播撒草籽恢复绿化,减少水土流失。

(5)场地修筑时应加强现场管控,严禁施工材料乱堆乱弃,施工废弃材料及开挖土石方应及时清运处理,开挖过程中做好坡面的分级防护工作,及时绿化,确保无水土流失隐患。

2)管理要求

(1)厂区垃圾应由专人负责清理并集中处理,严禁胡乱倾倒。

(2)厂区应加强日常清扫和洒水降尘措施,防控大气污染。

(3)加工厂排水沟应定期清理,确保排水畅通。

(4)生产废料、施工废弃物集中收集堆放,涉及危险废弃物的应委托相关资质单位进行处理。

10.4.4.3 拌和站及石料厂

1)建设要求

(1)拌和站及石料厂修筑时应同步修筑厂区排水沟,并按要求修筑污水处理池,拌和楼废水及冲洗罐车废水应引入污水处理池沉淀后达标排放。

(2)拌和站出口处应同步修筑自动喷淋系统,对进出拌和站进行冲洗降尘。

(3)厂区道路应进行必要的硬化处理,减少使用阶段的扬尘污染。

(4)石料厂物料应进行集中堆放并修筑挡棚,降低场地扬尘污染。

(5)厂站修筑时应加强现场管控,严禁施工材料乱堆乱弃,施工废弃材料及开挖土石方应及时清运处理,开挖过程中做好坡面的分级防护工作,及时绿化,确保无水土流失隐患。

(6)厂站靠近自然水体时,应加强临水侧坡面、坡脚的防护工作,坡脚用石块或装土编织袋进行防护,坡面及时播撒草籽恢复绿化,减少水土流失。

(7)二期路面水稳层拌和站及沥青烟拌和站应利用一期土建拌和站进行改造利用,以减少临时占地;厂区按要求完善排水及生产生活污水处理措施,沥青烟拌和楼按要求配备烟尘净化装置。

2)管理要求

(1)拌和站应及时清扫、洒水,防止扬尘污染。

(2)严格控制夜间施工噪声,场地噪声标准应执行《建筑施工场界环境噪声排放标准》(GB 12523—2011)中的限值标准(昼间70dB,夜间55dB)。

(3)厂站排水沟应定期清理,确保排水畅通,加强沉淀池沉渣清理,经沉淀池净化后的水尽量厂内循环利用,用于场地降尘和绿化养护,确保生产污水有序、达标排放。

(4)进出拌和站的材料运输车辆,应对其车轮及车身进行冲洗,减少运输扬尘。

(5)物料应分类集中堆放,大风天气应加强粉质物料的覆盖。

(6)生产废料、施工废弃物集中收集堆放,涉及危险废弃物的应委托相关资质单位进行处理;厂区垃圾应由专人负责清理并集中处理,严禁胡乱倾倒。

(7)沥青拌和站应定期检查沥青烟净化装置运行情况,确保沥青烟排放浓度及排放速率满足达标要求。

10.4.4.4 营地工区

1)建设要求

(1)营地工区场地修筑时应满足四周低、中心高要求,保证场区面层排水,四周应同步修筑完善的排水系统;生活污水应修筑满足容量的污水处理装置,厨房出水口设置隔油池,厕所出水口设置化粪池,隔油池、化粪池及场区其他生活污水最终汇集至三级沉淀池沉淀后达标排放。

(2)营地工区应进行必要的场地硬化处理,减少使用阶段的扬尘污染。

(3)营地工区修筑时应同步设置垃圾收集装置,如垃圾收集池、垃圾桶等,确保生活垃圾集中收集处理。

(4)营地工区修筑时应加强现场管控,严禁施工材料乱堆乱弃,施工废弃材料及开挖土石方应及时清运处理,开挖过程中做好坡面的分级防护工作,及时绿化,确保无水土流失隐患。

(5)营地工区靠近自然水体时,应加强临水侧坡面、坡脚的防护工作,坡脚用石块或装土编织袋进行防护,坡面及时播撒草籽恢复绿化,减少水土流失。

2)管理要求

(1)营地工区排水沟应定期清理,确保排水畅通。

(2)营地厨房隔油池应定期清理,废油应集中收集,委托相关资质单位进行废油处理。

(3)化粪池应定期委托当地环卫部门进行清理。

(4)营地垃圾应由专人负责清理并集中处理,严禁胡乱倾倒。

(5)营地工区应加强日常清扫和洒水降尘措施,防控大气污染。

10.4.5 弃渣场环保管理要点

弃渣前应按设计要求先修筑挡护措施,严格执行"先挡后弃",挡墙基础要求地基承载力大于300kPa,挡墙高度、宽度、长度等技术指标严格按照设计要求,挡墙墙背采用块石码砌。

(1)严格按设计要求控制渣体边坡坡度,严格控制堆渣工序,遵循"先下后上"的原则,粒径由大到小,逐层逐级弃渣,分层压实,压实度应不小于80%,已分级完成的坡面应及时采取绿化措施,对坡面进行防护。

(2)弃渣过程中应保证场区排水畅通,弃渣场上游边界外1~3m处设置截水沟,两侧设排水沟,分级平台修筑横向排水沟,并与两侧排水沟相连,渣场下游开挖沉砂池,两侧排水沟接入沉砂池,水流经排水沟引入沉砂池沉淀后排出,沉砂池应定期清理,排水沟截面根据渣场汇水面积按设计要求确定。

(3)弃渣过程中,应加强施工现场环境管理及污染防治,采取有效措施减少噪声、扬尘污染。

(4)运渣车在途经居民点时应控制车速,尽量减少鸣笛。邻近居民点弃渣场,22时后禁止施工,必要时采取降噪隔声措施,如临时围挡、机械隔声罩、隔声毡。

(5)加强弃渣场施工便道养护工作,适时对施工便道进行洒水降尘,大风扬尘天气或邻近居民点的施工便道及弃渣区域,应加大清扫、洒水频次,同时应注意对渣土车进行苫盖密封,做好抑尘工作。

(6)渣体堆积完成后,削坡整形,平整渣顶,使渣体满足稳定要求,渣场顶面向两侧坡度不小于2%。

10.4.6 取土场环保管理要点

取土场应严格控制取土边界,防止扩大土地扰动范围,场地设置标识标牌。

(1)取土场开挖前,施工单位应在开挖顶面设置截水沟,铺砌防护,顺接至自然水系排水沟。开挖遵循由上至下、逐级开挖、开挖一级防护一级原则,放坡高度及坡度应满足设计要求,过程中应采取临时防护措施,如袋装土挡护、竹跳板挡护、临时苫盖、临时排水沟等,防止土石滚落造成植被扰动面积扩大及水土流失。

(2)在施工前应明确开挖范围,严禁施工单位为施工方便而任意破坏沿线两侧的植被;在取土过程中,严禁弃土堆于两侧,破坏植被。运土车辆应停在开挖范围内,随挖、随运至指定区域。

(3)运土车辆应进行密闭、苫盖,防止运输途中土石洒落,运输过程中加强洒水降尘频次,减少扬尘污染。

(4)取土过程中应保证场区排水畅通,顶面处设置截水沟,两侧设排水沟,坡面设置急流槽,分级平台修筑横向排水沟,并与两侧排水沟相连,下游开挖沉砂池,两侧排水沟接入沉砂池,水流经排水沟引入沉砂池沉淀后排出,沉砂池应定期清理,排水沟截面应根据场区汇水面积按设计要求确定。

10.4.7 施工便道环保管理要点

为防止地表径流冲刷对施工便道产生破坏,减轻施工便道开挖形成边坡的水土流失,并限制施工车辆的扰动碾压范围,施工便道两侧或开挖侧应修筑排水沟,并布设沉砂池,排水沟应采用梯形断面,底宽30cm,高30cm,内坡率控制为1:1,内壁夯实,排水沟与已有沟壁连通。

(1)便道修筑时应加强土石方的清运及拦挡措施(如袋装土拦挡、竹跳板拦挡),防止土石料滚落,破坏地表植被,采用袋装土拦挡时应堆砌成顶宽0.5m、高0.5m、坡率1:1的梯形断面,严禁顺坡溜渣,减少对周围环境的破坏。

(2)为减少降雨径流对裸露边坡的冲刷,施工便道修建时,应对便道两侧裸露地面及边坡进行植草防护,草种宜选择白三叶等适应性强、成活率高的品种,种植密度不低于60kg/hm²。

(3)邻近水域的施工便道修筑应加强临水侧坡面、坡脚的防护工作,坡脚用石块或装土编织袋进行防护,减少水土流失。

(4)便道、便桥(涵)通车路段应加强日常养护,做到路面平整、无坑槽路段、不积水。

(5)主通道利用原有国省道时,各承建单位应在与地方道路交叉路段、邻近居民点路段等位置设置警示标识,并做好交通疏导工作,确保安全。

(6)扬尘控制:便道区域附近有居民、学校、医院等敏感点时,应加强对施工环境的保护。粉质物料运输(如石灰、水泥等)应选择袋装或罐装,禁止散装运输,运输车辆按照《国务院关于印发打赢蓝天保卫战三年行动计划的通知》(国发〔2018〕22号)要求做好"百分之百车辆清洗""百分之百密闭运输"。便道及时洒水保持湿润,防止扬尘污染。

(7)噪声防治:交叉路段或邻近居民区等敏感点路段,加强车辆行驶管理,降低行驶速度,严格控制随意鸣笛行为;加强对车辆设备的维护,确保车况良好,尽量减少噪声污染;必要时可采取降噪隔声设施。

(8)水环境保护:邻近水域的施工便道使用过程中,严禁将沥青、油料、化学品等建材堆放在水体附近,禁止在自然水域附近清洗、维修车辆,防止污染水体。

10.5 保障措施

10.5.1 保证体系

生态环保保障措施是一个全面综合的体系,包括:组织保证,需要建立组织保证制度,应安排专人进行环水保管理;责任保证,明确各个责任体系负责人及职责,保证责任压实到生产一线;制度保证,抓好环水保日程管理,应建立健全环水保责任制度,定期组织开展环水保检查;措施保证,针对工程特点制定相应措施,并根据动态信息及时充实,应把各项措施用物化的手段真正落到实处。

10.5.1.1　组织体系

(1)环保管理领导小组。

项目部成立环保管理领导小组,研究、决策本项目环保重大事项,建立健全环保管理体系,并保证体系的持续有效运行。项目部环保管理领导小组下设办公室,办公室设在环保部,由环保部负责人兼任办公室主任。

(2)环保管理机构。

项目部设置环保部,配备环保管理人员,定期向项目公司报送环保管理人员名单,部门负责人调整后及时向项目公司报备。

10.5.1.2　责任体系

项目部建立健全生态环境保护"四个责任体系",明确各个责任体系负责人及职责,并将"四个责任体系"延伸到一线作业面。

(1)全面管理责任体系负责人对本单位环境保护制度建设、责任落实、资源投入、监督检查、培训教育、环境事件应急管理和事故处理等工作全面负责;明确班子其他成员的环保职责,督促和指导其严格履责。

(2)生产实施体系负责人建立健全环保管理实施体系,督促工程管理部、各工区落实环境保护与节能减排职责,统筹协调各种资源,督促指导各分包单位按设计文件、技术方案、规章制度等组织生产,确保环境保护与水土保持各项措施落实。

(3)技术保障体系负责人建立健全环保技术保障体系,完善技术管理制度,督促工程技术部落实环境保护与节能减排职责,组织编制技术方案(必须含有环境保护与节能减排措施);编制环境保护技术方案时严格执行环保设计文件和法律法规的要求;组织编制和评审重要环境保护与节能减排技术方案;负责组织本项目环保技术交底。

(4)环保监督体系负责人建立健全环保监督体系,履行环保管理的牵头协调、监督检查和支持保障等方面职责,完善环境保护与节能减排管理制度,健全环境保护与节能减排管理机构,督促各分包单位落实环境保护责任,加强检查、考核与责任追究。

10.5.1.3　制度体系

收集整理国家、地方相关环保法律法规、规范标准,建立项目适用环保法律法规清单;根据上级单位及相关方要求,结合实际管理需求,建立项目环保管理制度清单。

10.5.1.4　措施体系

施工项目部结合施工特点及实际情况,按要求配置相关环保设备设施,主要包括但不限于以下内容:

(1)大气污染控制:在土方开挖、车辆行驶过程中,将不可避免地产生扬尘和尾气,采取有效措施控制排放污染物的浓度和总量,如覆盖尘土盖网,采用喷淋设施,配备洒水车、移动喷雾设备等。

(2)噪声防治:安装声音分贝监控系统,实时监控和防治施工道路和车辆噪声对周边环境的影响。

(3)固体废物处置:设置垃圾桶、封闭式垃圾站等,定期清理,外运到指定处理场所,减少废弃物的产生和对周边环境的影响。

10.5.2 应急预案

为建立健全环水保突发事件应急机制,有效防止和及时处置各类环水保突发事件,增强项目应对环水保突发事件的应急快速反应能力,最大限度降低环水保突发事件的危害程度,确保项目环境安全,保障项目施工顺利开展,制定环水保应急预案。

10.5.2.1 工作原则

建立项目环水保突发事件的应急预案,全面提升项目环水保突发事件的应急管理水平。贯彻"预防为主、防治结合、综合治理"的原则,应尽可能地避免和减少突发事件的发生,减轻或消除突发事件造成的影响,最大限度地保证职工与群众健康。

10.5.2.2 事件类型

可能发生环境污染事故的类型主要有水污染事故、大气污染事故、噪声污染事故、固体废物污染事故。按照事故严重程度,突发环境事件分为特别重大、重大、较大和一般四级。

10.5.2.3 应急救援组织体系

项目成立环水保突发事件应急领导小组,负责环水保突发事件应对与组织、事件发生后的处置等有关协调管理工作。领导小组下设应急救援办公室、安全保卫组、事故救援组、医疗救护组、后勤保障组、事故调查组。

10.5.2.4 信息报告

事故发生后,现场有关人员应当立即向值班人员或现场负责人报告。相关负责人接到报告后,立即赶到现场察看情况,应立即向应急领导小组报告。应急领导小组在发生突发环境事件1小时内,向上级公司报告,并于1小时内向地方应急管理局、地方生态环境局报告。事故升级或扩大时,应及时续报事故信息,续报可采用书面报告形式。

10.5.2.5 应急响应

(1)响应分级。

对应事件分级,将应急响应分为四级,响应条件对照事故分级标准。

(2)响应程序。

施工现场发生环境污染事故,由相关单位负责人组织应急处置,超出相关单位负责人处置能力范围的,立即上升为上一级应急响应,由项目部应急领导小组启动环境污染事故应急预案。

(3)应急处置。

当发生突发环境事件时,应急领导小组组长应第一时间赶到事发现场,启动突发环境事件应急预案,实施事前制定的现场处置方案或根据现场情况对现场处置方案修订后实施,对已确定的环境隐患,根据其可能导致事故的途径,采取有针对性的处置措施,控制事态发展,确保事件得到妥善处理。

当事态的发展难以控制,事件级别有上升趋势时,应按相关程序提高响应级别或启动相关应急预案。若事态的发展超出项目部现有的处置能力或污染可能波及周边地区,需要周边地区、政府提供支援救助的,应急领导小组应将情况及时上报当地人民政府。

10.5.2.6 后期处置

在项目部应急领导小组的指导下,各部门按照各自职责,开展恢复正常生产秩序和后期处置的相关工作。